PRODUÇÃO DE CONTEÚDOS EDUCACIONAIS

ANDREA FILATRO
com SABRINA CAIRO

PRODUÇÃO DE CONTEÚDOS EDUCACIONAIS

DESIGN INSTRUCIONAL
TECNOLOGIA
GESTÃO
EDUCAÇÃO
COMUNICAÇÃO

saraiva uni

ISBN 978-85-02-63588-3

DADOS INTERNACIONAIS DE CATALOGAÇÃO NA PUBLICAÇÃO (CIP)
ANGÉLICA ILACQUA CRB-8/7057

Filatro, Andrea
Produção de conteúdos educacionais / Andrea Filatro, Sabrina Cairo. – São Paulo : Saraiva, 2015.

ISBN 978-85-02-63588-3

1. Educação 2. Pedagogia 3. Ensino 4. Currículos – Educação 5. Tecnologia educacional 6. Planejamento educacional I. Título II. Filatro, Andrea III. Cairo, Sabrina

15-0816 CDD 375.001
CDU 371.214

Índices para catálogo sistemático:
1. Educação – currículo

1ª edição
1ª tiragem: 2016
2ª tiragem: 2018

SOMOS EDUCAÇÃO | saraiva uni

Av. das Nações Unidas, 7221, 1º Andar, Setor B
Pinheiros – São Paulo – SP – CEP: 05425-902

SAC
0800-0117875
De 2ª a 6ª, das 8h às 18h
www.editorasaraiva.com.br/contato

Diretoria executiva Flávia Alves Bravin
Diretoria editorial Renata Pascual Müller
Gerência editorial Rita de Cássia S. Puoço
Aquisições Fernando Alves (coord.)
Julia D'Allevo
Edição Ana Laura Valerio
Neto Bach
Thiago Fraga
Produção editorial Alline Garcia Bullara
Amanda M. Loyola
Daniela Nogueira Secondo
Serviços editoriais Juliana Bojczuk Fermino

Preparação Danielle Salles
Revisão Rosângela Barbosa
Mariana Cardoso
Diagramação Join Bureau
Capa Idée Arte e Comunicação
Atualização da 2ª tiragem Join Bureau
Impressão e acabamento

ERP 383.963.001.002

EDITAR 8620 CL 650731 CAE 567897

DEDICATÓRIA

Aos professores e a todos os especialistas que ousam embarcar na aventura de produzir conteúdos. Educar tem mil faces.

Andrea Filatro

A meus quatro grandes amores, que me fazem querer ser uma pessoa melhor todos os dias. A meu avô, que me ofereceu duas coisas inestimáveis: tempo e paciência.

Sabrina Cairo

AGRADECIMENTOS

Este livro é resultado de muita pesquisa, por isso devo um crédito especial aos principais autores citados aqui. No entanto é, sobretudo, resultado de muita interação com docentes, designers instrucionais, especialistas em mídia e tecnologia, gestores, alunos e ex-alunos, mestrandos e doutorandos, e colegas da comunidade de educação a distância no Brasil.

Não posso deixar de agradecer aos professores, técnicos e especialistas do Senai (particularmente dos DRs BA, GO, MG, RJ, RS, SC, SP e Cetiqt), que participaram de grupos de trabalho e capacitações, com seriedade e paixão inspiradoras. Como não há espaço para citar todos nominalmente, faço especial menção a Felipe Morgado, diretor de educação profissional e tecnológica, a Fabiola Nascimento e Diana Neri, atual e ex-coordenadora do projeto nacional de recursos didáticos, respectivamente, e a Hugo Nakatani, Anna Christina Aun e Paula Martini, da equipe de educação a distância, todos do Departamento Nacional, em Brasília.

Devo reconhecimento especial também a Tarcilena Polisseni Cotta Nascimento, Claudia Cristina Muller, Natalia Teles da Mota e Glaucia Fullana, da coordenação geral de educação a distância da Escola Nacional de Administração Pública (ENAP), pelas oportunidades de interagir com servidores públicos do mais alto gabarito em escolas de governo nacionais e internacionais.

Aos alunos da disciplina Design Educacional do curso de pós-graduação em Inovação em Tecnologias Educacionais da Universidade Anhembi Morumbi, meu agradecimento por manterem viva a chama do design instrucional diante de tecnologias tão inovadoras.

À Stela Conceição Bertholo Piconez, sou grata pela interlocução sempre qualificada, pela amizade que se estende por décadas e pelo prefácio que ilumina esta obra.

Por fim, minha sincera gratidão a Fernando Alves, Flavia Bravin, Patricia Quero, Marcela Neublum, Daniela Secondo e Jean Xavier, e a toda a equipe da Saraiva pela confiança, competência e carinho na viabilização desta publicação.

Andrea Filatro

São inúmeras as pessoas que contribuíram de maneira direta (e até indireta) para que este livro fosse publicado. São pessoas que fazem parte da minha vida há quase 20 anos, quando entrei pela primeira vez em uma editora, e que chegaram recentemente, apresentando-me outras perspectivas e me ensinando muito. Nesse sentido, não posso deixar de agradecer à Fernanda Mateus, por me mostrar que uma porta fechada não é o fim do caminho, e ao Jean Xavier, que me fez ter certeza de que todos esses anos valeram a pena e mereciam ser compartilhados. Por fim, não poderia deixar de agradecer ao Yuri, meu companheiro para a vida toda, que, com seu imenso apoio, permite que eu me dedique a meus projetos e, o que é melhor, sonhe.

Sabrina Cairo

PREFÁCIO

A partir da década de 1990, sobretudo, um movimento de acesso à internet e à sua rede de informação (web) vem expandindo-se de forma acelerada, com extensão à educação nos diferentes níveis e modalidades de ensino. Em grande parte do mundo, este movimento emerge alicerçado aos processos de globalização.

Inovações pedagógicas foram estruturadas e pesquisadas com a introdução, nos mais variados setores, das Tecnologias Digitais de Informação e de Educação, incluindo o campo de Educação a Distância (EAD), que deixou de ocupar lugar marginal nos planos educacionais e ganhou importância política e econômica.

No Brasil, com a nova Lei de Diretrizes e Bases (LDB), de 1996, a inserção das tecnologias passou a constar em todas as modalidades de educação, ganhando força e sentido dada sua relevância pelas dimensões geográficas de nosso país.

Ainda em 1987, o Grupo Alpha de Pesquisa (Diretório do CNPq), coordenado cientificamente por mim, abrigou inúmeros pesquisadores, cujas inquietações perpassavam a inserção das tecnologias na vida dos cidadãos, especificamente daqueles que frequentavam as escolas públicas.

Uma das autoras desta obra, Andrea Filatro, participou desse grupo, como minha aluna na pós-graduação e conviveu comigo em sua vida acadêmica durante longos anos de Mestrado e de Doutorado, em que desenvolveu relevante produção relacionada às questões do Design Instrucional e, posteriormente, às implicações do *learning design* para o Design Instrucional. Foram mais de dez anos de convivência e orientação para alguém cujas inquietações sempre caracterizaram suas habilidades de pesquisadora e que continuam em fluxo até hoje.

Sua formação na área da Educação e sua experiência profissional com a produção de material didático trouxeram-lhe muitos sentidos e significados; nesta obra, ela amplia a discussão sobre a produção de conteúdos educacionais à luz do Design Instrucional, trazendo elementos de reflexão para educadores e outros especialistas que atuam na área.

Design instrucional é um processo, ou uma série de etapas sugeridas, que os professores podem usar para planejar, implementar e avaliar suas instruções. Da mesma forma, ele pode ajudar-nos a utilizar o que está disponível para o alcance dos resultados de aprendizagem desejados. Originalmente desenvolvido como uma ferramenta para a concepção, implementação e avaliação corporativa e para treinamento militar, o Design Instrucional evoluiu como processo ao longo de vários anos e tem sido utilizado com muito sucesso nos anos mais recentes, em diferentes áreas de atuação educacional, com esforços significativos para encontrar os significados e as contribuições de sua aplicação também para setores de EAD em todos os níveis e modalidades de educação, incluindo as escolas públicas.

Tomando por base essa metodologia, destaca-se na primeira parte desta obra o debate sobre a necessária compreensão da fundamentação epistemológica da produção de conteúdos educacionais, fato de extrema relevância que sustenta todo e qualquer tipo de design ou planejamento educacional. Ali estão situadas as contribuições das autoras em sua postura potencialmente interdisciplinar, abordando a multidimensionalidade do fenômeno educativo com relação à produção de conteúdos impressos e digitais.

Na segunda parte, exploram-se as questões relacionadas à administração da Produção de Conteúdos em busca de subsídios que possam nortear o desenvolvimento de soluções educacionais apoiadas por tecnologias, cujas competências extrapolam as clássicas e tradicionais interações entre professor-alunos-conhecimento.

A ênfase no processo de produção de conteúdos educacionais e no Design Instrucional representa identificar o conhecimento necessário sobre sua arquitetura pedagógica essencial para a obtenção de sucesso futuro na sala de aula e no mundo real.

Nesse sentido, há uma complexa integração existente sobre o que queremos que nossos estudantes aprendam e as contribuições de um plano de projeto que considere a inserção das mídias, visando aos resultados que tínhamos em mente. Contudo, se pretendemos qualquer tipo de planejamento, não podemos ignorar as atividades e/ou etapas essenciais da Produção de Conteúdos. Assim, na terceira parte da obra, Andrea e Sabrina mergulham nas questões da importância da análise contextual para o planejamento como um todo (curadoria de conteúdos, desafios de autoria, padrões de roteirização, com destaque para a enorme responsabilidade de um trabalho – em que se pressupõe – de equipe).

As autoras reiteram a seleção adequada das mídias e as instruções para a Produção de Conteúdos que requerem a integração dos recursos à disposição dos estudantes para facilitar as aquisições das metas e/ou expectativas de aprendizagem na construção de conhecimentos pretendidos por um curso ou uma disciplina.

Assim, posso dizer que você, caro leitor, tem neste livro uma demonstração dos conceitos fundamentais, das delimitações reconhecidas pelas autoras e, sobretudo, da intrincada complexidade da produção de conteúdos, cujo processo básico de Design Instrucional inclui o estabelecimento de metas e a definição de objetivos educacionais para os estudantes, procurando atender às suas características e habilidades críticas, o desenvolvimento ou a seleção adequada desde textos até diversas mídias digitais, e a implementação, avaliação e revisão do ensino e da aprendizagem.

O ponto que mais se evidencia para você, leitor, é reconhecer a importância de alinhar esses componentes de modo que o resultado final de instrução seja eficaz e eficiente. Portanto, a consciência da necessidade de alinhamento de tantas informações sobre a produção de conteúdos será um dos desfechos mais significativos na utilização deste livro.

Com um texto fluido e didático, oferta-se informações essenciais sobre o empreendimento existente na produção de conteúdos educacionais, seja pelo conhecimento aprofundado do Design Instrucional, do *learning design*, da educação a distância ou do *blended learning*. Todo o processo de Produção de Conteúdos desvela a importância de articular os componentes descritos na obra, de modo que o resultado final de instrução auxilie pessoas interessadas nessa área de atuação e no alcance dos objetivos previstos.

Você encontrará exemplos de como integrar o processo de Design Instrucional à produção de conteúdos, planejando, implementando, avaliando e reorganizando essas abordagens em função das demandas existentes.

Esta obra se faz presente no debate nacional de pesquisas sobre a área, com objetivo de trazer reflexões a partir de um percurso significativo, repleto de informações úteis, no qual práticas e conceitos sejam reconstruídos pelos desafios impostos, sem a intenção de fechar seu percurso ou concluí-lo.

O texto não esgota o tema, até mesmo pela velocidade com que mudam as tecnologias e políticas educacionais; entretanto, não descuida da inclusão de um número de diferentes abordagens atualmente em uso nas salas de aula ou outras situações de formação. A trajetória continua aberta onde é preciso refletir, experienciar, pesquisar e ousar.

Espero que os leitores, como aprendizes permanentes, integrem uma rede de desenvolvedores de materiais de aprendizagem com as contribuições inestimáveis que Andrea Filatro e Sabrina Cairo podem nos proporcionar.

Stela Conceição Bertholo Piconez
Professora titular da Faculdade de Educação da Universidade de São Paulo (FEUSP)
Coordenadora Científica do Grupo Alpha de Pesquisa
Outono, 2015

SUMÁRIO

INTRODUÇÃO

Este livro é resultado de nossa trajetória acadêmica e profissional em duas áreas relacionadas e que nos são muito caras: a educação e a edição de livros. Cada uma delas é um mundo em si mesmo, embasado por um cabedal de teorias e traduzido em uma variedade de práticas.

Por mais que essas duas áreas estejam sendo sacudidas pelas macrotransformações sociais, políticas e econômicas, decorrentes principalmente da globalização, da digitalização e da conexão contínua, enxergamos nelas caminhos de resposta para os desafios críticos da educação no nosso país. Previsões como a extinção do livro impresso e proposições iconoclastas como a inversão do modelo de sala de aula convencional, em vez de ameaças paralisantes, emergem como pretexto para renovação e inovação nesses dois setores.

Nesse sentido, buscamos neste livro destacar e esquadrinhar pontos de interesse desses dois mundos – o educacional e o editorial –, bebendo ainda nas fontes da comunicação, da tecnologia e da gestão – para propor uma forma de planejar e produzir conteúdos educacionais que corresponda às necessidades individuais e coletivas tão prementes em nosso país.

Para enfrentar esse desafio complexo, optamos por uma perspectiva multidimensional, cientes de que, se o fenômeno da aprendizagem humana somente se explica na confluência de dimensões, a mesma visão se aplica aos recursos que visam a apoiá-la. Assim, o leitor identificará, ao longo de todo o texto, um esforço para abraçar diferentes modelos e abordagens.

De mesmo modo, empreendemos um esforço intencional para contemplar diversos contextos de produção – das editoras aos núcleos de educação a distância, dos fornecedores de *e-learning* às startups em educação, da docência independente aos birôs de produção – e contextos de utilização – das escolas às universidades, do ensino regular à educação corporativa, da modalidade presencial às ações mistas (*blended*).

Ao tomar esse caminho, assumimos o risco de multiplicar a probabilidade de críticas. Ninguém pode ser especialista em áreas tão distintas quanto educação, comunicação, tecnologia e gestão, ainda mais quando elas são discutidas em contextos tão diferenciados. Ao mesmo tempo, ninguém pode ignorar o fato de que essas mesmas áreas têm intersecções ou interfaces óbvias, se não obrigatórias, quando tratamos do desenvolvimento de recursos para educação a distância, *blended learning* (semipresencial ou mista) e presencial apoiada por tecnologias.

Assim, com o maior respeito por pesquisadores e praticantes que investem anos e anos de dedicação à compreensão de tópicos particulares dessas áreas, nosso intuito aqui é pensar na prática da produção de conteúdos educacionais a partir de um olhar integrado, multidisciplinar e holístico.

Selecionamos um conjunto de autores nacionais e internacionais como referências para apresentar conceitos-âncora dessas cinco áreas, na tentativa de organizar um entendimento mínimo do complexo fenômeno ensinar-aprender nos dias atuais. Alguns desses autores são consagrados em suas áreas; outros chegaram até nós pela proximidade geográfica ou por nossa rede de relacionamentos profissional e acadêmica. Às suas ideias damos crédito na abertura das três partes em que o livro está organizado, e suas obras estão referenciadas ao final de cada capítulo.

Os trabalhos de outros autores que nos influenciaram estão registrados na seção Referências, ao final de cada capítulo, ou são recomendados expressamente em Saiba mais, para que o leitor possa seguir o rastro de leituras caso deseje aprofundar-se em um ou outro ponto. Os autores, bem como os conceitos-chave, também podem ser localizados em uma pesquisa direta no Índice onomástico ao final do livro.

No interior dos capítulos, porém, o leitor notará que a redação é de nossa própria lavra e que assumimos a responsabilidade de optar por um ou outro conceito, ou mesmo por criar uma terceira via, a fim de construir uma convergência teórica que pudesse iluminar os aspectos práticos aqui tratados. Nos casos em que há uma relação tênue ou ainda não plenamente explorada, recorremos a remissões internas para evidenciar o potencial transdisciplinar.

Produtos e soluções enfatizados neste livro

Em um livro cujo título inclui a expressão "conteúdos educacionais", o primeiro desafio é esclarecer como entendemos esse termo.

Afinal, são muitas as denominações usadas para descrever os recursos de apoio à aprendizagem: conteúdos pedagógicos, conteúdos escolares, conteúdos instrucionais, conteúdos didáticos, conteúdos educativos e suas variações (como, por exemplo, materiais, recursos ou artefatos), para mencionar apenas algumas.

Recorrendo à definição geral do dicionário Houaiss[1], encontramos a seguinte acepção genérica para **conteúdo**: "tópico, ou conjunto de tópicos, abrangido em determinado livro, carta, documento, anúncio etc." Sim, tópicos e subtópicos fazem parte da nossa discussão, contudo

[1] HOUAISS. *Dicionário eletrônico da língua portuguesa*. São Paulo: Objetiva, 2002.

nosso foco está em um **conteúdo específico para a educação**, ou seja, aquele que tem um propósito bem claro, uma finalidade definida, uma intencionalidade pedagógica.

Quando falamos em conteúdos específicos para a educação, um conceito que nos vem de imediato à mente é o de "material didático". Segundo o *Thesaurus brasileiro da educação*, trata-se de "todo o material de que o educando precisa para suas atividades escolares". Interessa-nos explorar um pouco aqui o termo *material* – que diz respeito a algo concreto, visível, "expresso pela matéria". Considerando o momento atual da produção de conteúdos educacionais, não podemos deixar de incluir aqueles disponibilizados em formato digital, multimidiático, hipertextual. Ou seja, estamos diante do desafio de falar sobre recursos educacionais em que mídias e tecnologias convergem, o que significa que sua produção é mais complexa do que se estivéssemos trabalhando, por exemplo, apenas com materiais físicos, como no caso dos tradicionais livros didáticos impressos.

Além disso, devemos observar que, em geral, a expressão "material didático" convencionalmente se vincula a atividades escolares ou acadêmicas, realizadas em salas de aula físicas e orientadas por um professor especialista durante um período determinado de estudo em que alunos se reúnem em turmas fechadas.

Nossa compreensão do termo "conteúdos educacionais" se aplica a uma variedade mais ampla de contextos de uso, nos quais, inclusive, um aluno pode estudar de maneira independente ou mesmo exercer o papel de educador em arranjos interativos diversos, como ocorre em grupos de estudo e comunidades de prática que se organizam em torno de tópicos de interesse ou incidentes profissionais críticos.

Assim, se na educação convencional atribui-se ao material didático uma característica de apoio ao processo de ensino-aprendizagem pela pressuposição da presença física de um educador para orientar sua utilização por grupos de alunos com limitada autonomia, em contextos contemporâneos, essa não é a única razão de ser dos conteúdos educacionais.

Tomando por base a educação a distância, devemos reconhecer que toda interação do aluno com o universo educacional tem como ponto de partida os conteúdos – seja em termos de apresentação de tópicos e subtópicos ou de proposição de atividades de aprendizagem. E os conteúdos precisam incorporar boa parte da comunicação didática que na educação presencial se dá majoritariamente na forma oral. Essa característica diferenciadora requer dos conteúdos educacionais maior autossuficiência, traduzida em clareza, completude, confiabilidade e facilidade de acesso.

Assim, nossa preferência pelo termo "conteúdos educacionais" em vez de "materiais didáticos" se justificou pela busca de uma compreensão mais ampla, expressa nas seguintes características que nortearam toda a seleção do *framework* teórico e a organização de metodologias e atividades de produção no livro:

- A utilização dos conteúdos em contextos diversos (dentro e fora da sala de aula convencional).
- A autossuficiência em relação a modelos pedagógicos centrados no professor.
- A convergência de linguagens e mídias em produtos e soluções educacionais digitais.

No entanto, dada a efervescência midiática e tecnológica do momento atual, abarcar todas as possibilidades de produção de conteúdos seria uma tarefa hercúlea, se não impossível. Até porque muitas são as promessas de inovação feitas por cientistas, pesquisadores e fornecedores, enquanto a capacidade humana e institucional de apropriar-se dessas inovações para fins educacionais depende de fatores muito mais complexos do que somos capazes de tratar aqui.

Assim, nosso foco neste livro se concentra na produção de dois tipos de conteúdos educacionais: 1) aqueles baseados na mídia impressa – livros didáticos, técnicos e universitários; e 2) aqueles baseados em mídias digitais – dentro do universo disponível e crescente de opções, objetos de aprendizagem para acesso virtual, incluindo-se aí unidades de estudo integradas a ambientes virtuais de aprendizagem e tipos específicos de áudios, animações, vídeos e infográficos educacionais.

Acreditamos que há enorme espaço para inovação ao refletirmos juntos sobre as bases teóricas multidimensionais e sobre as metodologias e as atividades de produção envolvidas: inovação na busca de uma visão multidimensional da qualidade, na maneira de planejar conteúdos e atividades de aprendizagem com base em um metamodelo educacional e na articulação de competências necessárias à composição das equipes interdisciplinares.

Isso significa que, a despeito de reconhecer a potencialidade dos muitos recursos hoje disponíveis, este livro não aborda a produção de jogos educacionais, de recursos baseados em realidade virtual ou aumentada, ou de conteúdos educacionais voltados à aprendizagem móvel. Também não discute aspectos de produção relacionados a mundos virtuais tridimensionais e mídias sociais.

Feita essa ressalva, estamos certas de que o leitor encontrará na Parte I subsídios teóricos para uma reflexão inicial sobre esses recursos; também poderá aplicar as disciplinas da gestão de projetos, as fases do design instrucional e o Plano do Projeto abordados na Parte II, de forma adaptada à produção desses recursos. E, sem dúvida, será capaz de extrair da Parte III contribuições significativas para o planejamento educacional e o desenvolvimento de unidades de estudo que utilizem esses recursos como serviços de apoio à aprendizagem.

Organização do livro

O livro está organizado em três grandes partes, cada uma delas com foco distinto. A Parte I, *Framework teórico*, organiza os conceitos e princípios essenciais relativos à produção de conteúdos educacionais em cinco grandes dimensões – tecnocientífica, pedagógica, comunicacional, tecnológica e organizacional, que, acreditamos, pavimentam uma compreensão mais ampla das complexidades envolvidas.

Na Parte II, *Gestão da produção*, exploramos duas grandes metodologias que organizam a produção de conteúdos educacionais. De um lado, a gestão do projeto subsidia o planejamento, a execução e o controle da produção, articulando elementos como custos, prazos, administração de pessoas, comunicação, contratos e riscos, sem os quais projetos de médio e grande porte não se concretizam a contento. De outro, o design instrucional provê um método para desenvolvimento de soluções educacionais apoiadas por mídias e tecnologias que envolvem competências que extrapolam a clássica relação professor-aluno em sala de aula. A partir daí, desembocamos em um plano geral que pode ser adotado de imediato como ferramenta para gerir a produção de conteúdos: o Plano do Projeto.

Na Parte III do livro, *Atividades da produção*, mergulhamos nas atividades essenciais da produção de conteúdos. Da análise contextual ao planejamento educacional, passando pelos desafios da autoria, roteirização e produção de mídias, alcançamos as questões relacionadas à avaliação, relacionando essas atividades aos respectivos papéis profissionais e destacando, sempre que possível, a necessidade e a potencialidade do trabalho em equipe.

E, por falar em equipe, o livro inteiro é direcionado a um leitor que pode desempenhar um ou mais papéis distintos na produção de conteúdos educacionais: o especialista em conteúdo, em educação, em comunicação, em tecnologia e em gestão.

Sabemos que cada um desses papéis pode receber nomes distintos conforme o contexto de produção ou de utilização dos conteúdos educacionais e que, em projetos de pequeno porte, a mesma pessoa pode desempenhar mais de um desses papéis; de outro modo, em projetos de maior porte, várias pessoas podem compartilhar atividades designadas a cada papel. Esperamos firmemente que, nos diferentes arranjos organizacionais, o leitor possa beneficiar-se do conjunto completo de reflexões aqui registradas.

Assim, para uma leitura sequencial e completa, os capítulos foram estabelecidos em uma ordem lógica de tópicos que, a nosso ver, possibilita um encadeamento coerente de ideias (Figura I.1).

Essa organização não reflete hierarquia alguma de prioridades. Por exemplo, a ordem de apresentação das dimensões teóricas citadas na Parte I resulta apenas da nossa intenção didática de abarcar a maior parcela dos aspectos envolvidos, desde a confiabilidade tecnocientífica dos conteúdos até a camada administrativa que gerenciar sua produção.

Na Parte II do livro, a gestão de projetos aparece primeiro por comportar todas as atividades envolvidas na produção de conteúdos educacionais, com o design instrucional a seguir em virtude de seu foco mais específico nos produtos resultantes do projeto. E o Plano do Projeto articula essas duas metodologias, de modo que tanto o projeto em si quanto o produto dele resultante (a solução educacional, a mídia) sejam objeto de gestão integrada.

•• **FIGURA I.1** Visão geral da produção de conteúdos educacionais

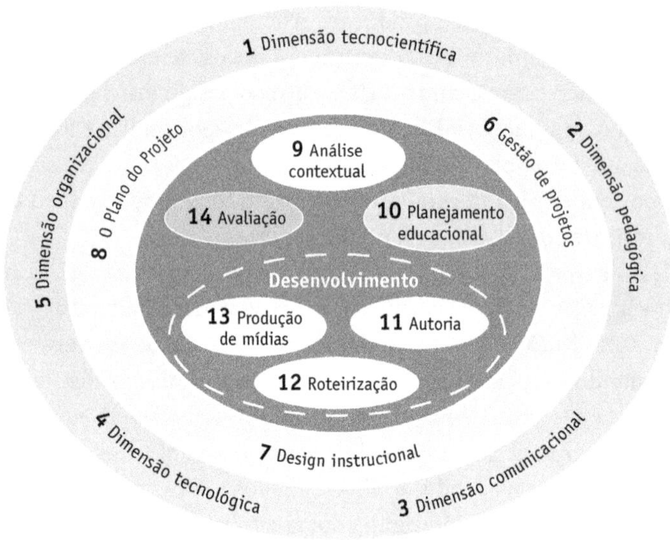

Fonte: Elaborada pelas autoras.

Já a Parte III espelha em alguma medida a sequência crítica de atividades de produção, visto que só se roteiriza o que já foi elaborado pelo autor, e só se produzem mídias a partir do que foi minimamente roteirizado.

Além disso, o leitor pode, é claro, acessar as partes, os capítulos e as seções a partir de seus interesses específicos. Para isso, apresentamos ao final do livro um índice remissivo, um índice onomástico e um índice de organizações, dispondo em ordem alfabética os principais itens tratados e sua respectiva paginação.

Buscando contribuir com a reflexão e o autoestudo, ao longo dos capítulos, destacamos definições de termos-chave que precisam ser compreendidos no contexto de cada discussão. Além disso, a todo instante, o leitor se depara com três diferentes tipos de ícone, que apresentam informações variadas. Esses ícones são:

Minibiografia – neste ícone, o leitor pode conhecer um pouco mais quem são as pessoas por trás das teorias, ideias e pesquisas citadas no livro.

Saiba mais – neste ícone, o leitor tem acesso a sites, livros, artigos e outros materiais complementares que podem ajudá-lo a aprofundar-se em temas específicos.

Remissão – este ícone destaca as relações internas entre tópicos abordados na obra, propiciando ao leitor uma visão mais consistente da produção de conteúdos educacionais.

Existe ainda a possibilidade de o leitor recorrer a uma leitura mais focada, percorrendo trilhas personalizadas que o guiarão pelos aspectos mais importantes ao desempenho de suas atividades na equipe de produção de conteúdos. O Quadro I.1 exibe essas trilhas, relacionando capítulos a cada papel na produção.

•• **Quadro I.1** Trilhas de leitura recomendadas a cada papel

Produção de conteúdos educacionais		Especialista em conteúdo	Especialista em educação	Especialista em comunicação	Especialista em tecnologia	Especialista em gestão
	Introdução					
Parte I	*Framework* teórico					
Capítulo 1	Dimensão tecnocientífica					
Capítulo 2	Dimensão pedagógica					
Capítulo 3	Dimensão comunicacional					
Capítulo 4	Dimensão tecnológica					
Capítulo 5	Dimensão organizacional					
Parte II	Gestão da produção					
Capítulo 6	Gestão de projetos					
Capítulo 7	Design instrucional					
Capítulo 8	O Plano do Projeto					
Parte III	Atividades da produção					
Capítulo 9	Análise contextual					
Capítulo 10	Planejamento educacional					
Capítulo 11	Autoria					
Capítulo 12	Roteirização					
Capítulo 13	Produção de mídias					
Capítulo 14	Avaliação					

Fonte: Elaborado pelas autoras.

Desejamos firmemente que os conteúdos tratados ao longo dos capítulos contribuam tanto para o aprimoramento profissional de cada leitor quanto para o desenvolvimento da organização na qual ele atua.

E, com inconfessável modéstia, esperamos que este livro possa exemplificar os critérios de qualidade elencados. Caso você, caro leitor, identifique inconsistências ou espaços para aprimoramento, isso é uma prova de que você incorporou os conhecimentos aqui discutidos e aumentou seu nível de consciência em relação à qualidade dos conteúdos produzidos.

Parte I

Framework teórico

Como você já deve ter percebido, a produção de conteúdos educacionais representa um amplo campo de ação – cada contexto educacional, nível de ensino e modalidade educacional têm suas especificidades, para não mencionar a diversidade de público (em termos de faixa etária, função social, estilos e interesses de aprendizagem etc.), as particularidades dos vários domínios de conhecimento com os quais podemos trabalhar e as inúmeras possibilidades de combinação midiática e tecnológica. Contudo, como veremos a seguir, há algum consenso quanto às características desejáveis para qualquer conteúdo educacional de qualidade.

Evidentemente, todos os que trabalham com educação em geral e com educação a distância (EAD) em particular desejam produzir e oferecer conteúdos de qualidade. No entanto, o que seria um conteúdo educacional de qualidade? São várias as respostas para essa pergunta. Algumas se aplicam a um nível educacional específico, como no caso das recomendações do Ministério da Educação para o ensino superior a distância ou para o ensino técnico e profissional; outras refletem uma visão disciplinar acentuada, que valoriza mais a tecnologia, a pedagogia, a comunicação etc.

Optamos aqui por uma abordagem mais geral, que abrange vários contextos de produção e de uso, e por meio da qual a qualidade dos conteúdos educacionais pode ser expressa nas diferentes dimensões envolvidas, como mostra a Figura P.I.

•• **FIGURA P.I** Perspectiva multidimensional da qualidade para a produção de conteúdos educacionais

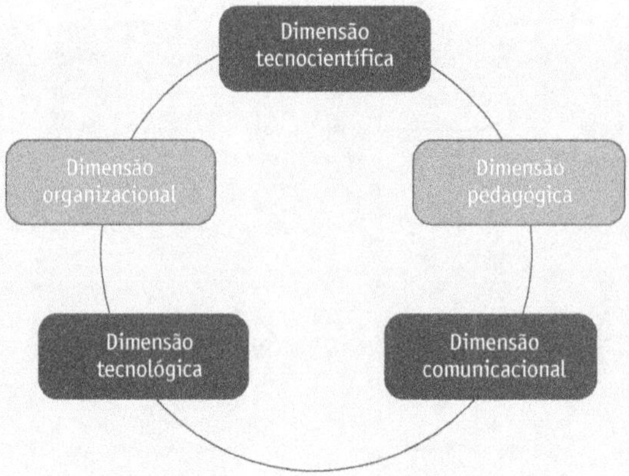

Fonte: Elaborada pelas autoras.

Em parte, devemos essa perspectiva multidimensional sobre a qualidade dos conteúdos educacionais a Aretio,[1] que elenca critérios científicos (aos quais acrescentamos os critérios técnicos para abarcar ações de educação em nível profissional e corporativo), pedagógicos, estruturais (que, para fins didáticos, subdividimos em comunicacionais e tecnológicos) e econômicos (que ampliamos para organizacionais a fim de abarcar questões como alinhamento à política institucional). A esse autor, também atribuímos o crédito pelo conceito de diálogo didático mediado, que exploramos mais detidamente no Capítulo 2.

> **Lorenzo García Aretio**
>
> É decano da Faculdade de Educação da *Universidad Nacional de Educación a Distancia* (Uned), titular da *Cátedra Unesco de Educación a Distancia* e editor do *Boletín Electrónico de Noticias de Educación a Distancia* e da *Revista Iberoamericana de Educación a Distancia* (RIED). Entre suas obras de destaque, citamos *De la educación a distancia a la educación virtual* (2007) e *La educación a distancia: de la teoría a la práctica* (2001).

A Dimensão Tecnocientífica, tratada no Capítulo 1, refere-se basicamente a aspectos como precisão, atualização, validade, confiabilidade e representatividade dos conteúdos. Essa dimensão está, em grande medida, atrelada à organização curricular, a qual reflete aquilo que se acredita ser necessário ensinar visando ao alcance de determinados objetivos gerais de aprendizagem ou competências.

A Dimensão Pedagógica, abordada no Capítulo 2, diz respeito às premissas epistemológicas e abordagens explicativas do que significa aprender (e ensinar), bem como às implicações de teorias como a da carga cognitiva e da aprendizagem multimídia no contexto da produção de conteúdos.

A Dimensão Comunicacional, que abordamos no Capítulo 3, concentra-se principalmente na exploração das matrizes de linguagens e das mídias como suporte de conteúdos

[1] ARETIO, L. G. (coord.). *De la educación a distancia a la educación virtual.* Barcelona: Ariel Educación, 2007.

educacionais, e no estabelecimento do diálogo didático simulado para criar entre quem aprende e quem ensina uma comunicação mediada por tecnologias e mídias.

A Dimensão Tecnológica dos conteúdos é explorada no Capítulo 4, com um foco específico no conjunto de serviços empregados para distribuir as mídias discutidas na dimensão comunicacional, bem como nas inovações tecnológicas que impactam formas de aprender, de ensinar, de apresentar conteúdos e de propor atividades de aprendizagem.

A Dimensão Organizacional, foco do Capítulo 5, engloba modos como os recursos humanos, financeiros e materiais são aplicados ao longo do tempo para soluções efetivas que realmente contribuam para a aprendizagem, destacando-se também a necessidade de alinhamento a políticas organizacionais mais amplas.

Assim, falar em conteúdos educacionais envolve questões multi e transdisciplinares, tanto do ponto de vista de quem aprende quanto de quem ensina e produz os recursos. Envolve também competências multi e transdisciplinares, que em geral estão distribuídas em uma equipe diversificada, a qual trabalha em sinergia para gerar um produto final tangível e passível de avaliação segundo critérios de qualidade definidos.

Por mais complexos que pareçam os fundamentos mínimos dessa multi e transdisciplinaridade, buscamos nesta parte inicial do livro ajudar o leitor na tarefa de compreendê-los, confiantes de que só uma visão integrada será capaz de capturar toda a riqueza envolvida na produção de conteúdos para educação.

Capítulo 1

DIMENSÃO TECNOCIENTÍFICA

Introdução

Neste capítulo, que trata da dimensão tecnocientífica, selecionamos alguns temas que consideramos cruciais para a organização dos conteúdos a serem produzidos. Iniciamos pela conceituação do termo currículo, discutindo a seguir algumas questões contemporâneas relacionadas – a inter e a transdisciplinaridade, a organização do currículo no tempo e no espaço e o currículo como caminho de formação de identidades.

Contudo, seria inviável falar em currículo – o que ensinar – sem considerar uma tipologia de conteúdos educacionais que inclui conhecimentos, habilidades e atitudes (ou, para os iniciados, a trilogia CHA), não por acaso relacionados aos domínios cognitivo, psicomotor e afetivo da taxonomia de objetivos educacionais de Bloom e à visão de competências como mobilização desses recursos em situações concretas.

Entretecidas essas relações, ao reconhecer que a organização curricular não se resume à seleção de tópicos, mas também à sua estruturação e ao seu sequenciamento, procuramos explorar visões alternativas que atendam a domínios de conhecimento diversos.

Discorremos aqui sobre essas questões que tangenciam a dimensão pedagógica, pelo fato de estarem elas intimamente relacionadas aos especialistas em conteúdo, aqueles que possuem o quadro teórico-prático completo de uma área ou domínio de conhecimento e podem tomar decisões de cunho técnico e/ou científico.

A propósito, aproveitamos esta breve introdução para ressaltar a distinção entre conhecimento técnico e científico, como estamos lidando em todo este livro. Ao primeiro atribuímos um grau médio de sistematização, uma preocupação imediata e pragmática em resolver problemas da vida cotidiana ou do mundo do trabalho, geralmente voltado à formação, capacitação e atualização profissional. O segundo, por sua vez, debruça-se sobre a compreensão de fenômenos naturais e sociais, bem como sobre as causas e leis que os regem, por meio de métodos passíveis de verificação e que asseguram sua aceitação pela comunidade científica. Há uma preocupação em sistematizar e transmitir esse conhecimento, muitas vezes apenas por seu valor teórico. Ambos os tipos de conhecimento – técnico e científico – são objetos da ação educacional e, portanto, de particular interesse para nós, objetos da produção de conteúdos.

Abordamos a dimensão tecnocientífica neste capítulo tendo em vista esses dois grandes campos de conhecimento. Ressalvadas as necessárias distinções, procuramos eleger denominadores comuns para explicar os fundamentos e as práticas relacionadas à produção desses dois universos de conteúdo, sem considerá-los um mais digno de atenção que o outro. De igual modo, procuramos endereçar os vários contextos nos quais eles são produzidos e utilizados, por isso adotamos o termo "situação didática" para nos referirmos a cursos, programas, disciplinas, unidades curriculares e mesmo capacitações, módulos e unidades de estudo.

Organização do currículo para a produção de conteúdos educacionais

O termo **currículo** vem do latim, remetendo a "corrida, lugar onde se corre"[2]. Via de regra, diz mais respeito ao que aprender e ensinar do que a como fazê-lo. Não nos enganemos, contudo, ao reduzir a organização curricular meramente à seleção de conteúdos.

Ao longo dos tempos, a literatura especializada tem registrado várias teorias sobre o currículo, mantendo, porém, a questão central de identificar o que deve ser ensinado e aprendido. Essas diferentes visões expressam o que se considera ser educação e o que se imagina ser um cidadão ou um profissional educado. Refletem, ainda, as forças dominantes em determinado contexto histórico, social e político.

Isso porque a decisão de selecionar, a partir de um repertório cultural muito amplo, o que deve ser objeto de estudo em um curso, um programa, uma disciplina, não é aleatória. Depende de premissas filosóficas, políticas, sociais e culturais que afetam um sistema, uma instituição ou um grupo, as quais norteiam as decisões sobre o que deve ser aprendido e ensinado.

> No Capítulo 2, *Dimensão pedagógica*, analisamos premissas epistemológicas que orientam as principais abordagens pedagógicas e explicam a relação entre o sujeito que conhece e o conteúdo [a ser] conhecido.

A despeito das múltiplas visões sobre o currículo e dos diversos contextos nos quais o termo é empregado, podemos elencar alguns consensos:

- Os conteúdos educacionais precisam ser relevantes para a sociedade (quando pensamos nos processos educacionais mais amplos de formação humana) ou para um sistema (por exemplo, processos de formação profissional e educação corporativa) e, ao mesmo tempo, devem atender ao nível de desenvolvimento e aos interesses dos alunos.
- Os conteúdos educacionais precisam relacionar-se a questões da vida cotidiana, permitindo ao aluno construir conhecimentos e habilidades de várias ordens, bem como valores e formas de conduta.
- Os conteúdos educacionais devem contribuir para que os alunos desenvolvam capacidades que vão além da memorização ou da compreensão, objetivando-se também o desenvolvimento da argumentação, da crítica e da solução de problemas.

---

[2] HOUAISS, 2002, p. 587.

Além disso, cabe ressaltar que, como artefato escolar (grade curricular, programa de estudo, plano de ensino, ementa), o currículo, além de tratar do que ensinar e aprender, se debruça sobre meios de organizar uma situação didática específica, incluindo objetivos educacionais a serem alcançados e orientações sobre o processo de avaliação (dada a tendência a atrelar o currículo a exames nacionais ou à avaliação de desempenho).

Retrocedendo historicamente, verificamos que, já nos anos 1930, Ralph Tyler gestava uma concepção de currículo como um conjunto planejado de experiências formativas destinadas a contribuir para que os alunos pudessem atingir um conjunto de objetivos previamente determinados.

Ralph W. Tyler

Pesquisador e avaliador norte-americano, é considerado por alguns o "pai da avaliação educacional", pois foi o primeiro a levantar a necessidade de formular objetivos para definir mais concretamente o que seria avaliado. Em 1949, sistematizou suas ideias sobre como organizar programas de estudos no livro *Princípios básicos de currículo e ensino*, que se tornou posteriormente um *best-seller* mundial.

Os princípios propostos por Ralph Tyler concentram-se em quatro questões fundamentais que, uma vez respondidas, permitem a elaboração de qualquer currículo, sem importar o sistema (ou contexto) no qual ele será realizado:

1) Que propósitos educacionais buscamos atingir?
2) Que experiências educacionais possibilitam a consecução desses objetivos?
3) Como essas experiências podem ser organizadas de modo eficiente?
4) Como podemos verificar se esses objetivos estão sendo alcançados?

Ainda hoje, essas questões tendem a servir de guias para a maioria dos projetos curriculares: a primeira trata de objetivos e conteúdos, a segunda e a terceira apontam para as orientações didáticas, e a quarta remete ao processo de avaliação.

Considerando as quatro questões propostas por Tyler, o leitor encontra a discussão sobre objetivos e conteúdos mais adiante neste capítulo. Quanto às orientações didáticas, recomendamos o Capítulo 2, *Dimensão pedagógica*, para os fundamentos teóricos, e o Capítulo 10, *Planejamento educacional*, para uma perspectiva prática. Por fim, no que se refere aos procedimentos de avaliação, sugere-se a consulta ao Capítulo 14, *Avaliação*.

É importante termos em mente que, em grande medida, as respostas às questões-chave propostas por Tyler estão intrinsecamente relacionadas à função social que a educação desempenha, e isso terá desdobramentos importantes na produção dos conteúdos educacionais.

Assim, se o ensino fundamental e médio visa à formação integral da criança e do adolescente, os parâmetros curriculares são definidos em nível nacional. Na educação superior, falamos em formação voltada para a cidadania e para o mercado de trabalho, com diretrizes curriculares minimamente unificadas que atendem a demandas da vida produtiva em qualquer parte do território. Na educação profissional e tecnológica, o foco está no desenvolvimento de competências profissionais, também elas sistematizadas em direção a um padrão mínimo, mas com uma ênfase mais técnica e aplicada, enquanto, na educação corporativa, o alvo é o desempenho do indivíduo em determinada função ou cargo. Resta à educação continuada abrigar as demais demandas por atualização e especialização e definir com maior liberdade seus programas de estudo.

Sabemos que essas decisões tomadas na instância curricular representam o norte para a produção de conteúdos educacionais, seja no caso do Programa Nacional de Livros Didáticos (PNLD), dos projetos de incentivo à construção e utilização de objetos digitais de aprendizagem, na produção de livros técnicos e universitários pelo mercado editorial, na geração de vídeos educacionais, na oferta de cursos de prateleira por fornecedores de *e-learning* etc.

Questões contemporâneas na discussão sobre o currículo

Como veremos em mais detalhes a seguir, os currículos não apenas apontam o que ensinar, mas também a ordem em que os conteúdos devem ser aprendidos, em que medida estes se relacionam entre si e, de modo implícito ou explícito, como tais relações acontecem em determinados espaços e tempos.

Na educação regular, o currículo sujeita-se ao espaço físico e ao ritmo característicos das instituições de ensino, com suas séries, ciclos, semestres e disciplinas. As experiências providas aos alunos acontecem nos tempos e locais da escola e da universidade. Na educação corporativa e continuada, esses limites geográficos e temporais tendem a ser muito mais variados.

No Capítulo 5, *Dimensão organizacional*, discutimos algumas mudanças na forma de produzir conteúdos educacionais em novas realidades educacionais influenciadas grandemente pelas tecnologias.

No entanto, cabe apontar aqui que, cada vez mais, a escola e a universidade têm deixado de ser os espaços exclusivos para acesso à educação.[3] E as formas de organizar o currículo acompanham essas novas realidades especiais e temporais.

No entanto, na contemporaneidade, há uma tendência a buscar a reintegração dos conteúdos que foram fragmentados pela especialização disciplinar. À medida que os conhecimentos relativos a cada campo foram aprofundando-se, novas subdivisões foram e continuam sendo criadas, e agora se mostra imprescindível restabelecer o nexo e a comunicação entre esses campos para que a compreensão do mundo real ocorra de modo relacional.

[3] Se considerarmos apenas o Brasil, vemos esse movimento cada vez mais presente em iniciativas complementares e integradas ao processo educacional clássico. É o caso das ações presenciais apoiadas por tecnologia (Um Computador por Aluno – UCA; modelo de sala de aula invertida – *flipped learning*; objetos digitais incorporados ao Programa Nacional de Livros Didáticos – PNLD). Testemunhamos esse movimento na expansão da educação a distância e aberta entre os programas federais (Universidade Aberta do Brasil – UAB; Programa Nacional de Acesso ao Ensino Técnico e ao Emprego – Pronatec), em algumas redes estaduais de educação, em programas de formação de docentes e também em cursos de instituições privadas de ensino superior. E presenciamos, ainda, a explosão da educação corporativa a distância, no âmbito privado e público, para não mencionar as inúmeras iniciativas que oferecem recursos educacionais abertos, gratuitos e de livre acesso a qualquer pessoa. A lista é infindável.

Para entender um pouco melhor essas relações, podemos recorrer ao **modelo de Jantsch**, criado em 1972, que trabalha com graus de aproximação entre disciplinas, conforme mostra a Figura 1.1.

•• **FIGURA 1.1** O modelo de Jantsch para interação entre as disciplinas

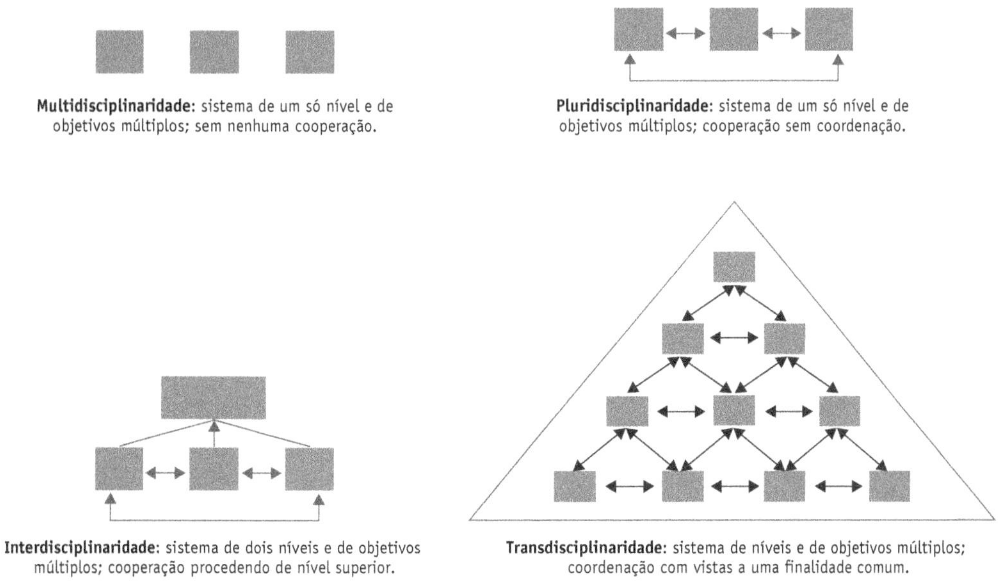

Fonte: Adaptada de SILVA, D. J. O paradigma transdisciplinar: uma perspectiva metodológica para a pesquisa ambiental. In: *Workshop sobre interdisciplinaridade*: marcos conceituais para o desenvolvimento da interdisciplinaridade. São José dos Campos: INPE/Instituto Nacional de Pesquisas Espaciais, 1999.

A **multidisciplinaridade** é caracterizada pela justaposição de várias disciplinas que coexistem lado a lado em torno de um mesmo tema ou problema. No entanto, a relação entre os profissionais representantes de cada área no plano técnico ou científico inexiste ou é baixíssima. Um exemplo é o funcionamento isolado de diferentes unidades dentro da mesma universidade.

A **pluridisciplinaridade** caracteriza-se pelo efetivo relacionamento entre as disciplinas, havendo coordenação por parte de uma delas ou por um elemento externo. São estabelecidos objetivos comuns, que impulsionam estratégias de cooperação para atingi-los. Prevalece a ideia de complementaridade, em que uma área preenche eventuais lacunas de outra. Um exemplo é a mesa-redonda constituída de especialistas convidados a debater um tema específico.

A **interdisciplinaridade** distingue-se por relações menos verticais entre as disciplinas, que operam sob conceitos comuns e se empenham em esclarecer às demais o jargão próprio de cada área. Há nova combinação de elementos internos, canais de troca entre os diferentes campos, que se unem em torno de uma tarefa a ser desempenhada conjuntamente. Um exemplo é

Jean Piaget

Biólogo suíço e uma das grandes fontes de inspiração do construtivismo. Responsável por formular uma teoria do conhecimento centrada no desenvolvimento natural da criança, seus estudos tiveram grande impacto sobre a pedagogia, especialmente pela defesa de que o conhecimento se dá por meio de descobertas. Entre suas muitas publicações, uma das mais representativas de sua teoria intitula-se *Seis estudos de psicologia* (1967).

a área de "saúde mental", que resulta da convergência entre psiquiatria, psicologia, psicanálise, sociologia e saúde coletiva, e é operada por iniciativas desenvolvidas em serviços comunitários de atenção a doentes mentais graves.

A **transdisciplinaridade** seria, conforme a concepção de Jean Piaget (1972), uma etapa superior na qual as interações entre os conhecimentos se dariam sem fronteiras disciplinares. Embora para alguns esse seja um horizonte inalcançável, utópico mesmo, à medida que exigiria uma autoridade a ser imposta às demais, arriscamo-nos a vislumbrar na web uma plataforma potencial para a construção de uma nova interação entre as disciplinas.

Qual o impacto dessas possibilidades na organização curricular e, mais particularmente, na produção de conteúdos educacionais? Bem, desde a fase inicial de seleção e ordenação do que ensinar (objetivos, conteúdos, competências), passando pelo planejamento fino das unidades de estudo, pela autoria dos textos de referência, pela roteirização e pela produção de mídias, verifica-se a oportunidade de embutir nas atividades de produção de conteúdos uma postura multidimensional, multirreferencial, capaz também de articular teoria e prática no tratamento dos tópicos curriculares. Dessa forma, os próprios materiais podem explicitar, emular ou incentivar os diálogos entre as áreas, que de outro modo ficariam à mercê da capacidade de percepção e síntese dos alunos.

Certamente esse impacto se estende aos modos de produção, visto que a própria constituição das equipes espelha o reconhecimento (ou não) das várias dimensões disciplinares envolvidas na compreensão de um tópico de conteúdo. Um modo de produção direcionado à inter e à transdisciplinaridade só se concretiza no convívio aberto entre diferentes especialistas e na construção de um vocabulário mínimo comum, que permita o compartilhamento e o enriquecimento mútuo tanto dos processos (escrita colaborativa, validações mútuas, avaliação multidimensional) como dos resultados (por exemplo, de coletâneas organizadas em torno de tópico único de conteúdo a conjuntos de objetos de aprendizagem interdependentes).

Os modos de produção são discutidos em mais detalhes no Capítulo 5, *Dimensão organizacional*.

Outro ponto de atenção relacionado ao currículo é sua influência na construção de identidades. Quando tomamos decisões relacionadas ao currículo, não estamos definindo apenas os conteúdos que irão constituí-lo. Estamos indicando também quais identidades serão construídas como resultado das interações do aluno com os conhecimentos, as habilidades e as atitudes relacionados a essa organização curricular.

E ressalte-se que essa perspectiva se aplica aos mais variados contextos: desde a identidade do cidadão formado para viver em sociedade até a do profissional formado para atuar no mercado de trabalho. Nesse sentido, uma aplicação mais prática das perspectivas inter e transdisciplinar é a organização do currículo por projetos[4] ou mesmo por temas geradores.[5]

Tipologia de conteúdos educacionais

Feitas essas considerações a respeito dos contextos de produção e utilização dos conteúdos educacionais, cabe-nos perguntar: afinal, em um cenário tão complexo e diverso, como determinar quais conteúdos devemos aprender e ensinar?

Para Zabala,[6] o termo **conteúdo educacional** expressa tudo aquilo que se deve aprender, avançando das matérias ou disciplinas clássicas, com seus conceitos, princípios, enunciados e teoremas, para abarcar tudo o que possibilita o desenvolvimento das capacidades motoras, afetivas, de relação interpessoal e de inserção social.

Aprofundando-se um pouco mais, Zabala propõe uma tipologia de conteúdos que se fundamenta basicamente em:

> **Antonio Zabala**
>
> Autor catalão, formado em Filosofia e Ciências da Educação pela Universidade de Barcelona. Foi responsável por uma grande transformação do sistema de ensino espanhol após a ditadura de Franco. Entre suas várias obras traduzidas para o português, algumas das mais conhecidas são: *A prática educativa:* como ensinar (1998), *Enfoque globalizador e pensamento complexo:* uma proposta para o currículo escolar (2002) e *Como aprender e ensinar competências* (2010).

- o que se deve **saber** ➡ conteúdos conceituais (conhecimentos);
- o que se deve **saber fazer** ➡ conteúdos procedimentais (habilidades);
- o que se deve **saber ser** ➡ conteúdos atitudinais (atitudes).

Vejamos cada uma dessas categorias de maneira mais detalhada.

Conteúdos conceituais

Os **conteúdos conceituais** referem-se aos conhecimentos que uma pessoa acumula ao longo da vida e estão relacionados à dimensão cognitiva ou ao saber propriamente dito. Essa categoria de conteúdos abrange:

- **Fatos:** pedaços de informação isolados e não articulados cuja existência pode ser constatada (por exemplo: datas, nomes, localidades e códigos).

---

[4] HERNÁNDEZ, F.; VENTURA, M. *A organização do currículo por projetos de trabalho:* o conhecimento é um caleidoscópio. Porto Alegre: Artmed, 1998; PICONEZ, S. C. B. A atualidade da proposta educativa de Paulo Freire. *Cadernos Pedagógicos de Reflexões,* São Paulo, v. 1, n. 1, 2004.

[5] FREIRE apud PICONEZ, S. C. B. Pedagogia de projetos: subsídios para a reconstrução dos espaços de ensino-aprendizagem. *Cadernos Pedagógicos de Reflexões,* São Paulo, v. 1, n. 4, 2004b.

[6] ZABALA, A. *A prática educativa:* como ensinar. Porto Alegre: Artes Médicas, 1998.

- **Conceitos:** objetos concretos ou abstratos, acontecimentos e símbolos com algumas características comuns; correspondem a uma representação mental e são identificados por um único nome.
- **Princípios:** enunciados que descrevem como as mudanças que ocorrem em um conjunto de objetos, acontecimentos, situações ou símbolos se relacionam com as modificações que ocorrem em outros conjuntos de princípios.

Conteúdos procedimentais

Os **conteúdos procedimentais** estão relacionados à aplicação produtiva do conhecimento, isto é, à capacidade de colocar em ação os conhecimentos armazenados na estrutura cognitiva. Correspondem à dimensão operacional e psicomotora, ao saber fazer, e podem estar mais ligados à motricidade (como saltar, recortar e desenhar) ou à cognição (como ler, inferir e traduzir).

Essa categoria inclui regras, técnicas, métodos e procedimentos, normas de ação, critérios e protocolos que são por natureza diretivos, mostram o passo a passo de como realizar uma tarefa e são empregados praticamente da mesma forma em diferentes situações.

Conteúdos atitudinais

Os **conteúdos atitudinais** referem-se a aspectos sociais e afetivos. Dizem respeito a sentimentos ou predisposições individuais que determinam a conduta de uma pessoa em relação aos outros, ao trabalho ou a situações da vida. Em outras palavras, correspondem ao querer fazer, à dimensão do saber ser/conviver.

Esses conteúdos podem remeter a:

- **Atitudes propriamente ditas:** tendências ou predisposições relativamente estáveis e consistentes sobre como agir.
- **Valores:** princípios ou ideias éticas que regulam o comportamento das pessoas em qualquer momento ou situação e lhes permitem emitir juízo sobre certas condutas (por exemplo: solidariedade, respeito ao próximo, responsabilidade).
- **Normas:** padrões ou regras de comportamento que todos os membros de um grupo devem seguir.

Objetivos educacionais e competências

Podemos identificar uma relação clara entre a tipologia de conteúdos educacionais como tratada por Zabala e a taxonomia de objetivos de Bloom, que categoriza a aprendizagem em três domínios básicos: cognitivo (que abrange conhecimentos e habilidades intelectuais), psicomotor (habilidades motoras) e afetivo (interesses e atitudes). Da mesma forma, é possível traçar um paralelo próximo com a noção de competências, as quais podem ser entendidas, de forma resumida, como a mobilização de conhecimentos, habilidades e atitudes.

Objetivos educacionais

A teoria dos **objetivos educacionais** vem do campo da psicologia educacional, cujas pesquisas advogam que a efetividade da aprendizagem aumenta quando o estudo é guiado por objetivos claros e precisos.

Planejar é prever a condução de uma situação didática indicada em termos de objetivos a serem alcançados. Para elaborar a apresentação de conteúdos ou a proposição de atividades para uma unidade de estudo, é imprescindível determinar previamente o que se pretende realizar: quais são as diretrizes, as metas, os alvos, ou seja, quais são os objetivos. Mas, afinal, o que é um objetivo educacional?

Não obstante as diversas definições existentes para o conceito, um objetivo educacional pode ser entendido como a descrição de um resultado que se deseja que os alunos sejam capazes de exibir ao final de uma situação didática.

Assim, boa parte do planejamento da ação didática consiste em especificar claramente quais são os resultados esperados. A partir daí, são definidas as estratégias para alcançá-los e, em seguida, avalia-se se os objetivos propostos foram realmente atingidos.

Os objetivos educacionais podem ser classificados, quanto ao grau de abrangência, em:

- **Gerais:** estabelecem o propósito de um programa, um curso, uma disciplina ou uma unidade de estudo e, por isso, são mais complexos, alcançáveis a médio e longo prazo. Estão muito mais ligados à organização curricular do que ao planejamento fino das unidades de estudo.
- **Específicos:** são alcançados em espaços de tempo mais curtos, pois expressam de maneira realista o que se espera do aluno em uma unidade de estudo ou uma atividade de aprendizagem. São mais simples, diretos e concretos. Quando estabelecidos de forma coerente e complementar, possibilitam o alcance dos objetivos gerais.

Uma das questões mais presentes na discussão sobre objetivos educacionais é como descrever a conduta desejada para o aluno. Espera-se que sua redação seja precisa, informando claramente o que se espera da ação educacional e facilitando a escolha de estratégias de ensino-aprendizagem, bem como fornecendo as bases para o processo de avaliação.

> No Capítulo 10, *Planejamento educacional*, retomamos a definição de objetivos de aprendizagem quando abordamos a elaboração da matriz de planejamento.

Em termos pontuais, a recomendação é que o objetivo seja composto por um verbo de ação no infinitivo, seguido daquilo que o aluno deverá saber (domínio cognitivo), fazer (domínio psicomotor) ou ser (domínio afetivo). Na seção seguinte, apresentamos um quadro com verbos indicados para os diferentes tipos de aprendizagem. No entanto, esperamos, juntamente ao leitor, evitar a febre provocada nos anos 1970 pela "busca do verbo correto", que acabou reduzindo o valor desse construto ao mero formalismo técnico.

A taxonomia de objetivos educacionais de Bloom

Avançando um pouco mais na compreensão dos objetivos educacionais, é importante citar um dos autores que influencia até hoje a prática pedagógica nos mais diferentes contextos, incluindo a produção de conteúdos educacionais.

Em meados da década de 1950, Benjamin Bloom organizou uma **taxonomia** para descrever os tipos de aprendizagem e objetivos educacionais correspondentes. Criada a princípio para subsidiar ações de avaliação, estendeu-se para o campo do currículo e do ensino, tendo por base os processos fundamentais da psicologia comportamental em relação ao ensino-aprendizagem.

Taxonomia
Ciência ou técnica de classificação.

A abordagem comportamentalista da aprendizagem é examinada no Capítulo 2, *Dimensão pedagógica*, e o tema "objetivos educacionais" é retomado no Capítulo 10, *Planejamento educacional*.

Benjamim Bloom

Pedagogo, psicólogo e professor da Universidade de Chicago, organizou, juntamente a colaboradores da Associação Americana de Psicologia, uma classificação hierárquica sobre os domínios de aprendizagem. A categorização possibilitou aos educadores adotar uma linguagem comum para planejar, executar e avaliar o processo educacional, tornando-se matéria obrigatória nos cursos de formação de professores, inclusive no Brasil. Sua única obra publicada em português data da década de 1970 e leva o mesmo nome de sua principal teoria: *Taxonomia de objetivos educacionais* (vols. 1 e 2).

Amplamente disseminada como a primeira linguagem comum e padronizada para identificar e classificar as atividades educacionais, ao final da década de 1960, a maioria dos professores norte-americanos já utilizava essa taxonomia para escrever objetivos educacionais do domínio cognitivo. No Brasil, sua disseminação ocorreu nos idos dos anos 1970, com a introdução dos guias curriculares na capacitação de professores das redes estaduais de ensino.

Enquanto Bloom se dedicou ao detalhamento da taxonomia no domínio cognitivo tal como a conhecemos hoje, foi um grupo de pesquisadores ligado a ele que, na década de 1960, expôs minuciosamente as condutas do domínio afetivo. A taxonomia de objetivos psicomotores sequer foi esboçada por Bloom e por seu grupo, sendo desdobrada por outros autores inspirados na teoria.

Uma das bases teóricas da taxonomia de objetos educacionais defende que as condutas cognitiva, psicomotora e afetiva se estruturam em uma hierarquia de desenvolvimento. No domínio cognitivo, vão do padrão mais simples (aquisição de informação) aos mais complexos (avaliação crítica da informação); no domínio psicomotor, da aprendizagem mecânica de condutas motoras para uma espécie de assimilação consciente; e, no domínio afetivo, do mais externo (estar aberto a uma nova experiência que se apresenta) para o mais interno, relacionado à capacidade de constituir uma visão de mundo própria que oriente sua atuação na sociedade, na comunidade e/ou no mercado de trabalho.

Alguns autores ressalvam que os objetivos do domínio cognitivo não formam uma hierarquia, visto que, por exemplo, habilidades de avaliação não podem ser consideradas com valor mais alto que habilidades de aplicação. Cada elemento da taxonomia tem seus próprios objetivos e valores.

Muitas críticas são feitas à taxonomia de Bloom, tanto em termos de validade desse construto quanto em função da hierarquização de objetivos (por exemplo, atribuir à conduta de aplicação um valor menor que à conduta de avaliação). Além disso, alguns educadores até hoje resistem ao emprego de objetivos educacionais por considerá-los utilitários ou restritivos, em particular pelo risco de eles limitarem o potencial da aprendizagem a conhecimentos ou habilidades estrita e externamente especificados.

> Uma leitura que recupera e atualiza a discussão sobre taxonomias de objetivos educacionais é o artigo *Taxonomia de objetivos educacionais sessenta anos depois*, de Celso Luckesi (2011).

Para um grande número de educadores, contudo, a taxonomia representa uma contribuição incomparável para o planejamento, o design instrucional e a preparação de instrumentos de avaliação.

Em linhas gerais, a taxonomia dos objetivos educacionais é baseada em três domínios e respectivas condutas passíveis de aprendizagem:

1) **Objetivos do domínio cognitivo:** lidam com a recuperação ou o reconhecimento da informação e o desenvolvimento da compreensão e de habilidades intelectuais. Tratam de mudanças conceituais ou internas, aquelas demonstradas quando os alunos são capazes de reconhecer, criar, inter-relacionar, aplicar, compreender, levantar hipóteses, fazer predições e transferir a aprendizagem para situações da vida real. As condutas do domínio cognitivo incluem:
   - **Conhecimento:** envolve obtenção, por parte do aluno, de informações, que podem ir desde as mais específicas e concretas (como terminologia e fatos) até as mais universais e abstratas (como convenções, categorizações, metodologias, princípios e teorias). Como conduta observável, o aluno é capaz de recordar fatos, termos e princípios na forma em que foram aprendidos.
   - **Compreensão:** implica o entendimento das informações, além do seu mero registro. O aluno apossa-se da informação, que deixa de pertencer ao mundo externo e passa a fazer parte de seu mundo interno. Ocorre um tipo de elaboração que permite ao aluno ampliar, reduzir ou representar de outra maneira a informação assimilada.

- **Aplicação:** reflete-se na capacidade de o aluno usar os conhecimentos adquiridos para solucionar problemas novos ou desafios concretos da vida real. O aluno faz generalizações e abstrações, transferindo uma informação genérica a uma situação nova e específica. Sem a aquisição desta habilidade, os conhecimentos assimilados permanecem como arquivos mortos.
- **Análise:** corresponde à capacidade de separar uma informação em partes componentes, por meio de identificação, hierarquização e estabelecimento de relações entre elas segundo princípios de organização.
- **Síntese:** equivale à capacidade de combinar elementos e partes, formando algo novo coerente, consistente, que terá necessariamente traços individuais distintos.
- **Avaliação:** significa o julgamento de algo em comparação a padrões definidos. O aluno emite um juízo crítico sobre a validade de um dado, uma informação, uma teoria, um produto, ao confrontá-lo com um ou mais critérios.

2) **Objetivos do domínio afetivo:** descrevem mudanças nos interesses, nas atitudes e nos valores, o modo de lidar emocionalmente com os sentimentos, a motivação. As habilidades desenvolvidas são: apreciação estética, compromisso, autoconsciência, consciência de fatores externos, ética e moral. Para esse domínio, prevê-se uma hierarquia no grau de internalização de determinados valores em cinco níveis:
   - **Recepção:** diante de algo novo, o aluno recebe o estímulo e dirige sua atenção a ele de modo seletivo e intencional.
   - **Resposta:** o aluno avança para reagir positivamente ao estímulo, envolvendo-se com um conteúdo ou uma atividade.
   - **Valorização:** o aluno adota para si o valor, por meio de uma convicção interna que o orienta em suas condutas, participa e busca novas formas de envolver-se.
   - **Organização:** o aluno organiza os valores em um sistema, estabelecendo relações entre eles e elegendo aqueles que considera dominantes e universais.
   - **Caracterização ou internalização plena:** o aluno passa a ser identificado como um representante do sistema de valores ou filosofia de vida, valor que ele incorporou e que comanda agora seu modo de ser e de agir.

3) **Objetivos do domínio psicomotor:** incluem movimento físico, coordenação motora e uso de habilidades corporais, desenvolvidas pela prática e avaliadas em termos de velocidade, precisão, distância, procedimentos ou técnicas de execução.

Como vimos, uma das maiores preocupações quando se trata dos objetivos educacionais é sua redação precisa. Por essa razão, disponibilizamos no Quadro 1.1 verbos recomendados para os diferentes domínios e condutas.

•• **QUADRO 1.1** Verbos utilizados para descrever objetivos educacionais

Domínio cognitivo					
Conhecimento	Compreensão	Aplicação	Análise	Síntese	Avaliação
Apontar	Classificar	Adequar	Analisar	Administrar	Apreciar
Catalogar	Combinar	Anotar	Averiguar	Compor	Argumentar
Citar	Conceituar	Aplicar	Arranjar	Concluir	Avaliar
Copiar	Converter	Calcular	Criticar	Condensar	Argumentar
Declarar	Discutir	Computar	Categorizar	Construir	Concluir
Definir	Esboçar	Delinear	Comparar	Criar	Conferir
Descrever	Esclarecer	Demonstrar	Discriminar	Desenvolver	Criticar
Destacar	Especificar	Descobrir	Distinguir	Diagnosticar	Escolher
Dizer	Exemplificar	Desempenhar	Diferenciar	Elaborar	Estimar
Duplicar	Explicar	Desenhar	Debater	Estabelecer	Inferir
Enumerar	Localizar	Dramatizar	Defender	Formular	Julgar
Enunciar	Narrar	Esboçar	Escolher	Interpretar	Justificar
Escrever	Reafirmar	Escolher	Examinar	Resumir	Medir
Expressar	Reconhecer	Esquematizar	Explicar	Sintetizar	Mensurar
Falar	Reescrever	Estimar	Experimentar		Predizer
Identificar	Resumir	Executar	Formular		Preferir
Indicar	Revisar	Explicar	Investigar		Recomendar
Listar	Selecionar	Formular	Organizar		Relacionar
Marcar	Situar	Ilustrar	Planejar		Selecionar
Nomear	Sublinhar	Inferir	Propor		Validar
Ordenar	Traduzir	Interpretar	Questionar		Valorizar
Recitar	Transcrever	Inventariar	Relacionar		
Recordar		Manipular	Testar		
Registrar		Modificar			
Relatar		Mostrar			
Relembrar		Mudar			
Repetir		Operar			
Reproduzir		Praticar			
Rotular		Predizer			
Sublinhar		Preparar			
		Produzir			
		Rascunhar			
		Selecionar			
		Traçar			

➤

➤

Domínio psicomotor			
Acionar Ajustar Aplicar Calibrar Coletar Compor	Conduzir Confeccionar Construir Controlar Demonstrar	Executar Experimentar Manejar Manusear Montar	Operar Regular Representar Simular Testar

Domínio afetivo				
Recepção	Resposta	Valorização	Organização	Caracterização ou internalização plena
Aceitar Acumular Atender Conscientizar-se de Interessar-se por Permitir Prestar atenção em	Apontar Apreciar Aprovar Escrever Ponderar Reagir a	Apoiar Aprovar Obedecer Participar Respeitar	Associar Estudar Julgar Partilhar Propor	Agir de acordo com Comportar-se de acordo com Identificar-se com Integrar Mediar Praticar Revisar Solucionar Verificar

Fonte: Elaborado pelas autoras.

Da mesma forma que organizar o currículo apenas em torno de tópicos de conteúdo pode representar apenas uma parte do complexo processo de ensino-aprendizagem, basear as decisões curriculares na taxonomia de objetivos educacionais não é necessariamente o único caminho a tomar.

Aprendizagem baseada em competências

Como ocorre com muitos conceitos na área educacional, há inúmeras definições e perspectivas relacionadas à **aprendizagem baseada em competências**. Vimos anteriormente que um denominador comum está em entender **competência** como a mobilização de determinados atributos ou capacidades – conhecimentos (dimensão do saber), habilidades (dimensão do saber fazer) e atitudes (dimensão do querer ser ou fazer) – em comportamentos observáveis.

Essa compreensão mínima nos parece suficiente para atender às particularidades dos vários contextos educacionais em que o termo é empregado e também para subsidiar nossa reflexão sobre a relação entre currículo, objetivos educacionais e competências.

Assim, uma alternativa é organizar o currículo com base no desenvolvimento de competências encaradas como objetivos gerais a serem alcançados em um programa, curso ou disciplina, e destrinchá-los em objetivos específicos clássicos. É praticamente o mesmo que considerar as condutas dos domínios cognitivo, psicomotor e afetivo como capacidades que compõem as competências mais gerais.

E, considerando que as competências não se limitam a um estoque de recursos teóricos ou empíricos, mas constituem a capacidade de integrar e transferir esses recursos em situações concretas, sua maior contribuição está no valor dado à aplicação do que foi aprendido e à sua articulação com outros contextos – social, político, profissional – além do pedagógico. Quer dizer, aprende-se para a vida, para o mundo, para a sociedade, e não para a escola ou para a universidade.

Desse modo, organizar o currículo com base em competências nos obriga a reconhecer que nem todos os resultados pretendidos poderão ser alcançados ao longo ou ao final de um programa, um curso ou uma disciplina, em distinção àqueles que só poderão ser observados pela ação do aluno no contexto real do trabalho ou do ambiente social (as "competências em ação"), ou seja, quando ele não é mais aluno.

Para um caleidoscópio de definições voltadas à educação escolar, o leitor pode consultar a obra de Antonio Zabala e Laia Arnau, *Como aprender e ensinar competências* (2010). Uma análise mais abrangente encontra-se na obra organizada por José Gimeno Sacristán, intitulada *Educar por competências:* o que há de novo? (2011). E, para uma discussão focada no contexto organizacional, sugerimos o livro organizado pelos professores Maria Tereza Fleury e Moacir de Miranda Oliveira Jr., *Gestão estratégica do conhecimento:* integrando aprendizagem, conhecimento e competências (2000).

Neste ponto, há uma conexão interessante com abordagens pedagógicas mais voltadas para o mundo real, como é o caso da cognição situada, da qual tratamos no Capítulo 2, *Dimensão pedagógica*.

Estruturação e sequenciamento de conteúdos educacionais

Definido **o que** aprender (e ensinar) – a abrangência de conhecimentos, habilidades, atitudes, capacidades, competências que o aluno deve saber, saber fazer ou querer ser ou fazer, emerge a necessidade de organizar **como** esses conteúdos serão aprendidos (e ensinados).

Há décadas, autores especializados em teorias de aprendizagem vêm demonstrando que a sequência na qual o estudo acontece é fundamental para que o aluno aprenda. Então, ainda no nível de organização curricular, temos de decidir como estruturar e sequenciar os conteúdos.

Vários aspectos precisam ser observados nessa tomada de decisão: o tamanho e a extensão da unidade de estudo, os componentes e suas ordenações dentro de cada unidade e, quando aplicável, a sequência das unidades de estudo, como representado na Figura 1.2, a seguir.

•• **FIGURA 1.2** Decisões curriculares relacionadas a abrangência e sequência dos conteúdos

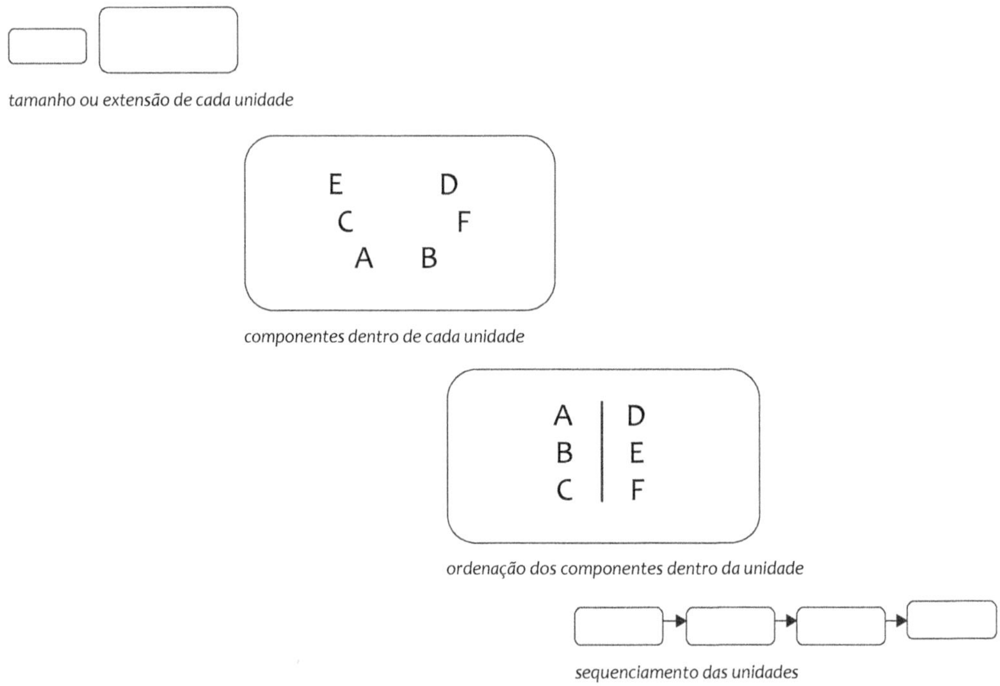

Fonte: REIGELUTH, C. (ed.). *Instructional-design theories and models:* a new paradigm of instructional theory. v. II. New Jersey: Lawrence Erlbaum Associates, 1999. p. 428-429.

À medida que o tamanho ou a extensão do programa, do curso, uma disciplina ou uma unidade de estudo aumenta, eleva também o impacto do sequenciamento, seja dos componentes internos de uma unidade, seja do conjunto de unidades de estudo. Quando o conteúdo exige mais que algumas horas para ser aprendido, o sequenciamento pode ajudar a prover uma organização lógica e significativa para o aluno.

A sequência dos conteúdos é importante quando a relação entre os componentes de uma unidade de estudo ou os tópicos de um programa, um curso, uma disciplina ou uma unidade de estudo é forte. Por exemplo, quando falamos sobre aplicativos de escritório, não importa se começamos por processadores de texto, planilhas eletrônicas ou programas de apresentação de slides. Entretanto, se estamos tratando das fases de um processo, a sequência na qual os conteúdos são apresentados influenciará tanto a compreensão dos tópicos isolados quanto as relações existentes entre eles.

Portanto, a relação entre os tópicos do currículo é o que mais contribui para determinar qual é o impacto da sequência. Se há pouca ou nenhuma relação entre os tópicos, a sequência diminui de importância. No entanto, havendo forte relação entre os tópicos, precisamos observar a natureza dela para orientar o tipo de sequenciamento mais adequado.

Em nossa busca transdisciplinar por compreender uma ideia sob diversas dimensões, invocamos aqui uma categorização da área do design da informação, elaborada por Wurman.[7] Para esse autor, as diferentes formas de organizar um conteúdo podem ser resumidas na sigla LATCH:

Richard Saul Wurman

É considerado o pai da arquitetura da informação, termo cunhado por ele em 1975. Entre suas obras já traduzidas para o português, nas quais o leitor poderá conhecer mais sobre a categorização citada, estão *Ansiedade da informação I* e *II* (1991 e 2005, respectivamente).

- Local: agrupamento por localização geográfica ou geométrica (por exemplo, mapas).
- Alfabeto: agrupamento por ordem alfabética (por exemplo, lista telefônica).
- Tempo: agrupamento cronológico (por exemplo, períodos históricos e intervalos de tempo).
- Categoria: agrupamento de bens diversos, genéricos, geralmente de importância similar (por exemplo, "verduras", "frutas", "vitaminas").
- Hierarquia: agrupamento por atribuição de peso ou valor (por exemplo, do maior para o menor, do mais claro para o mais escuro).

Além disso, de acordo com o número de tópicos a ser ensinado, podemos falar em sequenciamento tópico e espiral, como mostra a Figura 1.3.

Retomamos a categorização LATCH, no Capítulo 12, *Roteirização*, quando abordaremos a criação de infográficos.

•• FIGURA 1.3 Sequenciamento tópico e espiral

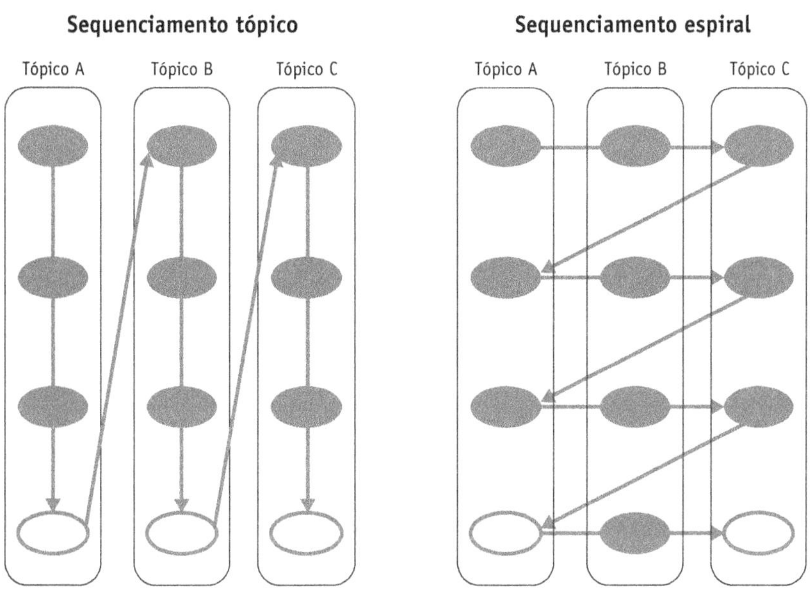

Fonte: REIGELUTH, 1999, p. 432.

[7] WURMAN, R. S. *Ansiedade da informação.* São Paulo: Editora de Cultura, 1991. p.43.

No **sequenciamento tópico**, um tópico de conteúdo ou tarefa precisa ser aprendido antes que o aluno possa mover-se ao seguinte. O benefício é que o aluno concentre toda a sua atenção em um único tópico de cada vez, realizando uma aprendizagem profunda em um período de tempo determinado. No entanto, uma vez que o aluno passe a um novo tópico, pode acontecer de o anterior ser simplesmente esquecido. E também é provável que o aluno só obtenha a percepção do domínio de conhecimento completo ao final do currículo proposto. Essa deficiência pode ser compensada, em alguma medida, pela incorporação de estratégias instrucionais para apresentar uma visão geral do campo de conhecimento, e sucessivas revisões e sínteses.

Jerome S. Bruner

É doutor em psicologia pela Universidade de Harvard e ainda atua como professor na Universidade de Nova York. Ganhou notoriedade por sua participação na reforma curricular norte-americana ocorrida na década de 1960, pela valorização de disciplinas científicas como ciências e matemática no currículo de escolas básicas e secundárias. Entre suas muitas obras na área de educação e psicologia, destaca-se o clássico *Toward a theory of instruction* (1966).

No **sequenciamento espiral**, o aluno aprende os aspectos básicos de um tópico, e então de outro e de outro mais, antes de retornar e aprofundar-se em cada tópico específico. Esse padrão continua até que o necessário aprofundamento seja alcançado para todos os tópicos. O currículo é organizado, então, em espiral, de uma maneira que permita ao aluno construir continuamente novos conhecimentos a partir do que ele aprendeu. Essa forma de organizar o currículo em espiral se baseia na pressuposição de Bruner[8], segundo a qual os fundamentos de qualquer disciplina científica podem ser ensinados, pelo menos em suas formas mais simples, a pessoas de qualquer idade e formação, uma vez que os mesmos tópicos serão posteriormente retomados com maior aprofundamento.

O benefício do sequenciamento espiral é que a síntese e a revisão estão embutidas por todo o processo. O relacionamento entre os tópicos pode ser aprendido mais facilmente porque esse tipo de sequenciamento permite que sejam aprendidos aspectos similares de vários tópicos. Além disso, ao retomar tópicos anteriores a fim de aprofundar a aprendizagem, o aluno se depara com uma revisão periódica do que já foi aprendido. A potencial desvantagem em alternar entre tópicos o tempo todo está na interrupção da linha de pensamento por parte do aluno.

Esses dois tipos de sequenciamento não existem na forma pura, mas podem ser visualizados em um *continuum* dependente da intensidade de relação entre os tópicos e o tamanho do curso.

Elaboração de conteúdos educacionais

Muitas são as teorias que indicam formas de organizar e sequenciar conteúdos educacionais. Optamos por apresentar duas delas, que, a nosso ver, são teoricamente representativas e potencializam um diálogo posterior com as tecnologias e mídias aplicadas à educação. Além disso, cada uma das teorias escolhidas cobre o entendimento de um tipo de domínio de conhecimento.

---

8 BRUNER, J. S. *Toward a theory of instruction*. Cambridge: Harvard University Press, 1966.

Os domínios bem estruturados caracterizam-se pela incidência de uma base unificadora de representação, princípios gerais orientadores e uma semelhança entre os casos que possibilita também uma forma de análise similar. Já os domínios complexos, pouco ou mal estruturados definem-se pela ausência de regras ou princípios gerais que possam ser aplicados a casos concretos. As relações hierárquicas de domínio e subordinação são alteradas de caso para caso, e os mesmos conceitos assumem significados diferentes em contextos diversos. Assim, para os domínios bem estruturados, aplicamos a seguir a teoria da elaboração. E, para domínios complexos, pouco ou mal estruturados, a teoria da flexibilidade cognitiva.

A teoria da elaboração

A **teoria da elaboração** foi desenvolvida por Charles Reigeluth e associados, ao final da década de 1970, com base nos trabalhos de Bruner (currículo em espiral) e Ausubel (diferenciação progressiva).

Essa teoria pressupõe que os conteúdos devem ser organizados dos mais simples para os mais complexos, dos mais familiares para os menos familiares, das formas mais elementares de um procedimento para as mais complexas. O chamado método da simplificação de condições, desenvolvido a partir dessa teoria, compõe-se basicamente de dois níveis:

Charles M. Reigeluth

Teórico norte-americano dedicado à área do design instrucional, que atua como professor na Universidade de Indiana. É responsável pela publicação dos volumes I, II e III da obra *Instructional design theories and models* (1983, 1999 e 2003), conhecida como "Livro Verde", ou a bíblia do design instrucional, ainda não disponível em português.

1) **Epitomização (sumário):** definição mais simples do conteúdo a ser estudado, mas que ainda congrega os aspectos mais fundamentais e representativos do tema global.
2) **Elaboração (desenvolvimento):** apresentação de camadas sucessivas de complexidade a respeito do mesmo tópico de estudo.

Uma metáfora para descrever a relação entre os níveis de epitomização e elaboração é o *zoom*: a câmera começa com uma visão panorâmica (o epítome) e a partir daí realiza vários ciclos de aproximação (*zoom in*) e afastamento (*zoom out*) para observar as partes mais importantes da imagem. Esse processo de aproximação/afastamento prossegue até que todas as partes tenham sido examinadas com o detalhamento necessário.

Principalmente quando associada a mídias digitais, a possibilidade de acessar facilmente a informação mais detalhada ou mais geral para reavaliar e realizar sínteses tem um impacto positivo na assimilação e transferência do conhecimento por parte do aluno. Nesse ponto, a teoria da elaboração pode ser uma contribuição importante, ao fornecer, por meio dos epítomes, dos níveis de elaboração e das sequências propostas, uma espécie de mapas ou pontos de referência que minimizam o risco de os alunos se perderem no hiperespaço, conferindo-lhe o necessário grau de estruturação.

Além disso, a teoria da elaboração permite responder a desafios importantes no planejamento e na oferta de conteúdos educacionais, no que tange a questões de granularidade e combinação. Isso porque o tamanho ideal de um recurso ou objeto de aprendizagem deve corresponder à sua capacidade de prover, isoladamente ou de forma combinada, a epitomização ou a elaboração. E a combinação de recursos individuais pode refletir uma ordem crescente de complexidade.

Essa forma modular de organização possibilita a incorporação de mudanças sem que a estrutura global de uma unidade de estudo seja prejudicada. E ainda lhe confere uma plasticidade que viabiliza ajustes ou mudanças em um curto período de tempo, a um custo razoável.

Teoria da flexibilidade cognitiva

A **teoria da flexibilidade cognitiva** é uma teoria construtivista de ensino e aprendizagem, desenvolvida por Rand Spiro e colaboradores desde o final da década de 1980, tendo em vista a aquisição de conhecimentos de nível avançado, em domínios complexos e pouco estruturados.

Segundo essa teoria, a apresentação sequencial de conteúdos não gera problemas quando a informação tratada é simples e bem estruturada, ou na fase inicial de aprendizagem de conceitos e teorias básicos. Quando, porém, os níveis de dificuldade aumentam, tudo se torna menos estruturado. E, para esse estágio, a teoria da flexibilidade cognitiva propõe a apresentação dos conteúdos em diversas formas e aplicados a diferentes situações, por meio de vários casos e exemplos, de modo que o aluno possa apreender o problema como um todo, identificando a complexidade presente entre ideias que se inter-relacionam.

Rand Spiro

Professor de psicologia educacional na Universidade da Pensilvânia, seus interesses abrangem a aquisição de conhecimento em domínios complexos e o uso de hipermídia para promover a flexibilidade cognitiva. Com extensa lista de publicações em inglês, suas pesquisas podem ser conhecidas em nosso idioma por meio do trabalho de autores brasileiros e portugueses, conforme citado nas referências deste capítulo.

De acordo com Spiro, os conhecimentos necessários para enfrentar uma nova situação ou informação não são simplesmente recuperados da memória na forma em que ali se encontram. Precisam ser selecionados, combinados e adaptados de forma também nova. Considera-se então flexibilidade cognitiva como a capacidade de uma pessoa reestruturar seus conhecimentos para resolver uma situação ou um problema novo. A flexibilidade cognitiva resulta não só do modo como o conhecimento é representado (por múltiplas dimensões conceituais e múltiplas travessias da paisagem), mas também da análise de muitos casos.

A teoria da flexibilidade cognitiva sugere sete princípios que podem ser empregados na organização dos conteúdos:

1) Demonstrar a complexidade e a irregularidade, evidenciando situações que parecem semelhantes, mas, quando analisadas, revelam-se diferentes.
2) Utilizar múltiplas representações do conhecimento, em diferentes contextos.
3) Centrar a exploração do currículo em estudos de casos.

4) Enfatizar o conhecimento aplicado a situações concretas em vez do conhecimento abstrato.
5) Proporcionar a construção de esquemas flexíveis pela apresentação de situações às quais determinados conceitos se aplicam.

> Para uma leitura mais aprofundada, recomendamos o artigo *A representação do conhecimento segundo a teoria da flexibilidade cognitiva*, da professora Ana Amélia Amorim Carvalho (2000).

6) Evidenciar múltiplas conexões entre conceitos e minicasos (as chamadas "travessias temáticas"), evitando a compartimentalização do conhecimento.
7) Estimular a participação ativa do aluno por meio de orientação especializada preparada por especialistas no assunto, proporcionando uma visão multifacetada.

Reconhecido o valor da teoria da flexibilidade cognitiva para a aprendizagem em domínios complexos e pouco estruturados, há que se considerar, todavia, o alerta de Spiro e seus colaboradores: se o domínio em estudo é simples e bem estruturado ou se os objetivos de aprendizagem envolvem apenas uma introdução ao assunto, não existe justificativa para impor ao aluno a sobrecarga cognitiva decorrente da não linearidade e da multidimensionalidade.

•• PARA CONCLUIR

Este livro foi organizado tendo em vista o esforço de interação entre as disciplinas que informam a produção de conteúdos educacionais, uma vez que não podemos negar que esse é, de fato, um desafio inter e transdisciplinar.

Buscamos, ao longo dos capítulos, adotar uma perspectiva holística, relacionando referências e explicitando remissões até onde isso foi possível para o atual estágio de maturidade da pesquisa e prática em produção de conteúdos educacionais.

Assim, cientes da complexidade desta dimensão, dependente que é de questões de natureza filosófica e política, buscamos elencar os principais aspectos envolvidos na tomada de decisão sobre o que e (em certa medida) como ensinar.

É certo que essas decisões se dão em instâncias diversas de acordo com o contexto de utilização dos conteúdos educacionais, e em muitos casos o desafio de produzir conteúdos já se inicia com essas definições estabelecidas anteriormente e/ou por terceiros. Nesses casos, que não são raros no meio educacional, é possível reconhecer quanto ainda há por pensar e fazer em relação à produção de conteúdos: há todo um trabalho de apresentar conteúdos e propor atividades de aprendizagem que traduzam as descobertas e os avanços pedagógicos, comunicacionais, tecnológicos e também organizacionais.

•• REFERÊNCIAS

ARETIO, L. G. (coord.). *De la educación a distancia a la educación virtual*. Barcelona: Ariel Educación, 2007.

BLOOM, B. S. et al. *Taxonomia de objetivos educacionais*, v. 1 e 2. Porto Alegre: Globo, 1979.

BRASIL, Ministério da Educação, Secretaria de Educação a Distância. *Currículo:* questões contemporâneas. *Salto Para o Futuro*, Ano XVIII, Boletim 22, 2008.

BRUNER, J. S. *Toward a theory of instruction*. Cambridge: Harvard University Press, 1966.

CARVALHO, A. A. A. A representação do conhecimento segundo a teoria da flexibilidade cognitiva. *Revista Portuguesa de Educação*, v. 13, n. 1, 2000.

COLL, C. et al. *Os conteúdos na reforma:* ensino e aprendizagem de conceitos, procedimentos e atitudes. Porto Alegre: Artmed, 1998.

_________. *Psicologia e currículo*. São Paulo: Ática, 1996.

DELORS, J. *Educação*: um tesouro a descobrir. São Paulo: Cortez, 1996.

FLEURY, M. T.; OLIVEIRA Jr., M. de M. *Gestão estratégica do conhecimento:* integrando aprendizagem, conhecimento e competências. São Paulo: Atlas, 2000.

GARCIA, R. L.; MOREIRA, A. F. B. (orgs.). *Currículo na contemporaneidade*: incertezas e desafios. São Paulo: Cortez, 2008.

HERNÁNDEZ, F.; VENTURA, M. *A organização do currículo por projetos de trabalho:* o conhecimento é um caleidoscópio. Porto Alegre: Artmed, 1998.

HOUAISS. *Dicionário eletrônico da Língua Portuguesa*. São Paulo: Objetiva, 2002.

Instituto Nacional de Estudos e Pesquisas Educacionais Anísio Teixeira (INEP). *Thesaurus brasileiro da educação (Brased)*.

LUCKESI, C. Taxonomia de objetivos educacionais sessenta anos depois. *Educatrix*, São Paulo, ano 1, n. 1, p. 39-47, set. 2011.

MAGER, R. F. *Análise de objetivos*. 2. ed. Porto Alegre: Globo, 1983.

_________. *Preparing instructional objectives*. California: Fearon Publishers, 1962.

MOREIRA, A. F. B. (org.). *Currículo:* políticas e práticas. Campinas: Papirus, 2006.

PIAGET, J. *Seis estudos de psicologia*. Rio de Janeiro: Forense, 1967.

_________. The epistemology of interdisciplinary relationships. In: APOSTEL, L. et al. (ed.). *Interdisciplinarity*: problems of teaching and research in universities. Paris: OECD, 1972.

PICONEZ, S. C. B. A atualidade da proposta educativa de Paulo Freire. *Cadernos Pedagógicos de Reflexões*, São Paulo, v. 1, n. 1, 2004.

_________. Pedagogia de projetos: subsídios para a re-construção dos espaços de ensino--aprendizagem. *Cadernos Pedagógicos de Reflexões*, São Paulo, v. 1, n. 4, 2004.

REIGELUTH, C. M. (ed.). *Instructional-design theories and models:* a new paradigm of instructional theory, v. II. New Jersey: Lawrence Erlbaum Associates, 1999.

SACRISTÁN, J. G. *Educar por competências:* o que há de novo? Porto Alegre: Artmed, 2011.

SILVA, D. J. O paradigma transdisciplinar: uma perspectiva metodológica para a pesquisa ambiental. In: *Workshop sobre interdisciplinaridade*: marcos conceituais para o desenvolvimento da interdisciplinaridade.

São José dos Campos: INPE/Instituto Nacional de Pesquisas Espaciais, 1999.

SPIRO, R. J.; JEHNG, J. C. Cognitive flexibility and hypertext: theory and technology for the nonlinear and multidimensional traversal of complex subject matter. In: NIX, D.; SPIRO, R. J. (ed.). *Cognition, education, and multimedia*: cognition, education, and multimedia exploring ideas in high technology. Hillsdale: Lawrence Erlbaum Associates, 1990.

TYLER, R. *Princípios básicos de currículo e ensino.* Porto Alegre: Globo, 1974.

VYGOTSKY, L. *A formação social da mente.* São Paulo: Martins Fontes, 1988.

__________. *Pensamento e linguagem.* São Paulo: Martins Fontes, 1989.

WURMAN, R. S. *Ansiedade da informação.* São Paulo: Editora de Cultura, 1991.

__________. *Ansiedade da informação II.* São Paulo: Editora de Cultura, 2005.

ZABALA, A. *A prática educativa:* como ensinar. Porto Alegre: Artes Médicas, 1998.

__________. *Enfoque globalizador e pensamento complexo:* uma proposta para o currículo escolar. Porto Alegre: Artmed, 2002.

__________.; ARNAU, L. *Como aprender e ensinar competências.* Porto Alegre: Artmed, 2010.

Capítulo 2

DIMENSÃO PEDAGÓGICA

Introdução

O tempo avança, a sociedade evolui, a ciência e a tecnologia nos surpreendem, e continuamos todos a reconhecer que aprender é um dos processos mais importantes na vida, no comportamento e na história humana. Podemos dizer que praticamente tudo o que o ser humano faz, pensa e percebe é resultado de aprendizagem.

Aprender é um processo dinâmico, pelo qual as pessoas são capazes de adaptar-se e transformar o meio ambiente em que vivem. Aprendemos mesmo quando não estamos tentando aprender nada – por exemplo, quando viajamos e conhecemos pessoas, lugares e culturas diferentes. Nesse tipo de aprendizagem incidental, não há intencionalidade pedagógica explícita. E, mesmo em situações formais de aprendizagem, aprendemos a despeito e além dos objetivos educacionais explícitos, seja por modelagem de comportamentos, pela negociação livre de significados com colegas de estudo, por motivações individuais não aprisionáveis em currículos e por aí vai.

Apesar dessa constatação, o motor que nos guia a produzir conteúdos educacionais evidentemente se apoia em propósitos claros. A dimensão pedagógica aqui tratada diz respeito, portanto, a tudo aquilo que distingue ações intencionais de apoio à aprendizagem. E, sem desconsiderar o protagonismo do aluno e a primazia dos processos de aprendizagem, concentramos nossa atenção aqui no outro lado da equação: no ensino, na instrução.

Nessa perspectiva, a dimensão pedagógica da produção de conteúdos abrange basicamente o planejamento educacional, desdobrado no desenvolvimento de conteúdos e na orientação a atividades de aprendizagem e avaliação, tendo em vista um público-alvo bem conhecido e uma organização curricular previamente definida.

Não por acaso esses são os pontos que diferenciam a instrução (no sentido do ensino propriamente dito) da informação, distinção que é importante para que possamos tirar o melhor proveito das contribuições de áreas como o design e a arquitetura da informação, mais relacionadas à dimensão comunicacional, sabedores, contudo, de que elas não são suficientes para explicar as relações presentes no fenômeno educacional.

De fato, nas palavras do especialista em educação Kenneth L. Myers[1]

> instrução é mais do que informação, mesmo em se tratando do rico ambiente informacional da web. Instruir é mais do que prover links entre um provedor de informações e um aluno. O tipo de tarefa, o objetivo da instrução e as necessidades dos alunos precisam ser considerados. A instrução também inclui orientação ao aluno, *feedback* e prática, o que a informação sozinha não pode fornecer.

No entanto, aqueles que atuam e pesquisam em educação sabem que esse grande guarda-chuva pedagógico ou instrucional abriga diferentes compreensões sobre o que significa aprender e, por consequência, ensinar. Tais percepções exercem uma influência considerável na forma de apresentar conteúdos educacionais e propor atividades de interação com eles.

Este capítulo é, assim, dedicado a destrinchar algumas dessas compreensões, partindo de premissas epistemológicas (definições sobre o que é o conhecimento e como as pessoas se relacionam com ele) que norteiam as diferentes escolas pedagógicas. Não poderíamos deixar de apontar aqui a emergência de correntes paralelas, como a andragogia e a heutagogia, que buscam explicar o fenômeno educacional do ponto de vista dos alunos e do mundo contemporâneo.

Procuramos equilibrar aqui pontos positivos e as fragilidades das diferentes abordagens citadas, mas o leitor notará uma ênfase maior na abordagem cognitiva, em virtude de suas muitas implicações para a produção de conteúdos educacionais, mormente aqueles suportados em mídias digitais.

Fundamentos epistemológicos

A dimensão pedagógica da produção de conteúdos concentra-se no processo de ensino-aprendizagem propriamente dito, envolvendo tanto as pressuposições fundamentais sobre o que a relação entre quem aprende e o conhecimento em si, quanto as práticas de ensino que são inspiradas, direta ou indiretamente, por tais concepções. Na produção de conteúdos educacionais, isso não é diferente.

Partimos da certeza de que a aprendizagem não é um fenômeno ou processo único e absoluto; pelo contrário, um conjunto de teorias e abordagens provê ampla diversidade de explicações que caracterizam o processo educacional de acordo com a relação que se estabelece entre o sujeito e o objeto [a ser] conhecido. A seguir, abordamos os pressupostos **epistemológicos** (ou seja, as crenças sobre o que significa conhecer algo) mais relevantes para a definição das abordagens pedagógicas, as quais, por sua vez, são detalhadas posteriormente.

Epistemologia

Ramo da filosofia que estuda a natureza, as fontes e os limites do conhecimento humano, especialmente no que diz respeito à relação entre o sujeito que conhece e o objeto conhecido ou a ser conhecido.

[1] MYERS, K. L. Is there a place for instructional design in the information age? In: *Educational Technology*, v. 39, n. 6, p. 50-53, 1999.

De acordo com Mizukami,[2] apesar de muitas variações e combinações possíveis, podemos agrupar as premissas epistemológicas em basicamente três vertentes fundamentais para caracterizar a relação entre o sujeito que conhece e o objeto [a ser] conhecido no fenômeno educacional: o empirismo, o nativismo e o interacionismo.

Maria da Graça Nicoletti Mizukami

Pedagoga, mestra e doutora em psicologia educacional pela Pontifícia Universidade Católica do Rio de Janeiro (PUC-Rio). Sua obra *Ensino: as abordagens do processo*, publicada em 1986, tornou-se um clássico nos cursos de formação de professores, tendo ultrapassado a 12ª edição.

O **empirismo** está centrado na ideia de que o conhecimento se baseia na experiência humana e é adquirido por meio daquilo que se aprende pelos sentidos tradicionais (visão, audição, tato, olfato e paladar) e por um sentido interno (memória, sentimentos etc.). Nesse ponto de vista, o ser humano está sujeito às contingências do meio, e o conhecimento aprendido é uma cópia de algo presente no mundo exterior. A ênfase, portanto, está no objeto [a ser] conhecido. Dessa maneira, não há construção de novos conhecimentos ou realidades. O conhecimento é uma descoberta para o sujeito que a atinge. Em suma, o conhecimento é o resultado de uma experiência exógena (que ocorre de fora para dentro) realizado a partir de verbalizações, recursos e materiais didáticos.

Para o **nativismo**, a ênfase está no sujeito que conhece, uma vez que as formas de conhecimento já estão predeterminadas no indivíduo. Ao contrário do empirismo, no nativismo o fenômeno educativo é compreendido como uma experiência endógena (que ocorre de dentro para fora) ou, na definição de Piaget,[3] o "exercício de uma razão pré-fabricada". Em outras palavras, o ser humano possui *a priori* categorias de conhecimento já prontas para as quais toda estimulação sensorial é canalizada. Dessa maneira, a percepção sobre o objeto é construída pelo sujeito na sua relação com o meio.

Por fim, o **interacionismo** configura-se como uma síntese das duas vertentes anteriores, assumindo uma relação dinâmica entre a bagagem genética hereditária e a adaptação do sujeito ao meio. Nesse sentido, o conhecimento não depende isoladamente de uma realidade externa preexistente ou do aparato cognitivo do sujeito. Ao contrário, é da interação entre esses dois elementos que se faz a passagem de um nível de compreensão para outro. Do ponto de vista pedagógico, a ênfase está em atividades do sujeito em sua interação com o mundo físico e social. Assim, o processo de ensino-aprendizagem é uma construção contínua de conhecimento.

Abordagens pedagógicas predominantes

Como vimos, as premissas epistemológicas servem de base para a estruturação de diferentes abordagens que explicam o processo de ensino-aprendizagem. Antes de prosseguirmos, convém ressaltar que determinadas premissas epistemológicas não implicam exclusivamente uma única abordagem pedagógica. De fato, esse tipo de premissa é apenas um entre tantos outros referenciais (histórico, econômico, geográfico, político, tecnológico, social etc.) que definem uma abordagem pedagógica.

---

2 MIZUKAMI, M. da G. N. *Ensino:* as abordagens do processo. São Paulo: EPU, 1986.

3 PIAGET, J. *Seis estudos de psicologia.* Rio de Janeiro: Forense, 1967.

Assim, longe de esgotar o assunto, elegemos três abordagens a explorar na seção seguinte, por considerarmos as mais emblemáticas para a compreensão do fenômeno educacional – o comportamentalismo, o cognitivismo e o construtivismo.

Comportamentalismo

O **comportamentalismo**, conhecido também como **behaviorismo**, define o processo de ensino-aprendizagem como a aquisição de novos comportamentos que se manifestam em resposta a determinados estímulos. Trata-se, portanto, de uma abordagem pedagógica que, embasada pelo empirismo epistemológico, enfatiza comportamentos observáveis, com menor foco em processos mentais internos.

Skinner, clássico expoente dessa teoria, relutou em referir-se ao papel da atividade conceitual interna como parte dos processos de aprendizagem, uma vez que ela não é observável. Da mesma forma, a abordagem comportamentalista evita referir-se aos processos cognitivos internos, preferindo lidar com comportamentos e habilidades observáveis, daí o termo "comportamentalismo". Para essa abordagem, portanto, os resultados da aprendizagem são demonstrados por comportamentos mensuráveis observáveis. E a intervenção instrucional, acompanhada por reforço seletivo, é usada para moldar essa aprendizagem.

Em uma analogia, é como se a mente fosse uma caixa-preta que serve apenas para registro e reprodução. Nesse sentido, a posição de quem aprende tende a ser mais passiva ou mais restrita a sua reação aos estímulos do meio. Por isso, o apoio à aprendizagem oferecido por essa abordagem é pautado pela oferta de estímulos e reforços apropriados.

Burrhus Frederic Skinner

Foi pioneiro na psicologia experimental e propositor do behaviorismo radical, segundo o qual a realidade é um fenômeno objetivo, o mundo já é construído e o ser humano é produto do meio. Atuou como professor em Harvard até o final de sua vida, tendo publicado inúmeros estudos que o tornam o principal nome da abordagem comportamentalista. Entre suas obras publicadas no Brasil, destacam-se *Sobre o behaviorismo* (1974) e *Ciência e comportamento humano* (2003).

Demonstrada por meio de mudanças externas, a aprendizagem é entendida como a construção de associações entre estímulos e respostas, induzidas pela repetição e pelo esforço. Dessa maneira, na prática, as ações educacionais se concentram na transmissão de conhecimentos e no design dos eventos instrucionais, com o objetivo de promover mudanças comportamentais observáveis. Suas estratégias são mais adequadas a domínios de conhecimento estruturados, à solução de problemas bem definidos e às tarefas que exigem baixo processamento cognitivo, como no caso de conteúdos fatuais e procedimentais.

Do ponto de vista comportamentalista, os conteúdos educacionais são projetados explicitamente com base em um design sistemático de objetivos, conteúdos, métodos instrucionais e avaliação. Basicamente, um conjunto de objetivos mensuráveis e observáveis é definido no início do processo e toda a produção dos conteúdos é destinada a conduzir os alunos a alcançar esses objetivos, por meio de métodos e estratégias instrucionais rigorosamente estruturados.

Uma ilustração clara da produção de conteúdos educacionais baseada na abordagem comportamentalista é a **instrução programada**, que faz uso da teoria do reforço para criar material autoinstrucional englobando estruturas de informação organizadas em questões e respostas associadas.

Instrução programada
Técnica criada na década de 1950, com base na definição de objetivos específicos a serem perseguidos, na divisão da instrução em pequenos passos, no estabelecimento de padrões de comportamento desejados, no respeito ao ritmo de aprendizagem individual para alcançar esses padrões e no *feedback* imediato.

Devemos considerar, porém, que, a despeito da natureza sistemática e estruturada do comportamentalismo, historicamente suas desvantagens e rigidez começaram a evidenciar-se por si mesmas, particularmente com a emergência da abordagem cognitivista.

Cognitivismo

O **cognitivismo** é uma abordagem que, seguindo o referencial epistemológico do nativismo, vê o fenômeno educativo como um processo no qual, ao adquirir novas informações, o aluno primeiro as relaciona àquelas já existentes em sua estrutura mental de representações para, em seguida, armazená-las na memória. Nesse sentido, retomando a analogia do item anterior, o cognitivismo procura abrir a caixa-preta mental para explicar como funciona a assimilação de novas informações e a reorganização das estruturas cognitivas.

Para essa abordagem, a aprendizagem significativa tem menos a ver com o que os alunos fazem e mais com o que eles sabem e como adquirem esse saber. Suas estratégias, portanto, são mais adequadas ao ensino de novos conceitos e princípios, que exigem maior poder de abstração. As mudanças comportamentais realmente ocorrem, mas são consideradas resultados de aprendizagem indiretos, e não diretos.

Embora em seus primórdios o cognitivismo tenha se fundamentado nos trabalhos de Jean Piaget (que muitos consideram estritamente construtivista) e em seus estudos sobre as fases do desenvolvimento humano, a abordagem cognitivista se consolidou com o avanço da tecnologia computacional. A partir daí, um modelo de processamento da informação passou a comparar o funcionamento da mente humana a uma máquina.

Assim, tal como computadores, processamos as informações do mundo externo em etapas que vão da entrada até o armazenamento, mas, diferentemente dos computadores, não processamos passivamente toda informação que surge à nossa volta. Por isso, três conceitos são fundamentais à abordagem cognitiva: a atenção, a percepção e a memória.

Há várias visões sobre a **atenção**, porém a principal a define como a seleção de um subconjunto de informações para processamento posterior. Essa seleção é necessária porque o sistema de processamento humano não consegue processar todos os estímulos de entrada ou todas as respostas de saída simultaneamente. Dirigir a atenção confere um papel ativo a um agente que faz algo, ou seja, seleciona em quais estímulos devemos nos concentrar. (Por exemplo, quando estamos aguardando um telefonema importante, alocamos nossos recursos perceptivos em uma espécie de vigilância ao som do aparelho que esperamos tocar.)

A maioria dos processos que acontece no cérebro ocorre de forma inconsciente e automática; outros, porém, requerem nossa atenção consciente e são, por isso, chamados de processos

> No Capítulo 13, *Produção de mídias*, voltamos a falar sobre a percepção visual, mais propriamente sobre a aplicação dos princípios da Gestalt, uma escola de pensamento que trata exatamente desse conceito.

controlados. No entanto, mesmo quando conscientemente focamos nossa atenção em algo, ela pode ser "capturada" automaticamente por uma mudança no ambiente.

A **percepção** é um termo basicamente relacionado à percepção sensorial. Os órgãos sensoriais traduzem a energia física presente no mundo exterior, a qual é codificada e enviada ao cérebro por meio dos neurônios para interpretação pelo sistema perceptivo. A maior parte desse processamento é realizada de forma automática e inconsciente. Por exemplo, não percebemos padrões fragmentados ou isolados de luz, sombra e contorno, mas vemos uma face ou ouvimos uma voz de forma integrada.

Embora os sistemas de percepção codifiquem o ambiente à nossa volta de forma automatizada, a atenção pode ser necessária para reunir propriedades perceptivas independentes como cor, forma e localização, e para selecionar aspectos do ambiente a serem processados.

Quanto à **memória**, a definição mais simples é de armazenamento da informação como resultado de aprendizagem. Para explicar esse armazenamento, a abordagem cognitiva subdivide a memória em diversos componentes, como mostra a Figura 2.1.

•• **FIGURA 2.1** Representação do modelo de processamento da informação

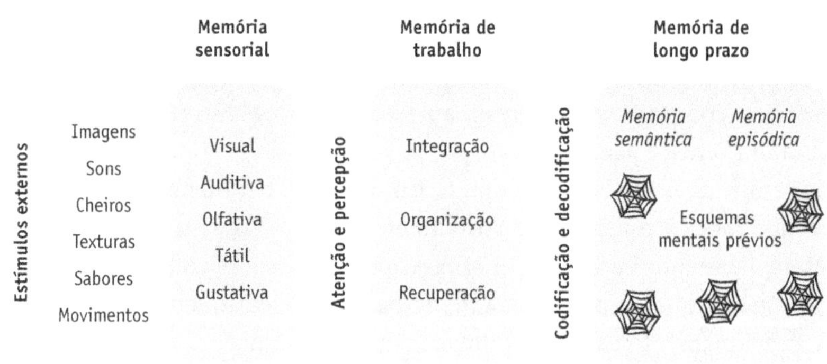

Fonte: Adaptada de MAYER, R. E.; MORENO, R. Animation as an aid to multimedia learning. *Educational Psychology Review*, v. 14, n. 1, mar. 2002; CLARK, R. C.; MAYER, R. E. *E-learning and the science of instruction:* proven guidelines for consumers and designers of multimedia learning. San Francisco: Pfeiffer, 2003.

Para começar, da infinidade de estímulos externos aos quais estamos expostos (imagens, sons, cheiros, texturas, sabores, movimentos) no ambiente, percebemos apenas alguns deles pelos nossos receptores sensoriais (olhos, ouvidos, boca, nariz, pele), que formam a nossa **memória sensorial**.

Uma vez captados os estímulos, a **memória de trabalho** entra em ação. Também chamada de memória de curto prazo, tem reduzida capacidade de processamento, em geral de "7 ± 2" "pedaços" de informação, e sua informação se deteriora rapidamente (± 20 segundos). Apesar disso, a memória de trabalho é o centro da cognição, no qual ocorrem de fato o reconhecimento e a verificação de padrões entre a informação nova e as previamente adquiridas.

Uma vez processadas na memória de trabalho, as novas informações são integradas a **esquemas mentais** existentes na **memória de longo prazo**, esta sim ilimitada. E, para ser recuperada de modo a integrar-se a novas informações ou transferidas a novos contextos, a informação armazenada tem de retornar à memória de trabalho.

Na memória de longo prazo encontramos uma distinção entre a **memória semântica**, que armazena fatos e conhecimentos gerais sobre o mundo, e a **memória episódica**, que armazena vivências pessoais, ou seja, episódios situados espacial e temporalmente, portanto sensíveis às variações do contexto. Por exemplo, se alguém nos perguntar "Onde fica o Cristo Redentor?", poderemos recordar o fato de que ele se localiza no Rio de Janeiro e talvez até recuperar o nome do bairro onde esse ponto turístico se encontra (memória semântica). Se, porém, alguém nos pedir que contemos como é a paisagem que vemos do Cristo Redentor, recuperaremos algo da memória episódica, que se relaciona à nossa experiência pessoal com aquele fato. Considera-se que alguém aprendeu quando armazenou a nova informação à memória de longo prazo e se tornou capaz de recuperá-la em novas situações quando necessário.

A princípio, a abordagem cognitiva estava bastante centrada na mente humana como mera processadora de informações e, no aluno, como alguém que apenas armazenava e recordava informações. Entretanto, essa compreensão posteriormente foi ajustada, de modo que o aluno passou a ser visto como um pensador independente, que processa a informação de maneira significativa e a relaciona com seus conhecimentos anteriores. Nesse sentido, precisamos abrir espaço aqui para discorrer sobre a aprendizagem significativa, teoria elaborada por David Ausubel na esteira do cognitivismo.

Aprendizagem significativa

De acordo com Ausubel, o desenvolvimento intelectual só ocorre se as pessoas vivenciarem uma **aprendizagem significativa**, ou seja, uma aprendizagem que faça sentido para os sujeitos que aprendem. E, segundo esse teórico, a atribuição de significado depende de um único fator: aquilo que o aluno já sabe.

> **David Paul Ausubel**
>
> Pesquisador norte-americano na área da psicologia educacional, apresentou em 1963, em pleno domínio das ideias comportamentalistas, a teoria da aprendizagem significativa. Diversos pesquisadores brasileiros foram influenciados por seus estudos, em especial com a publicação de *Psicologia educacional* (1980), obra escrita em coautoria com Joseph Novak e Helen Hanesian.

Em contraposição, Ausubel descreve a **aprendizagem mecânica** como um processo de aquisição de elementos discretos e relativamente isolados que se relacionam à estrutura cognitiva de modo arbitrário e literal, não permitindo a construção de relacionamentos significativos.

A aprendizagem significativa pode ser descrita como o processo de relacionamento e de ancoragem das novas informações/conteúdos com as entidades relevantes preestabelecidas na estrutura cognitiva dos indivíduos. Para serem significativos, os novos conteúdos estudados devem "ancorar-se" em conceitos relevantes preexistentes nas estruturas cognitivas dos alunos. Esses conceitos são denominados **subsunçores**. Na interação entre um conhecimento novo e os já existentes, ambos modificam-se, ou seja, os subsunçores adquirem novos significados, tornam-se mais diferenciados e estáveis, e novos subsunçores são formados, de modo que a estrutura cognitiva vai reestruturando-se dinamicamente. Esse processo é chamado de **diferenciação progressiva**. Ao mesmo tempo, quando são percebidas relações entre ideias, conceitos e proposições já estabelecidas na estrutura cognitiva, ocorre uma reorganização cognitiva, que permite a identificação de diferenças e similaridades entre subsunçores relacionados. A esse processo Ausubel chama de **reconciliação integrativa**.

Assim, para que a aprendizagem significativa ocorra em uma situação social determinada, é necessário que novos conhecimentos se relacionem significativamente com as ideias e informações já existentes na estrutura cognitiva dos alunos. Em decorrência, o aluno efetuará uma aprendizagem significativa não apenas quando aprender "por descoberta", mas quando a estruturação e o sequenciamento dos conteúdos forem relacionáveis às suas estruturas preexistentes de conhecimento. Isso se aplica mesmo quando a aprendizagem ocorrer por meio de aquisição, ao ler um texto impresso ou digital, ao ouvir um podcast ou ao assistir a uma palestra ao vivo ou gravada.

A aplicação da teoria de Ausubel à produção de conteúdos educacionais implica, portanto:

- Identificar a estrutura de significados de uma área ou domínio de conhecimento.
- Identificar os subsunçores necessários à aprendizagem significativa desse domínio.
- Identificar os significados preexistentes na estrutura cognitiva do aluno.
- Organizar sequencialmente o conteúdo, aplicando as ideias de diferenciação progressiva e reconciliação integrativa.
- Empregar os chamados **organizadores avançados** (ou prévios), que são materiais introdutórios apresentados antes dos conteúdos a serem aprendidos, a fim de estabelecer pontes entre os significados que o aluno já possui e aqueles que ele necessita adquirir para alcançar uma aprendizagem significativa.

Cognição situada

Para além da aprendizagem significativa, cabe-nos apresentar aqui, em distinção ao cognitivismo clássico, uma abordagem mais voltada aos aspectos sociais da aprendizagem. É o caso da **cognição situada**, que advoga que o conhecimento é gerado pelo processamento cognitivo individual, mas na interação do sujeito com outras pessoas, ferramentas e o mundo físico (que existem dentro de um contexto histórico com significados, linguagens e artefatos culturais próprios).

Essa concepção tem como principais teóricos Lave e Wenger e aproxima-se bastante do construtivismo social (que veremos a seguir), à medida que defende que todo conhecimento é situado em atividades ligadas a contextos socioculturais e físicos (ambiente) e que o ato de aprender é inseparável da ação dentro desses contextos.

Jean Lave e Etienne Wenger

Jean Lave é antropóloga social e professora na Universidade da Califórnia. Com **Etienne Wenger**, teórico educacional suíço, que se dedica a comunidades de prática, foi pioneira nos estudos sobre a cognição situada, com a publicação *Situated learning: legitimate peripheral participation*, de 1991, sem tradução para o português.

Segundo essa abordagem, a aprendizagem autêntica consiste na reflexão sobre atividades ou situações práticas, e não a mera recordação ou discussão em torno de conhecimentos abstratos. Por essa razão, alguns autores defendem que os problemas devem ser apresentados em toda a sua complexidade. Além disso, privilegia-se a solução de problemas em contextos realistas de trabalho e a participação em comunidades de prática, ou seja, grupos que discutem e compartilham temas de interesse comum vinculados ao trabalho.

Nesse sentido, destaca-se também a formação de identidades por parte dos atores do processo educacional quando participam de uma dada comunidade, o que os integra a um circuito de aprendizagem significativo.

Teoria da carga cognitiva

A **teoria da carga cognitiva** foi elaborada por John Sweller a partir de dezenas de estudos e pesquisas experimentais que comprovam que a aprendizagem é mais efetiva quando o processamento de informação está alinhado ao processamento cognitivo humano, ou seja, quando o volume de informações oferecidas ao aluno é compatível com sua capacidade de compreensão.

> **John Sweller**
>
> Psicólogo australiano, é especialista no campo da cognição e da instrução, atuando como professor na Universidade de New South Wales, na Austrália. Possui uma extensa lista de títulos publicados sobre a teoria da carga cognitiva, entre eles os mais citados: *Cognitive load theory* (2011) e *Instructional design in technical areas* (1999).

A **carga cognitiva** refere-se ao trabalho total imposto à memória de trabalho em determinado instante. Dizemos que há sobrecarga cognitiva, que dificulta ou mesmo inviabiliza a aprendizagem, quando várias fontes de informação competem entre si pela limitada capacidade de processamento. Contudo, devemos observar que nem todos os tipos de carga cognitiva são prejudiciais à aprendizagem.

A carga cognitiva **intrínseca é** imposta pela complexidade inerente a um conteúdo estudado e é determinada principalmente pelos conhecimentos e habilidades associados aos objetivos educacionais. Não podemos alterar diretamente essa carga, mas é possível administrá-la, por exemplo, distribuindo tarefas complexas em uma série de tópicos ou seções menores.

Já a carga cognitiva **relevante** é o trabalho mental imposto por atividades de aprendizagem que desafiam o aluno a alcançar os objetivos educacionais propostos. Um exemplo é oferecer diferentes contextos para aplicação de determinada competência profissional a fim de promover nos alunos a construção de modelos mais complexos que apoiem a futura transferência da aprendizagem a novas situações.

No entanto, há um tipo de carga cognitiva, chamada **extrínseca ou irrelevante**, cuja presença nos materiais didáticos ou eventos instrucionais "drena" valiosos recursos cognitivos que, de outra forma, poderiam ser dedicados à carga cognitiva relevante. Ela se manifesta em textos pouco claros e diretos, na ausência de padrões coerentes, no excesso de elementos visuais que pouco ou nada acrescentam ao conteúdo principal e em estímulos de toda sorte que desviam a atenção do aluno, impedindo-o de concentrar-se nos elementos mais importantes (veja o Quadro 2.1).

•• **QUADRO 2.1** Resumo dos tipos de carga cognitiva

Tipo de carga cognitiva	Origem	Exemplo	Intervenção instrucional
Intrínseca	Causada pela interação entre elementos que são intrínsecos à tarefa, processados simultaneamente	Um novato resolvendo um problema matemático do tipo a/b = c, solucionado por a	Não pode ser alterada a menos que se mude a natureza da tarefa ou se aumente o nível de conhecimento dos alunos
Irrelevante	Causada pela interação entre elementos introduzidos pelo design instrucional que os alunos precisam processar	Propor que os alunos solucionem um problema sem estudar um exemplo resolvido (*worked-out example*)	Pode ser reduzida alterando-se o design instrucional
Relevante ou pertinente	Refere-se a recursos da memória de trabalho lidando com a carga intrínseca em vez de ocupar-se com a carga irrelevante	Design instrucional que reduza a carga irrelevante associada à solução de problemas e aumente os recursos da memória de trabalho dedicados à carga intrínseca	

Fonte: Adaptado de PASS & SWELLER apud MAYER, R. E. (ed.). *The Cambridge handbook of multimedia learning*. New York: Cambridge University Press, 2014.

Para favorecer uma aprendizagem efetiva por meio da apresentação de conteúdos e da proposição de atividades, é necessário balancear esses três tipos de cargas – reduzir tudo o que for irrelevante para a aprendizagem, aumentar a carga relevante (os desafios de aprendizagem que estimulam o aluno a alcançar os objetivos educacionais) e gerenciar a carga intrínseca natural à área de conhecimento (pela estruturação e sequenciamento dos conteúdos). A Figura 2.2 resume a ideia.

•• **FIGURA 2.2** Balanceamento da carga cognitiva

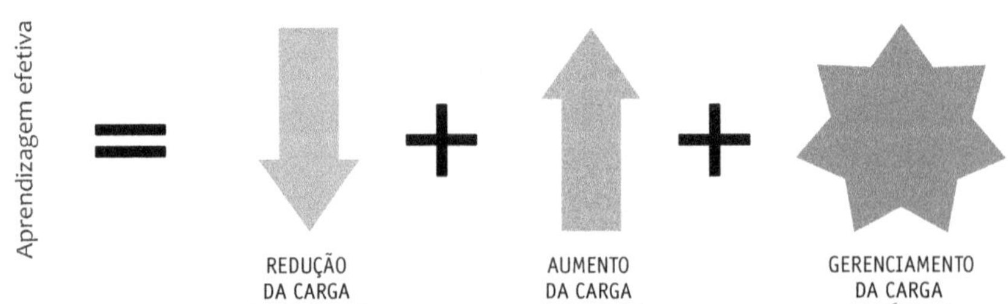

Fonte: Adaptada de MAYER, 2005 e TAROUCO, 2007.

Construtivismo

A abordagem construtivista entende a aprendizagem como um processo pelo qual o aluno constrói o conhecimento a partir da sua interação com o mundo exterior, por meio de uma ação permanente de (re)construção que resulta na formação de novas estruturas cognitivas. Nesse sentido, carrega uma semelhança com a abordagem cognitiva.

No Capítulo 10, *Planejamento educacional*, o leitor encontra uma discussão prática sobre a proposição de atividades de aprendizagem que desafiam o aluno à interação.

Para fins didáticos, podemos pensar em duas vertentes do construtivismo: a **individual**, apoiada na concepção genético-evolutiva de Jean Piaget, e a **social**, apoiada nas ideias de Lev Vygotsky.

De acordo com Jean Piaget, a aprendizagem é uma experiência pessoal e idiossincrática, que ocorre quando o sujeito desenvolve conhecimento e compreensão por meio da formação e do refinamento de conceitos.

O desenvolvimento individual se dá por meio de assimilação, ou seja, pela formação de estruturas mentais. A **assimilação** ocorre quando uma informação entra em conflito com estruturas mentais previamente formuladas, provocando um desequilíbrio, que impulsiona o indivíduo a restabelecer sua harmonia cognitiva, por meio da construção de novas estruturas mentais. Como resultado, o ser humano muda sua representação de mundo para se encaixar aos seus modos de pensar (o que Piaget chama de **adaptação**) e modifica seus modos de pensar para se encaixar no mundo (**acomodação**). Assim, o equilíbrio dos esquemas mentais é o motor do desenvolvimento humano e se dá pelos mecanismos de maturação e experiência com objetos e pessoas.

Assim, para o **construtivismo individual**, se o conhecimento é fruto da interação entre o sujeito e o objeto (ou mundo exterior), por meio de um processo ativo e permanente de construção e reconstrução que resulta na formação das novas estruturas cognitivas, a aprendizagem não pode equivaler a uma recepção passiva do conhecimento. O ensino é, nessa perspectiva, a ação de potencializar e favorecer a construção de estruturas cognitivas. As situações externas só podem influenciar o desenvolvimento do indivíduo se ele já construiu esquemas cognitivos que lhe permitam assimilar essas situações, apropriar-se delas e empregá-las na construção de novos conhecimentos.

Avançando além de concepções mais individualizadas do construtivismo, Vygotsky recuperou, nos anos 1930, as raízes sociais da aprendizagem significativa, oferecendo à educação uma perspectiva socioconstrutivista. Para esse autor, as funções psicológicas superiores são fruto do desenvolvimento cultural, e não do biológico, como defendia Piaget. No seu ponto de vista, é a aprendizagem que sustenta o desenvolvimento humano, e não o inverso.

No **construtivismo social**, a formação de processos superiores de pensamento se dá pela atividade instrumental e prática, em intensa interação e cooperação social. Realiza-se de forma colaborativa, com significados negociados a partir de múltiplas perspectivas.

A teoria de Vygotsky apoia-se no conceito de **zona de desenvolvimento proximal** (ZDP) – a distância entre o nível de desenvolvimento atual determinado pela solução independente de problemas, e o nível de desenvolvimento potencial, estipulado pela solução de problemas sob orientação de adultos ou em colaboração com pares mais capazes. A ZDP implica um método para converter o prognóstico psicológico em desenvolvimento real, por meio da educação. Esse método envolve a andaimaria (*scaffolding*), constituída de intervenções tutoriais inversamente proporcionais ao nível de competência do aluno.

Existe uma tentativa de consenso em torno da ideia de que o construtivismo – seja individual, seja social – é mais adequado à aprendizagem de domínios pouco ou mal estruturados (como nas ciências humanas, por exemplo), nos quais há maior espaço para interpretação pessoal. No ensino de domínios bem definidos (por exemplo, matemática, ortografia, estruturas moleculares etc.), o conhecimento a ser aprendido é menos sujeito a interpretações ou negociações, de modo que aos alunos cabe assimilar os significados compartilhados socialmente.

Lev Vygotsky

Psicólogo e filósofo bielo-russo, foi pioneiro na ideia de que o desenvolvimento intelectual das crianças ocorre em função das interações sociais, em contraposição às ideias de Piaget, que atribui maior importância aos processos internos que aos interpessoais. O trabalho de Vygotsky só veio a ser conhecido pelos acadêmicos ocidentais muito depois de sua morte. Suas publicações mais representativas são *A formação social da mente* (1988) e *Pensamento e linguagem* (1989).

Teoria da aprendizagem multimídia

A **teoria da aprendizagem multimídia**, criada por Richard E. Mayer[4], atribui aos recursos audiovisuais grande potencial de melhoria para a aprendizagem. Isso se deve à compreensão de que a memória de trabalho não é uma estrutura unitária, mas constituída de múltiplos processadores, cuja capacidade pode ser estendida quando os alunos são expostos a conteúdos textuais, sonoros e imagéticos.

Essa teoria é claramente influenciada pela **teoria da codificação dual** elaborada por Paivio,[5] segundo o qual a cognição implica a atividade de dois canais separados e especializados para representar e processar a informação: um sistema verbal para tratar diretamente com a linguagem textual e sonora

Richard E. Mayer

É professor de psicologia na Universidade da Califórnia, em Santa Bárbara, desde 1975. Sua pesquisa concentra-se na interseção entre cognição, instrução e tecnologia, destacando-se a teoria da aprendizagem multimídia, que analisa como as pessoas aprendem a partir de animações, vídeos e simulações.

4 MAYER, R. E. (ed.). *The Cambridge handbook of multimedia learning*. New York: Cambridge University Press, 2014.

5 PAIVIO, A. *Mental representations:* a dual coding approach. Oxford: Oxford University Press, 1986.

(texto escrito ou falado); e um sistema não verbal, especializado em lidar com a linguagem visual (figuras e sons).

Há, contudo, outra maneira de compreender as diferenças entre os canais de processamento: por meio das modalidades sensoriais. Assim, um canal processa conteúdo visual (imagens, vídeos, animações e palavras escritas) e outro processa conteúdo sonoro (como palavras faladas e sons de fundo). A Figura 2.3 demonstra como isso funciona na prática.

Allan Paivio

Psicólogo e professor emérito da Universidade de Western Ontario, no Canadá. Dedicou-se às pesquisas sobre imagem, memória e cognição por mais de 40 anos. Possui inúmeras publicações acadêmicas, entre as quais se destacam *Imagery and verbal processes* (1971) e *Mental representations: a dual coding approach* (1986), ambas sem tradução para o português.

•• **FIGURA 2.3** Representação da teoria da aprendizagem multimídia

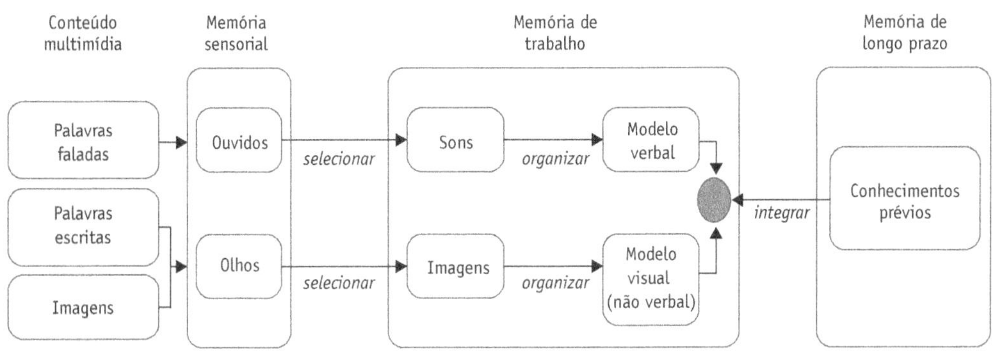

Fonte: Adaptada de MAYER, 2009, 2014.

As palavras faladas são percebidas pelos ouvidos; assim, o aluno seleciona algumas delas para processamento posterior no canal verbal, organiza-as e as integra com o material visual e seus esquemas mentais anteriores. As palavras escritas e as imagens são percebidas pelos olhos; assim, o aluno seleciona algumas das imagens (pictóricas e textuais) para processamento posterior pelo canal visual, organiza-as e as integra ao material verbal (oral) e a seus conhecimentos anteriores.

Segundo Mayer, as teorias cognitivas têm por foco a codificação da informação na memória de longo prazo, enquanto a aprendizagem construtivista enfatiza a maneira como o conhecimento é construído ativamente pelo aluno na memória de trabalho. Assim, no processo de construção do conhecimento, o aluno utiliza-se tanto do material apresentado pelo ambiente quanto dos conhecimentos anteriores existentes na memória de longo prazo. É mais provável que o processo de integração ocorra quando o aluno estiver lidando simultaneamente com representações imagéticas e verbais já na memória de trabalho. Aí reside o poder da multimídia: na apresentação simultânea de palavras e figuras. Embora o foco da teoria pareça estar na multimídia, a verdade é que ela se concentra no funcionamento da mente humana, como mostra comparativamente o Quadro 2.2.

•• **Quadro 2.2** Duas abordagens diferentes para o design instrucional multimídia

Abordagem	Ponto de partida	Objetivo	Questão norteadora
Design centrado na tecnologia	Capacidades da multimídia	Prover acesso à informação	Como usar tecnologia de ponta para o design instrucional multimídia?
Design centrado no aluno	Como a mente humana funciona	Apoiar a cognição humana	Como adaptar a multimídia para apoiar a cognição humana?

Fonte: Adaptado de MAYER, 2014.

E, em vez de buscar tecnologias de ponta para prover acesso à informação em formato multimídia, Mayer está interessado em como o processo de design instrucional pode adaptar-se aos recursos multimídia para apoiar a cognição humana. A resposta para ele está no modelo SOI, que veremos a seguir.

O Modelo SOI

O **modelo SOI (Selecionar, Organizar e Integrar)**, desenvolvido por Mayer, destaca três processos cognitivos nos quais o aluno se engaja ao construir ativamente o conhecimento:

a) **Selecionar conteúdos relevantes**

Diante de novos conteúdos, o aluno seleciona palavras e imagens relevantes em textos, gráficos e locuções, visando ao posterior processamento pela memória de trabalho. O processo de seleção ocorre na memória sensorial, que, por sua capacidade limitada, reterem apenas parte dessas representações.

O design instrucional pode apoiar esse processo por meio de técnicas como:

- Emprego de títulos, itálicos, negritos, sublinhados, fontes de tamanhos e cores diferentes, marcadores, setas, círculos e rótulos explicativos, ícones, anotações, repetições e espaços em branco para destacar conteúdo relevante.
- Uso de ênfases, pausas e entoações orais para recriar efeitos visuais de ênfase, agrupamento e sinalização.
- Utilização de questões complementares e reafirmação de objetivos educacionais em linguagem oral ou escrita para enfatizar informações relevantes.

b) **Organizar novos conteúdos**

Na memória de trabalho, o aluno constrói um modelo mental para o conteúdo relevante retido: conecta as informações sonoras em um modelo verbal coerente e as imagens e as palavras escritas em um modelo visual coerente.

A memória de trabalho só consegue processar uma quantidade limitada de conexões, daí a dificuldade de processar materiais pouco ou mal estruturados. Sumários, hierarquização de títulos e organizadores gráficos de diferentes tipos podem apoiar os alunos, ajudando-os a reconhecer a organização subjacente ao conteúdo por meio de sinais explícitos como:

- Enumeração de itens ou ideias apresentados sem uma ordem de significado expressa.
- Comparação e contraste entre dois ou mais itens.
- Classificação em redes hierárquicas ou relacionais.
- Generalização a partir de evidências.
- Explicação de estruturas de causa e efeito.

c) **Integrar novos conteúdos a conhecimentos anteriores**

Neste estágio, o aluno coordena múltiplos modos de representação verbal e visual que ele construiu tendo por base seus conhecimentos anteriores, ativados da memória de longo prazo. Aqui também ocorre a codificação, que é o armazenamento, na memória de longo prazo, dos modelos mentais construídos na memória de trabalho.

O design instrucional pode apoiar também esse processo por meio de alguns recursos mais complexos, entre os quais citamos:

- **Organizadores avançados:** quadros conceituais com alto nível de abstração que visam a estabelecer uma ligação entre aquilo que o aluno já sabe e aquilo que ele irá aprender.
- **Exemplos resolvidos (*worked-out examples*):** descrições de como um ou mais problemas são resolvidos por um solucionador experiente, a fim de redirecionar a atenção, substituindo as demandas por solução do problema proposto para a aprendizagem do esquema e dos passos de resolução do problema.
- **Ilustrações multiquadros:** combinam imagens estáticas a uma sequência temporal, organizando-as em uma espécie de narrativa; remetem às tiras de quadrinhos ou mesmo aos infográficos explicativos.

Resumindo, os dois modos de representação, verbal e não verbal, funcionam de maneira independente, mas é possível gerar conexões entre eles. Assim, de acordo com o **pressuposto aditivo**, dois ou mais canais de processamento, quando usados adequadamente, contribuem mais para o processamento e a retenção da informação do que um único canal. Isto é, os benefícios de usar diferentes linguagens e mídias são aditivos, somam-se. E, de acordo com o **pressuposto multiplicativo**, os benefícios de usar diferentes linguagens e mídias são superiores à soma de cada um dos canais constituintes.

Da articulação desse conjunto de pressupostos decorrem sete princípios que orientam a concepção de conteúdos em formato multimídia:

1) **Princípio da multimídia (ou da representação múltipla):** a aprendizagem é mais efetiva quando um conteúdo apresenta palavras e imagens combinadas, em vez de apenas palavras.

2) **Princípio da proximidade espacial:** a aprendizagem é mais efetiva quando palavras e imagens correspondentes são apresentadas próximas umas das outras, por exemplo na mesma tela ou página, em vez de afastadas.
3) **Princípio da proximidade temporal:** a aprendizagem é mais efetiva quando palavras e imagens são apresentadas simultaneamente em vez de sucessivamente.
4) **Princípio da coerência:** a aprendizagem é mais efetiva quando palavras, imagens ou sons não relevantes para o assunto são excluídos.
5) **Princípio da modalidade:** a aprendizagem é mais efetiva quando se utilizam animação e locução em vez de animação e texto escrito.
6) **Princípio da redundância:** a aprendizagem é mais efetiva quando se utilizam animação e locução em vez de animação, locução e texto.
7) **Princípio das diferenças individuais:** as pessoas que mais se beneficiam da aprendizagem multimídia são aquelas que têm pouco conhecimento de um assunto, comparativamente às que já têm muitos conhecimentos; e aquelas que têm elevada orientação espacial.

Voltaremos a este tema no Capítulo 3, *Dimensão comunicacional*, que analisa mais detalhadamente as mídias, em seus formatos multi, hiper e transmídia, além de agregar uma discussão sobre a teoria da multimodalidade, com correspondência estreita à teoria criada por Mayer.

Teoria da aprendizagem social

Desde sua formulação por Bandura e Walters[6], a **teoria da aprendizagem social** acentuou a importância da aprendizagem pela observação, pela imitação e pela modelagem de pares em ambientes sociais. Pais, colegas, professores, profissionais de destaque e mentores são "modelos vivos" que demonstram comportamentos a serem observados, imitados, modelados. Esses modelos são uma fonte importante para a aprendizagem de novos comportamentos, tanto quanto para mudança dos já adquiridos.

A modelagem, todavia, vai além de observar e replicar condutas. Da parte de quem ensina, envolve a descrição detalhada do comportamento desejado, complementada com instruções sobre como desenvolvê-lo – é a "modelagem verbal". E, da parte de quem aprende, envolve recodificação simbólica, ou seja, transformar a atividade observada em códigos verbais ou imagens, em um movimento bidirecional de abstrair propriedades comuns em objetos e fatos, facilitando a organização e a generalização da ação.

A aprendizagem social reconhece o papel das mídias na modelagem de comportamento, com personagens reais ou fictícias produzindo experiências vicárias que demonstram a conduta a ser modelada. Vídeos do tipo *how-to* (como fazer) são um bom exemplo de demonstrações sobre como cozinhar, dar nós em gravatas, usar computadores etc.

---

[6] BANDURA & WALTERS apud RIVIÈRE, A. A teoria cognitiva social da aprendizagem: implicações educativas. In: COLL, C.; PALACIOS, J.; MARCHESI, A. (orgs.). *Desenvolvimento psicológico e educação:* psicologia da educação. v. 2. Porto Alegre: Artmed, 1996.

Um dos usos mais poderosos da demonstração em vídeo para a modelagem de comportamento é na provisão de *feedbacks* sobre o desempenho dos alunos em atividades práticas. Nesse caso, a gravação ocorre durante a situação didática: os alunos desempenham uma ou mais ações, as quais são gravadas para posterior análise pelo professor, pelo próprio aluno, pelos colegas ou até por convidados. (Com a disseminação de câmeras de vídeo em celular e os mecanismos de envio e *upload*, a realização dessa atividade se tornou muito mais simples.)

Na mesma linha, nada impede que *feedbacks* sobre o desempenho de terceiros sejam preparados antecipadamente e apresentados como conteúdo fechado, na forma de contraexemplos comentados pelo professor ou por um especialista.

Para além da pedagogia

Nas últimas décadas, muito se tem falado sobre a necessidade de uma mudança de rumos na educação, em resposta às transformações econômicas, políticas e sociais que fundamentam a chamada Era do Conhecimento. Filósofos, sociólogos, economistas e especialistas em recursos humanos não se cansam de reafirmar o valor da educação como ponto central na vida dos indivíduos, das instituições e do país.

Paralelamente à revalorização da educação *per si*, o desenvolvimento das tecnologias de informação e comunicação, em especial a internet, abriu possibilidades de novas formas de educação, formais ou informais, individuais ou coletivas, de natureza autodidata ou sob a supervisão de grandes instituições de ensino, em formato presencial ou totalmente mediadas por tecnologias.

Tais mudanças acontecem ao mesmo tempo que a teoria e a prática educacional se renovam e constroem novos paradigmas, teorias e modelos. Diversas correntes vêm competindo para se tornar o "novo paradigma educacional", umas interessadas em um público adulto diferenciado (que já deixou a escola, mas necessita continuar aprendendo por toda a vida), outras por visarem uma nova geração totalmente distinta das anteriores.

É certo que uma nova perspectiva sobre a aprendizagem está em gestação, e essa perspectiva emergente considera os conhecimentos e as práticas acumuladas pela área maior que denominamos pedagogia, bem como as contribuições da andragogia e, mais recentemente, da heutagogia, sobre as quais oferecemos uma breve síntese.

O termo **pedagogia** (do grego *paidós* = criança + *agogus* = guiar, conduzir, educar), em referência ao escravo grego que conduzia crianças ao mestre, originou-se na Europa, no século VII, quando o ensino monástico foi sistematizado. Embora esse modelo centrado na atuação e na transferência de informações se mantenha como base da educação formal contemporânea, como vimos neste capítulo, também comporta abordagens educacionais centradas no aluno e na sua integração com o meio.

O termo **andragogia** (do grego *andros* = adulto + *agogus* = guiar, conduzir, educar) foi cunhado por Alexander Kapp em 1833 e, nos anos seguintes, circulou pelos países europeus até se incorporar definitivamente à teoria instrucional norte-americana por meio de Malcolm Knowles na década de 1970. Inicialmente, a andragogia busca sua identidade desvinculando-se da pedagogia; no entanto, com o amadurecimento da abordagem, seria um equívoco ignorar que, da mesma forma que a pedagogia, a andragogia também se desdobra em um *continuum* de abordagens que vai de tarefas mais estruturadas a contextos mais autênticos.

Malcolm Knowles

Educador norte-americano que se dedicou, na década de 1970, ao estudo das particularidades na educação de adultos. Na conhecida obra *The adult learner: a neglected species* (1973), definiu a andragogia como a arte e a ciência voltadas para esse público.

Para Knowles (1998), o adulto caracteriza-se fundamentalmente pelo autodirecionamento, decorrente de uma maturação orgânica que o faz um ser independente e autônomo. Além da maturação orgânica, o adulto segue acumulando cada vez mais experiências, que se constituem em importante banco de recursos para o desenvolvimento da sua aprendizagem autônoma. Sua capacidade de aprender torna-se progressivamente orientada para tarefas relacionadas aos seus papéis sociais, e sua perspectiva quanto à aplicabilidade do conhecimento é imediata. Assim, o adulto enxerga a aprendizagem como algo relacionado a problemas práticos a serem solucionados.

A tese de Knowles sobre o autodirecionamento do adulto não é aceita por todos os teóricos da educação. Isso fica evidente na pedagogia libertadora de Paulo Freire,[7] segundo a qual a aprendizagem acontece pela interação entre o sujeito e o objeto dentro de um contexto determinado e leva à tomada de consciência que permite transformar o mundo.

Paulo Freire

Educador brasileiro de projeção internacional, é reconhecido mundialmente pelo método de alfabetização de adultos que leva seu nome. Assumindo uma visão pedagógica claramente política, sua principal obra intitula-se justamente *Pedagogia do oprimido* (1967), a qual destaca a educação progressista e emancipatória como o elemento fundamental no processo de desenvolvimento da consciência histórica e libertária.

Na perspectiva freireana, não existe algo como uma educação neutra, e sim a construção e a reconstrução contínuas de significados; também significa aprender a superar a consciência ingênua e a construir a consciência crítica e envolve a exploração ativa de conceitos abstratos através do diálogo entre iguais.

O conceito de **heutagogia** (do grego *heuta* = próprio + *agogus* = guiar, conduzir, educar) surgiu em 2000 a partir da definição de Hase e Kenyon para a autoaprendizagem e o conhecimento compartilhado, característicos de um mundo em contínua transformação, que exige flexibilidade e proatividade para atuar em espaços de convivência e trabalho carregados de incertezas.

Na verdade, o que está em jogo é a forma pela qual adquirimos informação em um mundo conectado em rede. A necessidade de julgar o valor de aprender algo é uma meta-habilidade que precisa ser aplicada antes que a aprendizagem propriamente dita se inicie. Quando o conhecimento é abundante, a avaliação rápida do conhecimento se torna importante. Uma preocupação adicional emerge do rápido crescimento da informação, e, no ambiente atual, frequentemente é necessário agir sem aprendizagem pessoal – ou seja, precisamos agir

[7] FREIRE, P. *Pedagogia do oprimido*. Rio de Janeiro: Paz e Terra, 1967.

atraindo informação que está fora de nosso conhecimento primário. A capacidade de reconhecer conexões e padrões é, portanto, uma habilidade preciosa.

No cenário de uma sociedade totalmente digital como a que vivemos, Siemens[8] formula uma teoria que ele chama de **conectivismo**, cujos princípios são:

- A aprendizagem e o conhecimento residem na diversidade de perspectivas e opiniões.
- Aprender é um processo de conectar nós e fontes de informação especializados.
- A capacidade de "aprender mais" ou "saber mais" é mais crítica que o conhecimento atual.
- A necessidade de alimentar e manter conexões para facilitar a aprendizagem continuada.
- A capacidade de reconhecer conexões entre campos, ideias e conceitos é uma habilidade-chave.
- A tomada de decisão é em si mesma um processo de aprendizagem – escolher o que aprender e atribuir significado à informação "entrante" são ações realizadas sob a perspectiva de uma realidade mutante.
- A aprendizagem pode estar em aplicativos não humanos.
- Conhecimento atual, preciso e atualizado é o objetivo de todas as atividades de aprendizagem conectivista.

A defesa do desenvolvimento de metacompetências anteriores à aprendizagem, o descolamento de sistemas formais de ensino e até a visão de que a aprendizagem pode ocorrer em máquinas têm sido objeto de intenso debate nas comunidades interessadas em educação.

As implicações dos movimentos andragógicos e heutagógicos para a produção de conteúdos educacionais se dá em várias instâncias, que vão desde a busca por uma perspectiva transdisciplinar na organização dos conteúdos, passando pela superação de abordagens estanques sobre o ensino-aprendizagem e avançando até modos de produção tão inovadores quanto as necessidades de aprendizagem do século XXI.

George Siemens

Teórico dos processos de aprendizagem na era digital, é professor na Athabasca University em Alberta, no Canadá. Consonante ao seu envolvimento com o mundo digital, desenvolve e divulga suas ideias sobre o conectivismo no blog *elearnspace* e no site www.connectivism.ca. Sua teoria ganhou corpo com a publicação *Knowing knowledge* (2006), distribuída em formato impresso e online, sob a licença Creative Commons.

[8] SIEMENS, G. *Knowing knowledge*. Lexington: Creative Commons, 2006.

•• PARA CONCLUIR

Consideramos aqui um conjunto de possibilidades de aprendizagem por crianças, jovens ou adultos, e um conjunto de teorias que explica como as pessoas aprendem – exibindo comportamentos observáveis, modificando suas representações mentais, construindo conhecimentos e negociando significados, transformando experiência em conhecimento e aplicando o conhecimento à vida prática.

Nesse vasto espectro de experiências de aprendizagem que parecem cada vez mais guiadas pelo protagonismo do aprendiz, ao extremo de os indivíduos não apenas aprenderem a aprender, mas também a decidirem por si mesmos o que aprender e até se vale a pena aprender, refletir sobre as abordagens pedagógicas, andragógicas e heutagógicas vigentes pavimenta um caminho para compreender como os conteúdos educacionais ganham maior ou menor importância dependendo das premissas epistemológicas subjacentes.

E, ao contrário do que a explosão tecnológica e comunicacional nos poderia fazer crer, aumenta – e não diminui – a importância de transformar essas teorias em mecanismos práticos para apoiar a aprendizagem significativa, que permitam ir além da apresentação de informações para atingir o coração de quem aprende. Assim, a dimensão pedagógica subsidia-nos com um entendimento mínimo sobre os processos cognitivos, comportamentais e relacionais envolvidos na interação dos alunos com conteúdos e atividades produzidos segundo uma intencionalidade claramente pedagógica.

•• REFERÊNCIAS

ARETIO, L. G. (coord.). *De la educación a distancia a la educación virtual*. Barcelona: Ariel Educación, 2007.

AUSUBEL, D. P.; NOVAK, J. D.; HANESIAN, H. *Psicologia educacional*. Rio de Janeiro: Interamericana, 1980.

BRANSFORD, J. D.; BROWN, A. L.; COCKING, R. R. (orgs.). *Como as pessoas aprendem*: cérebro, mente, experiência e escola. São Paulo: Senac, 2007.

CARVALHO, A. A. A. Multimédia: um conceito em evolução. *Revista Portuguesa de Educação*, v. 15, n. 1, p. 245-268, 2002.

CLARK, R. C.; MAYER, R. E. *E-learning and the science of instruction*: proven guidelines for consumers and designers of multimedia learning. San Francisco: Pfeiffer, 2003.

FREIRE, P. *Pedagogia do oprimido*. Rio de Janeiro: Paz e Terra, 1967.

HASE, S.; KENYON, C. *From andragogy to heutagogy*. Adelaide, Australia: Southern Croes University, 2000.

KNOWLES, M. et al. *The adult learner*: the definitive classic in adult education and human resourse development. 5. ed. Houston, Texas: Gulf Publishing Company, 1998.

LAVE, J.; WENGER, E. *Situated learning*: legitimate peripheral participation. New York: Cambridge University Press, 1991.

MASINI, E. F. S.; MOREIRA, M. A. *A aprendizagem significativa*: a teoria de David Ausubel. São Paulo: Centauro, 2001.

MAYER, R. E. (ed.). *The Cambridge handbook of multimedia learning*. New York: Cambridge University Press, 2014.

MAYER, R. E. (ed.). Designing for constructivist learning. In: REIGELUTH, C. (ed.). *Instructional-design theories and models: a new paradigm of instructional theory.* v. II. New Jersey: Lawrence Erlbaum Associates, 1999.

__________. ; MORENO, R. Animation as an Aid to Multimedia Learning. *Educational Psychology Review*, v. 14, n. 1, mar. 2002.

MILLER, A. G. The magical number seven, plus or minus two: some limits on our capacity for processing information. *Psychological Review*, v. 63, p. 81-97, 1978.

MIZUKAMI, M. da G. N. *Ensino*: as abordagens do processo. São Paulo: EPU, 1986.

MORRISON, G.; ROSS, S. M.; KEMP, J. E. *Designing effective instruction*. Danvers: John Wiley and Sons, 2004.

MYERS, K. L. Is there a place for instructional design in the information age? In: *Educational Technology*, v. 39, n. 6, p. 50-53, 1999.

PAIVIO, A. *Imagery and verbal processes*. New York: Holt, Rinehart, and Winston, 1971.

__________. *Mental representations*: a dual coding approach. Oxford: Oxford University Press, 1986.

PIAGET, J. *Seis estudos de psicologia*. Rio de Janeiro: Forense, 1967.

SANTOS, L. M. A.; TAROUCO, L. M. R. A importância do estudo da teoria da carga cognitiva em uma educação tecnológica. *Renote*, v. 5, n. 1, julho, 2007.

SIEMENS, G. *Knowing knowledge*. Lexington: Creative Commons, 2006.

__________. Connectivism: a learning theory for the digital age. In: *International Journal of Instructional Technology and Distance Learning*, v. 2, n. 1, 2004.

__________. Connectivism: Learning Theory or Pastime of the Self-Amused? In: *Elearnspace*, 2006.

SKINNER, B. F. *Sobre o behaviorismo*. São Paulo: Cultrix, 1974.

__________. *Ciência e comportamento humano*. São Paulo: Martins Fontes, 2003.

SMITH, P. L.; RAGAN, T. J. *Instructional design*. 3. ed. New Jersey: Willey Jossey-Bass Education, 2005.

STYLES, E. *Attention, perception and memory*: an integrated introduction. New York: Psychology Press, 2005.

SWELLER, J. et al. Cognitive architecture and instructional design. *Educational Psychology Review*, v. 10, n. 3, 1998.

__________. ; AYRES, P.; KALYUGA, S. *Cognitive load theory*: explorations in the learning sciences, instructional systems and performance technologies. New York: Springer, 2011.

__________. *Instructional design in technical areas*. Camberwell: Acer Press, 1999.

Capítulo 3

DIMENSÃO COMUNICACIONAL

Introdução

Neste capítulo, abordamos o diálogo didático simulado que precisamos desenvolver para produzir conteúdos educacionais com qualidade comunicacional. Para compreender esse conceito, partimos do modelo clássico de comunicação, considerando as devidas críticas e adaptações para o mundo educacional.

A partir daí, caracterizamos as matrizes sonora, visual e verbal que se materializam em mídias, basicamente som, imagem e texto. E, integrando linguagens e suportes, estabelecemos duas lógicas – a da mídia impressa e a das mídias digitais – a partir das quais podemos entender melhor a produção de livros impressos e digitais, podcasts, animações, vídeos e infográficos, entre outras soluções educacionais.

O modelo clássico de comunicação

O modelo de comunicação de Roman Jakobson, representado na Figura 3.1, tem sido bastante disseminado e não deve representar grande novidade para os envolvidos com a produção de conteúdos educacionais. Baseia-se nos estudos de Shannon e Weaver[1] sobre a teoria da informação e é composto por seis elementos:

1) **Emissor:** quem comunica a mensagem, o remetente.
2) **Receptor:** para quem a mensagem se destina, o destinatário.
3) **Mensagem:** o que se deseja comunicar, o conteúdo que se deseja transmitir.
4) **Linguagem:** os códigos compartilhados por emissor e receptor.
5) **Canal:** o meio pelo qual emissor e receptor se comunicam, composto pelo suporte (a mídia) e pelo serviço de transporte (a tecnologia) no qual a mensagem se propaga.
6) **Contexto:** o ambiente, a situação e os objetos reais aos quais a mensagem se refere.

---

[1] SHANNON, C. F.; WEAVER, W. *The mathematical theory of communication.* Urbana: The University of Illinois Press, 1949.

•• **FIGURA 3.1** Modelo clássico de comunicação

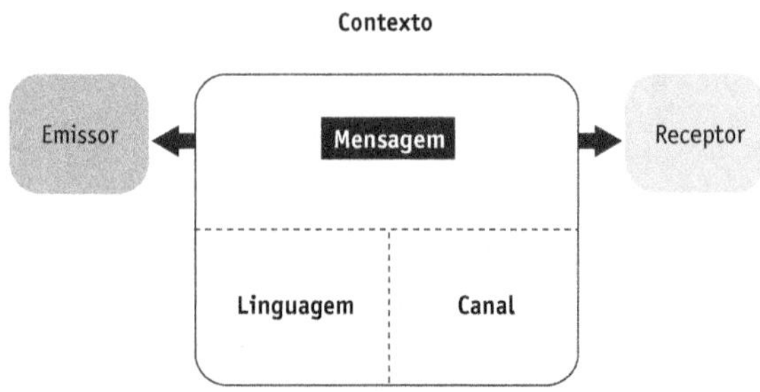

Fonte: Adaptada de JAKOBSON, R. *Linguística e comunicação*. São Paulo: Cultrix, 1969.

Uma simples saudação já se configura como exemplo desse modelo. Ao dizermos "Bom dia!" a um amigo, atuamos como **emissores** e ele, como **receptor**; a **mensagem** é a própria saudação ("Bom dia!"); a **linguagem** é a língua portuguesa; o **canal** é o ar pelo qual o som da nossa voz se propaga até chegar ao receptor; o *contexto* é o dia (se encontrássemos nosso amigo à noite, a mensagem seria "Boa noite!").

Temos um exemplo mais complexo desse modelo diante dos nossos olhos: este livro! Aqui, as autoras são as emissoras; o leitor é o receptor; a produção de conteúdos educacionais é o contexto; o livro é o canal; a mensagem é o texto que compõe o conjunto de capítulos, seções, tópicos e itens abordados; a língua portuguesa, por fim, é a linguagem na qual o texto é comunicado.

No contexto da produção de conteúdos educacionais, esse segundo exemplo ilustra como o modelo clássico se aplica a situações em que o diálogo didático mediado é simulado. Contudo, como veremos a seguir, tanto em situações de comunicação real como na mediada, as coisas não são tão simples como parecem.

Em primeiro lugar, consideremos que, no processo de comunicação, não ocorre uma relação estática entre o emissor e o receptor. Isso porque, quando recebemos uma mensagem, trabalhamos para processá-la e relacioná-la aos nossos esquemas mentais preexistentes e àquilo que faz sentido no contexto em que estamos inseridos. Assim, conferimos à mensagem um significado particular que só faz sentido para nós em determinado momento.

Além disso, precisamos reconhecer a influência do contexto sobre a linguagem na produção de sentido. As unidades mais genéricas da linguagem são as palavras, e elas são polissêmicas – ou seja, podem conter múltiplos significados. Por exemplo, nas expressões "boca cheia", "boca de urna", "meia-boca" e "boca-de-lobo", a palavra "boca" nem sempre está relacionada ao conjunto de lábios, dentes e língua que compõe a primeira parte do aparelho digestivo.

É o discernimento contextual – ou seja, o significado dessas palavras em um contexto – que impede o caos comunicativo. Esse discernimento também possibilita ao receptor compreender figuras de linguagem (metáforas, ironias, eufemismos etc.) e informações implícitas ou pressupostos que não estão claramente enunciados na mensagem.

O receptor não é, portanto, um mero decodificador de mensagens. É um verdadeiro coautor, à medida que exerce papel tão importante quanto o do emissor na tarefa de atribuir significados à mensagem, inclusive captando o que está implícito nos enunciados. De acordo com essa percepção, "emissor" e "receptor" podem ser considerados "interlocutores" que tornam o processo comunicativo mais orgânico, complexo e dinâmico.

Pensando nos conteúdos educacionais, a conclusão de que os interlocutores têm um papel equivalente na construção do sentido da mensagem é importante porque ela sustenta a ideia de que todos os especialistas precisam considerar, além de suas próprias percepções, a percepção dos alunos.

Um exercício muito importante para o especialista em conteúdo (e para todos os que participam da produção) é formar um quadro mental de quem é o alvo principal do material a ser desenvolvido, considerando fatores como gênero, faixa etária, etnia, estado civil, ocupação, origem escolar, horas dedicadas ao estudo intra e extraclasse, fluência em língua portuguesa e em outros idiomas, grau de inclusão e fluência digital e estilos de aprendizagem. Esse exercício nos dá pistas sobre como nossos alunos, no papel de receptores, processarão a mensagem que procuramos transmitir.

Para avançar na dimensão organizacional, vamos agregar ao modelo clássico de comunicação duas perspectivas que já foram mencionadas e merecem maior atenção: nossa comunicação tem uma clara intencionalidade pedagógica (nosso diálogo é didático) e ela se efetiva por meio de mídias e tecnologias (é também um diálogo didático simulado).

No Capítulo 9, *Análise contextual*, discutimos sobre a importância de conhecer o perfil dos nossos interlocutores e de que maneira podemos levantar dados e informações que subsidiarão as atividades de planejamento, autoria, roteirização e produção de mídias.

Diálogo didático simulado

Uma das características mais desejadas para qualquer recurso educacional é o estabelecimento de uma comunicação didática efetiva entre quem aprende e quem ensina. Aretio[2] chama de **diálogo didático** a interação dialógica que ocorre entre os atores do processo de ensino-aprendizagem, incluindo-se não apenas alunos e docentes, mas também equipe pedagógica e administrativa da instituição, e ainda interlocutores externos, como pais e responsáveis, empregadores e potenciais empregadores, profissionais da área, representantes do governo e toda a comunidade.

Esse diálogo didático pode ser **real**, quando se realiza face a face ou mediado por serviços de comunicação síncrona (por exemplo, telefone, correio eletrônico e fórum virtual), ou **simulado**, quando se dá por meio de suportes de mídia (por exemplo, material impresso, vídeos, áudios e animações), conforme mostra a Figura 3.2.

---

[2] ARETIO, L. G. *La educación a distancia:* de la teoria a la práctica. Barcelona: Ariel Educación, 2001.

•• **FIGURA 3.2** Diálogo didático mediado

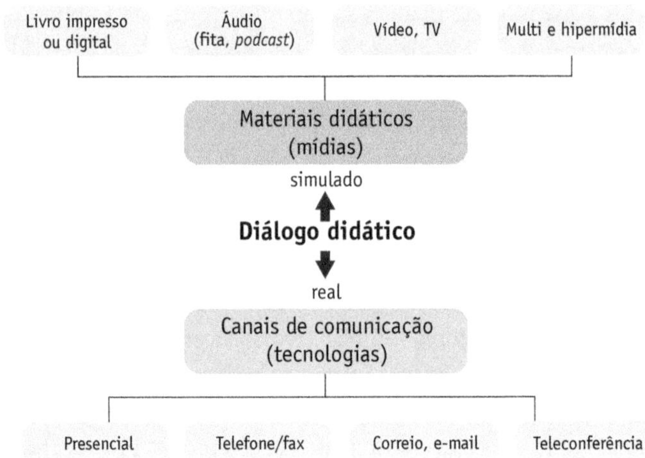

Fonte: Adaptada de ARETIO, L. G. *La educación a distancia:* de la teoria a la práctica. Barcelona: Ariel Educación, 2001.

No **diálogo didático real**, a comunicação gira em torno da apresentação de conteúdos, da orientação de atividades, dos comentários que os professores fazem sobre a produção e o desempenho dos alunos, bem como das demais interações que venham a ocorrer por telefone, correio eletrônico, serviços de bate-papo, videoconferência etc. No **diálogo didático simulado**, a comunicação está contida no próprio texto – seja impresso, narrado ou apresentado em vídeos educacionais, por exemplo – e será interpretada pelo aluno enquanto ele lê um texto, ouve um material gravado, assiste a um vídeo ou explora um objeto de aprendizagem.

É importante destacar que, no aspecto temporal, o diálogo didático simulado ocorre sempre de maneira assíncrona, pois é registrado em um suporte midiático no momento de sua criação e acessado pelo interlocutor em um momento posterior. O diálogo didático real, por sua vez, tanto pode ser assíncrono (por exemplo, em uma discussão no fórum) como síncrono (por exemplo, em uma sessão de chat).

O Quadro 3.1 apresenta um resumo das situações em que essas características se destacam.

•• **QUADRO 3.1** Características do diálogo didático

Real	Síncrono
Ocorre face a face ou quando possibilitado por tecnologias de comunicação como telefone, e-mail, fóruns virtuais, videoconferências etc.	Ocorre simultaneamente, como no caso da conversa presencial ou por ferramentas de comunicação em tempo real
Simulado	**Assíncrono**
Ocorre por meio de um suporte midiático, como material impresso, vídeos, áudios e animações	Ocorre quando a emissão e a recepção da mensagem não são simultâneas

Fonte: Adaptado de ARETIO, 2001.

Para ilustrar esse ponto, podemos classificar o diálogo estabelecido em um material impresso (este livro, por exemplo) como simulado e assíncrono. Já o diálogo entre um educador e o aluno por e-mail pode ser classificado como real e assíncrono, enquanto uma troca de mensagens instantâneas entre eles envolve um diálogo real e síncrono.

O que procuramos fazer ao desenvolver um conteúdo educacional é simular o diálogo didático real que seria estabelecido entre o professor (emissor) e seus alunos (receptores), adaptando o discurso oral e síncrono às especificidades das mídias assíncronas utilizadas.

Para Holmberg,[3] autor que inspirou Aretio a construir a teoria do diálogo didático mediado, a conversa na sala de aula presencial é um procedimento comprovadamente eficaz no ensino tradicional e, por isso, deve ser adaptada aos materiais didáticos.

> **Börje Holmberg**
>
> É professor emérito da *FernUniversität*, na Alemanha. Publicou vários livros, entre os quais se destaca *Theory and practice of distance education* (1995), sem tradução para o português. Um resumo do pensamento de Holmberg é encontrado na tese de doutoramento *Didática intercomunicativa em cursos online colaborativos*, apresentada à Faculdade de Educação da Universidade de São Paulo (FEUSP) em 2008 por Adriana Clementino.

Holmberg cunhou o termo conversação didática orientada para descrever o diálogo docente-discente inspirado nas conversas de sala de aula presencial e reuniu alguns postulados básicos sobre o que ele acreditava ser uma "pedagogia da comunicação":

1) O sentimento de que existe uma relação pessoal entre alunos e educadores promove o prazer intelectual e a motivação para estudar.
2) Esse sentimento pode ser fomentado mediante um material autoinstrucional bem desenvolvido e que transmita a sensação de comunicação de mão dupla.
3) Uma linguagem pessoal favorece o sentimento de interação.
4) Mensagens transmitidas em forma de conversação são mais facilmente compreendidas e recordadas.
5) A ideia de conversação didática orientada pode ser utilizada com sucesso na produção de mídias, inclusive aquelas utilizadas na educação totalmente a distância.

O Quadro 3.2 resume algumas características práticas da conversação didática orientada que devem estar presentes nos conteúdos educacionais.

[3] HOLMBERG, B. Guided didactic conversation in distance education. In: SEWART, D.; KEEGAN, D. & HOLMBERG G. B. (eds.). *Distance education:* international perspectives. London: Croom Helm, 1983.

•• **QUADRO 3.2** Características da conversação didática orientada

Característica	Descrição
Apresentação de conteúdo facilmente acessível	Os conteúdos devem ser apresentados em linguagem clara, mais coloquial, de leitura fácil e com uma densidade de informação moderada
Conselhos e sugestões explícitos	Os conteúdos devem indicar ao aluno o que deve ser feito ou evitado; no que ele deve prestar mais atenção; quais são as relações com outros tópicos ou situações etc.
Convites	Os conteúdos devem promover trocas de ideias, reflexões, considerações sobre o que é aceitável ou não em determinados temas
Busca por um envolvimento emocional	Os conteúdos devem estimular o aluno a se envolver com o assunto abordado e as questões pertinentes
Estilo pessoal	Os conteúdos devem reforçar a comunicação entre quem ensina e quem aprende, pelo uso de pronomes pessoais e possessivos

Fonte: Elaborado pelas autoras.

No Capítulo 11, *Autoria*, desenvolvemos as características aqui citadas ao discutirmos a construção da retórica instrucional.

Vejamos a seguir como alguns desdobramentos do modelo clássico de comunicação nos ajudam a compreender o potencial das mídias na simulação do diálogo didático.

Funções da linguagem

A partir do modelo clássico de comunicação, Jakobson analisou uma variedade de funções da linguagem, relacionadas a cada um dos elementos do modelo comunicativo, como mostra a Figura 3.3.

•• **FIGURA 3.3** Funções da linguagem segundo o modelo clássico de comunicação

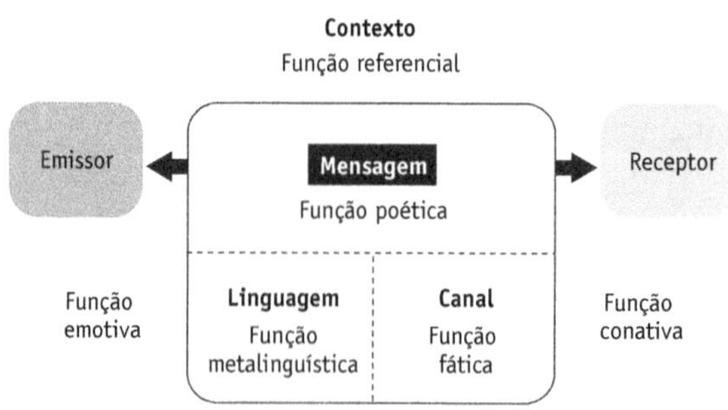

Fonte: Adaptada de JAKOBSON, R. *Linguística e comunicação*. São Paulo: Cultrix, 1969.

A **função referencial** é centrada no contexto e procura transmitir informações precisas sobre a realidade, sem comentários ou juízos de valor. É clara, objetiva, direta e sem ambiguidade. Prevalece a terceira pessoa do discurso. É a linguagem que caracteriza o discurso jornalístico, jurídico e científico e está bastante presente em notícias e reportagens, verbetes de enciclopédia, legislações, relatórios empresariais e textos didáticos, que é o nosso foco na produção de conteúdos educacionais.

A **função emotiva é** centrada no emissor e busca expressar seu ponto de vista, seus sentimentos, desejos, sonhos ou seu estado de espírito. Recorre a verbos e pronomes na primeira pessoa do singular ou do plural (*eu, nós*), interjeições (*Olá!, Muito bem!*), adjetivos e sinais de pontuação, que conferem subjetividade ao texto, como as exclamações e as reticências (*Que maravilha! Quem sabe...*). Em geral, é a linguagem mais empregada em biografias, memórias, poesias e cartas de amor.

A **função conativa é** centrada no receptor e busca convencê-lo a tomar determinada atitude por meio de apelo, ordem, exortação, saudação ou súplica. Está em consonância com as características da argumentação retórica, cujos elementos fundamentais estão presentes no emprego de pronomes de tratamento como "você", no uso de verbos no modo imperativo (*Faça, leia, pesquise*) e na grande quantidade de vocativos que convidam ou convocam ao diálogo (*Caríssimo leitor*, é importante que...). Esses recursos estabelecem um contato mais próximo com o interlocutor.

Ainda que se recomende a objetividade na elaboração de conteúdos educacionais, apresentamos no Capítulo 11, *Autoria*, a necessidade de identificar uma "voz do autor", por meio da qual o conteudista (ou quem escreve os conteúdos educacionais) se revela aos alunos como especialista, educador e pessoa.

Na comunicação didática, a função conativa reveste-se de grande importância, à medida que se ocupa mais detidamente do público-alvo. Ela tem por objetivo provocar certos efeitos no receptor da mensagem. Por exemplo, o uso de verbos no imperativo, como em "Observe na figura anterior..." ou "Considere o seguinte exemplo", ou o emprego de alertas e chamadas à reflexão, convocam o aluno a dirigir sua atenção a determinados pontos da mensagem. Da mesma forma, o uso de vocativos, como em "É importante que você, caríssimo aluno, reconheça....", estabelece um contato maior com o aluno, aproximando receptor e emissor.

A **função fática é** centrada no canal (mídias e serviços) e objetiva estabelecer e testar o contato entre emissor e receptor. Expressões como "Certo", "Veja bem", "Tudo bem por aí?", "Você está ouvindo bem?" e "Você concorda?" reforçam a mensagem, mas não transmitem informação nova. É a linguagem usada nas comunicações telefônicas e nas saudações.

Não é possível tornar o público um aliado sem uma compreensão mínima da mensagem transmitida. Então, se o canal funciona, o contato é estabelecido e o diálogo se desenvolve. Assim, um dos pontos de atenção ao desenvolver um diálogo didático simulado é justamente verificar se o conteúdo apresentado até determinado momento foi compreendido minimamente pela audiência.

Na comunicação impressa ou digital, em que não há oportunidade de obter um retorno real do público, o emprego da função fática cativa o interlocutor, que se sente valorizado quando o autor demonstra preocupação com seu interlocutor (e não apenas consigo mesmo).

Quando incluímos no conteúdo expressões como "Agora preste atenção na próxima figura", "Você notou que... ?" ou "Não é verdade?", reforçamos a ideia de que estamos construindo uma linha de argumentação *junto* aos nossos receptores, que se sentem valorizados por fazerem parte do diálogo didático.

A **função poética** é centrada na própria mensagem e busca valorizar a sonoridade, o ritmo, a utilização das figuras de linguagem, a originalidade e a disposição gráfica das palavras em uma página ou tela. É afetiva, sugestiva, metafórica. Considera que a maneira de dizer algo é tão importante quanto aquilo que é dito. Essa função está bastante presente nas poesias, nas letras de música e também em obras literárias e textos publicitários.

Há espaço para explorar a função poética na produção de conteúdos, seja nos cuidados com o leiaute e a interface das mídias, seja no tratamento sonoro dos conteúdos transmitidos em áudio (podcasts).

A **função metalinguística** é centrada na própria linguagem, ou seja, são os próprios códigos compartilhados por emissor e receptor que se tornam objetos de análise. Como exemplos de função metalinguística em ação, podemos citar: um filme sobre a história do cinema, um site sobre a evolução da internet, uma pintura retratando o próprio artista pintando, um poema sobre o ato de escrever, um programa de TV sobre a televisão, uma peça teatral sobre o teatro ou uma história em quadrinhos sobre como são feitas as histórias em quadrinhos.

Em um dado processo de comunicação, não se emprega apenas uma função da linguagem, mas um jogo de várias funções, em geral com a preponderância de uma delas. Cabe observar que essas funções não são excludentes, mas complementares. Podem até ser predominantes em determinadas áreas, mas é importante conhecê-las a fim de fazer melhor uso dos recursos comunicacionais.

> Para conhecer mais sobre as funções da linguagem, recomendamos a leitura do primeiro capítulo de *Comunicação e linguagem*, de Thelma de Carvalho Guimarães (2012).

Por exemplo, um dos riscos ao produzir conteúdos para educação (sejam eles livros didáticos tradicionais ou objetos de aprendizagem modernos) é deter-se demasiadamente na função referencial. Alguns conteudistas estão mais acostumados a escrever artigos e *papers* em linguagem técnica ou científica, destinada a um público mais especializado, ou então cultivam o modelo mental da sala de aula no qual que o professor é mero transmissor de informações.

Por essa razão, é importante destacar o papel dos especialistas em educação (o designer instrucional, por exemplo) e em comunicação (redatores, editores e revisores) na construção de uma retórica instrucional que lance mão, por exemplo, das funções conativa e fática para criar o desejado envolvimento pessoal do aluno com os conteúdos.

Matrizes de pensamento e linguagem

Prosseguindo no estudo da dimensão comunicacional e suas implicações para a produção de conteúdos educacionais, abrimos espaço aqui para aprofundar a análise da linguagem possibilitada pelos diferentes suportes que facilitam o diálogo didático simulado. Para isso, adotamos a classificação utilizada por Santaella[4], que se concentra em três matrizes principais das quais derivam as demais linguagens existentes:

1) A **matriz sonora ou oral**, decorrente da **audição**.
2) A **matriz visual ou imagética**, decorrente da **visão**.
3) A **matriz verbal ou textual**, decorrente da **verbalização** própria do ser humano.

Segundo a autora, as matrizes não são puras. Apenas a matriz sonora poderia alcançar certo grau de pureza, se não ouvíssemos com todo o nosso corpo (o leitor pode imaginar aqui a trepidação que acompanha o som de um tambor). Ainda assim, ao ouvir um discurso oral, nada nos impede de formar imagens mentais para tentar representar a estrutura do discurso. De igual forma, a matriz visual pode ser complementada com a verbal quando agregamos textos a imagens fixas (como no caso de rótulos explicativos em ilustrações ou balões de fala em histórias em quadrinhos). Ou ainda, diante de um gráfico complexo, podemos criar mentalmente uma explicação textual para descrever os vários componentes da imagem. Ademais, quando apresentada em imagens dinâmicas (como as animações e os vídeos), a matriz visual absorve a sintaxe do domínio sonoro e organiza a informação em uma sequência temporal, quadro a quadro. As matrizes de linguagem – empregadas de forma isolada ou convergente – são de grande interesse para a produção de conteúdos e por isso são detalhadas a seguir.

Lucia Santaella

É professora titular na pós-graduação em Comunicação e Semiótica e coordenadora de pós-graduação em Tecnologias da Inteligência e Design Digital na Pontifícia Universidade Católica de São Paulo (PUC-SP). Autora de mais de 40 livros, entre os quais destacamos *Matrizes da linguagem do pensamento* (2005), *Linguagens líquidas na era da mobilidade* (2007) e *Comunicação ubíqua* (2013).

Matriz sonora

A **matriz sonora** ou oral compreende todo e qualquer tipo de som. Tem como eixo fundamental a sintaxe (*syn* = junto/com, *taxis* = arranjo), pois combina sons, alturas, durações etc. para formar elementos mais complexos. Caracteriza-se pela fugacidade, pela evanescência e pela indeterminação.

Os componentes fundamentais da matriz sonora são o ritmo (combinações das variações de durações e acentos), a melodia (organização horizontal das alturas ou sucessão de sons que variam em altura e duração) e a harmonia (organização vertical das alturas ou combinação simultânea de notas).

No contexto educacional, a matriz sonora expressa-se na linguagem oral, que é espontânea e efêmera. Na maioria dos casos, a comunicação ocorre face a face, em diálogo direto (real) entre educador e aluno. Pode ser considerada econômica porque todos os elementos do esquema de comunicação estão presentes na situação e no momento em que o diálogo acontece.

[4] SANTAELLA, L. *Matrizes da linguagem do pensamento:* sonora, visual, verbal. São Paulo: Iluminuras, 2005.

Entonação, cadências e pausas conferem ritmo à fala. Gestos e expressões faciais ajudam o aluno a decodificar a mensagem transmitida pelo emissor. Entretanto, há fragmentação da mensagem em virtude de hesitações, repetições, correções e truncamentos também em razão da quantidade de informação administrável pelos interlocutores.

É interessante observar aqui que muitas equipes de produção de conteúdos educacionais utilizam a técnica de transcrição de aulas, baseadas predominantemente na matriz sonora, para registrar a situação didática "real" e capturar o diálogo autêntico entre educador e alunos. É uma maneira de apreender a interação que ocorre entre quem ensina e quem aprende, com todas as dificuldades e fatores motivacionais envolvidos.

A despeito da potencialidade de capturar um contexto educacional legítimo, essa técnica requer rigorosa retextualização para transformar em diálogo didático simulado a comunicação docente-discente apoiada basicamente na linguagem oral. Na verdade, quando planejamos e produzimos conteúdos educacionais baseados na matriz sonora, estamos lidando com a chamada "segunda oralidade".

A **primeira oralidade** é típica das culturas orais primárias, que antes da invenção da escrita se comunicavam basicamente pela fala. Dada a transitoriedade do som, despojado de registro, a memória de um grupo ou comunidades era preservada por meio de pensamentos memoráveis, e padrões ritmados e repetitivos da fala, encontrados nos ditados populares e nos provérbios.

Com o advento do cinema, do rádio, da televisão e do telefone no decorrer do século XX, a humanidade alcançou a **segunda oralidade**: o som materializou-se em uma multiplicidade de suportes (mídias) e canais (tecnologias).

Boa parte das situações didáticas convencionais – aquelas realizadas em sala de aula presencial – ainda se vale da oralidade primária. E, quando falamos no uso planejado de mídias, o diálogo didático simulado permanece bastante centrado na escrita, com grande ênfase nas matrizes verbal e visual. É o que vemos nos livros didáticos impressos, nos livros técnicos e universitários e nas obras de referência de larga utilização nas escolas e universidades.

Além disso, mesmo quando empregamos tecnologias para veicular a fala de um educador ou especialista que se dirige particularmente a uma audiência, como ocorre nos vídeos educacionais ao vivo, percebemos pouco domínio das potencialidades da matriz sonora.

Matriz visual

A **matriz visual** ou magnética corresponde à linguagem gráfica e ancora-se principalmente na imagem. Para muitos, o apelo estético é a principal característica desse tipo de linguagem, mas a questão essencial relacionada à matriz visual é entender como se dá a produção de sentido a partir de uma imagem. Isso porque o signo visual não tem a mesma estabilidade dos signos verbais ou sonoros: de um lado, há um sem-número de opções visuais para um emissor expressar determinada ideia e, de outro, o receptor pode interpretá-la de variadas maneiras.

Sozinha, uma imagem pode dar margem a infinitos sentidos; atrelada a palavras ou a outras imagens, permite a construção de sentidos específicos. Usadas em contextos diferentes, podem ainda representar situações distintas.

Uma das características mais importantes das imagens é serem apreendidas em único lance de olhar. Elas exercem uma força de atração imediata porque apelam para o lobo central direito do cérebro, a instância responsável pela elaboração das emoções.

Cores, linhas, volumes e formas provocam uma impressão à primeira vista. Esses aspectos visíveis têm grande poder de sugestão e podem transmitir qualidades abstratas como força, leveza, elegância, modernidade e sofisticação.

Costumamos dizer que "uma imagem vale por mil palavras", mas devemos atentar para o fato de que fotos, ilustrações e gráficos são capazes de representar apenas aquilo que é visual. Observe que, muitas vezes, quando precisamos representar sensações acústicas, olfativas e táteis, ou informar passagens de tempo, geralmente lançamos mão da matriz verbal para completar a descrição.

Exploramos o emprego da matriz visual nos conteúdos educacionais ao abordarmos a composição visual no Capítulo 13, *Produção de mídias*.

Vemos uma presença cada vez maior da matriz visual nos conteúdos educacionais. Livros ilustrados e uma gama de animações e objetos de aprendizagem enriquecem a representação do conhecimento na forma de imagens estáticas (fotografias, desenhos à mão e computadorizados) e dinâmicas (animações e vídeos).

Matriz verbal

A **matriz verbal** ou textual é a mais complexa, porque se estrutura no simbólico e embute os elementos das matrizes sonora e visual. Tem como eixo fundamental a palavra, que nada mais é que uma representação simbólica de algo compartilhado por emissor e receptor. Destacam-se, portanto, a arbitrariedade e a convencionalidade dos códigos empregados.

A representação dos elementos sonoros (oralidade) em formato gráfico (escrita) requer elevado nível de organização e reorganização. Por exemplo, o jogo de cadências e pausas da linguagem oral precisa ser recriado pela pontuação e por sinais gráficos específicos, como maiúsculas, negrito, itálico etc.

Esse esforço intelectual exige um letramento mínimo de quem emite e de quem recebe a mensagem. Isso torna a linguagem escrita menos econômica que a linguagem oral, porém muito mais precisa.

Em geral, a linguagem escrita é mais duradoura por materializar-se em um suporte permanente (quase sempre o papel e, cada vez mais, as telas digitais), mas pode concretizar-se, por exemplo, em uma lousa ou quadro-negro, que devem ser apagados para dar espaço a novos conteúdos).

A produção de conteúdos baseados na matriz verbal, quando comparada à matriz oral, refere-se quase sempre a um ato solitário, lento e planejado pelo emissor. É também quase sempre solitariamente decodificado, em outro momento e outro espaço, pelo receptor.

O discurso é o centro da matriz verbal, e a descrição, a narração e a dissertação são seus princípios organizadores. Esses princípios correspondem aos chamados **tipos textuais**, que se definem por sua composição em termos de aspectos lexicais (vocabulário), sintáticos (gramaticais), tempos verbais, relações lógicas e estilo.

Descrição

Descrever é traduzir para a linguagem verbal a apreensão que temos das qualidades das coisas, pessoas, ambientes e situações. A descrição busca, portanto, reconstruir, por meio de palavras, as qualidades captadas por nossos sentidos – visão, audição, tato, paladar e olfato – e também aquelas produzidas em nossa imaginação. O objetivo é que o leitor possa recriar mentalmente o objeto descrito.

Os principais ingredientes da descrição são os adjetivos e as expressões adjetivas, que traduzem os atributos qualitativos e sensoriais dos objetos. Da mesma forma, a fim de expressar relações espaciais, as preposições que indicam posição e direção e os advérbios de lugar. Por natureza, a descrição é estática: baseia-se no estado de algo, e não na sequência de ações, como é o caso da narrativa. E pode apresentar-se de duas maneiras:

- **Descrição subjetiva:** incorpora a visão do observador e transmite tanto as características daquilo que é percebido quanto as impressões causadas no sujeito que descreve.
- **Descrição objetiva ou técnica:** busca a objetividade absoluta, independentemente de quem sente ou vê algo; privilegia-se a função referencial, com emprego preciso de vocabulário, exatidão nos detalhes e foco centrado na informação.

A descrição técnica é a mais comumente encontrada em manuais, relatórios e textos didáticos, porém aparece cada vez mais mesclada a narrativas instrucionais.

Narração

Narrar consiste, basicamente, no ato de expor ou contar histórias, uma atividade que remonta a nossos antepassados mais distantes. A narração caracteriza-se por um relato linear ou alinear, por meio da escrita, da oralidade ou de recursos gráficos, de um fato ou um conjunto de fatos reais ou imaginários, vividos por personagens em uma sequência lógica e temporal.

Para saber mais sobre o uso e o desenvolvimento de narrativas instrucionais, consulte os Capítulo 10, *Planejamento educacional*, e Capítulo 12, *Roteirização*.

Caracteriza-se pelo emprego de verbos de ação que se encadeiam para dar início a um conflito, uma intriga ou um embate e indicam a movimentação de personagens no tempo e no espaço.

O produto da narração é a narrativa (em inglês, *storytelling*), uma forma de apresentar conteúdos que vem ganhando cada vez mais destaque, inclusive no campo educacional, à medida que mídias digitais e tecnologias de comunicação criam novas condições de produção.

Dissertação

Dissertar é apresentar logicamente uma ideia ou um ponto de vista sobre determinado assunto. Pressupõe conhecimento do assunto sobre o qual se deseja discorrer, reflexão sobre o tema proposto e organização das ideias. A **dissertação** caracteriza-se pela apresentação de argumentos e premissas direcionados a uma conclusão. O discurso dissertativo lida com redes conceituais logicamente estruturadas, que se concatenam por meio de esquemas classificatórios, comparações e contraposições conceituais.

Esse tipo de discurso pode apresentar-se como:

- **Texto expositivo:** apresentação, explicação ou constatação de um fato, de maneira impessoal, sem julgamento de valor e sem o propósito de convencer o leitor.
- **Texto argumentativo:** apresentação, explicação ou constatação de um fato para convencer por meio de um raciocínio lógico, consistente, coerente e baseado na evidência das provas. A argumentação procura convencer o leitor de que a razão está com quem organizou o texto.

O texto dissertativo é composto por três partes:

1) **Introdução:** problematização do tema, com o levantamento de uma hipótese de trabalho. É fundamental para a elaboração de um texto crítico, coeso, coerente e aprofundado.
2) **Desenvolvimento:** fundamentação clara e convincente das ideias expostas, por meio de evidências (fatos, exemplos, estatísticas ou testemunhos) e também de raciocínios dos quais se extraem inferências a partir das evidências.
3) **Conclusão:** movimento final que deriva naturalmente do desenvolvimento (com suas evidências e seus raciocínios) e ratifica a introdução.

Gêneros e formatos

As diferentes situações de comunicação podem ser definidas por padrões sociais e comunicativos aos quais chamamos livremente aqui de **gêneros discursivos.** Estes são formados por composições funcionais, objetivos enunciativos e estilos concretizados em forças históricas, sociais, institucionais e técnicas.

Podemos considerar o gênero como um modelo abstrato que reúne as características gerais de um produto – por exemplo, gênero jornalístico ou documental, gênero dramático ou ficcional e gênero didático ou instrucional. O gênero pode ser apresentado em diferentes **formatos**, ou seja, segundo diferentes "moldes concretos" de produção.

Existem tantos formatos quantas são as situações sociais: notícias jornalísticas, receitas culinárias, cartas pessoais, editais públicos, cardápios de restaurante, listas de compras, cartas comerciais, resenhas acadêmicas, sermões religiosos, romances, poemas, bulas de remédio e e-mails são alguns exemplos. Cada um deles tem as próprias regras e convenções.

Formatos típicos do gênero didático ou instrucional, voltados especificamente ao processo de ensino-aprendizagem, são as sequências didáticas, os roteiros de estudo, os estudos de caso, as questões de prova e os manuais para docentes, entre outros.

No gênero jornalístico ou documental, que visa a comunicar fatos e eventos, podemos citar noticiários, entrevistas, documentários, boletins, editoriais e debates, muitos deles empregados no campo educacional para apresentação de conteúdos ou como atividades de aprendizagem.

E podemos ainda citar o gênero dramático ou ficcional, marcado prioritariamente por narrativas de ação, drama ou comédia. Inspira-se em fatos reais, mas trabalha com "o que poderia ser". Utiliza todos os recursos das matrizes sonora, visual e por vezes também textual para construir personagens e cenários. Inspira cada vez mais a construção de narrativas instrucionais.

Alguns desses formatos fazem uso da matriz sonora: telefonemas, discursos políticos, palestras. Outros fazem uso da matriz verbal: decisões judiciais, teses de doutorado. Alguns lançam mão de mais de uma matriz: os teleprompters, por exemplo, permitem que a notícia seja falada a partir de um texto pré-escrito.

Vale lembrar que, além dos gêneros e dos formatos, ainda devemos estar atentos aos tipos textuais descritivos, narrativos e dissertativos, e que podem ser combinados em um mesmo conteúdo educacional. Vamos imaginar, por exemplo, uma entrevista feita por telefone e levada ao ar como parte de um programa jornalístico exibido pela tevê: ao caracterizar um lugar ou uma pessoa, o entrevistado faz uma descrição; ao relatar um episódio, faz uma narração; e, ao defender uma ideia, faz uma dissertação.

A variedade e a combinação de tipos, gêneros e formatos nos levam a considerar também os suportes nos quais esses conteúdos são registrados. Esse é o nosso próximo tópico de discussão.

Mídias

Toda linguagem se materializa em um suporte, uma mídia. Da fala evanescente e fugidia que vibra no ar caminhando de uma boca até um ouvido, até chegar à palavra escrita em pedra, papiro, papel ou tela, a linguagem é sempre encarnada. Sem um meio no qual se possam corporificar, tintas não criam linhas, formas, luzes e sombras, e palavras não podem ser inscritas.

As matrizes de linguagem – sonora, visual e verbal – são assim materializadas e difundidas nos chamados canais de comunicação. De acordo com o esquema clássico da comunicação de Jakobson, os canais são formados por suportes e serviços. O **suporte** é entendido como um objeto físico ou virtual, com um formato específico, que serve para fixar e exibir uma mensagem – uma definição que corresponde ao que entendemos por **mídias**. Os serviços são o veículo para comunicar a mensagem, ou seja, aquilo que entendemos por **tecnologias**.

A revolução provocada pelos computadores pessoais e pela internet atingiu todas as matrizes de linguagem – sonora, visual e textual – e todos os suportes midiáticos – baseados em textos, imagens fixas ou em movimento e sons.

Retomamos a distinção entre mídias e tecnologias no Capítulo 4, *Dimensão tecnológica*.

Assim, precisamos pensar a criação e a distribuição de conteúdos educacionais hoje com base em dois tipos de suportes: a mídia convencional impressa (livros, jornais e revistas) e as mídias recentes digitais (podcasts, animações, vídeos e infográficos).

As mídias digitais assumiram particularidades que nunca existiram antes. São completamente diferentes das anteriores, embora acumulem características de todas elas. Podem ser rápidas como o rádio, abrangentes como o jornal, imersivas como os jogos, envolventes como a televisão e, em alguns casos, móveis como o celular; e ainda podem ser cativantes como a correspondência, amplas como as bibliotecas, profundas como a consulta a um especialista e imprevisíveis como o bate-papo entre amigos.

Algumas características das mídias digitais elencadas por Manovich[5] as distinguem das mídias convencionais e suscitam novas reflexões para a produção de conteúdos:

1) **Representação numérica:** não importa de que forma apareçam, as mídias digitais são compostas em linguagem digital, ou seja, a base binária legível por computadores. Por consequência, uma nova mídia pode ser descrita formalmente e, portanto, submetida à manipulação algorítmica, o que a torna programável.
2) **Modularidade:** sons, forma ou comportamentos são representados como coleções de exemplares discretos (pixels, caracteres etc.), que se juntam em objetos de maior escala sem perder sua identidade.
3) **Automação:** a intencionalidade humana pode ser parcialmente removida do processo criativo, à medida que a arquitetura em rede é capaz de, por meio de sensores e agentes, realizar operações de classificação e busca.
4) **Variabilidade:** nenhum objeto é fixo para sempre, mas pode existir potencialmente em uma infinidade de versões; além de cópias, as mídias digitais geram versões diversificadas, mantendo sua identidade individual, e podem ser rearranjadas em novas sequências sob o controle de um programa. Da mesma forma que no princípio da modularidade, a este princípio corresponde à programação orientada a objetos.
5) **Transcodificação:** as mídias digitais consistem em uma camada cultural, aquela que é visível para nós, e uma camada computacional, a linguagem própria da máquina. A transposição de ideias, artefatos e pressupostos de uma camada para outra é possibilitada pela linguagem universal do computador.

Vários desses princípios se aplicam também às tecnologias, ou seja, têm relação com a veiculação da mensagem (tecnologias) tanto quanto com sua representação em um suporte (mídias). Tal é a força das mídias digitais, que as fronteiras entre esses dois termos – mídias e tecnologias – se tornam cada vez mais tênues, com impacto direto na produção de conteúdos educacionais.

É o caso, por exemplo, das chamadas **mídias sociais**, que servem ao mesmo tempo como meio para captar informações personalizadas, espaço colaborativo para conversação dinâmica e debates de alcance global, e ainda são veículos de difusão contínua de ideias em tempo real, comportando múltiplos formatos e acesso por múltiplos dispositivos, inclusive móveis.

Lev Manovich

É crítico de cinema moscovita e atualmente professor de artes visuais na Universidade da Cidade de Nova York. Pesquisador na área de novas mídias, mídias digitais, design e estudos do software, é autor de obras como *The language of new media* (2001), sem tradução para o português, considerada um marco na teoria da comunicação.

[5] MANOVICH, L. *The language of new media*. Cambridge: MIT Press, 2001.

Voltemos, porém, à discussão sobre as mídias digitais para ressaltar sua capacidade de suportar diferentes matrizes de linguagem de forma combinada, hiperconectada e distribuída.

Embora existam inúmeras definições para o termo **multimídia**, recorremos ao conceito de Mayer,[6] que a entende como utilização tanto de palavras (conteúdo em forma verbal, como texto falado ou impresso) quanto de figuras (conteúdo em forma pictorial, incluindo ilustrações, gráficos, diagramas, mapas, fotos, animações e vídeos).

Sob o guarda-chuva das mídias digitais, também podemos falar em **hipermídia:** nela, as matrizes sonora, visual e verbal convergem, e conglomerados de informação em diferentes linguagens são acessados de modo não sequencial, por meio de palavras-chave ou ícones.

O coração da hipermídia está na navegação hipertextual, na vinculação não linear de pedaços de informação, aos quais se costuma denominar **nós**. Selecionar um hiperlink conduz do nó atual a outro nó tematicamente relacionado. Os nós podem ser palavras, páginas, imagens, gráficos ou partes de gráficos, sequências sonoras ou documentos completos, que podem ser eles mesmos hipertextos.

Alguns elementos próprios da mídia convencional impressa, como glossários, índices, tesauros, atlas, sumários e referências cruzadas presentes em livros e enciclopédias, se assemelham à hipermídia, com a diferença de que, no suporte digital, a passagem de um nó a outro se realiza em frações de segundos.

Dos softwares educativos disponibilizados em CD-Rom que marcaram a década de 1980 aos ambientes virtuais de aprendizagem que se consolidaram com a explosão da educação a distância nas últimas duas décadas, podemos dizer que a multimídia e a hipermídia estão relativamente incorporadas à pesquisa e à prática educacional.

No entanto, considerando a proliferação de mídias digitais e tecnologias nos últimos anos, as soluções multi e hipermidiáticas passaram a transcender a tecnologia online. Hoje, o hipertexto não é apenas um link em uma página web, mas pode ser também um QR Code em um material impresso, um SMS (*short message service* – serviço de mensagem curta) em um celular, uma imagem clicável ao toque em um dispositivo móvel... Assim, os conteúdos vão além dos limites de uma única mídia, possibilitam uma pluralidade de leituras e dão espaço a múltiplos centros e variados discursos. Essa descrição corresponde a um conceito ainda recente no campo da educação, porém emergente nas discussões no ramo do entretenimento e das publicações: a **transmídia.**

De maneira simples, transmídia significa apenas "entre mídias". Um exemplo clássico é a série de televisão *Lost*, exibida de 2004 a 2010, que relatava a luta dos sobreviventes de um acidente aéreo em uma ilha misteriosa. A narrativa expandiu-se para histórias em quadrinhos, jogos, sites *fake* da companhia aérea em questão, minivídeos para celular e podcasts semanais pós-episódios gerenciados pela equipe de produção e pelos espectadores, além de uma enciclopédia colaborativa em versão wiki intitulada "Lostpedia".

Mais do que a quantidade de suportes midiáticos envolvidos, o que se destaca são as relações lógicas internas ao desenvolvimento de recursos transmídia. Ainda que a literatura de

6 MAYER, R. E. (ed.). *The Cambridge handbook of multimedia learning*. New York: Cambridge University Press, 2014.

base relacione estritamente o conceito com a narrativa transmídia, ou seja, um gênero textual específico, podemos levantar algumas características:

- **Serialidade:** implica desdobrar um conteúdo ao longo do tempo, tipicamente por meio do processo de ***chunking*** (criar pedaços significativos da narrativa) e **dispersão** (quebrando a narrativa em capítulos ou fascículos interconectados). Central a esse processo é a criação de ganchos que motivem o usuário a retornar sempre à narrativa.
- **Participação da audiência:** em distinção à interatividade, que corresponde a uma propriedade da mídia (como, por exemplo, a capacidade de oferecer desafios e respectivos *feedbacks* em jogos), a participação é uma propriedade cultural (um exemplo são as representações de personagens de tevê, cinema, quadrinhos, a caráter, conhecidas como *cosplays*, que independem de mídias e suas propriedades).
- **Continuidade e multiplicidade:** a transmídia requer alto nível de coordenação e controle criativo para que todos os "pedaços" colaborem para um todo consistente, ao mesmo tempo que elementos como personagens e histórias podem ser vistos de modos radicalmente diferentes, em especial pela participação da audiência.

Essas e outras características da transmídia são largamente exploradas por Henry Jenkins no já clássico *Cultura da convergência* (2009). Um dos poucos textos escritos originalmente em português e que avança para entrelaçar transmídia e educação é *Narrativa transmídia e sua potencialidade na educação aberta*, de Gosciola & Versuti (2010), disponível na web.

Incursões de educadores na transmídia vêm sendo feitas na forma de narrativas instrucionais, incluindo jogos educativos e toda a variedade de recursos categorizados como ***edutainment*** (combinação de educação e entretenimento). Elas demonstram o enorme potencial da transmídia como fio condutor de conteúdos desenvolvidos em vários formatos, modos e modalidades.

Abordamos a elaboração de narrativas transmídia nos Capítulos 11, *Autoria*, e 12, *Roteirização*.

Um dos maiores desafios de produzir conteúdos educacionais em formatos multi, hiper e transmídia é decidir quais linguagens e canais de comunicação utilizar e como combiná-los. Um bom ponto de partida é reconhecer as ***affordances*** (potencialidades) de cada suporte e pensar em mídias de forma integrada e convergente.

Podemos compreender melhor o potencial de mídias tradicionais e digitais aplicadas à educação segundo uma categorização por *affordances* relacionadas, como mostra o Quadro 3.3.

Affordance
Conceito originado nos domínios da percepção e da ecologia para descrever possibilidades de ação oferecidas pelo ambiente a um organismo (por exemplo, para um pato, a água possibilita a ação de nadar). O termo foi popularizado por Donald Norman (1990) para descrever uma espécie de "permissão" ou "oportunidade" tecnológica.

•• **QUADRO 3.3** Principais *affordances* relacionadas a mídias tradicionais e digitais

Tipo de mídias	*Affordances*	Mídias "tradicionais"	Mídias digitais
Narrativas	Mostram ou contam algo ao aluno	Livros, jornais, fotografias, rádio, televisão	Textos e imagens digitais, vídeos, slides de PowerPoint, animações, infográficos dinâmicos e analíticos
Interativas	Respondem às ações do aluno	Índices, textos de referência, catálogos, bibliotecas	Mecanismos de busca, portais, *quizzes*, sistemas de geolocalização (GPS)
Adaptativas	Mudam de acordo com as ações do aluno	Ambientes reais (campo, laboratório, ambiente de trabalho) nos quais os alunos podem interagir com equipamentos, recursos e materiais	Mundos virtuais, modelos de simulação, jogos de computador
Produtivas	Permitem que o aluno produza algum tipo de conteúdo	Ferramentas de escrita e desenho tradicionais	Ferramentas de processamento de texto, edição de imagens, captura de som e vídeo, autoria para multimídia e web
Comunicativas	Tornam possível a troca entre pessoas	Diálogo e gestos face a face (síncronas) *Feedback* escrito, (assíncronas), bilhetes, mural de avisos	Chat, videoconferência, mensageiros instantâneos via web ou celular (síncronas e-mail, fóruns, blogs, wikis (assíncronas)
Integrativas	Gerenciam as atividades de aprendizagem, registrando participação e desempenho	Portfólios físicos, contratos de aprendizagem, calendários, registros baseados em papel	Portfólios eletrônicos (e-portfólios), ambientes virtuais de aprendizagem, software para gerenciamento de tempo e tarefas, sistemas de gerenciamento de usuários

Fonte: Adaptado de LAURILLARD, D. M. *Laurillard conversational framework*, 2007. Disponível em: <http://goo.gl/k7l5sh>. Acesso em: 15 jul. 2015; CONOLE, G.; FILL, K. A learning design toolkit to create pedagogically effective learning activities. In: TATTERSALL, C.; KOPER, R. (eds.). *Journal of Interactive Media in Education*, 2005/08.

Este livro destaca a produção de mídias narrativas, ou seja, aquelas que favorecem apresentação de conteúdos, tanto no formato impresso quanto digital, com possibilidades de interação e adaptação que caracterizam as mídias interativas e adaptativas. As mídias comunicativas, produtivas e integrativas se aproximam mais do conceito de tecnologias, ao funcionarem como serviços que permitem a realização de atividades.

Além da perspectiva das *affordances*, lançamos mão de outro conceito, o da multimodalidade, para entender como as decisões relativas às mídias podem ser tomadas na produção de conteúdos educacionais.

No Capítulo 4, *Dimensão tecnológica*, retomamos a distinção entre tecnologias e mídias. No Capítulo 10, *Planejamento educacional*, exploramos a integração entre apresentação de conteúdos e proposição de atividades de aprendizagem – inclusive aquelas em que os alunos assumem o papel de produtores de conteúdo e são desafiados a criar mídias narrativas, interativas e adaptativas.

Multimodalidade

De acordo com Kress e van Leeuwen,[7] a **multimodalidade** ocorre quando um texto distribui seu significado utilizando mais de um código (modo). Para os autores, modo é um recurso construído social e culturalmente para fazer sentido. Imagens, escrita, leiaute, discurso e movimento são exemplos de modos encontrados nos conteúdos educacionais. Modalidade, por sua vez, refere-se aos sentidos (audição, visão) usados para perceber esses códigos. É como se o modo fosse o canal técnico de comunicação e a modalidade, o canal psicológico.

Gunther Rolf Kress e Theo van Leeuwen

Gunther Rolf Kress é professor de semiótica e educação no Instituto de Educação da Universidade de Londres e pesquisa letramento em novas mídias e multimodalidade. **Theo van Leeuwen** é professor emérito da Universidade de Tecnologia em Sydney e, antes de tornar-se acadêmico, atuou como produtor, roteirista e diretor de cinema e televisão.

Isso está em consonância com a teoria de aprendizagem multimídia de Mayer,[8] resumida no Quadro 3.4, lembrando que mídia é o suporte no qual o código é registrado.

[7] KRESS, G. R.; VAN LEEUWEN, T. *Multimodal discourse*: the modes and media of contemporary communication. London: Bloomsbury Academic, 2001.

[8] MAYER, 2014.

•• **Quadro 3.4** Modos e modalidades de mídias

Conceito	Descrição	Categorias
Modo	Código usado para representar a informação	❍ Verbal: palavras impressas ou faladas ❍ Não verbal: ilustrações, fotos, vídeos e animações
Modalidade	Sentido usado para receber a informação	❍ Auditiva: através dos ouvidos ❍ Visual: através dos olhos
Mídia	Suporte no qual o código é materializado	❍ Impressa: livro, guia de estudo, infográfico ❍ Digital: livro digital, objeto de aprendizagem, podcast, vídeo educacional, infográfico digital

Fonte: Adaptado de MORENO, R.; MAYER, R. Interactive multimodal learning environments. *Educational Psychology Review*, v. 19, n. 3, p. 309-326, sep. 2007.

Fazendo uma adaptação com o que vimos até aqui: a matriz sonora e a matriz escrita são recursos do modo verbal e compartilham aspectos da gramática, da sintaxe (relações de concordância, subordinação e ordem entre os elementos de uma frase) e do léxico (vocabulário), mas se diferenciam à medida que a matriz escrita utiliza recursos gráficos como tipo de fonte, tamanho e cores, e de enquadramento, como a pontuação, enquanto a matriz oral trabalha com intensidade (sonoridade), altura e variação de altura (entonação), qualidade tonal/vocal, extensão e silêncio.

A matriz visual ou imagética corresponde ao modo não verbal e utiliza elementos visuais como tamanho, cor, forma e ícones de vários tipos, assim como relações espaciais em uma composição. Resumidamente, podemos comparar as várias categorizações e fontes teóricas apresentadas aqui como mostrado no Quadro 3.5.

•• **Quadro 3.5** Resumo da categorização comunicacional

Matriz	Modo	Modalidade	Elementos	Exemplos
Verbal ou escrita	Verbal	Visual	Textuais	Palavras impressas
Sonora ou oral	Verbal	Auditiva	Sonoros	Palavras faladas
Visual ou imagética	Não verbal	Visual	Visuais	Imagens

Fonte: Elaborado pelas autoras.

A adaptação de um texto original para outra mídia (por exemplo, de um livro para o cinema – ou, no caso dos conteúdos educacionais, de um texto-base elaborado pelo conteudista para outros formatos como vídeo ou jogos) sempre produz novos significados. Isso porque as *affordances* de cada suporte possibilitam experiências únicas – a singularidade de uma imagem em movimento, a experiência imersiva em um videogame e a utilização interativa do tato em um aplicativo para dispositivo móvel por si só trazem novos modos de experimentar e de ampliar a compreensão dos conteúdos.

Assim, na multimodalidade, elementos textuais, sonoros, visuais e também gestuais, táteis e espaciais são selecionados, produzidos e adaptados a partir de regras, significados, interesses e motivações de seus produtores, e então distribuídos, recebidos, interpretados e reproduzidos (para criação de novos significados) por seus consumidores, formando uma peça discursiva, em um processo contínuo de recepção e interpretação de significados.

Kress e van Leeuwen[9] nos ajudam a compreender melhor a produção e a adaptação desses elementos por meio do que chamam de **gramática multimodal** – princípios comuns que operam sobre diferentes modos, tratando de como pessoas, objetos e lugares se combinam em maior ou menor complexidade e extensão para gerar significado. Ou seja, esses autores focam mais na semiótica (no estudo das representações e seus significados) do que nos aspectos técnicos das mídias.

Essa análise se baseia em três princípios para a construção de significados, os quais, embora distintos entre si, operam de forma integrada e simultânea em qualquer ação comunicacional:

1) Representar o que acontece no mundo ➡ significado ideacional
2) Mostrar as interações e as relações entre as pessoas ➡ significado interpessoal
3) Organizar mensagens coerentes e relevantes ➡ significado textual

Cope e Kalantzis[10] seguem a mesma linha, buscando um paralelismo entre os diferentes modos por meio de cinco dimensões para a construção de significados. Realizamos uma pequena adaptação para fazer frente à construção de conteúdos educacionais:

Bill Cope e Mary Kalantzis

São professores da Faculdade de Educação da Universidade de Illinois Urbana-Champaign. Ambos pesquisam sobre *affordances* pedagógicas dos ambientes virtuais de aprendizagem.

1) **Dimensão representacional:** a que os conteúdos se referem?
2) **Dimensão social:** como os conteúdos conectam as pessoas que estão comunicando-se?
3) **Dimensão organizacional:** como os conteúdos se relacionam entre si?
4) **Dimensão contextual:** como os conteúdos se relacionam com o mundo?
5) **Dimensão ideológica:** onde os conteúdos estão situados?

O Quadro 3.6 resume parte da gramática multimodal, com alguns exemplos relacionados aos elementos textuais, visuais e sonoros.

---

[9] KRESS & VAN LEEUWEN, 2001.

[10] COPE, B.; KALANTZIS, M. Gramática de la multimodalidad. *Boletín de la Asociación Andaluza de Bibliotecarios*, n. 98-99, p. 93-152, Ene./Jun. 2010.

•• **QUADRO 3.6** Dimensões da construção de significado

Dimensão	Modos de construção de significados	Exemplos textuais	Exemplos visuais	Exemplos sonoros
REPRESENTACIONAL	**Participantes:** quem e o que participa dos conteúdos representados?	Palavras que façam sentido em termos de seus relacionamentos com palavras próximas e marcadores contextuais	Representações naturalistas e icônicas em imagens identificáveis pela visão	Representações naturalistas em sons (por exemplo, gravação de sons de pássaros); representações icônicas (por exemplo, sons de campainha ou alarme)
	Ser e agir: que formas de ser e agir são representadas pelos conteúdos?	Processos, atributos e circunstâncias	Vetores, localizações e veículos	Tempo, tonalidade e compasso
SOCIAL	**Papéis dos participantes na comunicação:** como o emissor se dirige ao público-alvo?	Relações participativas e de observador vicário	Perspectiva e foco para engajamento ou envolvimento	Prestar atenção, ouvir casualmente
	Comprometimento: que grau de comprometimento o emissor tem com a mensagem?	Tipo de afinidade que os autores têm com o que estão transmitindo e graus de certeza que expressam	Contextualização, profundidade, abstração	Escuta apurada *versus* escuta comercial e de fácil audição
	Interatividade: quem inicia a interação e quem determina sua direção?	Definição de agenda, tomada da palavra, controle de temas	Contato visual, resposta	Orquestra comparada a áudio no carro (início, volume, oscilação)
	Relações entre participantes e processos: como os participantes se conectam uns aos outros, às ações e aos estados de espírito representados?	Capacidade de protagonismo e intervenção, transitividade, nominalização	Capacidade de protagonismo e intervenção, trajetória de olhares entre participantes, perspectiva	Som de fundo, som ambiente

➤

➤

Dimensão	Modos de construção de significados	Exemplos textuais	Exemplos visuais	Exemplos sonoros
ORGANIZACIONAL	**Modo de comunicação:** qual a forma distintiva de comunicação, e qual é a convenção e as práticas associadas?	Língua escrita ou falada; monólogo ou diálogo	Imagens estáticas ou dinâmicas, em 2D ou 3D, representacionais ou interpretativas	Sons naturais, prosódia vocal, música
	Meio: qual o meio de comunicação e como ele define o formato e a forma de representação?	Meio físico, como discurso gravado *versus* ao vivo	Diferentes meios, como pintura a óleo *versus* fotografia	Ondas de som no ar, registro gravado ou som efêmero
	Apresentação: como o meio é utilizado?	Entonação, ênfase, ritmo, escrita à mão, datilografia/digitação	Pincéis de tinta, filme fotográfico	Entonação, ênfase, ritmo, tom, volume
	Coesão: como as menores unidades de informação se conectam umas às outras?	Estrutura da informação, referência, omissão, conjunção, estilo de redação	Esquerda/direita, superior/inferior, centro/margens, enquadramento, destaque, centro gravitacional/proeminência	Notas, compasso e escalas; repetição, paralelismo, elaborações, contrastes
	Composição: quais são as propriedades organizacionais do conteúdo?	Gênero, tal como romance ou conversa entre médico e paciente	Gênero, tal como fotografia de paisagem comparada a fotojornalismo	Gênero, tal como jazz ou reggae
CONTEXTUAL	**Referência:** como os conteúdos se referem ao contexto e vice-versa?	Marcos de referência, metáforas, pistas	Marcos de referência, primeiro plano/plano de fundo, semelhança/metáfora	Lugares onde os sons são ouvidos; semelhança e analogia
	Referência cruzada: como os conteúdos se referem a outros conteúdos?	Intertextualidade; hibridismo	Pastiche, colagem, iconografia	Temas, refrões, fraseologia
	Discurso: como o que está sendo comunicado diz algo sobre o emissor em determinado contexto?	Discursos primário e secundário, diálogos, registro, ordens do discurso	Repertório de imagens, simbolismo	Repertório de sons

➤

➤

Dimensão	Modos de construção de significados	Exemplos textuais	Exemplos visuais	Exemplos sonoros
IDEOLÓGICA	**Indicação de interesses:** como o emissor declara seus interesses?	Autoria, contexto e propósito dos conteúdos	Imagens naturalistas ou estilizadas	Onde e por que os sons são produzidos
	Atribuição de valor de veracidade e afinidade: que status o emissor atribui à sua mensagem?	Declarações a respeito do grau de verdade de uma mensagem, declarações dos próprios interesses, representação da própria capacidade de intervenção	Imagens realistas (por exemplo, diagramas científicos) *versus* imagens autorais (por exemplo, artísticas)	Intensidade
	Espaço para o público leitor: qual é o papel da audiência?	Textos abertos e fechados ou diretivos, antecipação ou não de leituras	Vistas panorâmicas altamente detalhadas *versus* propaganda	Capacidade de ligar/desligar, alterar volume, oscilação e mixagem
	Engano por omissão e/ou concessão: o que não é dito e o que é ativamente descrito – de forma deliberada ou inconsciente?	Seletividade na escolha de pontos-chave, ausência de informação ou ocultação de interesses	Primeiro plano/ plano de fundo, distorção, perspectiva	"Aura", tal como música ambiente quando um avião aterrissa
	Tipos de transformação: como um novo design de conteúdos é criado a partir de conteúdos anteriores?	Nível de criatividade, nível de autoconsciência quanto a recursos representacionais e suas fontes		Formas novas e híbridas de música, ou fidelidade a repertórios estabelecidos

Fonte: Adaptado de COPE & KALANTZIS, 2010.

Adotar a perspectiva multimodal na produção de conteúdos educacionais significa ocupar-se da ação recíproca entre os diferentes modos, modalidades e formatos, o que multiplica a complexidade envolvida no desenvolvimento. Por mais que as tecnologias de produção de conteúdos venham tornando-se cada vez mais acessíveis ao leigo, acreditamos que essa não é uma tarefa a ser desempenhada por uma única pessoa. O modelo de produção industrial congrega especialistas capazes de compreender as várias dimensões envolvidas na construção de significados, enquanto o modelo de produção compartilhada pode beneficiar-se da inteligência coletiva para produzir algo que representaria sobrecarga a um docente independente, por maior que seja sua fluência digital.

O leitor pode aprofundar a análise dessas dimensões acessando na web o artigo completo (em espanhol), sob o título *Gramática de la multimodalidad* (Cope & Kalantzis, 2010).

•• PARA CONCLUIR

Como vimos, a comunicação efetiva não se resume à mensagem (o que comunicar), a qual, na produção de conteúdos, corresponde à organização curricular definida para um programa, um curso ou uma unidade de estudo.

Quem está comunicando e, principalmente, para quem a mensagem está sendo comunicada são tão importantes quanto o conteúdo da mensagem em si. Além disso, precisamos destacar as características específicas da linguagem (matrizes, gêneros e formatos) e dos canais de comunicação (suportes midiáticos e serviços de transporte) utilizados para materializar e transmitir essa mensagem.

E não bastasse a complexidade inerente à comunicação humana real, direta e síncrona entre quem aprende e quem ensina, compete a nós o desafio de simular esse diálogo didático utilizando recursos multi, hiper e transmídia, sem perder de vista, contudo, que todos os efeitos, os esforços e as inovações têm o propósito fundamental de apoiar a aprendizagem.

•• REFERÊNCIAS

ABREU, A. S. *O design na escrita*. Cotia: Ateliê Editorial, 2008.

ALMEIDA, M. E. B. de; VALENTE, J. A. Integração currículo e tecnologias e a produção de narrativas digitais. *Currículo sem Fronteiras*, v. 12, n. 3, p. 57-82, set./dez. 2012.

ARETIO, L. G. *La educación a distancia:* de la teoria a la práctica. Barcelona: Ariel Educación, 2001.

BAKHTIN, M. *Estética da criação verbal*. São Paulo: Martins Fontes, 1992.

BEETHAM, H.; SHARPE, R. (eds.). *Rethinking pedagogy for a digital age:* designing and delivering e-learning. New York: Routledge, 2007.

BEZEMER, J.; KRESS, G. R. Writing in multimodal texts: a social semiotic account of designs for learning. *Written Communication*, v. 25, n. 2, p. 166-195, apr. 2008.

BONINI, A. Reflexões em torno de um conceito psicolinguístico de tipo de texto. *Delta*, v. 15, n. 2, 1999.

BRUNER, J. S. *Actual minds, possible worlds.* Cambridge: Harvard University Press, 1986.

CONOLE, G.; FILL, K. A learning design toolkit to create pedagogically effective learning activities. In: TATTERSALL, C.; KOPER, R. (eds.). *Journal of Interactive Media in Education*, 2005/08.

COPE, B.; KALANTZIS, M. Gramática de la multimodalidad. *Boletín de la Asociación*

Andaluza de Bibliotecarios, n. 98-99, p. 93-152. Ene./Jun. 2010.

CLEMENTINO, A. *Didática intercomunicativa em cursos online colaborativos*. Tese de doutorado apresentada à Faculdade de Educação da Universidade de São Paulo. São Paulo: USP, 2008.

GABRIEL, M. *Educ@R:* A (r)evolução digital na educação. São Paulo: Saraiva, 2013.

GOSCIOLA, V.; VERSUTI, A. Narrativa transmídia e sua potencialidade na educação aberta. In: OKADA, A. (ed.). *Open educational resources and social networks:* co-learning and professional development. London: Scholio Educational Research & Publishing, 2012.

GUIMARÃES, T. de C. *Comunicação e linguagem*. São Paulo: Pearson, 2012.

HOLMBERG, B. Guided didactic conversation in distance education. In: SEWART, D.; KEEGAN, D.; HOLMBERG, B. (eds.). *Distance education:* international perspectives. London: Croom Helm, 1983.

__________. *Theory and practice of distance education*. 2. ed. New York: Routledge, 1995.

JAKOBSON, R. *Linguística e comunicação*. São Paulo: Cultrix, 1969.

JENKINS, H. *Cultura da convergência*. São Paulo: Aleph, 2009.

__________. *Transmedia storytelling 101 e Transmedia 202:* further reflections. Confessions of an Aca-Fan. The Official Weblog of Henry Jenkins. Disponível em: <http://henryjenkins.org>. Acesso em: 15 jul. 2015.

KOCH, I. G. V. *Desvendando os segredos do texto*. São Paulo: Cortez, 2005.

KALOGERAS, S. *Transmedia storytelling and the new era of media convergence in higher education*. London: Palgrave Macmillan, 2014.

KRESS, G. R.; VAN LEEUWEN, T. *Multimodal discourse:* the modes and media of contemporary communication. London: Edward Arnold, 2001.

LAURILLARD, D. M. *Laurillard conversational framework*, 2007. Disponível em: <http://goo.gl/K7L5SH>. Acesso em: 15 jul. 2015.

__________. *Rethinking university teaching:* a conversational framework for the effective use of learning technologies. London: Routledge, 2002.

MANOVICH, L. *The language of new media*. Cambridge: MIT Press, 2001.

MARCUSCHI, L. A. *Produção textual, análise de gêneros e compreensão*. São Paulo: Parábola, 2008.

MAURER, C. F. *A contribuição da narrativa transmídia para a educação a distância*. Dissertação de mestrado apresentada à Universidade do Vale do Rio dos Sinos. São Leopoldo: Unisinos, 2014.

MAYER, R. E. (ed.). *The Cambridge handbook of multimedia learning*. New York: Cambridge University Press, 2014.

MORENO, R.; MAYER, R. E. Interactive multimodal learning environments. *Educational Psychology Review*, v. 19, n. 3, p. 309-326, sep. 2007.

NORMAN, D. *The design of everyday things*. New York: Currency/Doubleday, 1990.

NUNES, C. A. A.; GAIBLE, E. Development of multimedia materials. In: HADDAD, W. D.; DRAXLER, A. (eds.). *Technologies for education:* potentials, parameters, and prospects. Paris: Unesco, 2002.

ROCHA, H. *Um novo paradigma de revisão de texto:* discurso, gênero e multimodalidade. Tese apresentada como requisito parcial para a obtenção do título de Doutor em Linguística à Banca Examinadora do Programa de Pós-Graduação em Linguística da Universidade de Brasília. Brasília: UNB, 2010.

ROSAS, F. W.; BEHAR, P. A. A importância da música em objetos de aprendizagem. In: *Anais do V Congresso Latino-Americano de Objetos de Aprendizagem*. São Paulo: Universidade Mackenzie, 2010.

SANTAELLA, L. *Matrizes da linguagem do pensamento:* sonora, visual, verbal. São Paulo: Iluminuras, 2005.

__________. *Linguagens líquidas na era da mobilidade*. São Paulo: Paulus, 2007.

__________. *Comunicação ubíqua:* repercussões na cultura e na educação. São Paulo: Paulus, 2013.

__________. *Redação e leitura:* guia prático para o ensino. São Paulo: Cengage Learning, 2013.

__________.; LEMOS, R. *Redes sociais digitais:* a cognição conectiva do Twitter. São Paulo: Paulus, 2010.

SANTOS, Z. B.; MEIA, A. C. G. A. A produção de textos multimodais: a articulação dos modos semióticos. *RevLet – Revista Virtual de Letras*, v. 2, n. 1, 2010. Disponível em: <www.revlet.com.br/artigos/15.pdf>. Acesso em: 20 ago. 2015.

SHANNON, C. F.; WEAVER, W. *The mathematical theory of communication*. Urbana: The University of Illinois Press, 1949.

TAROUCO, L. et al. Multimídia interativa: princípios e ferramentas. *Renote*, v. 7, n. 1, jul., 2009.

TAROUCO, L. M. R.; GRANDO, A. R. da S.; KONRATH, M. L. P. Projeto e produção de objetos educacionais usando conceitos de alfabetização visual. In: *X Congresso Argentino de Ciências de La Computación*. Buenos Aires: RedUNCI, 2004.

VAN DER LINDEN, M. M. G. *Diálogo didático mediado on-line:* subsídios para sua avaliação em situações de ensino-aprendizagem. Tese apresentada ao Programa de Pós-Graduação em Engenharia de Produção da Universidade Federal de Santa Catarina. Florianópolis: UFSC, 2005.

WILLIANS, R. *Design para quem não é designer*. São Paulo: Callis, 1995.

WINGSTEDT, J. *Narrative music:* towards and understanding of musical narrative functions in multimedia (Licentiate thesis). Sweden: Luleå University of Technology, 2005.

Capítulo 4

DIMENSÃO TECNOLÓGICA

Introdução

Falar sobre tecnologia em uma mídia impressa é uma tarefa inglória. Pelo menos em teoria, o formato "livro" representa um corpo de conhecimentos mais estáveis, que atingiram um patamar de consolidação a ponto de justificar seu registro em papel e sua distribuição nos moldes convencionais. As tecnologias, de outro modo, são guiadas por uma lógica de inovação e renovação quase impossível de acompanhar, quanto mais cristalizar em suporte físico.

Contudo, não podemos abordar a produção de conteúdos hoje sem considerar a dimensão tecnológica. Afinal, ela viabiliza a comunicação, e comunicação, mesmo simulada, é tudo o que buscamos ao desenvolver livros, vídeos, podcasts e animações educacionais, para mencionar alguns exemplos.

Isto posto, optamos por abstrair marcas, modelos e versões de hardware ou software, em uma atitude de defesa contra a desatualização certeira. E, para não frustrar o leitor, concentramo-nos em conceitos e processos relacionados a dois grandes focos que julgamos importantes para o escopo deste livro: as tecnologias que possibilitam realizar atividades de aprendizagem e as tecnologias que possibilitam produzir e entregar mídias.

Michael G. Moore e Greg Kearsley

Michael G. Moore é um economista norte-americano que se tornou um dos mais renomados especialistas em educação a distância, com publicações definitivas sobre o tema, entre as quais citamos o respeitado *American Journal of Distance Education* e o já clássico *Educação a distância: uma visão integrada* (2007), em coautoria com **Greg Kearsley**, consultor independente especializado na criação e disponibilização de educação online, responsável pela publicação de dezenas de livros relacionados, com destaque para *Educação online: aprendendo e ensinando* (2012).

Tecnologias e mídias

Os termos **tecnologia** e **mídia** têm sido empregados como sinônimos por muitos autores, pesquisadores e praticantes. No entanto, é importante diferenciá-los porque os dois conceitos têm aplicações práticas distintas. Neste livro, adotamos a distinção feita por Moore e Kearsley,[1] que definem tecnologia como o veículo para comunicar mensagens, as quais são representadas em uma mídia.

[1] MOORE, M. G.; KEARSLEY, G. *Educação a distância:* uma visão integrada. São Paulo: Thomson Learning, 2007.

A distinção entre mídia e tecnologia alinha-se ao modelo de comunicação de Jakobson, que subdivide o canal de comunicação em suporte (mídia) e serviço (tecnologia), conforme discutimos no Capítulo 3, *Dimensão comunicacional*, que é também aderente ao metamodelo pedagógico mencionado no Capítulo 10, *Planejamento educacional*.

Segundo os autores, as tecnologias (serviços) incrementam a capacidade humana para produzir e veicular as mídias. O poder da tecnologia online está na sua capacidade de veicular todas as formas de mídia. O desafio é decidir qual é a melhor mídia ou combinação de mídias para um programa, um curso ou uma unidade de estudo, e qual é a tecnologia mais apropriada para veiculá-la.

Por exemplo, a internet pode ter capacidade limitada para veicular programas de vídeo gravados, mas, se o vídeo for a mídia mais adequada aos objetivos educacionais, pode ser oferecido por meio de outra tecnologia, por exemplo um DVD.

Antes disso, porém, precisamos revisar alguns aspectos do uso de tecnologias em educação para compreender o contexto mínimo no qual essas ferramentas são utilizadas.

Gerações tecnológicas e modelos educacionais

Para abordar as tecnologias usadas na produção de conteúdos educacionais, adotamos a categorização de Lucia Santaella,[2] que propõe uma organização em cinco gerações de tecnologias de informação e comunicação.

A geração das **tecnologias do reprodutível** emergiu com o auxílio de tecnologias eletromecânicas, que introduziram o automatismo e a mecanização nas fábricas, por meio da aceleração da produção, tanto quanto no ritmo de vida das metrópoles. Nessa geração, jornal, foto e cinema lançaram a semente da cultura de massas. Em educação, corresponde às práticas tradicionais baseadas na legitimidade da escrita e de seu veículo característico – o livro didático impresso, podendo resumir-se no chamado modelo gutenberguiano.

Com a introdução da eletroeletrônica, testemunhamos a ascensão das **tecnologias da difusão**, ainda mais reforçadas pela transmissão via satélite. A televisão trouxe a imagem em movimento e a sonorização para dentro dos lares, preparando a sensibilidade e a cognição humana para um futuro de computadores pessoais ligados a redes telemáticas. Em educação, o modelo próprio das mídias massivas disseminou-se na modalidade a distância operada via rádio, telecursos, vídeo e outras vias similares, caracterizada por processos reativos (ou receptivos), com baixo agenciamento e menor participação do aluno.

O controle remoto, o videocassete, o walkman e a TV a cabo propiciaram um novo tipo de mediação tecnológica. Essas **tecnologias do disponível**, baseadas em dispositivos de pequeno porte, portáteis e destinados a atender necessidades segmentadas e personalizadas, caracterizam a chamada "cultura das mídias", distinta da lógica que comanda a comunicação de massa.

[2] SANTAELLA, L. *Comunicação ubíqua:* repercussões na cultura e na educação. São Paulo: Paulus, 2013.

A geração das **tecnologias de acesso** ergueu-se por conta da disseminação do computador pessoal, do modem para transmissão de dados, do mouse para interação com a interface computacional e de toda a gama de softwares aplicativos decorrentes. Sua marca principal, entretanto, é o advento da internet, um universo informacional – o **ciberespaço** – que está ao alcance de indivíduos, grupos e coletividades a um clique e cresce de forma acelerada, descentralizada, em um fluxo de linguagem hipermídia incessante.

Ciberespaço
Conceito criado por Pierre Lévy, filósofo francês de grande influência no final do século XX, para descrever o espaço de comunicação que surge da interconexão mundial dos computadores, incluindo não apenas a infraestrutura material da comunicação digital, mas também o universo de informações que ela abriga, bem como os seres humanos que navegam e alimentam esse universo.

Nessa geração, o termo "recepção" para descrever a relação das pessoas com as mídias se torna cada vez mais obsoleto, sendo substituído por "interatividade". Consagra-se a transição das tecnologias analógicas para as digitais: ao contrário de registros em suportes materiais, os bits e bytes ocupam pouco espaço, podem ser apagados, substituídos e transmitidos. Textos, imagens e sons converteram-se em uma única linguagem informática, alternando de maneira radical as formas convencionais de armazenamento, manipulação e diálogo com as informações.

A paradoxal simultaneidade de presença e ausência ensejada pelas mídias digitais ressignifica o conceito de educação a distância, substituindo-o pelo termo educação online ou mesmo educação em ambientes virtuais de aprendizagem (AVAs).

Embrionário nas décadas de 1970-1980 com a multimídia offline, o modelo de educação apoiado por tecnologias de informação e comunicação (TICs) espraiou-se com a disseminação dos computadores pessoais e das redes de comunicação online.

A princípio, os conteúdos eram coleções de páginas estáticas contendo uma série de informações sobre determinado tópico. A partir do uso de webconferências, da adoção do design instrucional e de plataformas de ensino-aprendizagem, começam a ser introduzidas no processo pedagógico mudanças substanciais, distanciando-o da transmissão presencial ou auxiliada por mídias de massa. Os alunos passam a ter controle sobre o fluxo de informações, a lidar com informações fragmentadas, a participar de comunidades virtuais, a articular ideias rapidamente e a desenvolver o pensamento crítico.

Vivemos hoje em plena **geração de tecnologias da conexão contínua**, caracterizada por redes móveis de pessoas e tecnologias, que operam a despeito de distâncias físicas e temporais. É imenso o impacto dos dispositivos móveis interconectados e conectados à internet, com acesso livre e contínuo à informação, em qualquer lugar e em qualquer tempo, sobre o ensino-aprendizagem. O resultado são processos abertos, espontâneos, realizados ao sabor das circunstâncias e contingências. Além de integrar hoje todas as funções comunicacionais das outras mídias, os aparelhos móveis permitem uma independência espacial das grandes instituições sociais, como domicílio, trabalho e escola, e de seus sistemas fechados de regulamentação e normas. A informação, a comunicação e a construção de conhecimentos tornam-se colaborativas, compartilháveis, ubíquas e pervasivas.

Com a convergência dos sistemas de *e-learning* a internet, redes sem fio e equipamentos móveis, as barreiras temporais e geográficas se quebram de modo definitivo. O aluno pode agora aprender a qualquer momento, colocar em prática o que aprendeu e trocar experiências de aprendizagem de uma forma inédita. De um lado, a possibilidade de interação um a um, a independência de tempo e lugar, os recursos de personalização e o alcance estendido favorecem uma espécie de autonomia autorregulada. Esta, contudo, não elimina as possibilidades de uma prática de aprendizagem colaborativa móvel, por meio da criação e do compartilhamento de conhecimentos. Entram em cena os princípios de simplicidade (em decorrência da menor capacidade de processamento dos aparelhos), adaptação (dada a facilidade em operar independentemente de tempo e espaço), individualidade (pelo provimento de atividades significativas e personalizadas) e comunicabilidade (por meio das funções adaptativamente comunicativas e colaborativas).

Resumindo, cada geração tecnológica favorece um modelo educacional específico, ao qual estão atreladas determinadas mídias e tecnologias. O Quadro 4.1 dá um panorama geral dessas relações.

•• **QUADRO 4.1** Gerações tecnológicas e modelos de educação

<table>
<tr><th>Gerações</th><th>Tecnologias</th><th>Linguagens</th><th>Tipo de comunicação</th><th>Modelos educacionais</th></tr>
<tr><td>Tecnologias do reprodutível</td><td>Eletromecânicas</td><td>Jornal, foto, cinema</td><td rowspan="2">Cultura de massa</td><td>Baseado no livro impresso</td></tr>
<tr><td>Tecnologias da difusão</td><td>Eletroeletrônicas</td><td>Rádio, televisão</td><td rowspan="2">Educação a distância massiva</td></tr>
<tr><td>Tecnologias do disponível</td><td>De pequeno porte, segmentadas e personalizadas</td><td>Controle remoto, videocassete, walkman, TV a cabo</td><td>Cultura de mídias</td></tr>
<tr><td>Tecnologias do acesso</td><td>Digitais</td><td>Computador pessoal conectado à internet</td><td>Ciberespaço</td><td>Educação online e em ambientes virtuais de aprendizagem</td></tr>
<tr><td>Tecnologias da conexão contínua</td><td>Móveis</td><td>Telefonia celular</td><td>Cultura da mobilidade</td><td>Aprendizagem móvel (m-learning)</td></tr>
</table>

Fonte: Adaptado de SANTAELLA, L. *Linguagens líquidas na era da mobilidade*. São Paulo: Paulus, 2007; SANTAELLA, L. *Comunicação ubíqua*: repercussões na cultura e na educação. São Paulo: Paulus, 2013.

Vivemos hoje um caldeirão de experiências educacionais, em que propostas inovadoras envolvendo jogos tridimensionais, aprendizagem móvel e ubíqua e cursos online abertos a milhares de participantes distribuídos mundialmente convivem com vestígios das primeiras gerações, presentes na entrega via correio tradicional, de livros de referência impressos como principal subsídio para cursos a distância.

Claro está que mídias inovadoras e tecnologias emergentes não apagam os modelos educacionais precedentes. A EAD não substitui a chamada educação gutenberguiana, e ambas não são substituídas pela aprendizagem online, que, por sua vez, não se anula diante da aprendizagem móvel. Ao contrário, cada forma de aprender com o apoio de recursos educacionais comporta potencialidades e limites próprios.

Como afirma Tom O'Reilly ao conceituar a Web 2.0, a inovação está na "combinação".[3] Há muito a dizer sobre "combinação" no âmbito da produção de conteúdos educacionais – transdisciplinaridade, transmídia, metamodelo educacional, padrões de interoperabilidade.

Na seção a seguir, examinamos a função dos padrões tecnológicos e seu impacto no desenvolvimento de materiais.

Tom O'Reilly

Irlandês radicado nos Estados Unidos, onde se formou em filologia clássica, é um entusiasta do movimento de software livre e código livre. Em 2005, publicou na web o artigo *What Is Web 2.0*, no qual delineou os padrões de design e os modelos de negócio para, à época, uma geração de software totalmente nova.

Lembramos ao leitor que a transdisciplinaridade é tratada no Capítulo 1, *Dimensão tecnocientífica*; a transmídia, no Capítulo 3, *Dimensão comunicacional*; e o metamodelo educacional, no Capítulo 10, *Planejamento educacional*.

Padrões tecnológicos em educação

Um dos desafios permanentes da tecnologia é o surgimento constante de novos formatos que se revelam incompatíveis entre si. Parece que, a cada nova inovação, começa uma batalha para estabelecer um novo padrão dominante.

Certamente há interesses econômicos envolvidos, tendo vem vista que um padrão tecnológico dominante tem o potencial de desencadear uma série de negócios rentáveis a ele atrelados e de barrar ou controlar a participação de outros players (desenvolvedores, distribuidores, prestadores de serviço).

Para além das questões econômicas, que não nos propomos a discutir aqui, precisamos fazer uma distinção entre os termos *pattern* e *standard*, ambos traduzidos como "padrão" em português. ***Pattern*** é um modelo de solução para um problema recorrente, o qual pode ser utilizado várias vezes, em diferentes contextos, sem a necessidade de reinventar a roda a cada nova ocorrência. ***Standard*** é uma especificação internacional ou nacional, documentada em detalhes e ratificada por instituições de padronização reconhecidas (como a *International Organization for Standardization* – ISO – e o *The Institute of Electrical and Electronics Engineers* – IEEE –, entre outras).

[3] Na falta de melhor termo para a expressão original *innovation in assembly*.

> Para uma discussão em âmbito nacional, o leitor pode consultar a dissertação de mestrado de Talarico Neto intitulada *Linguagem de padrões para apoiar o projeto de material instrucional para EAD*, na qual o autor lista uma série de exemplos e discute a linguagem de padrões pedagógicos para apoio à produção de materiais didáticos.

Os padrões (*patterns*) podem ser criados por indução, a partir da análise das estruturas comuns a um conjunto de métodos de design da aprendizagem, ou por dedução, a partir da discussão com designers experientes que identificam problemas recorrentes e formulam modelos genéricos para sua solução.

Assim, a partir de consensos extraídos de exemplos de melhores práticas educacionais, podemos elaborar **padrões pedagógicos** (***pedagogical patterns***) a serem aplicados na solução de problemas semelhantes. Um portfólio com técnicas de quebra-gelo, por exemplo, é um caso clássico de padrão pedagógico – uma solução comprovadamente eficaz que pode ser utilizada para dar início a diferentes capacitações ou palestras.

Se os padrões são descritos em linguagem humana – um texto explicando como aplicar o quebra-gelo ou mesmo um roteiro ou template para descrever novas versões da técnicas –, eles podem ser compreendidos e usados por outras pessoas, mas não por sistemas computacionais.

Quando um padrão é documentado por meio de uma linguagem compreensível tanto por seres humanos quanto por máquinas, dá origem a uma **especificação**, que é a tecnologia, o formato ou o método que funciona como um acordo técnico que pode ser testado e aprovado até sua ratificação definitiva por instituições oficiais, quando aí se transforma em um **padrão** (***standard***), como é o caso do SCORM, que veremos mais adiante.

A Figura 4.1 representa os graus de abstração e aprovação envolvidos no desenvolvimento de especificações e padrões.

•• **FIGURA 4.1** Abstração da prática e formação de padrões

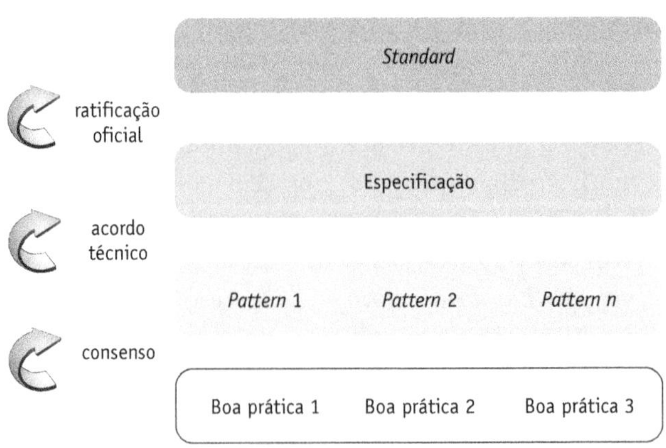

Fonte: Elaborada pelas autoras.

Então, quando dizemos que um **objeto de aprendizagem** é compatível com o padrão SCORM, isso significa que ele concorda com todos os demais recursos e sistemas existentes que declaram sua adesão a esse padrão. Dessa forma, esses objetos seguem as mesmas regras de programação, empacotamento e catalogação, o que possibilita a criação de componentes intercambiáveis – ou seja, que podem ser combinados em novos objetos.

Objeto de aprendizagem
Objeto programado segundo determinado padrão que permite organizar recursos de aprendizagem isolados (como textos, figuras, exercícios, simulações etc.) em um pacote fechado e autocontido, identificado por metadados (descritores), o qual pode ser executado, rastreado compartilhado e reutilizado por diferentes sistemas, em distintas ações educacionais.

Podemos ter uma animação, um podcast, um vídeo etc. produzidos como mídia digital e entregues (ou não) para serem executados online (tecnologia de acesso). Entretanto, eles só serão "objetos de aprendizagem" quando seguirem um padrão de compatibilidade técnica. A Figura 4.2 mostra essa diferenciação.

•• **FIGURA 4.2** Diferenciação entre suporte de mídia, tecnologia de entrega e padrão de compatibilidade

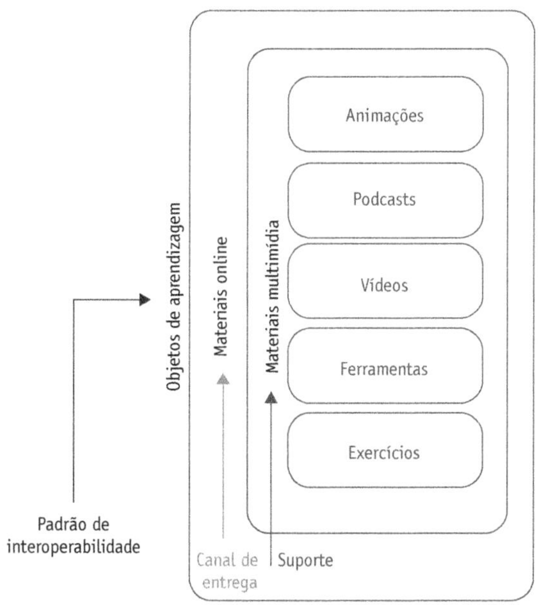

Fonte: Elaborada pelas autoras.

Existem hoje vários padrões e especificações relacionados às tecnologias de aprendizagem. Vejamos a seguir alguns que têm relação direta com a produção de conteúdos.

Padrões para criação de objetos de aprendizagem

Um dos padrões internacionais mais conhecidos para criação técnica de conteúdos educacionais é o **SCORM** (*Sharable Content Object Reference Model* – Modelo de Referência para Objetos de Conteúdo Compartilhado),[4] que define padrões de comunicação entre os conteúdos de aprendizagem e um ambiente de execução (em geral, um ambiente virtual de aprendizagem igualmente compatível).

O padrão SCORM tem por objetivo permitir:

- Padronização do modo como os conteúdos se relacionam com os sistemas de armazenamento ou execução.
- Portabilidade/migração dos conteúdos, independentemente do ambiente ou repositório utilizado.
- Reutilização dos objetos de aprendizagem, de modo que um mesmo conteúdo seja incorporado na íntegra ou parcialmente a diferentes disciplinas/módulos/contextos.

O IMS CP (***Content Packaging***) é outro padrão para descrever objetivos de aprendizagem (o que o aluno poderá aprender), conteúdo instrucional (informações necessárias para que o aluno possa atingir os objetivos de aprendizagem) e atividades de prática e *feedback* (formas de verificar se o aluno atingiu os objetivos de aprendizagem e possibilidade de retornar ao conteúdo).

O empacotamento de conteúdos é o mecanismo usado para organizar esses recursos em determinada ordem, de modo que eles se fechem em pacotes autocontidos. As atividades podem ou não fazer referências a recursos entregues ao aluno.

O padrão permite que o autor encapsule todos os recursos requeridos, posicione-os em uma estrutura sequencial e adicione metadados a um curso ou um conjunto de cursos, que se tornam pacotes interoperáveis e distribuíveis, como representado na Figura 4.3.

•• **FIGURA 4.3** Caracterização geral de um objeto de aprendizagem

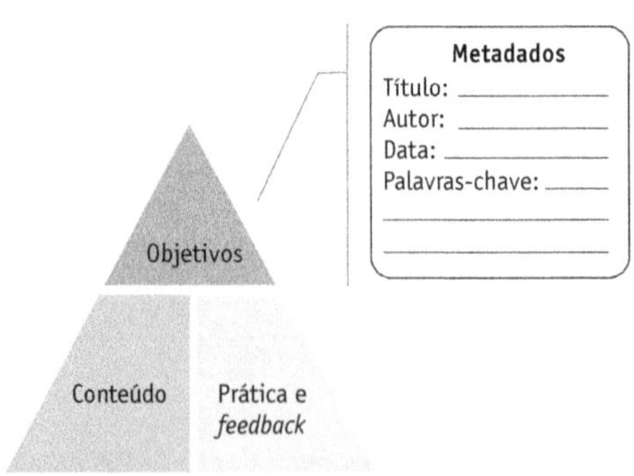

Fonte: BETTIO, R. W. *Avaliações gráficas e dinâmicas aplicadas a ambientes virtuais de aprendizagem*. Dissertação de mestrado apresentada ao Programa de Pós-Graduação em Engenharia de Produção da Universidade Federal de Santa Catarina. Florianópolis: UFSC, 2003.

[4] O SCORM é resultado da iniciativa *Advanced Distributed Learning* (ADL), do Departamento de Defesa Norte-Americano, e foi aprovado como padrão em 2000, com versões subsequentes em 2001 (1.1 e 1.2) e a versão 2004 (1ª e 2ª edições), a qual recebeu uma 3ª edição em 2006. A versão 2.0 está atualmente na fase final de testes pela comunidade de usuários.

Os objetos de aprendizagem caracterizam-se ainda por mecanismos de indexação que funcionam com base em descritores genéricos de identificação (denominados **metadados**), os quais podem ser compartilhados, pesquisados, usados e reutilizados em ações educacionais. Eles trazem informação descritiva sobre autores, palavras-chave, assunto, versão, localização, regras de uso e propriedade intelectual, requisitos técnicos, tipo de mídia utilizada e nível de interatividade, entre outros.

Quanto mais completa e precisa for a descrição de um objeto de aprendizagem, mais fácil se tornará aos potenciais utilizadores encontrá-lo. Há diferentes padrões para catalogar metadados, entre os quais podemos destacar o *Learning Object Metadata* – Metadados de Objetos de Aprendizagem (LOM), o Dublin Core e o Objetos de Aprendizagem Baseados em Agentes (OBAA).

Os metadados permitem a catalogação e a busca dos objetos em bancos de dados chamados **repositórios**, que podem ser internos (restritos a um grupo ou uma instituição) ou externos (abertos ao público em geral). Alguns dos principais repositórios de objetos de aprendizagem no Brasil são o Rede Interativa Virtual de Educação (Rived), o Coletânea de Entidades de Suporte ao Uso de Tecnologia na Aprendizagem (Cesta), o Centro Interdisciplinar de Novas Tecnologias na Educação (Cinted), da UFRGS, o Laboratório Didático Virtual (LabVirt), da Escola do Futuro, USP; e o Banco Internacional de Objetos Educacionais (MEC/Ministério da Ciência e Tecnologia).

Para um aprofundamento sobre padrões para criação de conteúdos, recomendamos o material produzido pelo MEC/SEED intitulado *Objetos de aprendizagem: uma proposta de recurso pedagógico* (2007).

O modelo de objetos de aprendizagem aplica-se inteiramente às tecnologias digitais, e sua lógica de agregação, estrutura, sequenciamento e execução – ressalvadas as características de uma e outra tecnologia – tem sido transferida para soluções móveis. De igual forma, o **padrão ePub** permite representar, estruturar, sequenciar, empacotar e publicar documentos digitais no formato e-book.[5]

Do ponto de vista organizacional, invocam-se os benefícios do acesso mais democrático aos conteúdos, por seu potencial de interoperabilidade e acoplagem a diversos sistemas em tempo real e sob demanda, à racionalização de recursos e à redução de custos pela sua infinita capacidade de reutilização.

No entanto, do ponto de vista pedagógico, argumenta-se que criar repositórios de objetos de aprendizagem cuidadosamente selecionados, produzidos e monitorados não é suficiente para promover uma aprendizagem de qualidade. Isso porque o consumo de pedaços de conteúdos descontextualizados favorece um modelo de estudo individualista, autoinstrucional, que não pode ser a única opção pedagógica propiciada pela tecnologia.

[5] De igual modo, a lógica da interoperabilidade impulsionou a discussão de um padrão internacional para livros didáticos (o *AWI 18120 International Standard for e-Textbooks*), seguindo os mesmos padrões existentes para e-books, com o acréscimo de características exigidas para uso em educação. Em construção pelo *European Committee for Standardization* (CEN), pode ser conhecido em <http://www.etextbook-standard.info/>. Acesso em: 10 dez. 2014.

Por essa razão, apresentamos a seguir um breve panorama evolutivo dos sistemas eletrônicos voltados ao gerenciamento da aprendizagem e suas formas de atender a essa crescente complexidade.

Sistemas para gerenciamento da aprendizagem

Os **sistemas para gerenciamento da aprendizagem** diferenciam-se das demais tecnologias à medida que tratam as ações de ensino-aprendizagem e os conteúdos educacionais não como eventos isolados, mas como componentes de estruturas mais amplas. O objetivo principal desses sistemas é substituir componentes separados e fragmentados por funcionalidades integradas, a fim de elevar o desempenho do estudante e a qualidade da aprendizagem.

Como ocorre nos desenvolvimentos tecnológicos mais genéricos, também podemos traçar uma evolução ao longo do tempo, que preferimos denominar "ondas", uma vez que elas convivem no imenso oceano do uso de tecnologias em educação.

LMS

A primeira onda é constituída pelos *Learning Management Systems* (LMSs) ou Sistemas de Gerenciamento da Aprendizagem,[6] que têm como principal objetivo centralizar e simplificar a administração e a gestão de programas educacionais em diversas modalidades (a distância, semipresencial e presencial) e campos de atuação (educação formal, educação corporativa, educação continuada).

As funcionalidades oferecidas pelos LMSs podem ser reunidas em três grandes grupos:

1) **Coordenação:** todas as ferramentas que de alguma forma organizam e subsidiam as ações educacionais.
2) **Administração:** ferramentas de apoio ao educador (gerenciamento de usuários, de inscrições, datas de início e término de curso, controle de acessos, configuração de língua etc.).
3) **Comunicação:** ferramentas que possibilitam a comunicação entre os usuários e visibilidade dos trabalhos desenvolvidos; englobam: e-mail, fóruns de discussão, mural, portfólio, diário de bordo e bate-papo, entre outros.

Os LMSs mais utilizados atualmente são o *Blackboard Learning System*, o *IBM Lotus Learning Space* (comerciais), o *Moodle* (código livre), e os nacionais Teleduc (Unicamp) e Aula Net (PUC-Rio). Além desses sistemas "de mercado", há vários sistemas institucionais desenvolvidos de forma personalizada ou customizados. Tal profusão de soluções tecnológicas é um dos fatores a considerar quando se trata de padronização, interoperabilidade e reutilização.

---

[6] Cabe aqui uma distinção entre os termos LMS e AVA (ambiente virtual de aprendizagem). Os LMSs têm uma nítida preocupação com os requisitos de sistema e a arquitetura computacional, caros à engenharia de software. AVA (ambiente virtual de aprendizagem) é uma terminologia mais adotada por educadores como metáfora para a "sala de aula virtual".

LCMS

A segunda onda comporta os *Learning Content Management Systems* (LCMSs) ou Sistemas de Gerenciamento de Conteúdos da Aprendizagem. O foco desses sistemas não está nas ferramentas, como ocorre nos LMS, mas nos conteúdos educacionais. Esse tipo de sistema fornece a desenvolvedores, autores, designers instrucionais e conteudistas meios para armazenar, indexar, recuperar e reutilizar conteúdos de aprendizagem de forma mais eficiente, evitando a duplicação de esforços de desenvolvimento e permitindo a montagem rápida de soluções customizadas.

Assim, em vez de desenvolver cursos inteiros e adaptá-los a vários públicos, um LCMS oferece a capacidade de combinar, alterar e republicar "pedaços" de conteúdo – mais propriamente os objetos de aprendizagem que discutimos anteriormente –, mantendo o controle e o registro das várias versões do original e todo o histórico de utilização. Funcionam assim como "matrizes" dos conteúdos que são referenciadas pelos LMS, não importa em quantas edições ou vezes precisem ser executadas.

Entre os LCMSs disponíveis, um dos mais utilizados é o DSpace, desenvolvido com o objetivo de promover o gerenciamento e a preservação de conteúdos multimídia (textos, imagens, áudios e vídeos).

LAMS

A terceira onda, formada pelos *Learning Activity Management Systems* (LAMS) ou Sistemas de Gerenciamento de Atividades de Aprendizagem, se ancora principalmente na crítica à visão centrada em conteúdos que os LCMSs e os objetos de aprendizagem privilegiam. O foco volta-se ao que as pessoas fazem com os conteúdos (sejam eles apresentados em suportes digitais ou analógicos) e o que as tecnologias permitem que as pessoas façam, a fim de que a aprendizagem ocorra.

> Justamente pelo reconhecimento de que os conteúdos educacionais não esgotam o processo de ensino-aprendizagem é que tratamos da proposição de atividades no Capítulo 10, *Planejamento educacional*.

Objetivos de aprendizagem, conteúdos, atividades de aprendizagem e de avaliação, tudo isso é agregado em unidades completas de estudo. Essa estruturação e sequenciamento ocorrem em ferramentas de planejamento educacional e design instrucional.

Seguir um padrão de interoperabilidade no planejamento de unidades de estudo significa que elas poderão ser reutilizadas integral ou parcialmente, e acopladas e executadas por diferentes sistemas, conforme a demanda. E a lógica de armazenamento em repositórios possibilitará a identificação, a consulta, a recuperação e o armazenamento de unidades de estudo.

Mais que isso, precisamos destacar o potencial de adaptação possibilitado por esse tipo de sistema. Visando criar uma experiência de aprendizagem efetiva, ele pode prover informações para ajudar o estudante a tomar decisões sobre o próprio aprendizado, ou então construir uma proposta mista suportada por agentes de inteligência artificial.

A utilização dos LAMSs começa, então, a ficar atraente e compensa a dificuldade de entender a lógica por trás do sistema, ao permitir que a inteligência pedagógica que permite a personalização em ações de pequeno alcance seja expressa em linguagem de máquina antecipadamente à situação didática. Dessa forma, em ações de aprendizagem de larga escala, parte das decisões pedagógicas pode ser automatizada, liberando o educador para ações de tutoria ativa e qualificada.

Precisamos ser um pouco mais técnicos aqui para construir uma compreensão de como se dá essa experiência adaptativa. Da mesma forma que os LCMSs, os LAMSs também se baseiam em padrões, entre os quais o mais conhecido é a especificação *IMS Learning Design*, aprovada em 2003 pelo *IMS Global Learning Consortium*. Essa especificação oferece três níveis de representação e implementação, como mostra a Figura 4.4.

•• **FIGURA 4.4** Os três níveis de especificação *IMS Learning Design*

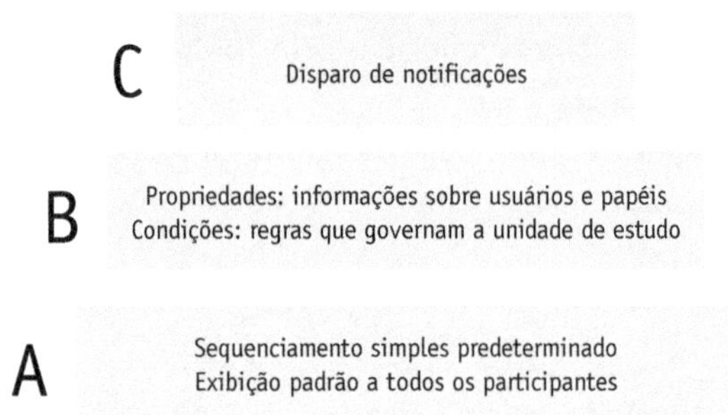

Fonte: SPECHT, M.; BURGOS, D. Modeling Adaptive Educational Methods with IMS Learning Design. *Journal of Interactive Media in Education*, 2007.

O Nível A permite representar e executar um sequenciamento simples e predeterminado, idêntico a todos os participantes relacionados a um mesmo papel.

O Nível B permite maior personalização e adaptação da aprendizagem, assim como um sequenciamento mais complexo das atividades pela adição de propriedades (variáveis com informações sobre usuários) e condições (regras do tipo SE-ENTÃO/IF-THEN). Os tipos de adaptação possíveis se referem ao fluxo (a sequência de objetos ou atividades), ao conteúdo apresentado e às formas de avaliação da aprendizagem.

O Nível C agrega um recurso de disparo de notificações, com a liberação de uma nova atividade ou o envio de uma mensagem em resposta a algum evento (por exemplo, a conclusão de uma atividade, a mudança de valor de uma propriedade, a verificação de uma condição como verdadeira).

Nos LAMSs, a desejada personalização dos conteúdos educacionais pode ser suportada computacionalmente. O nó górdio é que o planejamento das adaptações sempre tem de partir dos educadores (conteudistas, designers instrucionais, docentes em geral), que ainda carecem de capacitação para o desenvolvimento dessa competência tanto quanto de ferramental mais acessível.

Experience API (xAPI)

Uma quarta onda de sistemas vem se formando: aquela que visa a coletar dados sobre várias atividades que uma pessoa experimenta, mesmo fora dos tradicionais ambientes on-line. É a chamada **API** da experiência (do inglês *Experience API* ou *xAPI*), inicialmente conhecida como TinCan API.

API (*Application Programming Interface*) Interface de programação de aplicativos): conjunto de padrões estabelecidos por um desenvolvedor de software para que outros criadores desenvolvam produtos associados ao seu. Exemplo é o GoogleMaps, cujo código original é utilizado por diversos outros sites e aplicativos.

Por meio desse sistema, é possível reunir em uma base central de dados denominada *Learning Record Store* (LRS) informações acessadas ou produzidas em diferentes interfaces, sistemas, redes e equipamentos.

O sistema organiza essas experiências em registros constituídos basicamente de <ator> (o aluno), <verbo> (o que aconteceu entre e o ator e o objeto) e <objeto> (um objetivo de aprendizagem, competência ou tópico de conteúdo), com um <resultado> (por exemplo, uma pontuação em um teste ou jogo) alcançado em um <contexto> (uma situação de aprendizagem formal ou informal).

Incluem-se no rol de experiências registráveis aquelas vivenciadas em redes sociais e via dispositivos móveis, tais como celulares, smartphones, netbooks e Personal Digital Assistants (PDAs).

As redes sociais são plataformas-filhas da Web 2.0, a qual inaugurou a era das redes colaborativas, com as wikis, os podcasts, os blogs e os microblogs, e aplicações cotidianas da Web 3.0, com o uso de tags (etiquetas) para categorização semântica de conteúdos compartilhados.

Vale lembrar que a essas novas gerações da web correspondem inovações não apenas de natureza tecnológica, mas também cultural que, em maior ou menor medida, vêm sendo adotadas na produção de conteúdos. Por exemplo, à noção de código aberto (*open source*), baseado em padrões que permitem acoplar e desacoplar facilmente tecnologias produzidas por diferentes fornecedores, correspondem os conteúdos abertos (*open content*), criados com ferramentas baseadas em interfaces colaborativas, formas de distribuição que facilitam a cópia e a edição, e licenças abertas que reduzem ou eliminam restrições legais de uso.

> Para um panorama sobre a Web 2.0 e ferramentas com potencialidades para a prática educativa, sugerimos o acesso do *Manual de ferramentas da Web 2.0 para professores*, organizado pela professora Ana Amélia Amorim Carvalho (2008), da Universidade do Minho, e disponível para download na web.

Paralelamente, por meio da **computação móvel**, conteúdos e atividades são entregues a públicos que não acessam a internet via computador de mesa (desktop), mas usufruem da tecnologia de rede sem fios para colocar em prática a colaboração e a comunicação móvel e ubíqua (presente em toda a parte, o tempo todo).

O livro *M-learning e u-learning: novas perspectivas da aprendizagem móvel e ubíqua*, de Jorge Barbosa, Amarolinda Zanela Saccol e Eliane Schlemmer (2011), mostra a seriedade e a atualidade dos pesquisadores brasileiros é uma boa fonte de consulta para o leitor.

Todas essas capacidades tecnológicas propiciam experiências de aprendizagem variadas, que nem sempre foram formalizadas por um planejamento e um design instrucional previamente estabelecidos.

É certo que versões atualizadas de LMSs como o Moodle e o Blackboard vêm incorporando funcionalidades da Web 2.0/3.0 e da computação móvel ao seu sistema de gerenciamento, como também é certo que a onda mais recente dos LAMSs prevê a utilização dessas tecnologias para viabilizar a realização de atividades de aprendizagem.

Contudo, há todo um burburinho mercadológico em torno da API da experiência como mudança paradigmática em relação a padrões anteriores, inclusive em substituição ao SCORM, solução igualmente desenvolvida pela ADL.

Inovação e tecnologias emergentes

Web semântica, *microblogging*, aprendizagem ubíqua, *learning analytics*, aprendizagem imersiva, MOOCs, aprendizagem adaptativa, gamificação... Basta dominarmos uma inovação para surgir um batalhão de novos conceitos que rapidamente nos lança de volta ao estado anterior de ignorância e impotência.

Sim, as novas gerações e ondas tecnológicas representam uma lufada de oxigênio ao combalido contexto educacional. Suas *affordances* prometem resolver os problemas de democratização de acesso a conteúdos de qualidade, de engajamento dos jovens nativos digitais, de superação de estruturas educacionais arcaicas e burocratizadas, que só promovem a aprendizagem memorística.

O que vemos muitas vezes, entretanto, é o rolo compressor das inovações atropelando decisões de natureza curricular, cognitiva e instrucional, e invertendo os papéis: em vez de tecnologias como serviços, vemos pessoas a serviço das tecnologias. Compreender como se dá a disseminação de tecnologias emergentes – não só no campo educacional – é de grande ajuda para recolocarmos as coisas em seus devidos lugares.

Para isso, invocamos aqui duas iniciativas de alcance internacional que acompanham os movimentos da indústria de tecnologias ao longo do tempo. Para começar, o grupo Gartner analisa desde 1995 o ciclo de divulgação pelo qual passam as principais tecnologias de interesse genérico da sociedade e do mercado. Esse ciclo é composto por cinco etapas representadas graficamente na Figura 4.5.

•• **FIGURA 4.5** Ciclo de divulgação de tecnologias emergentes

Fonte: Adaptada de GARTNER GROUP. *Hype Cycle Research Report*, 1995.

Vejamos o que ocorre em cada uma dessas etapas:

> Para acompanhar as tecnologias emergentes de interesse geral, recomendamos o acesso aos relatórios anuais do Gartner Group, disponíveis na web em inglês, sob o título *Hype Cycle Research Report*.

- **Disparo de tecnologias:** o ciclo começa com uma demonstração pública, um lançamento de produto ou algum outro evento que gera o interesse da imprensa ou da indústria em uma inovação tecnológica. Mesmo que a tecnologia tenha sido desenvolvida há tempos, é neste momento que ela alcança um estágio em que a consciência de sua existência e a excitação com suas possibilidades extrapolam os limites de seus desenvolvedores. Cada vez mais pessoas ouvem falar a respeito de seu potencial, e uma onda de interação social começa a influenciar a emergência da inovação.
- **Pico de expectativas infladas:** as organizações e as pessoas que gostam de estar à frente adotam a tecnologia e nela se jogam de cabeça antes de seus competidores. Os fornecedores de tecnologia propalam seus primeiros clientes prestigiosos, e outras companhias querem entrar na onda para não ficar para trás. Inicia-se um efeito de locomotiva, e a tecnologia é implementada em uma variedade de contextos. Nesse ponto, a nova tecnologia é vista como panaceia e há pouca preocupação com a sustentabilidade de cada aplicação. As histórias na mídia capturam a agitação em torno da tecnologia e reforçam a necessidade de que todos adotem a novidade, ou serão deixados para trás.

- **Vale da desilusão:** conforme o tempo avança, a impaciência por resultados começa a tomar o lugar da excitação. As mesmas e poucas histórias de sucesso inicial são repetidas à exaustão, mas agora uma análise mais profunda geralmente mostra os mesmos adotantes iniciais ainda lutando para encontrar um valor significativo na tecnologia. Problemas com desempenho, adoção mais lenta que o esperado ou fracasso em gerar resultados financeiros no tempo previsto levam à queda de expectativas. Muitos desses fracassos se concentram em usos inapropriados da tecnologia. Histórias menos favoráveis começam a aparecer à medida que a maioria percebe que as coisas não são tão fáceis como anunciado a princípio. A mídia, sempre precisando de um novo ângulo para manter os leitores interessados, passa a descrever os desafios em vez das oportunidades da tecnologia.
- **Inclinação do encantamento:** alguns adotantes iniciais superam os problemas iniciais com a tecnologia, começam a experimentar os benefícios e reenvidam esforços para seguir adiante. Repousando na experiência dos adotantes iniciais, aumenta a compreensão sobre os contextos nos quais a tecnologia pode gerar bons resultados e onde ela agrega pouco ou nenhum valor. Ao longo do tempo, a tecnologia amadurece à medida que os fornecedores aperfeiçoam os produtos com base nos *feedbacks* iniciais. As metodologias para aplicar a tecnologia com sucesso são codificadas, e as melhores práticas de uso são socializadas.
- **Platô da produtividade:** com os reais benefícios da tecnologia demonstrados e aceitos, um número crescente de empresas sente-se confortável com os níveis reduzidos de risco. A tecnologia retoma seu valor de mercado, e sua disseminação se acelera rapidamente como resultado do valor produtivo e útil identificado.

É nesse caldeirão de interesses e forças que as tecnologias emergentes são comunicadas e assimiladas. A segunda iniciativa que consideramos importante mencionar é o *NMC Horizon Project*, iniciado em 2002, e que anualmente identifica as tecnologias com grande potencial de impacto, nos próximos cinco anos, em todos os setores da educação em mais ou menos 65 países ao redor do globo. Os resultados são publicados em relatórios anuais intitulados *NMC Horizon Report*.

Nos últimos anos, o projeto tem aplicado a metodologia internacional a levantamentos regionais e por países, e o Quadro 4.2 sistematiza os resultados de dois relatórios realizados recentemente no contexto brasileiro (2012 e 2014).

•• **QUADRO 4.2** Panorama tecnológico para a educação no Brasil

	Horizonte para adoção	2012-2013	2014-2015	2016-2017	2018-2019
Modalidades	Ensinos fundamental e médio*	❍ BYOD (*Bring Your Own Device* ou Traga Seu Próprio Dispositivo) ❍ Computação em nuvem	❍ Jogos e gamificação ❍ Análise da aprendizagem	❍ Internet das coisas ❍ Tecnologia vestível	
Modalidades	Universidades brasileiras**		❍ Sala de aula invertida ❍ Games e gamificação ❍ Aplicativos móveis ❍ Aprendizado online	❍ Análise da aprendizagem (*learning analytics*) ❍ Aprendizado móvel ❍ Conteúdo aberto ❍ Laboratórios remotos e virtuais	❍ Realidade aumentada ❍ Internet das coisas ❍ Inteligência de localização ❍ Assistentes virtuais

Fontes: * Elaborado com base em Horizon Report 2012 – Panorama Tecnológico para o Ensino Fundamental e Médio Brasileiro (2012 a 2017).
** Elaborado com base em Panorama Tecnológico NMC 2014 – Universidades Brasileiras (2015 a 2019).

Esses panoramas – em particular aqueles que são construídos com a participação de educadores, como é o caso do *Horizon Report*, e não só de especialistas em tecnologia – nos ajudam a formar um quadro mental de onde estamos e para onde vamos, propondo uma trilha mais segura e compartilhada com outros profissionais em um cenário tão dinâmico e povoado de incertezas.

> Várias dessas inovações são mencionadas ao longo dos capítulos deste livro e podem ser localizadas pontualmente por meio do índice remissivo da obra. Para uma visão aprofundada desses panoramas, recomenda-se a consulta direta aos relatórios do *Horizon Report* disponíveis na web em português.

Ferramentas para produção de mídias

Podemos participar de discussões sobre inovações tecnológicas e utilizá-las para veicular conteúdos educacionais e realizar atividades de aprendizagem e apoio pedagógico, mas nós não produzimos tecnologias: produzimos mídias.

No entanto, a produção de mídias pode ser ela mesma apoiada por tecnologias: essa é a função dos programas para edição de imagens, fotos e gráficos (*Adobe Photoshop, Macromedia Fireworks* e *Corel Paint Shop Pro*), para desenhos (*CorelDRAW, Adobe Illustrator, Macromedia Freehand*), para produção, gravação e edição de vídeo e áudio (*Adobe Premier* e *Affter Effects, Apple Final CUT, Microsoft Windows Movie Maker, Audacity*, entre outros), para criação de simulações, tutorais, exercícios e testes (*Adobe Captivate, Adobe Presenter, Articulate/Storyline*) e para produção de arquivos PDF (*Adobe InDesign, Acrobat, PDFill, CutePDF Writer*) etc.

Por vezes, essas tecnologias são chamadas de **ferramentas de autoria**; englobam desde aplicativos para edição de textos, elaboração de planilhas e criação de apresentações até recursos para organização de cursos completos (nesse caso, um termo relacionado é "ferramentas para planejamento educacional"). Em geral, oferecem um conjunto de formulários predefinidos para organização de tópicos em telas, apresentação de conteúdos, inserção de imagens, incorporação de áudio e animação e, ocasionalmente, inclusão de questões e testes autocorrigidos.

Convém observar que, antes do advento dos computadores pessoais, o manuscrito preparado por um autor era composto graficamente, em um processo de meses em que uma prova de página era elaborada e produziam-se chapas de impressão. Com a **editoração eletrônica**, a partir de processadores de texto e softwares para criação e edição de leiaute de páginas, qualquer pessoa com um computador pessoal pode produzir hoje materiais de qualidade em um tempo menor e a um custo razoável. A editoração eletrônica também possibilitou a preparação de pequenas quantidades de materiais para cursos com reduzido número de matrículas ou com conteúdos altamente voláteis, o que no passado analógico não era economicamente viável.

O surgimento da internet e de softwares para criação de páginas web tornou mais fácil produzir e distribuir documentos digitais. Depois de ter sido criado em um formato adequado para web (**HTML** ou **XML**), um documento pode ser transferido para um servidor de arquivos e tornar-se imediatamente disponível para acesso ou visualização por qualquer pessoa que tenha conexão com a internet e um navegador para web.

Analogamente ao impacto da editoração eletrônica sobre a produção de materiais impressos, os **softwares para edição de áudio e vídeo** democratizaram a produção de recursos audiovisuais. Esses programas possibilitam a execução de efeitos e sequências especiais que, no passado, exigiam equipamento de elevado custo. Também permitem a fácil inserção de áudio e vídeo em mídia física ou publicação na web, tornando a distribuição muito mais econômica.

HTML (*HyperText Markup Language* ou Linguagem para Marcação de Hipertexto)
Padrão de transmissão de hipertexto atualmente utilizado em toda a internet, corresponde a um arquivo-texto que contém, junto ao texto em si, informações sobre a formatação de textos e imagens.

XML (*eXtensible Markup Language* ou Linguagem de Marcação Extensível)
Padrão de representação de dados que incrementa as funções do HTML, separando em dois arquivos o texto que se deseja transmitir e o padrão de formatação que se deseja aplicar. E, enquanto o HTML é projetado apenas para exibir dados, o XML é projetado para carregar dados, por exemplo, de usuários.

É de praxe que as ferramentas de autoria produzam saídas em formato SCORM ou IMS CP, tendência já consolidada no mercado de produção de conteúdos educacionais para execução em LMSs. Entretanto, emergente mesmo é a **filosofia "One Web"**: um único código compartilhado para dar saída a conteúdos exibidos em tamanhos de tela diferentes (desktop, tablet, mobile). Ela envolve grades e imagens flexíveis e identificação de dispositivos de exibição, o que redunda em maior tempo de desenvolvimento e necessidade de maior capacitação técnica dos envolvidos.

Computação baseada em nuvem
Forma de armazenamento e acesso à informação em um servidor central, cujo acesso é feito por meio de navegadores web e móveis, independentemente de dispositivos.

Essa filosofia segue a linha das publicações digitais multiplataforma **baseada em nuvem**. Na verdade, plataformas de publicação integrada permitem gerenciamento do fluxo de trabalho de ponta a ponta: desde a autoria de texto-base por autores, passando pela criação e validação de gráficos, a revisão colaborativa, a edição, a composição, a transformação multiformato, o enriquecimento de mídia, até chegar à distribuição e à entrega multiplataforma e multiformato, incluindo ainda gerenciamento de direitos autorais e comercialização eletrônica, quando aplicável.

Tecnologias assistivas

Não poderíamos encerrar este capítulo sem mencionar o conjunto de ferramentas utilizadas no contexto da educação especial – as **tecnologias assistivas**. Elas envolvem desde a ergonomia de equipamentos até softwares auxiliares ao prolongamento sensorial para pessoas com deficiência e mobilidade reduzida. Como exemplos podem ser citados: programas leitores de tela, ampliadores de tela e teclados alternativos.

De especial interesse para a produção de conteúdos é o WCAG (*Web Content Accessibility Guidelines*), um guia internacional de boas práticas de acessibilidade desenvolvido pela W3C/WAI e destinado aos autores de mídias digitais. No Brasil, o eMAG (*Modelo de Acessibilidade em Governo Eletrônico*) é uma referência para o desenvolvimento de sites acessíveis a pessoas com deficiência.

O leitor encontra uma ampla exploração das tecnologias assistivas no capítulo do livro *Educação a distância*: o estado da arte intitulado *Educação especial e a EAD*, de Flávia Amaral Rezende (2009), doutora em cultura audiovisual e mídia.

Em uma visão ampliada, o **universal design** (UD) tornou-se o alicerce do conceito de acessibilidade, ao buscar garantir o acesso a um maior número de pessoas, sejam elas com deficiência, idosas ou culturalmente excluídas.

•• PARA CONCLUIR

As tecnologias nos fascinam por facilitarem a nossa vida e abrirem novas perspectivas de acesso ao conhecimento, de comunicação com as pessoas, de produção individual e coletiva. Apontam para o novo, para o futuro, para o inimaginável. As tecnologias, as ferramentas, os sistemas e os padrões educacionais abordados neste capítulo nos desafiam a acompanhar a constante evolução tecnológica e a responder com conteúdos educacionais produzidos de forma igualmente inovadora e criativa.

E, embora cada vez mais complexas e intrincadas, as gerações tecnológicas de ponta não prescindem da intencionalidade da educação formal, particularmente da intencionalidade de produzir conteúdos educacionais. Ao contrário, as novas tecnologias, juntamente às novas mídias, representam um acréscimo de possibilidades à aprendizagem.

Por isso mesmo, compreender e tomar parte no jogo das complementaridades interdimensionais e intergeracionais deve ser o mote para nós, educadores, em prol de soluções de aprendizagem que estejam em sintonia com os desafios contemporâneos.

•• REFERÊNCIAS

ADL. Advanced Distributed Learning. SCORM 2004 3rd edition. Version 1.0, nov. 2006.

BETTIO, R. W. *Avaliações gráficas e dinâmicas aplicadas a ambientes virtuais de aprendizagem.* Dissertação de mestrado apresentada ao Programa de Pós-Graduação em Engenharia de Produção da Universidade Federal de Santa Catarina. Florianópolis: UFSC, 2003.

BURGOS, D.; TATTERSALL, C.; KOPER, R. *How to represent adaptation in e-Learning with IMS Learning Design.* Heerlen: The Open University of the Netherlands, 2006.

CARVALHO, A. A. A. (org.). *Manual de ferramentas da Web 2.0 para professores.* Lisboa: Direcção-Geral de Inovação e de Desenvolvimento Curricular do Ministério da Educação, 2008.

FILATRO, A.; PICONEZ, S. C. B. Evolução dos sistemas para educação a distância. In: MACIEL, C. (org.). *Educação a distância:* ambientes virtuais de aprendizagem. Cuiabá: EdUFMT, 2013.

GARTNER GROUP. *Hype Cycle Research Report*, 1995.

IEEE. *Standard for Learning Object Metadata.* Learning Technology Standards Committee of the IEEE, 2002.

KELLY, D.; THORN, K. Should Instructional Designers care about Tin Can API? In: *eLearn Magazine.* March, 2013. Disponível em: <http://goo.gl/ahGvc5>. Acesso em: 15 jul. 2015.

LÉVY, P. *Cibercultura.* Rio de Janeiro: Editora 34, 1999.

LEARNING CONSORTIUM INC. *Learning Design Specification*, 2003. Disponível em: <http://goo.gl/STMS9>. Acesso em: 15 jul. 2015.

MARTINS FILHO, V. *Design de experiência educacional:* novas abordagens em objetos educacionais hipermidiáticos. Dissertação de mestrado apresentada ao Programa de Pós-Graduação em Design e Expressão Gráfica da Universidade Federal de Santa Catarina. Florianópolis: UFSC, 2012.

MOORE, M. G.; KEARSLEY, G. *Educação a distância:* uma visão integrada. São Paulo: Thomson Learning, 2007.

NUNES, C. A. A.; GAIBLE, E. Development of multimedia materials. In: HADDAD, W. D.; DRAXLER, A. *Technologies for education:* potentials, parameters, and prospects. Paris: Unesco, 2002.

O'REILLY, T. *What is WEB 2.0:* design patterns and business models for the next generation of software. Disponível em: <http://goo.gl/M4xnqm>. Acesso em: 15 jul. 2015.

REZENDE, F. A. Educação especial e a EAD. In: LITTO, F. M.; FORMIGA, M. (orgs.). *Educação a distância*: o estado da arte. São Paulo: Pearson, 2009.

SACCO, A.; SCHLEMMER, E.; BARBOSA, J. *M-learning e u-learning*: novas perspectivas da aprendizagem móvel e ubíqua. São Paulo: Pearson, 2011.

SANTAELLA, L. *Linguagens líquidas na era da mobilidade.* São Paulo: Paulus, 2007.

__________. *Comunicação ubíqua*: repercussões na cultura e na educação. São Paulo: Paulus, 2013.

SPECHT, M.; BURGOS, D. Modeling Adaptive Educational Methods with IMS Learning Design. *Journal of Interactive Media in Education*, 2007.

TALARICO NETO, A. *Linguagem de padrões para apoiar o projeto de material instrucional para EAD.* Dissertação apresentada ao Programa de Pós-Graduação da Universidade Federal de São Carlos. São Carlos: UFSCar, 2005.

TAROUCO, L. M. R.; DUTRA, R. Padrões e interoperabilidade. In: *Brasil.* Ministério da Educação. Secretaria de Educação a Distância. PRATA, C. L.; NASCIMENTO, A. C. A. A. (orgs.). *Objetos de aprendizagem*: uma proposta de recurso pedagógico. Brasília: MEC/SEED, 2007.

__________.; FABRE, E. M.; TAMUSIUNAS, F. Reusabilidade de Objetos Educacionais. *RENOTE – Revista Novas Tecnologias na Educação*, v. 1, n. 1, Porto Alegre, CINTED/UFRGS, 2003.

WILEY, D. A. (ed.). The instructional use of learning objects, 2002. Disponível em: <http://goo.gl/Q3Z0173>. Acesso em: 15 jul. 2015.

Capítulo 5

DIMENSÃO ORGANIZACIONAL

Introdução

Todos nós, que atuamos em educação, sabemos que desenvolver materiais didáticos é uma ação que faz parte das atividades cotidianas dos educadores. Textos, ilustrações, slides, exercícios e apostilas completas dos mais variados tipos, formatos e tamanhos são desenvolvidos de acordo com as necessidades de cada curso, disciplina, programa ou mesmo instituição.

Por vezes, esses materiais são preparados por iniciativa individual de professores ou especialistas, que buscam enriquecer suas aulas teóricas e práticas. Em outras situações, temos ações sistemáticas encabeçadas por equipes multidisciplinares que trabalham juntas para produzir materiais bem estruturados e compartilhados por vários educadores e alunos.

A dimensão organizacional aplica-se melhor a essas últimas situações, à medida que possibilita agregar à produção de conteúdos contribuições importantes de áreas como a administração de empresas e o gerenciamento de projetos, incluindo aí a gestão de pessoas, de prazos, de custos e dos muitos recursos envolvidos nesse tipo de desafio.

Este capítulo se debruça sobre os aspectos organizacionais da produção de conteúdos, mais especificamente sobre os diferentes modelos e arranjos institucionais que podem ser adotados nos variados contextos de produção e utilização.

Foge ao escopo do livro discutir macrodecisões organizacionais, como planejamento estratégico, plano de negócios, posicionamento de mercado, políticas de remuneração etc. Optamos por concentrar nossa análise no âmbito de produtos e soluções educacionais e, para isso, precisamos, é claro, delinear alguns contextos organizacionais nos quais esses produtos são gerados.

Vivemos uma realidade diversificada, em que convivem maneiras totalmente diferentes de aprender e ensinar. Para além dos anos de escolarização obrigatórios e da busca pela certificação profissional, as pessoas aprendem, de forma autônoma, individualmente ou em grupo, lendo ou estudando livros, assistindo vídeos, ouvindo *podcasts*, navegando por tutoriais, explorando objetos de aprendizagem e recursos abertos, vivenciando jogos, interagindo em comunidades virtuais e mídias sociais e até vinculando-se a ações regulares de educação.

Essas amplas possibilidades comportam conteúdos educacionais de múltiplas origens, autorias, finalidades, formas, durações, linguagens. E, da mesma maneira, refletem modos de produzir conteúdos bastante variados.

A bem da compreensão, procuramos organizar esse vasto leque de variações considerando, a princípio, duas realidades distintas relacionadas aos conteúdos educacionais:

1) **Contextos de utilização:** escolas, universidades, instituições de ensino técnico, profissionalizante, escolas de idiomas, organizações privadas e públicas que oferecem educação corporativa a seus colaboradores. Nesse contextos, estão as organizações que realizam os processos essenciais de ensino-aprendizagem (essa é a sua razão de ser) e fazem uso de conteúdos como um dos muitos elementos que compõem o sistema educacional.
2) **Contextos de produção:** editoras, empresas fornecedoras de conteúdo para *e-learning*, birôs de produção de áudio e vídeo, *startups* em educação e também núcleos ou departamentos de educação a distância e produção de materiais didáticos localizados dentro de instituições de ensino. Aqui se incluem os subsistemas internos às instituições de ensino e as organizações externas que têm como atividade-fim a produção de conteúdos, ou seja, esse é o seu "negócio" principal, a sua missão.

Essa distinção é importante porque implica lógicas diferenciadas, com benefícios e perdas que só se materializam em realidades concretas e específicas. Para nos beneficiarmos da dimensão organizacional, precisamos concordar primeiro com a visão multidimensional que perpassa todo este livro. Isso significa reconhecer que um conteúdo educacional só terá qualidade se for bom em termos tecnocientíficos, pedagógicos, comunicacionais e tecnológicos, mas também se for exequível, sustentável ou efetivo em termos de custo-benefício. E não estamos falando apenas em custos financeiros, mas também em cumprimento de cronogramas e requisitos de qualidade.

Por exemplo, podemos criar a solução educacional mais brilhante do mundo, mas, se ela não estiver pronta a tempo de cobrir uma necessidade com prazo final delimitado, ou se não for efetiva em custos a ponto de poder alcançar um público-alvo expressivo, simplesmente não terá cumprido seu propósito educacional.

Em segundo lugar, considerar a dimensão organizacional implica adotar um enfoque sistêmico, que proporciona uma forma diferente de encarar os problemas (no nosso caso, educacionais): não como eventos isolados, mas como componentes de estruturas mais amplas.

Este capítulo traz algumas reflexões importantes sobre o sistema educacional, com destaque para o (sub)sistema de produção de conteúdos. Tendo em mente os processos envolvidos nesse sistema, apresentamos em seguida alguns modelos de produção selecionados, que – esperamos – permitirão ao leitor se situar no cenário diversificado e submetido a profundas transformações que caracteriza a produção de conteúdos educacionais.

O enfoque sistêmico na produção de conteúdos educacionais

Já na década de 1970, o enfoque sistêmico era apontado por Turra[1] como de grande valia para a educação, por ser "uma nova maneira de conceber a realidade que nos cerca e uma forma racional e científica de solucionar problemas complexos". Segundo a autora, esse pensamento propõe uma direção segura e eficiente para planejar, organizar e controlar as questões educacionais, curriculares e de ensino[2].

Segundo Romiszowski,[3] o interesse pelo enfoque sistêmico, que gozou de grande popularidade entre as décadas de 1960 e 1970 e foi amplamente rejeitado pelas novas gerações na década seguinte, renasceu a partir de 1990, com a publicação do best-seller de Peter Senge, intitulado *A quinta disciplina*.

O pensamento sistêmico fundamenta-se, é claro, na ideia de **sistema** – uma coleção de elementos cujas características não podem ser convertidas em elementos composicionais. Um sistema é percebido como um todo, pois seus elementos afetam uns aos outros continuamente ao longo do tempo. Exemplos de sistemas incluem os organismos biológicos (por exemplo, o corpo humano), a atmosfera, uma entidade política, uma indústria, uma família, uma equipe, uma organização. O todo é maior do que a soma de suas partes, embora cada parte também possa ser considerada em si mesma um subsistema.

O sistema basicamente transforma entradas em saídas, e envia sinais de modo contínuo para si mesmo, por meio de ciclos fechados de relações de causa e efeito, o que é chamado pelos pensadores sistêmicos de *feedback* ou retroalimentação.

Para Koper,[4] em um sistema educacional a principal entrada são os alunos e suas características. A principal saída são os alunos "transformados" (com conhecimentos, habilidades e atitudes adicionais, envolvendo certo grau de competência) e a comprovação dessa transformação (por exemplo, por meio de certificação). Outras entradas-saídas são os membros da equipe, como, por exemplo, os professores, que trazem seu conhecimento ao processo de aprendizagem e sofrem transformações durante sua atuação profissional. As características de alunos e de outros participantes do processo são chamadas propriedades (que, como veremos a seguir, ficam armazenadas em dossiês).

Podemos dizer que o sistema educacional opera sobre os chamados artefatos de aprendizagem, isto é, produtos gerados antes, durante ou após a aprendizagem, como cursos, programas, livros, relatórios, textos, atividades, objetos de aprendizagem etc. e que são armazenados em repositórios.

Se retomarmos a distinção entre contextos de produção e utilização, poderemos aplicar o enfoque sistêmico de duas maneiras: ou tratamos a produção de conteúdos como um subsistema da organização de ensino que utiliza conteúdos produzidos internamente; ou como um

---

1 TURRA, C. M. G et al. *Planejamento de ensino e avaliação*. Porto Alegre: Sagra, 1995.

2 TURRA, 1995, p. 271-272.

3 ROMISZOWSKI, A. J.; ROMISZOWSKI, H. Retrospectiva e perspectivas do design instrucional e educação a distância: análise da literatura. *Revista Brasileira de Aprendizagem Aberta e a Distância*, v. 3, n. 1, 2005.

4 KOPER, R. Learning technologies in elearning: an integrated domain model. In: JOCHEMS, J.; VAN MERRIENBOER J. J. G.; KOPER, R. (eds.). *Integrated e-learning*: implications for pedagogy, technology and organization. London: Kogan Page, 2003.

sistema independente e externo à organização de ensino e que mantém relações indiretas com o contexto de utilização.

Reportando-nos especificamente ao (sub)sistema de produção de conteúdos educacionais, podemos falar em processos essenciais e processos de armazenamento, como mostra a Figura 5.1.

•• **FIGURA 5.1** Visão geral do (sub)sistema de produção de conteúdos educacionais

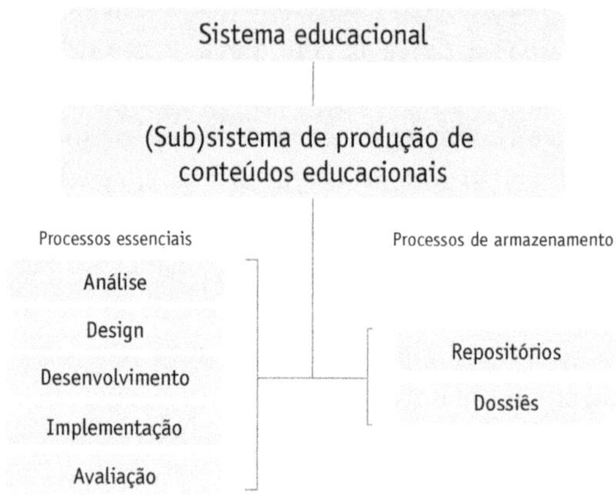

Fonte: Elaborada pelas autoras.

Os processos essenciais correspondem às cinco fases do design instrucional, mas podem ser compreendidos em três grandes grupos:

1) **Análise, design e desenvolvimento:** por meio desses três processos, artefatos de aprendizagem (basicamente, conteúdos e atividades) são criados originalmente ou recuperados de repositórios e adaptados a novas necessidades de aprendizagem, públicos-alvo ou condições institucionais.
2) **Implementação (ensino-aprendizagem propriamente ditos):** aqui artefatos de aprendizagem já produzidos são recuperados de repositórios, ou então novos artefatos podem ser criados durante a aprendizagem e então armazenados em repositórios. Aqui também são acessados dossiês para recuperação e armazenamento de propriedades relativas aos participantes.
3) **Avaliação:** pode ser definida na fase de design e invocada em diferentes momentos da implementação – antes, durante ou depois do processo de ensino-aprendizagem. Utiliza propriedades dos dossiês e artefatos de aprendizagem existentes nos repositórios. Agrega novas propriedades aos dossiês, representando, por exemplo, as notas dos alunos.

As fases de análise, design, desenvolvimento, implementação e avaliação são detalhadas no Capítulo 7, *Design instrucional.*

Os processos de armazenamento compreendem dois tipos de informações:

1) **Repositórios:** locais para armazenar os artefatos de aprendizagem (produzidos antes, durante ou depois do processo de ensino-aprendizagem).
2) **Dossiês:** locais para armazenar os dados de usuários individuais (alunos, docentes, outros envolvidos na situação didática), de grupos de usuários e de papéis programados para serem exercidos durante a implementação.

Pensando nos contextos de utilização citados anteriormente, os processos de análise, design e desenvolvimento e de avaliação podem ser realizados internamente, dentro da própria instituição, ou podem ser desenvolvidos com base em modelos de parcerias, aquisições diretas ou contratações externas. Já a implementação, via de regra, é realizada internamente pela instituição de ensino.

No Capítulo 4, *Dimensão tecnológica*, examinamos os repositórios de aprendizagem no contexto dos objetos e das atividades de aprendizagem.

Da mesma forma, os repositórios para armazenamento de conteúdos e atividades de aprendizagem podem ser próprios ao contexto de utilização, compartilhados entre várias instituições ou pertencentes a uma entidade externa, enquanto os dossiês, que armazenam basicamente dados do contexto de utilização, em geral, são administrados internamente.

Na seção a seguir, veremos mais detidamente alguns modelos de produção de conteúdos e suas implicações para os processos essenciais e de armazenamento do sistema educacional.

Modelos de produção de conteúdos educacionais

Um caminho para compreender os modelos de produção de conteúdos educacionais é acompanhar a evolução da educação a distância, uma modalidade que sempre dependeu das mídias e tecnologias para superar a separação física e geográfica entre quem aprende e quem ensina.

Para isso, recorremos ao belo trabalho de Otto Peters,[5] que descreve mudanças evidentes nas maneiras de ensinar e aprender. Para esse autor, na modalidade presencial convencional, tudo o que diz respeito ao ensino está nas mãos de uma única pessoa: o docente. Este literalmente usa sua presença física para apresentar de forma personalizada um conteúdo. O ensino é um evento singular, uma experiência subjetiva dos participantes em interação com esse docente e com outros participantes reunidos em uma situação didática definida temporal e geograficamente.

Otto Peters

Foi fundador e primeiro reitor da FernUniversität, na Alemanha, e desde 1965 pesquisa e publica artigos e livros sobre educação a distância, pelos quais é internacionalmente reconhecido e premiado. De suas publicações, vale destacar os seguintes títulos em português: *A educação a distância em transição* (2003) e *Didática do ensino a distância* (2001).

[5] PETERS, O. *Duas mudanças estruturais na educação a distância*: industrialização e digitalização. Aula magistral ministrada na Universidade do Vale do Rio Sinos. São Leopoldo: UNISINOS, 2001.

Com o surgimento da educação a distância, inicialmente calcada no ensino por correspondência, faz-se necessária uma divisão de trabalho – por exemplo, o planejamento, o desenvolvimento e a apresentação do conteúdo, bem como a correção das tarefas, passam a ser realizados por pessoas diferentes em ocasiões e locais distintos. As ações de planejar e desenvolver cursos ou unidades de estudo acontecem antes do início das "aulas" e precisam ser padronizadas, normatizadas e formalizadas. Ganham tal nível de especialização que passam a ser efetuadas por profissionais de áreas distintas, em franca correspondência com o planejamento da produção executado por especialistas qualificados em empresas altamente industrializadas.

Com a EAD, o ensino "objetivado", ou seja, oferecido a todos os participantes de determinado curso da mesma forma e passível de ser repetido quantas vezes fossem necessárias, tornou-se um "produto" que podia ser alterado, otimizado e, sobretudo, comercializado (e não apenas localmente, mas em qualquer parte, da mesma forma que qualquer outro produto manufaturado por indústria).

É interessante notar que a passagem do modo de produção **artesanal**, típico da modalidade presencial, para o **industrializado**, mais adequado às primeiras gerações de EAD (além do ensino por correspondência, aqueles baseados em difusão por rádio e tevê, e aos primeiros produtos educacionais multimídia), se revela também no próprio surgimento e evolução do design.

Segundo Filatro,[6]

> Antes da mecanização industrial, o artesão, conforme suas particularidades físicas, geográficas e históricas, projetava e ao mesmo tempo construía artefatos, que em geral eram utilizados por ele próprio ou por usuários bem próximos. Raramente havia um momento isolado ou anterior de planejamento, e a fabricação se dava com base em tentativas e erros, inspirada pelas características dos materiais, pela tradição e pelas relações interpessoais com a comunidade. As demandas por mecanização e divisão do trabalho tornaram necessário estabelecer padrões para que os artefatos pudessem ser produzidos em escala industrial. Também foi preciso dar forma a esses artefatos, de modo que eles pudessem ser comercializados no mercado de massa, composto por consumidores na maioria das vezes desconhecidos.

A despeito das críticas ao "ensino industrializado", que reduz a educação a um produto massificado e distante do contexto de utilização, não são poucos os que reconhecem a natureza democratizante desse modo de produção, que permitiu a grandes universidades a distância, em diversos países, prover acesso ao ensino superior para centenas de milhares de estudantes.

Contudo, o processo de produção industrial adotado por essas universidades, muitas delas fundadas a partir da década de 1970, não reflete as transformações no mundo da produção e do trabalho decorrentes de avanços no campo tecnológico e gerencial, bem como em resposta às novas exigências dos consumidores e aos novos comportamentos individuais e

[6] FILATRO, A. *Design instrucional contextualizado*. São Paulo: Senac, 2004. p. 110.

coletivos, fomentados por toda uma mentalidade neo e pós-industrial. Novamente, recorremos a Peters,[7] que descreve com propriedade esses dois fenômenos pós-industriais:

1) **Neoindustrialização:** uma reação a mudanças na sociedade e especialmente na demanda, tendo em vista que as pessoas querem comprar bens mais variados e específicos. Por isso, os objetivos mais importantes são constante inovação, variação de produtos e elevada variabilidade de processos. Em educação, isso significa cursos de curta duração que podem ser alterados e renovados rapidamente, maior orientação aos alunos e estruturas institucionais variáveis.
2) **Pós-industrialização:** elimina-se a divisão avançada de trabalho, busca-se a descentralização e a redução da produção em massa; os bens não são mais mantidos no estoque, mas entregues *just in time* e *on demand*. Os trabalhadores devem ser altamente qualificados, mais flexíveis, versáteis. A hierarquia organizacional é nivelada. Em educação, isso significa: pequenos cursos variáveis são desenvolvidos, produzidos e distribuídos por grupos de funcionários altamente competentes, relativamente independentes e inteiramente responsáveis pelo sucesso de seus projetos.

Tendo em mente esse quadro evolutivo mais amplo, vejamos agora modelos específicos para a produção de conteúdos educacionais, que distribuímos em um *continuum* para dar ao leitor uma ideia das muitas possibilidades (Figura 5.2). Lembramos aqui que esses modelos também não são estanques, podendo ser adotados em combinação e conviver em contextos de utilização e de produção.

•• **FIGURA 5.2** *Continuum* de modelos para a produção de conteúdos educacionais

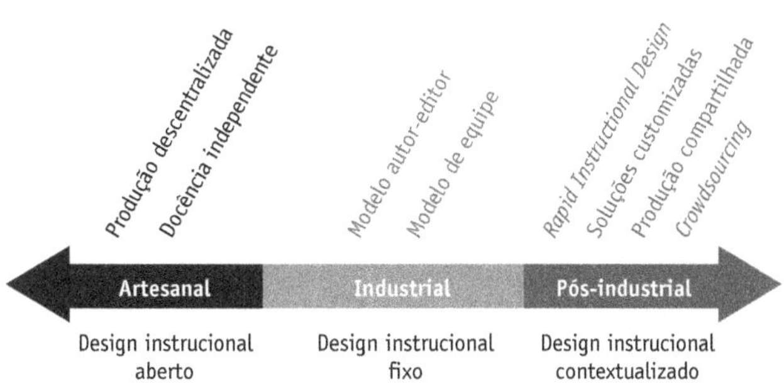

Fonte: Elaborada pelas autoras.

Modelos de produção artesanal

Os **modelos de produção artesanal**, em termos gerais, são adotados por um único indivíduo que projeta e ao mesmo tempo constrói artefatos diversos, os quais são utilizados, na maioria das vezes, por ele mesmo ou por usuários bem próximos. Raramente há um momento

7 PETERS, 2001.

separado de planejamento, uma vez que a produção ocorre de modo orgânico, com base nas características dos materiais, na tradição e nas relações interpessoais com a comunidade.

Mesmo considerando as nuanças de industrialização nos sistemas escolares e universitários atuais, como vimos, a educação presencial até hoje reflete bem esse processo de produção. Nessa modalidade, o professor é a figura central, que faz uso de sua presença física para expor de forma personalizada uma disciplina ou unidade de estudo. Dessa maneira, o processo de implementação é uma experiência única e subjetiva, e, em grande medida, os processos essenciais de análise, design e desenvolvimento dependem estritamente das competências, experiências e idiossincrasias das pessoas envolvidas.

De igual modo, como são produzidos por conta e risco de professores sem grande apoio institucional, raras vezes são submetidos a um processo de avaliação formal. Os produtos resultantes não são armazenados em repositórios para reutilização. O maior esforço está, portanto, no armazenamento de dados referentes à implementação.

Podemos identificar alguns modelos de produção de conteúdos educacionais que funcionam de acordo com os processos artesanais: o modelo descentralizado, no qual o professor desenvolve de forma independente os próprios materiais didáticos e os disponibiliza diretamente aos alunos, principalmente em ações presenciais apoiadas por tecnologias; ou ainda o modelo de docência independente, totalmente online, em que o professor trabalha de forma descolada de uma instituição de ensino.

Produção descentralizada

Na **produção descentralizada**, professores vinculados a uma instituição de ensino têm autonomia para desenvolver individualmente ou em grupos o próprio conteúdo didático no formato, tamanho e estilo que preferirem. Em geral, esses professores são especialistas em conteúdo e também em educação (o professor polivalente no ensino fundamental, o professor de disciplinas que cursou uma licenciatura ou alguma especialização em magistério do ensino superior para ministrar nesses níveis de ensino).

Caso a organização não trabalhe com algum modelo de aquisição de conteúdos de terceiros (por exemplo, o Programa Nacional do Livro Didático – PNLD no caso das escolas públicas ou os sistemas de ensino no caso das particulares, ou ainda os vários acordos institucionais firmados mais recentes para disponibilização de conteúdos em bibliotecas virtuais), caberá a esses professores desempenhar todas ou a maior parte das atividades envolvidas na produção.

Nos modelos artesanais, não é impossível, mas é raro que um professor crie conteúdos totalmente inéditos, seja porque ele não detém todas as competências necessárias para fazê-lo, seja porque a organização à qual ele está vinculado não prevê tempo, recursos e remuneração para que isso ocorra.

Devemos destacar que as tecnologias mais recentes, de fácil acesso e utilização, têm cada vez mais permitido ao professor "leigo" criar e gerenciar com maior facilidade conteúdos e atividades de aprendizagem.

No entanto, mesmo nesses casos o trabalho de criação propriamente dito, quando existe, parece limitar-se, em grande parte dos casos, à técnica *mash-up* (combinação de materiais produzidos por terceiros, em diferentes formatos e linguagens). Como exemplos, citamos as tradicionais apostilas preparadas por professores e os conjuntos de slides de apresentação, que não podem ser considerados obras intelectuais no sentido estrito do termo.

Por um lado, esse tipo de produção descentralizada, de baixo para cima, pode promover a livre experimentação e a inovação, além de representar uma transição mais suave da modalidade presencial para o formato a distância, uma vez que permite conservar a organização do trabalho pedagógico tradicional. Além disso, esse modelo aumenta, em geral, o comprometimento dos professores, tornando a produção mais autêntica e significativa, porque os conteúdos de utilização e produção se mesclam perfeitamente.

Veja mais sobre conteúdos inéditos e a técnica de *mash-up* no Capítulo 11, *Autoria*.

De outro lado, porém, essa prática pode consumir muito mais tempo e esforço ao sobrecarregar os professores com tarefas técnicas que poderiam ser realizadas por outros profissionais em menor tempo e de forma mais eficiente. Ela também pode gerar aumento de custos pela ausência de planejamento e de critérios claros de avaliação, levando à produção de soluções por vezes incompletas e difíceis de serem reutilizadas, sem unidade metodológica ou identidade visual e desalinhadas com as propostas e os objetivos mais amplos da instituição.

E não podemos deixar de mencionar ainda que, em muitos casos, a organização assume o risco de avalizar uma cultura de desrespeito aos direitos autorais ao abrigar em seu ambiente físico ou virtual mecanismos de reprodução indevida de obras de terceiros.

Docência independente

Docência independente é um conceito criado por Regis Tractenberg[8] para descrever o trabalho do professor que cria, divulga e oferece de forma autônoma cursos a distância ou semipresenciais com o apoio das tecnologias de informação e comunicação.

Diferentemente do modelo anterior, aqui o professor não está subordinado à intermediação de qualquer instituição educacional reguladora. Pelo contrário, ele tem total autonomia sobre a organização curricular, o planejamento educacional e o desenvolvimento de materiais didáticos.

Dessa maneira, ele assume plena responsabilidade pela produção, divulgação, gestão, implementação e avaliação de seus cursos, bem como pelos aspectos administrativos e financeiros relacionados, beneficiando-se inclusive dos proventos financeiros gerados no caso de cursos comercializados.

Regis Tractenberg

Psicólogo e mestre em telemática aplicada a educação e treinamento pela Universidade de Twente, na Holanda. Desde 1998 ministra cursos, planeja e coordena projetos de educação e treinamento em empresas e instituições educacionais. Atualmente dirige a Livre Docência Tecnologia Educacional, empresa que oferece capacitação de profissionais em design instrucional e educação a distância utilizando o modelo de docência independente.

[8] TRACTENBERG, L. Seis competências essenciais da docência online independente. *XIII Congresso Internacional de Educação a Distância*. Curitiba: Abed, 2007.

A docência independente requer de um único profissional o exercício de competências múltiplas, ligadas a aspectos técnicos, de empreendedorismo, de planejamento educacional e mediação pedagógica.

Por conta dessas características, esse modelo costuma ser bastante utilizado na produção de conteúdos para cursos livres e de curta duração, nos quais a certificação não é a principal preocupação dos alunos. Eventualmente, esse conteúdo pode ser agregado a projetos de educação corporativa e também pode ser ofertado em cursos de extensão por instituições de ensino superior, mantendo a "assinatura" do professor e distinguindo-o de qualquer outra ação de aprendizagem ofertada.

Aqui também os contextos de utilização e produção estão muito próximos, mas geralmente se restringem a nichos específicos de mercado e públicos bem definidos.

Modelos de produção industrial

Uma das principais características dos **modelos de produção industrial** é divisão de trabalho: o planejamento, o desenvolvimento e a apresentação dos conteúdos, bem como a proposição, o acompanhamento e a avaliação das atividades de aprendizagem, passam pelo crivo de um conjunto de profissionais qualificados, composto não apenas por especialistas em determinada área de conhecimento, mas também por especialistas em educação em geral, e nas mídias e tecnologias empregadas, podendo ser realizados em ocasiões e locais diferentes.

Em suma, a ideia central é de que o conteúdo produzido, mesmo quando tem autoria identificada, não resulta do esforço de apenas um indivíduo, mas de um grupo ou sistema. Assim, a maneira como a instituição se organiza para a produção de conteúdos educacionais, de acordo com seu tamanho e sua natureza – contexto de utilização ou contexto de produção –, redunda em uma espécie de "fábrica de conteúdos", na qual equipes compostas por profissionais especializados em diferentes campos atuam segundo processos padronizados, possibilitando a produção de conteúdos em larga escala.

> Discutimos no Capítulo 4, *Dimensão tecnológica*, a educação a distância massiva como um dos modelos educacionais vinculados a gerações tecnológicas específicas.

Como vimos, a educação a distância (principalmente a massiva) é a forma mais industrializada de aprendizagem e ensino. Isso acontece não apenas porque suas origens se confundem com o surgimento e a ascensão do modo de produção industrial, na segunda metade do século XIX, mas por conta de suas próprias características estruturais, que envolvem pesada mediação tecnológica e midiática.

Salientamos que, nesse modelo, é mais nítida a separação entre contexto de produção e contexto de utilização dos conteúdos, tendo em vista a divisão do trabalho baseada em especialidades profissionais. É mais comum também que os processos essenciais de análise, design e desenvolvimento sejam desenvolvidos separadamente da implementação.

No entanto, a formalização dos processos impulsiona uma avaliação mais rigorosa dos produtos resultantes, que acabam por constituir-se em objetos individuais de reconhecida propriedade intelectual, ou em materiais armazenados em repositórios com status de patrimônio institucional.

Dito isso, nos itens a seguir, apresentamos dois modelos de produção de conteúdos que são descritos por Moore e Kearsley[9] como típicos dos processos industriais: o modelo autor-editor, baseado na produção editorial clássica, e o modelo de equipe, adotado principalmente em produções que envolvem mídias digitais.

Modelo autor-editor

O **modelo autor-editor** corresponde ao método clássico para a produção de mídia impressa: um especialista em conteúdo esboça um texto-base, que depois é desenvolvido por um editor pedagógico ou designer instrucional. Esse desenvolvimento, em geral, é feito com a colaboração de outros profissionais, que realizam pareceres, análises e revisões técnicas e pedagógicas, pré-testes com alunos potenciais, administração de direitos autorais de terceiros, diagramação, revisão de provas e impressão. A autoria está claramente atrelada ao currículo do especialista em conteúdo, e as atividades de outros profissionais são periféricas.

Atualmente, esse modelo tem sido bastante adotado na produção de cursos online, particularmente aqueles desenvolvidos por instituições de ensino convencionais. Nesses casos, a tendência por parte das instituições de ensino é atribuir aos professores da modalidade presencial a função de conteudistas.

Esse modelo requer do especialista em conteúdo maior rigor quanto ao ineditismo dos conteúdos e uma habilidade de construir a retórica instrucional considerando a lógica da mídia impressa ou das mídias digitais. Como em geral o conteudista não tem formação ou experiência suficientes para realizar essas atividades, requer-se um esforço razoável para equilibrar autoria e edição. Assim, uma das principais funções do editor pedagógico ou do designer instrucional é apoiar o processo de elaboração do conteúdo de modo que o produto final esteja adequado ao perfil do público-alvo e às necessidades de aprendizagem explicitadas no currículo.

Modelo de equipe

No **modelo de equipe**, cada conteúdo educacional é criado por um conjunto de profissionais de diferentes formações. Especialistas de determinada área de conhecimento ou prática traçam um roteiro do que deve ser ensinado, definem objetivos, selecionam conteúdos de cada unidade, bibliografia de apoio, testes e exercícios, bem como o tempo estimado para realização das atividades, com apoio de uma equipe composta por designers instrucionais, editores de texto, ilustradores, designers gráficos, programadores web, produtores de áudio, TV e outras mídias.

Diferentemente do modelo autor-editor, a autoria do conteúdo não é concentrada, ou seja, não é uma função desempenhada por apenas uma pessoa. Na verdade, a atividade de roteirização vai além da preparação para a produção de mídias: envolve boa dose de criação e originalidade. Por exemplo, quando se desenvolve um vídeo ou um jogo educativo, não se faz uma mera preparação do texto-base fornecido pelo autor, mas uma grande adaptação de linguagem e estrutura.

---

[9] MOORE, M. G.; KEARSLEY, G. *Educação a distância:* uma visão integrada. São Paulo: Thomson Learning, 2007.

O produto resultante desse modelo é, portanto, uma obra coletiva, cuja autoria é compartilhada por todos os especialistas envolvidos. Assim, durante sua produção, o conteúdo é elaborado e reelaborado, considerando as críticas de cada especialista e requerendo aprovação de toda a equipe antes de ser concluído.

Para que a produção não se torne uma torre de babel, é importante eleger alguém capaz de gerenciar a interação entre todos os profissionais envolvidos. Nesse gerenciamento, há uma vertente de natureza técnica, personificada por um "diretor" de produção de mídias, por exemplo, e uma vertente de natureza gerencial, assumida por um gestor que coordena o trabalho dos especialistas e assegura o alinhamento institucional, bem como o cumprimento de cronogramas, orçamentos e indicadores de qualidade.

Dependendo do porte e da natureza da instituição, esses papéis são assumidos por um único ou por vários profissionais, com o ônus e o bônus correspondentes a essa divisão ou integração de tarefas.

Modelos de produção pós-industrial

Se avaliarmos as mudanças ocorridas nas áreas de comunicação, computação e informática nas últimas décadas, perceberemos que o processo de produção industrial adotado com sucesso por universidades a distância de grande porte a partir da década de 1970, e consolidado entre produtores de conteúdo, já não atende às exigências da sociedade, do mundo do trabalho e do consumo decorrentes de avanços no campo tecnológico, midiático e gerencial.

Assim, embora algumas iniciativas de produção de conteúdos baseadas nos modelos industriais ainda careçam de profissionalismo – ou seja, não esgotamos todo o seu potencial –, esse processo já não dá conta de todas as possibilidades de produção de conteúdos nos dias de hoje.

Por isso, precisamos pensar em dois conceitos complementares – a neo e a pós-industrialização – e a partir deles compreender novos modelos de produção pós-industrial.

Peters[10] define a **neoindustrialização** como uma adaptação do método industrial focada em mudanças decorrentes da demanda social por bens e serviços. Priorizam-se a inovação constante e a variação de produtos, bem como uma elevada variabilidade de processos.

Já a **pós-industrialização** apoia-se em uma série de princípios: a divisão de trabalho é eliminada; buscam-se a descentralização e a redução da produção em massa e dos estoques; os bens são produzidos e entregues *just in time* e *on demand*; os trabalhadores precisam ser flexíveis e versáteis; a hierarquia organizacional é nivelada.

É interessante notar que a pós e a neoindustrialização não são conceitos excludentes. De fato, na prática, ainda que haja um enfoque maior em um ou em outro, esses conceitos tendem a ser aplicados de forma sobreposta no intuito de atender às necessidades específicas de um crescente e cada vez mais diversificado número de segmentos. Por isso adotamos apenas o termo pós-industrial para abarcar todos esses processos.

Nos **modelos de produção pós-industrial**, os processos essenciais de análise, design e desenvolvimento muitas vezes se mesclam à implementação, da mesma forma que a avaliação é muito mais processual do que somativa. Os processos de armazenamento tornam-se

[10] PETERS, 2001.

quase tão essenciais quanto os demais, à medida que os usuários utilizam e alimentam constantemente os repositórios com artefatos prontos, versões e adaptações, ao passo que os dossiês guardam informações sobre a atuação dos participantes na produção e utilização dos conteúdos.

Como representantes dos modelos pós-industriais, destacamos o *Rapid Instructional Design* (RID), as soluções customizadas, a produção compartilhada e o *crowdsourcing*.

Rapid Instructional Design

O *Rapid Instructional Design* (RID) é uma alternativa pós-industrial ao modelo descentralizado, abordado anteriormente, à medida que comporta mecanismos de produção artesanal ou semiprofissional para aceleração dos processos desenvolvidos dentro de uma organização.

A instituição disponibiliza ferramentas básicas como softwares e bancos de imagens, além de gabaritos e procedimentos padronizados para criação de conteúdos, atividades de aprendizagem e *feedbacks*. Ainda assim, admite certa personalização, ao manter o controle do produto final nas mãos do professor ou especialista em conteúdo.

O RID é concebido a partir da premissa de que, embora seja fundamental, o processo clássico de produção de conteúdos, calcado no design instrucional fixo, consome tempo demais. Por essa razão, propõe a utilização de técnicas e ferramentas alternativas para tornar o processo mais eficiente. Entre elas, incluem-se uma variedade de checklists (listas de verificação), dicas e atalhos de como criar melhor e mais rapidamente conteúdos educacionais.

A aplicação do RID implica grande atenção ao aproveitamento do tempo para levantar respostas rápidas a necessidades emergenciais. Nesse sentido, é comum a adoção de estratégias com baixo nível de formalização; digitalização de todas as etapas de produção; acentuada modularização; aproveitamento de materiais existentes, inclusive não instrucionais, e reduzida contextualização cultural.

No Capítulo 7, *Design instrucional*, apresentamos uma revisão dos modelos fixo, aberto e contextualizado de design instrucional aplicados à produção de conteúdos.

O RID enfatiza a construção de conteúdos e produtos (design instrucional fixo), mas busca flexibilizar o processo de produção, atribuindo ao professor/especialista em conteúdo tarefas da fase de desenvolvimento que costumeiramente são realizadas por uma equipe especializada em mídias.

Em geral, os produtos resultantes do RID são materiais no formato de sequência de slides, de curta duração, acompanhados de locução gravada pelo próprio professor, em uma espécie de produção "semiprofissional".

O RID é eficaz para necessidades de aprendizagem "rápidas", em que os conteúdos são voláteis (por exemplo, em ações de treinamento voltadas a preparar funcionários para o lançamento de produtos ou para a adoção de uma nova legislação) e quando a pressão por resultados é maior que a preocupação com o processo (como no caso da implementação de novos sistemas de informação, que se tornam obsoletos em curto período de tempo).

Entretanto, é preciso observar que esse modelo pode ressentir-se da falta de planejamento estratégico, da ausência de documentação ou de uma atuação pouco integrada ao projeto político-pedagógico maior da instituição. Ainda assim, o RID é uma opção para fazer bom uso das ferramentas de autoria de conteúdos educacionais a um custo relativamente baixo, com possibilidade de visualizar resultados no curto prazo.

Soluções customizadas

As **soluções customizadas** visam a responder a demandas educacionais ainda não mapeadas. Em geral, envolvem produtos e serviços modulares, de curta duração e mais flexíveis, que podem ser, de um lado, alterados, renovados ou atualizados rapidamente e, de outro, distribuídos isoladamente ou em blocos variáveis.

Nesse modelo, as tecnologias desempenham uma função crucial, possibilitando a catalogação, o armazenamento e a busca por objetos digitais, bem como a programação padronizada de modo a permitir empacotamento, monitoramento e reutilização dos conteúdos em si, além da personalização de percursos e trilhas de aprendizagem.

> O leitor encontra no Capítulo 4, *Dimensão tecnológica*, mais informações sobre os padrões tecnológicos mencionados anteriormente.

Produção compartilhada

A **produção compartilhada** parte do pressuposto de que, em uma ação de aprendizagem, os estudantes são mais do que meros consumidores de conhecimentos produzidos por especialistas. São também, e principalmente, produtores ativos de conteúdos repletos de significado individual e coletivo. Nesse sentido, eles têm capacidade de criar os próprios materiais didáticos, beneficiando-se tanto do processo de criação quanto dos produtos finais resultantes.

Isso significa que os resultados que os alunos geram ao realizar atividades de aprendizagem – como projetos desenvolvidos em grupo, discussões realizadas em fóruns, documentos gerados coletivamente etc. – ganham validação institucional, transformando-se, então, em conteúdos para novas situações didáticas.

Variações desse modelo de produção compartilhada incluem atribuir aos alunos o papel de designers que encomendam e acompanham a produção de soluções profissionais conforme objetivos educacionais predefinidos.

Crowdsourcing

O termo ***crowdsourcing***, composto pela junção de *crowd* ("multidão") e *sourcing* (fonte ou, como bastante empregado no mundo dos negócios, "terceirização"), descreve o processo de criar ou obter conteúdos, soluções e produtos por meio de plataformas de cooperação online.

Esse é um formato ainda mais descentralizado, pois extrapola os limites organizacionais e pode ter alcance global. Faz uso da colaboração em massa, permitindo que cada participante – não necessariamente apenas educadores e alunos – adicione, de modo voluntário ou mediante algum tipo de recompensa, uma pequena contribuição ao processo.

Gera-se, assim, por meio de práticas horizontais de relacionamento e fluxos de informação multidirecionais, um resultado único, com maior diversidade e rapidez, e em muitos casos a um custo menor do que permitem os modelos de produção convencionais.

Gestão de projetos

Diante de tantas possibilidades, concordamos com Tony Bates[11] ao avaliar a **gestão de projetos** como metodologia bastante útil para organizar as atividades desenvolvidas nos diferentes modelos de produção de conteúdos educacionais.

Isso porque ela nos permite lidar com variáveis tão distintas quanto gestão de pessoas, recursos financeiros, tempo, qualidade, comunicação, contratos, direitos autorais, riscos etc.

Cabe-nos esclarecer aqui que a gestão de projetos tem sido bastante empregada em modelos industriais de grande porte, que envolvem desafios inéditos, equipes multidisciplinares e datas de início e fim bem determinadas. Nos projetos altamente profissionalizados, um gestor especializado ou mesmo certificado é quem assume a liderança; e não é raro encontrar escritórios de projetos que atendem de forma matricial a diferentes departamentos ou unidades de negócio.

Nos modelos de produção descentralizada e docência online, baseados em processos artesanais, geralmente o professor é o único responsável por seu projeto, mas ele pode beneficiar-se de algumas práticas da gestão de projetos, como aquelas relacionadas à documentação ou à integração entre as variáveis, para aprimorar as próprias rotinas de trabalho.

Nos modelos pós-industriais, também há potencial de aderência, uma vez que a gestão de projetos, ao propiciar uma perspectiva multidimensional das atividades a serem realizadas, possibilita também a formação de um quadro geral dos processos, o que poupa tempo (RID), permite maior modularização (soluções customizadas), mantém o alinhamento ao escopo (produção compartilhada) e orienta a integração entre as partes (*crowdsourcing*).

Anthony W. (Tony) Bates

É um dos mais respeitados escritores e consultores na área de educação a distância em nível mundial. Fundador da *Open University* do Reino Unido, foi, durante muitos anos, diretor de Ensino de Tecnologia a Distância da *British Columbia University*, em Vancouver, Canadá. Embora bastante citado em obras brasileiras, não encontramos tradução para o português de suas muitas publicações, entre as quais se destacam *Technology, e-learning and distance education* (2005) e *Cómo gestionar el cambio tecnológico* (2001).

Para explorar todas essas áreas no âmbito dos conteúdos educacionais, dedicamos a segunda parte do livro à gestão da produção: o Capítulo 6 explora a gestão de projetos; o Capítulo 7 aborda a metodologia de design instrucional; e o Capítulo 8 disponibiliza um Plano de Projeto que o leitor poderá utilizar em seu contexto de produção.

[11] BATES, A. W. *Cómo gestionar el cambio tecnológico:* estrategias para los responsables de centros universitarios. Barcelona: Gedisa, 2001.

O design instrucional é o foco principal do Capítulo 7, no qual exploramos uma visão multidimensional que vê o DI como teoria, processo e produto.

Combinada à metodologia de design instrucional, a gestão de projetos ajuda a assegurar que todos os recursos sejam utilizados de maneira efetiva e que todos os envolvidos contribuam com suas competências e seus conhecimentos específicos.

•• PARA CONCLUIR

Compreender a dimensão organizacional da produção de conteúdos alavanca muitas outras compreensões, tendo em vista que essa dimensão tem um teor pragmático que nos ajuda a organizar realidades, prioridades e possibilidades.

É comum ouvirmos críticas ardorosas direcionadas a um ou outro modelo de produção, muitas vezes advindas de setores que se consideram os únicos capazes de oferecer conteúdos educacionais de qualidade.

Alguns atacam veemente a divisão e a especialização de papéis, ou a separação entre concepção (processos de análise, design e desenvolvimento) e execução (processo de implementação), como se refletissem exclusivamente um modelo de educação fordista e massificada. No extremo oposto, alguns clamam pela adoção de práticas mais modernas de gestão que racionalizem a produção, assegurem a profissionalização dos processos e garantam a efetividade em custos, visando a aumentar a capacidade de atendimento a demandas crescentes e urgentes por educação.

Teses e antíteses à parte, o fato é que atravessamos um período de tremendas definições e redefinições, no qual estão sendo construídos novos arranjos organizacionais para fazer frente às transformações sociais, políticas, tecnológicas e econômicas atuais. E, surpreendentemente, o futuro acena com uma multiplicidade de modelos e soluções, em lugar de uma política ou estratégia única que sirva para todos em todo o tempo e todo lugar.

Esse panorama em ebulição e transformação torna ainda mais desafiador produzir conteúdos educacionais – e não restam dúvidas de que precisamos analisar a teoria e a experiência acumuladas até agora para que possamos enfrentar esse desafio.

•• REFERÊNCIAS

BATES, A. W. *Cómo gestionar el cambio tecnológico:* estrategias para los responsables de centros universitarios. Barcelona: Gedisa, 2001.

__________. *Technology, e-learning and distance education*. London: Routledge, 2005.

FILATRO, A. *Design instrucional contextualizado.* São Paulo: Senac, 2004.

KOPER, R. Learning technologies in elearning: an integrated domain model. In: JOCHEMS, J.;

VAN MERRIENBOER, J. J. G.; KOPER, R. (eds.). *Integrated e-learning*: implications for pedagogy, technology and organization. London: Kogan Page, 2003.

MOORE, M. G.; KEARSLEY, G. *Educação a distância*: uma visão integrada. São Paulo: Thomson Learning, 2007.

PETERS, O. *Duas mudanças estruturais na educação a distância:* industrialização e digitalização. Aula magistral ministrada na Universidade do Vale do Rio Sinos. São Leopoldo: UNISINOS, 2001.

PISKURICH, G. M. *Rapid Instructional Design:* learning ID fast and right. San Francisco: Pfeiffer, 2006.

ROMISZOWSKI, A. J.; ROMISZOWSKI, H. Retrospectiva e perspectivas do design instrucional e educação a distância: análise da literatura. *Revista Brasileira de Aprendizagem Aberta e a Distância*, v. 3, n. 1, 2005.

TRACTENBERG, L. Seis competências essenciais da docência online independente. *XIII Congresso Internacional de Educação a Distância*. Curitiba: Abed, 2007.

TURRA, C. M. G. et al. *Planejamento de ensino e avaliação*. Porto Alegre: Sagra, 1995.

WAAL, P. de; MARCUSSO, N.; TELLES, M. *Tecnologia e aprendizagem:* tópicos de integração. V. I. Bases para a integração da tecnologia com a pedagogia. Coleção "Tecnologia e Educação". PRAXIS – Comunidade de Prática de Tecnologia em Educação, s/d.

Parte II

Gestão da produção

Nos últimos tempos, a produção de conteúdos educacionais vem se tornando cada vez mais complexa. Se até bem pouco tempo atrás conteúdos educacionais correspondiam apenas a materiais impressos, hoje as possibilidades são inúmeras: livros digitais, apresentações multimídia, jogos, objetos de aprendizagem e narrativas transmídia, para citar apenas algumas alternativas.

O universo de opções é praticamente ilimitado, considerando as diversas configurações que podem ser feitas. Além disso, os públicos são cada vez maiores e variados, e os arranjos de mercado, cada vez mais complexos, com novos *players*, competição acirrada entre instituições, alianças estratégicas, fusões, terceirizações etc. Por tudo isso, não é mais possível iniciar a produção de conteúdos educacionais sem, antes, pensar nos vários aspectos que precisam ser coordenados.

Se o educador é o único à frente de um projeto – como ocorre no caso dos modelos de produção artesanais –, tudo está implícito e é tratado de forma menos ou mais intuitiva, dependendo dos seus conhecimentos e da sua experiência em gestão. Se, porém, a produção for levada adiante por uma equipe, torna-se imprescindível desenvolver uma visão integrada do que está acontecendo. Só assim é possível entender e participar de uma série de decisões cujo impacto se estende sobre prazos, custos e, evidentemente, qualidade.

Nesse desafio, podemos contar com duas áreas especializadas e inter-relacionadas: no campo da administração, a metodologia de gestão de projetos; e no campo da educação, a metodologia de design instrucional.

O Quadro P.II mostra as possibilidades de integração entre os processos e as atividades da gestão de projeto e do design instrucional que vamos explorar mais detidamente nos capítulos a seguir.

•• **Quadro P.II** Comparativo entre processos e atividades da gestão de projetos e do design instrucional

<table>
<tr><th colspan="2">Gestão de projetos</th><th colspan="2">Design instrucional</th></tr>
<tr><th>Fases do processo</th><th>Atividades</th><th>Fases do processo</th><th>Atividades</th></tr>
<tr><td>Iniciação</td><td>Termo de referência ou de abertura</td><td rowspan="3">Análise</td><td rowspan="3">Análise contextual</td></tr>
<tr><td rowspan="3">Planejamento</td><td>Declaração de escopo</td></tr>
<tr><td>Elaboração do cronograma</td></tr>
<tr><td>Elaboração do orçamento</td><td>Design</td><td>Planejamento educacional</td></tr>
<tr><td rowspan="4">Execução e controle</td><td>Monitoramento e controle</td><td rowspan="3">Desenvolvimento</td><td>Autoria</td></tr>
<tr><td rowspan="3">Gestão de mudanças</td><td>Roteirização</td></tr>
<tr><td rowspan="2">Produção de mídias</td></tr>
<tr><td>Implementação</td></tr>
<tr><td>Encerramento</td><td>Prestação de contas
Documentação de lições aprendidas</td><td>Avaliação</td><td>Avaliação da qualidade</td></tr>
</table>

Fonte: Elaborado pelas autoras.

Devemos observar que um alinhamento mais estreito desses grupos de processos e atividades depende de cada contexto no qual se produzirão os conteúdos educacionais. De forma mais específica, o Capítulo 6 aborda a definição de projeto, seu ciclo de vida e as áreas de conhecimento que refletem boas práticas na gestão de projetos em geral. O Capítulo 7 leva a discussão para o âmbito da produção de conteúdos, estreitando o foco para a compreensão da teoria, do processo e do produto do design instrucional.

Por fim, o Capítulo 8 oferece ao leitor uma síntese dessas duas abordagens e ferramentas úteis para elaborar um Plano do Projeto que articule escopo, prazos e custos, integrando as demais áreas de conhecimento relacionadas. É importante salientar que não pretendemos esgotar a exploração desses extensos e sofisticados campos de especialização. Tanto a gestão de projetos quanto o design instrucional merecem, por si sós, livros, cursos e estudos dedicados. Nosso objetivo aqui é apreender seus fundamentos a fim de aclarar o instigante desafio de produzir conteúdos educacionais na contemporaneidade.

Capítulo 6

GESTÃO DE PROJETOS

Introdução

A produção de conteúdos educacionais envolve mais do que apenas escrever textos ou produzir mídias. A veracidade tecnocientífica, a efetividade pedagógica, a clareza comunicacional e a adequação tecnológica não são os únicos aspectos que importam em projetos instrucionais. Questões como a eficiência e a capacidade de gerenciar pessoas, prazos e custos são igualmente importantes.

Isso porque desenvolver soluções educacionais geralmente custa mais caro e leva mais tempo do que as pessoas costumam imaginar, principalmente quando para isso são mobilizadas competências de uma equipe especializada. Algum grau de articulação dessas várias competências é necessário para assegurar que um projeto seja concluído com qualidade, dentro dos prazos e do orçamento previsto.

A boa notícia é que a sistematização proporcionada pela metodologia de gestão de projetos possibilita uma visão, ao mesmo tempo, ampla e detalhada do trabalho. E, combinada à metodologia de design instrucional, mostra-se um bom apoio tanto para o planejamento quanto para o acompanhamento de projetos.

Em muitos casos, os especialistas em gestão e/ou os designers instrucionais podem apropriar-se dessa metodologia por meio da consulta a livros, artigos e guias, ou por meio de cursos com variadas intensidades e durações. Projetos de grande porte, contudo, exigem do gestor de projeto certificação emitida por agências reconhecidas.

Na verdade, parece haver uma correlação direta entre o tamanho de uma organização e seu nível de maturidade na aplicação da gestão de projetos. Organizações de médio a grande porte tendem a lançar mão de metodologias de gestão mais estruturadas e a contar com gestores dedicados.

Acreditamos que, de maneira menos ou mais formal, a gestão de projetos pode subsidiar o planejamento e o posterior acompanhamento de projetos instrucionais. Sabemos que é impossível desvendar, em um único capítulo, todo o potencial dessa complexa área da administração. No entanto, temos segurança de que o conhecimento de seus processos e suas áreas de conhecimento pode elevar a produção de conteúdos educacionais a um novo patamar.

Visão geral de projetos

Em educação, o termo "projeto" tem sido aplicado de várias maneiras: como abordagem da "aprendizagem baseada em projetos", como estratégia de aprendizagem ("projeto didático") e ainda para designar o documento que trata da organização do trabalho pedagógico em uma instituição de ensino ("projeto pedagógico" ou "projeto político-pedagógico").

Neste capítulo, precisamos entender o que significa **projeto** na dimensão organizacional:

- É um empreendimento temporário, com datas estabelecidas para início e término.
- Tem o objetivo claro de dar origem a um produto ou serviço único.
- Conta com restrições preestabelecidas de tempo e dinheiro.
- Consiste em um conjunto de atividades coordenadas normalmente realizadas por especialistas de diferentes áreas de conhecimento ou prática.
- Busca a concretização da qualidade requerida.

Podemos dizer que um projeto de produção de conteúdos educacionais é um empreendimento com objetivos bem definidos, em função de demandas educacionais de um sistema ou de um grupo de pessoas, com a finalidade de planejar e coordenar atividades voltadas a autoria, design e desenvolvimento de conteúdos educacionais em diferentes níveis e contextos.

Tanto a metodologia de gestão de projetos (GP) quando o design instrucional (DI) buscam concretizar ideias por meio de uma metodologia testada e compartilhada, como mostra a Figura 6.1.

•• **FIGURA 6.1** GP e DI como metodologia para concretizar ideias/demandas em produtos/conteúdos

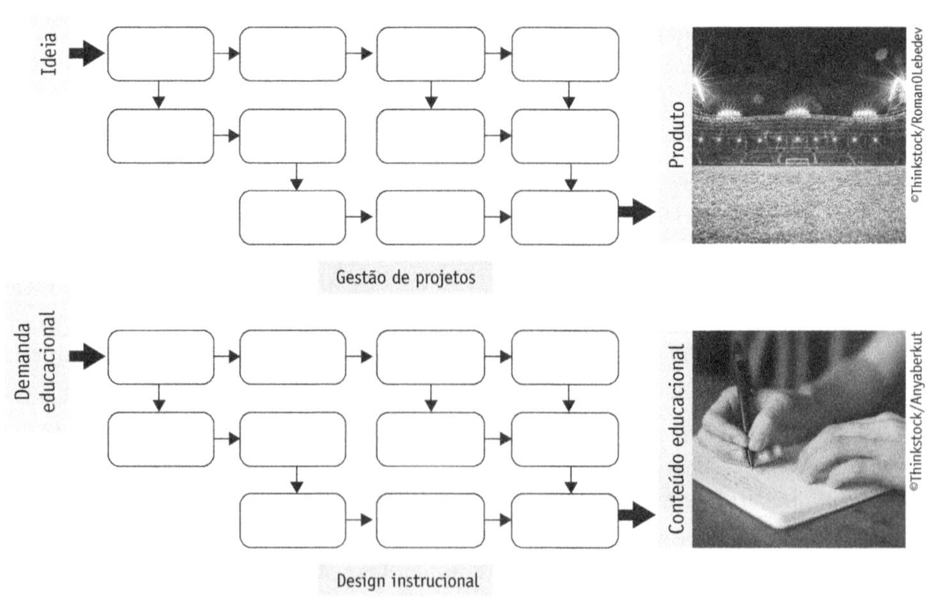

Fonte: Elaborada pelas autoras.

Sabemos que a solução para uma demanda ou necessidade de aprendizagem não se resume à entrega de conteúdos (produtos), mas estes, sem dúvida, são uma parte importante da solução educacional. Assim, é necessário fazer aqui uma distinção entre processo, produto e projeto:

- Um **processo educacional** é um conjunto de estratégias empregadas para apoiar a aprendizagem de uma pessoa, um grupo ou um sistema usando para isso uma série de recursos humanos, materiais e virtuais – não termina nunca.
- Um **produto educacional** é um pacote discreto, concreto e observável, obtido como resultado de um projeto. Nesta definição, entram os conteúdos educacionais que são o foco deste livro.
- Um **projeto educacional** (ou um **projeto instrucional**, como categoriza a Classificação Brasileira de Ocupações, nomenclatura que adotamos neste capítulo) é uma iniciativa para criar, desenvolver e entregar um produto educacional – tem início, meio e fim.

Como veremos a seguir, a gestão de projetos é uma metodologia sistematizada para planejar e monitorar um esforço de trabalho, gerenciar as interações entre pessoas e equipes envolvidas, estimar e alocar custos, prazos e recursos materiais e financeiros, além de avaliar e reportar resultados.

O design instrucional, por sua vez, está voltado para o produto em si: a abordagem pedagógica adotada, o público-alvo a ser atingido, os objetivos de aprendizagem a serem perseguidos, a organização e estrutura dos tópicos abordados, o suporte midiático utilizado e a tecnologia de acesso selecionada, e a articulação necessária a um planejamento educacional mais amplo.

Vejamos a seguir como a gestão de projetos pode contribuir para a produção de conteúdos educacionais.

Metodologia de gestão de projetos

Embora administrar projetos seja prática humana desde os tempos mais remotos, como na construção das grandes pirâmides egípcias, por exemplo, a **metodologia de gestão de projetos** se constituiu como corpo de conhecimentos reconhecido a partir da criação do *Project Management Institute* (PMI), em 1969. Para alguns, tornou-se uma das competências imprescindíveis para sobreviver no século XXI.

Engana-se quem limita sua aplicação a grandes empreendimentos empresariais, com fins claramente lucrativos. Hoje a gestão de projetos se aplica de modo amplo a projetos de desenvolvimento de software, mas também e cada vez mais a projetos governamentais, do terceiro setor, de caráter humanitário e até à pesquisa acadêmica.

Tal é sua abrangência que a *International Organization for Standardization* (ISO 10006:1997) define a gestão de projetos como "aplicação de conhecimentos, habilidades e técnicas na elaboração de atividades relacionadas para atingir um conjunto de objetivos predefinidos".

De forma bem resumida, a gestão de projetos envolve: delimitar o escopo (alcance e foco) do trabalho, determinar quais recursos serão necessários, alocar esses recursos e, então, acompanhar a conclusão das tarefas exigidas e das áreas envolvidas, antecipando possíveis problemas de modo que seja possível agir antes que eles aconteçam – e, se ocorrerem, resolvê-los antes que comprometam os resultados finais.

Em outras palavras, um projeto possui muitas frentes, o que suscita incertezas e ambiguidades. É nesse ponto que visualizamos a importância da gestão de projetos: ela é essencial para sincronizar e integrar todas as frentes do projeto, reduzindo a possibilidade de erros e, em última instância, garantindo sua plena conclusão.

> O PMBOK é um modelo organizado e comercializado pelo *Project Management Institute* (PMI). Caso o leitor queira aprofundar-se nessa abordagem, pode encontrar uma série de informações no *Guia PMBOK*, que o PMI atualiza regularmente.

Como disciplina, a gestão de projetos organizou conceitos, técnicas e práticas mais importantes em documentos, guias e certificações. O *Project Management Body of Knowledge* (**PMBOK**)– algo como "conjunto de conhecimento da gestão de projetos" – é considerado por muitos a pedra angular no que diz respeito à teoria e à prática da gestão de projetos. É a metodologia à qual nos referimos em alguns pontos deste capítulo, combinada a recomendações da literatura própria para a gestão de projetos instrucionais.

Embora o PMBOK seja um modelo amplamente utilizado, em especial por sua capacidade de se adaptar a diversos contextos, outros modelos reconhecidos pelo mercado podem ser citados: o *Ziel Orientierte Projekt Planung* (ZOPP) ou Planejamento de Projetos Orientado para Objetivos, adotado pela Sociedade Alemã de Cooperação Técnica; e o *Results Based Management* (RBM) ou Gestão de Projetos com Base em Resultados, da Agência Canadense para o Desenvolvimento Internacional (ACDI/CIDA).

> **Os modelos de produção de conteúdos, incluindo o Rapid Instructional Design, são discutidos no Capítulo 5, *Dimensão organizacional*.**

Um método ágil de gerenciamento de projetos é o ***Scrum*** (termo em inglês que se refere ao alinhamento dos jogadores no futebol americano). Concebido originalmente para a indústria de software, adapta-se bem aos modelos de produção pós-instrucional, como o *Rapid Instrucional Design*. Caracteriza-se por uma série constante de entregas intermediárias constantes e reuniões diárias com a equipe sobre o status do projeto, além de reuniões frequentes com as partes interessadas para aumentar o engajamento.

Para fins didáticos, o PMBOK nos inspira a desenvolver uma visão panorâmica da GP, particularmente com as fases de iniciação, planejamento, execução, controle e encerramento compondo o ciclo de vida do projeto e as áreas de conhecimento que as permeiam.

Ciclo de vida do projeto

O **ciclo de vida do projeto** define o início e o fim deste, bem como uma sequência lógica de fases intermediárias, criada para assegurar a qualidade do produto final. Cada fase é marcada pela conclusão de subprodutos. Um subproduto (também conhecido como "entregável", do inglês *deliverable*) é um resultado verificável e tangível daquela fase.

Há várias maneiras de organizar as fases do ciclo de vida de um projeto. Tipicamente, as fases adotam nomes relacionados aos subprodutos entregues. E, em geral, o subproduto de uma fase precisa ser aprovado antes do início da fase seguinte.

Por mais variadas que sejam, as fases costumeiramente se agrupam em:

- **Iniciação:** surge uma ideia a partir da identificação de uma demanda, pela encomenda direta de um "cliente" interno ou externo, por uma inovação tecnológica ou em cumprimento ao planejamento estratégico da instituição. A partir daí, obtém-se o comprometimento da instituição para dar início ao projeto por meio de um termo de referência ou de abertura, que atribui a um responsável (geralmente designado **gestor do projeto**) a autoridade para aplicar os recursos a fim de atender a determinado objetivo identificado.
- **Planejamento:** de fundamental importância, inclui no mínimo o planejamento do escopo do projeto, das atividades a serem realizadas, dos prazos e dos custos, tudo isso integrado em um Plano do Projeto. Opcionalmente é feito também o planejamento da qualidade, da equipe, das comunicações, das aquisições e dos riscos.
- **Execução:** aqui se coloca em prática tudo o que foi planejado. O Plano do Projeto é executado, e a maior parte dos esforços e dos recursos orçamentários previstos é consumida nesta fase.
- **Controle:** o desempenho é monitorado e avaliado regularmente para identificar variações em relação ao que foi planejado. Identificados desvios, realizam-se ajustes por meio da repetição de processos de planejamento e do controle das mudanças.
- **Encerramento:** a execução das atividades é avaliada por uma auditoria interna ou externa, com a devida prestação de contas por meio de relatórios e balanços, bem como a compilação de lições aprendidas para uso na gestão de projetos futuros; ocorre a homologação do produto (quando requerida) e, por fim, a equipe e os demais recursos são desmobilizados.

Sem dúvida, há muito trabalho envolvido do início ao encerramento de um projeto até que seja completado. A Figura 6.2 representa graficamente como essas fases se distribuem ao longo do ciclo de vida projeto.

•• **FIGURA 6.2** O ciclo de vida do projeto

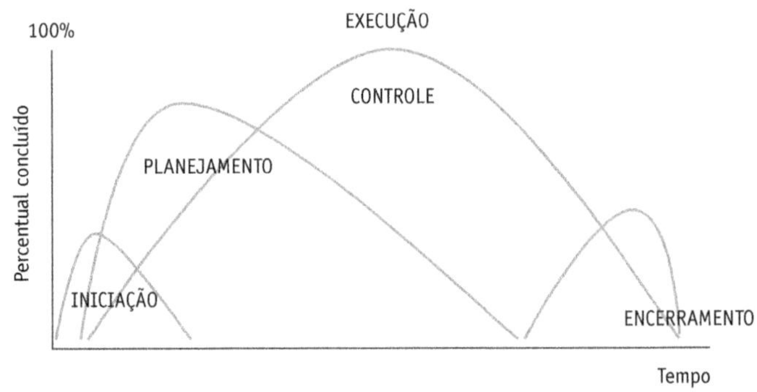

Fonte: Adaptada de Project Management Institute. *A Guide to the Project Management Body of Knowledge (PMBOK® Guide)*. 5. ed. Pennsylvania: PMI, 2013.

Observemos que essas fases podem ser aplicadas a projetos de diferentes naturezas (comercial, industrial, tecnológica, educacional, de serviços, de eventos), porque fornecem uma espécie de arcabouço para lidar com aspectos gerenciais de qualquer projeto.

Elas também articulam práticas internas do projeto com áreas ou departamentos da instituição e outras partes interessadas, que, embora não estejam diretamente envolvidos na execução das atividades, têm algum tipo de influência no seu desenvolvimento.

Uma das principais contribuições da metodologia de gestão de projetos está em sua perspectiva interdisciplinar. Olhar o projeto sob diferentes prismas (ou áreas de conhecimento) possibilita-nos, assim, compreender e gerenciar as diferentes práticas que se desenrolam durante o ciclo de vida de um projeto.

As áreas de conhecimento da gestão de projetos

O PMBOK traz um modelo de gestão de projetos estruturado sobre dez áreas de conhecimento: 1) escopo, 2) tempo e 3) custos (essas três formam o chamado "triângulo de prioridades da gestão de projetos"), mais 4) qualidade, 5) recursos humanos, 6) partes interessadas, 7) comunicação, 8) riscos, 9) aquisições e 10) integração – como mostramos na Figura 6.3.

Cada uma dessas áreas é detalhada nas seções subsequentes, tendo em vista o planejamento e o gerenciamento do projeto.

Falamos mais detidamente sobre o triângulo de prioridades da gestão de projetos no Capítulo 8, *O Plano do Projeto*.

•• **FIGURA 6.3** As dez áreas de conhecimento da gestão de projetos, com destaque para o triângulo de prioridades

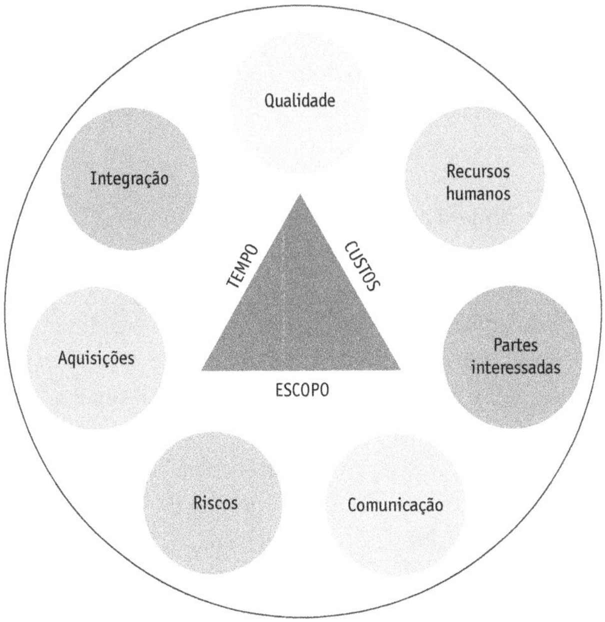

Fonte: Elaborada pelas autoras.

Gestão do escopo

Como já observado, uma das principais contribuições da GP é a delimitação do **escopo** do trabalho, ou seja, delimitar o foco, o alcance e o ponto exato até o qual os esforços chegarão. Aponta-se o que o projeto deve ou *não* contemplar, circunscrevendo sua abrangência desde o início, com o termo de referência ou de abertura.

Para definir o escopo de um projeto instrucional, respondemos à pergunta: quais produtos serão entregues (e eventualmente quais *não* serão)? E mais: quais as características gerais desse produto (por exemplo, formato, tamanho em páginas/telas ou carga horária correspondente, materiais complementares)?

A partir dessa definição, podemos estimar os profissionais necessários à sua produção, as atividades desempenhadas por esses profissionais, o tempo dedicado a cada atividade e, por fim, os custos de realização.

À medida que o projeto se desenrola, é necessário certificar-se de que o escopo está sendo mantido, ou seja, de que não se está indo além ou ficando aquém do que foi previamente estabelecido.

Dessa forma, evitam-se alterações constantes que poderiam inviabilizar a conclusão do projeto. Ou, alternativamente, o gerenciamento do escopo

No Capítulo 8, *O Plano do Projeto*, aprofundamos a definição de escopo para um projeto instrucional.

permite a renegociação do que foi firmado de início, calculando-se o impacto dessa mudança sobre as demais variáveis do projeto, como custos e prazos.

Gestão do tempo

O **tempo** é um fator crucial na gestão do projeto, tendo em vista que uma das principais características de um projeto é ter um início e um fim determinados. Há dois aspectos a considerar em termos de gestão do tempo:

1) Horas alocadas ao projeto pelos membros da equipe.
2) Tempo linear, ou seja, distribuição das horas alocadas em um cronograma.

Uma das funções do responsável pela gestão do projeto é estimar as horas de dedicação de cada profissional e, então, distribuí-las em uma linha do tempo, considerando as atividades que podem ser realizadas em paralelo umas às outras e aquelas que necessariamente são desempenhadas em sequência temporal.

Um dos melhores recursos de gestão do tempo são os cronogramas. Criá-los e compartilhá-los ajuda não apenas no acompanhamento dos prazos, mas também na sincronização das tarefas, na previsão de possíveis atrasos e na busca antecipada de soluções. Além disso, os cronogramas oferecem a todos os envolvidos uma visão geral do fluxo de trabalho e contribuem para aumentar o senso de responsabilidade de cada profissional envolvido.

No Capítulo 8, *O Plano do Projeto*, tratamos mais detidamente da estimativa de prazos para um projeto instrucional.

Gestão dos custos

Os **custos** representam outro fator essencial em um projeto. Se o orçamento estourar, o projeto pode atrasar ou mesmo ser interrompido. Entretanto, ao contrário do que se pode imaginar, se sobrarem muitos recursos financeiros destinados a um projeto, essa será uma demonstração de que o planejamento não foi benfeito, uma vez que esses mesmos recursos poderiam ter sido alocados para outra necessidade.

No início de um projeto, são levantadas diversas estimativas, como o cálculo de horas de dedicação dos profissionais a cada atividade multiplicada pelo seu custo/hora, além de outras despesas necessárias, como recursos materiais e despesas com serviços.

No Capítulo 8, *O Plano do Projeto*, o leitor encontra um modelo de orçamento para estimar e controlar custos de um projeto instrucional.

Em geral, todos esses custos são registrados em um orçamento que, uma vez aprovado, é monitorado a fim de assegurar que o projeto será concluído dentro do previsto.

Gestão da qualidade

Às vezes, temos a noção errada de que a qualidade está relacionada a algo intangível formado por componentes nobres e especiais. Na verdade, a **qualidade** diz respeito a atingir aquilo que se buscava em dois aspectos – no resultado final atingido e nos processos realizados para alcançá-lo. Isso quer dizer que, se o resultado final do projeto for atingido, mas, para isso, forem consumidos muito mais recursos e tempo do que o previsto, podemos dizer que a qualidade foi alcançada em parte. Da mesma maneira, se forem consumidos os recursos e o tempo estimados, mas o resultado final não for o inicialmente estabelecido, a qualidade do projeto está comprometida.

Na gestão de projetos, planejar a qualidade consiste em estabelecer um conjunto de padrões (ou especificações) para o produto, com base na análise de necessidades, e definir como eles serão satisfeitos.

A garantia da qualidade engloba atividades sistemáticas que visam assegurar a conformidade (medida de coincidência) entre a qualidade planejada e a qualidade do produto final em termos de adesão aos padrões estabelecidos.

No Capítulo 14, *Avaliação*, elencamos os critérios de qualidade para cada dimensão dos conteúdos educacionais produzidos.

A adoção de procedimentos padronizados, a adesão a padrões internacionais, a disponibilização de manuais e a qualificação das pessoas envolvidas compõem um sistema de qualidade que pode evitar a incidência de erros e defeitos durante o desenvolvimento do projeto.

Gestão dos recursos humanos

Um projeto instrucional pode ser desenvolvido por uma única pessoa (é o caso da docência independente), porém – em virtude de sua complexidade inerente, da incerteza quanto aos resultados finais e da necessidade de congregar diferentes competências, oriundas de diversos campos do saber – é mais comumente responsabilidade de toda uma equipe. Cada projeto é único, uma vez que não se baseia em operações regulares. Isso implica criar algum tipo de força-tarefa que atuará até sua conclusão.

A gestão de **recursos humanos** consiste em identificar e documentar as responsabilidades e relações entre os participantes da equipe, em selecionar interna ou externamente os profissionais que atuarão nas diferentes fases do ciclo e também em desenvolver as pessoas, não apenas individualmente, mas como equipe dedicada. Concluído o projeto, os recursos humanos envolvidos podem ser designados a outros projetos ou retornar ao seu departamento/atividades originais.

Gestão das partes interessadas

As **partes interessadas** (ou *stakeholders*) são todas as pessoas, organizações ou grupos que participam direta ou indiretamente de um projeto ou são por ele envolvidos ou afetados de alguma forma.

Além dos colaboradores diretos da equipe, de departamentos de apoio (jurídico, logística, tecnologia, segurança etc.) e da alta administração, as partes interessadas podem extrapolar os limites institucionais. Por exemplo, a encomenda do projeto pode ser feita por um cliente externo ou resultar de uma parceria com outras instituições.

E, sem dúvida, também são partes interessadas no projeto usuários, fornecedores, acionistas, organismos regulatórios, associações profissionais, representantes da comunidade, frequentadores do entorno, contribuintes e todos que de alguma forma influenciarem ou forem influenciados pelo projeto.

Faz parte do planejamento do projeto identificar as partes interessadas, seus interesses, seu envolvimento e seu impacto no êxito do projeto. Também é importante levantar estratégias de interação a fim de eliminar resistências e obter o maior engajamento possível durante a fase de execução.

Gestão da comunicação

De modo geral, a **comunicação** é um ponto nevrálgico na gestão de projetos, principalmente quando há muitos envolvidos. Para gerenciá-la, é preciso considerar os vários aspectos relacionados: geração, disseminação, registro e até descarte, em um fluxo que inclui todos os participantes do projeto, conforme suas atribuições e seus interesses.

O planejamento da gestão de comunicação determina a necessidade de informações para cada envolvido no projeto, como essa informação será disseminada e em que nível de detalhe. Aqui são definidos os tipos de eventos de comunicação (reuniões periódicas, e-mails, boletins etc.), a periodicidade de atualizações, os formatos de atas e relatórios, o ambiente para armazenamento das informações, os canais para distribuição e seleção de responsáveis pelos vários aspectos.

O gerenciamento da comunicação inclui não apenas a disponibilização das informações a tempo e a hora, mas também a coleta e a disseminação de informações referentes ao desempenho e à evolução do projeto, culminando com o relatório final dele.

Gestão dos riscos

Em virtude da complexidade que caracteriza os projetos, os **riscos** são inerentes à sua realização, ou seja, mesmo que se faça um bom planejamento, algumas coisas podem sair errado durante a execução do projeto.

Alguns riscos são controláveis, como o descumprimento do cronograma e o estouro do orçamento; outros, porém, são incontroláveis, como mudanças tecnológicas e alterações na legislação. Isso significa que é preciso monitorar não apenas o que está acontecendo internamente, mas também observar com atenção o contexto no qual o projeto está inserido.

O planejamento da gestão de riscos envolve em primeiro lugar identificar, qualificar e quantificar perigos e ameaças. Isso pode ser feito por meio de um *brainstorming* ("tempestade de ideias") com a equipe, o que, além de tudo, aumentará o comprometimento dela. O passo seguinte é planejar respostas para cada risco identificado: é possível evitar o risco? Atenuar seu impacto? Transferir para outros a responsabilidade? Ou só resta aceitar o risco e estruturar um plano de contingência para colocar em prática se necessário?

Reconhecer os riscos é apenas metade do desafio. A outra metade é lidar com eles. Prevenir adversidades e investir em planos que podem acabar não se concretizando consome tempo e dinheiro pelos quais nem sempre o cliente está disposto a pagar.

Gestão das aquisições

A **gestão das aquisições** – também conhecida como gestão de suprimentos ou de contratos – descreve os procedimentos necessários à obtenção dos produtos e serviços externos. Envolve desde aspectos mais objetivos, como o aluguel de uma sala e a compra de material de escritório, até pontos mais delicados, como a contratação de empresas especializadas e até de funcionários temporários.

No planejamento, identificam-se quais atividades podem ser mais bem realizadas externamente à equipe, definindo-se o que, como, quando e quanto será contratado. São fixadas as regras gerais para contratação e os critérios para avaliação de fornecedores.

O gerenciamento de aquisições acompanha o desempenho de fornecedores e sua conformidade aos padrões de qualidade firmados em contrato e provê a correspondente aceitação ou renegociação.

Gestão da integração

Uma vez que um projeto abrange diversas atividades realizadas por diferentes pessoas ou grupos, os processos tendem a ser descentralizados. Isso torna necessário costurar as partes envolvidas, de modo que se construa um todo uniforme. Ou seja, é necessário que a gestão planeje e execute a **integração** de todas as áreas durante o ciclo do projeto.

O planejamento da integração é registrado no Plano do Projeto, que articula o planejamento das diversas áreas.

A execução da integração consiste em tornar reais as interações planejadas entre os muitos fatores envolvidos no projeto. Cabe ao responsável pela gestão alocar, utilizar, ajustar e compartilhar recursos, tempo, tecnologia, ferramentas e competências profissionais. Isso pode incluir não apenas a disponibilização e o compartilhamento de recursos entre pessoas que trabalham em um único projeto, como também o uso compartilhado de recursos entre vários projetos conduzidos por diferentes equipes.

A gestão de projetos e o design instrucional

Talvez o leitor esteja questionando qual a razão de trazer à tona a metodologia de design instrucional neste ponto se a gestão de projetos parece suficiente para suportar praticamente todas as questões críticas de um projeto.

Bem, a gestão de projetos ocupa-se de maneira interdisciplinar com a dimensão organizacional (e se aplica a qualquer projeto), enquanto o design instrucional integra as outras quatro dimensões relacionadas à produção de conteúdos: tecnocientífica, pedagógica, comunicacional e tecnológica (e aplica-se apenas a projetos instrucionais, que, no nosso caso, resultam em produtos ou soluções como um livro impresso ou um objeto de aprendizagem, por exemplo).

Então, quando falamos em gestão de projetos instrucionais, o que estamos fazendo é demarcar o alcance e as limitações organizacionais de um projeto; e, quando falamos no design instrucional (que alguns traduzem por "projeto instrucional"), estamos referindo-nos ao alcance e às limitações da solução educacional em si.

Vamos traçar um paralelo com a decoração de uma casa. O projeto é "decorar uma casa". A gestão do projeto envolve definir o escopo (vamos apenas decorar, não vamos reformar a casa), os custos estimados, quanto tempo levará até a decoração estar concluída etc. No entanto, existe um projeto de decoração que reúne as questões técnicas e artísticas. Para o decorador começar a criar o projeto específico de decoração daquela casa, o projeto "decorar a casa" já precisaria estar aprovado, com um termo de abertura assinado, o escopo acordado entre as partes envolvidas e as atividades minimamente descritas.

> O design instrucional como teoria, processo e produto é discutido no Capítulo 7. Ali também retomamos a potencial interface entre design instrucional e gestão de projetos.

Dependendo do estilo de decoração escolhido, as atividades podem mudar. Por exemplo, se o estilo for o barroco, exigirá a contratação de artistas especializados nesse movimento artístico para desenvolver algumas obras ou demandará a aquisição de obras representativas em leilões especializados; se o estilo de decoração for mais casual, será necessário incluir uma ampla pesquisa de produtos e preços em grandes lojas e por aí vai.

O design instrucional lida com várias maneiras de atender a necessidades de aprendizagem, das mais pontuais àquelas que implicam formação de identidade e certificação profissional. E, sem considerar essa perspectiva, a gestão de projetos corre o risco de deixar de lado a essência de qualquer solução educacional.

•• PARA CONCLUIR

Tantos quantos são os modelos de produção, encontraremos metodologias de gestão, algumas bem características de grupos profissionais ou organizações específicas. E muitas têm surgido em decorrência de modelos de produção inovadores.

Nosso objetivo neste capítulo foi destacar para o leitor o papel da gestão na viabilização de projetos de produção de conteúdos. Esse destaque faz mais sentido quando é balanceado com as demais dimensões envolvidas.

Acreditamos que um Plano do Projeto bem estruturado e integrado ao processo de design instrucional é capaz de trazer esse equilíbrio no nível do produto desenvolvido e entregue.

•• REFERÊNCIAS

CHENG-CHANG, P. A symbiosis between instructional systems design and project management. *Canadian Journal of Learning and Technology*, v. 38, n. 1, p. 1-15, 2012.

DINSMORE, P. C.; CABANIS-BREWIN, J. *AMA: Manual de gerenciamento de projetos/ The AMA Handbook of Project Management*. Rio de Janeiro: Brasport, 2014.

FILATRO, A. *Design instrucional na prática*. São Paulo: Pearson, 2008.

GREER, M. *ID Project Management*: tools and techniques for instructional designers and developers. New Jersey: Educational Technology Publications, 1992.

MAXIMIANO, A. C. A. *Administração de projetos*: como transformar ideias em resultados. São Paulo: Atlas, 2002.

PROJECT MANAGEMENT INSTITUTE. *A Guide to the Project Management Body of Knowledge (PMBOK® Guide). 5 ed.* Pennsylvania: PMI, 2013.

RUSSELL, L. *Project management for trainers*. Alexandria: American Society for Training & Development, 2000.

SHACKELFORD, B. *Project managing e-learning*. Alexandria: American Society for Training & Development, 2002.

SMITH, P. L.; RAGAN, T. J. *Instructional design*. 3. ed. New Jersey: Willey Jossey-Bass Education, 2005.

VARGAS, R. *Manual prático do plano do projeto*. Rio de Janeiro: Brasport, 2003.

Capítulo 7

DESIGN INSTRUCIONAL

Introdução

Podemos dizer que toda prática educacional tem um design instrucional subjacente, considerando-se que sempre há uma ação intencional de responder, de alguma forma, a uma necessidade de aprendizagem. Esse também é (ou deveria ser) o objetivo de qualquer conteúdo educacional produzido.

Ensinar sempre envolveu algum elemento de "design" nas ações de preparação e planejamento. Com a crescente incorporação de tecnologias na educação, porém, a necessidade de um design intencional tornou-se mais explícita e urgente.

Como resultado do processo de "desenhar a instrução", sempre obtemos um produto final, uma solução virtual ou não, que não apenas tem propósitos e intenções bem definidos, mas apresenta também uma forma e um conjunto de funcionalidades visíveis.

As soluções resultantes do processo de design instrucional baseiam-se em um corpo de conhecimentos que oferece orientação explícita sobre como as pessoas aprendem. Entre as ciências que o fundamentam, além do próprio design, estão as ciências humanas, as ciências da administração e as ciências da informação. Assim, o processo de design instrucional integra em um único produto as dimensões tecnocientífica, pedagógica, comunicacional e tecnológica.

Então, para entender melhor as contribuições do design instrucional para a produção de conteúdos educacionais, precisamos conhecer um pouco mais sobre o significado desse conceito como teoria, produto e processo, e também distinguir as características de três modelos básicos – fixo, aberto e contextualizado –, entre os muitos disponíveis. A partir dessas reflexões, poderemos identificar as contribuições do design instrucional para a gestão da produção de conteúdos.

Visão panorâmica do design instrucional

O **design instrucional (DI)**, também conhecido como **design** ou **desenho educacional, pedagógico** ou **didático**, surgiu à época da Segunda Guerra Mundial, a partir da necessidade de treinar rapidamente milhares de recrutas para manejar sofisticadas armas de guerra. Psicólogos e educadores norte-americanos foram convocados a aplicar métodos padronizados de planejamento, desenvolvimento e entrega de materiais para treinamento no serviço militar.

Com a vitória norte-americana na guerra, o design instrucional firmou-se como um campo teórico e prático voltado ao planejamento e à implementação de ações educacionais, especialmente aquelas mediadas por recursos didáticos.

A partir daí, vários modelos se desenvolveram para atender a necessidades educacionais distintas, na maioria das vezes envolvendo a elaboração de recursos didáticos para apoiar o trabalho pedagógico. É justamente aí que reside nosso interesse no tema, a ponto de dedicarmos um capítulo inteiro para entender suas contribuições à produção de conteúdos educacionais.

> Na obra *Design instrucional contextualizado* (2004), discorremos longamente sobre a opção pelos termos "design" e "instrução" e sobre a evolução desse campo de conhecimento e prática como processo para criação de soluções educacionais apoiadas por tecnologias e mídias.

Para isso, precisamos, antes de tudo, esclarecer o significado da expressão *design instrucional*. Analisando o termo em inglês *design*, verificamos que a palavra vai além da ideia de "projeto" ou "desenho", denominações por vezes adotadas no Brasil em virtude de um estranhamento com o vocabulário que vem de fora. Isso porque o termo carrega um significado associado à engenharia e à tecnologia, que tem relação com a concepção de um produto final, concreto, palpável. Nesse sentido, se refere tanto ao processo de concepção e desenvolvimento de uma solução definida e visível quanto ao produto resultante desse processo.

Já o adjetivo "instrucional" nos remete a uma topologia do conceito de "ensino", que distingue vários subconceitos, entre eles o da "instrução". Segundo Thomas Green,[1] a instrução é uma das atividades de ensino que se utiliza da comunicação, nos termos utilizados neste livro, do diálogo didático mediado, para apoiar a aprendizagem.

Tendo em vista essas considerações, podemos desdobrar o conceito de design instrucional em pelo menos três grandes aspectos relacionados: o design instrucional como teoria (ou disciplina), como produto e como processo (veja a Figura 7.1).

•• **FIGURA 7.1** Diferentes aspectos do design instrucional

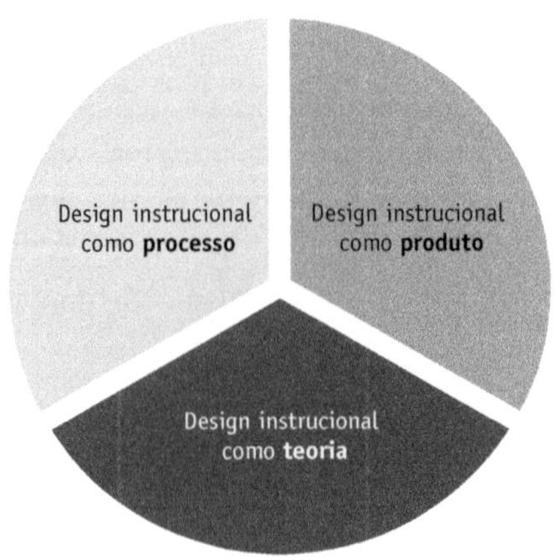

Fonte: Elaborada pelas autoras.

[1] GREEN, T. F. A topology of the teaching concept. In: *Contemporary thought on teaching*. New Jersey: Prentice-Hall, 1971.

Design instrucional como teoria

Já no início do século XX, Dewey destacava a necessidade de uma ciência que pudesse traduzir o conhecimento científico produzido pela pesquisa em aplicações práticas para a instrução. Snellbecker[2] e outros acreditam que o design instrucional é essa ciência de ligação descrita por Dewey.

Não ousamos defender o DI como ciência, mas podemos caracterizá-lo como um corpo de conhecimentos voltado à pesquisa e à teorização sobre estratégias de ensino-aprendizagem. Nesse sentido, a teoria do DI se dedica a produzir conhecimentos sobre os princípios e os métodos de instrução mais adequados a diferentes tipos de aprendizagem. É nessa teoria que encontramos apoio para a tomada de decisões quando precisamos desenhar, desenvolver e implementar uma solução educacional específica.

A **teoria do design instrucional** ancora-se em três grandes áreas fundamentais: as ciências humanas (apoiadas principalmente nas psicologias comportamental, do desenvolvimento e da aprendizagem), as ciências da informação e da comunicação e as ciências da administração (com a abordagem sistêmica, a gestão de projetos e a engenharia da produção).

Cabe observar que, enquanto as teorias da aprendizagem descrevem de forma genérica como as pessoas aprendem, as teorias do DI prescrevem como assegurar que as pessoas aprendam em situações específicas. Por exemplo, a partir de um entendimento de como as pessoas aprendem, a teoria da elaboração de Reigeluth propõe uma forma clara de organizar e sequenciar os conteúdos educacionais, que, uma vez adotada, favorecia a aprendizagem tal como seu entendimento inicial. Algumas teorias combinam as duas perspectivas. Por exemplo, a teoria da flexibilidade cognitiva explica como as pessoas aprendem em domínios complexos de conhecimento e, além disso, indica caminhos práticos para que a habilidade seja desenvolvida.

> Distribuímos as teorias do design instrucional por diversos capítulos do livro, em uma lógica que julgamos coerente. Assim, o leitor encontra a taxonomia de objetivos educacionais de Bloom, a teoria de elaboração de Reigeluth e a teoria da flexibilidade cognitiva de Spiro no Capítulo 1, *Dimensão tecnocientífica*; a teoria da carga cognitiva de Sweller e a teoria da aprendizagem multimídia de Mayer no Capítulo 2, *Dimensão pedagógica*; a teoria da multimodalidade de Kress e van Leeuwen no Capítulo 3, *Dimensão comunicacional*; a teoria dos objetos de aprendizagem de Wiley no Capítulo 4, *Dimensão tecnológica*. Muitas outras podem ser localizadas por meio de uma consulta ao índice remissivo ao final desta obra.

O corpo teórico do design instrucional está registrado em farta literatura internacional, composta por livros, artigos e revistas que espelham o dinamismo da área.

Design instrucional como produto

O design instrucional estaria muito próximo das práticas de planejamento educacional não fosse a dimensão de **produto** que se revela em sua própria denominação. Assim

---

2 SNELLBECKER, G. *Learning theory, instructional theory, and psychoeducational design*. New York: McGraw-Hill, 1974.

como a forma externa de um objeto expressa suas funções internas, a face da instrução deve expressar sua finalidade.

Em uma analogia bem simples, podemos falar no "planejamento" de um automóvel (e até mesmo no "projeto" de um carro), mas isso é bem diferente de falar no "design" do automóvel, que envolve, além das ideias ou da descrição abstrata do carro, o produto final propriamente dito.

Se pensarmos em diferentes produtos sobre os quais o processo de design é aplicado (de móveis a softwares, de joias a eletrodomésticos), perceberemos que ele traz à superfície visível as funções internas, exprimindo-as não apenas visualmente, mas em diferentes níveis e modos (cores, formas, texturas, sons, linguagens). Da mesma maneira, o design de uma solução educacional expressa concretamente seus objetivos e os métodos e as estratégias selecionados para alcançá-los (a abordagem pedagógica subjacente).

> Os diferentes produtos do design instrucional são abordados nos Capítulos 10, *Planejamento educacional*, e 12, *Roteirização*.

Os produtos do design instrucional são muitos: livros impressos e digitais, podcasts, animações, objetos de aprendizagem, vídeos, jogos e infográficos, entre outros.

Design instrucional como processo

Quando falamos em design instrucional, a definição que nos vem primeiro à mente é semelhante a algo como:

> ação intencional e sistemática de ensino que envolve o planejamento, o desenvolvimento e a aplicação de métodos, técnicas, atividades, materiais, eventos e produtos educacionais em situações didáticas específicas, a fim de promover, a partir dos princípios de aprendizagem e instrução conhecidos, a aprendizagem humana[3].

Isso porque a expressão design instrucional pode ser resumida como "o **processo** (conjunto de atividades) de identificar um problema (uma necessidade) de aprendizagem e desenhar, implementar e avaliar uma solução para esse problema".[4]

Esse processo abrange desde uma análise inicial do contexto, com o diagnóstico de necessidades de aprendizagem, a caracterização do público-alvo e o levantamento de potencialidades e restrições do contexto institucional, passando pelo design geral e pelo desenvolvimento de uma solução para o contexto analisado, até chegar à avaliação da solução implementada. Uma diferenciação importante para entendermos o design instrucional como processo diz respeito à sua abrangência, como mostra a Figura 7.2.

---

[3] FILATRO, 2004, p. 64-65.

[4] FILATRO, A.; PICONEZ, S. C. B. Contribuições do learning design para o design instrucional. *14º Congresso Internacional de Educação a Distância*. Santos: Abed, 2008. p. 5-6.

•• **FIGURA 7.2** Abrangência do design instrucional

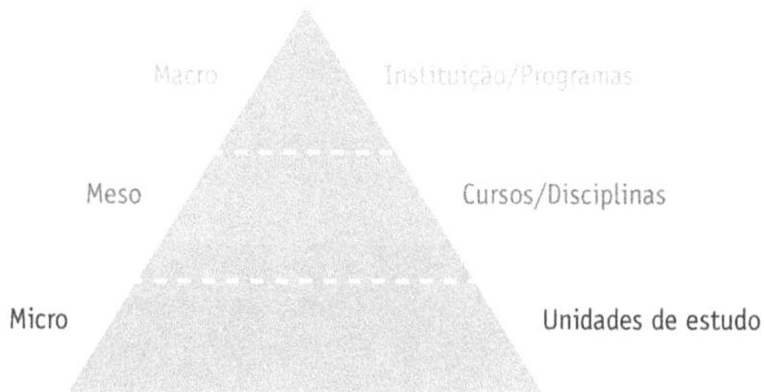

Fonte: Elaborada pelas autoras.

Em um **nível macro**, o design instrucional ocupa-se de definir diretrizes comuns a todas as ações de aprendizagem de um sistema (por exemplo, um sistema de ensino público, uma instituição, um departamento). Em um **nível meso**, dedica-se a estruturar programas, cursos ou disciplinas. E, em um **nível micro**, trabalha com o design fino das unidades de estudo propostas aos alunos. É nas unidades atômicas de estudo que se concretizam as diretrizes definidas no nível macro, e o design instrucional aponta soluções tanto para um nível quanto para outro.

Ocorre que, em muitos sistemas educacionais, já existe um projeto político-pedagógico ou algum outro tipo de plano estratégico no qual decisões aplicáveis a várias necessidades educacionais são tomadas em nível macro. Os programas, cursos, as unidades de estudo e, mais especificamente, os conteúdos educacionais "herdam", no nível micro, essas decisões que refletem a visão de mundo, de sociedade, de ser humano, de ensino-aprendizagem, de avaliação do sistema educacional mais amplo.

É comum que, no nível macro (institucional) ou mesmo no nível meso (de programa), seja adotado um modelo de design instrucional específico, com implicações claras para a produção de conteúdos educacionais. Vejamos com mais detalhes a seguir.

Modelos de design instrucional

Existe uma forma "matadora" de criar conteúdos educacionais que se aplica a todo e qualquer contexto ou necessidade educacional? Certamente não. Pensemos na educação profissional, nos semestres iniciais do ensino superior, na educação corporativa (pública e privada), na infinidade de cursos de extensão que as pessoas fazem ao longo da vida, nas comunidades virtuais de aprendizagem e de prática, nos cursos preparatórios para exames e concursos, nas orientações de mestrado e doutorado, nas formas de aprender das gerações mais novas que descobrem tudo sozinhas, adoram jogos e estão viciadas na ubiquidade. Contextos diversos, soluções educacionais diversas, modelos de design instrucional diversos.

Não existe um modelo melhor que o outro. O melhor modelo é aquele que oferece a solução ideal para o problema educacional identificado, em determinado contexto. Assim, na "vida real", encontraremos inúmeros modelos, dos mais estruturados aos mais dinâmicos.

O Quadro 7.1 traça um panorama de três modelos de design instrucional, que julgamos relevantes para que o leitor possa considerar aqui tanto a apresentação de conteúdos propriamente ditos quanto a proposição de atividades de aprendizagem.

•• **Quadro 7.1** Características dos conteúdos e das atividades produzidas nos diferentes modelos de design instrucional

	Características das soluções educacionais produzidas	
	Conteúdos educacionais	**Atividades de aprendizagem**
Design Instrucional fixo	❍ Inéditos ❍ Voltados para necessidades específicas de aprendizagem ❍ Ricos em mídia ❍ Autocontidos ❍ Produzidos antecipadamente à situação didática ❍ Em geral, modulares, compatíveis com padrões interoperáveis e reacopláveis em unidades de estudo mais complexas	❍ Interação individual com conteúdos (ler mídia impressa, explorar mídias digitais) ❍ Realização de atividades objetivas, com autoavaliação pelo participante (por meio de gabaritos de resposta) ou correção automatizada ❍ Realização de atividades abertas, a partir de orientações gerais para o participante ou para acompanhamento pelo docente
Design Instrucional aberto	❍ Próprios ou de terceiros ❍ Produzidos para necessidades específicas de aprendizagem, provenientes de outras situações (didáticas ou não) ou gerados durante a implementação como resultado da interação entre as pessoas ❍ Em diferentes formatos, linguagens e mídias ❍ Organizados em forma de coletânea pouco estruturada, por meio de links de acesso ou para download individual	❍ Interação com outras pessoas (discutir em fóruns, trabalhar em grupos, desenvolver atividades colaborativas, assumir papéis diferenciados) ❍ Realização de atividades abertas, com orientações gerais sobre duração, tipo de interação social envolvida e ferramentas de comunicação utilizadas
Design Instrucional contextualizado	❍ Próprios ou de terceiros ❍ Produzidos para necessidades específicas de aprendizagem, provenientes de outras situações (didáticas ou não) ou gerados durante a implementação ❍ Em diferentes formatos, linguagens e mídias ❍ Dispostos na forma de unidades de aprendizagem modulares, organizadas de modo sequencial ou não sequencial ❍ Compatíveis ou não com padrões interoperáveis ❍ Em geral, disponíveis para acesso em repositórios específicos a partir de buscas baseadas em metadados	❍ Interação com conteúdos, ferramentas e pessoas ❍ Realização de atividades fechadas ou abertas, individuais ou coletivas ❍ Acompanhamento de percurso personalizado, individual e/ou coletivo, pré-programado e disparado automaticamente ❍ Retroalimentação da proposta original por meio da coleta de dados de acesso, participação e avaliação

Fonte: Elaborado pelas autoras.

Vejamos agora com mais detalhes cada um desses modelos de design instrucional.

Design instrucional fixo

O **design instrucional fixo** (ou **fechado**) baseia-se na separação entre as fases de concepção (análise, design e desenvolvimento) e execução (implementação), envolvendo o planejamento e a produção de cada componente, nos mínimos detalhes, antecipadamente à ação de aprendizagem.

Em geral, o produto resultante é rico em conteúdos bem estruturados, mídias selecionadas e *feedbacks* automatizados. Em muitas ocasiões, a interação do aluno é direta com os conteúdos, dispensando a participação de um educador (professor, tutor, mentor) durante a execução.

Trata-se do modelo clássico de design instrucional, aquele empregado desde as primeiras ações educacionais apoiadas por mídias: livros, filmes, jogos analógicos... Uma vez produzido o material, ele é fechado e disseminado largamente, até que seu custo de desenvolvimento seja pago e que uma nova edição, atualizada ou revisada, se faça necessária. Por essa razão, é um tipo de design que se alinha aos modelos industriais de produção, mais voltados à educação de massa.

Nesse tipo de design instrucional, padrões de metadados e empacotamento de conteúdos dão conta da interoperabilidade técnica, uma vez que o foco está principalmente na organização, no sequenciamento, na localização, na recuperação, na exibição e na reutilização de conteúdos.

Padrões que visam à interoperabilidade de conteúdos educacionais são abordados no Capítulo 4, *Dimensão tecnológica*.

Esse tipo de design instrucional em geral é produzido por uma equipe multidisciplinar capaz de explorar as potencialidades e as especificidades de várias mídias. Não há proposta de atividades envolvendo comunicação entre as pessoas, o acesso (a "matrícula") é contínuo e cada interessado pode acompanhar o curso no próprio ritmo e conforme seus interesses particulares, sem a necessidade de mediação pedagógica direta.

Quando navegamos em conteúdos educacionais produzidos tendo por base o design instrucional fixo, estamos seguros de acessar conteúdos confiáveis, produzidos por equipe que entende tanto da área de conhecimento em questão quanto da metodologia de ensino dessa área. Podemos visualizar também o esforço da equipe de produção na linguagem textual empregada, nos recursos audiovisuais incorporados, na estrutura hipertextual e na estética adotada.

O leitor pode explorar o conceito de diálogo didático real (e simulado) no Capítulo 3, *Dimensão comunicacional*. E, no Capítulo 11, *Autoria*, retomamos essa questão de maneira ainda mais prática.

Simular o diálogo didático real não é coisa para amadores. É preciso um esforço profissional para realizar as atividades de autoria e roteirização, bem como para produzir um design de interface centrada no usuário, "à prova de leigos", com uma estrutura de *feedbacks* que antecipem as possíveis dúvidas dos alunos.

Há soluções em design instrucional fixo que vão um pouco além da apresentação linear de conteúdos e da proposição de atividades objetivas autocorrigidas. Imaginemos um tutorial bem elaborado, em que é possível navegar livremente por uma estrutura hipertextual e hipermidiática, de acordo com a necessidade de cada usuário. A estrutura da organização permite múltiplas entradas e percursos, mas o conteúdo é fixo, ou seja, não é atualizado nem pela equipe que produziu originalmente o material nem pelos usuários que fazem comentários ou contribuições.

Imaginemos agora um objeto de aprendizagem na área de negócios que exibe casos diferenciados conforme o porte da empresa à qual o participante está vinculado (pequena, média ou grande) ou conforme o setor (indústria, comércio, serviços). Outro exemplo é uma unidade de estudo que apresenta percursos diferenciados de acordo com o desempenho dos participantes em testes objetivos corrigidos automaticamente.

Nesses casos, os conteúdos, os percursos e os *feedbacks* são previamente definidos, mas são personalizados a partir de uma rede de condições estabelecidas na fase de planejamento, do tipo SE-ENTÃO (IF >THEN) (se o aluno for X ou fizer Y, então acontecerá Z). Isso aumenta a contextualização, pelo menos no nível individual.

Design instrucional aberto

O **design instrucional aberto**, também chamado de design ***on-the-fly*** ("em pleno voo"), envolve processos de produção mais artesanais. Para muitos, é o modelo que mais se aproxima da natureza flexível e dinâmica da aprendizagem, que privilegia a interação humana, mais que a interação com conteúdos.

São utilizados artigos, sites e materiais de terceiros ou do próprio docente, mas em geral produzidos para outros fins ou de maneira artesanal/semiprofissional. Isso permite que se consultem múltiplas fontes, mas nem sempre o foco de materiais externos corresponde exatamente aos objetivos de determinada unidade de estudo.

Em contrapartida, a interação docente-alunos e alunos-alunos é valorizada por meio de discussões no fórum e de comunicação síncrona. Essa interação se dá basicamente via texto e, em muitos casos, é complementada por áudio e vídeo, sempre tendo como mote principal a interação entre as pessoas. Portanto, admite-se uma utilização das mídias e das tecnologias em nível de usuário, sem exigir do professor ou dos alunos competências profissionais.

Embora o modelo de design instrucional esteja "na cabeça" do docente, esta modalidade não prescinde de planejamento. Na verdade, o planejamento é fundamental para evitar o risco do improviso, mas as decisões tomadas antecipadamente à implementação podem ser revistas de acordo com o andamento do programa, do curso ou da unidade de estudo para que as escolhas didáticas e de conteúdo possam ser feitas, repensadas ou mantidas.

Outro ponto importante a destacar é que as decisões de design instrucional não estão explicitadas visual e tecnicamente a ponto de outros educadores poderem utilizá-las na íntegra, parcialmente ou de forma adaptada, ou a ponto de um sistema compreender as relações entre os diferentes elementos do processo de ensino-aprendizagem e ajudar o professor na fase de implementação.

Assim, o design instrucional aberto requer outra dinâmica de implementação, que depende da formação de turmas com um número administrável de alunos durante um período determinado. Funciona bem com grupos de alunos capazes de lidar com ambientes menos estruturados sem sofrerem uma sobrecarga cognitiva que inviabilize a aprendizagem e destina-se a professores que conseguem lidar com um grupo reduzido de estudantes, oferecendo-lhes o estado da arte em determinada área de conhecimento apoiados basicamente em interação textual e materiais externos previamente selecionados.

Design instrucional contextualizado

Basicamente, o **design instrucional contextualizado** incorpora, tanto na fase de concepção como durante a implementação, mecanismos de contextualização e flexibilização. Reconhece a necessidade de mudanças *on-the-fly* levadas a termo pelos participantes, admitindo, contudo, que a personalização e a flexibilização também podem ser asseguradas por recursos adaptáveis previamente programados. Ou seja, esse tipo de design instrucional busca o equilíbrio entre a automação dos processos de planejamento e a personalização e contextualização na situação didática.

No design instrucional contextualizado, há forte interação com o contexto. De que maneira? Além da integração com mídias sociais (quer dizer, um contexto vivo em que as pessoas estão interagindo por meio de ferramentas facilmente programáveis), os alunos têm liberdade para compor percursos personalizados a partir de pequenas unidades de estudo. Há uma sequência interna predefinida, porém ela é apenas sugerida, e não imposta tecnologicamente. Em alguns exemplos, é possível participar de fóruns autogeridos ou mesmo agendar sessões síncronas na ferramenta de conferência virtual. Isso significa que os "consumidores" dos materiais podem escolher se querem estudar sozinhos ou interagir com outras pessoas (docentes e colegas) para complementar a interação com conteúdos.

Os materiais produzidos seguem padrões de interoperabilidade, o que permite o "reacoplamento" a outras unidades de estudo e, embora geralmente sejam apresentados em baixa granularidade (unidades de estudo com poucas horas de duração), cada pequeno objeto se inter-relaciona com os demais em uma taxonomia significativa.

Os conteúdos são publicados em ambientes virtuais de aprendizagem que armazenam em dossiês os dados do usuário (por exemplo, em quais unidades o usuário se inscreveu, por quanto tempo ficou ali, suas participações nos fóruns etc.) e os exibe em uma central de estudos independentemente de curso (o usuário vê todo o seu histórico no projeto ali). Os conteúdos podem ser baixados em diferentes formatos para reúso na íntegra, traduzidos ou adaptados (segundo licenças de direitos autorais menos ou mais abertas para cada unidade).

Consideremos a proposta de uma disciplina de graduação em que há uma única matriz de planejamento a ser seguida por todos os alunos. Se cada aluno, individualmente, quiser pesquisar ou se aprofundar em algum dos temas, ou se o docente achar que pode indicar diversos complementos durante o curso, isso é possível pela proposta de um design instrucional aberto, que prevê interação entre as pessoas por meio de ferramentas de comunicação.

No entanto, não há, no interior dos conteúdos, definições como: para os participantes que têm formação em pedagogia, apresentamos determinados conteúdos e/ou atividades; para os que não têm, apresentamos outro conjunto; para os participantes que se saírem bem no Módulo 1, avançar diretamente para o Módulo 2; do contrário, realizar atividade complementar (é o mesmo raciocínio SE-ENTÃO mencionado anteriormente).

No design instrucional contextualizado, antecipamos, durante o planejamento, decisões que os docentes tomariam na fase de implantação e informamos ao sistema computacional como ele pode fazer isso por meio de regras definidas nas fases de design e desenvolvimento.

Como vimos, encontramos essa lógica em alguns produtos de design instrucional fixo, mas, até o momento, isso se restringe a ações individuais, ou seja, considera-se que o aluno está aprendendo sozinho. O design instrucional contextualizado permite planejar um conjunto de unidades de estudo em que se podem alternar atividades individuais e coletivas.

Para alcançar esse grau de complexidade, o design instrucional contextualizado depende de ferramentas tecnológicas de design e execução mais sofisticadas que os ambientes virtuais de aprendizagem. As ferramentas atuais são todas em inglês, com uma interface pouco centrada no usuário, o que não é problema para os especialistas em tecnologia, mas sim para os educadores. A esperança é que os principais ambientes virtuais de aprendizagem do mundo, os gigantes Moodle e Blackboard, incorporem em breve ferramentas de planejamento educacional compatíveis com esse tipo de design instrucional.

O Capítulo 4, *Dimensão tecnológica*, faz uma breve revisão das ondas de sistemas de aprendizado eletrônico existentes, incluindo aquelas que permitem um planejamento educacional nos moldes do design instrucional contextualizado.

Fases do processo de design instrucional

Independentemente do modelo adotado – fixo, aberto ou contextualizado –, o processo de design instrucional tradicionalmente se constitui de cinco fases que visam a:

1) identificar uma necessidade educacional;
2) projetar a solução;
3) desenvolver a solução;
4) implementar a solução;
5) avaliar a solução.

Com algumas variações dependendo do modelo adotado, essas fases podem ser representadas em um *continuum* de tempo de desenvolvimento, como mostra a Figura 7.3.

•• **FIGURA 7.3** As fases do design instrucional

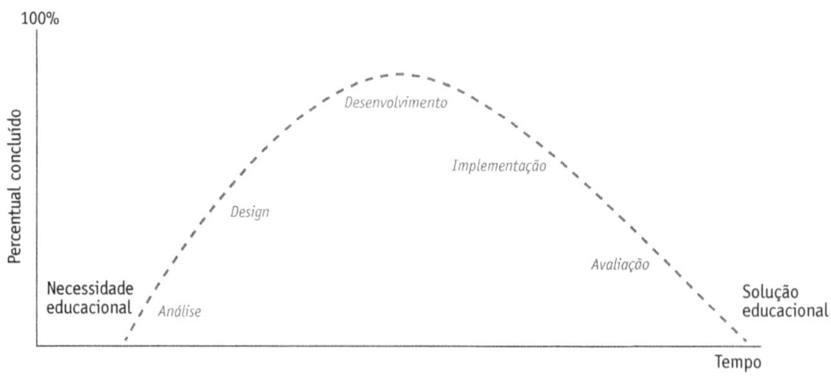

Fonte: Elaborada pelas autoras.

A seguir, detalhamos cada uma dessas fases e, ao final do capítulo, oferecemos um resumo comparativo de como elas se desenrolam nos diferentes modelos de design instrucional.

Fase de análise

Muitas vezes, quando nos vemos diante de um desafio, como o de produzir conteúdos educacionais – e dos prazos quase sempre tão curtos que o acompanham –, partimos diretamente para a execução. Ao fazer isso, deixamos de lado uma fase muito importante: analisar qual é a necessidade de produzir esses conteúdos.

Isso significa que não apenas as percepções daqueles envolvidos na produção devem ser consideradas. Precisamos nos debruçar sobre as necessidades e o perfil daqueles para quem o produto final é direcionado. E mais: devemos combinar essas variáveis com as limitações de prazo, orçamento, equipes e assim por diante. Só dessa maneira será possível oferecer uma solução minimamente apropriada para a necessidade educacional existente.

A **fase de análise** constitui-se basicamente em: 1) identificar as necessidades de aprendizagem, traduzidas em objetivos educacionais; 2) caracterizar o público-alvo em termos de perfil demográfico, tecnológico e cultural; e 3) levantar as potencialidades e restrições institucionais, considerando tanto o contexto de produção quanto o de utilização.

A identificação das necessidades de aprendizagem relaciona-se à definição dos objetivos educacionais, como tratamos no Capítulo 1, *Dimensão tecnocientífica*. E, dada a importância de conhecer do público-alvo não só para a primeira fase do processo de design instrucional, mas para todo o processo de produção de conteúdos educacionais, o Capítulo 9, *Análise contextual*, é dedicado a esse tema.

Pela lógica, a fase de análise deve ser idêntica para os três modelos de design instrucional – fixo, aberto ou contextualizado –, escolhendo-se a partir daí qual modelo adotar.

Isso funciona nos níveis micro (das unidades de estudo) e meso (de cursos ou disciplinas), mas no nível macro (institucional) geralmente já se tem uma ideia prévia de qual modelo de design instrucional adotar, dados os condicionantes relativos ao modelo de produção, como nível de formalização dos processos, infraestrutura disponível e condições de trabalho dos participantes, entre outros.

Por exemplo, uma instituição cuja atividade-fim não é a educação em geral (uma organização pública na área da seguridade social, por exemplo) não conta com corpo docente dedicado, então suas soluções tenderão a ser baseadas no design instrucional fixo. Entretanto, uma instituição cuja atividade-fim é a educação (uma universidade, por exemplo) gira em torno da docência, então o design instrucional aberto é, a princípio, o modelo predominante. Com a emergência das tecnologias e da modalidade a distância, essas definições vêm tornando-se cada vez mais flexíveis, mas não podemos negar o peso determinante das condições e as restrições contextuais para a viabilização das soluções educacionais.

Ainda assim, quanto mais bem compreendidas forem as necessidades educacionais na fase de análise, maior será a probabilidade de prover uma solução adequada. Por exemplo, se estamos falando em educação regular que envolve algum tipo de certificação, maior será a responsabilidade institucional em atestar que a aprendizagem de fato ocorreu.

Do mesmo modo, quanto mais precisa for a caracterização do público-alvo, mais subsídios estarão disponíveis para inspirar a retórica instrucional a ser desenvolvida nas atividades de autoria e roteirização, e decisões relativas ao design gráfico ou digital na atividade de produção de mídias.

Em geral, no design instrucional fixo, a fase de análise precisa ser bem mais detalhada, pois não haverá oportunidade de coletar dados durante a fase de implementação, uma vez que os produtos finais serão conteúdos fechados. Já no design instrucional aberto, a análise tende a ser mais genérica, pois ajustes são aceitos e até mesmo desejados durante a implementação. No design instrucional contextualizado, parte da análise é programada para rodar durante a execução, de modo que se possam coletar dados continuamente enquanto alunos e professores estão interagindo.

> No Capítulo 9, *Análise contextual*, a fase de análise é tratada com pormenores, e o leitor encontrará uma sugestão de estrutura básica para elaborar a documentação correspondente.

Nos três modelos, a fase de análise costuma gerar algum tipo de documentação que reúne as informações coletadas e analisadas, apontando para uma solução geral. Esse documento pode assumir a forma de um relatório de análise contextual, um plano de ensino ou um pré-projeto, conforme as características de cada contexto.

Fase de design

Efetuada a análise do contexto, é hora de voltar-se ao design propriamente dito. A **fase de design** abarca a atividade de planejamento educacional que tem por objetivo definir os elementos do metamodelo educacional para as necessidades de aprendizagem, para o público-alvo e para as potencialidades e restrições institucionais específicas daquele contexto.

Como resultado, as decisões de planejamento são registradas em uma matriz que remete aos conhecidos planos de aula ou roteiros de atividades pedagógicas.

No design instrucional fixo, a matriz de planejamento é elaborada imediatamente após a fase de análise e norteia o desenvolvimento dos conteúdos fechados, ao passo que, no design instrucional aberto, uma versão da matriz é elaborada antes da implementação a fim de oferecer uma visão geral do programa, do curso ou da unidade de estudo e nortear a organização do ambiente físico ou virtual, mas nada impede que o planejamento inicial seja alterado durante a situação didática. Por sua vez, no design instrucional contextualizado, a matriz é preparada diretamente em ferramentas de planejamento educacional para ser executada automaticamente por sistemas compatíveis, inclusive "pinçando" objetos e atividades de aprendizagem já prontos e disponíveis em repositórios.

> Veremos este tópico detalhadamente no Capítulo 10, *Planejamento educacional*, quando explorarmos o produto resultante da fase de design: a matriz de planejamento.

Fase de desenvolvimento

Na **fase de desenvolvimento**, são reunidos todos os elementos que precisam ser selecionados ou criados para cada unidade de estudo. Esse é o momento da verdade para muitos projetos, quando as ideias efetivamente saem do papel e se tornam tangíveis por meio da produção de conteúdos inéditos ou pela adaptação de conteúdos já existentes. Em geral, a fase de desenvolvimento é a que mais consome tempo e recursos em um projeto, especialmente no design instrucional fixo que privilegia conteúdos fechados.

Aliás, no design instrucional fixo, como os produtos são ricos em mídias e utilizam não apenas linguagem textual, mas também visual (estática e dinâmica), sonora e hipertextual, o desenvolvimento desdobra-se na autoria de textos explicativos, ilustrações, cenários, legendas e diálogos, e na roteirização por meio de documentos textuais ou *storyboards*, que visam a integrar e sincronizar esses vários elementos em um todo significativo.

> Os *storyboards* e roteiros textuais são abordados no Capítulo 12, *Roteirização*, e o leitor pode encontrar no Capítulo 4, *Dimensão tecnológica*, mais informações a respeito da adaptação de percursos de aprendizagem segundo regras condicionais.

No design instrucional aberto, roteiros textuais simples podem ser criados com as orientações das atividades para os alunos (por exemplo, a apresentação de um estudo de caso e o passo a passo proposto para sua realização, mais critérios de avaliação, data de entrega e outras considerações que forem importantes para sua realização).

No design instrucional contextualizado, a fase de design segue paralela à de desenvolvimento, uma vez que envolve também a parametrização fina de propriedades e regras condicionais, informando-se ao sistema que caminhos tomar durante a execução de acordo com essas definições prévias.

Fase de implementação

Se a produção é o momento da verdade de um projeto, a **fase de implementação** é a prova de fogo, pois é nela que ocorre a ação educacional propriamente dita. Ou seja, são aplicadas – e, consequentemente, colocadas em teste – as decisões de planejamento e os conteúdos educacionais produzidos para apoiar a aprendizagem.

Dependendo do modelo de design instrucional adotado, essa pode ser a fase menos ou mais interativa. Observe: no design instrucional fixo, os conteúdos fechados representam diálogos simulados que, uma vez iniciados, seguem o mesmo rumo até o final, quando termina a interação do aluno com o conteúdo, e somente com o conteúdo. Já no design instrucional aberto e contextualizado, os conteúdos produzidos são, em maior ou menor grau, pontuados pela interação entre pessoas, e podem, ao longo da implementação, ser alterados, complementados ou até criados do zero como parte das atividades de aprendizagem propostas.

Fase de avaliação

Na **fase de avaliação**, dois pontos são avaliados: 1) a efetividade da proposta de design instrucional e, de interesse mais particular deste livro, a qualidade dos conteúdos educacionais produzidos; e 2) a aprendizagem dos alunos em si – que, de certa maneira, está relacionada ao primeiro ponto.

A aprendizagem dos alunos geralmente é avaliada a partir da fase de implementação ou, em alguns casos, um pouco antes disso (avaliação diagnóstica), para verificar se os alunos possuem certos conhecimentos, habilidades e atitudes, ou mesmo para levantar expectativas relativas à aprendizagem.

A avaliação da qualidade dos conteúdos produzidos varia de acordo com o modelo de design instrucional adotado. No modelo fixo, o foco está totalmente direcionado ao produto em si, uma vez que ele é criado a partir do zero e precisa submeter-se a exame criterioso nas diferentes dimensões de qualidade aqui apontadas. O modelo aberto valoriza mais o processo de ensino-aprendizagem que os produtos disponibilizados para apoiá-lo. O design instrucional contextualizado, por sua vez, avalia continuamente tanto os produtos armazenados em um repositório quanto as atividades de aprendizagem e de suporte às quais eles estão atrelados em uma unidade de aprendizagem.

> A avaliação da aprendizagem dos alunos é objeto de estudo no Capítulo 10, *Planejamento educacional*, com um dos elementos do processo de ensino-aprendizagem. Os instrumentos de avaliação e a avaliação da qualidade dos conteúdos produzidos é tema do Capítulo 14, *Avaliação*.

As fases do processo nos diferentes modelos de design instrucional

A lógica empregada neste livro para exemplificar um projeto de produção de conteúdos educacionais faz mais sentido no modelo de produção industrial e no design instrucional fixo, pois, nesses modelos, a produção é completa, rigorosa e inédita, cobrindo boa parte das atividades do DI clássico: análise contextual, planejamento educacional, autoria, roteirização, produção de mídias e avaliação.

Ainda assim, acreditamos que as divisões adotadas neste livro podem ter proveito didático de abordar aspectos que por vezes passam despercebidos em modelos de produção menos estruturados.

O Quadro 7.2 relaciona as cinco fases do DI aos três modelos (fixo, aberto e fechado), indicando ainda em que outros capítulos deste livro o leitor encontra um aprofundamento das atividades relativas à produção de conteúdos.

•• **QUADRO 7.2** Fases do processo para os diferentes modelos de design instrucional

<table>
<tr><th></th><th>DI fixo</th><th>DI aberto</th><th>DI contextualizado</th></tr>
<tr><td>Análise</td><td colspan="3">Análise contextual (Capítulo 9)
❍ Diagnóstico das necessidades de aprendizagem (objetivos educacionais/competências)
❍ Caracterização do público-alvo
❍ Levantamento de potencialidades e restrições
❍ Recomendação geral de solução</td></tr>
<tr><td>Design</td><td colspan="3">Planejamento educacional baseado em metamodelo (Capítulo 10)
❍ Apresentação de conteúdos
❍ Proposição de atividades</td></tr>
<tr><td rowspan="2">Desenvolvimento</td><td colspan="3">Autoria (Capítulo 11), Roteirização (Capítulo 12) e Produção de mídias (Capítulo 13)</td></tr>
<tr><td>❍ Autoria completa de conteúdos inéditos, com voz do autor e propriedade intelectual claramente identificadas
❍ Roteirização rigorosa de conteúdos e atividades, na forma de roteiros textuais ou storyboards, com orientações à equipe de produção
❍ Produção de mídias (Capítulo 13) por equipes especializadas</td><td>❍ Organização de conteúdos baseada na técnica mash-up ("mosaico")
❍ Roteirização de atividades abertas, com orientação direta aos alunos
❍ Produção de conteúdos a partir da interação com os alunos</td><td>❍ Seleção e/ou autoria de conteúdos vinculados a atividades desempenhadas por papéis de aprendizagem e de apoio
❍ Roteirização direta em ferramentas de planejamento, com orientações para o sistema de execução
❍ Produção de unidades de estudo completas</td></tr>
<tr><td>Implementação</td><td>❍ Geração de arquivos ou pacotes de conteúdo para reprodução
❍ Distribuição física ou virtual
❍ Execução em sistemas compatíveis (no caso de mídias digitais)</td><td>❍ Reunião de materiais para reprodução
❍ Distribuição física ou virtual
❍ Execução de mídias digitais em sistemas compatíveis</td><td>❍ Geração de pacotes para instanciação
❍ Distribuição virtual
❍ Execução em sistemas compatíveis com as ferramentas de planejamento educacional</td></tr>
<tr><td rowspan="2">Avaliação</td><td colspan="3">Avaliação da qualidade (Capítulo 14)</td></tr>
<tr><td>❍ Pilotos e protótipos durante a fase de desenvolvimento
❍ Avaliação somativa ao final de uma edição, visando a subsidiar novas edições do programa, do curso ou da unidade de estudo</td><td>❍ Simultânea à fase de implementação, possibilita ajustes on-the-fly
❍ Avaliação formativa, orientada a situações didáticas específicas</td><td>❍ Avaliação diagnóstica e prognóstica, a partir de coleta de dados durante a implementação
❍ Potencial reutilização de conteúdos e atividades, na íntegra ou com adaptações</td></tr>
</table>

Fonte: Elaborado pelas autoras.

O design instrucional e a gestão de projetos

Várias são as interfaces entre o design instrucional e a gestão de projetos. Como vimos, ambas propõem algum tipo de metodologia estruturada para chegar a um objetivo final – que na maioria das vezes é um produto tangível. Ambas também emergiram da sistematização de boas práticas (educacionais e administrativas) até se firmarem como corpos teóricos consolidados. Entender como essas duas perspectivas se articulam e como se distinguem nos ajuda a colocar em prática a interdimensionalidade que defendemos neste livro.

Não é demais lembrar que, para serem considerados "de qualidade", espera-se que os conteúdos educacionais correspondam a critérios tecnocientíficos, pedagógicos, comunicacionais e tecnológicos, mas também a critérios organizacionais que viabilizem seu desenvolvimento dentro de parâmetros claros de escopo, tempo e custos.

A gestão de projetos é uma das vertentes das ciências da administração que fundamentam a teoria do design instrucional, e seus processos gerenciais apoiam o desenvolvimento de soluções para necessidades de aprendizagem – no nosso caso, de conteúdos educacionais. A Figura 7.4 mostra como esses processos se entremeiam ao longo do tempo até o encerramento do projeto.

•• **FIGURA 7.4** Integração entre os processos de gestão de projetos e design instrucional

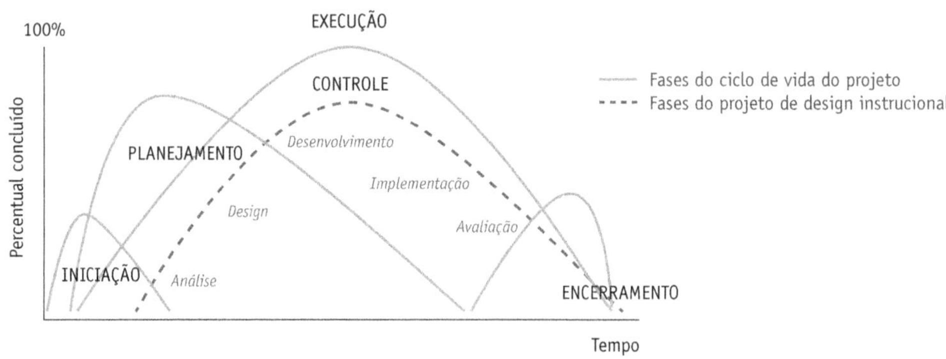

Fonte: Elaborada pelas autoras.

Além disso, para não termos de começar do zero a cada novo projeto, podemos trabalhar com alguns enquadramentos mínimos que provêm da teoria e da prática do DI. A nosso ver, esses enquadramentos correspondem aos modelos de design instrucional aberto, fixo e contextualizado.

Por exemplo, se, a partir da análise inicial de uma necessidade de aprendizagem, decidirmos que o modelo de design instrucional adotado será fixo, teremos uma estrutura analítica do projeto (EAP) que tenderá ao modelo industrial, privilegiando o desenvolvimento de materiais didáticos ricos em mídia e produzidos por uma equipe de especialistas que aplicará técnicas profissionais a várias etapas do processo.

Se, no entanto, decidirmos que o modelo de design instrucional será aberto, teremos uma EAP mais voltada à interação entre docentes e alunos, com menor foco em materiais didáticos, que poderão ser produzidos de forma artesanal pelos próprios professores ou de forma compartilhada pelos alunos (modelos artesanal e pós-industrial, respectivamente).

A estrutura analítica do projeto (EAP), ferramenta que permite subdividir o esforço de produção de conteúdos em entregas específicas, é abordada no Capítulo 8, *O Plano do Projeto*.

A produção de conteúdos educacionais tem se baseado tradicionalmente no modelo fixo de DI, que requer a gestão rigorosa das atividades necessárias ao desenvolvimento de produtos inéditos. No entanto, o surgimento constante de novas mídias e tecnologias impõe um desafio tão complexo, diversificado e dinâmico que é comum observarmos, às vezes na mesma instituição, a convivência de diferentes modelos de produção, design instrucional e gestão de projetos – e não apenas os modelos consagrados pela literatura especializada, mas modelos totalmente novos, gestados no caldeirão das práticas cotidianas.

Feitas essas considerações, buscamos integrar as contribuições das já estabelecidas metodologias de gestão de projetos e de design instrucional a fim de orientar minimamente o planejamento da produção de conteúdos.

•• PARA CONCLUIR

O design instrucional – como teoria, processo e produto – bebe na fonte das teorias da aprendizagem e da instrução, mas também se apoia nas bases teóricas e em relatos de experiências das dimensões comunicacional, tecnológica e organizacional.

A categorização do design instrucional nos modelos fixo, aberto e contextualizado tem uma finalidade didática e auxilia-nos a entender o alcance e a complexidade envolvidos da área. De um lado, é preciso contar com uma equipe especializada para realizar um design instrucional fixo de qualidade; de outro, é preciso contar com um professor muito bem preparado em seu domínio de conhecimento e na metodologia de ensino desse domínio para desenvolver um DI aberto de qualidade.

Em geral, temos boas aplicações do DI fixo para apresentação de conteúdos, e este será o nosso foco a partir de agora; o DI aberto funciona bem para acompanhamento de atividades complexas, e podemos melhorar o design dessas atividades aplicando as competências relacionadas a autoria, roteirização e produção de mídias. E o design instrucional contextualizado? Bem, ele pode inspirar a equipe envolvida na produção de conteúdos a incorporar mecanismos de flexibilização e personalização a partir de uma consciência mais apurada do contexto, e, assim, inspirar e subsidiar a criação de unidades de estudo mais complexas.

Uma vez que os projetos de produção de conteúdos educacionais usados nos diferentes modelos de DI implicam objetivos claramente definidos e precisam ser alcançados em um período de tempo delimitado, com restrições orçamentárias e de recursos humanos, a gestão de projetos mostra-se uma metodologia adequada para articular as diferentes dimensões envolvidas, em particular nos projetos de média e larga escala.

•• REFERÊNCIAS

AIR, J.; OAKLAND, E.; WALTERS, C. *Video scribing*: how whiteboard animation will get you heard. Clevedon: Sparkol, 2014.

CLARK, R. C.; NGUYEN, F.; SWELLER, J. *Efficiency in learning*: evidence-based guidelines to manage cognitive load. San Francisco: Pfeiffer, 2006.

CSIKSZENTMIHALYI, M. *Flow*: the psychology of optimal experience. New York: Harper & Row, 1990.

DEWEY, J. Psychology and social practice. *Psychological Review* 7, p. 105-124, 1900.

DICK, W.; CAREY, L.; CAREY, J. O. *The systematic design of instruction*. 7. ed. New Jersey: Pearson Education, 2009.

FILATRO, A.; PICONEZ, S. C. B. Contribuições do learning design para o design instrucional. *14º Congresso Internacional de Educação a Distância*. Santos: Abed, 2008. p. 5-6.

__________. *Design instrucional contextualizado:* educação e tecnologia. 2. ed. São Paulo: Senac, 2007.

__________. *Design instrucional na prática*. São Paulo: Pearson, 2008.

GREEN, T. F. A topology of the teaching concept. In: *Contemporary thought on teaching*. New Jersey: Prentice-Hall, 1971.

JOHNSON, K. The foundations of instructional design. In: JOHNSON, K.; FOA, L. J. *Instructional design*: new alternatives for effective education and training. New York: Collier Macmillan Publishers, 1989.

LEPIONKA, M. E. *Writing and developing your college textbook*. 2. ed. Gloucester: Atlantic Path Publishing, 2008.

PEREIRA, O. da P. *O designer educacional e as competências profissionais*: influências na seleção de recursos multimidiáticos. Dissertação de mestrado apresentada à PUC-SP. São Paulo: PUC-SP, 2011.

REIGELUTH, C. M. (ed.). *Instructional-design theories and models:* an overview of their current status. v. I. New Jersey: Lawrence Erlbaum Associates, 1983.

__________. *Instructional-design theories and models:* a new paradigm of instructional theory. v. II. New Jersey: Lawrence Erlbaum Associates, 1999.

__________. *Instructional-design theories and models*: building a common knowledge base. v. III. New Jersey: Lawrence Erlbaum Associates, 2009.

REISER, R. A. A history of instructional design and technology: part II: a history of instructional design. In: *ETR&D*, v. 49, n. 2, p. 57-67, 2001.

ROMISZOWSKI, A. J.; ROMISZOWSKI, H. Retrospectiva e perspectivas do design instrucional e educação a distância: análise da literatura. *Revista Brasileira de Aprendizagem Aberta e a Distância*, v. 3, n. 1, 2005.

ROMISZOWSKI, H. Domínios, competências e padrões de desempenho do design instrucional. *Revista de Aprendizagem Aberta e a Distância*, v. 1, n. 1, 2002.

SNELLBECKER, G. *Learning theory, instructional theory, and psychoeducational design*. New York: McGraw-Hill, 1974.

TURRA, C. M. G. et al. *Planejamento de ensino e avaliação*. Porto Alegre: Sagra, 1995.

VALERIANO, D. *Moderno gerenciamento de projetos*. São Paulo: Pearson, 2005.

Capítulo 8

O PLANO DO PROJETO

Introdução

Neste capítulo, combinamos as contribuições da metodologia de gestão de projetos às do design instrucional para abordar uma etapa que antecede a produção de conteúdos educacionais propriamente dita: o planejamento do projeto.

Exploramos o triângulo de prioridades da gestão de projetos – com a declaração de escopo, as estimativas de tempo e de custos – sem descuidar da integração das demais áreas de conhecimento (qualidade, recursos humanos, comunicação, riscos, aquisições, partes interessadas e integração propriamente dita).

Destacamos também o papel do gestor de projeto, que pode ser um especialista em gestão, no caso de empreendimentos de maior porte, ou mesmo o designer instrucional ou outro profissional que possua uma visão ampla e sistêmica do projeto.

Ao longo do capítulo, procuramos exemplificar questões pertinentes à produção de conteúdos educacionais, apoiando não só a construção de um plano do trabalho consolidado, mas também aspectos de sua execução.

O triângulo de prioridades da gestão de projetos

Naturalmente, as dez áreas de conhecimento da gestão de projetos – escopo, tempo, custos, qualidade, recursos humanos, comunicação, riscos, aquisições, partes interessadas e integração – são importantes para o sucesso de um projeto instrucional. Por exemplo: a gestão da comunicação é vital não apenas para disseminar entre todos os envolvidos aquilo que foi planejado, mas também para apoiar o controle integrado de atividades e mudanças, com um fluxo adequado de transmissão de informações.

O Capítulo 6, *Gestão de projetos*, explica cada uma das áreas de conhecimento citadas.

No entanto, três áreas de conhecimento são críticas por delimitarem claramente o projeto e por sua forte interdependência. Elas formam o chamado triângulo de prioridades (veja a Figura 8.1, a seguir).

•• **FIGURA 8.1** Triângulo de prioridades da gestão de projetos

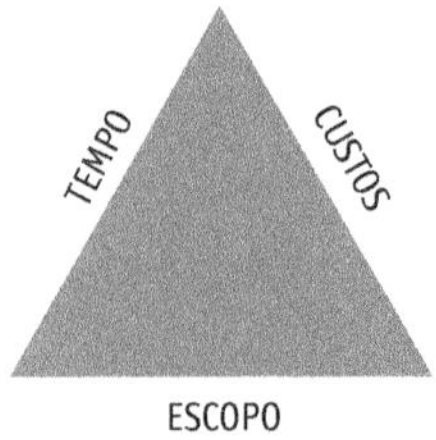

Fonte: Elaborada pelas autoras.

Escopo, custos e tempo estão de tal forma interligados que as decisões relativas a um deles jamais podem ser tomadas isoladamente. Isso mesmo: qualquer decisão que envolve mudança no escopo impactará nos prazos e nos custos; de igual forma, uma modificação nos prazos impactará no escopo e nos custos do projeto; e, como não poderia deixar de ser, alterar os custos impactará no escopo e no cronograma.

Para entender como isso funciona na prática, considere a seguinte situação: com o projeto já em andamento, a equipe percebe que terá de locutar algumas apresentações de slides que compõem a solução educacional – algo que não estava originalmente previsto. Essa mudança no escopo (em uma das características do produto) obrigará a uma revisão do cronograma, uma vez que a locução consumirá horas de trabalho que não haviam sido previstas inicialmente; também exigirá ajustes no orçamento, pois será necessário remunerar o locutor por essas horas de trabalho, além de considerar custos de locação de estúdio e toda a equipe de áudio para a produção e pós-produção.

Ao aplicar o triângulo de prioridades à produção de conteúdos, buscamos responder a três perguntas fundamentais:

1) Qual conteúdo (produto) será desenvolvido? ➡ **Escopo**
2) Quando o conteúdo será entregue? ➡ **Tempo**
3) Quanto custará esse desenvolvimento? ➡ **Custos**

Essas são as questões que realmente interessam a quem precisa ter uma ideia geral do projeto. Não por acaso, elas ganham destaque no Plano do Projeto que apresentamos nas seções a seguir.

Estrutura do Plano do Projeto

Indo direto ao ponto, o **Plano do Projeto** é um documento reconhecido e aceito que reúne as principais variáveis (escopo, tempo e custos) ligadas a determinado projeto. Iniciado logo após a aprovação do projeto por meio de um termo de referência ou abertura, o plano é o resultado da fase de planejamento, tornando-se um importante orientador para a execução e o controle de todas as atividades do projeto. Basicamente, o plano contém a descrição geral do produto a ser desenvolvido, as atividades que compõem o projeto, o fluxo e a duração dessas atividades, bem como os custos associados.

O plano pode estender-se para integrar as demais áreas de conhecimento da gestão de projetos, reunindo os planos de qualidade, recursos humanos, comunicação, riscos, aquisições e partes interessadas.

Tendo em mente a produção de um conteúdo multimídia fictício, organizamos um Plano do Projeto com exemplos próximos ao que encontraríamos em um contexto real de produção. Para isso, o plano foi estruturado da seguinte maneira (Figura 8.2).

•• **FIGURA 8.2** Plano do Projeto Integrado

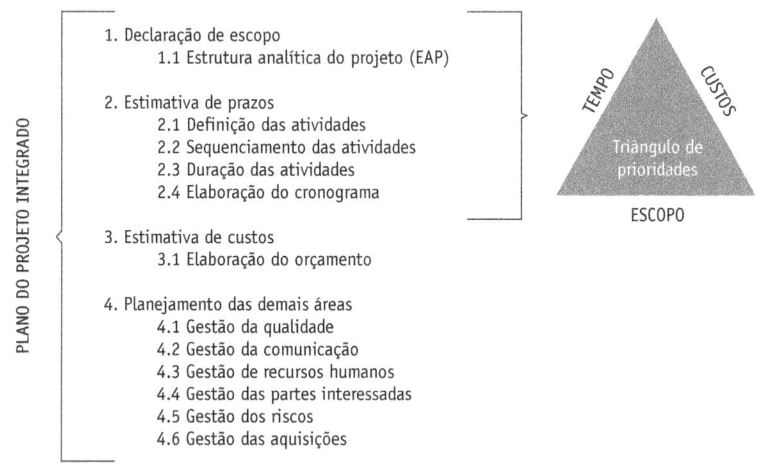

Fonte: Elaborada pelas autoras.

Nas seções seguintes, apresentamos cada uma dessas partes, destacando, sempre que for pertinente, suas interligações com as demais áreas de conhecimento da gestão de projetos. Este é o único capítulo numerado do livro, mas isso é proposital, para guiá-lo pelas etapas do processo.

1. Declaração de escopo

Qualquer plano começa com informações que fundamentam a determinação de levá-lo adiante. Na gestão de projetos, essas informações correspondem à chamada **declaração de escopo,** que nada mais é que a formalização das decisões sobre a extensão e a complexidade do projeto.

Em linhas gerais, a declaração de escopo contém os seguintes tópicos, que adaptamos para um projeto de produção de conteúdos:

- **Identificação:** título do projeto a ser reconhecido por todas as partes interessadas (interna e externamente ao grupo ou à organização).
- **Responsáveis:** no mínimo, o nome do gestor responsável e do patrocinador (o "pai" da ideia ou o cliente que encomendou o projeto) e, sempre que possível, a equipe principal do projeto.

- **Público-alvo:** aqui, pode-se trazer a caracterização do público-alvo feita na primeira fase do processo de design instrucional, a de análise contextual.
- **Justificativa:** a razão de ser do projeto, em geral um resumo do que foi coletado e sistematizado no relatório de análise contextual.
- **Produtos:** os pacotes resultantes do projeto, ou seja, aquilo que será desenvolvido, podendo abarcar um recurso didático isolado, uma solução educacional com vários subprodutos, um programa, um curso, uma unidade de estudo.
- **Características gerais dos produtos:** modalidade (presencial, a distância, *blended learning*), formato (impresso, digital), tamanho (carga horária correspondente, ou número de páginas/telas, quantidade de elementos gráficos, minutos de vídeo) e o que mais for necessário estabelecer nessa encomenda dos produtos.
- **Diferenciais (opcional):** elementos distintivos em relação a outros produtos ou projetos (por exemplo, conteúdo inédito, versão revisada, solução integrada, inovação tecnológica).
- **Principais atividades:** as ações mais importantes para o desenvolvimento dos produtos (no caso dos conteúdos educacionais, temos as atividades de análise contextual, planejamento educacional, autoria, roteirização, produção de mídias e avaliação).
- **Orçamento básico:** estimativas iniciais de recursos financeiros necessários (ou, quando pertinente, o montante previamente designado para o projeto).
- **Marcos:** entregas importantes e suas datas-limite.

Dependendo do número de pessoas envolvidas e da natureza do projeto, as informações da declaração de escopo podem ser menos ou mais detalhadas. De todo modo, a essa altura do projeto, não se espera a totalidade dos dados – que virá em seguida, em análises mais específicas. Em geral, a declaração de escopo é de responsabilidade do gestor do projeto, que faz a interface com as demais áreas a fim de reunir as informações básicas sobre o projeto em questão.

Uma responsabilidade importante do gestor tem que ver com a disseminação desse documento a todas as partes interessadas. Não é difícil imaginar o que pode acontecer se algum dos vários especialistas envolvidos não compreender minimamente em que consiste o projeto! Assim, em interface com a gestão da comunicação, recomenda-se agendar reuniões, workshops e outros encontros com o objetivo de apresentar a descrição geral do projeto, sanar dúvidas e compartilhar entendimentos comuns.

1.1 Estrutura analítica do projeto (EAP)

A **estrutura analítica do projeto** (EAP) é uma ferramenta muito útil para refinar o escopo de um projeto e, posteriormente, apoiar a estimativa de prazos e custos, pois permite que se vejam os pacotes que compõem o projeto em níveis cada vez mais específicos e, a partir daí, que se determinem quais pessoas, materiais e recursos financeiros serão necessários para a execução de cada grupo.

A Figura 8.3 apresenta um exemplo simples de EAP para o desenvolvimento de um conteúdo multimídia, com as atividades de autoria, roteirização e produção subdivididas em diferentes entregas.

•• **FIGURA 8.3** Exemplo de estrutura analítica do projeto (EAP)

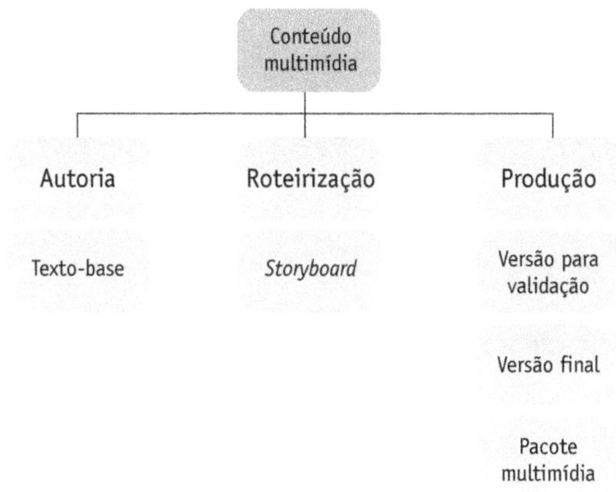

Fonte: Elaborada pelas autoras.

Além da técnica de **decomposição**, que subdivide os pacotes de trabalho do projeto em componentes menores e mais administráveis, a EAP também pode ser realizada a partir de **templates (modelos)** advindos de projetos anteriores.

Em ambos os casos, as informações sobre as atividades que compõem o projeto vêm da base, ou seja, de quem realiza ou realizou projetos semelhantes. O gestor de projeto pode coordenar a elaboração da EAP, mas precisa fazer isso embasado naquilo que os especialistas em cada área informam, em virtude de sua formação específica ou de sua experiência profissional.

Template (modelo)
Documento em formato padronizado usado como base para criação de outros documentos, com o objetivo de separar claramente forma (que traz à tona a estrutura geral) e conteúdo (aquela estrutura aplicada a um contexto específico). Traduzido também como "gabarito", "formulário" ou "máscara".

2. Estimativa de prazos

É fato que, na maioria dos casos, um projeto só é bem-sucedido quando concluído no tempo previsto. Nos projetos instrucionais, isso não é diferente. Por exemplo, não é aceitável que os conteúdos estejam prontos meses após o início de um curso. Assim, uma parte fundamental do Plano do Projeto diz respeito à **estimativa dos prazos** para que o projeto seja concluído.

2.1 Definição das atividades

Uma vez conhecidos os pacotes de entrega do projeto, precisamos estimar quanto tempo será necessário para realizá-los. Para isso, é necessário primeiro **definir as atividades** necessárias para realizar essas entregas. Podemos usar a mesma lógica da EAP aqui, usando verbos para indicar o que será realizado em cada grande bloco de produtos.

O Quadro 8.1 mostra o levantamento de atividades para a produção de um conteúdo multimídia.

•• **QUADRO 8.1** Exemplo do levantamento de atividades para a produção de um conteúdo multimídia

Etapas	Atividades
Autoria	Elaborar texto-base
	Encomendar figuras
Roteirização	Roteirizar/preparar texto
	Validar roteiro
Produção de mídias	Definir identidade visual
	Validar identidade visual
	Compor ilustrações
	Produzir/adquirir fotografias
	Gravar locuções
	Integrar texto, imagem e som
	Revisar e validar multimídia
	Gerar pacote multimídia

Fonte: Elaborado pelas autoras.

> No Capítulo 7, *Design instrucional*, exploramos as características que distinguem modelos fixo, aberto e contextualizado de design instrucional e têm grande impacto na gestão de projetos.

Observe que esse levantamento se ajusta bem ao modelo de design instrucional fixo, que valoriza a oferta de conteúdos e produtos educacionais – o foco principal deste livro. Em um DI aberto, mais voltado para pessoas e processos, há menor investimento nas atividades de autoria, roteirização e produção de mídias, enquanto a atividade de implementação cresce em importância e detalhamento.

No DI fixo, a roteirização é apoiada fortemente por tecnologias, com o uso mais complexo de ferramentas de planejamento, e o design redunda em maior detalhamento dessa atividade.

2.2 Sequenciamento das atividades

Após o levantamento de tudo o que deve ser feito para gerar as entregas, o passo seguinte é **sequenciar as atividades**, identificando quais delas podem ocorrer simultaneamente e quais precisam ser realizadas em sequência. Das várias ferramentas disponíveis para mostrar esse sequenciamento, optamos pelo **diagrama de rede** – também conhecido como gráfico de *Program Evaluation and Review Technique* (PERT), que explicita claramente os inter-relacionamentos entre as atividades. A Figura 8.4 mostra um exemplo de diagrama de rede sequenciando as atividades de produção de um conteúdo multimídia.

•• **FIGURA 8.4** Exemplo de diagrama de rede de projeto

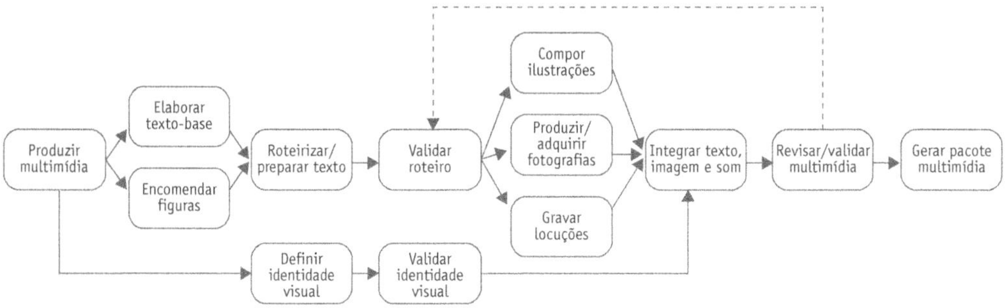

Fonte: Elaborada pelas autoras.

Observe que, simultaneamente à roteirização, pode-se adiantar a definição de identidade visual, tendo em vista que essas atividades são inter-relacionadas, mas desempenhadas por profissionais distintos. Da mesma forma, a composição de ilustrações, a produção ou aquisição de fotografias e a gravação de locuções podem ser feitas simultaneamente, mas apenas depois da validação do roteiro.

Essas relações de precedência e dependência entre as atividades parecem óbvias, mas nem sempre estão claras para todos os participantes da equipe ou mesmo para o cliente. Uma representação visual como o diagrama de rede evidencia quais atividades são "críticas" para o projeto, não porque sejam tecnicamente mais importantes que outras, mas porque viabilizam ou impedem o avanço do trabalho e, por consequência, o cumprimento dos prazos.

2.3 Duração das atividades

A estimativa de prazos é registrada no cronograma do projeto – o diagrama de redes que utilizamos anteriormente pode ser a base para a definição do cronograma –, mas, para isso, precisamos saber qual é a **duração das atividades** – ou seja, quantas horas devem ser alocadas para realizar aquilo que foi proposto.

Um exemplo desse levantamento é dado no Quadro 8.2, considerando-se o exemplo de produção de um conteúdo multimídia já apresentado.

•• **QUADRO 8.2** Levantamento de horas a serem alocadas a cada atividade do projeto

Etapas	Atividades	Responsáveis	Horas estimadas
Autoria	Elaborar texto-base	Autor	160
	Encomendar figuras	Autor	40
Roteirização	Roteirizar/preparar texto	Designer instrucional, preparador	80
	Validar roteiro	Autor	20
Produção de mídias	Definir identidade visual	Webdesigner	80
	Validar identidade visual	Gestor, cliente, designer instrucional	20
	Compor ilustrações	Ilustrador	80
	Produzir/adquirir fotografias	Fotógrafo/iconógrafo	80
	Gravar locuções	Locutor profissional, equipe de áudio	80
	Integrar texto, imagem e som	Webdesigner/programador	80
	Revisar e validar multimídia	Gestor, cliente, designer instrucional, autor	20
	Gerar pacote de multimídia	Webdesigner/programador	10
Total			750

Fonte: Elaborado pelas autoras.

Como calcular a duração das atividades? Tipicamente, o profissional ou o grupo de profissionais mais familiarizado com a atividade é capaz de fazer essas estimativas; no mínimo, ele precisa aprovar a duração estimada para completar uma tarefa ou um produto.

Benchmarking
Processo proativo e positivo de comparação de desempenho entre duas instituições, a fim de observar as melhores práticas tendo em vista o aperfeiçoamento de processos ou produtos.

É possível também recorrer a métricas de mercado (por meio da técnica de ***benchmarking***) ou a referências descritas em literatura especializada. Devemos destacar, contudo, que as métricas variam enormemente conforme os critérios e o perfil de quem efetua as medições.

A fonte mais confiável é a própria instituição, área ou grupo responsável pelo projeto. Métricas de esforços anteriores ou projetos semelhantes podem trazer indicações preciosas. Isso reforça a importância de documentar muito bem cada projeto, a fim de criar séries informativas históricas que possam embasar projetos futuros.

2.4 Elaboração do cronograma

Por fim, tendo em mãos a duração média das atividades que compõem a sequência do projeto, podemos então elaborar o **cronograma**.

Há diversos formatos de cronograma possíveis. Utilizamos aqui o formato de diagrama de redes previamente apresentado, acrescido das durações estimadas para início e fim das atividades (veja a Figura 8.5).

•• **FIGURA 8.5** Exemplo de diagrama de rede de projeto com cronograma das atividades

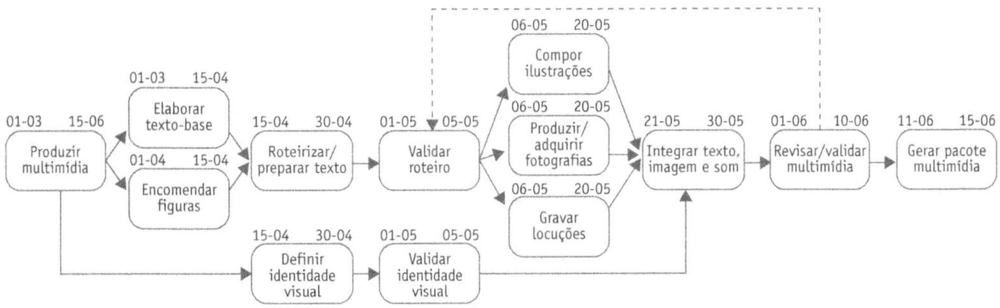

Fonte: Elaborada pelas autoras.

O diagrama de redes é uma das várias formas de comunicar e acompanhar o cronograma de um projeto. A distribuição das atividades na linha do tempo também pode ser feita por meio de outras ferramentas, como:

- **Diagrama de Gantt:** neste gráfico, o comprimento das barras determina a duração das atividades, e as linhas com setas mostram as relações entre as atividades. A principal vantagem é que a linha do tempo é mais claramente definida do que no diagrama de rede (veja a Figura 8.6).

•• **FIGURA 8.6** Diagrama de Gantt

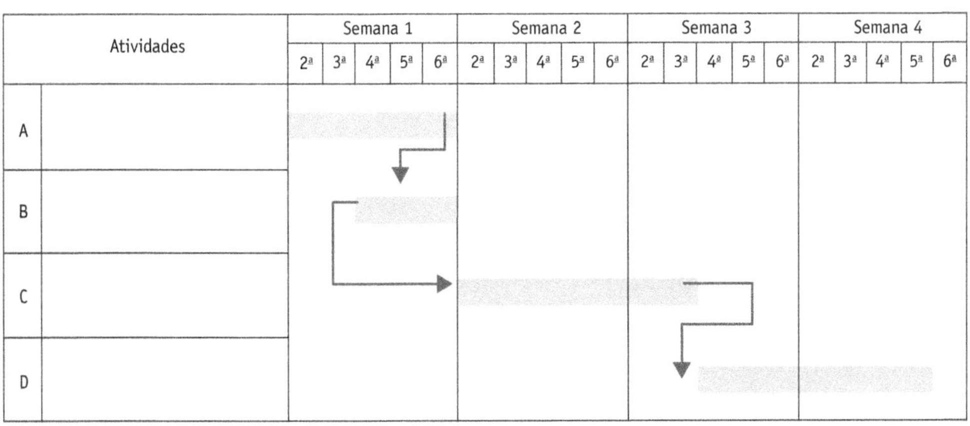

Fonte: Elaborada pelas autoras.

- **Diagrama de marcos:** também conhecido como *milestone chart*, mostra as principais entregas do projeto. Como apresenta o cronograma de maneira extremamente reduzida e fácil de visualizar, é bastante indicado na comunicação com partes interessadas não envolvidas no detalhamento das atividades (veja a Figura 8.7).

•• **Figura 8.7** Diagrama de marcos

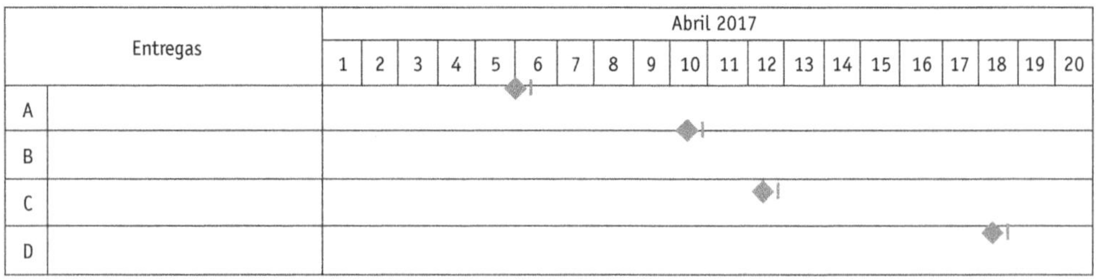

Fonte: Elaborada pelas autoras.

Independentemente do formato escolhido para representar graficamente o cronograma, devemos ressaltar que tanto a duração das atividades quanto a distribuição das datas de início e fim são influenciadas por inúmeros fatores, como:

- ***Expertise* na tarefa:** via de regra, espera-se que um profissional sênior seja capaz de realizar determinada atividade em menos tempo que um novato, dada a curva de aprendizagem maior daqueles que estão iniciando o exercício profissional.
- **Quantidade de profissionais envolvidos na atividade:** é evidente que, se houver dois profissionais dedicados à mesma atividade, por exemplo dois ilustradores trabalhando para compor figuras para a mesma unidade de estudo, o prazo de conclusão será reduzido pela metade.
- **Regime de dedicação ao projeto:** no entanto, um profissional trabalhando em meio período consumirá no mínimo duas vezes o tempo que gastaria trabalhando em regime integral no projeto.

Esses e outros fatores contextuais podem influenciar a distribuição das atividades na linha temporal, afetando também a duração total do projeto. Por essa razão, em projetos estratégicos e de grande porte, um gestor dedicado pode ser um elemento diferenciador entre o sucesso e o fracasso no cumprimento dos prazos.

3. Estimativa de custos

Desenvolver conteúdos educacionais inéditos, em geral, custa mais do que as pessoas imaginam. Esses custos por vezes aparecem diluídos em outras atividades que invariavelmente consomem, além de dedicação profissional, tempo e recursos financeiros.

Nos diferentes modelos e contextos de produção de conteúdos, a forma de estimar e monitorar custos varia muito, indo desde o controle absoluto até o tratamento informal dos recursos empregados.

Seguindo a metodologia da gestão de projetos, a gestão de custos assegura a conclusão de um projeto dentro de um orçamento bem planejado e administrado. E é papel do gestor de projetos planejar, estimar e controlar os custos durante as fases de design e desenvolvimento instrucional.

As **estimativas de custos** correspondem a avaliações quantitativas, expressas em unidades monetárias (reais), de todos os recursos requeridos para realização das atividades. Incluem mão de obra, serviços de terceiros, materiais, suprimentos, equipamentos e, em alguns casos, itens como efeitos inflacionários e reservas técnicas.

3.1 Elaboração do orçamento

O **orçamento** é o documento que registra todas essas estimativas e permite calcular o custo total do projeto. Também é o instrumento usado na fase de execução e controle para acompanhar o desempenho financeiro do projeto.

A maioria dos orçamentos é construída no formato de planilha. Na Figura 8.8, apresentamos um exemplo de orçamento simples para estimar os custos de produção de um conteúdo multimídia.

•• **FIGURA 8.8** Exemplo de planilha com estimativas de custos

Custos diretos				
Etapas/atividades	Unidade de medida	Qtd.	Custo	
			Unitário	Total
Autoria				
Elaboração de texto-base	laudas		R$	R$
1ª revisão	laudas		R$	R$
Roteirização				
Elaboração de *storyboard*	slides		R$	R$
2ª revisão	slides		R$	R$
Produção de mídias				
Composição de ilustrações	unidade		R$	R$
Produção/aquisição de fotografias	unidade		R$	R$
Gravação de locuções	minutos		R$	R$
Webdesign (projeto de identidade visual)	unidade		R$	R$
Webdesign (integração texto, som e imagem)	slides		R$	R$
3ª revisão	slides		R$	R$
Registro da obra e ISBN	preço fechado		R$	R$
Outros				
Consumíveis			R$	R$
Outros gastos não especificados			R$	R$
Total dos custos diretos				
Custos indiretos				
Porcentagem fixada pela área administrativa			%	R$
Total (custos diretos + indiretos)				R$

Fonte: Elaborada pelas autoras.

Como vemos, um orçamento simples é constituído por dois tipos de custos:

1) **Custos diretos:** aqueles relacionados essencialmente ao desenvolvimento dos conteúdos. Incluem tanto a remuneração dos profissionais que atuam no projeto quanto os recursos materiais empregados. Exemplos: preço de uma hora de estúdio de gravação; custo/hora de um profissional com base no salário + encargos; custo médio de uma ilustração original.
2) **Custos indiretos:** aqueles que não se aplicam a um único projeto, mas a vários projetos ou à administração geral da instituição. É comum utilizar aqui uma porcentagem fixa determinada pela área administrativa. Exemplos: luz, água, segurança etc.

Uma das maiores dificuldades em projetos de produção de conteúdos é obter estimativas de custo confiáveis. Para estimar recursos, buscamos estimativas traduzidas em unidades de medida, como laudas ou páginas para texto, slides ou telas para multimídia, e minutos ou segundos para áudio e vídeo.

Quando se trata de profissionais vinculados a atividades específicas do projeto, falamos em horas alocadas (as famigeradas "horas/homem") ou até mesmo em horas/aula para alinhar os cálculos aos acordos trabalhistas vigentes em instituições educacionais.

Embora existam algumas referências espalhadas em livros estrangeiros, sites de associações profissionais e blogs dedicados a outra atividade, a área ainda não está totalmente consolidada para fornecer estimativas decisivas. Não existe consenso nem mesmo quanto ao vocabulário empregado para denominar certas atividades – considere, por exemplo, os tênues limites entre design gráfico e webdesign.

> Entre as instituições que ocasionalmente publicam tabelas de referência, podemos citar, em nível nacional, a Sociedade de Ilustradores do Brasil (SIB) e a Associação dos Designers Gráficos (ADG); e, no âmbito regional, a Associação dos Designers do Distrito Federal (Adegraf) e a Associação Paulista das Agências Digitais (Apadi).

Assim como ocorre nas estimativas de tempo, podemos levantar estimativas de custos por meio de pesquisas pontuais, consultando no mercado fornecedores e/ou instituições que realizam o trabalho internamente ou contratam cada tipo de serviço.

Outra fonte de consulta são as tabelas de referência publicadas ocasionalmente por sindicatos e associações da área editorial, jornalística e de design. Nesse caso, é preciso ter em mente que métricas aceitas no mercado corporativo requerem ajustes quando aplicadas ao setor educacional, em razão das diferenças consideráveis nos orçamentos disponíveis.

Mesmo com estimativas bem fundamentadas, é alta a probabilidade de que elas sejam refinadas ao longo do projeto, em consequência de maior detalhamento das necessidades e dos recursos empregados.

Certamente, a gestão de custos é uma das áreas mais delicadas da gestão de projetos – seja nas instituições com fins lucrativos, que dependem de uma boa administração financeira para sobrevivência e de novos investimentos, seja nas organizações públicas, em que cresce o compromisso de administrar da melhor maneira os recursos públicos, ou em qualquer outro contexto de produção de conteúdos.

Nossa abordagem introdutória a essa área tão estratégica reforça a relevância do gestor de projetos e sua capacidade de lidar não apenas com números e valores monetários, mas de administrar restrições e pressões, fazendo a interface com outras áreas institucionais (departamento financeiro, jurídico, comercial, logística) e prestando contas às demais partes interessadas quanto ao emprego adequado de recursos humanos, materiais e financeiros disponíveis para o projeto.

4. Planejamento das demais áreas

Mesmo priorizando o triângulo escopo, tempo e custos, a produção de conteúdos educacionais pode beneficiar-se de outras áreas de conhecimento da gestão de projetos a fim de aprimorar as fases de planejamento e a execução.

4.1 Gestão da qualidade

Sabemos que a **qualidade** dos conteúdos educacionais é multidimensional – envolve critérios tecnocientíficos, pedagógicos, tecnológicos e organizacionais. A gestão da qualidade de um projeto de produção de conteúdos deve mirar também múltiplas dimensões.

Tomemos a dimensão tecnocientífica. Um dos critérios de qualidade é que o conteúdo seja atualizado, o que pode ser verificado, por exemplo, a partir das fontes consultadas. No entanto, esses ainda são critérios gerais e de certa forma subjetivos.

No planejamento da gestão da qualidade, precisamos transformar esses atributos desejados em **indicadores e métricas verificáveis**. Como isso pode ser feito? Por exemplo, criando intervalos de cinco a dez anos, qualificando a bibliografia disponível nesse período, e confrontando as fontes informadas no recurso didático com esses períodos categorizados. Aí teremos condições de objetivamente afirmar se um conteúdo ou uma unidade de estudo está ou não atualizado.

> No Capítulo 14, *Avaliação*, retomamos os critérios de qualidade para avaliação de conteúdos educacionais encontrados na literatura sobre o tema e que podem servir de parâmetro para o plano de gestão da qualidade.

Certamente, essa é uma tarefa bastante trabalhosa. Daí a importância de eleger critérios realmente significativos para os conteúdos em questão. O que ocorre, porém, é que em uma primeira implantação da gestão de projetos por uma instituição, uma área ou um grupo, parece haver uma quantidade de trabalho impossível de realizar, porque provavelmente nunca se fez nenhuma verificação desse tipo, ou porque não se seguia uma lógica compartilhada de planejamento e acompanhamento.

Assim, pode parecer custoso demais empreender uma análise desse porte para um único projeto. Contudo, quando é reconhecido o potencial de aplicação a projetos futuros, a gestão da qualidade pode escalonar essa tarefa até desenvolver uma sistemática completa para garantia da qualidade.

Algumas técnicas podem facilitar muito o **planejamento e a garantia da qualidade**. O *benchmarking*, por exemplo, pode ser aplicado a outros projetos, internos ou externos, a fim de identificar as melhores práticas – e também métricas referenciais.

Uma das práticas mais consolidadas para assegurar a qualidade dos conteúdos produzidos no mundo editorial é a **revisão** (textual, de estilo, ortográfica, gramatical ou de provas). Adotada desde o início das publicações, é etapa obrigatória na edição de livros e de outros materiais impressos. Não há por que ignorá-la na produção de conteúdos educacionais, muito menos no universo digital. Pelo contrário, o que vemos é uma sofisticação dessa atividade, com o apoio de checklists e por meio de leituras transversais focadas em elementos específicos de uma mídia: só títulos, só links, só legendas, só áudio...

A Figura 8.9 reproduz um exemplo de checklist relativo aos verbetes de glossário elaborados para um material didático impresso.

•• **FIGURA 8.9** Exemplo de checklist para verificação de qualidade

LISTA DE VERIFICAÇÃO PARA VERBETES DE GLOSSÁRIO

- ✓ Cobrem todos os termos-chave?
- ✓ Cobrem todos os termos paralelos?
- ✓ Formam um índice final coerente?
- ✓ Estão posicionados na primeira ocorrência do termo?
- ✓ Apresentam definições completas e sucintas?

Fonte: Elaborada pelas autoras.

No Capítulo 13, *Produção de mídias*, o leitor pode encontrar mais orientações sobre a atividade de revisão.

Validações intermediárias também possibilitam a identificação de falhas e de não conformidades aos padrões estabelecidos, a tempo de implementar um plano de resposta com correções tanto nos produtos quanto nos processos. A essa altura, você pode perguntar: como a verificação de qualidade impacta a gestão do projeto? A resposta é simples: como a qualidade se relaciona diretamente ao escopo do projeto, se uma atividade ou um produto não corresponder aos indicadores estabelecidos, será preciso reservar nova quantidade de horas para assegurar o cumprimento dos indicadores, o que provavelmente também gerará custos extras.

Além disso, amostragens estatísticas podem ser utilizadas na verificação de entregas. Tomemos por exemplo uma instituição que contratou um fornecedor externo, a fim de desenvolver para seus cursos de pós-graduação 240 objetos de aprendizagem compatíveis com o padrão SCORM, conforme definido em contrato. A instituição contratante não tem pessoas, tempo ou orçamento disponível para verificar se os 240 objetos entregues são de fato compatíveis, mas pode fazer uma verificação por amostragem, selecionando aleatoriamente uma porcentagem dos pacotes entregues e atestando a conformidade técnica.

Pontos de controle colaborativos também podem ser estabelecidos ao longo do ciclo de vida do projeto: por exemplo, criar um *focus group* (grupo focal) para validar em equipe a matriz de planejamento de um curso, o roteiro ou *storyboard* de uma unidade de estudo, um vídeo de abertura finalizado para um módulo antes que se produzam os demais, e por aí segue.

O Quadro 8.3 dá uma ideia do que seria um plano simples para a gestão de qualidade na produção de conteúdos educacionais.

•• **Quadro 8.3** Exemplo de plano de gestão da qualidade

Critério de qualidade	Indicador	Métrica desejada	Técnica de verificação	Responsável	Plano de resposta
Validade técnica	Currículo do autor	Mestrado	Currículo *Lattes*	Coordenador técnico	Parecer técnico de entidade representativa
Adequação pedagógica	Avaliação de reação de potenciais usuários	80% de aprovação	Grupo focal	Designer instrucional	Nova revisão por designer instrucional
Diversidade de linguagens	Emprego adequado de elementos visuais	Proporção de 1 figura para cada 3 laudas de texto-base	Leitura transversal de figuras, quadros e tabelas	Revisor de provas	Identificação de tópicos de conteúdo passíveis de representação visual

Fonte: Elaborado pelas autoras.

4.2 Gestão da comunicação

Não temos dúvida quanto ao papel da **comunicação** na produção de conteúdos educacionais – na verdade, em qualquer ação educacional. Importa-nos destacar aqui o papel igualmente importante da comunicação na gestão de projetos instrucionais.

É a comunicação que mantém informadas e engajadas as partes interessadas, entregando informações provenientes de diversas fontes a quem interessar, no momento e da forma mais apropriada.

As informações abrangem desde a declaração de escopo até o relatório final com as lições aprendidas, passando por todos os eventos, notícias e solicitações de mudança ocorridos durante o ciclo de vida do projeto.

•• **FIGURA 8.10** Exemplo de matriz de gestão da comunicação

Qual informação?	De quem?	Para quem?	Quando?	Onde?	Como?
Termo de referência ou abertura	Gestor do projeto	Equipe do projeto	Início do projeto	Em reunião presencial + ambiente virtual	Distribuição de cópia impressa + acesso virtual
Diretório da equipe	Gestor do projeto	Equipe do projeto	Início do projeto	Ambiente virtual	Acesso mediante senha
Diretório das partes interessadas	Gestor do projeto	Informação confidencial	–	Ambiente virtual	Acesso restrito
Declaração de escopo	Gestor do projeto	Equipe do projeto	Início do projeto	Em reunião presencial + ambiente virtual	Distribuição de cópia impressa + acesso virtual
Cronograma	Gestor do projeto	Equipe do projeto	Início do projeto	Em reunião presencial + ambiente virtual	Distribuição de cópia impressa + acesso virtual
Orçamento	Gestor do projeto	Informação confidencial	–	Ambiente virtual	Acesso restrito
Relatório de análise contextual	Designer instrucional	Gestor, autor, equipe de produção	Ao final da fase de análise	Em reunião presencial + ambiente virtual	Distribuição de cópia impressa + acesso virtual
Matriz de planejamento educacional	Autor	Designer instrucional, equipe de produção	Antes da roteirização	Em reunião presencial + ambiente virtual	Distribuição de cópia impressa + acesso virtual
Texto-base preparado pelo autor	Autor	Designer instrucional	Antes da roteirização	Ambiente virtual	E-mail
Roteiros/ *storyboards*	Designer instrucional	Gestor, autor, equipe de produção	Pós-validação e pré-produção	Em reunião presencial + ambiente virtual	Projeção em telão + acesso virtual
Solicitações de mudança	Gestor do projeto, designer instrucional	Equipe do projeto, equipe de produção	Imediatamente após análise do gestor de projeto	Ambiente virtual	E-mail
Relatório de status do projeto	Gestor do projeto	Cliente, equipe do projeto	Quinzenalmente	Em reunião presencial + ambiente virtual	Projeção em telão + acesso virtual
Atas de reunião	Gestor do projeto	Equipe do projeto	48 horas pós-reunião	Ambiente virtual	E-mail
Relatório final e lições aprendidas	Gestor do projeto	Cliente, equipe do projeto	Ao final do projeto	Em reunião presencial + ambiente virtual	Projeção de slides + acesso virtual

Fonte: Elaborada pelas autoras.

Faz parte do planejamento classificar as informações segundo o grau de confidencialidade e publicidade (informação pública ou privada), a quem elas devem ser endereçadas, em que grau de detalhamento e frequência (diária, semanal, mensal).

Além disso, várias são as formas de comunicação na gestão de projetos:

- Escrita, oral ou gráfica.
- Formal (por meio de relatórios e comunicados oficiais) ou informal (anotações, conversas no café).
- Vertical (para os níveis superiores e inferiores do organograma) ou horizontal (entre pares).
- Interativa (por meio de reuniões, telefonemas e visitas), passiva (*pull* – a informação é enviada, como no caso de cartas, memorandos, relatórios, e-mails, comunicados pela imprensa) ou ativa (*push* – a informação é buscada em sites, repositórios, bibliotecas).

Assim, é importante também notificar a todos os interessados sobre onde e como as informações serão armazenadas e veiculadas. Todos esses pormenores podem ser organizados em uma matriz de comunicação como a apresentada na Figura 8.10, em que incluímos também alguns produtos gerados nas diferentes fases do design instrucional.

4.3 Gestão dos recursos humanos

A natureza temporária dos projetos traz certa transitoriedade às relações estabelecidas entre as pessoas, diferentemente do que ocorre em outras relações organizacionais. A gestão dos **recursos humanos** visa, assim, a tornar mais efetiva a participação dos recursos humanos no projeto, abrangendo desde a montagem da equipe até sua capacitação e avaliação.

Para a produção de conteúdos educacionais, teremos uma equipe de projeto multidisciplinar, formada por especialistas em conteúdo, em educação, em comunicação, em tecnologia e, como estamos discutindo neste capítulo, em gestão.

Evidentemente, a quantidade de especialistas dedicados a cada uma dessas áreas varia de acordo com o porte e a natureza do projeto. Em alguns contextos que adotam o modelo de produção artesanal, o mesmo profissional assume mais de um desses papéis, ao passo que, em modelos de produção industrial e pós-industrial mais complexos, vários profissionais de igual formação podem compartilhar as mesmas atividades.

O Capítulo 5, *Dimensão organizacional*, detalha os modelos de produção e as relações estabelecidas entre os profissionais do projeto.

Seja como for, considerando o modelo de produção industrial típico aplicado à produção de conteúdos educacionais, cada especialista responde por uma parte do projeto, embora suas atividades não sejam executadas de maneira isolada. Pelo contrário: como mostra a Figura 8.11, boa parte das atividades sobrepõem-se, o que acaba gerando maior complexidade. Afinal, os especialistas têm necessidades próprias em termos de escopo, tempo e custos, o que requer a interferência direta do especialista em gestão para planejar, acompanhar e eventualmente reprogramar a sequência de atividades.

•• **FIGURA 8.11** Interfaces entre os especialistas envolvidos na produção de conteúdos educacionais

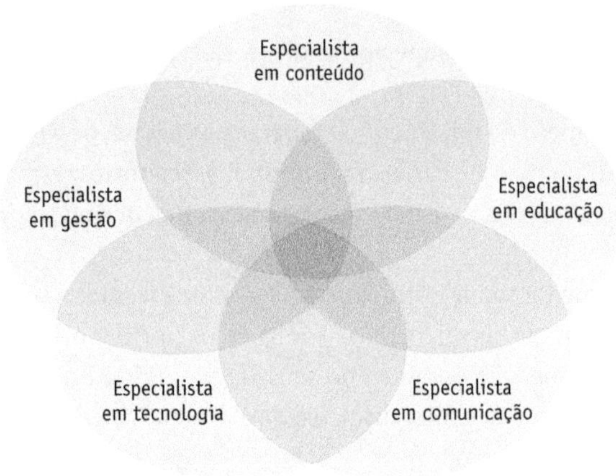

Fonte: Elaborada pelas autoras.

As seções a seguir trazem as responsabilidades de cada um desses perfis no projeto.

Especialista em conteúdo

A dimensão tecnocientífica dos conteúdos educacionais está fortemente atrelada à trajetória acadêmica e profissional deste especialista, que também recebe o nome de "conteudista". Embora ele contribua em diversas atividades do projeto, as que estão sob sua responsabilidade direta são a organização curricular, o planejamento educacional e a autoria.

> Discutimos a organização curricular no Capítulo 1, *Dimensão tecnocientífica*; o planejamento educacional e a autoria são tratados, respectivamente, nos Capítulos 10 e 11.

A autoria, em especial, apresenta-se como um grande desafio. Espera-se que esse profissional – em geral com respeitável atuação na academia e/ou no mercado de trabalho – traduza em linguagem escrita (posteriormente roteirizada e produzida em mídias) o diálogo que seria travado com os alunos em uma sala de aula real. Para isso, ele conta com o apoio de outros especialistas. Por exemplo, conhecedor profundo que é do assunto explorado em um recurso didático, o conteudista pode adotar uma linguagem excessivamente técnica e incompreensível para o público-alvo – fator que o especialista em educação domina e no qual pode contribuir com segurança.

Especialista em educação

Não há dúvida de que qualquer profissional envolvido com a educação deve buscar a qualidade pedagógica dos conteúdos. Se quisermos, porém, atribuir essa responsabilidade a um profissional distinto, ela recai sobre o especialista em educação, que pode ser o coordenador pedagógico, o designer instrucional, o editor pedagógico ou equivalentes.

Seja qual for a denominação adotada para esse profissional no projeto, o especialista em educação interage o tempo todo com a equipe.

Grande parte das vezes, é ele quem faz, com o gestor do projeto, a análise do público-alvo no princípio do processo de design instrucional e a avaliação da produção de conteúdos ao final, particularmente quando essas duas atividades beneficiam mais de um programa, curso ou unidade de estudo.

Também trabalha lado a lado com o conteudista, apoiando as atividades de organização curricular, planejamento educacional e autoria. Além disso, é o responsável direto pela roteirização, que consiste em adequar a linguagem ao perfil do público-alvo e alinhar a estrutura ou sequência dos conteúdos aos objetivos educacionais (sempre com a validação do conteudista), preparando o texto-base para a produção de mídias (em conformidade com padrões definidos com os especialistas em comunicação e tecnologias).

Como exemplo desse trabalho integrado, vamos pensar em um curso de redação cujo objetivo seja desenvolver competências de comunicação escrita no ambiente profissional. O conteudista faz um bom trabalho ao apresentar os conteúdos básicos, mas todos os exemplos incluídos são relacionados à redação de monografias acadêmicas, algo de que o público do curso não necessita mais no contexto profissional. Em uma situação como essa, o especialista em educação pode ajudar o conteudista a retomar os objetivos do curso para então desenvolver, com a ajuda do especialista em comunicação, exemplos concretos mais próximos do perfil dos alunos em questão.

Especialista em comunicação

Apesar de toda a democratização das ferramentas de autoria hoje disponíveis até aos alunos, a produção profissional de conteúdos continua valendo-se (e muito) dos especialistas em comunicação (roteiristas, redatores, revisores), bem como de profissionais que atuam na fronteira entre tecnologia e comunicação (como os designers de interface) para tirar o melhor proveito das mídias e das tecnologias.

É função do especialista em comunicação assegurar a possibilidade de diálogo e interação, mesmo em conteúdos de teor mais expositivo, reproduzindo uma conversa coloquial e recíproca entre um professor e seus alunos. Além de propiciar a fluidez e a adequação gramatical de que o conteúdo necessita, esse profissional é capaz de apoiar o conteudista em questões referentes ao estilo do texto, à "voz" do autor e à inclusão de chamadas à reflexão, ao aprofundamento e ao estudo complementar.

Além disso, em gêneros discursivos menos familiares ao conteudista ou ao designer instrucional, o especialista em comunicação pode contribuir na construção de narrativas, vídeo-documentários, jogos interativos e outros formatos que requeiram um conhecimento mais profundo da dimensão comunicacional.

Especialista em tecnologia

A evolução das tecnologias empregadas em apoio à aprendizagem tem sido tão acelerada que é cada vez mais raro que um único especialista – por exemplo, um conteudista ou um designer instrucional – domine tudo o que há disponível.

Assim, torna-se cada vez mais importante o papel dos especialistas em tecnologia: programadores, designers de interface e analistas de sistemas capazes de lidar com códigos, dados, ferramentas e sistemas.

Em linhas gerais, esse profissional age como um guia no complexo mundo digital – mostrando à equipe do projeto as possibilidades tecnológicas para a produção de mídias, a veiculação de conteúdos e a realização de atividades de aprendizagem.

Além disso, pode colaborar na construção de tutoriais sobre utilização de tecnologias pela equipe de desenvolvimento e implementação.

Assim, a fim de encontrar soluções criativas para disponibilizar os conteúdos, esse profissional se mantém atento às inovações não só nas soluções educacionais, mas também no próprio processo de produção de conteúdo educacional.

Especialista em gestão

Como vimos, o especialista em gestão – também designado gestor, coordenador ou supervisor do projeto – tem um papel bastante ativo em instituições de grande porte, que contam com muitos colaboradores (internos e externos) e desenvolvem vários projetos simultaneamente.

Em contextos menores ou mais flexíveis, esse papel costuma ser desempenhado por um colaborador mais experiente que, por formação ou vivência profissional, tenha desenvolvido competências administrativas. Nesses casos, não é raro que um conteudista mais antigo na instituição ou que um design instrucional sênior assuma o papel de gestor ao mesmo tempo que responde por outras atividades do projeto.

O gestor é, na maior parte das vezes, responsável por elaborar e executar o Plano do Projeto. Isso significa que, além de definir escopo, prazos e orçamentos antes do início das atividades, ele os administra ao longo de todo o projeto, fazendo acontecer as decisões tomadas no planejamento.

E, adicionalmente, o gestor faz a interface com as demais partes interessadas no projeto, tanto as áreas institucionais que participam, mesmo que indiretamente, do processo de produção de conteúdo (por exemplo, departamento financeiro, jurídico, comercial e logística) quanto os *stakeholders* externos.

Trabalho colaborativo

Uma característica importante da gestão de recursos humanos em projetos é a substituição de uma mentalidade de "comando e controle", presente em várias organizações, por uma ênfase maior na **colaboração** entre os participantes.

A equipe do projeto em geral é formada por especialistas respeitados dentro e fora da organização, com formação por vezes superior à do gestor de projetos. Eles utilizam vocabulário próprio, metodologias diferenciadas e trazem contribuições únicas para o produto final. No entanto, tendem a enxergar a qualidade de uma maneira unidimensional.

Participar de projetos colaborativos pode ser uma experiência nova para a equipe, em especial para os conteudistas e especialistas em educação, que tradicionalmente trabalham sozinhos em sala de aula, em tese com plena autonomia e autoridade sobre os alunos. Definir e comunicar claramente a função de cada um dos participantes e sua responsabilidade para com os demais é de fundamental importância.

Um dos instrumentos empregados com esse propósito é a **matriz de responsabilidades.** Ela apresenta, na forma de quadro, as responsabilidades de cada participante do projeto. O objetivo é explicitar o que cada um deve fazer, a fim de evidenciar o potencial colaborativo do projeto, além de garantir maior comprometimento com o cronograma de entregas e validações, das quais depende o trabalho dos outros profissionais.

A matriz é preparada na fase de planejamento do projeto, de preferência em conjunto com os especialistas. Isso significa que não existe uma matriz definitiva e que funcione para todo e qualquer projeto instrucional. A Figura 8.12 apresenta um exemplo de matriz, na qual se estabeleceu um código para informar o tipo de participação dos profissionais em cada atividade.

•• **FIGURA 8.12** Exemplo de matriz de responsabilidades

Nome	Função	Etapas/atividades					
		Análise contextual	Planejamento educacional	Autoria	Roteirização	Produção	Avaliação
João da Silva Rocha	Autor	A	R	R	V	V	A
Maria Curupaiti	Gestora do projeto	V	V	V	V	V	R
Rogério Fernandes	Designer instrucional	R	A	A	R	A	R

R = realizar, V = validar, A = apoiar.

Fonte: Elaborada pelas autoras.

A matriz de responsabilidades pode incorporar outras informações (como dados dos participantes) que forem importantes para o projeto. Alternativamente, pode-se construir um **diretório da equipe de projeto**, ou este pode ser um arquivo independente, como mostra a Figura 8.13.

•• **FIGURA 8.13** Exemplo de diretório da equipe

Nome	Função	E-mail	Telefone
João da Silva Rocha	Autor	joao@rocha.com	11 2222-3333
Maria Curupaiti	Gestora do projeto	maria@curupaiti.com	21 4444-5555
Rogério Fernandes	Designer instrucional	rogério@fernandes.com	61 7777-8888

Fonte: Elaborada pelas autoras.

Convém destacar que a matriz de responsabilidades e o diretório podem ser estendidos para abarcar, além da equipe dedicada ao projeto, as demais partes interessadas.

4.4 Gestão das partes interessadas

O planejamento não estará completo se ignorar pessoas, grupos ou instituições que tenham interesse, envolvimento ou impacto no projeto. O primeiro passo é identificar as **partes interessadas** e entender a relação de cada uma delas com o projeto em termos de:

- **Poder ou nível de autoridade:** posição hierárquica, carisma ou liderança pessoal (variando de muito alto a muito baixo).
- **Interesse:** nível de preocupação em relação aos resultados do projeto (também variando de muito alto a muito baixo).
- **Nível de engajamento:** postura em relação ao projeto, que pode traduzir-se em:
  - **apoiador:** dá sustentação ao projeto;
  - **neutro:** tem conhecimento sobre o projeto, porém não toma partido;
  - **resistente:** se encontrar oportunidade, prejudicará o andamento do projeto;
  - **desinformado:** não conhece sobre o projeto, por isso não tem posição formada;
  - **líder:** está engajado em garantir o sucesso do projeto.

A partir daí, podem ser planejadas e então gerenciadas respostas – em geral ligadas ao plano de comunicação – a fim de manter/obter apoio ou reduzir resistências. Os aspectos citados podem ser reunidos em um plano de gestão das partes interessadas, como o exemplificado na Figura 8.14.

•• **FIGURA 8.14** Exemplo de plano de gestão das partes interessadas

Parte interessada	Nível de poder	Nível de interesse	Nível de engajamento		Estratégias	Comentários (opcional)
			Atual	Desejado		
Reitor	Muito alto	Médio	Desinformado	Apoiador	Mostrar os benefícios do projeto para a instituição	
Equipe de produção	Médio	Muito baixo	Resistente	Apoiador	Identificar os motivos de resistências e atuar em busca de engajamento	
Coordenador da pós--graduação	Alto	Baixo	Neutro	Líder	Mostrar os benefícios do projeto para a pós-graduação	
...						

Fonte: Elaborada pelas autoras.

Cabe aqui comentar que esse tipo de planejamento pode representar apenas mais uma camada de burocratização. No entanto, devemos lembrar que essa forma de consideração sobre os interessados ocorre sempre – mesmo que informalmente – em qualquer projeto. A decisão de formalizar essa análise e programar respostas intencionais dependerá muito do impacto que as partes interessadas têm sobre o projeto.

De toda forma, por trás dessa área de gestão de projetos, subjaz a crença de que é possível, em alguma medida, alterar o nível de engajamento de pessoas, grupos ou organizações, e isso por si só já traz um horizonte de possibilidades para superar problemas de falta de apoio ou resistência explícita a projetos.

4.5 Gestão dos riscos

Como vimos, uma boa opção para levantar os **riscos** de um projeto é por meio de um *brainstorming* com a equipe. Ninguém melhor do que os especialistas envolvidos para conhecer os potenciais percalços e armadilhas de sua área.

Uma vez identificados os riscos, eles precisam ser avaliados em termos de probabilidade de ocorrência, impacto geral sobre o projeto e grau de controle. Podemos atribuir valores a cada um desses critérios e assim chegaremos ao índice de risco, multiplicando os valores atribuídos a cada critério. Vejamos:

- **Probabilidade de ocorrência:** quão provável que o risco aconteça durante a execução do projeto? (1 = baixa probabilidade a 3 = alta probabilidade)

- **Impacto:** quão sérias serão as consequências se esse risco acontecer? (1 = baixo impacto a 3 = alto impacto)
- **Grau de controle:** qual é o nosso poder de evitar a ocorrência desse risco? (1 = pouco controle a 3 = muito controle)

O **índice do risco** responde à pergunta "Quão ameaçador é o risco para o projeto?" e pode ser calculado pela fórmula a seguir:

$$\text{Índice do risco} = \frac{\text{probabilidade de ocorrência} \times \text{impacto}}{\text{grau de controle}}$$

A Figura 8.15 mostra alguns exemplos de riscos avaliados segundo esses critérios.

•• **FIGURA 8.15** Exemplo de plano de avaliação de riscos

Risco	Probabilidade (1-3)	Impacto (1-3)	Controle (1-3)	Índice do risco (1-9)
Solicitações de mudança pós-produção	3	3	1	6
Conteudista não disponível nas datas previstas	1	3	1	3
Atraso na validação final pelo cliente	3	3	2	3
...				

Fonte: Elaborada pelas autoras.

Muitas vezes, basta compartilhar essa análise com as partes interessadas – e comunicar as consequências em relação a escopo, prazos e custos – para atenuar alguns riscos. Se ainda assim os riscos permanecerem, conhecer suas consequências pode facilitar a gestão de mudanças necessárias durante a execução.

4.6 Gestão de aquisições

Na gestão de projetos instrucionais, planejar **aquisições** corresponde a descrever como processos de compra serão administrados. Isso abrange desde a tomada de decisão sobre desenvolver os conteúdos interna ou externamente até o encerramento de contratos.

Um dos objetivos principais é garantir a transparência na contratação de fornecedores e também orientar a equipe interna sobre os procedimentos para adquirir materiais, equipamentos e suprimentos.

Uma das principais questões envolvidas aqui é a chamada decisão de compra, a qual pressupõe uma análise detalhada quanto à urgência da aquisição em relação ao impacto de não realizá-la. O resultado é a elaboração de uma justificativa a ser apresentada a quem, no projeto ou na instituição, tem o poder de autorizar a compra.

De acordo com a natureza jurídica da instituição e também o porte do processo de aquisição, pode ser necessário formalizar o processo de aquisição, elencando critérios eliminatórios e classificatórios para avaliar propostas de fornecedores.

Ademais, é preciso descrever detalhadamente o produto ou serviço a ser adquirido, incluindo todos os requisitos técnicos e funcionais. Por exemplo, se formos contratar um estúdio para gravação de vídeo, será necessário prever a quantidade e os tipos de câmeras, microfones, tripés e outros acessórios que serão necessários, se o custo de cenários de fundo, tipo de iluminação e enquadramentos etc. está incluído.

O objetivo é tanto subsidiar propostas de potenciais fornecedores e a posterior preparação de contratos com validade comercial e jurídica, quanto facilitar o posterior gerenciamento dos contratos firmados. Geralmente, estarão envolvidos nas aquisições o gestor do projeto para coordenar o processo, o departamento jurídico para dar valor legal à contratação, um especialista técnico para descrever os requisitos e o setor financeiro para administrar os pagamentos.

Um exemplo de plano de aquisições – que pode ser estendido conforme as necessidades de contexto – é mostrado na Figura 8.16.

•• **FIGURA 8.16** Exemplo de plano de aquisições

Item a ser adquirido	Urgência	Impacto da não aquisição	Justificativa	Potenciais fornecedores	Estimativa de entrega ou conclusão	Orçamento estimado
Assinatura de banco de imagens	Máxima	Atraso no cronograma, risco de infração a direitos autorais, baixa qualidade visual	A equipe não dispõe de ilustrador ou fotógrafo, as imagens em domínio público não atendem à necessidade do projeto	A, B e C	Imediata	R$
Kit de dispositivos móveis para testes (tablet, telefone móvel e PDA)	Mediana	Impossibilidade de testar *in loco* conteúdos nas plataformas móveis	Cada vez mais potenciais usuários do conteúdo (alunos e professores) acessam conteúdos via dispositivos móveis; a equipe precisa ter acesso a essas plataformas para fazer testes na fase de desenvolvimento	Tablet marca alfa: fornecedores A, B e C Tablet marca beta: fornecedores A e C Telefone móvel marcas delta e gama: fornecedores A, B e C PDA marca genérica: fornecedor D	2 meses	R$

Fonte: Elaborada pelas autoras.

Destacamos a integração do plano de aquisições com a gestão do escopo (por meio da justificativa), a gestão de tempo (por meio da estimativa de entrega ou conclusão) e a gestão de custos (mediante o orçamento estimado).

4.7 O Plano do Projeto Integrado

A gestão da **integração** nada mais é que a coordenação das diversas áreas do projeto. No nível do planejamento, a integração ocorre por meio do Plano do Projeto, que exploramos detalhadamente nas últimas seções. O leitor pode ainda visualizar um modelo completo de Plano do Projeto Integrado ao final deste capítulo.

No nível da execução, a integração ocorre por meio da coordenação e do monitoramento das atividades e suas interfaces, bem como pelo controle integrado de mudanças, entendidas aqui como alterações aos planos originais, com as respectivas atualizações e ações corretivas.

Como temos afirmado, acreditamos no papel essencial do gestor de projeto, mais especificamente como elemento integrador, a fim de estabelecer, com a equipe, diretrizes articuladas nesses dois níveis.

As pessoas envolvidas na produção de conteúdos tendem a enxergar o projeto do seu ponto de vista particular, e é compreensível que priorizem a dimensão na qual atuam concretamente. E não raro esses profissionais têm pouco apreço por métricas, planilhas e controles numéricos, encarando as práticas de gestão como inflexíveis, irrealistas e limitadoras ao trabalho criativo e intelectual.

O cenário muda quando os envolvidos no projeto conseguem perceber o valor da gestão integrada. Gestores que definem prazos-limites e orçamentos sobre bases coerentes e realistas, que buscam soluções em parceria com os especialistas, em vez de cobrar e apontar problemas/erros o tempo todo, podem reverter essa situação. Dessa forma, conseguem transmitir segurança à equipe, apoiando e comunicando com clareza os resultados de um trabalho que é essencialmente colaborativo.

•• PARA CONCLUIR

Não importa qual é nosso papel na produção de conteúdos, nem faz diferença qual é o porte da organização em que atuamos e, ainda que estejamos trabalhando sozinhos, mais cedo ou mais tarde vamos nos deparar com decisões ligadas ao planejamento e à execução do projeto.

De maneira menos ou mais formal, todos desejamos entregar produtos educacionais que atendam às necessidades de aprendizagem. De forma menos ou mais estruturada, todos estabelecemos e gerenciamos prazos de entrega. E, de maneira menos ou mais consciente, todos sabemos das limitações financeiras envolvidas.

A gestão de projetos, como o design instrucional, permite sistematizar todas essas questões com base em teorias e práticas acumuladas. Talvez o maior *insight* propiciado por essas duas metodologias seja a possibilidade de compreender como essas várias questões se relacionam entre si e com diversas outras áreas importantes para a consecução dos objetivos.

Estruturado o projeto integrado, estamos livres para mergulhar nas atividades de produção de conteúdos, em seus diversos aspectos técnicos e práticos.

•• REFERÊNCIAS

EEI COMMUNICATIONS. *My big sourcebook*: for people who work with words or pictures. Alexandria, Virginia: EEI Press, 1996.

ESCRITÓRIO DE PROJETOS. *Guia de gerenciamento de projetos baseado no Guia PMBOK com templates e exemplos para agilizar seu aprendizado*. São Paulo: PMO – Project Management Office, 2008-2015.

FILATRO, A. *Design instrucional na prática*. São Paulo: Pearson, 2008.

FILKELSTEIN, M. J. et al. *Dollars, distance, and online education*: the new economics of college teaching and learning. Phoenix: American Council on Education and The Oryx Press, 2000.

GREER, M. *ID project management:* tools and techniques for instructional designers and developers. New Jersey: Educational Technology Publications, 1992.

MAXIMIANO, A. C. A. *Administração de projetos:* como transformar ideias em resultados. São Paulo: Atlas, 2002.

PROJECT MANAGEMENT INSTITUTE. *A guide to the project management body of knowledge (PMBOK® Guide)*. 5. ed. Pennsylvania: PMI, 2013.

SHACKELFORD, B. *Project managing e-learning*. Alexandria: American Society for Training & Development, 2002.

SMITH, P. L.; RAGAN, T. J. *Instructional design*. 3. ed. New Jersey: Willey Jossey-Bass Education, 2005.

VARGAS, R. *Manual prático do plano do projeto*. Rio de Janeiro: Brasport: 2003.

Apêndice ao Capítulo 8

PLANO DO PROJETO INTEGRADO

Como vimos ao longo deste capítulo, muitas são as áreas que concorrem para o planejamento e a execução de um projeto. O Plano do Projeto Integrado permite sistematizar e visualizar a integração entre essas áreas. Nesta e nas páginas a seguir, apresentamos ao leitor um modelo inicial para a elaboração desse plano.

1. Declaração de escopo

Título do projeto	
Gestor do projeto	
Cliente	
Público-alvo	
Justificativa	
Produtos	
Características gerais	
Diferenciais (opcional)	
Principais atividades	
Orçamento básico	
Marcos de entrega	

1.1 Estrutura analítica do projeto (EAP)

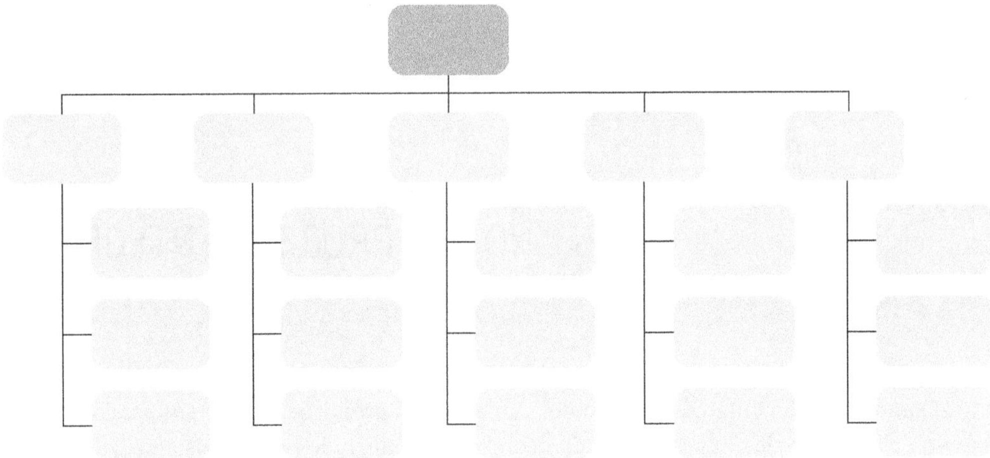

2. Estimativa dos prazos

2.1 Definição das atividades

(Levantamento de atividades)

Etapas	Atividades

2.2 Sequenciamento das atividades

(Diagrama de rede)

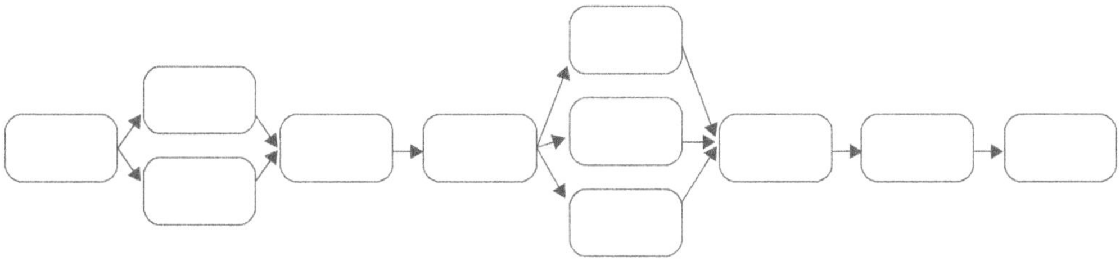

2.3 Duração das atividades

(Levantamento de horas a serem alocadas)

Atividades	Responsáveis	Horas estimadas

2.4 Elaboração do cronograma

(Diagrama de Gantt)

Atividades		Semana 1					Semana 2					Semana 3					Semana 4				
		2ª	3ª	4ª	5ª	6ª	2ª	3ª	4ª	5ª	6ª	2ª	3ª	4ª	5ª	6ª	2ª	3ª	4ª	5ª	6ª
A																					
B																					
C																					
D																					

(Diagrama de marcos)

Entregas		Mês/ano																			
		1	2	3	4	5	6	7	8	9	10	11	12	13	14	15	16	17	18	19	20
A																					
B																					
C																					
D																					

3. Estimativa de custos

3.1 Elaboração do orçamento

(Planilha com estimativa de custos)

Custos diretos				
Etapas/atividades	Unidade de medida	Qtd.	Custo	
			Unitário	Total
			R$	R$
			R$	R$
			R$	R$
			R$	R$
			R$	R$
			R$	R$
			R$	R$
			R$	R$
			R$	R$
			R$	R$
			R$	R$
Outros				
Consumíveis			R$	R$
Outros gastos não especificados			R$	R$
Total dos custos diretos				
Custos indiretos				
Porcentagem fixada pela área administrativa			%	R$
Total (custos diretos + indiretos)				R$

4. Planejamento das demais áreas do projeto

4.1 Gestão da qualidade

(Plano de gestão da qualidade)

Critério de qualidade	Indicador	Métrica desejada	Técnica de verificação	Responsável	Plano de resposta

4.2 Gestão da comunicação

(Matriz de gestão da comunicação)

Qual informação?	De quem?	Para quem?	Quando?	Onde?	Como?

➤

➤

Qual informação?	De quem?	Para quem?	Quando?	Onde?	Como?

4.3 Gestão dos recursos humanos

(Matriz de responsabilidades integrada ao diretório da equipe)

Nome	Função	E-mail	Telefone	Etapas/atividades					
				A	B	C	D	E	F

R = realizar, V = validar, A = apoiar.

4.4 Gestão das partes interessadas

(Plano de gestão das partes interessadas)

Parte interessada	Nível de poder	Nível de interesse	Nível de engajamento		Estratégias	Comentários (opcional)
			Atual	Desejado		

4.5 Gestão dos riscos

(Plano de avaliação de riscos)

Risco	Probabilidade (1-3)	Impacto (1-3)	Controle (1-3)	Índice do risco (1-9)

4.6 Gestão das aquisições

(Plano de gestão das aquisições)

Item a ser adquirido	Urgência	Impacto da não aquisição	Justificativa	Potenciais fornecedores	Estimativa de entrega ou conclusão	Orçamento estimado

Parte III

Atividades da produção

A terceira parte deste livro debruça-se sobre a prática da produção de conteúdos. É fruto de nossa experiência no mundo editorial e na modalidade da educação a distância em instituições públicas e privadas que atuam no ensino superior, no ensino profissionalizante e na educação corporativa.

Organizamos as várias atividades práticas partindo da lógica do design instrucional (DI), que corresponde à nossa principal área de atuação e pesquisa, e agregamos às fases clássicas do DI aquilo que consideramos pertinente para abarcar o amplo *framework* teórico que subsidia este livro.

Assim, conforme mostra a Figura P.III, esta parte está organizada em seis capítulos focados nos grandes blocos de atividades e entregas: análise contextual, planejamento educacional, autoria, roteirização, produção de mídias e avaliação.

•• **FIGURA P.III** Visão geral das atividades de produção de conteúdos educacionais

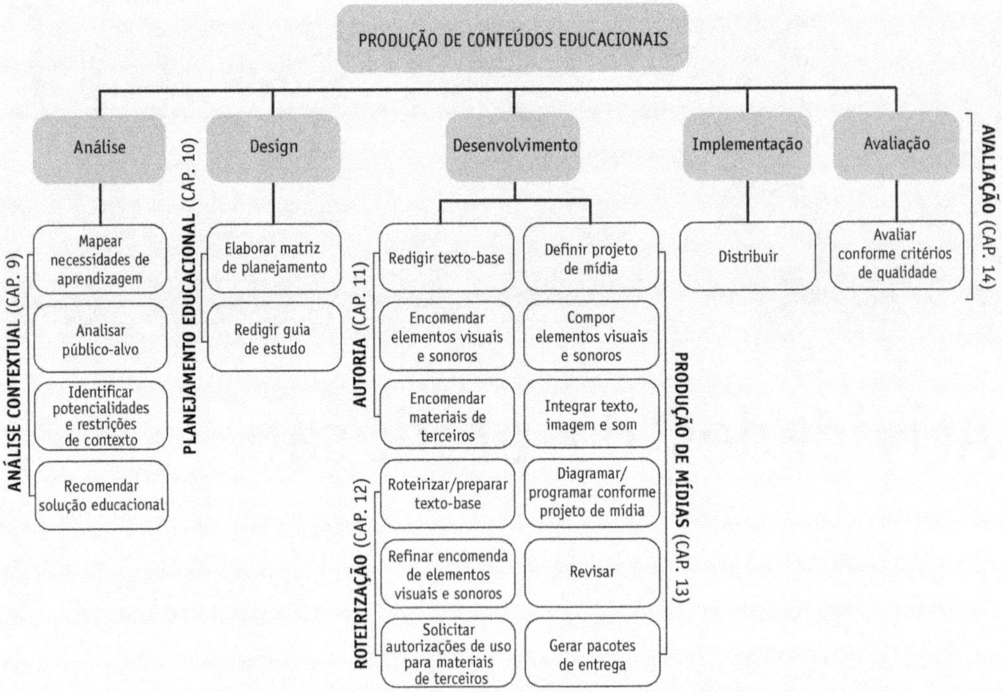

Fonte: Elaborada pelas autoras.

No Capítulo 9, *Análise contextual*, procuramos conhecer melhor o público para o qual os conteúdos educacionais são desenvolvidos, com uma caracterização dos vários aspectos demográficos, psicológicos e culturais envolvidos, incluindo uma breve discussão sobre estilos de aprendizagem e motivação e seu impacto no planejamento educacional e na autoria. Também buscamos identificar as potencialidades e as restrições institucionais, as quais, em grande medida, têm peso na seleção de mídias e tecnologias, influenciando diretamente as atividades de roteirização e a produção.

O Capítulo 10, *Planejamento educacional*, objetiva situar os conteúdos dentro de um metamodelo pedagógico mais amplo que compreende o processo de ensino-aprendizagem como "pessoas interagindo com conteúdos, ferramentas e outras pessoas, tendo em vista objetivos de aprendizagem comuns". Assumindo nosso papel de apoiar esse processo, exploramos a apresentação de conteúdos educacionais e a proposição de atividades de aprendizagem como duas facetas dessa interação.

O tema de interesse do Capítulo 11, *Autoria*, não poderia ser outro: a criação propriamente dita, expressa em linguagem textual, por especialistas em áreas de conhecimento ou prática. Esta atividade ao mesmo tempo fascinante e intimidadora, alvo de inúmeras discussões em tempos de revolução digital, é esmiuçada a ponto de – assim esperamos – conquistar o coração dos especialistas para a prazerosa tarefa de escrever. Aqui damos a partida rumo à construção de uma retórica instrucional apoiada por mídias e tecnologias.

No Capítulo 12, *Roteirização*, entra em cena um dos maiores desafios da produção de conteúdos educacionais: simular o diálogo didático proposto pelo autor, articulando para isso recursos pedagógicos, comunicacionais e tecnológicos. A fim de responder a esse desafio, reunimos aqui diretrizes para o design de diferentes soluções educacionais: livros impressos e digitais, podcasts, infográficos, animações, objetos de aprendizagem, vídeos e jogos, entre outros.

O Capítulo 13, *Produção de mídias*, dá seguimento ao fluxo de atividades apresentadas anteriormente, culminando na entrega dos produtos em seus respectivos suportes midiáticos e em sua veiculação tecnológica.

Esta parte se encerra com o Capítulo 14, *Avaliação*: retomamos os critérios de qualidade para conteúdos educacionais em suas dimensões tecnocientífica, pedagógica, comunicacional, tecnológica e organizacional, com uma apreciação global de sua efetividade no apoio ao ensino-aprendizagem.

Essa sequência nos ajudou a organizar as várias atividades envolvidas na produção de conteúdos. Certamente, há outras formas de fazê-lo. Nenhuma delas descartará, porém, a natureza interdisciplinar da tarefa, o foco no aluno como interlocutor, a importância do trabalho em equipe e o potencial pedagógico das mídias e tecnologias para apoiar a aprendizagem.

Capítulo 9

ANÁLISE CONTEXTUAL

Introdução

Em qualquer formato que se apresente, um conteúdo educacional é desenvolvido com um propósito, para um grupo de pessoas e em um modelo de produção específico. Neste capítulo, concentramos nossas reflexões e as ações relacionadas nessa análise inicial, visando a entender o que realmente queremos produzir, para quem e em que condições.

Para isso, integramos estratégias que possibilitam identificar necessidades de aprendizagem, caracterizar o público-alvo e levantar potencialidades e restrições do contexto institucional. A coleta de dados sobre esses aspectos resulta em um relatório formal, mas também em uma espécie de declaração de missão sobre o propósito principal, a razão de ser dos conteúdos produzidos.

Visão geral da análise contextual

De maneira sistematizada, a **análise contextual** debruça-se sobre quatro blocos de interesse: a identificação de necessidades de aprendizagem, a caracterização do público-alvo e o levantamento de potencialidades e restrições institucionais.

Desse diagnóstico, resultam decisões sobre a melhor solução educacional a ser produzida para um contexto específico: perfil do público, organização do currículo, extensão e duração, abordagem pedagógica, formato de mídias e tecnologias de apoio, modelo de design instrucional e modelo de produção.

Todas essas decisões costumam ser registradas em um documento do projeto de produção que pode ser intitulado relatório de análise contextual – o Quadro 9.1 dá uma ideia geral do que pode constar nesse relatório.

A análise contextual corresponde à primeira fase do processo de design instrucional, que discutimos no Capítulo 7, *Design instrucional.*

•• **QUADRO 9.1** Estrutura sugerida para um relatório de análise contextual na produção de conteúdos educacionais

Foco	Itens analisados	Considerações gerais
Dados sobre o projeto	❍ Título: ❍ Responsável: ❍ Data: ❍ Versão:	Em geral, o responsável pelo documento é o designer instrucional, que alinha o relatório com o Plano do Projeto
1. Identificação de necessidades de aprendizagem	❍ Quais são as demandas de aprendizagem? ❍ Por que a produção do conteúdo é necessária? ❍ No que ela se diferencia de outros conteúdos já produzidos (tanto interna quanto externamente)? ❍ Por que a produção deve ser feita neste momento, neste local, em determinado formato?	Basicamente, estamos falando sobre organização do currículo: conteúdos, objetivos educacionais (gerais) e/ou competências a serem desenvolvidos por meio de uma ação (programa, curso ou unidade de estudo) ou uma solução educacional (um produto como livro impresso, vídeo, jogo etc.)
2. Caracterização do público-alvo	❍ Quais são os conhecimentos dos alunos a respeito das necessidades de aprendizagem identificadas? ❍ O que os alunos já sabem e o que precisam/querem saber? ❍ Quais aspectos demográficos, psicológicos e culturais dos alunos precisam ser considerados no desenvolvimento de conteúdo? ❍ Quais são os estilos de aprendizagem do público a ser atingido? Como eles serão atendidos pelos conteúdos produzidos? ❍ Em que ambiente e situação os alunos aplicarão os conhecimentos, as habilidades e as atitudes estudados?	Aqui, tratamos dos conhecimentos prévios (pré-requisitos) e das experiências educacionais anteriores (em geral e relacionadas ao campo de conhecimento ou prática, especificamente), das preferências de aprendizagem (estilos), da condição atual dos alunos (incluindo aspectos motivacionais) e do contexto de aplicação futuro Em geral, esta caracterização não está sistematizada; em alguma medida pode estar presente em relatórios de avaliação anteriores, pesquisas de mercado, estatísticas gerais do setor ou documentos institucionais dispersos

➤

➤

Foco	Itens analisados	Considerações gerais
3. Levantamento de potencialidades e restrições institucionais	❍ Quantos e quais profissionais estão disponíveis para a produção de conteúdos? Em que regime de trabalho? ❍ Quais são as restrições técnicas para a produção e/ou utilização dos conteúdos? ❍ Quais são as limitações orçamentárias? ❍ Quais são os prazos críticos para a entrega dos conteúdos? ❍ Além da política de direitos autorais, há questões legais envolvidas? ❍ Quais questões culturais e experiências institucionais influenciam as concepções sobre ensino e aprendizagem?	Neste ponto, elencam-se os fatores organizacionais que podem afetar a viabilidade da produção ou utilização de determinados formatos de conteúdo (orçamento, equipe disponível e experiência anterior na produção) Este é o item mais diretamente relacionado ao Plano de Projeto, podendo ser um subsídio, um derivado ou realizado em conjunto, dependendo do modelo de produção adotado e da própria configuração organizacional
4. Encaminhamento à solução	❍ Em linhas gerais, que tipo de conteúdo é recomendado para atender às necessidades identificadas, para o público-alvo caracterizado e dentro das potencialidades e restrições levantadas?	Esta é a essência do relatório, o propósito para o qual ele foi estruturado. Resume o perfil do público a ser atendido, dá uma visão geral da organização curricular, da extensão e duração do conteúdo a ser produzido, afirma ou reafirma a abordagem pedagógica subjacente, define formato de mídias e tecnologias de apoio, modelo de design instrucional e modelo de produção

Fonte: Elaborado pelas autoras.

Várias são as estratégias utilizadas para realização da análise contextual. Citamos algumas delas a seguir.

O Plano do Projeto, de natureza mais organizacional, é tratado no Capítulo 8, *O Plano do Projeto*.

Estratégias para coleta de informações sobre o contexto

Para entender as necessidades de formação, desenvolvimento, atualização, suas possíveis causas e o público a quem se destina um conteúdo educacional, bem como as possibilidades de atendê-lo, empreendemos um levantamento sistemático de informações.

Podemos recorrer a fontes de informação diretas, entre as quais podemos mencionar:

- **Documentação:** consulta a documentos legais regulamentadores ou orientadores, como Parâmetros e Diretrizes Curriculares; análises de mercado; pesquisas acadêmicas ou setoriais que revelem o êxito ou as falhas em práticas educacionais relacionadas; estatísticas internas e externas a respeito de necessidades de formação, desenvolvimento ou atualização; resultados de avaliações institucionais; relatórios de projetos anteriores, com registro de lições aprendidas, apenas para citar alguns.
- **Observação:** análise informal ou sistemática e estruturada de deficiências em pontos a serem aperfeiçoados em determinado campo, como formação profissional escassa ou desempenho inadequado, exigências de novas competências e habilidades, baixa consciência cívica ou cultural, insatisfação pessoal, práticas profissionais desatualizadas etc.
- **Entrevistas:** realizadas com a audiência potencial (por exemplo, funcionários de uma empresa que necessitam de capacitação ou estudantes do ensino médio), com especialistas acadêmicos ou de mercado, clientes, usuários, de forma individual ou em grupos focais homogêneos ou mistos, com futuros ou ex-participantes, educadores, potenciais empregadores etc.
- **Questionários ou enquetes:** consulta a um número significativo de pessoas para avaliar de maneira objetiva suas impressões sobre determinado tema; logicamente, o valor dos resultados está intrinsecamente ligado à boa formulação dos itens consultados.

Algumas fontes indiretas também nos permitem coletar informações para a análise contextual:

- Diretrizes gerais de uma instituição, como o projeto político-pedagógico e o plano de desenvolvimento institucional de uma universidade, por exemplo, ou o planejamento estratégico de uma instituição privada, nos quais se expressam a política organizacional, suas metas e objetivos, sua organização etc.
- Relatórios de inovação em cada área profissional, social etc.
- Dados atualizados sobre desenvolvimento social, econômico e político.
- Transformações do mercado de trabalho, política setorial, legislação etc.

Toda essa investigação de fontes diretas e indiretas pode e deve converter-se em valioso subsídio para a autoria, a roteirização e a produção de conteúdos, à medida que traz à tona os reais interesses da audiência, o nível de discrepância entre a situação atual e a desejada, a densidade informacional requerida e o tipo de linguagem mais adequado.

Veremos a seguir cada um dos focos da análise contextual e, então, como tratar as informações coletadas a fim de obter consenso sobre o propósito de produzir determinados conteúdos educacionais.

Análise das necessidades de aprendizagem

Talvez a expressão **necessidades de aprendizagem** soe estranha para alguns leitores. Podemos falar em necessidades fisiológicas, como respiração, alimento, repouso; em necessidades de segurança, de amor e relacionamento, e até mesmo de autoestima e de autorrealização. Contudo, necessidade de aprender?

Bem, em um sentido amplo, é ponto pacífico que a educação é direito de todos e dever do Estado e da família, e faz parte do desenvolvimento da pessoa, de seu preparo para o exercício da cidadania e de sua qualificação para o trabalho. Assim reza a Constituição brasileira, aí se apoiam os sistemas públicos e privados de ensino regular e daí decorrem inúmeras ações de ensino-aprendizagem, incluindo aquelas que envolvem a produção de conteúdos educacionais.

Basta um exemplo: o Programa Nacional de Livros Didáticos (PNLD), que há mais de 30 anos provê conteúdos no formato impresso para estudantes da rede pública.

Dito isso, de maneira mais específica, podemos entender uma necessidade de aprendizagem como:

- Uma competência que não se possui e se deseja adquirir.
- Uma carência em relação a determinado padrão.
- Um benefício possuído por outros e ausente no próprio grupo ou indivíduo.
- Uma demanda massiva por antecipação de incentivo, interesse ou expectativa.
- A prospecção de algo que será necessário no futuro.

No contexto em que vivemos, altamente dinâmico e mutante, repleto de inovações e incertezas, e naquilo que podemos vislumbrar em termos de futuro, reconhecemos inúmeras necessidades de aprendizagem.

Entender claramente essas necessidades e transformá-las em tópicos de conteúdo que possam ser explorados por quem quer/precisa é tarefa para especialistas, que dominam uma área de conhecimento ou prática e podem organizar um currículo apropriado.

No Capítulo 1, *Dimensão tecnocientífica*, tratamos detalhadamente da organização curricular, a qual reflete aquilo que se acredita ser necessário aprender, seja em termos de objetivos de aprendizagem ou de competências.

Sabemos, porém, que uma necessidade de aprendizagem não é atendida apenas com a oferta de conteúdos pontuais, por mais bem produzidos que sejam. A aprendizagem só se efetiva quando há interação entre quem aprende e os conteúdos que se pretende ensinar, mesmo que indiretamente, por diálogo didático simulado.

Assim, considerando que um processo benfeito de organização curricular dá conta da identificação de necessidades de aprendizagem, passamos ao foco seguinte, que é a caracterização do público-alvo.

No Capítulo 10, *Planejamento educacional*, voltamos ao conceito de aprendizagem como interação; e, no Capítulo 3, *Dimensão comunicacional*, o leitor encontra a fundamentação sobre o conceito de diálogo didático simulado.

Caracterização do público-alvo

As pessoas são complexas, dinâmicas e diferentes entre si, e é quase impossível capturar todas as dimensões envolvidas na personalidade, no comportamento e na cognição humana. Apesar disso, usando estratégias apropriadas, podemos coletar inúmeros dados individuais e coletivos sobre as pessoas que formam o **público-alvo** dos conteúdos a serem desenvolvidos.

Esse processo pode parecer difícil para alguns, principalmente quando consideramos os modelos de produção industrial, em que a separação de funções pode acarretar certo distanciamento do público-alvo. Ainda assim e exatamente por esse risco, é importante buscar um entendimento de quem são as pessoas às quais os conteúdos se destinam, no mínimo em termos de:

- Perfil demográfico: idade, gênero, etnia, nacionalidade, localização geográfica, renda familiar, ocupação.
- Formação escolar, experiência profissional e projeção de carreira.
- Necessidades de formação, capacitação e atualização.
- Conhecimentos sobre a área de conhecimento ou prática em questão.
- Fluência tecnológica e midiática.
- Motivação e predisposição para estudar.
- Estilos de aprendizagem.

Todos esses aspectos podem ser sistematizados em um formulário preenchido pelo designer instrucional ou outro responsável na equipe, como mostrado na Figura 9.1. Esse formulário pode ser adaptado em um questionário aplicado diretamente a potenciais alunos.

Entre as fontes disponíveis para levantamento de dados demográficos e também relativos à educação em geral e à modalidade a distância, podemos citar:

- O Instituto Brasileiro de Geografia e Estatística (IBGE) é o principal provedor de dados estatísticos e informações sociais, demográficas e econômicas do país (ibge.gov.br).
- O Instituto Nacional de Estudos e Pesquisas Educacionais Anísio Teixeira (Inep) realiza levantamentos estatísticos e avaliativos em todos os níveis e modalidades do Sistema Educacional Brasileiro, incluindo o Censo Escolar e o Censo da Educação Superior (portal.inep.gov.br).
- No âmbito internacional, a Organização Educacional, Científica e Cultural das Nações Unidas (Unesco) mantém o Programa de Indicadores Mundiais da Educação, enquanto a Organização para Cooperação e Desenvolvimento Econômico (OCDE) coordena programas de avaliação como o Programme for International Student Assessment (PISA). Esses e outros programas também podem ser acessados através do Portal do Inep.
- No segmento da educação a distância, a Associação Brasileira de Educação a Distância (Abed) publica anualmente o Censo EAD.br (de 2005 a 2008 sob a denominação Anuário Abraead), juntamente a outras estatísticas internacionais sobre a modalidade (abed.org.br).

•• **FIGURA 9.1** Exemplo de formulário para análise do público-alvo

FORMULÁRIO DE ANÁLISE DO PÚBLICO-ALVO

1. O público é formado em sua maioria por:
   ☐ Homens ☐ Mulheres
2. O público é formado predominantemente por pessoas na faixa etária de:
   ☐ até 18 anos ☐ 19 a 25 anos ☐ 26 a 40 anos
   ☐ 41 a 65 anos ☐ mais de 66 anos
3. Quanto à escolarização, a maioria do público possui:
   ☐ Fundamental 1 completo ☐ Fundamental 1 incompleto
   ☐ Fundamental 2 completo ☐ Fundamental 2 incompleto
   ☐ Graduação ☐ Pós-graduação
4. A maioria do público se concentra na região:
   ☐ Norte ☐ Nordeste ☐ Centro-Oeste
   ☐ Sul ☐ Sudeste
5. A região em que se encontra a maior parte do público possui infraestrutura tecnológica:
   ☐ Excelente ☐ Boa ☐ Suficiente ☐ Ruim ☐ Não possui
6. Com relação às tecnologias utilizadas, a fluência do público pode ser considerada:
   ☐ Avançada ☐ Em nível de usuário
   ☐ Em nível de iniciante ☐ Nula
7. A maior parte do público enquadra-se no seguinte nível de renda familiar:
   ☐ até 1 salário-mínimo ☐ de 2 a 5 salários-mínimos
   ☐ de 6 a 10 salários-mínimos ☐ acima de 10 salários-mínimos
8. Em sua maioria, o público:
   a) Já teve contato com o tema do conteúdo?
      ☐ Sim ☐ Não
   b) Em caso positivo, esse contato foi:
      ☐ Direto ☐ Indireto ☐ Baseado na teoria ☐ Baseado na prática
   c) Demonstra a seguinte postura em relação ao tema:
      ☐ Pretende aprofundar-se ☐ Pode vir a querer se aprofundar
      ☐ Vê o tema como algo periférico
   d) Deseja (ou precisa) transferir a outras situações a aprendizagem realizada?
      ☐ Sim ☐ Não
   e) Reconhece a utilidade imediata do tema abordado?
      ☐ Sim ☐ Não
   f) Tem experiência anterior na aplicação do conhecimento em novas situações e na solução de problemas?
      ☐ Sim ☐ Não
   g) Como costuma estudar ou aprender melhor?
      ☐ Lendo ☐ Conversando ☐ Ouvindo ☐ Anotando ☐ Outros
   h) Em que local estuda (em casa, no trabalho, na instituição de ensino)?
      ☐ Casa ☐ Trabalho ☐ Escola ☐ Outros
   i) Esse local possibilita que a atenção, o interesse e a motivação sejam mantidos?
      ☐ Sim ☐ Não
9. O que o público espera dos conteúdos educacionais?
   Inserir aqui as respostas mais frequentes ou representativas.
10. O que o público espera da instituição e do docente *[se aplicável]*?
    Inserir aqui as respostas mais frequentes ou representativas.

Fonte: Elaborada pelas autoras.

Alguns aspectos críticos da caracterização do público-alvo merecem uma atenção maior neste capítulo, pois influenciam diretamente a interação das pessoas com os conteúdos: motivação, estilos de aprendizagem e perfil digital.

Motivação

Motivação é um conceito difuso que envolve as emoções, os pensamentos e as crenças humanas, e representa um estado psicológico que afeta a disposição de uma pessoa para iniciar ou manter-se em determinada atividade. Diversas teorias buscam explicar os mecanismos da motivação. Entre elas, podemos destacar o modelo ARCS (acrônimo para Atenção, Relevância, Confiança e Satisfação), que considera a expectativa (que está ligada a uma probabilidade subjetiva de um indivíduo obter sucesso) e os valores (que estão ligados à satisfação de necessidades pessoais ou motivos) como fatores determinantes do esforço que uma pessoa emprega para realizar ou concluir uma atividade.

Uma proposta de design motivacional é o segundo alicerce do modelo ARCS; constitui-se em um roteiro de perguntas-guia e estratégias motivacionais a serem aplicadas a conteúdos educacionais, como mostra o Quadro 9.2.

•• **QUADRO 9.2** Elementos do modelo ARCS para a motivação

Categoria	Descrição	Questões relacionadas	Estratégias motivacionais
Atenção	Resposta cognitiva do aluno aos estímulos instrucionais; o desafio é obter e manter um nível satisfatório de atenção ao longo de um período de aprendizagem	❍ Como capturar o interesse do aluno? ❍ Como estimular a atitude investigativa no aluno? ❍ Como manter a atenção do aluno?	❍ Estimular a percepção por meio de atividades interativas, humor, estudos de caso, variação nas formas de apresentar o conteúdo ❍ Estimular a reflexão por meio de questões desafiadoras ou resolução de problemas
Relevância	Percepção pelo aluno de que o conteúdo é consistente com seus objetivos, importante para seu futuro profissional ou acadêmico e ainda relacionado a seus conhecimentos prévios	❍ Como satisfazer as necessidades do aluno (uma vez conhecidas)? ❍ Como e quando proporcionar ao aluno escolhas apropriadas, responsabilidades e influências? ❍ Como associar as instruções às experiências prévias do aluno?	❍ Mostrar a importância do novo conhecimento, explicitar claramente os objetivos e como alcançá-los ❍ Considerar a experiência do aluno e mostrar como suas habilidades serão aprimoradas com a nova aprendizagem ❍ Compreender as necessidades do aluno, utilizar linguagem familiar e apresentar conceitos que tenham conexão com sua estrutura cognitiva ❍ Proporcionar escolhas, oferecendo métodos diferentes de trabalho e organização

➤

➤

Categoria	Descrição	Questões relacionadas	Estratégias motivacionais
Confiança	Expectativa de sucesso decorrente da habilidade e do empenho do aluno; tem influência direta na persistência	❍ Como auxiliar o aluno na construção de expectativas positivas de sucesso? ❍ Como a experiência de aprendizagem apoiará ou incrementará a segurança do aluno quanto à sua competência? ❍ Como será evidenciado que o sucesso do aluno é consequência de seu próprio esforço e de suas habilidades?	❍ Ajudar o aluno a avaliar sua probabilidade de sucesso pela explicitação dos critérios de avaliação ❍ Permitir ao aluno avaliar o esforço requerido para aprender ❍ Criar atividades significativas e compatíveis que representem oportunidades de sucesso ❍ Fornecer apoio e *feedback* constante ao aluno para seu êxito na aprendizagem ❍ Oportunizar pequenos ganhos durante o processo de aprendizagem ❍ Estabelecer senso de responsabilidade e relação de compromisso ❍ Propiciar ao aluno controle sobre a aprendizagem e a avaliação, para que ele saiba que seu sucesso resulta do seu esforço
Satisfação	Recompensas e reconhecimento geram sentimentos positivos em relação à experiência de aprendizagem, e a possibilidade de aplicar o que foi aprendido faz sentir que a dedicação aos estudos valeu a pena	❍ Como proporcionar ao aluno oportunidades significativas para aplicar os conhecimentos e as habilidades recém-adquiridos? ❍ Como gerar elementos de reforço que promovam o sucesso do aluno? ❍ Como ajudar o aluno a desenvolver um sentimento positivo em relação às suas realizações?	❍ Criar oportunidades de prática e oferecer exemplos para que o aluno perceba a utilidade da aprendizagem ❍ Promover o reconhecimento do empenho e dos resultados por meio de *feedbacks* ❍ Estabelecer processo de avaliação coerente com os conteúdos e critérios apresentados, evitando a padronização de tarefas muito fáceis

Fonte: Adaptado de KELLER, J. Motivational design of instruction. In: REIGELUTH, C. M. (ed.). *Instructional design theories and models:* an overview of their current status. Hillsdale: Erlbaum, 1983; CASARIN, M. L. R. de S. *Elementos motivadores no design instrucional e nas interações verbais em um programa de apropriação do Moodle.* Dissertação de mestrado em Linguística Aplicada e Estudos da Linguagem, apresentada à Pontifícia Universidade Católica de São Paulo. São Paulo: PUC-SP, 2010.

Com relação a estratégias motivacionais, o leitor pode consultar mais sobre "estado de fluxo", o sistema de recompensas e o poder do *feedback*, nas seções sobre jogos educacionais nos Capítulos 10, *Planejamento educacional*, e 12, *Roteirização*.

Recentemente, o modelo ARCS foi expandido para incluir a volição (vontade, poder de escolha) e a autodeterminação, que constituem, juntas, o quinto princípio motivacional do modelo ARCS.

A caracterização do público-alvo é um dos requisitos para localizar as lacunas motivacionais e as categorias que devem ser mais enfatizadas na elaboração dos conteúdos.

Estilos de aprendizagem

A teoria dos **estilos de aprendizagem** é vista como a chave para a compreensão das diferenças individuais e para a personalização da experiência educacional, como veremos a seguir.

Ao mesmo tempo, recebe muitas críticas. A principal delas é a de descontextualizar o processo de ensino-aprendizagem, pela ênfase exagerada na experiência individual, à custa de aspectos psicodinâmicos, sociais e institucionais. Muitos também consideram problemático recorrer a instrumentos de diagnóstico autorreferenciados (respondidos pelo próprio sujeito analisado) para identificar estilos. E, para piorar, os estilos identificados muitas vezes não passam de rotulagem pura e simples, sem maiores implicações para a aprendizagem.

A despeito dessas várias limitações, permanece o consenso de que as pessoas têm preferências distintas em relação à aprendizagem. Em outras palavras, os indivíduos processam informação de modos diferentes e demonstram padrões preferenciais de comportamento em relação ao processo de aprendizagem. Esses padrões se formam durante a infância e a adolescência, estabilizando-se na fase adulta.

Existem dezenas de modelos e teorias sobre estilos de aprendizagem, que, para fins didáticos, podemos dispor em um *continuum* que abrange desde características fisiologicamente determinadas até preferências culturalmente aprendidas, como mostra a Figura 9.2.

•• **FIGURA 9.2** *Continuum* de categorias para estilos e preferências de aprendizagem

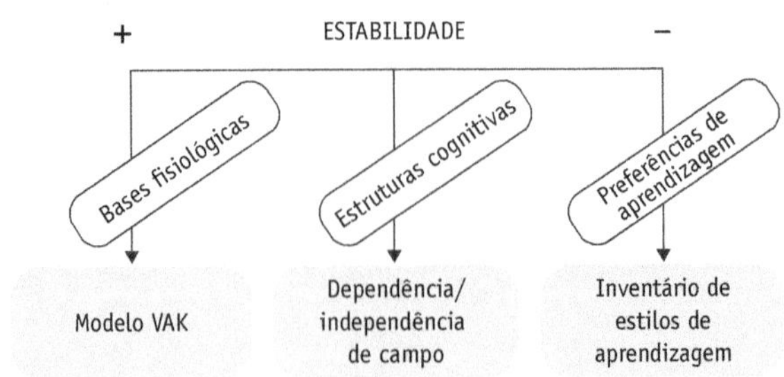

Fonte: Elaborada pelas autoras.

As características que dependem de marcadores genéticos são, evidentemente, mais estáveis, isto é, menos sujeitas a mudanças ao longo da vida. As características aprendidas culturalmente são desenvolvidas a partir do conjunto de experiências vividas pelo indivíduo. Isso quer dizer que podemos adquirir novas preferências ao longo de nossa vivência como aprendizes.

A seguir, exploramos algumas das categorias citadas, começando pelos dois extremos do *continuum*.

Modelo VAK

Uma das categorizações apoiadas em bases fisiológicas mais difundidas é o **modelo VAK** (visual-auditivo-cinestésico),[1] posteriormente ampliado para VAKOG (visual-auditivo-cinestésico-olfativo-gustativo). Segundo esse modelo, que foi desenvolvido pelos teóricos Rita e Kenneth Dunn, a maneira pela qual uma pessoa processa informações é determinada por um canal sensorial predominante. Assim, pessoas visuais aprendem melhor visualizando informações; pessoas auditivas assimilam melhor ouvindo; pessoas cinestésicas preferem "colocar a mão na massa" e manipular objetos fisicamente (ou virtualmente) etc.

O modelo VAK tem sido objeto de críticas conceituais e de validade empírica. Isso porque as pessoas podem até diferir em suas capacidades de processar informações segundo modalidades sensoriais, mas frequentemente utilizam todas ou quase todas de forma simultânea e complementar. Essa é a linha de argumentação da teoria da aprendizagem multimídia.

Para saber mais sobre a teoria da aprendizagem multimídia, o leitor pode consultar o Capítulo 2, *Dimensão pedagógica*.

Além disso, não há evidências de que apresentar um conteúdo adaptado a um canal perceptivo-sensorial preferencial é mais efetivo do que decidir com base nos atributos das mídias exigidos pelos conteúdos a serem estudados. Vejamos: em um curso de culinária, os aspectos visual, auditivo, cinestésico e olfativo-gustativo precisam ser todos trabalhados; já em um curso de música ou na aprendizagem de um idioma estrangeiro, o áudio será muito mais demandado.

Inventário de estilos de KOLB

No rol dos modelos que consideram preferências aprendidas culturalmente, um dos mais disseminados, estudados e adotados é o **inventário de estilos de David A. Kolb**. Embora também seja alvo constante de críticas, tem permanecido como referência, com vários aprimoramentos ao longo das últimas três décadas. Esse modelo se baseia na premissa de que aprender é transformar experiência em conhecimento, o que envolve duas dimensões:

1) A dimensão SENTIR-PENSAR diz respeito à compreensão da realidade e vai do concreto ao abstrato.
2) A dimensão OBSERVAR-FAZER, que se refere à transformação da realidade e vai da observação à experimentação.

[1] O "K" na sigla VAK vem do termo em inglês *Kinesthetic*.

Essas dimensões se combinam em quadrantes que correspondem a quatro estilos de aprendizagem, como mostra a Figura 9.3.

•• **FIGURA 9.3** Estilos de aprendizagem segundo Kolb

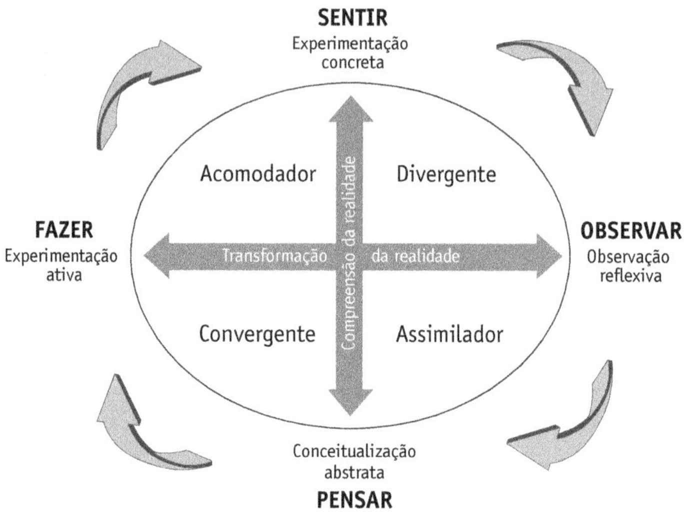

Fonte: Adaptada de KOLB, D. A. *Experiential learning*: experience as the source of learning and development. New Jersey: Prentice-Hall, 1984. p. 42.

As principais características de cada estilo são:

- **Acomodador:** aprende basicamente a partir da experiência "prática"; gosta de pôr planos em prática e de se envolver em experiências novas e desafiantes. Tende a agir de acordo com a intuição em detrimento da análise lógica. Em situações de aprendizagem, prefere trabalhar com outras pessoas para que elas realizem os projetos, definam os objetivos, façam o trabalho de campo e testem diferentes abordagens para a conclusão do projeto.

> A teoria de aprendizagem experiencial que fundamenta os estilos de aprendizagem de Kolb é robusta e segue uma nomenclatura própria. Para saber um pouco mais a respeito, recomendamos o paper *Design instrucional sob uma perspectiva andragógica*, de Andrea Filatro, apresentado no seminário WebCurrículo 2009 e disponível na web.

- **Assimilador:** tem mais facilidade em compreender uma variedade de informações e organizá-las de forma concisa e lógica. Centra-se menos nas pessoas e interessa-se mais por ideias e conceitos abstratos. Em geral, considera mais importante que a teoria tenha sentido lógico do que valor prático. Em situações de aprendizagem, pode preferir palestras, leituras, exploração de modelos analíticos e tempo sozinho para refletir sobre vários aspectos tratados.

- **Convergente:** tem grande facilidade em encontrar finalidades práticas para ideias e teorias. Aprecia resolver problemas e tomar decisões com base na descoberta de soluções para as questões ou os desafios. Prefere tratar de tarefas e assuntos técnicos a lidar com questões sociais e interpessoais. Nas situações de aprendizagem, gosta de experimentar novas ideias, simulações, tarefas laboratoriais e aplicações práticas.
- **Divergente:** tem mais facilidade em observar situações concretas a partir de diferentes pontos de vista. Prefere situações que exigem a produção de grande variedade de ideias, como nas sessões de *brainstorming*. Apresenta um amplo leque de interesses culturais e gosta de recolher informações. Em situações de aprendizagem, prefere trabalhar em grupo para recolher informações, ouvir com espírito aberto e receber *feedback* personalizado.

Segundo esse modelo, em algumas pessoas, um estilo pode ser bastante predominante, enquanto outras podem apresentar preferências equilibradas entre os quatro estilos.

Modelo de dependência/independência de campo

Entre os dois extremos do *continuum* de categorizações dos estilos de aprendizagem, existe uma classificação bastante reconhecida nos meios acadêmicos: o **modelo de dependência/independência de campo** desenvolvida por Herman A. Witkin e associados.

De acordo com essa abordagem, há duas formas de perceber a informação: dependente (globalmente) ou independente de campo (analiticamente). A dependência ou independência de campo refere-se à extensão em que uma pessoa percebe uma parte como distinta do campo que a cerca.

As pessoas tendem a demonstrar um de dois estilos distintos de aprendizagem:

1) **Dependentes de campo:** têm dificuldades em resolver problemas cuja solução exige separar um elemento do contexto no qual se apresenta e em reestruturar seu modelo mental para que esse elemento seja utilizado em um contexto diferente. Em situação de aprendizagem, carecem de objetivos definidos externamente e têm dificuldade em lidar com materiais desorganizados ou pouco estruturados; necessitam de instruções mais explícitas, apreciando maior direcionamento e *feedback* constante. Dão grande importância a referenciais sociais, por isso se sentem bem resolvendo problemas em grupo e aprendendo de modo colaborativo.
2) **Independentes de campo:** tendem a perceber os elementos separados do seu contexto; e, quando se deparam com ambiguidades e baixa organização, têm facilidade de impor uma estrutura ao campo. Em situação de aprendizagem, exigem menos estrutura externa e *feedback;* costumam perseguir objetivos autodefinidos e atuam melhor quando podem desenvolver as próprias estratégias. Têm facilidade em resolver problemas analíticos e adaptam-se melhor à abstração.

O modelo de dependência/independência de campo considera que as estruturas cognitivas são passíveis de alteração em decorrência de novas experiências de aprendizagem. Por conseguinte, uma prática educacional que valorize a autonomia dos alunos favorecerá o desenvolvimento da independência de campo, enquanto propostas mais estruturadas tendem a reforçar a dependência.

Compatibilidade entre conteúdos e estilos de aprendizagem

Se considerarmos que as pessoas têm mesmo preferências, menos ou mais estáveis, em relação à aprendizagem, teremos de assumir também que uma solução educacional única não atenderá de pronto a todos igualmente.

Como resolver esse impasse? A saída clássica é trabalhar com uma combinação de mídias (visuais, auditivas) para apresentar conteúdos e propor um conjunto variado de atividades (individuais, em grupo, mais abstratas, mais concretas) a fim de atender ao maior número de preferências.

Outra abordagem é identificar o estilo de cada pessoa e lhe oferecer conteúdos e atividades no formato apropriado. No entanto, isso implica o risco de negar ao participante a experimentação de um estilo diferente, complementar, alternativo.

Assim, mais que simplesmente tentar "agradar" os alunos, parece-nos que o caminho é, de fato, lançar mão de uma diversidade de formatos de conteúdo e, em situações personalizadas, estabelecer uma correspondência inicial entre estilo de aprendizagem e solução educacional, oferecendo paulatinamente novas formas de compreender e transformar a realidade.

Suas diferenças cognitivas, seus interesses próprios e seus modos de processar a informação devem ser objeto de reflexão por parte do docente no desenvolvimento do objeto de aprendizagem e atividades pedagógicas pautadas no seu uso. Nesse contexto, a adoção de diferentes abordagens tende a atingir uma gama maior de estilos cognitivos, contemplando, em consequência, um maior número de estudantes.

Perfil digital

> Uma leitura fortemente recomendada, que apresenta uma abordagem focada no aluno e traça um perfil do estudante virtual, inclusive lidando com tópicos de interesse como estilos de aprendizagem, gênero, cultura, estilo de vida e geografia, é a obra de Rena Paloff e Keith Pratt intitulada *O aluno virtual: um guia para trabalhar com estudantes on-line* (2004).

Em se tratando de uma realidade cada vez mais digital, é importante caracterizar o público-alvo em termos de sua capacidade de acesso.

O **perfil digital** leva em conta não apenas a infraestrutura da região em que o público-alvo se encontra, mas também seu interesse e seu envolvimento com mídias e tecnologias.

Alguns autores vinculam o perfil digital a faixas etárias. Don Tapscott, por exemplo, já registrava, antes da virada do século[2], o perfil de uma nova geração nascida e criada na cultura digital.

[2] TAPSCOTT, D. *Geração digital*. São Paulo: Makron Books, 1999.

Conhecidos como Geração Y, Millennials, Geração Dotcom, Geração Net ou nativos digitais, entre outras denominações, são os indivíduos nascidos pós-internet, urbanos, bem informados e fluentes no mundo digital. Para esse público, mídias e tecnologias são uma extensão natural da vida: não apenas meios de comunicação sem fronteiras geográficas ou limitações temporais, mas também ferramentas de socialização e de acesso a informações.

Don Tapscott

É escritor, pesquisador, palestrante canadense e consultor em estratégia corporativa e transformação organizacional; tem inúmeras publicações voltadas aos temas da cultura digital, Web 2.0 e Geração internet.

Acostumados desde a infância a utilizar videogames e ferramentas comunicacionais e colaborativas (como blogs, microblogs, mensageiros instantâneos, redes sociais), bem como dispositivos móveis (celulares, tablets etc.), demandam um novo paradigma de aprendizagem:

- Do aprendizado linear para a hipermídia.
- Da instrução para a construção e descoberta.
- Da educação baseada no professor para a educação baseada no aluno.
- De assimilar o material para aprender a navegar e aprender a aprender.
- Do aprendizado escolar para o aprendizado por toda a vida.
- Da educação massificada ("um-tamanho-serve-para-todos") para o aprendizado individualizado.
- Do aprendizado como "tortura" para o aprendizado como diversão.

Alguns defendem que esse novo paradigma se relaciona à heutagogia, ou seja, à possibilidade de pessoas, independentemente de faixas etárias, aprenderem livremente qualquer assunto ou área de conhecimento, utilizando-se das potencialidades oferecidas pelas Tecnologias da informação e comunicação (TICs).

Tratamos da heutagogia, e também da andragogia (educação de adultos) e da pedagogia, em suas muitas vertentes, no Capítulo 2, *Dimensão pedagógica*.

É evidente que muitos outros fatores, como nível socioeconômico, formação escolar, cultura regional, acesso às tecnologias, interesses, estilos e perfis de personalidade, influenciam a relação das pessoas com as mídias e as tecnologias, especialmente em situações de aprendizagem. Isso é ainda mais evidente em nosso país, onde ainda há uma grande parcela da população com acesso limitado às tecnologias.

Dois nomes fortes na discussão sobre gerações digitais são o já citado **Don Tapscott** (1999) e **Mark Prensky** (2001), que cunhou os termos nativos digitais e imigrantes digitais (este último em referência aos nascidos antes da expansão da cultura digital).

Levantamento de potencialidades e restrições institucionais

Os conteúdos educacionais, da maneira como temos tratado neste livro, são produzidos em algum contexto institucional – um departamento especializado dentro de uma escola ou universidade, um núcleo de educação a distância, uma editora ou um fornecedor de *e-learning* que se organizam com a finalidade principal de desenvolver algum tipo de recurso ou material didático. Até mesmo no modelo de docência independente, o professor-autor torna-se uma "instituição" provedora de conteúdos.

> No Capítulo 5, *Dimensão organizacional*, diferenciamos os modelos de produção artesanal (incluindo a docência independente), industrial e pós-industrial e observamos como os contextos de utilização e produção se relacionam em cada um desses modelos.

E temos ainda os contextos institucionais de utilização dos conteúdos: instituições de ensino regular em geral e organizações privadas e públicas que oferecem educação corporativa ou continuada a seus colaboradores.

O **levantamento de potencialidades e restrições institucionais** busca entender esses dois contextos. No contexto de produção, verificam-se os fatores organizacionais que podem afetar a viabilidade do projeto: estágio de maturidade no desenvolvimento de soluções educacionais, infraestrutura disponível, equipe dedicada, modelo de design instrucional adotado. No contexto de utilização, os fatores que podem afetar o acesso, o suporte e a avaliação de uso dos conteúdos produzidos.

A partir da análise contextual, levantadas as potencialidades e as restrições institucionais, pode-se até tomar a decisão de internalizar, ou de outro modo terceirizar, a produção dos conteúdos – em sua totalidade ou de forma parcial. De fato, esta é parte da análise contextual mais diretamente relacionada ao Plano do Projeto, em suas ações de planejamento de custos, prazos, recursos humanos, aquisições e contratos. Um aspecto mais técnico diz respeito ao planejamento de mídias e tecnologias usadas na produção e na utilização dos conteúdos educacionais, como veremos a seguir.

Planejamento de mídias e tecnologias

Muito se ressaltam as vantagens inerentes às mídias e tecnologias digitais para a aprendizagem – por exemplo, seu elevado poder motivacional e interativo. No entanto, devemos observar que essas vantagens carregam uma marca altamente contextual. A cada nova mídia ou tecnologia emergente, reacende a chama da novidade; auferido algum tempo, elas passam a evocar familiaridade e ubiquidade.

> Discutimos o ciclo de divulgação das inovações no Capítulo 4, *Dimensão tecnológica*.

Entretanto, não existe nada mais frustrante do que acessar uma mídia subutilizada. Por exemplo, utilizar um objeto de aprendizagem multimídia que só se diferencia de um texto impresso simples por sua subdivisão do conteúdo em um conjunto de telas acessadas linearmente. Nesse caso, apresentar o material em texto corrido seria muito mais efetivo e bem menos custoso. Não há sentido em mobilizar as competências de uma equipe especializada para fazer uma transposição que, no final das contas, acaba apenas acrescentando carga cognitiva irrelevante ao conteúdo educacional.

Existem diversos modelos orientados ao **planejamento de mídias e tecnologias**. Um dos mais conhecidos é o modelo formulado por Anthony Bathes e intitulado ACTIONS, abreviatura dos sete fatores a serem considerados na seleção de mídias e que resumimos a seguir, com algumas questões norteadoras, no Quadro 9.3.

•• **QUADRO 9.3** Modelo ACTIONS para a seleção de mídias e tecnologias

Fator	Questões norteadoras
Acess (Acesso)	Onde os alunos aprenderão? Em casa, no trabalho, na instituição de ensino? Qual a sua familiaridade e fluência com as mídias ou tecnologias? Qual a infraestrutura necessária para os conteúdos serem acessados na ponta?
Costs (Custos)	Quais são os custos de produção de cada mídia e qual o custo unitário para cada aluno?
Teaching functions (Ensino-aprendizagem)	Quais são os requisitos para apresentação do conteúdo? Quais os métodos necessários para o ensino e a aprendizagem? Qual mídia suporta melhor os métodos identificados?
Interaction (Interação)	Que tipo de interação com conteúdos, pessoas e ferramentas será possível?
Organization (Organização)	Quais são os requisitos institucionais e quais barreiras burocráticas terão de ser superadas para que determinada mídia possa ser produzida/utilizada com êxito? Qual a equipe disponível? Qual a experiência anterior no uso e na produção de mídias?
Novelty (Novidade)	A tendência para adoção desta mídia estimulará o financiamento e a inovação?
Speed (Velocidade)	Com que rapidez e facilidade o conteúdo pode ser atualizado e alterado? Com que rapidez novos conteúdos podem ser produzidos usando esta tecnologia?

Fonte: Adaptado de BATES, A. T. *Managing technological change:* strategies for college and university leaders. San Francisco: Jossey-Bass, 2000; MOORE, M. G.; KEARSLEY, G. *Educação a distância:* uma visão integrada. São Paulo: Thomson Learning, 2007.

As variáveis do modelo ACTIONS são interdependentes, ou seja, ao tomarmos uma decisão sobre alguma delas, provavelmente outras ficarão condicionadas a essa escolha. A grande questão é qual fator prioritário condicionará as demais decisões.

Sabemos que há um componente político nesse embate. Dadas as históricas restrições orçamentárias em educação, o fator "custos" é determinante na maioria das decisões; o apelo de marketing inclina a balança para o fator "novidade"; e restrições organizacionais costumam gritar bem alto, enquanto organizações com maior experiência na produção de conteúdos, escoladas com a questão dos prazos, mantêm-se atentas ao fator "velocidade".

Os fatores essenciais de acesso (crítico para que os conteúdos cheguem aos alunos a quem se destinam), ensino-aprendizagem (as indispensáveis dimensões tecnocientífica e pedagógica dos conteúdos educacionais) e interação (a almejada apropriação dos conteúdos pelos alunos) carecem de uma defesa inflamada para fazer frente aos demais.

Ver mais sobre o conceito de interatividade na seção *Multimídia* do Capítulo 10, *Planejamento educacional.*

A caracterização do público-alvo com respeito ao fator "acesso" também tende a ser limitadora das soluções, tendo em vista que é custoso suprir lacunas de infraestrutura e fluência digital nos contextos de utilização. Isso não impede, contudo, o planejamento de ações paralelas à produção de conteúdos para intervir nesse sentido.

Particularmente no que diz respeito à interatividade, ou seja, capacidade de propiciar interação, o Quadro 9.4 pode ajudar na tomada de decisão, à medida que apresenta uma matriz de opções midiáticas e tecnológicas.

•• **Quadro 9.4** Matriz de opções midiáticas e tecnológicas

Mídias e tecnologias		Nível dos recursos		
		Básico	Intermediário	Avançado
Texto	Mão única	Impressa	Páginas web	Blogs
	Interativa	E-mail	Conferências por computador	Wikis
Áudio	Mão única	Clipes de áudio	Podcasts	Infográficos com áudio
	Interativa	Suporte telefônico	Conferências por telefone	Audioconferências
Imagens	Mão única	Fotografias	CDs/DVDs	Animações
	Interativa	Bancos e galerias de imagens	Infográficos animados	Jogos e simulações, infográficos analíticos
Vídeo	Mão única	Clipes de vídeo	Vídeos anotados	*Videocasts*
	Interativa	Webcasts/TV	Videofones e mensageiros instantâneos	Videoconferências

Fonte: Adaptado de MASON, R.; RENNIE, F. *E-learning and social networking handbook:* resources for higher education. New York: Routledge, 2008.

Além disso, do ponto de vista pedagógico, o Quadro 9.5 relaciona algumas necessidades específicas de aprendizagem a soluções de conteúdo.

•• **QUADRO 9.5** Aplicação de mídias e tecnologias a necessidades de aprendizagem

Necessidade de aprendizagem	Nível dos recursos		
	Básico	Intermediário	Avançado
Processamento de informações	Mídia impressa	Hipertexto, páginas web	Livros digitais
Articulação entre teoria e prática	Tutoriais multimídia	Objetos de aprendizagem	*Screencasts*
Discussão e argumentação	Apresentação de slides	Animações	Podcasts
Modelagem de comportamento	Ilustrações multiquadros	Podcasts	Vídeos
Prática profissional	Estudos de caso	Animações e infográficos	Simulações

Fonte: Adaptado de MASON & RENNIE, 2008. p. 49.

Acreditamos ainda que muito podem contribuir profissionais bem formados, atualizados, competentes e conscientes de toda a complexidade envolvida nessa tomada de decisão.

Encaminhamento à solução

Identificadas as necessidades de aprendizagem, caracterizado o público-alvo e levantadas as potencialidades e restrições dos contextos de produção e de utilização, a análise contextual está concluída? Ainda não. Os dados coletados sobre por que, para quem e como produzir conteúdos educacionais precisam ser articulados em uma solução única e adequada ao contexto.

Alguns chamam isso de **declaração de missão**, refletindo uma perspectiva mais organizacional; outros preferem o termo *storyline*, que formaliza, de maneira sucinta, o que se pretende desenvolver.

Ver mais sobre a *storyline* no Capítulo 12, *Roteirização*.

A análise contextual só tem sentido se resultar em um consenso sobre "a razão de ser" dos conteúdos a serem produzidos. Essa visão compartilhada permite à equipe se concentrar em aspectos ligados à sua área de especialização e ao mesmo tempo lidar com a tendência natural ao autocentrismo que afeta autores, designers instrucionais, roteiristas, ilustradores, programadores e gestores de projeto, mantendo o foco no público-alvo e nos objetivos que se pretende alcançar.

•• PARA CONCLUIR

Na análise contextual, nós nos debruçamos sobre a realidade, o concreto, o exequível, ao aprofundar nosso entendimento sobre o que as pessoas reais querem ou precisam aprender e sobre como instituições reais podem levar a cabo esse empreendimento.

Tornamos real a dimensão tecnocientífica quando organizamos o currículo em torno de objetivos educacionais ou competências de aprendizagem. Tornamos concreta a dimensão pedagógica quando compreendemos melhor quem é o nosso público-alvo, quais são suas motivações, seus estilos de preferências de aprendizagem, sua fluência digital. E tornamos exequível as dimensões comunicacional, tecnológica e organizacional quando selecionamos mídias e tecnologias considerando não apenas seu potencial intrínseco com suporte e serviço, mas também sua adequação às condições palpáveis de acesso, custo, ensino-aprendizagem, interação, organização, novidade e velocidade.

A análise contextual é, portanto, o ponto de partida que norteia as demais fases do design instrucional e permeia todas as atividades de produção. Acreditamos que, para isso, muito podem contribuir profissionais bem formados, atualizados e conscientes de toda a complexidade envolvida nesse desafio.

•• REFERÊNCIAS

BATES, A. T. *Managing technological change:* strategies for college and university leaders. San Francisco: Jossey-Bass, 2000.

CASARIN, M. L. R. de S. *Elementos motivadores no design instrucional e nas interações verbais em um programa de apropriação do Moodle*. Dissertação de mestrado em Linguística Aplicada e Estudos da Linguagem, apresentada à Pontifícia Universidade Católica de São Paulo. São Paulo: PUC-SP, 2010.

COFFIELD, F. et al. *Learning styles and pedagogy in post-16 learning:* a systematic and critical review. Durham: LSRC, 2004.

CSIKSZENTMIHALYI, M. *Finding flow in every life*. New York: Perseus Book Group, 1997.

DeAQUINO, C. T. E. *Como aprender:* andragogia e as habilidades de aprendizagem. São Paulo: Pearson, 2007.

FILATRO, A. Design instrucional sob uma perspectiva andragógica. *I WebCurrículo*. São Paulo: PUC, 2009.

HASE, S.; KENYON, C. *From andragogy to heutagogy*. Adelaide: Southern Cross University, 2000.

KELLER, J. Motivational design of instruction. In: REIGELUTH, C. M. (ed.). *Instructional design theories and models:* an overview of their current status. Hillsdale: Erlbaum, 1983.

__________. The systematic process of motivational design. *Performance & Instruction*, online, v. 26, n. 9, p. 1-8, 1987.

__________. First principles of motivation to learn and e³-learning. *Distance Education*, Tallahassee, Fl. v. 29, n. 2, p. 175-185, aug. 2008.

KNOWLES, M. et al. *The adult learner:* the definitive classic in adult education and human resourse development. 5. ed. Houston, Texas: Gulf Publishing Company, 1998.

KOLB, D. A. *Experiential learning:* experience as the source of learning and development. New Jersey: Prentice-Hall, 1984.

__________. *Manual do LSI:* inventário de estilos de aprendizagem Kolb. Versão 3.1. HayGroup Transforming Learning, 2007.

MASON, R.; RENNIE, F. *E-learning and social networking handbook:* resources for higher education. New York: Routledge, 2008.

MOORE, M. G.; KEARSLEY, G. *Educação a distância:* uma visão integrada. São Paulo: Thomson Learning, 2007.

PALOFF, R. M.; PRATT, K. *O aluno virtual:* um guia para trabalhar com estudantes on-line. Porto Alegre: Artmed, 2004.

PICONEZ, S. C. B. *Educação escolar de jovens e adultos.* Campinas: Papirus, 2002.

PRENSKY, M. Nativos digitais, imigrantes digitais. *On the Horizon.* Lincoln: NCB University Press, v. 9, n. 5, out. 2001.

SCHWARTZMAN, S. *A expansão do ensino superior, a sociedade do conhecimento, e a educação tecnológica.* Rio de Janeiro: IETS, jan./2005.

SILVA, M. *Sala de aula interativa.* 3. ed. Rio de Janeiro: Quartet, 2002.

SMITH, M. K. David Kolb on experiential learning. In: *The encyclopedia of informal education*, 2001.

TAPSCOTT, D. *Geração digital.* São Paulo: Makron Books, 1999.

TESSMER, M.; RICHEY, R. C. The role of context in learning and instructional design. In: *Educational Technology Research and Development*, v. 45, n. 2, p. 85-115, 1997.

UCHIDA, D. et al. *Preparing students for the 21st century.* Arlington: American Association of School Administrators, 1996.

WITKIN, H. A. et al. Field-dependent and field-independent cognitive styles and their educational implications. *Review of Educational Research*, v. 47, p. 1-64, 1977.

WLODOWSKI, R. J. *Enhancing adult motivation to learn.* San Francisco: Jossey-Bass, 1993.

ZICHERMANN, G.; CUNNINGHAN, C. *Gamification by design.* North Sebastopol: O'Reilly Media, 2011.

Capítulo 10

PLANEJAMENTO EDUCACIONAL

Introdução

Planejar é uma atividade inerentemente humana. Das perigosas caçadas aos sofisticados megaprojetos futuristas, os seres humanos refletem antes de fazer algo, pensam antes de tomar uma decisão, calculam tempo, energia e recursos necessários para empreender uma atividade, antecipam conflitos, organizam alternativas e ordenam ações segundo prioridades. E mais, diagnosticando a distância entre o que se deseja e o que existe, agimos (ou buscamos agir) em conformidade com o planejamento proposto, avaliando durante todo o processo as ações empreendidas.

O ato de planejar é sempre um processo de reflexão, de tomada de decisão sobre a ação; um processo de previsão de necessidades e racionalização de emprego de meios (materiais) e recursos (humanos) disponíveis, visando à concretização de objetivos, em prazos determinados e etapas definidas, a partir dos resultados das avaliações.

Em educação, o planejamento remete a ações previamente organizadas para responder aos desafios da aprendizagem, estabelecendo antecipadamente caminhos que norteiem a execução, o acompanhamento e a avaliação do processo educacional.

Sabemos que o tema "planejamento" em educação merece muito mais do que um capítulo. Na verdade, especialistas da área, como Turra, Libâneo e Gadotti, já se aprofundaram nessa discussão, registrando em diversas publicações suas ideias sobre planejamento político-pedagógico, planejamento participativo, planejamento de curso, de ensino, de aula etc.

No âmbito da produção de conteúdos educacionais, que é o nosso objeto de interesse neste livro, há um foco bem claro no produto resultante desse planejamento: livros impressos e digitais, objetos de aprendizagem, podcasts, vídeos e infográficos, entre outras soluções educacionais. Cada um desses artefatos produzidos com finalidade educacional pode ser em si mesmo objeto de planejamento.

O Plano do Projeto elaborado com base na metodologia da gestão de projetos dá conta do planejamento de escopo, prazos e custos – para mencionar apenas alguns aspectos da dimensão organizacional. E o planejamento educacional, do qual tratamos neste capítulo, mostra como os conteúdos produzidos se relacionam com os demais elementos do processo de ensino-aprendizagem.

Apresentação de conteúdos e proposição de atividades

Indo direto ao ponto, nosso principal propósito ao planejar conteúdos educacionais é que eles sejam mais efetivos do que a aprendizagem difusa ou espontânea que ocorreria sem esse planejamento.

Para isso, fundamentados nas teorias da aprendizagem e da instrução, bem como na experiência prática acumulada, tomamos decisões por uma ou mais estratégias de ensino-aprendizagem que se adaptem às características do público-alvo (seus conhecimentos anteriores, seus estilos de aprendizagem, seus interesses e suas motivações), do contexto institucional (condições temporais e espaciais, recursos humanos e financeiros, cultura do grupo e da instituição) e da própria natureza do conhecimento a ser aprendido.

Ao produzir conteúdos educacionais, a ideia central é que o material elaborado simule a **apresentação de conteúdos** e a **proposição de atividades de aprendizagem** feitas por um educador a seus alunos, antecipando o diálogo didático que ocorreria em uma situação de ensino-aprendizagem convencional.

A questão é que aprender não se resume a apenas acessar conteúdos bem produzidos, da mesma forma que não basta estar presente diante de um professor que ministra uma aula com maestria para aprender algo. Há um conjunto de atividades a serem propostas para fomentar o envolvimento, a interação do aluno com esses conteúdos. E, dependendo da premissa epistemológica e da abordagem pedagógica (andragógica ou heutagógica) subjacentes, essa interação será estendida para outras pessoas (colegas de estudo, docentes, convidados etc.)

Mesmo se considerarmos apenas as ações educacionais presenciais, encontraremos estudos que defendem ora uma instrução mais direta, centrada na orientação do professor, ora uma instrução não direta, não guiada, centrada no aluno. Não por acaso essas visões remetem a premissas epistemológicas sobre o conhecimento e abordagens pedagógicas conforme discutimos no Capítulo 2, embora, em nosso ponto de vista, as fronteiras entre as visões sobre o que é saber, aprender e ensinar estejam cada vez mais permeáveis.

Em uma obra sobre produção de conteúdos educacionais, esta parece ser a seção central, de interesse especial daqueles chamados a exercer o papel de conteudistas, pois é grande o desejo por uma solução que resolva todas as questões de elaboração, produção e entrega de conteúdos educacionais. Vejamos como os fundamentos teóricos da pedagogia nos ajudam a encontrar, se não uma fórmula, ao menos um caminho para a realização dessa tarefa com qualidade.

Podemos falar em dois tipos de aprendizagem que podem ser apoiados por conteúdos educacionais:

1) A **aprendizagem que ocorre pela atenção:** os conteúdos assumem uma natureza discursiva e buscam direcionar a atenção dos alunos para o entendimento de conceitos e informações relevantes; as atividades de aprendizagem giram em torno de ações como "assistir", "ler" e "apreender".
2) A **aprendizagem que ocorre pela ação:** os recursos revestem-se de uma dimensão mais prática e exigem dos alunos participação ativa; as atividades de aprendizagem são compostas por ações como "debater", "investigar", "explorar" e "experimentar".

Neste ponto, vale a pena citar a analogia que Aldrich[1] faz com a fogueira e a savana, ao tratar do uso de jogos em educação e das habilidades que realmente importam aprender. Para fazer isso, o autor retrocede ao período pré-paleolítico, anterior à escrita, a fim de recuperar duas maneiras de aprender naqueles tempos remotos.

À luz do dia, as pessoas que dominavam algum tipo de habilidade mostravam às demais como *fazer* algo – por exemplo: "Finque o arpão bem aqui". Isso acontecia na savana, durante a ação real ou em testes das habilidades em desenvolvimento. À noite, as pessoas se reuniam em torno da fogueira para falar sobre suas aventuras e os acontecimentos vivenciados durante o dia, compartilhando regras e ajudando a comunidade a expandir suas ideias e a *conhecer* algo.

O autor prossegue para demonstrar como o aparecimento da escrita e o posterior desenvolvimento da linguagem e dos suportes comunicacionais geraram um desequilíbrio entre essas duas maneiras de aprender, com a significativa expansão do *aprender a conhecer* em detrimento do *aprender a fazer*. Seguindo essa linha de raciocínio, o recente desenvolvimento dos jogos e dos simuladores como "tecnologias de savana" pode restaurar esse equilíbrio.

Neste ponto, você deve estar pensando: "Mas o que tudo isso tem a ver com a produção de conteúdos educacionais?". É o que tentaremos responder nas seções a seguir.

Instrução direta e indireta

Os conteúdos educacionais representam grande quantidade de informações, as quais se espera que os alunos aprendam. Boa parte desses conteúdos chega aos alunos na forma de **instrução direta**, ou seja, como um conjunto de explicações formuladas por quem ensina e entregues explicitamente a quem aprende. Essa instrução pode ser encontrada na forma de materiais didáticos de diferentes naturezas: livros impressos ou digitais, tutoriais multimídia, coleções de textos ilustrados, palestras gravadas ou ao vivo, infográficos, animações, vídeos, histórias em quadrinhos, podcasts etc.

Muitos educadores alegam que a instrução direta é um caminho restrito e de mão única, calcado em uma visão objetivista do conhecimento: aprende quem assimila conteúdos objetivos, imunes a interpretações pessoais ou a condicionantes históricos, políticos e sociais.

Vemos, no entanto, até nas propostas ou nos recursos didáticos mais tradicionais, uma preocupação em tornar significativa para os alunos a apresentação de conteúdos, com a inclusão de múltiplas perspectivas teóricas ou práticas, a utilização de exemplos ou relatos de casos para capturar as complexidades de determinada área e o emprego de recursos interativos que possibilitam graus variados de intervenção do aluno em relação ao conteúdo apresentado (por exemplo, por meio de trilhas personalizadas ao perfil ou desempenho do aluno).

---

[1] ALDRICH, C. *The complete guide to simulations and serious games*. San Francisco: Pfeiffer, 2009.

Robert Gagné

Buscou a integração entre as posições comportamentalistas e cognitivistas na tentativa de criar um modelo "eclético" das condições necessárias para realizar a aprendizagem. Seu livro mais conhecido, *The conditions of learning* (1965), foi publicado no Brasil, em 1971, com o título *Como se realiza a aprendizagem*.

De fato, Gagné,[2] por exemplo, sugere que a aprendizagem pode ser organizada hierarquicamente de acordo com sua complexidade. O principal propósito é identificar as condições prévias (pré-requisitos) que devem ser seguidas para facilitar a aprendizagem em cada nível. A hierarquia fornece uma base para o sequenciamento dos conteúdos a serem apresentados.

Pela proposta de Gagné, o desenvolvimento de estratégias instrucionais acompanha uma sequência de nove "eventos" que podemos adaptar para a apresentação de conteúdos educacionais:

1) **Cativar a atenção do aluno:** para ganhar a adesão, pode-se iniciar a apresentação de conteúdos propondo uma pergunta provocativa, narrando um fato interessante ou, ainda, propondo um problema de interesse imediato para o grupo.
2) **Descrever os objetivos de aprendizagem:** neste evento, informa-se ao aluno o que é esperado de seu aprendizado e como ele poderá utilizar esse novo conhecimento em sua vida cotidiana ou profissional.
3) **Estimular a conexão com os conhecimentos anteriores:** para que a nova informação seja assimilada, deve-se explicitar sua relação com conceitos anteriormente adquiridos.
4) **Apresentar os conteúdos a serem aprendidos:** este é o momento de expor, na forma de gráficos, textos e simulações, os conteúdos factuais, conceituais, procedimentais e atitudinais relacionados aos objetivos de aprendizagem.
5) **Orientar a aprendizagem:** a exposição de conteúdos é enriquecida com exemplos, estudos de caso, representações gráficas, material complementar e questionamentos.

Nos passos 2 a 4, o aluno assimila a nova informação, extrai o significado e a retém na memória de longo prazo por meio dos processos cognitivos que codificam estímulos e conectam esses estímulos nas redes neurais.

6) **Propiciar o desempenho e a prática:** neste ponto, criam-se situações que ofereçam oportunidades de aplicação à vida cotidiana ou profissional do que foi aprendido (aqui, pode-se incluir a proposição de atividades de aprendizagem, ou simular sua realização por meio de descrição detalhada de um problema ou desafio, dos possíveis caminhos a seguir e dos resultados e desdobramentos de cada ação tomada pelos alunos).
7) **Prover *feedback*:** informar ao aluno, o mais cedo possível, o grau de acerto, aproximação ou adequação na aplicação do conhecimento (da mesma forma que no evento anterior, aqui se podem oferecer devolutivas referentes ao desempenho real dos alunos com relação a atividades propostas e realizadas).

---

[2] GAGNÉ, R. M. *Princípios essenciais da aprendizagem para o ensino*. Porto Alegre: Globo, 1980.

8) **Avaliar:** cumpridos os passos anteriores, passa-se à verificação da assimilação do novo conhecimento.
9) **Aumentar a retenção e facilitar a transferência do conhecimento**: o ciclo completa-se com exercícios de aplicação a novas situações ou contextos diferentes.

De outro modo, a chamada **instrução indireta** inclui uma diversidade de experiências de aprendizagem por meio das quais se pretende que os alunos aprendam ativamente mediante observação, investigação, discussão, pensamento crítico, solução de problemas, tomada de decisão e experimentação prática, por conta própria ou na interação com seus pares e outros atores (educadores, coordenadores pedagógicos, especialistas etc.). Ou seja, em resposta à proposição de atividades de aprendizagem, o aluno explora um conjunto de recursos diferenciados, organiza e constrói conhecimentos, e, em geral, produz ele mesmo – individualmente ou em interação com outros colegas de estudo – conteúdos a serem apresentados como resultado de sua aprendizagem.

Muitos veem na instrução indireta a solução mais efetiva para uma aprendizagem ativa, significativa e colaborativa, calcada nas visões subjetivista e intersubjetivista do conhecimento. Para eles, aprende quem (re)organiza as próprias estruturas mentais a partir da interação com conteúdos, ferramentas e outras pessoas. Os críticos da instrução indireta, por sua vez, consideram que a ausência de orientação torna a educação formal inócua e por vezes até prejudicial, em virtude da sobrecarga cognitiva imposta aos alunos, principalmente a novatos em determinado campo de conhecimento ou prática. Quando se atribui a eles a responsabilidade por explorar livremente *frameworks* complexos, que eles não dominam e para os quais não apresentam pré-requisitos mínimos, o efeito é a desorientação, o desestímulo e a desistência dos estudos.

A nosso ver, o justo equilíbrio está na combinação de ambos os tipos de instrução, mesclando-se estrutura, diálogo e autonomia. O planejamento educacional e o design instrucional podem ser bem estruturados, particularmente nos estágios iniciais da aprendizagem e/ou como fechamento de unidades de estudo, ao mesmo tempo que os próprios alunos, por meio de ferramentas cognitivas e comunicacionais, e também pela interação com outras pessoas, podem criar de forma ativa associações e perseguir caminhos inter-relacionados, segundo suas características e seus interesses, a partir da proposição de atividades autênticas.

Isso posto, fazemos planejamento educacional única e exclusivamente para apoiar pessoas que querem aprender. De um lado, apresentamos conteúdos educacionais bem produzidos, que simulem um diálogo didático cuidadoso e efetivo, acreditando que essas pessoas processarão ativamente a mensagem comunicada e construirão os próprios esquemas mentais; e, de outro lado, propomos atividades de aprendizagem que cremos ser desafiadoras, motivadoras e capazes de mobilizar as pessoas a aprender praticando (a aprender fazendo, resolvendo problemas, pesquisando, refletindo na ação) e também a colocar em prática na vida real, no mundo do trabalho, na participação social, aquilo que aprenderam.

Assumir essa visão convergente, de que várias são as formas de aprender e de ensinar, nos conduz à perspectiva de um metamodelo educacional, que se pretende ancorado e, ao mesmo tempo, descolado de modelos excludentes.

Metamodelo educacional

> O metamodelo aqui adotado não é de nossa autoria. Deriva da *Educational Modeling Language* (EML), termo cunhado na Universidade Aberta da Holanda (OUNL), no final dos anos 1990, para indicar o sistema que descreve uma ampla variedade de processos e modelos instrucionais existentes – não apenas os conteúdos, mas também as regras, as relações, as interações e as atividades que ocorrem entre os agentes do processo educacional. Para saber mais a respeito, o leitor pode acessar a tese de doutorado da autora Andrea Filatro apresentada à Faculdade de Educação da USP, sob o título *Learning design como fundamentação teórico-prática para o design instrucional contextualizado* (2008), disponível na web.

A busca por um consenso internacional, motivada também pela necessidade de representar as práticas educacionais em uma linguagem compreensível tanto por seres humanos quanto por sistemas computacionais, estimulou a criação de um **metamodelo educacional**. Esse metamodelo visa representar a variedade de teorias e aplicações na área educacional, extraindo de cada situação específica os elementos comuns a toda e qualquer ação de ensino-aprendizagem.

Assim, da mesma forma que Mendeleyev criou, em 1870, a tabela periódica como base modular sobre a qual se poderiam construir blocos de todas as matérias físicas, um metamodelo estrutural para a aprendizagem reúne todos os outros modelos e permite descrevê-los.

É esse metamodelo que serve de base para o planejamento educacional neste capítulo. Ele se fundamenta nos seguintes princípios:

- As pessoas aprendem ao interagir com conteúdos, ferramentas e pessoas, ou seja, ao realizar atividades de aprendizagem que lhes permitam interagir com o mundo.
- Em situações didáticas formais, as pessoas buscam alcançar objetivos de aprendizagem em um ambiente constituído por objetos (textos, animações, estudos de caso etc.) e serviços (ferramentas para comunicação, edição de documentos etc.).
- Nesses ambientes, as pessoas assumem papéis e realizam atividades de aprendizagem e/ou apoio (ensino, suporte etc.).

A lógica do planejamento baseado em um metamodelo educacional é: quem exerce um **papel de apoio** (um educador, um especialista, um designer instrucional) propõe atividades nas quais quem aprende (um aluno, um grupo, uma turma, um coletivo) exerce um **papel de aprendizagem** ao interagir com conteúdos, ferramentas e outras pessoas, tendo em mente um objetivo claro de aprendizagem. Quem aprende produz respostas que são objeto de orientação, *feedback* e avaliação por parte de quem exerce um papel de apoio.

Para resumir, em um planejamento mais básico possível, um educador faz uma proposta a um aluno, que retorna com uma resposta. A Figura 10.1 representa graficamente essa interação.

•• **FIGURA 10.1** Representação do planejamento mínimo baseado em metamodelo educacional

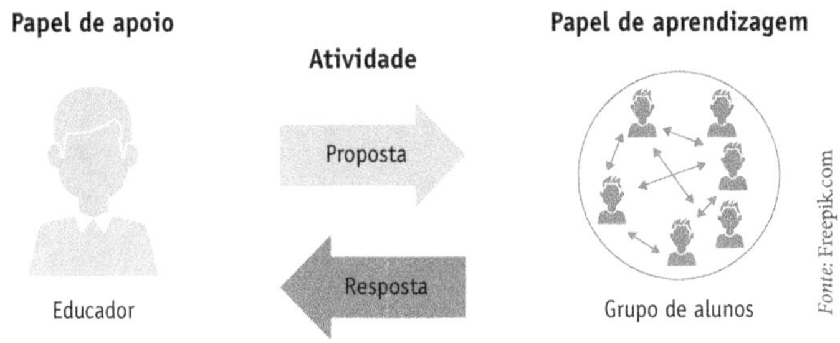

Fonte: Elaborada pelas autoras.

A partir desse esquema básico, podemos planejar praticamente tudo em educação:

- As **propostas** do educador podem abarcar perguntas diretas, abertas ou controversas; textos, vídeos, áudios, imagens ou animações; exemplos, contraexemplos e ilustrações; material publicado na web de diversas fontes e formatos; testemunhos, entrevistas ou pareceres de especialistas; casos reais ou adaptados; problemas a serem solucionados, desafios, jogos... Seja qual for a proposta, ela estará sempre relacionada a uma atividade que o aluno deve realizar para alcançar determinado objetivo de aprendizagem.
- As **respostas** do aluno podem ser processos (o aluno registra e/ou troca ideias a respeito da proposta, e a aprendizagem acontece no processo de interação com conteúdos, ferramentas e outras pessoas) ou produtos (o aluno produz algo identificável, por exemplo, a solução de um problema, a argumentação em defesa de uma posição, um plano de projeto, a análise de uma controvérsia, a articulação de uma ou mais ideias, a criação de uma obra, a síntese de um conteúdo...). Algumas atividades envolvem as duas categorias – processo e produto: os alunos elaboram, discutem e geram produtos identificáveis. Nesse caso, a avaliação de alcance dos objetivos educacionais realiza-se tanto sobre o processo quanto sobre o produto gerado.

Vamos avançar um pouco mais para compreender melhor a potencialidade desse tipo de planejamento. Os elementos do metamodelo podem ser dispostos em uma matriz de planejamento como a mostrada na Figura 10.2.

•• **FIGURA 10.2** Matriz de planejamento baseada em metamodelo educacional

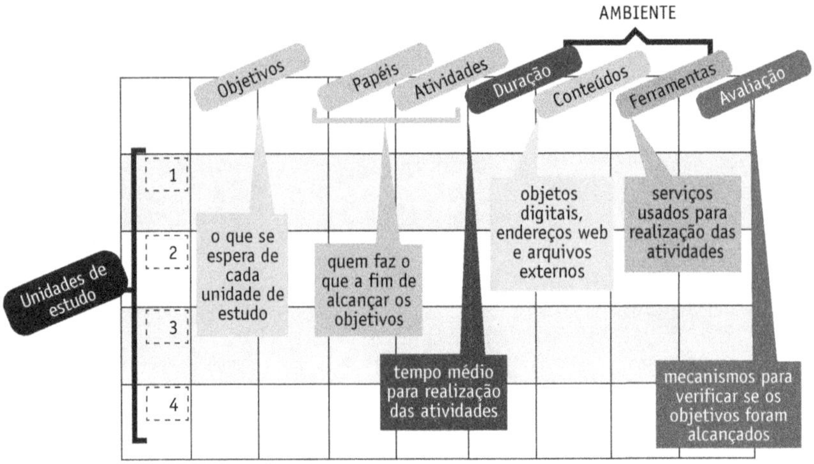

Fonte: Elaborada pelas autoras.

Observe que a matriz se assemelha bastante a um plano de aulas convencional. No entanto, a partir de agora, vamos apurar um pouco mais nossa análise. O primeiro elemento que aparece na matriz é a **unidade de estudo**. Ela articula os demais elementos do metamodelo, que veremos a seguir.

A unidade de estudo pode-se aplicar a um curso, um workshop, uma lição etc. Sua granularidade (ou seja, seu tamanho e seu grau de complexidade) é definida da seguinte maneira: a unidade não pode ser subdividida em partes menores sem perder seu significado. É o objetivo de aprendizagem que define a granularidade de uma unidade de estudo. Ademais, uma unidade tem uma extensão e um tempo limitados, e é autocontida no que se refere à duração dos processos, objetivos e conteúdos.

> No Capítulo 1, *Dimensão tecnocientífica*, nós nos dedicamos especificamente à discussão sobre currículo, definição de objetivos educacionais e competências.

Objetivo é o que se quer alcançar em uma unidade de estudo. Pode ser determinado a partir de um amplo levantamento de necessidades de aprendizagem que desemboca em uma organização curricular descrita formalmente, ou pode ser apenas o objetivo pontual de alguém que deseja, de livre e espontânea vontade, saber, fazer ou ser algo. O planejamento baseado em metamodelo educacional atende a ambos os interesses.

Os **papéis**, como já vimos, se relacionam às pessoas que executam **atividades de aprendizagem** ou **de apoio**. Aqui o planejamento começa a ficar interessante, considerando-se planejar que outras pessoas além do professor desempenhem as atividades de apoio (por exemplo, um especialista que será entrevistado, um membro da comunidade que participará de um projeto, um ex-aluno que dará um depoimento sobre o mercado de trabalho).

Podemos montar grupos de alunos e propor que eles desempenhem papéis diferentes em duplas, trios, pequenos grupos, na turma, entre turmas da mesma instituição, entre instituições, no mundo... Podemos até inverter os papéis e colocar alunos na posição de educadores, e professores no papel de alunos.

A Figura 10.3 representa graficamente essas possibilidades empregando o metamodelo educacional.

•• **FIGURA 10.3** Representação de atividades e papéis diversos

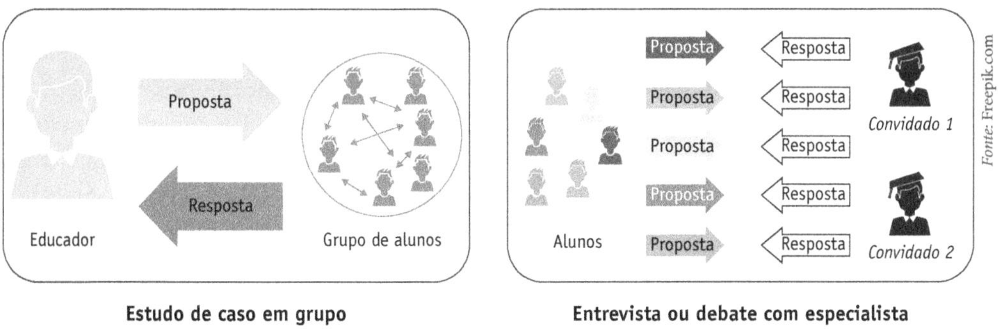

Fonte: Elaborada pelas autoras.

O leitor deve ter notado que as combinações aqui revelarão as premissas epistemológicas e as abordagens pedagógicas subjacentes à prática educacional. Se acreditamos que as pessoas aprendem ao negociar significados construídos cultural, histórica e politicamente, isso se refletirá nos papéis que atribuiremos às pessoas e nas propostas de atividades que fizermos a elas.

> A teoria da carga cognitiva, que apresentamos no Capítulo 2, *Dimensão pedagógica*, é a chave para compreender a importância do gerenciamento do tempo tanto na apresentação dos conteúdos quanto na proposição de atividades de aprendizagem.

Há uma intencionalidade explícita no planejamento educacional. E só podemos falar em aprendizagem formal se planejarmos também a **duração** de uma unidade de estudo – o tempo estimado para que as atividades sejam realizadas e concluídas. Esse é um exercício fantástico, que possibilita ao educador colocar-se no lugar do aluno e apurar sua proposta de interação. Também permite que o planejamento se concentre em aumentar a carga cognitiva relevante e eliminar tudo o que gera sobrecarga irrelevante.

E, neste ponto, não temos uma receita definitiva, mas podemos apontar alguns caminhos. Simular a realização de parte de uma atividade proposta aos alunos – ler algumas páginas de um livro, resolver um exercício, publicar uma mensagem no fórum – pode dar indicações preciosas sobre quanto tempo será consumido (e também pistas sobre como podemos acelerar a conclusão dessas atividades fornecendo mais apoio).

Definimos objetivos, o que as pessoas vão fazer e em quanto tempo. Agora falta prover um **ambiente** no qual a aprendizagem aconteça. O ambiente é uma "coleção de objetos (conteúdos) e ferramentas (serviços)".

Chegamos finalmente ao tema principal deste livro – os **conteúdos**! A longa explanação construída até aqui se justifica: nossa intenção é mostrar a imensa, maravilhosa e incontestável contribuição que conteúdos bem produzidos podem dar ao processo de aprendizagem, reconhecendo ao mesmo tempo que produzir conteúdos é só uma parte do desafio.

Dito isso, o ambiente educacional é composto por conteúdos, na forma de objetos de aprendizagem, vídeos, podcasts, infográficos, materiais impressos, jogos, enfim, conteúdos de todos os formatos, modos, modalidades e mídias podem fazer parte do ambiente e apoiar a aprendizagem, como veremos logo a seguir neste capítulo.

As **ferramentas** acompanham. São serviços usados na unidade de estudo para viabilizar a realização de atividades, incluindo aí o acesso aos conteúdos. Aqui se encaixam as tecnologias eletromecânicas, eletroeletrônicas, digitais e móveis, e também aquelas que possibilitam atividades narrativas, interativas, adaptativas, produtivas, comunicativas e integrativas.

As mídias e tecnologias mencionadas aqui são discutidas nos Capítulos 3, *Dimensão comunicacional*, e 4, *Dimensão tecnológica*.

Por fim, e não menos importante para completar a unidade de estudo, temos a **avaliação**, em referência aos mecanismos de verificação da aprendizagem.

"Não menos importante" não é retórica vazia aqui. Na verdade, o planejamento de muitas unidades de estudo tem começado justamente pelos critérios de avaliação, que se tornam o disparador da proposição de atividades e da criação de ambientes, tudo isso baseado na premissa de "avaliar para aprender", e não de "avaliar se alguém aprendeu".

Essa perspectiva se revela em várias soluções educacionais emergentes, como a aprendizagem adaptativa, a análise da aprendizagem (*learning analytics*) e até mesmo nos jogos e conteúdos educacionais gamificados, como veremos a seguir.

Portfólio de conteúdos educacionais

No restante deste capítulo, apresentamos os diversos formatos de conteúdos educacionais abordados neste livro. Cada mídia, cada gênero discursivo, tem características próprias que influenciam a maneira como os conteúdos são integrados ao metamodelo educacional e, é claro, como eles serão produzidos.

Esses formatos de conteúdo são retomados no Capítulo 12, *Roteirização*, quando examinamos algumas características que impactam sua produção.

O Quadro 10.1 agrupa didaticamente esses formatos com base em alguns consensos relativos à linguagem. O leitor está livre para fazer as adequações que julgar convenientes. Afinal, podemos ter livros falados (audiobooks), entrevistas em mídia impressa, documentários animados, jogos transmídia e o que mais permitir a criatividade da equipe envolvida.

•• **QUADRO 10.1** Visão geral dos conteúdos educacionais abordados no livro

Linguagem	Soluções educacionais
Texto para mídia impressa	❍ Livros impressos ❍ Guias, manuais ou roteiros ❍ Estudos de caso
Hipertexto	❍ Livros digitais
Imagem	❍ Organizadores gráficos ❍ Infográficos ❍ Histórias em quadrinhos ❍ Ilustrações multiquadros
Áudio	❍ Podcasts
Multimídia	❍ Apresentações de slides ❍ Animações ❍ Objetos de aprendizagem ❍ Jogos educacionais ❍ Simulações
Vídeo	❍ Videoaulas ❍ Entrevistas e debates ❍ Noticiários ❍ Documentários ❍ Vídeos de modelagem de comportamento ❍ Narrativas instrucionais

Fonte: Elaborado pelas autoras.

Texto para mídia impressa

O **texto para mídia impressa** caracteriza-se pelo registro em um material físico, reprodutível em larga escala. Apoia-se basicamente nas matrizes de linguagem verbal e visual para apresentar conteúdos e propor atividades de aprendizagem nas mais diversas áreas do conhecimento.

Trata-se de um meio de fácil utilização, uma vez que dispensa recursos materiais extras e pode ser usado em diversos ambientes de aprendizagem, com grande mobilidade e flexibilidade. Além disso, permite rápido acesso a informações, possibilitando ao leitor efetuar pesquisas e acessar referências para aprofundamento em tópicos específicos de interesse.

Entre as muitas soluções educacionais com base em mídia impressa, as mais características são os livros didáticos ou universitários, os guias de estudo e de apoio ao docente e os estudos de casos.

Livros impressos

O exemplo mais comum de textos usados em educação são os **livros impressos**. Eles se caracterizam pela combinação das matrizes visual (imagens) e verbal (textos) em uma estrutura linear, mas alguns aspectos de sua produção, mais notadamente as questões de autoria, também se aplicam aos livros digitais (e-books).

Os livros permitem apresentar grandes quantidades de informações, das mais simples às mais complexas. Sua organização orienta os alunos por meio de uma estrutura sequencial lógica, ao mesmo tempo que oferece uma visão geral do conteúdo – por meio de sumários, hierarquia de títulos e outros recursos editoriais, como caixas de destaque e recursos visuais.

Os livros impressos são duráveis e portáveis, ou seja, podem ser carregados de um lado para o outro. Sua natureza duradoura, entretanto, torna mais difícil sua correção e atualização. Por isso, prestam-se à apresentação de conteúdos mais estáveis e consolidados, reconhecidos pela comunidade de pesquisa ou de prática, e correm o risco de tornarem-se "datados" (que se fixam à determinada data ou contexto histórico) ou desatualizados, principalmente em domínios caracterizados por acelerada inovação.

A propósito, não podemos deixar de comentar que os livros impressos têm sido considerados por alguns verdadeiros "dinossauros" no amplo rol de materiais didáticos mais tecnológicos. Isso pode levar à ideia equivocada de que sua elaboração não requer maiores cuidados, afinal, é um processo bem dominado por leigos (que o digam a enormidade de apostilas montadas para fins didáticos...). Nosso intuito ao longo deste livro é demonstrar que existem oportunidades de elevar – e muito – os padrões de qualidade na produção desse tipo de conteúdo educacional.

Além disso, queremos destacar o potencial de inovação nessa forma com tamanha tradição em prover o diálogo didático simulado. A Figura 10.4 ilustra o crescente uso de imagens e da integração entre imagens e textos em livros impressos com caráter educacional.

•• **FIGURA 10.4** Evolução do uso de imagens integradas a textos em livros impressos

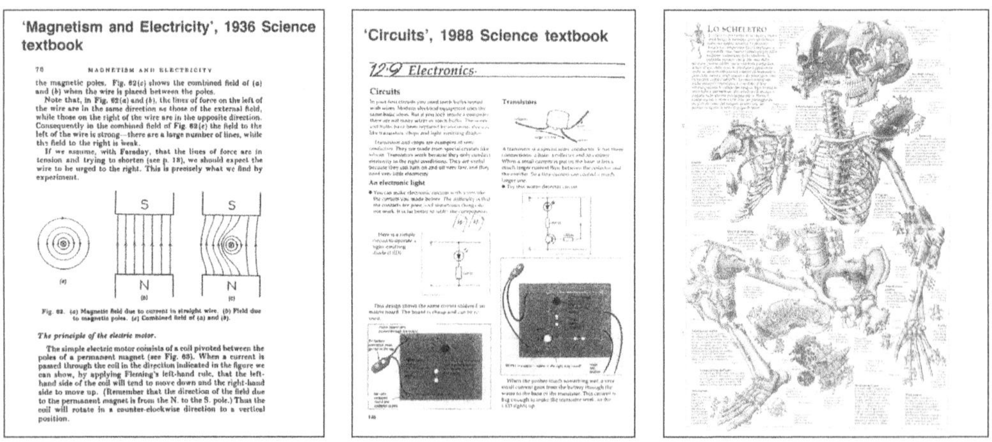

Fontes: Imagens à esquerda e ao centro: SNYDER, I. *Page to screen*. London: Routledge, 1998. p. 63, 64; imagem à direita: FABRI EDITORI. *Il corpo umano*. London: Dorling Kindersley, 1998. p. 16-17.

De outro lado, porém, não podemos esquecer que há tempos os livros impressos oferecem alternativas de leitura que podem ser consideradas antecessoras do hipertexto: notas de rodapé, referências e citações, caixas de destaque com informações adicionais etc.

Um exemplo mais recente de hipertextualidade em livros impressos é a introdução de **QR Codes** (cuja tradução poderia ser "código de resposta rápida"). Essa funcionalidade incorpora uma camada digital ao livro físico ao possibilitar que a imagem de um código seja capturada por uma câmera digital e decodificada por um software capaz de estabelecer relações interativas entre o código e o software.

A Figura 10.5 traz um exemplo de QR Code integrado a uma obra impressa para possibilitar ao leitor o acesso a um vídeo complementar.

Tratamos com mais vagar sobre o uso de imagens em conteúdos educacionais na seção a seguir.

Voltamos a esse tema logo a seguir, ao compararmos a estrutura axial de um livro convencional e a estrutura em rede do hipertexto.

•• **FIGURA 10.5** Exemplo de QR Code usado em livro impresso

Página do livro impresso com QR Code

Vídeo acessado após captura e decodificação do QR Code

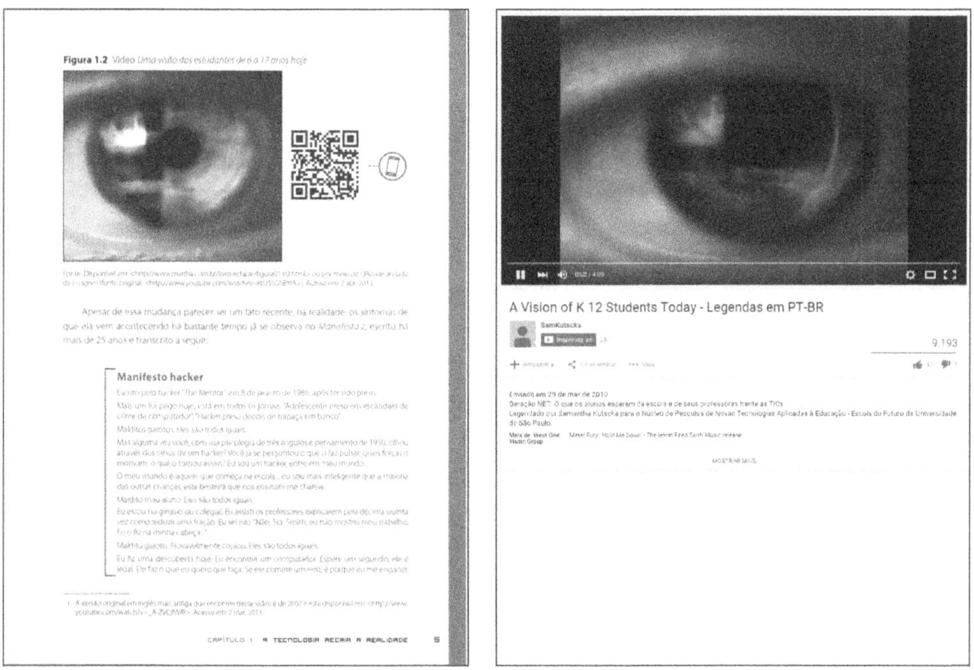

Fonte: GABRIEL, M. *Educ@r*: A (r)evolução digital na educação. São Paulo: Saraiva, 2013. p. 5.

O QR Code é considerado uma evolução dos códigos de barra tradicionais, ao tornar possível a chamada realidade aumentada, tecnologia que possibilita o enriquecimento de um ambiente real com elementos digitais. A realidade aumentada comporta desde simples projeções sobre objetos físicos até projeções holográficas de personagens tridimensionais, criando assim um ambiente misto em tempo real.

Guias, manuais ou roteiros de estudo

Os **guias, manuais ou roteiros de estudo** – termos que estamos usando intercambiavelmente – têm por função comunicar uma visão integrada dos vários elementos que compõem uma unidade, um curso ou um programa, em especial quando realizado a distância. Eles ajudam a evitar que os alunos fiquem perdidos diante de tantos recursos oferecidos ou diante de um recurso específico que requeira instruções de instalação ou uso.

Por essa razão, é muito importante oferecer ao aluno um mapa do curso (a matriz de planejamento e/ou o mapa mental elaborado pelo conteudista) ou do recurso (por exemplo, uma tela inicial com uma síntese visual da estrutura e do funcionamento das telas).

As orientações do guia podem se estruturar por unidades, módulos, cursos ou programas inteiros, e serão mais efetivas quanto mais se aproximarem das práticas reais.

Guias, manuais ou roteiros de apoio ao docente

Os materiais de apoio elaborados para o aluno podem ter uma versão correspondente dedicada a apoiar o docente na utilização dos conteúdos, da mesma forma que os livros didáticos convencionais são tradicionalmente acompanhados por um manual pedagógico ou do professor.

Os **guias, manuais ou roteiros de apoio ao docente** têm como propósito maximizar o uso de conteúdos educacionais isolados (um jogo, um objeto de aprendizagem, um vídeo) ou ainda de integrar os vários elementos que compõem uma unidade de estudo, um curso ou um programa.

Estudos de caso

Os **estudos de caso** são um tipo de narrativa essencial para testar ou demonstrar conceitos e princípios em ação. Dão concretude a ideias abstratas e ajudam o aluno a operacionalizar conhecimentos dentro de um contexto mais complexo e próximo ao que ele encontrará fora do ambiente escolar ou universitário, por exemplo, no mundo do trabalho.

Quando o aluno consegue imaginar, visualizar ou identificar melhor o tópico tratado em um cenário realista, com personagens próximos à vida real e questões que o convidam à reflexão, ele se motiva a encarar o próximo tópico de estudo, mesmo que este seja mais difícil ou mais complexo.

Os estudos de caso envolvem basicamente apresentar uma situação-problema (uma crise, um incidente, um dilema, um fato novo que desequilibra a ordem estabelecida) e as variáveis envolvidas na resolução desse conflito. Podem ser casos reais, adaptados ou totalmente inéditos, criados especificamente para uma unidade de estudo.

Embora predominantemente narrativos, os estudos de caso não dispensam a detalhada descrição de personagens e cenários. E o gênero dissertativo-argumentativo é empregado para justificar as decisões tomadas rumo à solução do problema. Ou seja, há um rico trabalho comunicacional a ser realizado.

Os estudos de caso têm sido empregados há muito tempo como parte de conteúdos impressos e, obviamente, podem ser enriquecidos com áudio, vídeo e/ou animação e conteúdos digitais, beneficiando-se das características desses formatos.

Os gêneros e formatos discursivos são tema do Capítulo 3, *Dimensão comunicacional*. O leitor também pode beneficiar-se das orientações para roteirização de narrativas instrucionais, apresentadas no Capítulo 12, *Roteirização*.

Hipertexto

A partir da disseminação dos computadores pessoais, passamos a consumir informação não apenas de forma linear, como a transmitida nos livros, jornais, rádio, cinema e televisão, mas também em forma digital, por essência no formato de hipertexto.

No campo educacional, essa nova forma de apresentar conteúdos se traduziu inicialmente nos softwares educativos disponibilizados em mídia física (disquetes, CD-Roms e DVDs). Com a expansão da internet, recursos online ocuparam esse posto.

A principal característica do hipertexto são a escrita e a leitura não lineares e não hierarquizadas, que permitem o acesso a outros textos de forma instantânea, em uma rede de relações que pode ser explorada livremente, sem regras predeterminadas. A hipermídia é o termo paralelo para designar o acesso não sequencial a conteúdos em diferentes linguagens e modalidades.

Hipertexto e hipermídia são discutidos dentro do contexto da evolução das mídias, no Capítulo 3, *Dimensão comunicacional*.

A navegação hipertextual produz um tipo diferente de interação instrucional que reflete as estratégias usadas pelas pessoas ao navegar ou pesquisar na web: folhear mais do que ler, buscar e acessar conteúdos pela rápida seleção de botões ou links e desejar passar rapidamente para outra página ou tela.

O usuário que simplesmente passa pelos conteúdos de uma página web comercial ou de entretenimento é capaz de identificar termos gerais que o levarão a um ponto desejado. Entretanto, em uma situação educacional, exige-se do aluno um processamento cognitivo mais profundo.

A chave do hipertexto são os links (ligações), que permitem realizar deslocamentos rápidos na mídia. Acessando os links, o aluno interage com pequenos blocos de texto e imagem (e ainda áudio e vídeo, no caso da hipermídia), em vez de com um único texto longo.

Ao navegar pelo hipertexto, o aluno organiza suas escolhas e seu percurso conforme seus próprios objetivos e interesses, produzindo assim um percurso baseado em uma lógica pessoal única. Mesmo assim, ele só poderá acessar novas ligações que tenham sido previstas antes pelo autor, indicadas por meio de links para dar acesso a nós intencionalmente interconectados.

Livros digitais (e-books)

A disponibilização de livros em formato digital, para acesso por meio de dispositivos móveis (tablets, celulares, **e-readers** etc.), é uma tendência internacional que vem ganhando força, inclusive nos programas governamentais de distribuição de livros didáticos pelo Ministério da Educação.

E-reader (*electronic reader*) Dispositivo projetado especificamente para a leitura eletrônica. O mais conhecido é o Kindle, distribuído pela livraria virtual Amazon, de alcance mundial; no contexto nacional, a livraria Saraiva desenvolveu seu próprio dispositivo leitor – o Lev.

•• **FIGURA 10.6** Livro digital carregado no e-reader Lev

Fonte: Livraria Saraiva.

Os **livros digitais** são o refinamento dos recursos eletrônicos oferecidos em suporte CD-ROM na década de 1990. A obra pode até ser a mesma da versão em papel, mas sua materialidade se modifica: esse novo suporte é altamente flexível, tem múltiplas camadas, infinitas variantes dimensionais de leitura e navegação, para não mencionar os recursos sonoros e animados que prometem tornar a experiência de leitura mais interativa. Com maior leveza e portabilidade, podem ser carregados em um pen-drive ou permanecer armazenados em nuvem.

A versão mais simples do livro digital consiste na digitalização do livro impresso, reproduzindo textos e ilustrações estáticas em uma versão portável (PDF). Para muitos, contudo, esse formato nem mesmo pode ser considerado um livro digital, por se tratar de simples cópia do livro original.

Já os **livros digitais enriquecidos** (*enhanced* e-books), também chamados **interativos**, oferecem uma experiência de leitura imersiva, que inclui desde a navegação hipertextual por meio de links internos e externos, o acesso a recursos de áudio e vídeo, até chegar ao compartilhamento de opiniões em redes sociais e ao rastreamento de dados para análise de tempo de leitura, anotações e resultados de interações, entre outros.

Entre os livros digitalizados e os enriquecidos, há uma série de possibilidades. Usados para fins didáticos, vemos as possibilidades de fazer anotações nas margens das páginas, informar links para verbetes de glossário, inclusão de galerias de ilustrações e animações, itens suplementares, artigos de jornal e páginas web relevantes.

Imagens

Estudos comprovam que as **imagens** são os primeiros elementos a chamar atenção do leitor em um conteúdo educacional. Isso porque elas são percebidas mais rapidamente que os textos, tendo em vista que sua aparência é semelhante àquilo que ela designa; as palavras, ao contrário, não têm nenhuma semelhança com aquilo a que fazem referência.

No Capítulo 3, *Dimensão comunicacional*, tratamos da matriz visual de pensamento e linguagem sob uma perspectiva teórica.

As imagens também são mais facilmente lembradas quando comparadas ao discurso escrito ou oral. A explicação vem da abordagem cognitiva, segundo a qual a mente humana funciona como um sistema computacional que atua com base em representações. Ela processa imagens mentais, cria e manipula símbolos, e visualiza relações entre eles. Nesse sentido, qualquer comunicação será mais efetiva se estiver adaptada à forma pela qual a mente adquire e processa dados.

Em conteúdos educacionais, as imagens podem ser usadas com diferentes funções para descrever objetos, cenários e personagens, para narrar uma ação ou história, ou ainda para dissertar sobre uma ideia.

Agrupamos sob o rótulo "imagens" as ilustrações, os desenhos feitos à mão, as fotografias, os quadros etc., como mostra o Quadro 10.2.

•• **QUADRO 10.2** Diferentes tipos de imagens

Imagens	Descrição	Exemplo
Fotografias	São produzidas por processos científicos e possuem grande credibilidade para comprovar fatos e caracterizar elementos de certos contextos Entram nesta categoria as micrografias, produzidas através das lentes de um microscópio, e as macrografias, produzidas através das lentes que ampliam pequenos objetos. Ainda temos as fotografias panorâmicas, as aéreas, as subaquáticas, entre as muitas opções de reprodução de imagens reais	 *Fonte:* Wikimedia Commons/ Siemens Pressebild.

➤

➤

Imagens	Descrição	Exemplo
Ilustrações	Feitas à mão ou por computador, não conservam o mesmo vínculo com a realidade de uma fotografia, mas têm a flexibilidade necessária para destacar algum aspecto relevante ou combinar elementos não naturalmente reunidos Podem ser usadas também como recurso motivacional. Não é raro incluir em materiais impressos ou objetos de aprendizagem imagens de personagens dialogando diretamente com o aluno	 *Fonte:* Wikimedia Commons/Frack.
Mapas	São representações visuais de algum aspecto da geografia física e humana. Podem ser utilizados para relacionar fenômenos naturais ou acontecimentos aos pontos geográficos nos quais eles se situam	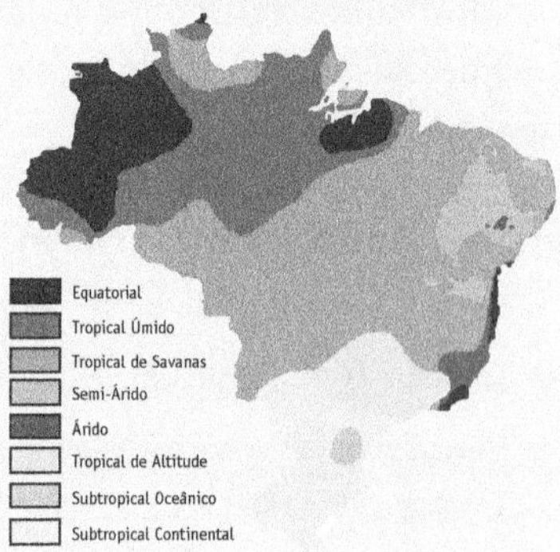 *Fonte:* Wikimedia Commons/PEEL, M. C.; FINLAYSON, B. L.; McMAHON, T. A. (University of Melbourne)
Ícones	São elementos gráficos que representam determinada ideia, objeto ou ação. Apresentam uma relação de semelhança ou analogia com aquilo que é representado. Na mídia digital, geralmente são acionáveis por um clique do mouse ou um toque na tela	 *Fonte:* Wikimedia Commons/ Straßenverkehrsordnung.
Cartuns	Desenhos de humor que comunicam em um único quadro uma espécie de anedota gráfica satirizando comportamentos políticos e sociais. Também são chamados de charges. Quando acentuam características marcantes de uma personagem, recebem o nome de caricaturas	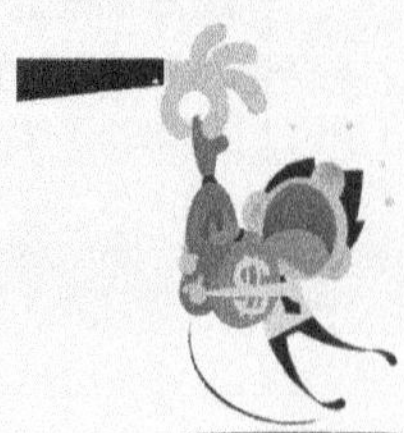 *Fonte:* ©Thinkstock/483024380.

➤

➤

<table>
<tr><th>Imagens</th><th>Descrição</th><th>Exemplo</th></tr>
<tr><td>Telas capturadas</td><td>Replicam telas reais de software, usadas como base para explicar elementos e funcionalidades, geralmente por meio de rótulos textuais; quando ordenadas em sequência (por exemplo, quadro a quadro) ou animadas, podem constituir um tutorial autoinstrucional, integrado ou não a locuções</td><td>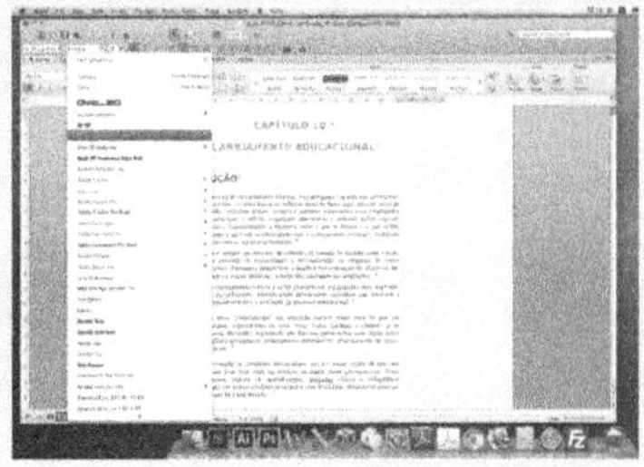
Fonte: Elaborada pelas autoras.</td></tr>
<tr><td>Quadros</td><td>Abrangem as representações de dados ou variáveis que se relacionam entre si; o foco é sempre qualitativo</td><td>
<table>
<tr><th colspan="2">Produção de conteúdos educacionais</th><th>Especialista em conteúdo</th><th>Especialista em educação</th><th>Especialista em comunicação</th><th>Especialista em tecnologia</th><th>Especialista em gestão</th></tr>
<tr><td></td><td>Introdução</td><td>x</td><td>x</td><td>x</td><td>x</td><td>x</td></tr>
<tr><td>Parte I</td><td colspan="6">Framework teórico</td></tr>
<tr><td>Capítulo 1</td><td>Dimensão tecnocientífica</td><td>x</td><td></td><td></td><td></td><td></td></tr>
<tr><td>Capítulo 2</td><td>Dimensão pedagógica</td><td></td><td>x</td><td></td><td></td><td></td></tr>
<tr><td>Capítulo 3</td><td>Dimensão comunicacional</td><td></td><td></td><td>x</td><td></td><td></td></tr>
<tr><td>Capítulo 4</td><td>Dimensão tecnológica</td><td></td><td></td><td></td><td>x</td><td></td></tr>
<tr><td>Capítulo 5</td><td>Dimensão organizacional</td><td></td><td></td><td></td><td></td><td>x</td></tr>
<tr><td>Parte II</td><td colspan="6">Gestão da produção</td></tr>
<tr><td>Capítulo 6</td><td>Gestão de projetos</td><td></td><td>x</td><td></td><td></td><td>x</td></tr>
<tr><td>Capítulo 7</td><td>Design Instrucional</td><td></td><td>x</td><td></td><td></td><td>x</td></tr>
<tr><td>Capítulo 8</td><td>Plano do Projeto</td><td></td><td>x</td><td></td><td></td><td>x</td></tr>
</table>
Fonte: Elaborada pelas autoras.</td></tr>
<tr><td>Tabelas</td><td>São um tipo especial de quadro composto por linhas e colunas que permitem apresentar com maior clareza informações numéricas, de modo que se possa comparar os valores ali inseridos e perceber as relações entre as grandezas. O foco é sempre quantitativo</td><td>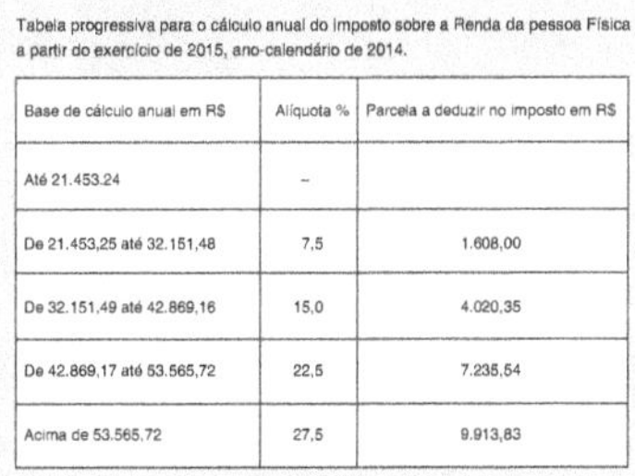
Tabela progressiva para o cálculo anual do Imposto sobre a Renda da pessoa Física a partir do exercício de 2015, ano-calendário de 2014.
<table>
<tr><th>Base de cálculo anual em R$</th><th>Alíquota %</th><th>Parcela a deduzir no imposto em R$</th></tr>
<tr><td>Até 21.453.24</td><td>–</td><td></td></tr>
<tr><td>De 21.453,25 até 32.151,48</td><td>7,5</td><td>1.608,00</td></tr>
<tr><td>De 32.151,49 até 42.869,16</td><td>15,0</td><td>4.020,35</td></tr>
<tr><td>De 42.869,17 até 53.565,72</td><td>22,5</td><td>7.235,54</td></tr>
<tr><td>Acima de 53.565,72</td><td>27,5</td><td>9.913,83</td></tr>
</table>
Fonte: Receita Federal.</td></tr>
</table>

Fonte: Elaborado pelas autoras.

Os organizadores gráficos

Representam, por meio de esquemas e diagramas, um ou mais tópicos de estudo, incluindo etapas de um processo, aspectos positivos e negativos, similaridades e diferenças, causas e efeitos, mudanças ao longo do tempo, entre outros.

Os **organizadores gráficos** têm suas raízes na teoria de Ausubel[3] sobre organizadores avançados. Segundo esse autor, a aprendizagem ocorre quando a estrutura cognitiva do aluno (ou seja, seus conhecimentos prévios) se expande para incorporar novas informações. Para facilitar esse processo, os organizadores avançados apresentam aos alunos um *framework* relacionando os conhecimentos anteriores e a nova informação. Como o objetivo instrucional é apoiar a

[3] AUSUBEL, D. P.; NOVAK, J. D.; HANESIAN, H. *Psicologia educacional.* Rio de Janeiro: Interamericana, 1980.

aprendizagem significativa, e não a simples memorização, oferecer gráficos que retratem as relações entre ideias-chave é uma maneira de tornar o conhecimento mais acessível ao aluno.

O Quadro 10.3 mostra alguns exemplos de organizadores gráficos usados para diferentes propósitos didáticos.

•• **Quadro 10.3** Exemplos de organizadores gráficos usados para fins instrucionais

Propósito	Organizador gráfico	Propósito	Organizador gráfico
Para ilustrar um processo	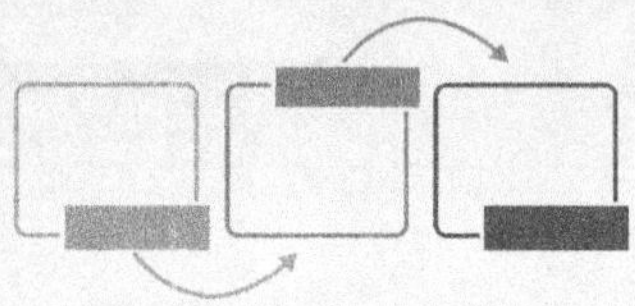	Para dispor eventos em uma linha do tempo	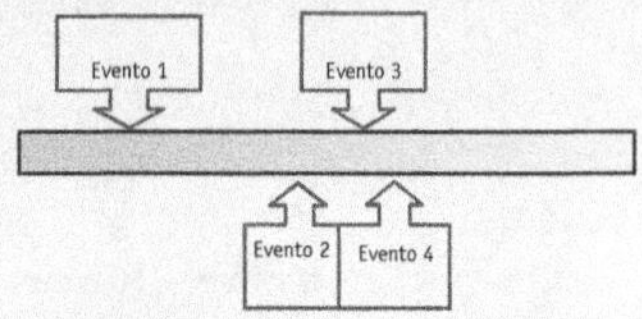
Para apresentar passos de um procedimento	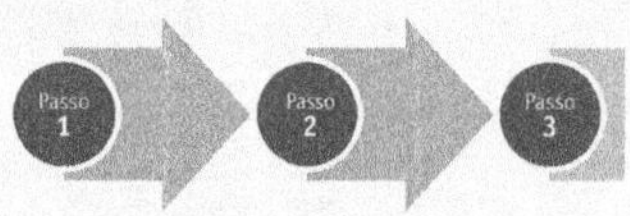	Para indicar causa e efeito	
Para destacar partes de um todo	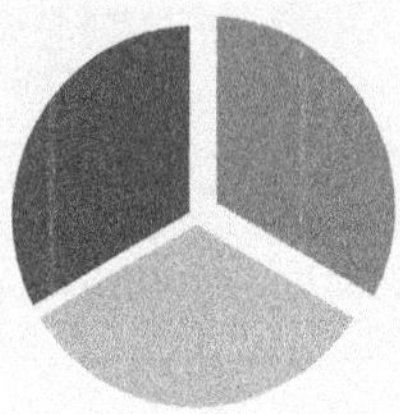	Para comparar ou contrastar itens em termos de semelhanças e diferenças	Tópico Subtópico Subtópico Subtópico
Para evidenciar um encadeamento lógico de ideias	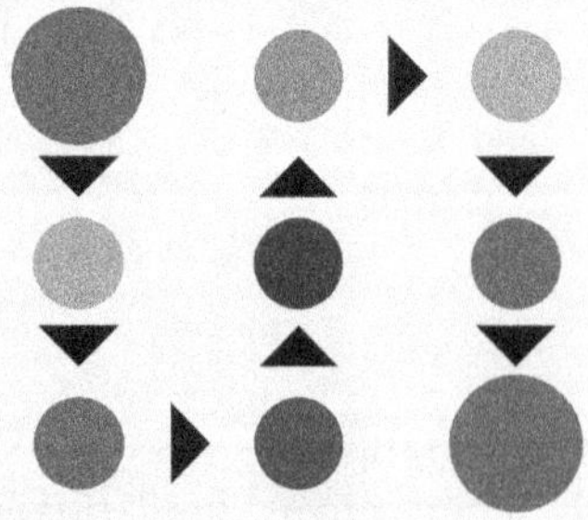	Para mostrar ideias que convergem para um ponto central	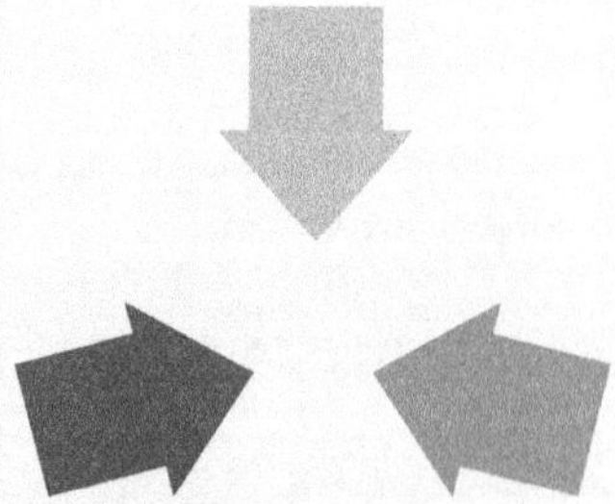
Para evidenciar uma sequência contínua de ações em um fluxo circular	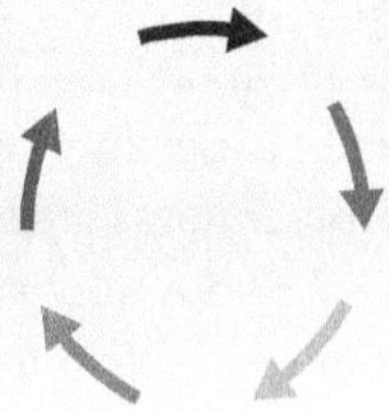	Para expressar hierarquia	

Fonte: Adaptado de LEPIONKA, M. E. *Writing and developing your college textbook*. 2. ed. Gloucester: Atlantic Path Publishing, 2008.

Infográficos

O principal objetivo dos **infográficos** não é simplificar a informação, no sentido de reduzi-la para que possa ser apreendida rapidamente. Nem se trata de produzir objetos meramente decorativos, mas de examinar a informação e identificar padrões e relações que, de outro modo, provavelmente ficariam ocultos. Só então é que se procede à sua modelagem sobre uma mídia física (impressa) ou digital.

A mídia impressa possibilita uma apresentação estática da informação, enquanto as mídias digitais permitem diferentes níveis de interatividade, até o ponto máximo em que cada usuário pode desenhar a própria informação, modificando-a a seu gosto ou conforme suas necessidades. Nesse último caso, o autor ou o designer deixam de ser quem interpreta os dados para o usuário e convertem-se em quem desenha ferramentas que poderão ser utilizadas por outros para explorar a realidade.

Devemos ressaltar que tanto os organizadores gráficos quanto os infográficos se inspiram na psicologia cognitiva, porém suas origens e condições de produção influenciam sua abrangência e complexidade. Os organizadores gráficos têm uma fundamentação pedagógica mais explícita, ao passo que a base teórica dos infográficos está na área comunicacional, mais propriamente no jornalismo.

Aqui entram em cena atividades de aprendizagem nas quais os alunos assumem papéis de designers, como podemos ver no Capítulo 10, *Planejamento educacional*, e, dependendo do tratamento dado, podem ser gerados conteúdos por meio do modelo de produção compartilhada, como descrito no Capítulo 5, *Dimensão organizacional*.

Assim, embora possamos remontar a origem dos infográficos às pinturas rupestres encontradas nas cavernas, posteriormente aos esboços ilustrativos de Leonardo da Vinci e Charles Darwin, é no jornalismo que se reconhecem os primeiros usos de gráficos informativos por volta dos anos 1850. Foi a partir do progresso na teoria matemática que dados estatísticos começaram a ser representados por meio de gráficos de barras, pizzas e linhas.

Todavia, apenas na década de 1980 é que seu uso foi disseminado, principalmente nos periódicos norte-americanos, alcançando seu ápice durante a Guerra do Golfo, em 1991.

A partir daí os infográficos tornaram-se recursos usados sistematicamente em jornais e revistas impressos, com a natural migração para as mídias digitais. Hoje se constituem não apenas em um conjunto de práticas, mas também em um corpo de conhecimentos – a **infografia**, também conhecida como **visualização da informação** –, o que nos permite traçar uma linha evolutiva, principalmente no campo do jornalismo como mostra o Quadro 10.4.

•• **Quadro 10.4** Evolução dos infográficos

Geração	Foco	Produto	Principais características
Primeira	Linearidade	Infográficos transpostos da mídia impressa	○ Informação organizada linearmente ○ Estrutura visual simples e estática (mesmo quando digital), sem interatividade
Segunda	Hipertextualidade	Metáfora do impresso, tentativa de adequação à web	○ Informação organizada de forma contínua, tela a tela ○ Surgimento de hiperlinks e animações ○ Integração entre áudio, texto e imagem
Terceira	Multimodalidade	Infográficos multimídia	○ Ruptura na forma linear de organizar a informação ○ Entra em cena a multimodalidade ○ O infográfico só é compreendido quando o usuário lê o texto, compreende os dados em tabelas ou gráficos, ouve áudio e assiste a vídeos que acrescentam informações ao todo
Quarta	Personalização	Infográficos analíticos	○ Uso de base de dados e interatividade proporcionada pela web 2.0 ○ Interação e personalização do conteúdo, cruzando informações de diferentes origens

Fonte: Adaptado de AMARAL, R. C. G. *Infográfico jornalístico de terceira geração:* análise do uso da multimidialidade na infografia. Dissertação de mestrado apresentada ao Programa de Pós-Graduação em Jornalismo da Universidade Federal de Santa Catarina. Florianópolis: UFSC, 2010.

Ao longo dessa trajetória, a essência da infografia permanece a mesma: preparar a informação para ser utilizada pelas pessoas com facilidade. Por meio desse processo, os dados (que não têm valor em si mesmos) transformam-se em informações (ou seja, atribui-se significado a eles), que podem ser compreendidas pelas pessoas, memorizadas e transformadas em conhecimento.

Histórias em quadrinhos

As **histórias em quadrinhos** interessam-nos muitíssimo, tanto por seu histórico de soluções multimodais quanto por seu potencial educativo. Essa forma de narrativa sequencial tem como principais características:

- A integração entre palavras e imagens (portanto, são um recurso multimodal).
- A predominância da narração (tendo no diálogo um de seus principais elementos constituintes).
- A mídia impressa como suporte recorrente (embora sejam cada vez mais parte das mídias digitais).

Um exemplo é reproduzido na Figura 10.7.

•• **FIGURA 10.7** Exemplo de história em quadrinhos

Fonte: Adaptada de Guilherme Guatan.

Na maior parte das vezes, os quadrinhos são formados por ilustrações desenhadas à mão, embora ocasionalmente possam ser usadas fotografias para ilustrar as histórias.

> Veja mais sobre construção de personagens, tempo (época e duração) e espaço (ambiente) logo a seguir, na seção *Narrativas instrucionais*.

E, assim como outras narrativas, as histórias em quadrinhos são compostas por personagens, ações, tempo e espaço, e narrador. Aplicam-se aqui, então, as mesmas diretrizes para roteirização de narrativas.

Ilustrações multiquadros

Os elementos descritos na linguagem de quadrinhos podem ser incorporados a outras soluções educacionais, como objetos de aprendizagem, infográficos e até a imagens estáticas exibidas em livros impressos. De igual modo, às histórias em quadrinhos usadas com intencionalidade educacional podemos integrar uma série de técnicas pertencentes, por exemplo, à criação de animações ou à produção de vídeos.

Podemos traçar um paralelo entre as histórias em quadrinhos e as **ilustrações multiquadros** (ou sequenciais), que são bastante empregadas para demonstrar procedimentos passo a passo ou sequências de ações, diferentes estados da matéria, evolução de fenômenos da natureza etc. Nesse tipo de recurso visual, que pode ser ou não acompanhado de explicações textuais, mantém-se a sequencialidade entre os quadros. Os elementos principais são repetidos a cada quadro para dar o devido destaque a pequenas mudanças e detalhes importantes.

Não há um enredo dramático que explore emoções e sentimentos, nem há elementos imaginários ou ficcionais que proponham realidades alternativas. O humor que caracteriza muitas das histórias em quadrinhos é substituído pela precisão técnica, visando à reprodução cuidadosa e fiel da realidade.

A Figura 10.8 traz um exemplo de ilustração multiquadros para a demonstração de um procedimento na área de beleza.

•• **FIGURA 10.8** Exemplo de ilustração multiquadros

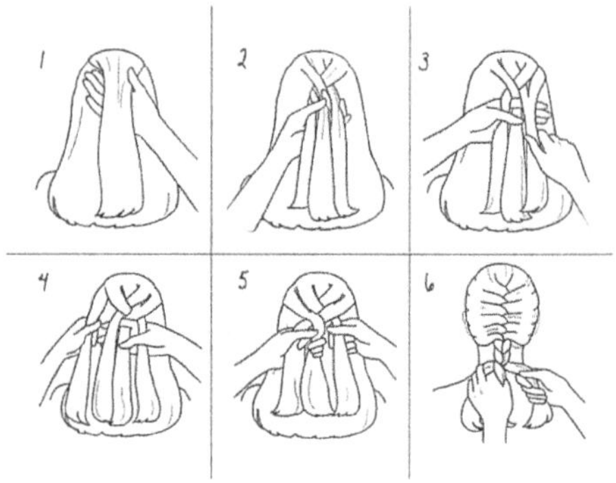

Fonte: Cereja na brasa.

Áudio

O emprego da matriz sonora em conteúdos educacionais não é novo e vem ganhando cada vez mais espaço com a melhoria das condições para sua veiculação por meio de dispositivos eletrônicos e móveis.

O **áudio** tem aplicações importantes na aprendizagem de habilidades verbais, idiomas, música e comunicação em público. Também se ajusta à apresentação de conteúdos motivacionais ou do tipo "como fazer", além de favorecer alunos com estilo de aprendizagem auditivo. E não podemos esquecer-nos ainda da possibilidade de atender a pessoas com deficiência visual, que, por meio do áudio, podem ouvir aquilo que os outros são capazes de ver.

Para compreender melhor o uso da matriz sonora em conteúdos educacionais, precisamos fazer uma distinção inicial entre dois conceitos: som e áudio.

Som é um fenômeno físico, associado a vibrações ondulatórias que se propagam em um meio material. É definido por parâmetros acústicos, como duração, intensidade, altura e timbre. Está relacionado a outros conceitos importantes, como:

- **Ruído:** som indistinto ou desarticulado.
- **Silêncio:** ausência de sons perceptíveis.
- **Música:** linguagem artístico-expressiva construída a partir da organização sistêmica dos sons.

O áudio é um fenômeno construído pela manipulação de parâmetros no registro de sons (sua gravação). É, portanto, passível de composição. A manipulação de sons atende pelo nome de **sonoplastia** e obedece a princípios audiológicos e psicoacústicos preestabelecidos – as convenções do áudio.

Assim, de forma mais concreta, empregamos o termo "áudio" neste capítulo em referência à parte sonora de um podcast, de um vídeo educacional, de um objeto de aprendizagem ou de qualquer outro recurso educacional em que se utilize de voz, música ou efeitos sonoros.

Podcasts

Podcast é a abreviação da palavra *podcasting*, uma combinação de iPod (marca registrada de aparelho que executa arquivos digitais em formato áudio) e *broadcasting* (difusão em larga escala por meio de rádio, televisão ou internet). Trata-se de uma forma de publicação de mídia digital executada sob demanda em aparelhos portáteis (daí a ligação com o termo *pod*, abreviatura de *portable* on *demand*).

A Figura 10.9 apresenta uma interface simples para podcasts, que disponibiliza botões de executar, parar e regular a altura do som.

•• **FIGURA 10.9** Interface simples de um podcast

Fonte: Baseado no espaço de podcasts da Secretaria de Educação do Estado de São Paulo.

Os podcasts são acessados via internet e executados diretamente no navegador web ou baixados no computador, podendo ainda ser atualizados automaticamente mediante uma espécie de assinatura.

Os podcasts não estão a serviço de abordagem pedagógica específica, nem de gêneros discursivos específicos. Podem ser um recurso valioso tanto no estudo teórico quanto em apoio a atividades práticas, prestando-se tanto a narrativas orais e entrevistas quanto a noticiários e estudos de caso, entre outros.

Destaca-se a possibilidade funcional de parar, recuar e avançar, que torna os podcasts atraentes a alunos com necessidades especiais ou com ritmos de estudo diferentes, permitindo personalizar o processo de aprendizagem. Além disso, os podcasts podem ser ouvidos simultaneamente ao desempenho de outras atividades, o que os torna bastante recomendáveis para acompanhar o desenvolvimento de habilidades motoras e a exploração em campo.

Ver mais sobre assinaturas e a tecnologia RSS (*Really Simple Syndication*) no Capítulo 13, *Produção de mídias*.

Carvalho, Aguiar e Maciel[4] propõem uma taxonomia para podcasts apoiada em seis dimensões que nos permitem ter uma visão geral das potencialidades desse recurso educacional, como mostrado no Quadro 10.5.

[4] CARVALHO, A. A. A.; AGUIAR, C.; MACIEL, R. Taxonomia de podcasts: da criação à utilização em contexto educativo. In: CARVALHO, A. A. A. (org.). *Actas do Encontro sobre Podcasts*. Braga: CIED, 2009.

•• **QUADRO 10.5** Seis dimensões de uma taxonomia para os podcasts

Dimensão	Categorização
1. Tipos	❍ **Expositivos:** incluem apresentação de conteúdos, sínteses, resumos de obras ou teorias, explicações de conceitos, princípios ou fenômenos, descrição de funcionamento de ferramentas ou equipamentos ou software, relatos de experiências e casos de estudo ❍ **De *feedback*:** compostos por observações críticas aos trabalhos realizados pelos alunos (podendo ser elaborados pelo educador ou por colegas) ❍ **Com instruções:** indicações para realização de trabalhos práticos, orientações de estudo e outras recomendações didáticas ❍ **Materiais autênticos:** produtos feitos para o público em geral, não especificamente para uma unidade de estudo ou um grupo específico de alunos (exemplos: entrevistas da rádio, excertos de telejornais e esquetes publicitários)
2. Formatos	❍ ***Audiocasts*:** compostos apenas por áudio ou uma combinação de imagem e locução, são menos pesados, não exigem atenção visual e permitem liberdade de movimentos ❍ ***Videocasts*:** possibilitam a visualização dinâmica acompanhada por áudio em demonstrações, montagem de equipamentos, intervenções cirúrgicas e experiências de laboratório ❍ ***Screencasts*:** permitem a captura de telas acompanhadas de locução (por exemplo, em tutoriais de software)
3. Duração	❍ **Curtos:** de 1 a 5 minutos ❍ **Moderados:** de 6 a 15 minutos ❍ **Longos:** mais de 15 minutos
4. Autoria	❍ **Educador:** a voz física do professor geralmente tem um impacto positivo nos alunos; no entanto, se ela for estridente ou monocórdia (sem variações), é possível optar por um sintetizador de voz ❍ **Alunos:** aqueles com mais facilidade em se expressar oralmente podem produzir material em formato de áudio em vez de recorrer à escrita ❍ **Terceiros:** especialistas, convidados, representantes da comunidade, jornalistas, cientistas, escritores e políticos podem gravar áudios informativos ou autênticos a serem explorados em uma ou mais unidades de estudo
5. Estilos	❍ **Formal ou informal:** depende do modelo pedagógico adotado e da relação estabelecida entre educador e alunos. É natural que um podcast de *feedback* seja mais informal que um áudio expositivo, uma vez que o primeiro é criado para um grupo específico de alunos e para uma situação particular, enquanto o segundo pode vir a ser reutilizado em diferentes turmas ou contextos

➤

➤

Dimensão	Categorização
6. Finalidades	❍ **Explicar** determinados trechos do material textual, antecipando ou complementando tópicos específicos de interesse ❍ **Descrever** objetos reais, narrar experiências feitas em campo ou dissertar sobre temas sujeitos a volatilidade maior do que comportaria o texto impresso ❍ **Registrar** opiniões, experiências e testemunhos de especialistas ou pessoas de destaque na comunidade ❍ **Proporcionar acesso** a sons de fenômenos naturais (por exemplo, a voz dos pássaros) ou eventos especiais (por exemplo, a cerimônia de posse de um presidente, a premiação de um atleta) ❍ **Reproduzir sons** correspondentes a tópicos de estudo, como músicas, conversas em idioma estrangeiro ou jargão profissional, monólogos teatrais e reportagens ❍ **Possibilitar a dramatização** de eventos históricos ou simular interações sociais e profissionais (como reuniões de negócios, juntas médicas, sessões de comitês e conselhos) ❍ **Registrar instruções de uso** para máquinas ou equipamentos, de modo que os alunos fiquem com as mãos livres para manejar outros instrumentos além da mídia física ❍ **Apresentar cenários ou orientações preparatórias** em visitas técnicas e atividades de campo

Fonte: Adaptado de CARVALHO, AGUIAR & MACIEL, 2008.

Multimídia

Das inúmeras definições para o termo **multimídia** disponíveis, optamos pelo conceito de Mayer,[5] que a define como a utilização tanto de palavras (conteúdo em forma verbal, como texto falado ou impresso) quanto de figuras (conteúdo em forma imagética, incluindo ilustrações, gráficos, diagramas, mapas, fotos, animações e vídeos). A partir dessa definição, o autor desenvolveu toda uma teoria sobre a aprendizagem multimídia.

Vimos anteriormente como agregar imagens dos mais variados tipos a texto e hipertexto, e também pensamos especificamente nos formatos mistos dos infográficos e das histórias em quadrinhos, mas, na multimídia, avançamos para incorporar mais uma modalidade sensorial: a auditiva.

Veja mais sobre a teoria e os princípios da aprendizagem multimídia no Capítulo 2, *Dimensão pedagógica*.

Assim, quando um conteúdo é apresentado em duas modalidades sensoriais (visual e auditiva) – por exemplo, uma imagem e um texto locutado –, são ativados dois canais distintos de processamento (codificação dual), e a capacidade da memória de trabalho é estendida.

[5] MAYER, R. E. (ed.). *The Cambridge handbook of multimedia learning*. New York: Cambridge University Press, 2014.

A Figura 10.10 representa graficamente, de um lado, a sobrecarga cognitiva causada quando usamos o mesmo canal visual processar para palavras escritas e imagens; e, de outro, o efeito positivo gerado pela aplicação do **princípio da modalidade**.

•• **FIGURA 10.10** Sobrecarga cognitiva × princípio da modalidade

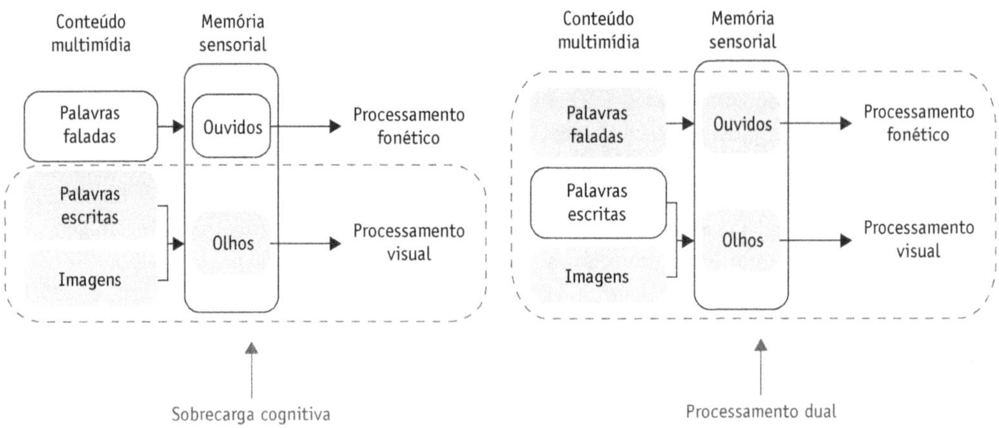

Fonte: Adaptada de MAYER, 2014.

Desse mesmo raciocínio, deriva o **princípio da redundância**, segundo o qual é melhor utilizar simultaneamente locução e imagem (incluindo imagem animada) do que utilizar imagem, locução e texto escrito para repetir uma mesma informação. A justificativa é que a entrada de informação idêntica por canais diferentes também pode provocar sobrecarga cognitiva.

> Conhecer a fundamentação teórica para a produção de conteúdos multimídia é tão importante que recomendamos a leitura do artigo *A importância do estudo da teoria da carga cognitiva em uma educação tecnológica* (2007), de Leila M. Araújo Santos e Liane M. Rockenbach Tarouco, da Universidade Federal do Rio Grande do Sul, disponível na web.

Junto ao áudio, a multimídia apresenta duas outras características que precisamos levar em conta ao roteirizar conteúdos educacionais. A primeira delas é a **interatividade**, entendida como a capacidade técnica de um sistema de comunicação (no nosso caso, de um conteúdo educacional) propiciar interação. Podemos pensar em níveis de interatividade variando desde zero, quando acesso a um conteúdo é linear, sem opção de saltos ou retornos (por exemplo, programas de televisão e rádio), até um nível de comando contínuo, em que o usuário constrói, transforma ou desloca o tempo todo objetos textuais, sonoros ou visuais, escolhendo percursos e interferindo tanto no conteúdo quanto na estrutura (por exemplo, jogos de ação – veja o Quadro 10.6).

Quanto mais interativo for um conteúdo multimídia, maiores são as chances de envolvimento ativo do aluno. Em consequência, ampliam-se as expectativas de interações significativas que contribuam para a efetiva construção do conhecimento.

•• **QUADRO 10.6** Níveis de interatividade para conteúdos multimídia

Nível de interatividade	Descrição	Exemplos
Interatividade mínima	❍ O sistema oferece ao usuário opções de acesso a conteúdos lineares, por meio de controles como iniciar, parar, avançar, retroceder ou reiniciar	Apresentações de slides gravadas, animações fechadas, objetos de aprendizagem demonstrativos
Interatividade reativa	❍ O sistema atua de modo meramente responsivo, proporcionando respostas aos estímulos apresentados ❍ Trata-se de uma estrutura mais fechada, em que as atividades não permitem ir além do que foi determinado ❍ Apropriado para atividades iniciais, com pouca complexidade, em que conceitos básicos são apresentados e algum nível de resposta é solicitado	Objetos de aprendizagem com questões de múltipla escolha ou preenchimento de lacunas
Interatividade proativa	❍ O sistema permite ao aluno manipular o conteúdo segundo suas necessidades, gerando respostas não previstas no projeto inicial ❍ Apresenta maior complexidade ao possibilitar a alteração de parâmetros e geração de novos resultados a partir do uso de um conjunto de recursos	Animações digitais abertas, objetos de aprendizagem com recursos de simulação
Interatividade mútua	❍ O sistema adapta-se ao percurso traçado pelo usuário ❍ Apresenta maior grau de complexidade, tanto em termos tecnológicos como pedagógicos, pois necessita avaliar o desempenho dos estudantes para então oferecer opções de interação com o sistema ❍ Proporciona grande dinamismo visto que conta com diversas possibilidades ativadas conforme o caminho traçado pelo estudante	Jogos educacionais

Fonte: Adaptado de SCHWIER & MISANCHUK, 1993 apud ÁVILA, B. G.; TAROUCO, L. M. R. Projeto instrucional de objetos de aprendizagem. In: TAROUCO, L. M. R. *Objetos de aprendizagem:* teoria e prática. Porto Alegre: CINTED/UFRGS, 2014.

A segunda característica da multimídia é sua capacidade de representar o **movimento.** É certo que podemos fazê-lo em alguma medida por meio de imagens estáticas, como ocorre nas histórias em quadrinhos. Porém, uma ilusão convincente de movimento deve-se à possibilidade de regulação do tempo (ou *timing*) proporcionada pela multimídia.

Para fins didáticos, incluímos na categoria "multimídia" uma série de soluções educacionais que combinam texto, imagem e áudio para exibição no meio digital: as tradicionais apresentações de slides, as animações, os objetos de aprendizagem, os jogos e os simuladores educacionais.

O tópico "movimento" é trabalhado com mais profundidade quando discutimos a especificação de animações no Capítulo 12, *Roteirização.*

Apresentações de slides

Com a ampla disseminação dos computadores pessoais e a popularização dos aplicativos para edição de textos e geração de slides, as apresentações do tipo *MS PowerPoint*® ou *OpenOffice Impress*® tornaram-se um dos recursos mais empregados em salas de aula presencial, educação corporativa e cursos a distância.

Educadores e especialistas em conteúdo com diferentes níveis de fluência tecnológica, tempo disponível e motivação organizam e apresentam com autonomia e criatividade seus próprios materiais didáticos, e, em muitos casos, são capazes de adaptá-los rapidamente a diferentes situações de aprendizagem e públicos-alvo.

As **apresentações de slides** permitem reunir texto, gráfico, imagem, som e movimento em um único suporte controlado pelo apresentador e exibido com relativa qualidade a grupos de todos os tamanhos. Além disso, podem ser combinadas a diversos recursos, como animações e vídeos.

Curioso é que muitos professores e especialistas, quando convidados a atuar como conteudistas, atribuem aos slides o status de conteúdos para uma disciplina, um curso, um programa de estudo. Com efeito, em uma apresentação encontramos os principais tópicos de uma área. O que não vemos é a retórica instrucional simulando, em sua plenitude, o diálogo didático entre quem ensina e alguém que aprende.

> O diálogo didático simulado é tratado ao longo deste livro, mas é no Capítulo 3, *Dimensão comunicacional*, que o leitor encontra sua conceituação. No Capítulo 11, *Autoria*, falamos sobre retórica instrucional e como ela se relaciona com as apresentações de slides.

Tem crescido, porém, a disponibilização na web de apresentações de slides acompanhadas da fala de docentes, palestrantes e oradores. E não é raro já se construir as apresentações tendo em mente justamente esse tipo de visualização, mais do que a interação em tempo real. Nesse caso, a preocupação com o texto falado, incluindo sua duração, aumenta em importância.

É o caso da **Pecha Kucha** (técnica concebida em 2003 por Astrid Klein e Mark Dytham e batizada com o termo japonês que poderia ser traduzido como "bate-papo rápido"). Consiste em apresentar uma ideia em 20 slides de 20 segundos cada, totalizando 6 minutos e 40 segundos, nos quais um texto oral bem amarrado é acompanhado imagens representativas.

Crescem também as opções de visualização – seja num formato mais linear, seja em formato de rede, como mostra a Figura 10.11.

•• **FIGURA 10.11** Formatos de apresentação

Apresentação linear

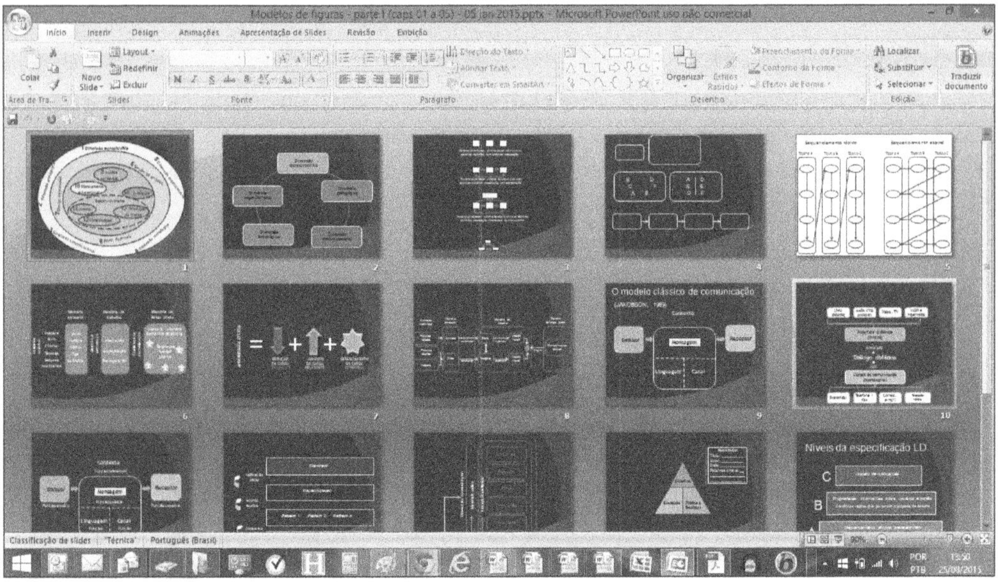

Apresentação em formato de rede

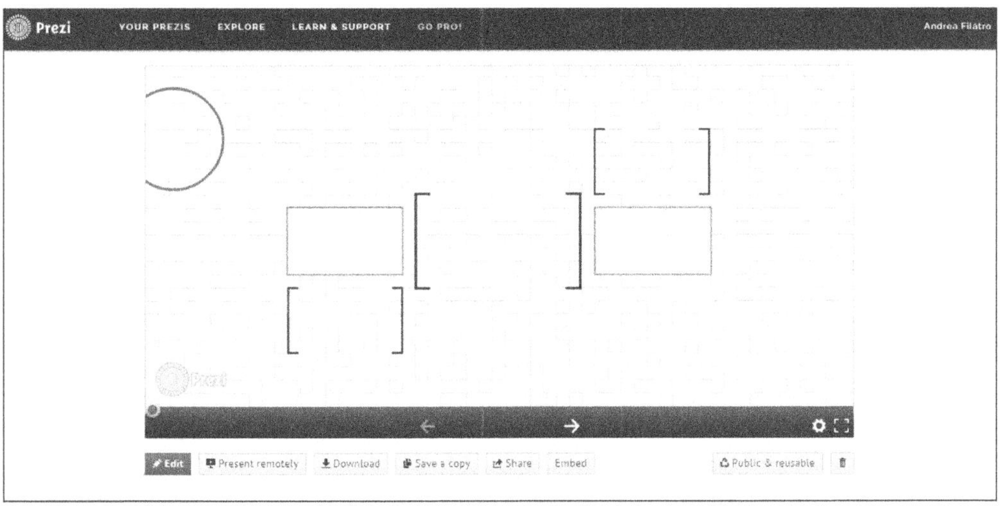

Fonte: Elaboradas pelas autoras.

O leitor encontra mais informações sobre mapas mentais no Capítulo 11, *Autoria*.

É interessante notar que, enquanto o modelo de apresentações em PowerPoint, a tradicional ferramenta de construção de slides, privilegia uma estrutura linear e clicável, slide a slide, novas ferramentas como o Prezi possibilitam expor as informações como mapas mentais, simulando a maneira como as pessoas pensam. Nesse caso, tópicos, subtópicos e suas inter-relações são dispostos em uma tela única, podendo ter seu foco aumentado ou diminuído sem perder a conexão com os demais.

Animações

Podemos definir uma **animação** como uma série de imagens que simulam movimento. No campo educacional, ela é usada para apresentar narrativas, demonstrar fenômenos e explicar procedimentos ou etapas de processos que envolvem sucessão temporal e sequência de elementos.

A Figura 10.12 reproduz um quadro de uma animação que simula os movimentos de rotação dos planetas ao redor do sol.

•• **FIGURA 10.12** Exemplo de animação

Fonte: Wikimedia Commons/Harman Smith and Laura Generosa.

Além do conteúdo predominantemente visual, as animações podem trazer ainda texto escrito e falado, bem como música de fundo e trilha incidental, e costumam primar pelo aspecto lúdico e pela contextualização. É comum apresentarem temas geradores permeados de situações cotidianas.

No entanto, também não é rara a presença de elementos ficcionais e também de personagens que falam diretamente com o aluno, reproduzindo o diálogo didático simulado por meio de balões de fala ou textos locutados. Nesses casos, como nos vídeos com atores reais, a forma das personagens é vital para o êxito da animação: elas precisam parecer vivas tanto em termos físicos como psicológicos, e devem convencer a audiência não só individualmente, mas dentro do contexto global da animação.

Um tipo especial é a **animação em quadro branco** (também conhecida como *videoscribe* ou desenho rápido), que consiste na gravação de uma série de desenhos icônicos registrados sobre um quadro branco aos quais é acrescida uma locução em *off* ou música de fundo.

Um dos diferenciais nesse tipo de animação é o estímulo para que o aluno complete mentalmente a imagem que está sendo construída à sua frente – isso aguça sua curiosidade e o incentiva a antecipar o que virá a seguir, gerando surpresa, diversão e recompensa a cada "acerto" verificado. Esta também é uma forma de revelar gradualmente a informação conteúdo visual.

Esse tipo de animação pode ser feito à mão, em uma adaptação da técnica *time-lapse*. Usada no cinema do início dos anos 1990, nessa técnica o objeto em foco era fotografado a determinados intervalos de tempo. Também pode ser criado de forma automatizada, com a ajuda de softwares especializados que disponibilizam elementos visuais e sonoros pré-produzidos para serem combinados diretamente na fase de produção (por exemplo, *Sparkol VideoScribe* e *GoAnimate*) – veja a Figura 10.13.

•• **FIGURA 10.13** Exemplo de animação em quadro branco

Fonte: Wikimedia Commons/Juanjo Mendez.

Objetos de aprendizagem

Todas as soluções educacionais que vimos até aqui podem ser vistas, em um sentido amplo, como objetos utilizados na aprendizagem. Qual o motivo, então, de tratarmos separadamente dos **objetos de aprendizagem** (OAs)?

Em uma definição estrita, OA é aquele programado segundo determinado padrão que permite organizar recursos de aprendizagem isolados em um pacote fechado e autocontido, identificado por metadados, o qual pode ser executado e rastreado por diferentes sistemas, compartilhado, pesquisado e reutilizado em diferentes ações educacionais.

> A definição e os padrões para criação de objetos de aprendizagem, incluindo SCORM e IMS CP, são abordados no Capítulo 4, *Dimensão tecnológica*.

A Figura 10.14 mostra um exemplo de objeto de aprendizagem intitulado *Desafio Eletrizante*, voltado à exploração de conceitos de eletricidade predial e propriedades de circuitos elétricos em paralelo.

•• **FIGURA 10.14** Exemplo de objeto de aprendizagem

Tela inicial com personagem | Planta elétrica para prática

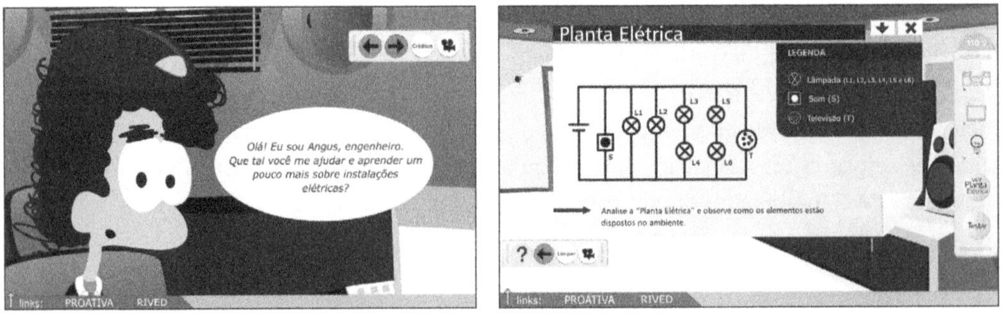

Fonte: Conteúdo produzido pelo grupo de pesquisa e produção de ambientes interativos e objetos de aprendizagem (Proativa/Rived).

Vamos estreitar ainda mais essa definição a fim de analisar o que é distintivo nos OAs e que impactará sua roteirização. A principal delas é a **organização do conteúdo em pequenos segmentos** que podem ser reutilizados e combinados entre si para formar resultados gradativamente mais complexos. A base tecnológica que permite essa combinação e reutilização é a programação orientada a objetos, por meio da qual componentes básicos podem ser justapostos em uma variedade de composições da maneira mais apropriada a diferentes necessidades de aprendizagem.

Uma das grandes questões na produção de OAs é o seu tamanho, isto é, a sua **granularidade**. Um modelo de objetos de conteúdo composto por cinco níveis de granularidade nos ajuda a entender as possibilidades, conforme apresentado no Quadro 10.7.

•• **QUADRO 10.7** Níveis de granularidade em OA

Nível		Descrição	Aplicação	
1	Recursos brutos	Dados mais elementares (áudio, texto, ilustrações, animações ou simulações), uso universal	– Grau de reusabilidade +	+ Contexto didático –
2	Blocos de informação	Agrupamento de dados brutos		
3	Blocos de aplicação	Agrupamento de blocos de informação		
4	Unidades ou capítulos	Agrupamento de blocos de aplicação		
5	Cursos ou livros	Agrupamento de unidades ou capítulos		

Fonte: Adaptado de ROHDE, 2004 apud ÁVILA & TAROUCO, 2014.

Recursos com maior granularidade, como imagens, exemplos, definições ou exercícios, têm mais chance de serem reutilizados, por conta de seu baixo contexto didático, do que recursos com menor granularidade, como um curso completo, que são altamente contextualizados.

Outra característica distintiva dos OAs é a possibilidade de catalogá-los segundo seus atributos mais relevantes (os chamados **metadados**), viabilizando sua recuperação por meio de sistemas de busca, o acesso remoto, a interoperabilidade em outras plataformas e também sua durabilidade, visto que não há necessidade de reprogramação quando as tecnologias se alteram.

Os repositórios são tratados no Capítulo 4, *Dimensão tecnológica*, que também aborda gerenciadores de conteúdo e objetos de aprendizagem em uma perspectiva de evolução dos sistemas para gerenciamento da aprendizagem, e também no Capítulo 5, *Dimensão organizacional*, sob uma perspectiva sistêmica da produção de conteúdos.

Os metadados nos dizem muito sobre um objeto específico e sobre a ideia geral dos OAs. O Quadro 10.8 resume as categorias e os atributos dos OAs com base em um dos padrões mais conhecidos de catalogação: o padrão LOM (*Learning Object Metadata*).

•• **QUADRO 10.8** Categorias e atributos de OAs segundo o padrão LOM

Categoria	Descrição	Exemplos
Geral	Informações gerais	Identificador, título do objeto, descrição, palavras-chave, linguagem, descrição, escopo
Ciclo de vida	Características relacionadas ao histórico e ao estado atual	Versão, status, tipo de contribuição, entidades que contribuíram, data
Metadados	Dados sobre a instância dos metadados propriamente ditos	Esquema ou referência de catalogação
Técnica	Requisitos e características técnicas	Formato, tamanho, localização, tipo de tecnologia, nome da tecnologia, requisitos, duração, comentários sobre a instalação
Educacional	Características educacionais e pedagógicas	Tipo de interatividade, recurso de aprendizagem, nível de interatividade, usuário final esperado, ambiente de utilização, faixa etária, contexto, dificuldade, descrição
Direitos	Propriedade intelectual e condições de uso do objeto	Custo, direito autoral e condições de uso
Relacionamento	Agrupa características que definem relacionamento entre um OA e outros OAs	Tipo (natureza do relacionamento), recurso, identificação, descrição entidade, data e conteúdo
Anotação	Provê comentário sobre o uso educacional do OA	Entidade, data e conteúdo
Classificação	Descreve o OA em relação a algum sistema de classificação	Sistema de classificação, identificação, descrição, palavra-chave

Fonte: Adaptado de TAROUCO, L. M. R. Objetos de aprendizagem e a EAD. In: LITTO, F. M.; FORMIGA, M. *Educação a distância:* o estado da arte. v. 2. São Paulo: Pearson Education, 2012.

Padrões compartilhados de empacotamento e catalogação possibilitam a interoperabilidade entre sistemas e a reutilização dos objetos, os quais ficam disponíveis para acesso em repositórios com finalidade claramente educacional.

Jogos educacionais

Em sua definição mais simples, **jogo** é uma atividade cuja natureza ou finalidade é a diversão. Os jogos nos atraem justamente porque são uma forma de entretenimento. Eles proveem alegria, prazer, emoção e envolvimento. Em uma palavra, engajamento.

Veja mais sobre o perfil das gerações digitais e seu interesse por jogos no Capítulo 9, *Análise contextual*.

Os jogos propõem conflito e competição e apresentam desafios, ao mesmo tempo que possibilitam a solução de problemas e oportunidades reais de vitória.

Essas características dos jogos têm despertado interesse crescente em sua utilização para fins educacionais, seja pelo aspecto motivacional inerente à sua mecânica, seja pela necessidade de atender ao perfil das novas gerações, as quais estabeleceram com os jogos uma relação de convivência aparentemente irreversível.

A Figura 10.15 mostra a interface de um jogo desenvolvido para incentivar o combate à dengue.

•• **FIGURA 10.15** Exemplo de jogo educacional

Fonte: Jogo "Contra a Dengue 2 – na cidade", do portal Ludo Educativo.

O que torna os jogos tão prazerosos, motivadores e cativantes? E como eles podem impactar positivamente a educação? Mihaly Csikszentmihalyi,[6] professor de psicologia conhecido por seus estudos sobre a felicidade e a criatividade, fala sobre o **estado de fluxo**, uma condição mental de intensa concentração na qual tarefas antes consideradas difíceis se tornam fáceis e tudo o que se faz é altamente prazeroso. O desafio "casa" com a habilidade de resolvê-lo e a pessoa consegue alcançar resultados que não imaginava ser capaz de atingir.

O estado de fluxo é alcançado quando uma pessoa se vê entre a ansiedade e o aborrecimento durante um intervalo de tempo, como mostra a Figura 10.16.

•• **FIGURA 10.16** Zona de fluxo entre a ansiedade e o aborrecimento

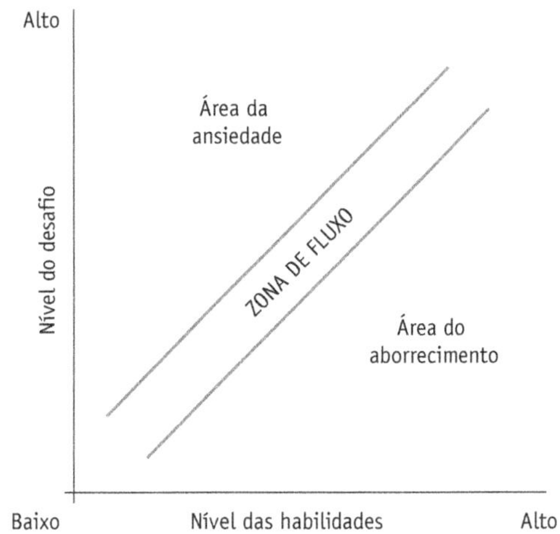

Fonte: ZICHERMANN, G.; CUNNINGHAN, C. *Gamification by Design*. North Sebastopol: O'Reilly Media, 2011.

- A pergunta-chave é: como levar uma pessoa a esse estado mental de fluxo? É interessante observar que a literatura voltada para os jogos educacionais aponta o reforço como um dos fenômenos psicológicos capazes de levar uma pessoa a investir seu tempo e sua energia para dominar um sistema. Assim, boa parte da mecânica do jogo apoia-se em um sistema de recompensas escalonadas, que variam em quantidade e periodicidade de entrega, baseadas em quatro valores:
  - **Status:** posição relativa de um jogador em relação a outros, expressa por meio de pontuação, ranqueamento e coleção de distintivos.

[6] CSIKSZENTMIHALYI, M. *Finding flow in every life*. New York: Perseus Book Group, 1997.

- **Acesso:** possibilidade de obter privilégios como tempo extra para jogar, rodadas especiais, participação em versões de teste e até acesso a vantagens externas ao jogo, como ingressos para eventos no mundo real, visitas técnicas e encontro com personalidades.
- **Poder:** controle sobre outros usuários por meio de direitos diferenciados dentro do sistema (por exemplo, moderar comentários, receber porcentagem de pontuações de terceiros etc.)
- **"Coisas" (*stuff*):** itens recebidos gratuitamente (*freebies*) em troca de alguma operação ou conquista no jogo.

No Capítulo 2, *Dimensão pedagógica*, analisamos a abordagem comportamentalista, da qual Skinner é o principal teórico.

Esse tema definitivamente não é novo no campo educacional, visto que as primeiras tentativas de entender a aprendizagem como fenômeno científico foram justamente as conduzidas por Pavlov e Skinner no âmbito da abordagem comportamentalista.

No Capítulo 12, *Roteirização*, avançamos na lógica de construção dos jogos, o que pode subsidiar uma discussão mais efetiva.

Caberia aqui uma discussão sobre essa premissa básica dos jogos que, no campo educacional, já foi amplamente questionada, mas parece ressurgir com força em soluções educacionais apoiadas por tecnologia. Talvez seja necessário aprofundar um pouco mais os conhecimentos sobre a mecânica dos jogos para um posicionamento seguro a respeito.

***Feedback* (traduzido por "retroalimentação" ou "devolutiva")**
No contexto educacional, informação ao aluno sobre seu desempenho na busca por um objetivo de aprendizagem; no contexto dos jogos, informação ao jogador sobre sua posição em um *continuum* de progresso individual ou coletivo.

Já adiantamos que, mesmo em jogos comerciais e de entretenimento puro, o componente "aprendizagem" está presente por meio de um recurso que nos parece mais ser a verdadeira essência dos jogos: o ***feedback***. É por meio dele que o jogador aprende como o jogo funciona, qual é o modelo subjacente a este, como passar para o nível seguinte e obter êxito. Também aprende sobre o próprio desempenho, ao receber reforço positivo por vencer determinado desafio, e, em lugar de reforço negativo, informação de que tomou uma decisão errada e precisa tentar de novo ou buscar ajuda, até alcançar sucesso.

Felizmente, dispomos hoje de uma variedade de estilos de jogos que procuram atender a objetivos de aprendizagem diversos, como mostra o Quadro 10.9.

•• **QUADRO 10.9** Estilos de jogos relacionados a conteúdos e atividades de aprendizagem

Conteúdos	Exemplos	Estilos de jogos possíveis
Fatos	Leis, políticas, especificações de produto	*Game shows* Jogos de cartas Mnemônicos[7] Jogos de esporte e ação
Habilidades	Entrevistas, vendas, operação de máquinas e equipamentos, gerenciamento de projeto	Jogos de estado persistente[8] *Role-playing games* Jogos de aventura Jogos de detetive
Julgamento	Decisões gerenciais, *timing*, ética, contratação	*Role-playing games* Jogos de detetive Interação *multiplayer* Jogos de aventura Jogos estratégicos
Comportamentos	Supervisão, exercícios de autocontrole, exemplos de cenário	*Role-playing games*
Teorias	Lógica de marketing, como as pessoas aprendem	Simulações abertas Jogos de construção Jogos de realidade
Raciocínio	Pensamento estratégico e tático Análise de qualidade	*Puzzles*
Processo	Auditoria, criação estratégica	Jogos estratégicos Jogos de aventura Simulações
Procedimentos	Montagem de equipamentos, operações bancárias, procedimentos legais	Jogos cronometrados Jogos de reflexo
Criatividade	Invenção, design de produtos	*Puzzles* Jogos de invenção
Linguagem	Acrônimos, línguas estrangeiras, jargão de negócios ou profissional	*Role-playing games* Jogos de reflexo Jogos de cartas
Sistemas	Assistência médica, mercados, refinarias	Simulações
Observação	Estados mentais, moral, ineficiências, problemas	Jogos de concentração Jogos de aventura
Comunicação	Linguagem apropriada, *timing*, envolvimento	*Role-playing games* Jogos de reflexo

Fonte: PRENSKY, M. *Digital game-based learning*. Minnesota: Paragon House, 2007.

---

[7] Jogos de memorização.

[8] Jogos que continuam a mudar mesmo que o jogador se desconecte, devido a um relógio interno que dispara os eventos programados independentemente da participação do jogador.

Vemos na área de jogos movimentos ainda mais nítidos na busca de propósitos educacionais explícitos, como é o caso dos **jogos sérios (*serious games*)**, que combinam narrativa e simulação para estimular o desenvolvimento de habilidades, recorrendo a experiências leves, simples e divertidas para construir algum nível de compreensão sobre tópicos diversos.

Além disso, **jogos baseados em narrativas** adicionam impacto emocional ao jogo, auxiliando na recuperação de certos conteúdos e promovendo a aprendizagem de longo prazo.

O engajamento emocional aumenta quando os jogos envolvem desempenho de papéis. Temos então os ***Role-playing games*** (RPG), nos quais o aluno assume o papel de uma personagem em um ambiente, interage com outras pessoas (outros alunos, docentes, atores) e, dependendo de suas ações e escolhas, os atributos da narrativa modificam-se, constituindo uma história dinâmica.

As narrativas instrucionais ganham destaque ainda neste capítulo e quando abordamos a roteirização de vídeos educacionais no Capítulo 12, *Roteirização*.

Outro formato que vale menção são os **jogos persuasivos**, que constroem argumentos sobre como os sistemas funcionam no mundo real, levando o jogador a modificar a sua opinião fora do jogo. Têm potencial de criticar visões de mundo estabelecidas.

E, já que dispomos hoje da perspectiva transmídia, não podemos deixar de lado os **jogos de realidade alternativa** (ou *Alternative Reality Games* – ARGs), que combinam o mundo real com universos ficcionais e virtuais em histórias cujos mistérios propostos por um mestre devem ser desvendados pelos participantes. Utilizando ferramentas como blogs e mídias sociais, os participantes interagem no decorrer de uma narrativa que se autorramifica em múltiplos caminhos.

Nesse caminho evolutivo, chegamos à **realidade virtual**, uma técnica avançada de interface em que o usuário pode navegar e interagir em um ambiente tridimensional gerado por computador, estando completa ou parcialmente presente ou imerso pela sensação gerada por canais multissensoriais (visão, audição e tato).

Aqui, cabe uma referência também à **realidade aumentada**, que possibilita o enriquecimento do ambiente real com elementos virtuais. De simples projeções sobre objetos físicos até projeções holográficas de personagens virtuais 3D que interagem com pessoas reais), a realidade aumentada pressupõe visualização, computação de alto desempenho e transmissão de dados em alta velocidade visando à interatividade e à imersão.

O conceito de transmídia é explorado no Capítulo 3, *Dimensão comunicacional*, e também quando tratamos de narrativas transmídia, mais adiante neste capítulo.

Como vemos, nessa "babel" de nomenclaturas, são muitas as possibilidades educacionais prometidas pelos jogos. O Quadro 10.10 organiza essas possibilidades segundo os princípios de aprendizagem que podem ser aplicados aos jogos.

Os jogos permitem um aprendizado tangencial, lúdico, por meio do engajamento. Os erros são integrados ao processo de aprendizagem, a qual pode ser personalizada. Além disso, o jogador é também um autor, à medida que constrói o próprio percurso. Todas essas características são altamente desejáveis quando pensamos em educação, e particularmente promissoras no âmbito da produção de conteúdos educacionais.

•• **QUADRO 10.10** Princípios de aprendizagem aplicados aos jogos

Princípios de aprendizagem	Aplicação aos jogos
1. Codesign	Os alunos sentem-se agentes ativos (produtores), e não apenas recipientes passivos (consumidores), à medida que suas ações e decisões (e não apenas as do designer) cocriam o mundo no qual estão imersos e as experiências que estão sendo vivenciadas no jogo
2. Ciclos de *expertise*	O domínio de uma competência ou um conhecimento é alcançado por ciclos repetidos de prática até que isso se torne praticamente automático e libere os alunos para novos desafios
3. Customização	Ou os jogadores são capazes de customizar o jogo segundo seus estilos de aprendizagem, ou o jogo é projetado para permitir vários estilos
4. Informação sob demanda e na hora certa	Jogos de qualidade fornecem informação verbal (por exemplo, um manual do jogo), porém, ela pode ser usada *just in time* e *on demand* ou posteriormente às experiências do jogo.
5. Identidade	Os jogos permitem que os alunos, por meio de personagens intrigantes, projetem suas fantasias, seus desejos e seus prazeres. Exemplos: uma criança atuando como cientista, um adulto assumindo um novo papel profissional
6. Aquários	Sistemas simplificados oferecem uma prévia do sistema de modo que os alunos possam identificar relações básicas e dar os primeiros passos, "vendo a floresta antes de ver as árvores"
7. Manipulação	O jogador pode agir sobre e mover personagens e objetos de maneira intricada, efetiva e fácil. Quanto mais um jogador puder manipular uma personagem, mais investirá no universo do jogo e no desafio ali proposto
8. Tanques de areia	Os jogos oferecem espaços seguros e parecidos com o mundo real, livres de riscos, pressões e exigências de conhecimento que podem levar a um fracasso paralisante
9. Problemas bem estruturados	Os problemas iniciais são projetados não para induzir a erros, mas para levar o jogador a formular hipóteses sobre como agir diante de problemas mais complexos. Sempre existe uma relação entre as partes mais simples e as mais avançadas
10. Habilidades como estratégias	Jogadores aprendem e praticam "pacotes" de habilidades como uma parte estratégica das realizações que precisam alcançar dentro de um contexto significativo
11. Frustração confortável	Os jogos permitem que os desafios sejam difíceis, mas possíveis para diferentes jogadores, e compensem o esforço empreendido. O jogador recebe *feedback* indicando se está no caminho certo para o sucesso, bem como justificativa para os erros e os avanços
12. Pensamento sistêmico	Os jogos ajudam os alunos a ver e entender como cada elemento se encaixa no quadro geral (por exemplo, pela compreensão das "regras do jogo" para aquele universo)
13. Significado como imagem de ação	Os jogos esclarecem o significado de palavras e conceitos por meio de experiências e atividades vivenciadas pelo jogador, concretizando até mesmo questões filosóficas em imagens e ações

Fonte: Adaptado de GEE, J. P. Learning by design: Games as learning machines. *Interactive Educational Multimedia*, n. 8, apr. 2004.

Gamificação

Um termo recorrente nas discussões sobre jogos educacionais é o de **gamificação** (o qual alguns, repudiando a combinação inglês-português, já traduzem por "ludificação"). Estamos diante de algo que não é um jogo – assim reforçam os especialistas –, mas a incorporação de elementos dos jogos em não jogos. No que exatamente a gamificação consistiria?

Para alguns autores, o fator "diversão" associado aos jogos poderia (ou deveria) ser aplicado a outras atividades humanas rotuladas como "aborrecidas" (*boring*), entre elas trabalhar e aprender. Para além de uma discussão filosófica mais profunda sobre essa visão de mundo particular, reafirmamos que algumas características dos jogos podem, sim, contribuir para tornar a aprendizagem mais desafiadora.

Há três maneiras de fazê-lo:

1) **Alinhar jogos comerciais (também chamados de "prateleira") ao currículo e à experiência de aprendizagem no nível do planejamento educacional.** Ou seja, considerar jogos prontos e fechados como conteúdos que fazem parte da proposição de atividades de aprendizagem. Uma dificuldade é encontrar no mercado jogos que correspondam diretamente aos objetivos de aprendizagem ou às competências que se pretende desenvolver; outra é driblar o risco de imprecisões conceituais e estereótipos culturais.
2) **Desenvolver jogos totalmente novos, em estreito alinhamento aos objetivos de aprendizagem e aos conteúdos a serem tratados.** Considerando os modelos de produção industrial, essa opção requer uma equipe multidisciplinar, extremamente especializada, que pode variar de 5 a 20 pessoas, como veremos mais adiante.

> A roteirização de jogos educacionais, incluindo a gamificação, é explorada no Capítulo 12, *Roteirização*, em que o leitor também encontra diretrizes para roteirização de narrativas instrucionais, animações e vídeos.

3) **"Gamificar" soluções educacionais existentes.** Gamificar significa injetar elementos dos jogos a coisas que não são jogos. Basicamente, significa incluir todos ou alguns dos seguintes elementos: regras, conflito/competição/cooperação, recompensa e *feedback*, níveis progressivos de dificuldade, narrativa de fundo, ranqueamentos, personalização de percursos e fluxo de *feedbacks*.

De maneira bem prática, incorporar esses elementos no nível do planejamento educacional parece-nos uma solução bastante acessível nos modelos de produção artesanal e pós-industrial.

Por exemplo, considerando a matriz de planejamento, a coluna "Avaliação" pode tornar-se "ranqueável"; ou as colunas "Papéis" e "Atividades" podem definir que os alunos atuem como personagens interagindo em busca de um objetivo de aprendizagem. Tais definições podem ser registradas facilmente em um guia ou roteiro de estudo, com orientações textuais simples.

Já gamificar internamente conteúdos e atividades exige um planejamento mais complexo, semelhante ao requerido para o design de narrativas instrucionais, animações e vídeos.

Simulações

As **simulações** procuram reproduzir os aspectos essenciais da realidade, permitindo que os alunos tomem decisões sem precisar sofrer as consequências. Na simulação, o tempo pode ser controlado, expandido ou comprimido, o que permite reproduzir um fenômeno, evento, processo ou sistema de maneira lenta ou acelerada, para que possamos entendê-lo melhor e praticá-lo.

Aprender com simulações significa então aprender fazendo, praticar de forma segura e lançar a experimentações do tipo "SE-ENTÃO" (IF-THEN). Por vezes, o conceito de simulação mistura-se ao de jogo, mas, para que uma simulação seja considerada realmente um jogo, precisamos acrescentar o prazer e a diversão na experiência educacional.

Quando falamos em simulações, algo que nos vem de pronto à mente são os simuladores de voo. De fato, esses softwares integrados propiciam ao usuário as mesmas sensações e experiências do mundo real da aviação, com toda a segurança e a possibilidade de realizar ações relacionadas sem gerar nenhum tipo de prejuízo. No contexto educacional, portanto, esse tipo de recurso oferece ao aluno oportunidades de experiência prática nas quais ele aprende fazendo.

A Figura 10.17 reproduz a interface do simulador de voo FlightGear v3.0, com um painel de controle bem próximo à realidade.

•• **FIGURA 10.17** Exemplo de simulador de voo

Fonte: FlightGear.

Existe uma infinidade de simuladores digitais à disposição nas mais diversas áreas do conhecimento, como física, biologia, eletrônica, automação, mecânica e informática, apenas para citar algumas.

As simulações podem motivar os alunos, engajá-los a diferentes percursos, introduzir ou reforçar conceitos e apoiar atividades de avaliação. Também têm a vantagem de colocar o aluno em contato com a prática real simulada, eliminando eventuais riscos de acidentes, danos ou prejuízos físicos e materiais durante as fases iniciais de aprendizagem.

No entanto, as simulações não substituem a prática real, visto que nenhum dispositivo, por mais imersivo que seja, é capaz de proporcionar a mesma experiência da presença corporal; e, sem a incerteza, a instabilidade e os riscos que caracterizam a realidade, não há como alcançar a prontidão dos sentidos que é imposta por aquilo que acontece de imediato, sem o controle propiciado pela simulação.

O que se pode, com o auxílio de simulações, é aumentar as oportunidades de acesso a experiências simuladas que seriam mais restritas em equipamentos específicos de grande porte, de custo elevado ou logística complexa.

Há, ainda, uma discussão importante relacionada a quanto uma simulação é fiel à realidade e qual é o impacto sobre a aprendizagem. Podemos traçar um *continuum* entre simulações de baixa e de alta fidelidade, como mostra a Figura 10.18.

•• **FIGURA 10.18** *Continuum* de "fidelidade" da simulação

Baixa fidelidade	Alta fidelidade
Poucos elementos são abstraídos da realidade	Ampla gama de variáveis e relações busca modelar a realidade, com objetos físicos semelhantes às contrapartes do mundo real
A aprendizagem concentra-se em princípios gerais que podem ser aplicados a uma variedade de situações	A aprendizagem concentra-se em procedimentos padronizados que se aplicam a situações reais de trabalho
Destinada a novatos que se confundiriam diante de todos os detalhes envolvidos	Indicada para alunos avançados em atividades práticas concretas
Exemplo: simulador de culinária no qual os ingredientes perecíveis não perecem, ou a temperatura ambiente não influencia a fermentação de uma massa	Exemplo: simulador de voo que reproduz todos os instrumentos de controle de um modelo de avião e responde dinamicamente a cada ação do usuário

Fonte: Adaptada de PRENSKY, M. *Digital game-based learning*. Minnesota: Paragon House, 2007.

Para saber mais sobre a API da experiência no contexto educacional, veja o Capítulo 4, *Dimensão tecnológica*.

A complexidade e os custos de desenvolvimento tendem a crescer proporcionalmente ao nível de fidelidade requerida.

Isso comprova que, como ocorre nos jogos, animações, histórias em quadrinhos e outros formatos mais sofisticados, desenvolver soluções educacionais é um desafio multidisciplinar. Não é possível dispensar nenhuma competência. Todas as dimensões abordadas neste livro – tecnocientífica, comunicacional, pedagógica, tecnológica e organizacional –, e outras que o leitor pode acrescentar por sua própria formação e experiência, compõem o caldo único de competências necessárias para alcançar um padrão de qualidade que justifique tamanho investimento.

Não nos surpreenderá, contudo, se em breve surgir alguma metodologia para aplicação de elementos de simulação a não simuladores. Na verdade, duas tecnologias emergentes já indicam caminhos nesse sentido: a **internet das coisas** e a chamada API da experiência.

Internet das coisas
Rede de objetos conectados por meio de chips embutidos, sensores ou minúsculos processadores, permitindo que informações sobre os objetos sejam transmitidas via internet.

Vídeo

O **vídeo** é uma mídia poderosa para atrair e manter a atenção dos alunos, com capacidade única para registrar impressões. Em virtude de seu poder de captura, armazenamento, transmissão e apresentação de sons e imagens em movimento, vale-se de uma combinação das matrizes sonora, visual e verbal para possibilitar múltiplas percepções. Difere da animação por seu potencial de reproduzir de maneira realista o concreto, o visível, o imediato. Ajusta-se, assim, à maioria das atividades focadas na matriz verbal e sonora, e vai além pelo poder de captar e transmitir emoções ou atitudes de forma holística.

Os vídeos podem fazer uso de diferentes gêneros e formatos discursivos: de videoaulas centradas no professor a narrativas instrucionais com alta carga dramática, de entrevistas, debates e noticiários a documentários completos. É destacado também seu papel na afetividade e na modelagem de novos comportamentos. Por meio do vídeo, podemos perceber conteúdos de difícil disponibilização em outras mídias, como demonstrações de situações de risco, simulações de incidentes críticos, registro de fenômenos naturais e imagens dinâmicas que não podem ser vistas a olho nu.

Os vídeos apresentam informação concreta, específica e detalhada e podem reproduzir, de forma sequencial, situações e cenários contemporâneos. Alternativamente, podem ser indexados ou catalogados a fim de possibilitar ainda o acesso não sequencial a tópicos de conteúdo.

Também podem ser usados como apoio direto às atividades de aprendizagem ou de avaliação, registrando desempenhos individuais ou de grupos, melhores práticas, aspectos a aperfeiçoar etc. Nesse caso, o conteúdo é gerado na fase de implementação, e não antecipadamente à situação didática.

Há diversos tipos de vídeos educacionais:

- **Videoaulas:** recurso no qual o educador exerce um papel preponderante na apresentação de conteúdos e na proposição de atividades de aprendizagem. Observadas as peculiaridades do vídeo, o desempenho docente aproxima-se muito de sua atuação em sala de aula convencional. Como é um formato instrucional conhecido do aluno, carrega forte dimensão afetiva. No entanto, do diálogo simultâneo e direto estabelecido com os alunos presencialmente, o diálogo passa ser simulado, e a interação pluridialogal é substituída por um caminho de mão única que requer cuidadoso planejamento a fim de atender às expectativas e antecipar potenciais dúvidas do público-alvo.

- **Entrevistas e debates:** consistem basicamente em um jogo de perguntas e respostas conduzido por um entrevistador/moderador, que procura extrair o máximo de informações de alguém que tem algo a dizer a respeito sobre determinado assunto. Podem ser desenvolvidos na mídia impressa ou apenas em áudio, mas é no formato de vídeo que se revela a vivacidade dos entrevistados/debatedores.
- **Noticiários:** apoiam-se basicamente em histórias reais, que precisam ser identificadas, pesquisadas, escritas e então produzidas. Podem incluir eventos e questões locais, regionais, nacionais ou internacionais; descobertas científicas; críticas literárias ou de cinema; notas sobre saúde e qualidade de vida; e até desafios da administração pública ou privada. Além disso, alguns noticiários trazem também entrevistas, mas estas não precisam necessariamente ser realizadas com especialistas.
- **Documentários:** permitem o registro direto de fatos e acontecimentos, bem como o exame de questões controversas (por exemplo, descrever os problemas do trânsito na cidade, analisar uma questão ecológica ou discutir o desabastecimento de água). Mantêm-se fiéis ao gênero jornalístico, mas com maior profundidade no tratamento dos temas. Para abarcar os vários aspectos da realidade, que é multidimensional e dinâmica, os documentários lançam mão de áudio, vídeo e texto, combinando entrevistas gravadas, imagens de arquivo e narrativas locutadas em segmentos articulados. Em geral, dispensam a dramaturgia, a não ser para encenar fatos e acontecimentos autênticos (recurso comumente identificado como "simulação").
- **Vídeos de modelagem de comportamento:** apoiam o desenvolvimento de habilidades psicomotoras, como no caso da educação esportiva, do treinamento militar e da educação profissionalizante. Também se aplicam ao desenvolvimento de competências comunicacionais, como falar em público, expressar-se em outros idiomas e atuar em um palco ou diante de câmeras, e de competências interpessoais, como aquelas envolvidas no atendimento ao público, na área de vendas e na prática da negociação. No entanto, não se limita à aquisição de condutas concretas e específicas, mas pode influenciar a aprendizagem de regras abstratas, conceitos e estratégias de seleção, procura e processamento da informação.

Um tipo importante de conteúdo educacional que é apresentado não só em vídeo, mas também na forma de texto, hipertexto, áudio, multi, hiper e transmídia é a narrativa instrucional, que descrevemos brevemente a seguir.

Narrativas instrucionais

Desde sempre, o ato de narrar e ouvir narrativas fascina a humanidade. A narrativa é uma das primeiras formas – e talvez a mais natural – utilizada pelos seres humanos para organizar sua experiência e seu conhecimento.

As **narrativas instrucionais** são sequências de eventos, estados mentais e acontecimentos que envolvem personagens cujo significado é dado pela configuração de uma trama ou um enredo. Podem assumir muitas formas em educação: biografias e autobiografias, relatos pessoais e histórias de vida e estudos de caso, apenas para citar alguns. E, além de recursos isolados incorporados a uma retórica dissertativa maior, as narrativas podem ser usadas como uma espécie de enquadramento geral para uma ou mais unidades de estudo.

Jerome Bruner[9] é um dos pensadores na área de design instrucional que consideram a narrativa uma forma de dar sentido à vida e de compreender como a realidade é construída. Segundo o autor, a primeira característica da narrativa é sua sequencialidade inerente. Trata-se de uma sequência única de eventos, estados mentais e acontecimentos envolvendo personagens em ambientes e épocas distintas. Contudo, esses elementos não têm uma vida ou um significado em si mesmos, pois este é dado pela configuração geral da trama ou enredo.

Outra característica da narrativa é que ela pode ser "real" ou "imaginária" sem perder seu poder como história. É sua estrutura interna e a sequência das sentenças, e não sua validade ou falsidade, que determinam sua configuração. Além disso, a narrativa constrói vínculos entre o excepcional e o ordinário, o comum. Assim, começando pelo ordinário, por aquilo que as pessoas conhecem e dominam, captam a atenção e abrem a consciência a outras perspectivas sobre um tema.

Ao longo de um enredo, o conflito enfrentado por um protagonista faz a audiência projetar sentimentos e emoções – ciúmes, orgulho, vingança, amor, ódio, medo – à medida que as ações são apresentadas. O público cria uma identificação com a história, porque as emoções atingem o córtex cerebral com mais rapidez do que aquela necessária para raciocinarmos sobre a situação que as provocou. Isso faz as pessoas sentirem e vivenciarem intensamente as emoções enfrentadas pelas personagens.

Toda narrativa obedece a um **esquema de organização**, que em geral compreende três partes definidas:

1) **Introdução ou apresentação:** corresponde ao momento inicial da narrativa, que apresenta a história, do que ela trata e quem dela participa. É marcada por um estado de equilíbrio, em que tudo parece ordenado, estável e normal. Aqui o leitor é situado no local e no tempo em que ocorrerá a ação. As personagens principais são descritas em termos físicos, psicológicos e relacionais. Definem-se os objetivos ou desejos do protagonista (por exemplo, casar com alguém, conseguir um emprego, encontrar um sentido para a vida), antecipando, em alguma medida, para onde caminhará a narrativa.
2) **Desenvolvimento e complicação:** corresponde ao bloco em que os eventos se sucedem em determinada sequência que perturba a ordem e o equilíbrio descrito inicialmente. Instala-se o conflito, a confrontação: o protagonista enfrenta obstáculos ou forças de natureza interior ou exterior, em geral capitaneados por um antagonista, os quais impedem a realização de seus objetivos ou desejos.
3) **Clímax e resolução:** a narrativa chega ao momento crítico, ao ponto máximo de crise e tensão. Um ponto de ruptura revela a saída encontrada para o protagonista resolver o conflito e solucionar o desafio (por exemplo, o protagonista sobrevive ou morre,

[9] BRUNER, J. S. *Actual minds, possible worlds*. Cambridge: Harvard University Press, 1986.

triunfa ou fracassa, ganha ou perde, casa ou fica sozinho). Por fim, ocorre o encerramento formal da narrativa, que, dentro dos padrões convencionais, costuma terminar com desfecho favorável que restabelece a ordem, o tradicional "final feliz".

A Figura 10.19 mostra um exemplo de narrativa instrucional em vídeo, na qual um casal representa dois tipos de fala: a culta, quando o rapaz conversa com o chefe ao telefone, e a coloquial, quando ele se dirige à mulher.

•• **FIGURA 10.19** Exemplo de narrativa instrucional em formato de vídeo

1.5.4 – Formas de Expressão

Percebeu a diferença nos níveis da fala? Isso ocorre, pois há dois níveis de expressão da fala: a culta e a coloquial. A culta segue a norma padrão da língua e é usada em situações formais, entre pessoas que não são íntimas. Quando a utilizamos, as palavras são selecionadas cuidadosamente. Já a forma coloquial não segue a norma padrão da língua e é empregada no cotidiano, entre pessoas que já se conhecem. É mais espontânea e permite gírias, diminutivos, etc.

Fonte: SENAI.

A narrativa é composta por personagens, ações, tempo, espaço e narrador. Em geral, esses elementos se aplicam à composição de narrativas presentes em histórias em quadrinhos, animações, estudos de caso, jogos, podcasts e vídeos educacionais. Vejamos cada um deles com mais detalhes.

As **personagens** são a alma da narrativa; elas realizam as ações e em torno delas o conflito se estabelece. Podem ser animadas (pessoas, animais) ou inanimadas (objetos) e em geral desempenham uma de quatro funções diferentes:

1) **Protagonista:** em torno do qual a narrativa se desenvolve; costumeiramente assume um caráter positivo, pelo qual a audiência torce.

2) **Antagonista:** procura impedir que o protagonista atinja seu objetivo; na maioria das vezes, é odiado pelo leitor, que lhe deseja a merecida retribuição.
3) **Coadjuvante:** participa de maneira secundária do desenrolar da narrativa.
4) **Extra:** não tem impacto direto na história (um transeunte ou um atendente de loja, por exemplo).

As narrativas instrucionais podem seguir a **jornada do herói** para contar a história da personagem central. Isso envolve escolher um herói de forte identificação com o público-alvo, apresentar um desafio e mostrar como ele o superou, além de vê-lo emergir, transformado. O herói pode ser o aluno, um cientista diante de um desafio científico ou um profissional diante de um problema no mundo do trabalho. Definido o herói, cria-se uma trama ou enredo, como veremos a seguir.

As **ações** concentram-se no que acontece na história, também chamada de **enredo**, o qual pode ser linear, com as ações apresentadas em uma sequência lógica e cronológica de começo, meio e fim ou passado, presente e futuro, ou não linear, com saltos nas sequências lógicas e temporais, por meio de recursos como cortes (interrupções que abrigam ações subentendidas), para *flashbacks* (cortes temporais para o passado) e *flashforwards* (cortes temporais para o futuro).

O enredo desenrola-se em determinado **lugar (espaço)** e em determinada **época (tempo)**. Esses elementos são importantes para construir a narrativa, porque ajudam a compor as características das personagens, sua mentalidade, seus relacionamentos e suas limitações.

O **narrador** é aquele que conta a história. Ele se relaciona com esta de diferentes maneiras. Por exemplo, podemos ter um **narrador-personagem** que, além de contar a história em primeira pessoa, também faz parte das ações desenroladas na narrativa. Sua narração é marcada pela subjetividade, expressa em opiniões parciais e em uma visão limitada do que está ocorrendo. Isso pode trazer uma dose de suspense à narração. O leitor faz suas descobertas ao longo da história junto à personagem, que pode ser o protagonista ou alguma testemunha dos fatos.

A narração também pode se dar em terceira pessoa, e isso de duas formas diferentes. A primeira é aquela levada a efeito por um **narrador onisciente**, que tudo sabe: ele conhece todos os aspectos da história e das personagens, até seus pensamentos. A segunda contempla um **narrador observador**, que presencia a história, mas tem apenas o próprio ângulo de visão. Em geral, não participa das ações nem tem conhecimento dos pensamentos, sentimentos ou da personalidade das personagens.

Trazendo a narrativa para o campo educacional, partimos da premissa de que aprender não é apenas uma questão de conhecimento, mas de engajamento, motivação e interação social. Nas narrativas em geral, o estímulo está em resolver o inesperado, eliminar a dúvida do ouvinte ou, de alguma forma, corrigir ou explicar o desequilíbrio que fez a história merecer ser contada. Na narrativa instrucional, esse "desequilíbrio" pode ser justificado por situações desafiadoras e instigantes, que convidam a um engajamento correspondente para a solução dos conflitos ou problemas.

Espera-se, assim, que a experiência de aprendizagem seja estimulante a princípio, refletindo um equilíbrio e apresentando um desafio que impulsione à ação, torne-se negativa quando o equilíbrio é rompido pelo fato de o protagonista/aluno se deparar com um problema e enfrentar progressivas complicações, aumentando a necessidade de aprofundar-se no material de estudo, e então volte a ser novamente positiva, ao final, quando o objetivo é alcançado, por meio da resolução de problemas e do reconhecimento das lições aprendidas.

Narrativa transmídia

Com a emergência das mídias digitais, expandiu-se a possibilidade de criar narrativas instrucionais ricas em linguagens, formatos e suportes. Nesse sentido, a **narrativa transmídia** (do inglês, *transmedia storytelling*) representa um processo no qual elementos de uma história real ou ficcional são distribuídos entre múltiplos canais com o propósito de criar uma experiência unificada e integrada, aberta a uma rede de respostas criada pelos usuários.

> No Capítulo 3, *Dimensão comunicacional*, o termo transmídia é discutido no contexto da evolução midiática.

Desenvolver uma narrativa instrucional que possa ser visualizada em diferentes mídias tem a ver com convergência – o mesmo conteúdo é exibido em diferentes suportes. Desenvolver uma narrativa transmídia exige um planejamento integrado de mídias – cada suporte apresenta uma parte do conteúdo, compondo um todo integrado e significativo.

A Figura 10.20 compara essas duas formas distintas de apresentar uma narrativa instrucional.

•• **FIGURA 10.20** Comparativo entre convergência de mídias e transmídia na apresentação de narrativas instrucionais

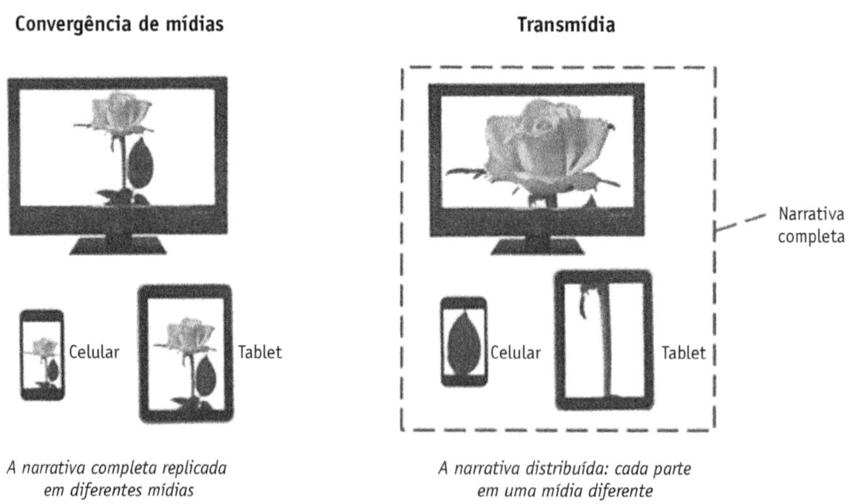

Fonte: Adaptada de GABRIEL, M. *Educ@r:* A (r)evolução digital na educação. São Paulo: Saraiva, 2013.

A distribuição do conteúdo em vários suportes midiáticos requer, por consequência, a capacidade de integrar diversos elementos e um conhecimento profundo de como produzir mídias individualmente.

Ao longo deste livro, vários conceitos preparam o caminho para a produção de soluções transmídia: a visão transdisciplinar abordada no Capítulo 1, *Dimensão tecnocientífica*, a teoria da aprendizagem multimídia explorada no Capítulo 2, *Dimensão pedagógica*, e o modelo de aprendizagem ubíqua citado no Capítulo 3, *Dimensão comunicacional*. De forma mais prática, a análise contextual do Capítulo 9, *Análise contextual*, elege uma chave para a tomada de decisão na produção de conteúdos educacionais – a abordagem centrada no usuário –, e a matriz de planejamento embasada em um metamodelo educacional, é um bom instrumento para assegurar a integração desde o princípio.

•• PARA CONCLUIR

Reconhecemos no metamodelo educacional uma abrangência, uma amplitude e uma riqueza pedagógica possibilitada pela representação dos elementos basilares do processo de ensino-aprendizagem (pessoas interagindo com um ambiente formado por conteúdos, ferramentas e outras pessoas, tendo em vista um objetivo educacional). O metamodelo é, assim, uma chave importante para entender a função dos conteúdos dentro do planejamento educacional.

Temos de reconhecer, porém, uma distinção mais profunda entre o planejamento educacional e o design instrucional. O planejamento é uma prática incorporada às ações educacionais, sejam elas presenciais ou a distância. Refere-se à organização do trabalho pedagógico, geralmente objetivada em algum documento do tipo "plano de aula", que explicita os objetivos de aprendizagem, tópicos de conteúdo, estratégias de aprendizagem e de avaliação para um curso, uma disciplina ou uma unidade de estudo.

O design instrucional contempla as mesmas funções do planejamento educacional, mas avança para o desenvolvimento de conteúdos inéditos, em mídias diversas e veiculados por tecnologias que possibilitarão interações de vários níveis. Para isso, enfrenta um processo de produção mais complexo, que busca fazer o melhor uso das linguagens textual, visual, sonora e animada, integrando-as de forma a evitar qualquer tipo de sobrecarga cognitiva irrelevante.

Ainda que as tecnologias para produção de conteúdos venham se popularizando nos últimos anos, tornando essa tarefa acessível até a alunos de tenra idade, sabemos que o educador ou o especialista de conteúdo raramente detém todas as competências especializadas envolvidas. Isso para não mencionar a carga de trabalho extra envolvida nessa produção, muitas vezes não computada para fins de remuneração.

Ademais, ainda se perde muito quando o educador trabalha isoladamente, sem submeter sua produção ao olhar de outros especialistas, de seus pares ou de alunos potenciais.

Por essa razão, procuramos distinguir a atividade de autoria, que compete mais propriamente ao especialista em conteúdo, da atividade de roteirização, na qual os especialistas em educação e comunicação procuram adaptar a voz do autor à linguagem das mídias. Desse modo, o planejamento é objetivado em materiais impressos ou digitais que, sem tentar competir com a mediação humana direta, visam a simular a riqueza do diálogo didático real.

•• REFERÊNCIAS

ALDRICH, C. *The complete guide to simulations and serious games*. San Francisco: Pfeiffer, 2009.

ALLEN, E.; SEAMAN, J.; GARRETT, R. *Blending in:* the extent and promise of blended education in the United States. Needham: Sloan Consortium (Sloan-C), 2007.

ÁVILA, B. G.; TAROUCO, L. M. R. Projeto instrucional de objetos de aprendizagem. In: TAROUCO, L. M. R. *Objetos de aprendizagem:* teoria e prática. Porto Alegre: CINTED/UFRGS, 2014.

BAFFI, M. A. T. O planejamento em educação: revisando conceitos para mudar concepções e práticas. In: BELLO, J. L. P. *Pedagogia em Foco.* Petrópolis, 2002.

BEETHAM, H.; SHARPE, R. (eds.). *Rethinking pedagogy for a digital age:* designing and delivering e-learning. New York: Routledge, 2007.

BRUNER, J. S. *Actual minds, possible worlds.* Cambridge: Harvard University Press, 1986.

CARR, N. *Os superficiais*: o que a internet está fazendo com o nosso cérebro. Lisboa: Gradiva, 2012.

CARVALHO, A. A. A.; AGUIAR, C.; MACIEL, R. Taxonomia de podcasts: da criação à utilização em contexto educativo. In: CARVALHO, A. A. A. (org.). *Actas do Encontro sobre Podcasts.* Braga: CIED, 2009.

CSIKSZENTMIHALYI, M. *Finding flow in every life.* New York: Perseus Book Group, 1997.

DEAQUINO, C. T. E. *Como aprender:* andragogia e as habilidades de aprendizagem. São Paulo: Pearson, 2007.

FILATRO, A. *Design instrucional na prática.* São Paulo: Pearson, 2008.

GABRIEL, M. *Educ@r*: A (r)evolução digital na educação. São Paulo: Saraiva, 2013.

GAGNÉ, R. M. *Princípios essenciais da aprendizagem para o ensino.* Porto Alegre: Globo, 1980.

GEE, J. P. Learning by design: Games as learning machines. *Interactive Educational Multimedia*, n. 8, apr. 2004.

Jogo "Contra a Dengue 2 – na cidade", do portal Ludo Educativo. Disponível em: <http://portal.ludoeducativo.com.br/pt/play/contra-a-dengue-2-na-cidade>. Acesso em: 14 set. 2015.

JONASSEN, D. Designing constructivist learning environments. In: REIGELUTH, C. *Instructional-design theories and models:* a new paradigm of instructional theory. New Jersey: Lawrence Erlbaum, 1999. p. 215-239.

JONASSEN, D. et al. Cognitive flexibility hipertexts on the web: engaging learners in meaning making. In: KHAN, B. H. (ed.). *Web based instruction.* New Jersey: Education Technology Publications, 1997.

LAURILLARD, D. M. *Rethinking university teaching*: a conversational framework for the effective use of learning technologies. London: Routledge, 2002.

LEPIONKA, M. E. *Writing and developing your college textbook*. 2 ed. Gloucester: Atlantic Path Publishing, 2008.

__________. *Writing and developing college textbook supplements*. Gloucester: Atlantic Path Publishing, 2005.

MATTAR, J. *Games em educação*: como os nativos digitais aprendem. São Paulo: Pearson, 2009.

MAYER, R. E. (ed.). *The Cambridge handbook of multimedia learning*. New York: Cambridge University Press, 2014.

Objeto de aprendizagem em Física, produzido pela Proativa/Rived. Disponível em: <http://www.proativa.vdl.ufc.br/oa/eletrizante/eletrizante>. Acesso em: 14 set. 2015.

PRENSKY, M. *Digital game-based learning*. Minnesota: Paragon House, 2007.

TAROUCO, L. M. R. Objetos de aprendizagem e a EAD. In: LITTO, F. M.; FORMIGA, M. *Educação a distância*: o estado da arte. v. 2. São Paulo: Pearson Education, 2012.

TORI, R. *Educação sem distância*: as tecnologias interativas na redução de distâncias em ensino e aprendizagem. São Paulo: Senac, 2010.

TORREZZAN, C. A. Q.; BEHAR, P. A. Parâmetros para a construção de materiais educacionais digitais do ponto de vista do design pedagógico. In: *Modelos pedagógicos em educação a distância*. Porto Alegre: Artmed, 2000.

TURRA, C. M. G. et al. *Planejamento de ensino*. Porto Alegre: Sagra, 1975.

TUTORIAL #1: Trança embutida, french braid. Disponível em: <https://cerejanabrasa.wordpress.com/2013/07/01/tutorial-1-tranca-embutida-french-braid/>. Acesso em: 25 ago. 2015.

ZICHERMANN, G.; CUNNINGHAN, C. *Gamification by Design*. North Sebastopol: O'Reilly Media, 2011.

Capítulo 11

AUTORIA

Introdução

Este capítulo trata da atividade central na elaboração de conteúdos educacionais: a autoria. A partir de uma visão geral de estratégias de criação de conteúdos educacionais, trabalhamos de forma mais detalhada na construção da retórica instrucional.

No projeto de produção de conteúdos, a autoria é desempenhada, em geral, por um conteudista, um especialista na área de conhecimento ou prática, que se dedicará a redigir um texto-base para cada unidade de estudo prevista no planejamento educacional. Esse texto pode estar voltado apenas à apresentação de conteúdos ou incluir também a proposição de atividades de aprendizagem.

Como diz o nome, o texto produzido pelo conteudista serve de base para as atividades de roteirização e produção de mídias realizadas por especialistas em educação, comunicação e tecnologia. Esta é a etapa em que se assegura principalmente a qualidade tecnocientífica dos conteúdos, em grande parte baseada na capacidade de comunicação e argumentação do conteudista.

Em algumas equipes, encontramos a figura do revisor ou coordenador técnico. Esse profissional, com reconhecida competência no assunto em questão e, em alguns casos, uma boa vivência da cultura institucional, atua como coordenador de curso ou programa, conferindo unicidade ao conjunto de materiais elaborados por diferentes especialistas em conteúdo. Em projetos mais complexos, é comum que um ou mais pareceristas técnicos externos atuem como avaliadores, atestando a qualidade tecnocientífica dos materiais produzidos.

Outros arranjos, como a autoria coletiva e até a produção compartilhada, em que os alunos assumem o papel de produtores e designers, podem beneficiar-se das estratégias aqui discutidas, adaptando as técnicas e recomendações a seus modos de produção locais.

Autoria e criação

Falar em autoria de conteúdos é falar em criação. Contudo, o que significa criar quando se trata de conteúdo educacional? Por mais experiente que seja o especialista em conteúdo, criar um recurso didático, seja ele um livro impresso ou um objeto de aprendizagem, não é a mesma coisa que dar uma aula, proferir uma palestra ou ministrar um curso. Isso porque não se trata de, ao vivo e em cores, apresentar conteúdos ou propor atividades de aprendizagem a uma audiência que pode interagir com o interlocutor, fazendo perguntas, pedindo esclarecimentos e contrapondo raciocínios.

A distância física e temporal entre quem ensina (o conteudista) e quem aprende (o aluno) determina uma forma de comunicação diferenciada: um diálogo didático simulado. A linguagem empregada muda da matriz sonora (oral) para a matriz verbal (textual) e visual (gráfica). E os conteúdos educacionais passam a fazer o melhor uso do potencial das mídias nos quais eles são apresentados.

> Todos esses aspectos são tratados no *framework* teórico apresentado na Parte I.

Por esse motivo, sua criação precisa ser encarada com base na lógica de produção editorial – em que ganham importância redobrada a organização e o fluxo da informação, o bom emprego da linguagem, o ineditismo representado pela "voz" do autor e o respeito a direitos autorais de terceiros que venham a ser invocados no decorrer do texto.

> Sobre a organização do currículo, veja o Capítulo 1, *Dimensão tecnocientífica*.

Além disso, em razão da clara intencionalidade pedagógica dos conteúdos, ao escrever sobre um campo de conhecimento específico, precisamos ter em mente, o tempo todo, os objetivos educacionais almejados. Vejamos a seguir, com mais detalhes, qual é o impacto dessas características na atividade de autoria.

Estratégias de criação de conteúdos educacionais

Por onde iniciar a elaboração de um conteúdo educacional? Esse desafio pode parecer bastante difícil, principalmente se julgarmos ser possível criar algo a partir do zero.

Na verdade, ao criarmos os conteúdos educacionais, damos continuidade a uma tarefa que foi iniciada com a organização curricular e a definição sobre o que ensinar/aprender. As decisões tomadas no âmbito curricular formam o primeiro esqueleto para a produção de conteúdos educacionais.

A partir daí, o desafio é desenvolver os tópicos utilizando textos, imagens, sons e movimentos, de modo a estabelecer um diálogo efetivo com o público-alvo. Do mapeamento mental à escrita generativa, passando pela técnica *mash-up*, contamos com estratégias que nos ajudam a desenvolver recursos didáticos que bebem na fonte do levantamento curricular inicial.

Mapeamento mental

A técnica de **mapeamento mental** foi desenvolvida, na década de 1970, por Novak. Consiste em representar graficamente as relações entre um conjunto de conceitos (geralmente substantivos) centrais a uma área ou um recorte de conhecimento. A estrutura resultante mostra desde os conceitos mais abrangentes até os mais específicos, auxiliando a ordenação e a sequenciação hierarquizada dos conteúdos.

Joseph D. Novak

É professor emérito na *Cornell University* e pesquisador sênior no *Florida Institute for Human and Machine Cognition* (IHMC), departamento responsável por um dos softwares para mapeamento mental mais conhecidos e utilizados no Brasil, o *CMapTools*.

O mapeamento mental está embasado na teoria de aprendizagem significativa de David Ausubel.[1] Segundo essa teoria, a aprendizagem decorre da "ancoragem" de novos conceitos e proposições a estruturas cognitivas preexistentes. Na interação entre o novo conhecimento e o já existente, ambos se modificam. O processo é dinâmico à medida que o conhecimento vai sendo construído.

O mapeamento mental possibilita uma representação gráfica dos tópicos de conteúdo de uma ou mais unidades de estudo. A partir daí, o especialista em conteúdo tem em mãos uma visão geral da estrutura interna do material a ser elaborado.

Os tópicos podem ser então organizados para evidenciar as principais divisões, seções e outras partes do documento; no caso da obra impressa, em um sumário, que é o recurso editorial clássico e obrigatório de localização de conteúdos via paginação; na obra digital, isso é feito por um mapa de links, que remetem aos respectivos nós.

Os mapas refletem a estrutura cognitiva de uma pessoa ou de um grupo a respeito de determinada área do conhecimento. Isso significa que não existe um único mapa "perfeito". O que podem existir são mapas pobres ou incompletos, com conceitos errados ou relações impróprias.

Para uma leitura que congrega fundamentação teórica e aplicação prática, recomendamos o artigo *Mapas conceituais e aprendizagem significativa* (2012), de Marco Antonio Moreira, um dos maiores conhecedores da obra de Ausubel no Brasil.

Criar mapas mentais pode ser uma tarefa simples para alguns especialistas ou exigir grande esforço de organização para outros; em ambos os casos, representa uma oportunidade de estudo para os próprios especialistas em conteúdo.

Veja na Figura 11.1 o mapa mental preparado para este capítulo do livro.

[1] MASINI, E. F. S.; MOREIRA, M. A. *A aprendizagem significativa*: a teoria de David Ausubel. São Paulo: Centauro, 2001.

•• **FIGURA 11.1** Exemplo de mapeamento mental

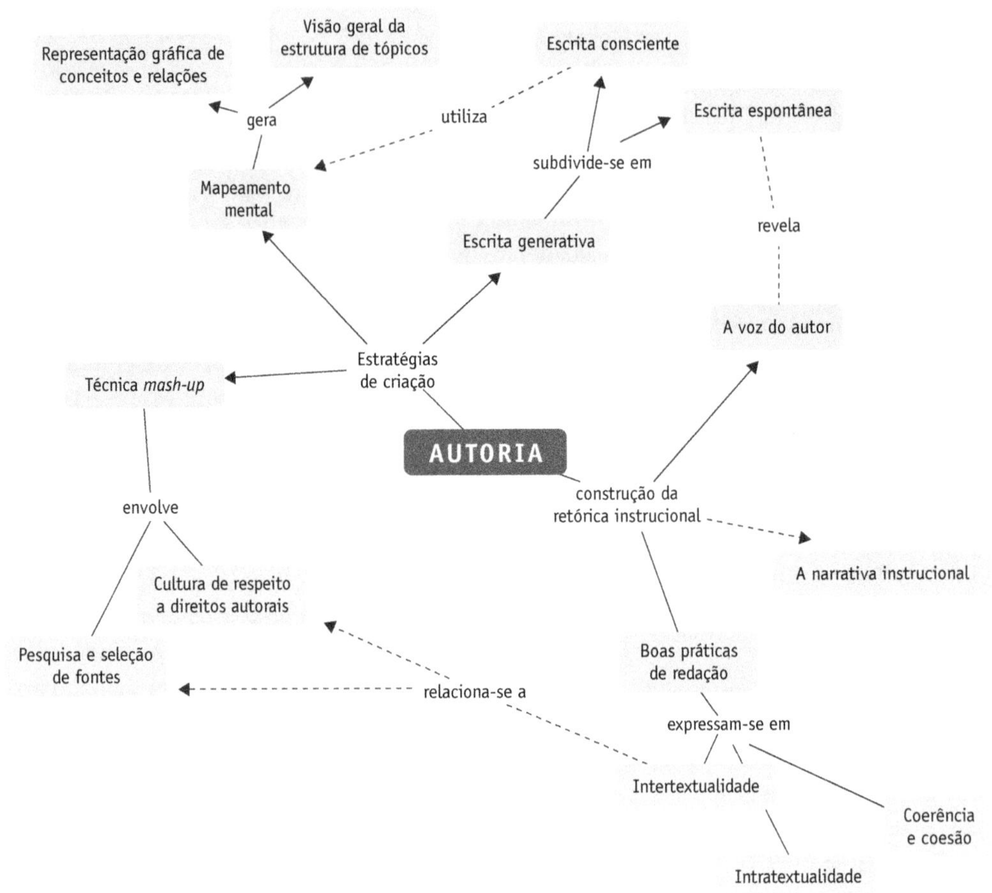

Fonte: Elaborada pelas autoras.

Uma ampla gama de instrumentos pode ser utilizada para realização do mapeamento mental, desde lápis e papel, passando por post-its e cartões, até chegar aos softwares especializados.

Softwares como CMapTools, MindMono e FreeMind oferecem ferramentas para a construção e a apresentação de mapas, com formas e conectores especializados, possibilidade de inserção de links e subcamadas e, em alguns casos, recursos de colaboração em tempo real; no entanto, por sua complexidade, exigem tempo e disposição para serem aprendidos.

Os mapas podem funcionar como apoio durante todo o desenvolvimento do conteúdo, à medida que permitem uma visualização rápida e panorâmica dos conceitos centrais a serem abordados, bem como das relações que precisam ser explicitadas no texto didático para apoiar a construção de significados pelos alunos.

Adicionalmente, os tópicos do mapa podem dar origem ao **sumário** – o recurso editorial clássico e obrigatório em uma obra impressa com a função de listar, organizar e enumerar as principais divisões, capítulos, seções e outras partes do documento, com a indicação das respectivas páginas iniciais.

O sumário talvez não reproduza a totalidade dos tópicos listados no mapa, mas certamente apresentará os níveis mais centrais e gerais. Vale lembrar que a paginação definitiva só é realizada após a diagramação pela equipe de produção, porém a organização dos tópicos que servirá de coluna vertebral para a redação do conteúdo é de responsabilidade absoluta do conteudista.

No Capítulo 13, *Produção de mídias*, tratamos mais detalhadamente da diagramação.

A técnica *mash-up*

Em tecnologia da informação, *mash-up* é o aplicativo criado a partir de conteúdos e funcionalidades oriundos de diversas fontes externas. Suas funções normalmente não dialogam entre si, mas, ao serem retrabalhadas, permitem articular e agregar esses diferentes conteúdos em uma mesma interface, gerando um produto derivado.

Na produção de conteúdos educacionais, a **técnica *mash-up*** corresponde à prática de levantar bibliografia e referências de apoio para, a partir delas, iniciar e completar a redação do material inédito.

A técnica *mash-up* traz diversidade e múltiplas perspectivas ao conteúdo, como apregoam os critérios de qualidade tecnocientífica. Também "inspira" o conteudista ao fornecer abordagens criativas sobre o tema, oferecendo subsídios para a elaboração de casos práticos e modelos de imagens. Por fim, é um manancial de indicações bibliográficas que, a partir do filtro do autor, podem ser apresentadas como recomendação de leitura complementar aos alunos.

No entanto, para ser realizada de forma consciente, responsável e produtiva, a técnica *mash-up* implica alguns cuidados redobrados por parte do conteudista: a pesquisa e a seleção de fontes confiáveis e o respeito à cultura de direitos autorais.

Pesquisa e seleção de fontes confiáveis

O levantamento de fontes bibliográficas e outros materiais de consulta é uma das primeiras ações realizadas pelo especialista em conteúdo. As fontes podem incluir:

- Materiais didáticos desenvolvidos pelo próprio especialista.
- Livros, artigos, enciclopédias e compêndios.
- Sites da web.
- Tutoriais, jogos, apostilas.
- Manuais de instrução de equipamentos, ferramentas e recursos.
- Folhetos, materiais de divulgação etc.

O maior desafio no levantamento das fontes é selecionar aquelas que ajudarão a assegurar a qualidade tecnocientífica do conteúdo educacional a ser produzido. Diante do oceano de referências disponíveis, podemos aplicar os mesmos critérios de qualidade citados no Capítulo 1.

Basicamente, as referências consultadas devem ser precisas, isto é, oferecer uma representação fidedigna e mais exata possível dos fatos, dos princípios, das leis e dos procedimentos da área de conhecimento em questão.

É importante também distinguir fontes primárias e secundárias. As fontes primárias correspondem a livros, artigos, relatórios técnicos, censos estatísticos, legislações e outros materiais publicados por autores ou instituições de maior reconhecimento na área. As fontes são consideradas secundárias quando esclarecem as ideias de uma fonte primária ou a ela fazem referência.

Cabe ao especialista em conteúdo averiguar também o grau de representatividade das fontes. Isso significa, por exemplo, distinguir entre uma perspectiva local, nacional e internacional. No caso de conteúdos técnicos, que muitas vezes descrevem equipamentos, ferramentas, softwares e outros produtos disponíveis no mercado, ao mencionar uma marca comercial ou um fabricante, é preciso deixar claro que se trata de uma entre muitas opções disponíveis, considerando sempre o contexto mais amplo e a responsabilidade institucional em avalizar alguns produtos ou empresas em detrimento de outros.

Com respeito à imensa base de informações disponível na web, recomenda-se cautela. Em primeiro lugar, é preciso avaliar a fidedignidade dos textos consultados, tendo em vista que qualquer pessoa pode publicar informações na internet e nas mídias sociais sem passar por um crivo editorial, como acontece com livros e artigos de revistas, ou por uma verificação de pares, como ocorre em teses, dissertações e anais de congressos científicos. Há casos de apropriação indevida de textos de terceiros e, em outro extremo, de falsa atribuição de autoria a textos considerados apócrifos.

Outro fator a considerar é que, quando comparados à estabilidade dos materiais impressos, materiais publicados em páginas da web, em blogs e em redes sociais são muito mais voláteis ou transitórios. Conteúdos educacionais bem produzidos podem ter um ciclo de vida que vai de três a cinco anos, ao passo que um site da web pode estar indisponível no minuto seguinte à nossa consulta. Tudo o que queremos evitar é que nosso material se torne rapidamente desatualizado ou contenha informação inacessível por conta de links de terceiros indisponíveis.

Aqui também se aplicam os critérios para seleção de links externos apresentados no Capítulo 12, *Roteirização*.

É arriscado encaminhar o aluno a sites de pessoas físicas ou jurídicas que não possam afiançar a autoria dos materiais publicados, nem garantir a permanência dos endereços eletrônicos. Além disso, ao longo do tempo, essas fontes podem estar sujeitas a novos tipos de exploração (por exemplo, comercial) que não se coadunam com o perfil da instituição patrocinadora do conteúdo elaborado com base em educacional.

Os critérios de atualização e representatividade até podem ser relativizados pelo autor, aplicando-se determinada fonte de consulta apenas a uma parte dos tópicos tratados (por exemplo, a uma etapa histórica ou a uma escola teórica). A validade técnica e/ou científica das fontes, contudo, é sempre inegociável.

Em todas as fontes consultadas, convém atentar para o fato de que materiais produzidos por terceiros se apresentam em gêneros discursivos variados – um material promocional difere de um material didático em objetivos e formato, tanto quanto um jornal impresso diverge de um manual de instruções. Todos esses materiais podem ser fonte de consulta para que o autor enriqueça seu texto ou os elementos visuais empregados, porém eles não estabelecem, por si mesmos, o esperado e necessário diálogo didático, visto que foram produzidos originalmente para um contexto totalmente diverso.

Veja mais adiante, neste capítulo, orientações sobre como incorporar citações diretas e paráfrases ao construir a retórica instrucional para um público-alvo específico.

Aqui também cabe uma reflexão sobre a prática bastante disseminada de utilizar a Wikipédia como fonte de referência. Algumas considerações se devem ao fato de esse espaço de escrita colaborativa ser constantemente editado e alterado, ou seja, não se trata de uma fonte estável. Da mesma forma, não há um único autor específico a quem se possa atribuir a autoria do texto. Então, se o próprio especialista em conteúdo poderia entrar na Wikipédia e editar os textos ali publicados, por que razão não incluiria no texto-base que está sendo elaborada a própria redação?

Cultura de respeito aos direitos autorais

Pelo fato de envolver a utilização de materiais produzidos por terceiros, a técnica *mash-up* demanda cuidados redobrados com relação a questões de **direitos autorais**. Textos, imagens, músicas, animações e vídeos são criações intelectuais que exigiram esforço intelectual de seus criadores. Por essa razão, sejam elas analógicas (físicas) ou digitais, são obras protegidas por legislação nacional e internacional.

É importante considerar a legislação em vigor e os interesses de todos os envolvidos. Em primeiro lugar, até a publicação deste material, vigora no Brasil a Lei de Direitos Autorais (Lei n. 9610/98). Em âmbito internacional, as obras intelectuais estão protegidas pelos tratados internacionais de direitos autorais, como a Convenção de Berna, da qual o Brasil é signatário desde 1922.

A legislação define quais são as obras protegidas, quem são os atores envolvidos no processo de criação e distribuição delas, quais são os direitos de cada ator, o que se constitui em ofensas aos direitos autorais, quais são as sanções às violações desses direitos e os prazos de vigência da proteção a esses direitos.

Em linhas gerais, os direitos autorais incidem sobre produtos concretos: textos, ilustrações, fotografias, áudios, vídeos etc., mas não se aplicam a ideias ou pensamentos, e são divididos em direito moral (autoria propriamente dita) e direito patrimonial (direito à reprodução e distribuição).

Direito moral é o vínculo perene que une o criador à sua obra. É composto pelo direito à autoria e ao respeito de ser consultado em caso de alterações da obra. Trata-se um direito de "caráter personalíssimo, intransmissível, perpétuo, imprescritível, inalienável e irrenunciável" (art. 27, da Lei n. 9.610/98). Já o direito patrimonial se refere à fruição econômica da obra e confere ao autor a prerrogativa de usar ou autorizar a utilização dela, no todo ou em parte, para fins de reprodução, interpretação, radiodifusão e comunicação.

Conteúdos inéditos

Em geral, os conteúdos educacionais produzidos devem ser totalmente **inéditos**, ou seja, originais, construídos exclusivamente para o fim a que se destinam, ainda não publicados, e de autoria própria e comprovada.

Todos os profissionais que criam obras intelectuais – ou seja, produzem conteúdos inéditos (conteudistas, ilustradores, fotógrafos etc.) – têm seus direitos morais (de crédito de autoria) assegurados pela citação de seu nome completo na ficha técnica dos respectivos materiais.

Por meio de um termo de cessão de direitos, o autor pode ceder os direitos patrimoniais (de divulgação, reprodução, comercialização e distribuição) em troca de remuneração ou gratuitamente.

Embora a legislação não trate especificamente da remuneração do autor, ela pode ocorrer pelo pagamento de percentual da renda obtida pela comercialização de sua obra – é o que ocorre geralmente nos contratos de edição entre autores e editoras. Nas ações de produção de conteúdos educacionais para cursos, é bastante comum o pagamento de horas empregadas no desenvolvimento de projeto, com cessão completa de direitos patrimoniais pelo(s) autor(es), conforme estabelecido em um acordo contratual mútuo e exclusivo para a produção de determinado material. Muitas vezes, as instituições firmam esses contratos com base no valor da hora de trabalho desses especialistas em suas funções originais (por exemplo, hora/aula para docentes ou hora/trabalho de profissionais do mercado).

Conteúdos de terceiros

Textos, imagens e sons resultantes da criação e do esforço de outras pessoas estão protegidos por legislação. É fundamental respeitá-la em todas as etapas da produção de conteúdos. Assim, dar crédito a **conteúdos de terceiros** é uma prática obrigatória para aqueles que também desejam receber créditos de autoria por suas obras. É a chamada Lei de Ouro: faça aos outros o que você gostaria que fizessem a você.

No mesmo espírito, o conceito internacional de ***fair use*** ("uso justo") permite o uso de material protegido para alguns propósitos específicos, como, por exemplo, ações educacionais sem fins lucrativos. Em geral, os critérios que regem o uso justo incluem a natureza do trabalho utilizado, a quantidade e a proporcionalidade do uso em relação à obra como um todo e o efeito desse uso relativamente ao mercado potencial ou ao valor do trabalho sob o direito de autor.

No entanto, quando fazemos uma longa citação literal, quando utilizamos um texto ou uma imagem, mesmo que pareçam pequenos mas sejam essenciais ao entendimento de um tópico, ou quando reproduzimos uma ilustração ou fotografia, ainda que parcialmente, não basta dar o crédito. Nesses casos, é necessário pedir autorização prévia para o autor original ou o detentor dos direitos patrimoniais.

Não é demais ressaltar que cada imagem é considerada uma obra intelectual em si. Assim, ao reproduzir uma imagem produzida por terceiros, é como se estivéssemos nos apropriando da obra inteira. Nesse caso, é preciso solicitar expressamente a autorização de uso.

É responsabilidade do especialista em conteúdo avaliar quando um recurso de terceiros se torna fundamental para a qualidade do conteúdo educacional. Caso seja imprescindível utilizar trechos significativos de obras de terceiros, por exemplo, em virtude de sua representatividade, cabe ao gestor do projeto definir um fluxo formal de solicitação de uso.

A autorização é obtida de terceiros pela assinatura de um termo de direito de uso ou pela concordância expressa (por escrito) do autor ou de quem responde por sua obra, e essa documentação deve ser arquivada para fins de comprovação. Em muitas equipes, quem gerencia o processo de análise, solicitação e armazenamento de autorizações de uso é o **iconógrafo**.

Iconógrafo
Profissional dedicado à pesquisa e à seleção das imagens que serão publicadas em conteúdos educacionais; responsável também por assegurar a autorização de uso para imagens de terceiros e a correta atribuição de créditos de autoria.

Como este é um processo bastante trabalhoso, desde o levantamento inicial das referências, o especialista em conteúdo já pode indicar os materiais críticos que poderão eventualmente necessitar dessa autorização.

Em geral, o projeto gráfico-editorial prevê uma seção ao final do livro para que sejam informadas as referências usadas na redação do texto. Além disso, os créditos de autoria e composição costumam aparecer junto de figuras, tabelas, gráficos etc. Adicionalmente, o especialista em conteúdo ainda pode recomendar recursos complementares aos alunos, por vezes na forma de caixas de destaque separadas do texto principal.

Assim, desde a fase de autoria, é necessário registrar todas as informações pertinentes a cada material de terceiros utilizado – nome do autor, título da obra, local e data de publicação e editora. Isso facilitará a organização do trabalho ao longo de todo o desenvolvimento e também viabilizará a função de iconografia.

Plágio

O desrespeito a direitos autorais pode configurar-se em plágio – ou seja, a apresentação feita por alguém, como se fosse de sua autoria, de uma obra intelectual produzida por terceiros.

Hoje em dia, com as facilidades eletrônicas do recurso recorte-e-cole, essa prática se tornou corriqueira, mesmo entre autores de conteúdos educacionais, talvez por desconhecimento da legislação nacional e internacional, bem como dos esforços envolvidos na autoria de materiais inéditos.

Do ponto de vista institucional, esse risco não pode ser ignorado. O gestor do projeto deve incluir, entre atividades de monitoramento e controle, o uso de sistemas que detectam automaticamente similaridades com outros materiais protegidos.

Recomenda-se que a detecção de plágio seja feita desde a entrega de um primeiro lote de materiais pelo conteudista (um capítulo de livro, uma unidade de estudo, um módulo), de modo que ele possa ser orientado sobre a importância de produzir conteúdos inéditos.

Essa é uma questão bastante delicada, pois muitas vezes o autor recorre a reproduções literais porque não se considera capaz de elaborar um material tão bom ou melhor do que outro já publicado. Esta pode ser uma oportunidade de realçar seu papel na criação de um recurso original e personalizado às necessidades do público-alvo.

Filosofia de abertura

Tudo o que tratamos sobre direitos autorais se aplica muito bem a conteúdos baseados nas tecnologias do reprodutível (livros impressos) ou da difusão (mídias de massa, como televisão e rádio). Isso porque os suportes midiáticos e os serviços tecnológicos utilizados na produção de textos, imagens, áudios e vídeos analógicos tornam mais difícil (porém não impossível) a cópia e a distribuição desses conteúdos.

As mídias digitais e os canais de comunicação eletrônicos subvertem esses princípios. Como a informação está disponível digitalmente e os bloqueios para uso, reúso, cópia e mixagem são repetidamente quebrados, tem-se a impressão de que a internet é "terra de ninguém". No entanto, a criação intelectual, independentemente do suporte no qual seja registrada, é sempre protegida.

Temos de reconhecer, porém, que a autoria na web é uma atividade cada vez mais colaborativa, e o produto resultante dessa prática é cada vez mais coletivo. Por essa razão, diversos autores inspirados por uma **filosofia de abertura** abrem mão de seus direitos patrimoniais (mas nunca dos direitos morais) e disponibilizam suas obras livremente. Para isso, são utilizadas licenças de uso não restritivas ou mesmo de **domínio público**.

Entre as licenças abertas, a mais conhecida é o Creative Commons, que dá aos autores o poder de gerenciar seus direitos diretamente, sem intermediários, substituindo a abordagem de "todos os direitos reservados" (simbolizados pela marca de ***copyright***, ©) para "alguns direitos autorais reservados" (simbolizado pela marca de ***copyleft***, ©).

Isso significa que os usuários podem copiar, traduzir e modificar os recursos disponibilizados sob essa licença. Em geral, as restrições são de que a fonte original seja citada (direitos morais) e, comumente, que os materiais não sejam utilizados para fins comerciais (direitos patrimoniais).

Domínio público
Condição em que uma obra intelectual pode ser livremente reproduzida, apresentada ou explorada sem necessidade de autorização ou de pagamento de direitos autorais, por esgotamento do prazo de proteção previsto em lei ou por outro motivo que tenha feito expirar a propriedade intelectual.

Copyleft
Forma de usar a legislação de proteção dos direitos autorais com o objetivo de retirar barreiras à utilização, difusão e modificação de uma obra intelectual, exigindo que as mesmas liberdades sejam preservadas em versões modificadas. Como é uma decisão do autor, difere do domínio público, que é uma ação imposta pela legislação.

Boas práticas em direitos autorais

O Quadro 11.1 resume as boas práticas recomendadas em direitos autorais.

•• **QUADRO 11.1** Boas práticas em direitos autorais

Para a equipe de desenvolvimento	Para o gestor do projeto
Registrar sempre toda e qualquer referência utilizada durante a elaboração do conteúdo educacional, incluindo nome do autor e da casa publicadora (editora ou fornecedor), título da obra, local e data de publicação Ao citar materiais de terceiros, com base no conceito de *fair use*, informar o crédito completo, respeitando sempre os direitos morais do autor, além dos direitos patrimoniais, que serão analisados no âmbito administrativo e jurídico Para imagens, sons e animações resultantes da edição ou da composição de vários elementos, verificar sempre a necessidade de solicitar a autorização de uso, de forma que nenhum direito de criação seja desrespeitado Mesmo para conteúdos sob licenças não restritivas como Creative Commons, analisar as condições de licenciamento que podem variar desde a simples exibição até a possibilidade de criação de novas versões	Definir e apresentar com antecedência a política de direitos autorais a todos os envolvidos na produção de conteúdos educacionais Exibir sempre informações sobre *copyright* e política de uso dos conteúdos produzidos (internamente aos conteúdos e em repositórios, quando aplicável) Contar com suporte profissional para gerenciamento de solicitações de uso, correto referenciamento bibliográfico, elaboração de termos e esclarecimento de eventuais dúvidas (iconógrafos, departamento jurídico, bibliotecários etc.) Em caso de dúvida, encaminhar solicitação formal de autorização de uso aos detentores dos direitos autorais e, mesmo quando obtida autorização, informar o crédito de autoria Não conceder autorização de materiais próprios que contenham direitos de uso autorizados por terceiros, a menos que uma cessão ampla tenha sido negociada expressamente

Fonte: Elaborado pelas autoras.

Vale lembrar que a reprodução da imagem de pessoas em fotografias, ilustrações e vídeos também requer cuidados. Nesses casos, é necessário obter, além da cessão de direitos autorais, a cessão formal dos **direitos de imagem**.

A escrita generativa

A consciência de tantos aspectos envolvidos na criação de conteúdos inéditos pode resultar em um bloqueio da escrita, em vez de colaborar para o estabelecimento de um diálogo didático genuíno que faça o melhor uso das mídias disponíveis. Por esse motivo, passamos agora a abordar a autoria propriamente dita a partir da perspectiva da escrita generativa.

Robert Boice

Professor de psicologia norte-americano, dedicado a publicações e workshops que visam a ajudar professores a se transformarem em escritores mais produtivos. Sua principal obra, que nos inspirou nesta seção do livro, se intitula *Professors as writers: a self-help guide to productive writing* (1990), ainda não lançada em português.

A **escrita generativa** é uma técnica desenvolvida por Boice[2] e combina escrita espontânea, ou criativa, com escrita consciente.

[2] BOICE, R. *Professors as writers:* a self-help guide to productive writing. Stillwater: New Forums Press, 1990.

Na **escrita espontânea**, o autor produz, de forma livre e sem censura, um texto autêntico, que traz à tona sua voz como especialista, educador e pessoa.

A escrita espontânea é um processo prazeroso e positivo do ponto de vista do conteudista, porque possibilita a expressão criativa de seu talento individual. No entanto, o texto resultante da escrita espontânea nem sempre se ajusta às necessidades do público-alvo e às características do contexto, e em geral não faz o melhor uso da mídia de suporte. Ou seja, a escrita espontânea é positiva do lado do autor-emissor, mas nem sempre é uma mensagem adequada ao interlocutor-receptor, à linguagem e ao canal de comunicação.

Para uma discussão mais detalhada sobre o modelo clássico de comunicação do qual fazem parte esses elementos (emissor, receptor, linguagem, canal), consulte o Capítulo 3, *Dimensão comunicacional*.

Isso se justifica pelo fato de que atender a todos os requisitos e às restrições envolvidas na criação de um conteúdo educacional de qualidade corresponde a uma atividade de escrita denominada **consciente**, que se contrapõe à escrita livre e criativa.

Criar (escrever) é uma ação distinta de editar ou revisar; na verdade, em muitos casos, são atividades antagônicas. Em parte, essas atividades são desempenhadas por papéis diferentes em uma equipe de desenvolvimento de conteúdos. Entretanto, há espaço para que o próprio autor aperfeiçoe seu texto antes de encaminhá-lo às demais atividades do processo de produção. Para isso, ele pode alternar escrita espontânea e escrita consciente.

Na escrita espontânea, o autor começa a escrever livremente a respeito de um tópico, sem interrupções, consultas externas ou alterações. Concluído um período determinado, digamos de 30 minutos, o autor terá em mãos uma primeira versão do material, como se fosse um rascunho. Então, ele poderá aplicar ao pequeno trecho produzido a técnica de mapeamento mental, a mesma que utilizamos para organizar inicialmente os tópicos da unidade de estudo.

Assim, o conteudista representará em linguagem gráfica as ideias que escreveu livremente em linguagem textual. A partir do minimapa elaborado, ele pode reler o material à procura de eventuais lacunas e excessos, para então efetuar os ajustes e as revisões necessárias.

Completada essa etapa, o autor retoma a escrita livre de mais um trecho e, então, estende o mapa construído anteriormente. Aplicando novas rodadas de revisão, o autor prossegue ampliando o texto redigido e contrapondo-o a um mapa correspondente.

A técnica generativa consiste, portanto, em alternar períodos de escrita livre e de escrita consciente. Isso permite que o autor faça fluir, uma após a outra, duas capacidades necessárias à construção do texto didático: criatividade e crítica. Se tentar empregá-las simultaneamente, o conteudista acabará com um bloqueio mental que tornará a redação uma tarefa infrutífera e frustrante.

A cada nova versão do material – e serão muitas ao longo da elaboração –, o conteudista provavelmente submeterá o texto à leitura de outros profissionais. Revisores ou pareceristas técnicos, designers instrucionais, redatores, editores ou revisores de texto podem ajudá-lo a identificar pontos de maior interesse e dúvidas.

Todo o esforço de aprimoramento do texto inicial visa a assegurar que o produto final seja adequado à compreensão do aluno, tendo em mente o propósito máximo de apoiar sua aprendizagem. Daí a importância de construir uma retórica instrucional própria.

Construção da retórica instrucional

Várias são as definições para o termo **retórica**: a arte da eloquência, do bem argumentar, da palavra, do discurso em geral. Em praticamente todas elas, está presente o elemento da argumentação, do convencimento, da persuasão e da aproximação entre emissor e receptor.

Os educadores, de forma consciente ou não, aplicam princípios da retórica quando apresentam o conteúdo em situação didática convencional. Podemos dizer o mesmo a respeito de especialistas que, ainda que tenham menor experiência em sala de aula, lançam mão da retórica quando precisam comunicar alguma ideia a uma audiência.

Uma maneira prática de entender melhor o que significa a retórica instrucional é imaginar, então, uma situação em que um educador ou um especialista prepara um conjunto de slides para uma apresentação. Em cada slide, o apresentador inclui, de modo sintético ou na forma de itens, os elementos centrais da sua fala. Algumas figuras exibem relações temporais, lógicas ou organizacionais entre esses conceitos, ajudando a audiência (e por vezes o próprio apresentador) a articular as principais ideias do assunto em questão. No entanto, para que a comunicação se efetive, o (bom) apresentador explica oralmente o conteúdo de cada slide, tópico a tópico, explicita as relações entre os tópicos e justifica as transições de slide a slide.

Esse discurso construído pelo apresentador, a fim de expor de maneira lógica e sequencial uma série de argumentos a uma audiência determinada, é o que constitui a retórica. Veja na Figura 11.2 como é necessário construir uma argumentação para expor tópicos-chave e relações entre conceitos, bem como a transição entre conjuntos de ideias.

•• **FIGURA 11.2** A construção da retórica instrucional

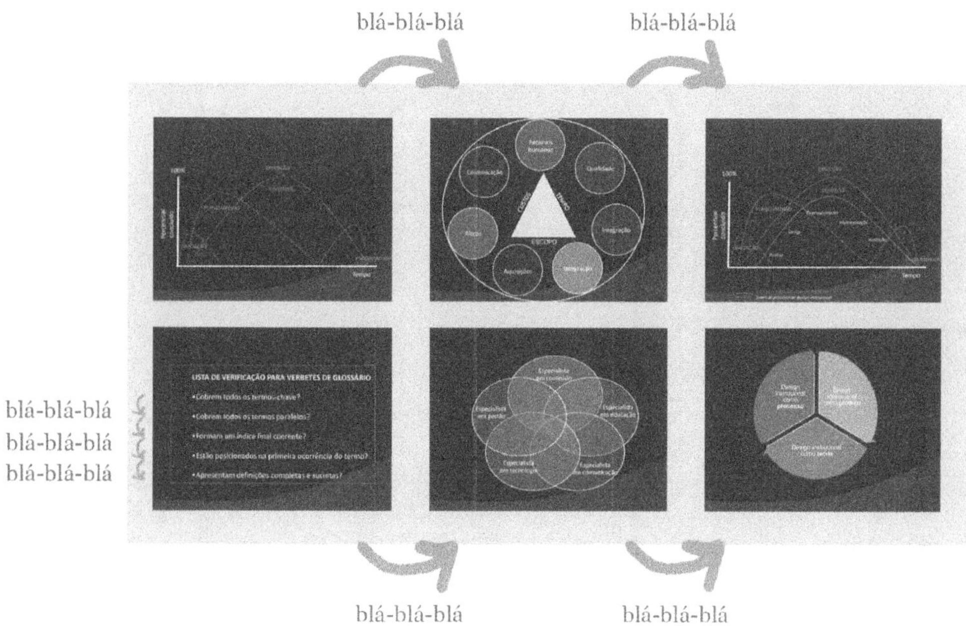

Fonte: Elaborada pelas autoras.

À parte as diferenças entre a matriz sonora oral e a matriz verbal, o desafio de elaborar o texto escrito assemelha-se muito à argumentação que o apresentador prepara para construir seu discurso oral.

Considere agora um mapa mental que registra as principais ideias a serem tratadas em uma mensagem. Apesar das vantagens dessa representação gráfica, o mapa não é suficiente para prover ao interlocutor todas as informações relacionadas à mensagem que o autor quer comunicar.

Observe na Figura 11.3 algumas ideias organizadas em um mapa mental. A partir delas, tentaremos construir a retórica instrucional.

•• **FIGURA 11.3** Mapa mental como ponto de partida para construção da retórica instrucional

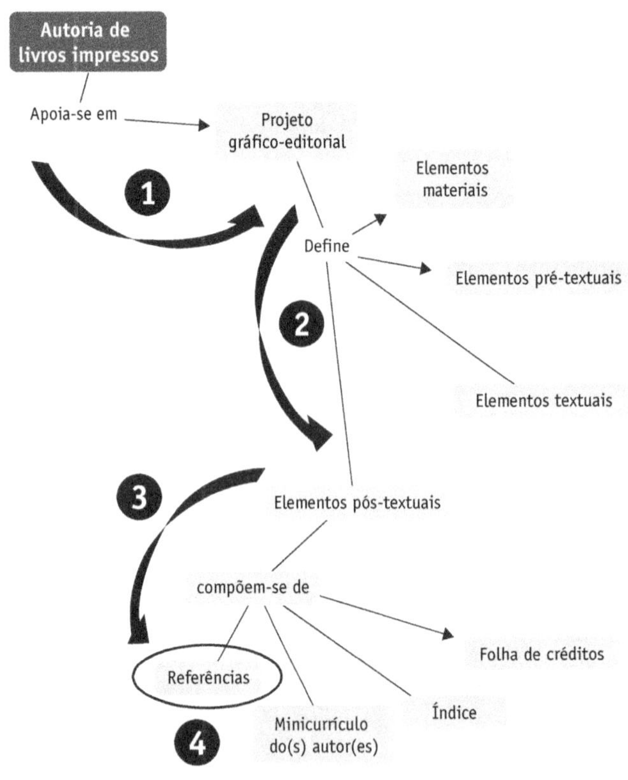

Fonte: Elaborada pelas autoras.

Articulando as ideias-chave e as relações explicitadas no mapa da figura anterior, poderíamos construir um breve texto explicativo:

❶ A autoria de conteúdos educacionais realiza-se com base em um projeto gráfico-editorial,
❷ que define uma série de elementos: materiais, pré-textuais, textuais e pós-textuais.
❸ Os elementos pós-textuais compõem-se de referências, minicurrículo do(s) autores, índice e folha de crédito.
❹ As referências... [o texto segue conforme o grau de detalhamento do mapa mental].

O texto construído avança para além da representação gráfica de tópicos estanques. Sim, para que uma mensagem seja compreendida pelo público ao qual se destina, ela precisa ser comunicada de maneira lógica e ser comprovada por fatos.

Porém, para a comunicação efetiva da mensagem à audiência, precisamos ir além da mera organização lógica. Isso porque a retórica adiciona um elemento mobilizador à linguagem empregada, tendo em vista não apenas convencer a audiência no campo das ideias, mas também persuadi-la no terreno das emoções. Assim, tão importante quanto a estrutura apresentada é o impacto que essa mensagem provocará sobre o público.

Do ponto de vista da retórica, para que uma ideia seja considerada pelo público, ela certamente precisa fazer sentido. Ou seja, a argumentação lógica destaca-se pela razão ao oferecer fatos que comprovam e validam o que está sendo comunicado. No entanto, a retórica vai ainda além e apela à emoção. Seu objetivo é persuadir, isto é, motivar o outro a fazer algo com autonomia, a partir da compreensão de que aquilo tem valor para si. Nesse sentido, a simples exposição de fatos não é suficiente.

Dessa forma, além de selecionar os melhores argumentos e apresentá-los de modo lógico, é fundamental pensar no efeito que cada fato provocará no público-alvo. O modo como os argumentos são expostos e articulados com a experiência de quem lê faz toda a diferença. Daí a suma importância de conhecer o perfil do nosso aluno.

Para aqueles que consideram a retórica potencialmente manipuladora, destacamos sua capacidade de contribuir para a motivação dos alunos, despertando neles o interesse pelo estudo e convencendo-os da relevância dos conteúdos a serem explorados.

A aproximação entre emissor e receptor é um dos resultados mais almejados na retórica instrucional, daí a importância das funções fática e conativa da linguagem. Além destas, artifícios próprios da linguagem escrita ou oral traduzem essa orientação: expressões de efeito retórico, ritmo da fala, pontuação, gestos e até mesmo a posição e a movimentação do emissor durante o discurso. E, tão importante quanto conhecer o público-alvo, é trazer para a mensagem vocabulário, exemplos e todo um contexto que faça sentido para esse público.

Para conhecer ou revisar as funções fática e conativa, além de outras funções da linguagem, veja o Capítulo 3, *Dimensão comunicacional*.

Como observaremos a seguir, a retórica instrucional repercute a voz do autor, sua perspectiva de especialista diante de uma área de conhecimento, suas premissas como educador em relação aos alunos e sua visão de mundo como pessoa. Esse cabedal de percepções e posturas compõe uma ética de convencimento, que argumenta de forma sincera, honesta e transparente, tendo em vista a remoção de obstáculos que permitam a construção conjunta de conhecimentos.

A voz do autor

Mesmo quando existe um projeto pedagógico e gráfico-editorial prévio a ser seguido e quando o desafio é enfrentado no modo de produção industrial, o especialista em conteúdo exerce um papel diferenciado na construção da retórica instrucional.

Isso porque a obra de sua criação intelectual será influenciada por sua visão de mundo, suas atitudes em relação ao conhecimento e também suas expectativas em relação ao público-alvo. A esse conjunto de percepções, Boice[3] chama de **a voz do autor**.

Na prática, a voz do autor revela-se no conteúdo pela escolha de palavras e expressões que, cumulativamente, criam na mente do aluno uma impressão geral sobre o conteudista como especialista, educador e pessoa (veja a Figura 11.4).

•• **FIGURA 11.4** A voz do autor como especialista, educador e pessoa

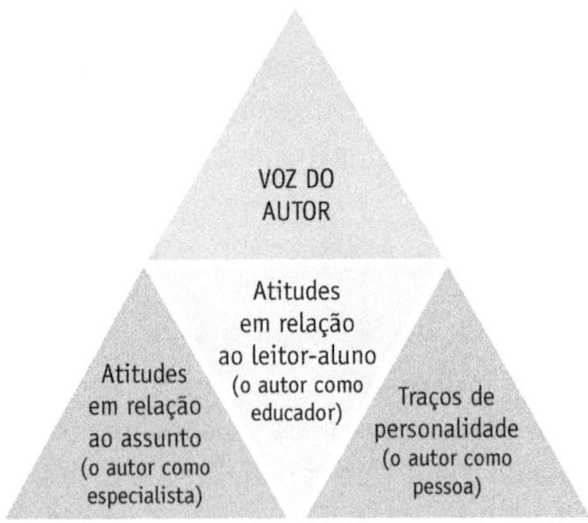

Fonte: Elaborada pelas autoras.

As atitudes do conteudista em relação ao conhecimento refletem seus sentimentos como paixão, enfado e senso de pertencimento à comunidade de prática ou pesquisa, bem como suas orientações filosóficas e políticas.

Como especialista, a voz do autor se refletirá nas ênfases e no espaço-tempo dedicado a cada tópico de conteúdo, bem como na articulação que ele decide fazer entre os tópicos apresentados e o mundo real do trabalho ou da sociedade.

Da mesma forma, as atitudes do autor em relação aos alunos apoiam-se em pressuposições – conscientes ou não – sobre o que significa aprender e, por consequência, ensinar. Por exemplo, na visão do especialista que escreve o conteúdo, os alunos são recipientes vazios a serem preenchidos com informações transmitidas pelo recurso didático ou são sujeitos ativos que interpretam e relacionam as novas informações à sua rede de representações mentais previamente construída?

Como educador, a voz do autor se constitui na receptividade demonstrada ao aluno, na contextualização dos tópicos abordados segundo o perfil desse público e nos objetivos da unidade de estudo em questão. Também se revela na incorporação criativa da didática de sala de aula ao material didático, no bom uso das matrizes sonora, verbal e visual e no entendimento das especificidades das mídias empregadas.

[3] BOICE, 1990.

A voz do autor caracteriza-se por "tom" que reflete a maneira como ele reage pessoalmente a todas essas expectativas. O tom pode ser, por exemplo, paternalista e complacente, dirigido a um aluno que é considerado incapaz e carente de cuidados. Notamos esse tom em uso de linguagem supersimplificada, com excesso de repetições e exemplos primários.

O tom pode ser autoritário e imperativo, como se o aluno precisasse ser conduzido por meio de uma série de ordens e tarefas bem especificadas. Nesse caso, a linguagem se torna impositiva, repleta de regras e condições, com uso acentuado dos verbos "dever" e "precisar".

Podemos perceber ainda um tom propagandista, de certa forma manipulador, que parte da premissa de que os alunos são essencialmente desmotivados. Em resposta, a linguagem torna-se exagerada, apelativa e emocional, visando a provocar um efeito mais dramático do que baseado em uma comunicação respeitosa e próxima ao interlocutor.

Para fugir desses estereótipos negativos, alguns autores adotam um tom quase robótico, impessoal, orientado a um aluno considerado desprovido de afeto ou de emoções. A linguagem resume-se então a instruções precisas, lógicas e rigorosas, espelhando uma espécie de algoritmo que exprime total neutralidade.

Em muitos casos, o tom negativo adotado pelo autor não é intencional. É simplesmente "autocentrado", em contraposição a uma postura "generosa", que se traduz em um tom respeitoso, honesto, entusiasta, "pé no chão", cordial, agradável, instigante e próximo ao aluno.

Convém atentar, contudo, que, dada a intensidade da tarefa de produzir conteúdos educacionais, o autor pode, em algumas ocasiões, sentir-se um tanto quanto exposto. Aspectos da personalidade do autor, como autoconceito ou traços de caráter, tornam-se visíveis em seu texto. Por isso, dizemos que a escrita é, para o autor, um exercício de autoconhecimento.

No que tange ao diálogo didático estabelecido com os alunos, convém acrescentar o fato de que o tom adotado pelo autor, seja autocentrado ou generoso, como qualificamos anteriormente, contribui para construir uma espécie de **profecia autorrealizadora**.

Profecia autorrealizadora
Conceito criado pelos psicólogos norte-americanos Robert Rosenthal e Lenore Jackson, a partir de um estudo realizado na década de 1950, em São Francisco (Califórnia, Estados Unidos), a respeito da influência das expectativas dos educadores sobre o desempenho dos alunos. Estudantes apresentados aos professores com desempenho excelente em sala de aula tendiam a obter melhores resultados do que alunos rotulados como difíceis, cumprindo assim a profecia inicial, mesmo que ela não correspondesse à realidade.

Para autores novatos, como é o caso de educadores e especialistas que estão desenvolvendo pela primeira vez conteúdos educacionais – a despeito de seus títulos acadêmicos e dos anos de experiência profissional –, os fatores aqui descritos podem representar um complicador adicional. Daí a importância do trabalho colaborativo, materializado na atuação do designer instrucional e da equipe de comunicação ao aclarar essas pressuposições inconscientes e apoiar o conteudista em uma reconscientização do seu papel como educador.

Todas essas considerações reforçam a ideia defendida anteriormente de que a apresentação exclusivamente lógica de conteúdos não é suficiente para estabelecer um diálogo didático efetivo. Vejamos a seguir como o balanceamento da carga cognitiva textual auxilia o autor a construir uma retórica instrucional que favoreça a concretização de uma profecia autorrealizadora com resultados benéficos para a aprendizagem.

Balanceamento da carga cognitiva textual

Para compreender como o aluno lidará com os conteúdos educacionais apresentados, vamos pensar em alguns aspectos da leitura funcional, que envolve não apenas a decodificação de sinais gráficos, mas também a construção de significados pelo processamento cognitivo de novas informações.

Esse é um processo complexo realizado pelo aluno, que depende de fatores como seu domínio do idioma (adquirido antes do contato com o nosso texto), seus conhecimentos prévios sobre o tema tratado e ainda seus conhecimentos gerais a respeito do mundo.

Vejamos um exemplo. Ao ler o texto "A casa de Joana foi assaltada. Ela está pensando em comprar ____________________", criamos algumas expectativas a respeito de quais termos poderiam completar a segunda frase. Com base em nossos conhecimentos anteriores sobre o que pode ser útil nessa situação específica, podemos prever que a frase será completada com "um cadeado", "uma trava", "um cachorro" ou "um revólver". No entanto, também fazemos isso com base no nosso conhecimento da língua: ninguém consideraria que Joana está pensando em comprar "um segurança", porque o verbo "comprar" requer como objeto "coisas", e não "pessoas" (ao menos neste caso).

E o que isso tem que ver com o desafio da autoria? Vamos avançar um pouco mais nos mecanismos de compreensão do texto antes de explorar as implicações para a redação dos conteúdos educacionais.

> **Considerando esses aspectos, fica evidente a necessidade de conhecer bem o aluno, nosso interlocutor. Veja como a análise contextual, tema tratado no Capítulo 9, pode subsidiar o autor com um conhecimento mais profundo do público-alvo.**

Depois de ser captada pelo olho, uma nova informação permanece disponível no cérebro por pouco tempo até ser identificada. É então enviada à memória de curto prazo para que lhe seja atribuído um significado, criado a partir da comparação com outras informações previamente organizadas na memória de longo prazo.

A memória de curto prazo tem capacidade reduzida de processamento, de cerca de 7 ± 2 unidades (cinco a nove "pedaços" ou "fatias"), e seu conteúdo é rapidamente substituído por novas entradas que a todo tempo são processadas pelo cérebro. Por conseguinte, se a leitura for excessivamente lenta ou truncada – quer por falhas de alfabetização/letramento, quer por desconhecimento do vocabulário ou do tema tratado –, o leitor não terá tempo para processar e integrar as informações em um significado global. O novo material sairá da memória de curto prazo e será esquecido antes mesmo que o cérebro consiga organizá-lo em unidades de significado e enviar o conhecimento global à memória de longo prazo.

Assim, considerando que a compreensão de um texto é uma espécie de combinação entre novas informações apresentadas (informação visual) e os nossos conhecimentos anteriores sobre a língua e o assunto em questão (armazenados na memória de longo prazo e recuperados no processamento de cada nova informação), ela acontecerá de forma muito mais rápida e eficiente se as novas informações apresentadas: a) estiverem de acordo com as normas da língua compartilhadas pelo público; e b) dialogarem com os conhecimentos prévios do leitor.

Para uma leitura mais aprofundada sobre a capacidade de processamento da memória humana, consulte a seção *Cognitivismo* no Capítulo 2, *Dimensão pedagógica*.

Se no exemplo anterior o autor quiser comunicar a informação técnica de que Joana está pensando em adquirir um complexo sistema de segurança, o LPB Multilocker 4.2 modelo autoprogramável, porque esse recurso prevenirá novos assaltos, ele terá de construir uma linha de argumentação que considere a capacidade do aluno para alcançar a compreensão dessa mensagem. Observe:

- Sem informações prévias na memória de longo prazo, ou no próprio texto, que lhe possibilitem fazer inferências e deduções, o aluno jamais chegará à conclusão de que a frase "Joana está pensando em comprar..." poderá ser completada com um modelo específico de sistema de segurança.
- E, mais ainda, para atribuir significado à informação apresentada, o aluno terá de processar uma sigla (qual seria o significado de "LPB"?), um termo em inglês ("Multi" parece bom, mas o que significaria "*locker*"?), um dado numérico que pressupõe versões anteriores ("por que não 4.1 ou 4.3?") e um modelo específico autoprogramável ("haveria outros sistemas programáveis por terceiros?", "quem seriam esses terceiros?", "como um sistema se autoprogramaria para impedir assaltos?") e por aí segue.

Em decorrência, a primeira boa prática de redação corresponde a escrever para o outro, e não para si mesmo. Isso significa não exigir do aluno conhecimentos prévios de que ele não dispõe. Implica não sobrecarregar o aluno com carga cognitiva superior à que ele é capaz de gerenciar de uma só vez. E quer dizer graduar a complexidade do texto, incrementando passo a passo a disponibilização de novas informações e, sempre que possível, aproveitar conhecimentos preexistentes do aluno para com ele construir pontes que estabeleçam novos significados e relações.

Nesse ponto, devemos recuperar a noção de **esquemas mentais**, que equivalem às unidades de conhecimento armazenadas na memória de longo prazo. Cada unidade de conhecimento se interliga às demais, compondo uma espécie de rede cognitiva, de modo que, quando acessamos um conceito na memória de longo prazo, ativam-se simultaneamente outras informações a ele ligadas em um esquema significativo.

Por exemplo, se alguém lhe pergunta "No que você pensa quando vê ou ouve a palavra cachorro?", que informações lhe vêm à mente? A Figura 11.5 mostra um esquema mental para a ideia de "cachorro", com um nó central, que seria o "conceito puro", e informações relacionadas, que podem ou não estar presentes em cada rede de representações individuais.

•• **FIGURA 11.5** Exemplo de esquema mental

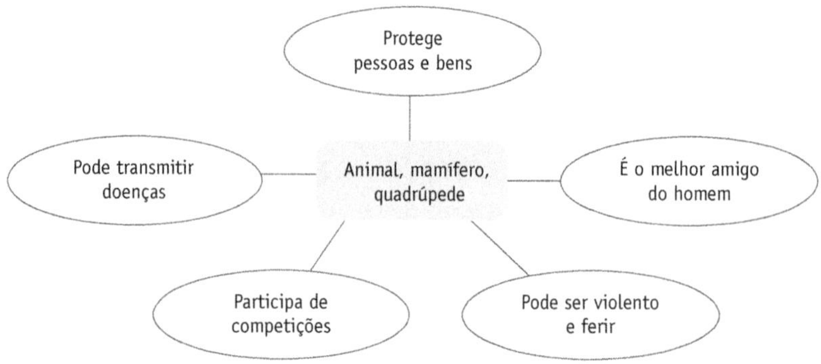

Fonte: Elaborada pelas autoras.

Não por acaso, podemos relacionar os esquemas que construímos e armazenamos na memória de longo prazo à técnica de representação por meio de mapas mentais.

O tópico discursivo equivale ao nó central de um esquema mental e ao assunto principal de um texto. E, do mesmo modo que processamos a informação com base em unidades de significado (esquemas), a compreensão de um texto não se dá apenas pela decodificação isolada de cada um de seus elementos; é preciso integrar as informações, buscando um sentido global.

> Uma referência bibliográfica esclarecedora é a obra das professoras Yara Liberato e Lúcia Fulgêncio, intitulada *É possível facilitar a leitura: um guia para escrever claro* (2012). Nesse texto, o leitor encontrará mais subsídios teóricos sobre a organização textual e uma série de exemplos extraídos do cotidiano e de livros didáticos sobre como escrever de forma inteligível e adequada ao público específico.

Identificar o tópico (assunto) principal de um texto é indispensável para a interpretação de significado. Por exemplo, em um texto sobre economia, a palavra *banco* será entendida como "instituição financeira", e não como "peça de mobiliário". Isso ocorre porque a identificação do tópico principal ("economia") estabelece um quadro de referência que permite ao aluno criar certas expectativas, que por sua vez guiam sua interpretação de cada elemento isolado. E, dessa forma, o autor não precisa explicitar o tempo todo que está falando sobre economia.

Em geral, textos didáticos contêm subtópicos que acompanham o tópico principal. Juntos, eles formam uma estrutura hierárquica de significados (um esquema). Compreender essa estrutura é um pré-requisito importante para assimilar o texto como um todo.

Materiais mais difíceis e destinados a iniciantes em um tema requerem um ritmo mais lento na apresentação de tópicos e subtópicos, que propicie ao aluno o tempo e o apoio adequados para o processamento das novas informações. Para aqueles que estão fazendo a revisão de um assunto ou no caso de unidades de estudo mais avançadas, é possível adotar um ritmo relativamente mais rápido que permita manter o interesse dos alunos.

Isso porque as novas informações devem ser sempre apresentadas em um **ritmo** que respeite a capacidade de processamento cognitivo do aluno. O ritmo é uma função do número de exemplos, casos e problemas apresentados junto a cada tópico. Podemos controlar o ritmo de apresentação variando a quantidade de exemplos e casos.

Além do ritmo, ainda é importante considerar a intensidade de transição entre os tópicos abordados. Vejamos: em textos científicos, é comum um autor alternar várias vezes entre diferentes ideias, visto que o leitor é um especialista na área e domina a informação de fundo necessária a grandes saltos e transições. Para o aluno novato, entretanto, é difícil acompanhar esse tipo de apresentação por conta da ausência de conhecimentos anteriores ou de um quadro sólido ou completo de representações mentais.

No Capítulo 12, *Roteirização*, dedicamos uma seção inteira à construção de estudos de casos, dada a sua importância para apoiar o processamento cognitivo.

Estratégias de organização textual também ajudam o leitor a identificar tópicos, subtópicos e sua hierarquia, e a acelerar a estruturação de seus esquemas mentais. Entre muitas formas de colocar essas estratégias na prática, podemos citar:

- Criar títulos e subtítulos para cada tópico e subtópico, sinalizando as relações hierárquicas entre eles.
- Estruturar o texto de modo que a cada tópico ou subtópico corresponda um único parágrafo.
- Aplicar recursos gráficos, como negrito, cores ou listas com marcadores (*bullets*) para destacar tópicos e subtópicos.
- Manter uma estrutura editorial uniforme, usando sempre o mesmo tipo de abertura de capítulo, seções, hipertextos, ícones etc.

Cabe aqui destacar que o emprego de títulos metafóricos, ambíguos ou vagos, embora possa despertar o interesse do aluno, tende a dificultar a pronta identificação do tópico em textos didáticos de natureza mais informativa. Da mesma forma, um dimensionamento inadequado dos limites de parágrafos pode implicar carga cognitiva extra, visto que o aluno terá dificuldades em distinguir qual é a ideia-chave apresentada a cada novo parágrafo lido.

Além disso, é preciso evitar o uso excessivo de marcadores gráficos que possam sobrecarregar o aluno visualmente com um mar de destaques. Quando tudo é destacado, nada é importante.

Em geral, a utilização de recursos gráficos para fins instrucionais orienta-se por um projeto gráfico-editorial predefinido que é aplicado na fase de produção das mídias. Há espaço, portanto, para os especialistas em comunicação e tecnologia criarem soluções de diagramação a partir do cabedal de recursos disponíveis para cada mídia. Isso não diminui, entretanto, o papel do especialista em conteúdo de identificação dos tópicos-chave a serem destacados.

Boas práticas de redação

As **boas práticas de redação** incluem, evidentemente, o emprego correto do vocabulário e a aplicação adequada das normas gramaticais por parte do autor e de toda a equipe envolvida no desenvolvimento de conteúdos. A correção ortográfica e gramatical, no entanto, não é o único aspecto de qualidade envolvido em uma boa redação.

Outras características comunicacionais, como a clareza e a concisão, a coerência e a coesão, a organização interna do texto (intratextualidade) e as relações estabelecidas com materiais externos (intertextualidade), nos ajudam a aperfeiçoar o texto de modo que ele não represente para o aluno uma sobrecarga cognitiva.

Clareza e concisão

Ser compreendido sem dificuldade é o ideal máximo de quem se comunica, e isso se aplica com mais intensidade na escrita, dada a distância entre emissor e receptor. Assim, **clareza** é a qualidade que torna um texto compreensível para o leitor ao qual ele se destina.

Escrever bem não equivale a escrever difícil. Na verdade, é mais trabalhoso escrever com simplicidade do que povoar o texto com termos rebuscados. Da mesma forma, o acúmulo de muitas orações e ideias em um mesmo período pode dificultar, em vez de facilitar, a comunicação.

Em relação à clareza de um texto, deve-se atentar para duas armadilhas bastante comuns: a) apresentar em um único parágrafo várias ideias importantes que precisariam estar distribuídas em parágrafos distintos; ou b) separar em vários parágrafos ao longo de um texto o que deveria estar física e temporalmente próximo.

Sempre deve haver uma ideia predominante por parágrafo, a qual deve aparecer em relevo. Da mesma forma, a relação coerente entre a ideia predominante (a oração principal) e as ideias secundárias (orações coordenadas ou subordinadas) precisa ficar clara ao leitor.

A **concisão** consiste em conseguir o máximo de expressividade com o mínimo de palavras. Isso exige eliminar repetições e palavras desnecessárias presentes no texto. A prolixidade é o oposto da concisão e reflete com frequência uma desorganização mental, uma escrita sem prévio planejamento e organização das ideias, para não mencionar a ausência de uma revisão criteriosa daquilo que foi escrito. O resultado é um texto desorganizado, ideias embaralhadas, complementos fora do lugar, palavras e frases inteiras descartáveis que poderiam ser suprimidas sem prejuízo da compreensão.

Mário A. Perini

É professor de Linguística da Universidade Federal de Minas Gerais, tendo atuado como professor visitante nas universidades de Illinois e do Mississipi (Estados Unidos). É autor de vários livros, entre os quais se destacam *Princípios de linguística descritiva* (2006) e *Gramática do português brasileiro* (2010).

Devemos destacar que o objetivo de um material didático é, em última instância, informar, e não impressionar o aluno com um estilo rebuscado ou excêntrico.

Nessa linha, cabe a distinção feita por Perini[4] entre textos literários (principalmente textos

[4] PERINI, M. A. Efeito do gênero textual. In: LIBERATO, Y.; FULGÊNCIO, L. *É possível facilitar a leitura:* um guia para escrever claro. São Paulo: Contexto, 2012.

poéticos) e textos informativos. A compreensão de textos informativos depende da construção ativa de uma paisagem mental coerente e ancorada em conhecimentos prévios. Contudo, uma vez que esse tipo de texto pretende veicular fatos, conceitos e princípios observáveis, concretos, com seus respectivos encadeamentos lógicos, essa construção está intimamente ligada às informações presentes no próprio texto, as quais precisam estar muito claras para o leitor. Os textos literários, em comparação, podem dispensar esse tipo de processamento, permitindo a apreciação de ingredientes muito menos racionais, de forma semelhante à que utilizamos quando apreciamos uma música, por exemplo.

Em boa medida, a clareza é percebida na escolha criteriosa das palavras empregadas para explicar um tópico e introduzir vocabulário técnico ou científico. Ou seja, ela depende de quanto esse conteúdo é compatível com o conhecimento de mundo do aluno. Isso significa que a linguagem utilizada será compreendida pelo aluno, em termos de seu perfil demográfico (gênero, faixa etária, escolarização etc.) e de seus conhecimentos anteriores.

O acrônimo KISS (*Keep It Simple, Sweetheart,* em português "Mantenha as coisas simples, caríssimo") resume bem as características desejadas para o conteúdo educacional.

> **Nesse sentido, convém consultar os fatores que influem no perfil dos alunos, descritos no Capítulo 9, *Análise contextual*.**

Algumas recomendações práticas incluem ir direto ao ponto, apresentando primeiro as informações mais importantes; e também focar em uma ou no máximo duas ideias por parágrafo, utilizando sentenças curtas (de 15 a 20 palavras).

Além disso, o texto deve evitar gírias e clichês, que podem transmitir uma sensação de preguiça do autor em buscar um termo mais preciso ou apropriado.

Convém ainda eliminar redundâncias, como pleonasmos que pouco ou nada acrescentam ao significado do texto. Alguns exemplos: todos os países ~~do mundo~~; elo ~~de ligação~~; enfrentar ~~de frente~~; fato ~~real / verídico~~; panorama ~~geral~~; acabamento ~~final~~; 25 anos ~~de idade~~; hemorragia ~~de sangue~~; manteve ~~inalterado~~.

Também é recomendável substituir os chamados verbos "leves" por expressões como:

- Chegar à conclusão ➡ concluir.
- Dar uma informação/um telefonema ➡ informar/telefonar.
- Fazer a abertura, a apresentação, a instalação, a verificação ➡ abrir, apresentar, instalar, verificar.
- Ter desejo/medo/receio ➡ desejar, temer, recear.

O bom uso de conectivos (como "e", "mas"...) para articular frases e a utilização de expressões-ponte (como "por outro lado", "assim", "no entanto", "porém", "em resumo", "mais uma vez") ajudam o aluno a acompanhar o raciocínio do autor e esclarecem as relações entre frases, seções e até unidades de estudo.

Outro ponto de atenção é a prevalência da voz ativa – na qual expressamos claramente quem é o sujeito que desempenha a ação – sobre a voz passiva – na qual o sujeito é objeto de uma ação, e há pouca ou nenhuma informação sobre quem a exerce.

É praxe recomendar o tratamento ao aluno como interlocutor direto (usando, por exemplo, "Você aprenderá..."), pois isso reforça a ideia de proximidade e diálogo. Quando o aluno é tratado na terceira pessoa (por exemplo, nas frases "O aluno/Ele aprenderá..."), a sensação é de que o texto não foi escrito para o aluno, mas para uma instituição, para o gestor do projeto ou para nenhuma pessoa especificamente.

> O leitor notará que, ao longo deste livro, nos referimos ao leitor sempre na 3ª pessoa. Isso se deve ao fato de visarmos aqui a cinco públicos distintos – os especialistas em conteúdo, em educação, em comunicação, em tecnologia e em gestão – e, por essa razão, nem sempre o discurso direto se aplica igualmente a todos os perfis. Uma recomendação como "Ao redigir o conteúdo educacional, você deve assegurar o ineditismo do texto" só faz sentido para o conteudista. Assim, optamos por nos dirigir ao "leitor" nas aberturas e nos fechamentos, nas remissões internas, ou seja, no diálogo sobre o próprio livro.

Coerência e coesão

A **coerência** de um texto pode ser definida como a adequação em termos de verossimilhança e inteligibilidade. Isso significa dizer que, quando um material é coerente, conseguimos apreender uma ligação, um nexo ou uma harmonia entre os tópicos apresentados.

Já a **coesão** é conjunto de pistas e sinalizações explicitadas pelo autor para que o aluno possa reconhecer as relações lógicas do conteúdo apresentado.

Vejamos um exemplo. Na frase "Espelhos elásticos acordam tarde", os elementos individuais estão escritos corretamente e sua disposição na frase está gramaticalmente correta, mas o texto não faz sentido para quem lê. Não há pistas para que o aluno faça inferências, estabeleça pontos de significado e construa conexões lógicas.

Um conteúdo bem redigido apresenta unidade e continuidade, e nele o aluno encontra uma série de elementos constantes que mantêm e retomam um fluxo de ideias. Isso fica evidente por meio de repetições e retomadas, bem como pelo emprego consistente de **sinônimos**, **hipônimos** e **hiperônimos** que conservam os tópicos e subtópicos sempre presentes (ainda que indiretamente) no texto, como mostra a Figura 11.6.

Sinônimos
Palavras ou expressões de significado semelhante que podem ser usadas intercambiavelmente sem alteração de significado.

Hipônimos
Palavras que têm um significado mais específico em relação a outras mais gerais.

Hiperônimos
Palavras cujo significado é mais abrangente do que o de seu hipônimo.

•• **FIGURA 11.6** Exemplo de hipônimos, hiperônimos e sinônimos

Hipônimos	Hiperônimos	Sinônimos
Carro Caminhão Motocicleta Bicicleta Carroça	Veículo	Meio de transporte
Cachorro Gato Boi Cobra Leão	Animal	Bicho

Fonte: Elaborada pelas autoras.

Intratextualidade

Um conteúdo educacional bem elaborado não se limita a repetir indefinidamente o que já foi exposto. Pelo contrário, é fundamental que ele apresente uma progressão de novas ideias. Isso é ainda mais importante na mídia impressa, que se caracteriza pela linearidade. Assim, ao longo de seu desenvolvimento, o texto avança pelo acréscimo de novas informações a respeito dos tópicos e subtópicos tratados, equilibrando o que já foi dito com o que será apresentado.

Por meio da coesão, o autor faz uma espécie de costura no texto. Ele relaciona frases, parágrafos ou mesmo seções inteiras, contribuindo para que se mantenha o foco no tema tratado ao mesmo tempo em que se avança na sua compreensão.

A **intratextualidade** diz respeito a uma espécie de dialogicidade interna, em que se destacam a unidade, a continuidade e a progressão. Alguns exemplos:

- A abertura de uma seção "conversa" com o fechamento.
- Sinônimos, hiperônimos e hipônimos são usados de modo consistente no corpo do texto, nos verbetes do glossário e nas ilustrações.
- As imagens são suportadas por texto de apresentação e/ou comentários.

Em um conteúdo bem estruturado, o aluno consegue apreender relações lógicas e harmônicas entre os tópicos tratados. Essas relações intratextuais podem ser reforçadas por meio de referências explícitas ao que foi apresentado anteriormente ou ao que virá mais adiante.

Ao mudar de uma ideia para outra, de uma seção para outra, ou de uma unidade de estudo para outra, podemos incluir declarações simples como "Você se lembra de que estudamos...? Observe agora...". Ou, de modo mais direto, podemos sugerir que o aluno retroceda no material ("Como tratamos anteriormente..."), a fim de rever conteúdos já abordados, ou que avance a seções posteriores ("Veja a seguir..."), antecipando informações que ainda serão exploradas.

Dessa forma, usando referências internas, explicitamos claramente no texto as pontes entre o que já foi tratado e aquilo que ainda será apresentado. Isso corresponde a uma espécie de dialogicidade interna, ou seja, ao diálogo entre as partes que compõem a estrutura global do material didático.

A padronização no uso de maiúsculas e minúsculas, itálicos e negritos, abreviaturas e siglas ao longo do texto também facilita a leitura e a compreensão, à medida que desobriga o aluno de procurar padrões por si mesmo e entender diferenças não justificadas.

Intertextualidade

Por mais que busquemos a originalidade e o ineditismo nos conteúdos educacionais produzidos, precisamos reconhecer que um texto nunca é construído de forma isolada. Ninguém imagina que um material didático seja construído do zero, sem a interlocução com outras obras e recursos em geral. Ele sempre está baseado em livros, artigos e materiais diversos que compõem uma área de conhecimento e prática, bem como se fundamenta no conjunto de experiências que o autor vivenciou em sua trajetória acadêmica e profissional. A essa multiplicidade de referências externas que influenciam a autoria chamamos de **intertextualidade**.

As citações são um dos principais recursos da intertextualidade. Consistem na menção de informações extraídas de outras fontes que não o autor original do texto em desenvolvimento.

Quando a reprodução de materiais de terceiros é literal, palavra por palavra, mantendo-se a mesma grafia e pontuação, dizemos que é uma **citação direta**. Nesse caso, a citação deve aparecer obrigatoriamente entre aspas, para esclarecer que aquele trecho foi escrito por outra pessoa em outra obra. E o crédito à fonte original é dado logo após a citação, informando o sobrenome do autor seguido da data de publicação.

A **citação indireta** (ou **paráfrase**), por sua vez, consiste na livre reprodução das ideias de um autor, sem que se faça uma transcrição literal. O conteúdo é reescrito com palavras diferentes, com o propósito de torná-lo mais inteligível ou de apresentá-lo com um novo enfoque.

Nas paráfrases, não empregamos aspas nem distinguimos o texto com outro tipo de letra ou tamanho, pois não se trata de reprodução literal, mas devemos informar claramente a fonte consultada (incluindo sobrenome do autor, ano de publicação e número da página onde se encontra o texto). Entretanto, é importante diferenciar: na paráfrase, o autor articula, reagrupa, ressignifica o texto alheio. A transcrição total, sem nenhuma referência ou crédito de autoria, configura plágio.

As citações diretas e as paráfrases são amplamente utilizadas em trabalhos científicos, com o propósito de validar o ponto de vista do autor que defende uma tese. Em materiais didáticos, porém, as citações são mais raras, visto que o maior valor desses recursos está justamente no diálogo didático estabelecido entre o aluno e o autor, este último imbuído da missão de tornar o mais claro possível o conteúdo apresentado.

Em boa parte das situações, o excesso de citações pode dever-se ao fato de o conteudista ser um especialista com experiência recente na produção de textos com finalidade acadêmica (dissertações e teses, artigos e livros científicos), que exigem intertextualidade mais explícita. Na autoria de materiais com outras finalidades, como é o caso dos conteúdos educacionais, as citações podem tornar-se uma espécie de muleta à qual o conteudista recorre, acreditando que um autor já publicado tem mais autoridade ou mais capacidade de explicar determinados conteúdos.

Quando é a primeira vez que o conteudista está produzindo um conteúdo inédito, é importante esclarecer essas diferenças nos objetivos e na linguagem empregada.

De fato, como vimos, a base para a comunicação nos conteúdos educacionais é o diálogo didático simulado, aquele que simula em linguagem textual e gráfica a conversação real que ocorre em sala de aula. Nesse sentido, não há ninguém melhor que um conteudista para falar diretamente ao aluno.

Além disso, é fundamental lembrar ao especialista em conteúdo que ele não está sozinho nesse desafio. O necessário aprimoramento para que o diálogo didático seja efetivo via comunicação impressa vem pela contribuição de toda a equipe especializada na produção. Então, quando devemos empregar citações diretas ou paráfrases?

Recorremos a citações literais para reproduzir conteúdos de fontes primárias de determinada área do conhecimento. Em geral, lançamos mão de citações diretas quando queremos apresentar conceitos que foram cunhados por determinados pesquisadores, ou conclusões de pesquisas importantes, ou ainda trechos de documentos oficiais, como leis e normas técnicas. Nesses casos, recorrer ao texto tal como ele foi publicado originalmente acrescenta um peso de validação ao conteúdo apresentado.

Já as paráfrases são empregadas quando queremos ou devemos remeter a autores importantes, mas o texto original escrito por eles é por demais complexo ou inclui subtópicos que não são de interesse direto do nosso público-alvo. Nesse caso, resumimos, diluímos ou reorganizamos as informações, para traduzi-las em palavras ao alcance da compreensão do nosso aluno ou relacioná-las a uma estrutura textual mais próximas do esquema mental que estamos construindo no momento.

Para reescrever um texto mantendo seu sentido original, recorremos à sinonímia, ou seja, ao emprego de palavras ou expressões de significado afim, com o intuito de aclarar ou ampliar seu sentido. Por essa razão, o domínio do vocabulário – não apenas de sinônimos, mas também de hipônimos e hiperônimos, como vimos anteriormente – é pré-requisito para uma boa paráfrase.

Nesse sentido, recomenda-se firmemente que o conteudista – e a equipe que o ajudará a aperfeiçoar o texto – disponha de glossários temáticos e obras de referência significativas na área, de modo a ter facilmente disponível para consulta um repertório de termos válidos técnica e cientificamente.

Mesmo quando recorremos a paráfrases, precisamos informar a fonte à qual ela se relaciona, para que o aluno possa consultá-la se assim o desejar e também para que ele seja capaz de formular um esquema mental mais amplo de autores e obras de referência em determinada área de conhecimento.

O aspecto mais importante, porém, é verificar se as citações literais são de fato indispensáveis à compreensão dos conteúdos e se as paráfrases invocadas estão realmente esclarecendo tópicos complexos ou adicionando uma complexidade inócua. Caso não sejam bem empregadas, o apelo a textos e ideias de terceiros acabam por truncar o texto, criando ruídos no fluxo comunicacional que vinha sendo construído diretamente entre o autor e o aluno.

•• PARA CONCLUIR

Este capítulo, totalmente dedicado ao tema da autoria de conteúdos educacionais, transcorreu por uma série de tópicos relacionados ao mapeamento e à organização destes, à redação de materiais originais e à criação de uma conversa didática com os alunos, principalmente por meio do texto escrito.

A nosso ver, o principal desafio na produção de conteúdos está em desenvolver uma voz autêntica para o autor e em estabelecer relações honestas e significativas com outros textos por meio de citações e paráfrases. Em primeiro lugar, pela necessidade de construir um diálogo didático efetivo, ainda que simulado, usando os recursos midiáticos disponíveis; e, em segundo lugar, pelo fortalecimento da perspectiva autoral que destaca, em vez de diminuir, a contribuição única do especialista e do educador em um cenário de tantas vozes competindo pela atenção dos alunos.

Nesse sentido, os modelos de produção industrial, calcados não só na proteção dos direitos de propriedade intelectual, mas também na responsabilidade pela criação de conteúdos inéditos e em novas formas de alcançar as necessidades do público-alvo, têm muito a nos ensinar. Seja no caso dos docentes que não foram preparados para desenvolver materiais didáticos originais, ou dos muitos atores que participam intuitivamente dos processos de produção pós-industrial, este capítulo nos permite vislumbrar quanto há de conhecimento e experiência acumulados para subsidiar a construção de um diálogo didático significativo e efetivo com nossos alunos.

•• REFERÊNCIAS

ABREU, A. S. *A arte de argumentar*: gerenciando razão e emoção. 13. ed. ampliada. Cotia: Ateliê Editorial, 2009.

__________. *O design da escrita*: redigindo com criatividade e beleza, inclusive ficção. Cotia: Ateliê Editorial, 2008.

ARETIO, L. G. (coord.). *De la educación a distancia a la educación virtual*. Barcelona: Ariel Educación, 2007.

__________. *La educación a distancia*: de la teoría a la práctica. Barcelona: Ariel Educación, 2001.

BOICE, R. *Professors as writers*: a self-help guide to productive writing. Stillwater: New Forums Press, 1990.

BRASIL. *Lei de Direitos Autorais*. Lei n. 9.610, de 19 de fevereiro de 1998. Disponível em: <http://www.planalto.gov.br/CCIVIL/Leis/L9610.htm>. Acesso em: 10 dez. 2013.

CHAROLLES, M. Introdução aos problemas da coerência dos textos: abordagem teórica e estudo das práticas pedagógicas. In: GALVES, C.; ORLANDI, E. P.; OTONI, P. (org.). *O texto*: leitura e escrita. 2. ed. Campinas: Pontes, 1997.

GRÁCIO, R. A. L. M. *Para uma teoria geral da argumentação*: questões teóricas e aplicações didácticas. Tese de doutorado em Ciências da Comunicação. Braga: Universidade do Minho, 2009.

GUIMARÃES, T. de C. *Comunicação e linguagem*. São Paulo: Pearson, 2012.

JAKOBSON, R. *Linguística e comunicação.* São Paulo: Cultrix, 1969.

KOBS, V. D. *Argumentação e retórica.* Curitiba: IESDE, 2012.

KOCH, I. G. V. *Desvendando os segredos do texto.* São Paulo: Cortez, 2011.

__________. *A coerência textual.* 17. ed. São Paulo: Contexto, 2003.

__________. ; ELIAS, V. M. *Ler e compreender os sentidos do texto.* São Paulo: Contexto, 2012.

LAASER, W. (org.). *Manual de criação e elaboração de materiais para educação a distância.* Brasília, CEAD: Editora Universidade de Brasília, 1997 (adaptação para a edição em português: Lina Sandra Barreto, Maria Helena Aragão, Thelma Rosane P. de Souza).

LEPIONKA, M. E. *Writing and developing your college textbook.* Gloucester: Atlantic Path Publishing, 2008.

LIBERATO, Y.; FULGÊNCIO, L. *É possível facilitar a leitura:* um guia para escrever claro. São Paulo: Contexto, 2012.

MASINNI, E. F. S.; MOREIRA, M. A. *A aprendizagem significativa:* a teoria de David Ausubel. São Paulo: Centauro, 2001.

McKEE, R. *Story:* substância, estrutura, estilo. Curitiba: Arte e Letra, 2006.

MOREIRA, M. A. *Mapas conceituais e aprendizagem significativa.* Instituto de Física da Universidade Federal do Rio Grande do Sul. Porto Alegre: UFRGS, 2012.

NOVAK, J. D.; CAÑAS, A. J. A teoria subjacente aos mapas conceituais e como elaborá-los e usá-los. *Práxis Educativa*, Ponta Grossa, v. 5, n. 1, p. 9-29, jan./jun. 2010.

OLIVEIRA, A. T. P. *Redação e interpretação de texto:* teoria e prática. São Paulo: Rideel, 2006.

PERINI, M. A. Efeito do gênero textual. In: LIBERATO, Y.; FULGÊNCIO, L. *É possível facilitar a leitura:* um guia para escrever claro. São Paulo: Contexto, 2012.

ROSENTHAL, R.; JACKSON, L. *Pygmalion in the classroom.* New York: Irvington, 1992.

SANTAELLA, L. *Leitura de imagens.* São Paulo: Melhoramentos, 2012.

__________. *Redação e leitura:* guia para o ensino. São Paulo: Cengage Learning, 2013.

SENAI-DN. *Metodologia de desenvolvimento de livros didáticos nacionais.* Brasília: Senai-DN, 2013.

SENAI-RJ. *Direitos autorais:* perguntas e respostas. Rio de Janeiro: Senai-RJ, 2009.

SENAI-SP. *A construção do texto didático.* São Paulo: Senai-SP, 2009.

VOGLER, C. *A jornada do escritor.* Rio de Janeiro: Nova Fronteira, 2006.

Capítulo 12

ROTEIRIZAÇÃO

Introdução

As atividades de autoria vistas até aqui estão voltadas principalmente à elaboração de um texto-base pelo conteudista, o especialista responsável por assegurar a qualidade técnico-científica dos conteúdos educacionais. O texto-base pode ser um artigo científico, um manual de instruções, um conjunto de slides ou um material preparado especialmente para o conteúdo a ser desenvolvido. Não é incomum, porém, que esse texto seja disponibilizado aos alunos como material final (como ocorre no design instrucional aberto) ou complementar. Em muitos projetos, porém, esse texto serve como um pré-texto, a partir do qual são construídos outros recursos multi, hiper e transmídia.

Em ambos os casos, da autoria à entrega dos conteúdos, em seus variados formatos, há espaço para a contribuição de outros profissionais. O designer instrucional é um deles, e sua atuação é intensificada na subetapa de roteirização.

Contudo, também entram em cena vários especialistas em comunicação – editores, roteiristas, redatores –, os quais podem fazer uma diferença significativa no design fino dos conteúdos.

Como veremos, cada mídia tem uma linguagem própria, que, somada às características de cada gênero e formato discursivo, resulta em inúmeras formas de elaborar conteúdos educacionais.

Procuramos explorar aqui semelhanças e diferenças nas formas de roteirizar conteúdos visando à produção tanto de mídia impressa quanto de mídia digital, em suas variadas possibilidades – livros impressos e digitais, infográficos, podcasts, vídeos educacionais e objetos de aprendizagem, só para citar algumas.

Para isso, partimos de conhecimentos técnicos de áreas variadas, cada qual com sua nomenclatura própria, suas formas e fases de criação, suas ênfases e dinâmicas de interação, buscando sempre atender ao nosso objetivo principal, que é o de produzir conteúdos educacionais de qualidade.

A atividade de roteirização

A **roteirização** é provavelmente uma das atividades mais críticas do processo de produção de conteúdos educacionais, em especial no modelo de produção industrial. Ela se posiciona entre a autoria e a produção de mídias.

Isso porque, do texto-base elaborado pelo autor (ou de um conteúdo preexistente de igual valor) até o produto final, as combinações de modos, modalidades e mídias são infindáveis. E "traduzir" um texto para outra linguagem, sem alterar seu sentido, exige, no mínimo, um alto grau de discernimento por quem realiza a roteirização. Alguns exemplos:

- As animações e os vídeos trabalham com imagens em movimento, podendo ou não empregar palavras escritas e faladas para comunicar uma mensagem.
- Os infográficos combinam texto e imagem em sua versão mais tradicional, explorando em versões digitais as potencialidades da hipermídia.
- As videoaulas, como diz o nome, se apoiam basicamente na transmissão de áudio e vídeo, mas podem incluir animações, documentários, narrativas e o que mais permitir a criatividade do autor e/ou da equipe de produção.

Agora vamos pensar em como pode se dar essa transformação de um conteúdo bruto em diferentes formatos.

Mesmo que o conceito de autoria venha sendo ampliado nos últimos tempos e que os modelos de produção se desdobrem em uma variedade de formatos, o produto resultante de cada uma dessas atividades parece bem claro e concreto: os autores geram textos-base; a equipe de produção, as mídias. No que consiste, então, a roteirização? Qual é seu produto final?

Respondendo a essas perguntas de acordo com a lógica de organização deste livro, podemos dizer que:

- A roteirização equivale à transformação do texto-base elaborado pelo autor, ou de um conteúdo preexistente, em uma espécie de guia de produção de mídia.
- O produto da roteirização é, evidentemente, um roteiro, o qual pode diferir conforme o tipo de mídia a ser produzido.

A Figura 12.1 sugere um fluxo de atividades e produtos resultantes, com a roteirização fazendo o meio de campo entre a autoria e a produção de mídias, partindo da premissa de que a análise contextual e o planejamento educacional foram realizados antecipadamente.

•• **FIGURA 12.1** A roteirização como meio de campo entre a autoria e a produção de mídias

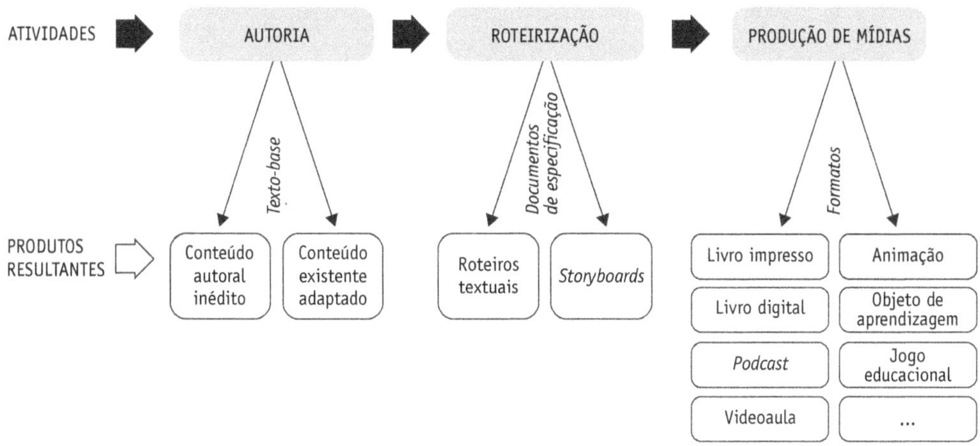

Fonte: Elaborada pelas autoras.

Cabe neste ponto um parêntese a respeito de quem exerce cada uma dessas atividades no projeto. Vejamos: o autor (um professor, um especialista) pode fazer a roteirização ou a produção de mídias? Certamente; essa é a característica do modelo de docência independente.

Para saber mais sobre os diferentes modelos de produção de conteúdos, consulte o Capítulo 5, *Dimensão organizacional*.

Agora, vamos pensar no modelo de produção industrial, em que a divisão do trabalho em tarefas especializadas é um dos traços mais marcantes. Um designer instrucional pode responsabilizar-se pela autoria? Bem, se o tema principal for "design instrucional", logicamente ele poderá ser o autor do conteúdo, bem como um webdesigner pode ser o conteudista de um curso sobre... webdesign!

No entanto, será que um designer instrucional é capaz de escrever sobre qualquer conteúdo, da mesma maneira que um especialista em comunicação o faz na redação de um jornal? E, por falar nisso, não seria esse o profissional mais indicado para a tarefa de roteirização? E o que dizer da interface comunicação-tecnologia: o webdesigner atua na roteirização ou na produção? A coisa complica-se a tal ponto que precisamos apelar para a saída clássica de que essa discussão extrapola o escopo deste livro...

Caríssimo leitor, não queremos ser dogmáticas aqui, menos ainda advogar reservas de mercado para este ou aquele especialista. Sabemos das restrições envolvidas na formação dos especialistas, de um lado, e das possibilidades de contratar e manter uma equipe tão diversificada, de outro. Temos a questão da autoria por um "artista" (o quadrinista, o fotógrafo, o ilustrador) que domina todo o processo, da criação até a produção final. E estamos cientes das muitas interfaces teóricas: consideremos, por exemplo, a ideia do "educomunicador" e a formação interdisciplinar do próprio designer instrucional.

Para ter acesso a publicações e projetos na área de educomunicação, recomendamos uma visita virtual ao Núcleo de Comunicação e Educação (NCE) da Universidade de São Paulo, que desde 1996 estuda a inter-relação entre educação e comunicação.

Como resolver esse impasse? O que nos motiva a atribuir ao designer instrucional uma grande responsabilidade na roteirização é o componente pedagógico que não queremos deixar escapar em todo esse fluxo. Afinal, estamos produzindo conteúdos educacionais. A pergunta seguinte seria óbvia: um pedagogo não poderia exercer essa função? Sim, tranquilamente, desde que detenha as competências de design instrucional. Quais? Basicamente, aquelas relacionadas às fases de análise, design, desenvolvimento, implementação e avaliação. É fato: sejam quais forem o formato ou a linguagem, praticamente todas as recomendações de "como criar" um produto X ou Y reproduzem, de maneira menos ou mais estruturada, as fases do processo clássico de design instrucional.

As competências do designer instrucional já estão descritas internacionalmente desde meados da década de 1980, com atualizações em 2000 e 2012, pelo *International Board of Standards for Training, Performance and Instruction* (IBSTPI). A versão de 2000 foi traduzida por Hermelina Romiszowski (2002) e está disponível na web. No Brasil, as atividades do designer instrucional foram arroladas pela Classificação Brasileira de Ocupações (CBO) em 2008. Recomendamos a consulta direta via site do Ministério do Trabalho e Emprego (MTE).

Além disso, como veremos a seguir, mesmo que exista um responsável formalmente designado para responder pela roteirização, quanto maior for o nível de profissionalização exigido, maior será também a exigência por participação de especialistas de diferentes formações.

Isto posto, uma conclusão é: a roteirização requer um olhar pedagógico porque o objetivo por trás dos conteúdos é claramente educacional; também requer um olhar comunicacional porque prepara os conteúdos para serem comunicados em uma ou mais mídias, com suas linguagens específicas. Se um conteudista, um pedagogo, um roteirista de mídia ou um artista dominarem esses dois conjuntos de competência, quem exercerá qual atividade, e como essa integração será assegurada, passa a ser uma decisão no âmbito da gestão de projeto.

A gestão de recursos humanos é uma das áreas que abordamos nos Capítulos 6, *Gestão de projetos*, e 8, *Plano de Projeto*. No Capítulo 7, *Design instrucional*, o leitor encontra a descrição das fases do design instrucional mencionadas anteriormente.

Antes de encerrar este parêntese, devemos acrescentar que os modelos pós-industriais tratam a roteirização de maneiras bem particulares. O *Rapid Instructional Design*, por exemplo, preconiza "queimar etapas" do fluxo de produção; então o *storyboard* recebe um tratamento mínimo de imagens, leiaute e locução, para, depois de uma revisão fina, transformá-los em produto final. A produção compartilhada, por sua vez, subverte a lógica de autoria: em uma perspectiva colaborativa, qualquer um – e todos – cria e edita continuamente os conteúdos, em uma espécie de *looping* infinito em que roteirizar significa a mesma coisa que produzir.

O *Rapid Instrucional Design* e a produção compartilhada, bem como outros modelos de produção de conteúdos educacionais, são discutidos no Capítulo 5, *Dimensão organizacional*.

Diante de tanta diversidade, esperamos que as seções seguintes possam aclarar a multidisciplinar atividade de roteirização, contribuindo para assegurar a qualidade pedagógica e comunicacional de diferentes soluções educacionais produzidas.

Subetapas e documentos de roteirização

Existem tantas formas de roteirizar conteúdos educacionais quanto há contextos de produção. E os roteiros vão de rabiscos em papel até apresentações de slides com animações demonstrativas, passando por aplicativos especializados.

Uma forma inicial de pensar na roteirização é considerar as mídias em que os conteúdos serão produzidos. Assim, a **roteirização para mídia impressa** nada mais será que o texto-base produzido pelo autor – ou equivalente – submetido a tarefas de edição/preparação para assegurar a qualidade da matriz verbal (linguagem escrita) e visual (imagens estáticas), como mostra a Figura 12.2.

•• **FIGURA 12.2** Exemplo de roteiro textual

<table>
<tr><td colspan="11">Unidade 2 – Gestão de pessoas</td></tr>
<tr><td>Aula</td><td>Tema:</td><td colspan="9">Negociação para líderes</td></tr>
<tr><td rowspan="2">1</td><td>Quantidade de Imagens:</td><td colspan="9">4</td></tr>
<tr><td>Situações de Aprendizagem:</td><td>HQs</td><td></td><td>Estudo de Caso</td><td></td><td>Sequência</td><td>X</td><td>Podcast</td><td>X</td><td></td></tr>
<tr><td>Tela 1
Apresentação e Objetivos</td><td colspan="10">Apresentação
A negociação está presente em nosso dia a dia, seja dentro ou fora de casa. É a partir dela que temos uma visão mais analítica de determinada situação, podendo ser também percebida no ambiente profissional, no qual a negociação assume papel fundamental para que os objetivos da organização sejam alcançados.</td></tr>
<tr><td>Tela 2
Conceito</td><td colspan="10">O termo negociação ganhou força no ambiente <u>corporativo</u> apenas nas últimas décadas, uma vez que as empresas sentiram a necessidade de compreender as melhores maneiras de abordar seus públicos internos e externos. Diante disso, um outro termo que emerge, subsequente à negociação, é o relacionamento.
[GLOSSÁRIO CORPORATIVO] As expressões de mercado estão, em algum momento, recheadas com o termo "corporativo". Esse termo é oriundo da palavra corporação, que é anônimo de organização empresarial. Portanto, "corporativo" é a maneira de se suscitar a palavra corporação ou organização empresarial.</td></tr>
<tr><td>Tela 3
Texto-base</td><td colspan="10">Relações interpessoais
As relações interpessoais e comportamentais têm papel marcante no que diz respeito aos conceitos de negociação. É necessário que um dos lados ou até mesmo os dois lados se preocupem com a mútua satisfação diante do resultado da negociação.
Soma-se a esses fatores o fato de que a negociação é uma coleção de comportamentos envolvendo:

No cenário corporativo, um importante ponto que chama a atenção para a negociação é a tensão que se forma em rede diante das constantes necessidades de resultados e das formas de sucesso de ações previamente estabelecidas pela organização.</td></tr>
</table>

Fernanda Mateus

Fonte: Elaborada pela Editora Saraiva.

No Capítulo 13, *Produção de mídias*, abordamos as atividades de edição/preparação e copidescagem, além da revisão de provas, editoração e diagramação, que compõem o processo editorial.

Um roteiro textual simples é suficiente para registrar as eventuais alterações, correções, sugestões e as orientações necessárias à composição de ilustrações e à diagramação. Esse tipo de roteirização corresponde ao que, no mundo editorial, é chamado de edição/preparação de originais ou copidescagem.

Os roteiros textuais também se aplicam à especificação de estudos de caso e podcasts, e a alguns formatos de vídeo que priorizam a matriz verbal, como as entrevistas e os debates. Além disso, algumas subetapas da roteirização de vídeos narrativos se baseiam em documentos textuais, como é o caso da *storyline*, da sinopse e do argumento (que veremos a seguir).

A **roteirização para mídias digitais** pode ser um pouco mais complexa, em especial nos formatos multi, hiper e transmídia. Isso porque, na multimodalidade, estão em jogo não apenas a matriz verbal escrita e a matriz visual (estática), mas também a matriz sonora (linguagem oral), além de imagens dinâmicas. Requer-se, assim, uma preparação mais elaborada, que especifique não apenas cada elemento isoladamente, mas as relações espaciais e temporais entre texto, imagem, movimento, locução e ações do usuário.

Em alguns casos, a roteirização textual pode ser insuficiente para representar a síntese dos vários elementos que compõem o produto final. Pode ser feita então uma roteirização visual, por meio de **roteiros gráficos**, também chamados ***storyboards*** **(SBs)**, visualmente mais próximos da sequência de ações e do leiaute final dos conteúdos a serem produzidos.

Os SBs também armazenam informações complementares para a equipe de produção, como movimentos de câmera ou caminhos de navegação, além de efeitos sonoros e animados, quando aplicáveis, como mostra a Figura 12.3.

•• **FIGURA 12.3** Exemplo de *storyboard*

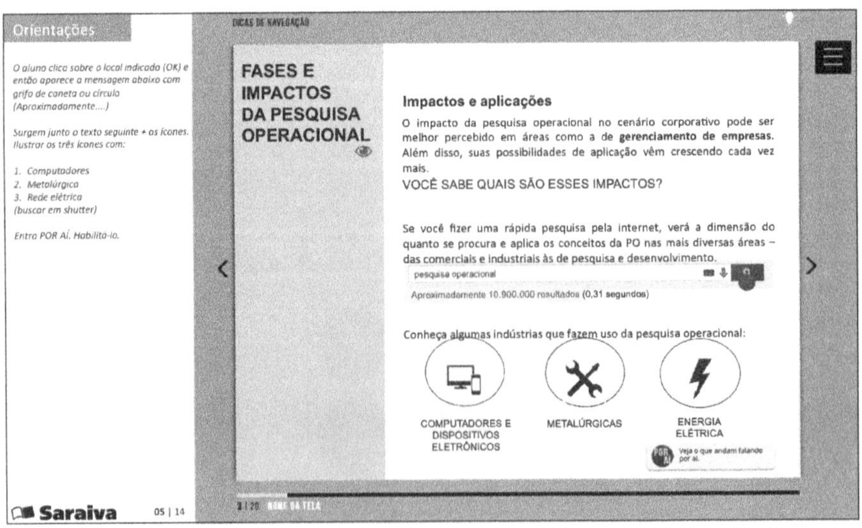

Fernanda Mateus

Fonte: Projeto de educação a distância, com base no livro de HEIN, N.; LOESCH, C. *Pesquisa operacional*. 1. ed. São Paulo: Saraiva, 2005.

Os SBs podem ter funções e complexidades diversas, dependendo das mídias empregadas, do padrão de qualidade esperado e da configuração da equipe dedicada ao seu desenvolvimento. O Quadro 12.1 elenca três tipos de SBs, de acordo com seus objetivos, seu alcance e suas características.

•• **QUADRO 12.1** Tipos de *storyboard*

Tipo de *storyboard*	Objetivos	Alcance	Características
SB de rascunho	Registrar visualmente uma ideia, de forma clara e rápida	Equipe de criação: especialista em conteúdo, designer instrucional, especialista em comunicação	Alta liberdade criativa e produção rápida; sequência de quadros para descrever as ações da narrativa; baixo valor estético: personagens são esboçados como palitos ou pictogramas; desenhos "crus" para cenários e objetos
SB de apresentação	Apresentar a ideia a clientes, investidores ou outros elementos externos a fim de obter aprovação	Gestor de projeto, clientes e outros responsáveis por manter o projeto em desenvolvimento	Estética detalhada, colorida e próxima do resultado final para seduzir os interessados; poucas informações técnicas, que são irrelevantes neste momento
SB de trabalho	Dar suporte e orientação a todos os envolvidos na produção	Equipe de produção	Exposição visual do conteúdo com sequenciamento de cenas, ações das personagens, diálogos, sons, músicas, movimentos de câmera, características técnicas, definições de *timing* e sincronização com áudio

Fonte: Adaptado de MAZZA, M. D. *O acting no design de animação.* Dissertação de mestrado em Design. São Paulo: Universidade Anhembi Morumbi, 2009.

Uma das vantagens dos SBs é que sua elaboração consome menos tempo que a atividade de produção em si. Simultaneamente, permitem registrar uma série de decisões que, se tomadas apenas no momento da produção, podem revelar-se improvisadas, custosas ou extremamente demoradas. A ideia é que, aos poucos, os documentos de roteirização se transformem na versão final do produto.

A roteirização gráfica é bastante empregada no design instrucional fixo porque toda a interação dos alunos se dá quase exclusivamente com conteúdos ricos em mídia. No entanto, no design instrucional aberto praticamente não se constroem conteúdos inéditos, razão pela qual a roteirização textual é suficiente para descrever a estrutura de conteúdos e ferramentas, bem como as sequências de interação e *feedback*. Não devemos ignorar, porém, que tanto o design instrucional aberto quanto o contextualizado fazem uso de materiais que podem ter sido roteirizados por meio de SBs.

Embora haja inúmeras formas de criar roteiros textuais e gráficos, podemos elencar alguns passos comuns – pressupondo o fluxo de atividades descrito anteriormente:

1) **Analisar o texto-base elaborado pelo conteudista/materiais de referência sobre o assunto:** em geral, o designer instrucional verifica a aderência do material bruto em termos de objetivos de aprendizagem/competências, estrutura e sequenciamento de tópicos, mídia selecionada e, quando aplicável, atividades de aprendizagem e avaliação relacionadas.

   É provável que o designer instrucional e o especialista em comunicação não estejam familiarizados com o tema em questão. Por isso, devem reunir, de preferência sob a orientação de um especialista no conteúdo, materiais de consulta sobre o tema, como livros de referência, glossários temáticos, sites de instituições e associações representativas, publicações do próprio autor etc. Um mapa mental também pode ser de grande ajuda.

> O mapeamento mental, apresentado no Capítulo 11, *Autoria*, é uma das técnicas recomendadas para que o autor faça o levantamento de tópicos de uma área de conhecimento ou prática.

2) **Discutir com a equipe:** na maioria dos casos, a equipe do projeto reúne-se para trocar ideias sobre o conteúdo analisado e a partir daí começar a definir qual será o formato da solução final (caso isso não tenha sido feito antecipadamente, no nível meso ou macro do design instrucional). Aqui, consolida-se a *storyline* (missão ou razão de ser do conteúdo) acordada entre todos os envolvidos.

> Para conhecer os níveis de abrangência do design instrucional, veja o Capítulo 7, *Design instrucional*.

3) **Criar esboços do conteúdo final:** o conteúdo bruto é distribuído em páginas, telas, sequências ou cenas da mesma maneira que será visualizado/ouvido pelo aluno. Textos e imagens são posicionados; sons e movimentos são integrados aos elementos visuais; a sequência de ações do usuário é simulada, e eventuais *feedbacks* são registrados na forma e no momento em que devem aparecer. Os roteiros podem ser textuais ou gráficos (*storyboard* de rascunho), em suas variadas formas.

   Tudo isso, porém, compõe apenas o esboço do produto final. O texto ainda não é diagramado, as imagens ainda não são compostas, tratadas ou animadas, o áudio (se houver) ainda não é gravado, e nenhuma linha de código (no caso das mídias digitais) é programada nesta etapa.

4) **Validar o roteiro:** um ponto crítico para a qualidade dos conteúdos é que todos os elementos do roteiro sejam validados *antes* que a produção se inicie.

   O especialista em conteúdo (o autor, no caso de materiais inéditos ou um consultor técnico, no caso de materiais adaptados) verifica se as decisões tomadas pelos demais profissionais envolvidos mantêm a qualidade tecnocientífica do texto-base elaborado.

O designer educacional examina o alinhamento aos objetivos educacionais, ao perfil do público-alvo e ao diálogo didático esperado. A equipe de mídia verifica se os elementos textuais, visuais e sonoros encomendados, bem como os aspectos de navegabilidade e interatividade especificados no roteiro (em geral, o *storyboard* de trabalho), são tecnicamente viáveis – informando inclusive o gestor do projeto sobre cumprimento de prazos ou eventuais atrasos.

E, por fim, mas não menos importante, o cliente valida se a versão pré-produção corresponde ao que foi encomendado (em geral, por meio de um *storyboard* de apresentação).

5) **Revisar e produzir:** estando todos de acordo com o roteiro validado, faz-se uma revisão geral de qualidade a fim de checar a correção dos elementos em cada página, tela ou quadro, e a completude de orientações para que a equipe possa dar início à produção definitiva das mídias.

Essa é uma sequência básica de passos para a roteirização. Temos de considerar ainda os gêneros e formatos envolvidos. Por exemplo, o roteiro de uma videoaula difere bastante do roteiro de uma narrativa em vídeo: o primeiro concentra-se em aspectos dissertativos apresentados pelo educador aos alunos; o segundo, nas ações de personagens que atuarão em cenários e épocas distintas, de acordo com uma sinopse predefinida; e ambos provavelmente usarão a descrição para especificar em detalhes os atributos dos objetos, das pessoas e dos ambientes.

Todos esses aspectos precisam ser pensados com antecedência, e esse é o motivo pelo qual a roteirização pode se estender por várias subetapas e empregar documentos diferentes de acordo com o produto final desejado.

No Quadro 12.2, resumimos as subetapas e os documentos da roteirização conforme tratados neste capítulo. A bem da didática, tomamos a liberdade de escolher os termos e a ordem que parecem fazer mais sentido para nosso público leitor e nosso objetivo neste livro.

•• **QUADRO 12.2** Subetapas e documentos de roteirização

Subetapas/ documentos	Formato	Descrição	Aplicação
Storyline	Textual	A *storyline* é a ideia resumida do conteúdo, o que se pretende desenvolver. É aquilo que motiva um autor, um grupo ou uma instituição a produzir esse tipo de solução educacional, por isso traduz em poucas linhas sua missão, sua razão de ser. Pode ser comparada ao *lead* jornalístico, que informa um fato por meio das clássicas perguntas (o quê, quem, onde, quando, como e por quê). Em geral, a mensagem a ser comunicada está diretamente relacionada aos objetivos de aprendizagem, às competências a serem desenvolvidas e aos tópicos curriculares que se pretende explorar	Em tese, qualquer conteúdo, porém o documento é mais utilizado para narrações (estudos de casos, podcasts, infográficos animações, jogos e vídeos)

➤

➤

Subetapas/ documentos	Formato	Descrição	Aplicação
Sinopse	Textual	Versão um pouco mais desenvolvida da *storyline*, incluindo apresentação da história, tema central e personagens, conflito que desencadeia as ações e, por vezes, como este será solucionado. Também reúne indicações sobre a época, os lugares, os cenários, os eixos da ação dramática e o perfil das personagens, mas sem detalhar cenas ou falas	Utilizada em narrativas instrucionais na forma de animações e vídeos
Argumento	Textual	Versão mais longa e envolvente da sinopse, com uma função mais inspiracional e literária, proporcionando uma leitura parecida com a de um conto. Pode desviar-se ligeiramente da sequência narrativa, intercalando no enredo a história prévia das personagens ou referências ao contexto sociopolítico e cultural. Em geral, aprofunda-se na caracterização das personagens e na descrição de locais, visando a conferir mais vivacidade e realismo à narrativa	Animações e vídeos narrativos
Escaleta	Textual ou em planilha	Corresponde à "espinha dorsal" do roteiro, em que as principais ações, cenas ou sequências são elencadas e sequenciadas. A maneira de escrever a escaleta pode variar, mas sempre contém apenas as informações básicas para orientar a escrita definitiva posterior. A escaleta é útil porque ajuda a visualizar o produto como um todo, antes que os detalhes sejam especificados. É de fácil manuseio em reuniões com a equipe e permite reorganizar facilmente a ordem das cenas ou sequências, acrescentar personagens ou novas ações, economizando tempo, trabalho e energia antes da elaboração de um roteiro definitivo	Em podcasts, animações e vídeos, assemelha-se a um quadro geral com a divisão em sequências, previsão de início e duração, descrição de imagens e falas dos participantes
Roteiro	Textual ou gráfico (SB)	Traz o detalhamento de segmentos, cenas e/ou sequências, na forma de roteiro textual ou gráfico (*storyboard*), conforme as especificidades de cada mídia e gênero	Todos os tipos de conteúdo
Animatic	Gráfico	*Storyboard* dinâmico, com definições de tempo para cada cena a ser animada	Animações
Decupagem	Textual ou gráfico (SB)	Detalhamento do roteiro textual ou *storyboard*, com indicação de planos, movimentos de câmera e transições. Guardadas as proporções, a decupagem equivale a orientações para a produção que incluímos em roteiros textuais para composição de elementos visuais e sonoros	Vídeos narrativos

Fonte: Elaborado pelas autoras.

A nomenclatura adotada deriva de diversas fontes – televisivas, cinematográficas e, claro, educacionais – que nem sempre empregam os mesmos termos para descrever as mesmas etapas. Também a ordem na qual essas subetapas se realizam pode diferir, em especial na relação sinopse-argumento-escaleta.

As seções a seguir guardam correspondência com o portfólio de conteúdos apresentado no Capítulo 10, *Planejamento educacional*, em que abordamos aspectos gerais de cada formato.

Optamos pelo maior detalhamento possível, cientes de que sua apropriação em projetos educacionais está sujeita a inúmeras restrições contextuais. Também procuramos identificar de maneira objetiva as subetapas imprescindíveis para cada formato de conteúdo de que trataremos nas seções seguintes.

Roteirização de texto para mídia impressa

A **roteirização de texto** para mídia impressa em geral começa com uma encomenda formal ao conteudista, de modo que ele possa elaborar seu material tendo em vista alguns parâmetros editoriais predefinidos. A encomenda pode incluir a definição de uma espécie de *storyline*, com a "missão" do conteúdo claramente acordada entre os envolvidos.

Uma vez elaborado o texto-base, um roteiro textual é suficiente para preparar este material para a mídia impressa, com a identificação hierárquica de títulos, o posicionamento de figuras e a checagem de referências internas. A tarefa é relativamente simples, uma vez que são usadas predominantemente palavras escritas (e imagens estáticas) dispostas em uma estrutura linear.

A princípio, pode parecer que a roteirização de textos se resume aos aspectos gráficos e estéticos da mídia impressa; bastaria, portanto, aplicar uma boa diagramação ao texto bruto produzido pelo autor. No entanto, esses recursos refletem importantes decisões conceituais e metodológicas tomadas na fase de autoria.

Assim, as contribuições de um designer instrucional (e/ou de um editor pedagógico, figura cada vez mais presente nas casas publicadoras) são essenciais, por sua visão pedagógica e comunicacional geralmente mais apurada que a do especialista em conteúdo.

Além disso, o texto-base, como diz o nome, é um subsídio importante para a construção de soluções educacionais derivadas – objetos de aprendizagem, estudos de caso, podcasts etc. Quanto mais completo, coerente e preciso estiver, mais contribuirá para a qualidade do produto final.

Cabe observar que algumas intervenções pertinentes na fase de roteirização de textos incluem:

- Alinhar o texto-base à organização curricular previamente estabelecida (expressa nos parâmetros ou diretrizes curriculares, no plano de ensino, no programa de estudos ou no mapeamento mental).

- Reescrever trechos para aumentar a clareza e a objetividade da mensagem comunicada (boas práticas de comunicação escrita).
- Antecipar dúvidas que o aluno possa ter ao entrar em contato com o texto ou as imagens.
- Indicar possibilidades de diálogo didático com o aluno (por exemplo, solicitar resposta a uma pergunta que o conteudista levantou e não desenvolveu no corpo do texto).
- Reforçar a intratextualidade por meio de remissões internas.
- Indicar trechos em que tenham ocorrido sub ou sobredesenvolvimento de tópicos paralelos.

> As recomendações de boas práticas em comunicação feitas no Capítulo 11, *Autoria*, aplicam-se também à roteirização. Vale observar que, no mesmo pacote de atividades, o designer instrucional (ou o editor/preparador) trabalha o texto-base elaborado pelo conteudista para organizar, encomendar e solicitar autorizações de uso de ilustrações e fotografias, como veremos logo a seguir, na seção *Roteirização de imagens* e também no Capítulo 13, *Produção de mídias*.

- Apontar oportunidades para inclusão de exemplos concretos ou analogias.
- Criar quadros sinóticos ou comparativos a partir do conteúdo desenvolvido em texto corrido.
- Recomendar reposicionamento de parágrafos.
- Solicitar inclusão de verbetes de glossário ou conceituar termos no corpo do texto.
- Solicitar créditos em citações de terceiros.

Devemos observar que essas não são intervenções meramente editoriais; podem envolver fatos, conceitos, procedimentos e princípios, o que sempre exige, no mínimo, a validação por parte do conteudista.

Ressaltamos a necessidade de tomar extremo cuidado ao intervir no texto-base. Mesmo algumas mudanças de redação (troca de verbos ou uso de sinônimos) podem ter implicações conceituais que escapam ao domínio do designer instrucional ou do editor/preparador.

E não basta apontar problemas. O designer instrucional ganha a confiança do conteudista quando o ajudar a encontrar soluções! Em alguns casos, dependendo da receptividade do conteudista e do tempo disponível para a roteirização, o designer instrucional pode, por exemplo, deixar preparados esboços de imagens para ajudar o especialista a visualizar suas sugestões.

A Figura 12.4 exemplifica as contribuições do designer instrucional para uma primeira versão de texto-base preparado por especialista. Utilizando o controle de alterações do processador de texto, as emendas de revisão ficam à mostra (para aprovação ou reprovação do conteudista) e os balões de comentários registram o diálogo estabelecido paralelamente, com o objetivo de aprimorar o texto inicial.

•• **FIGURA 12.4** Exemplo de contribuições na etapa de roteirização de livros impressos

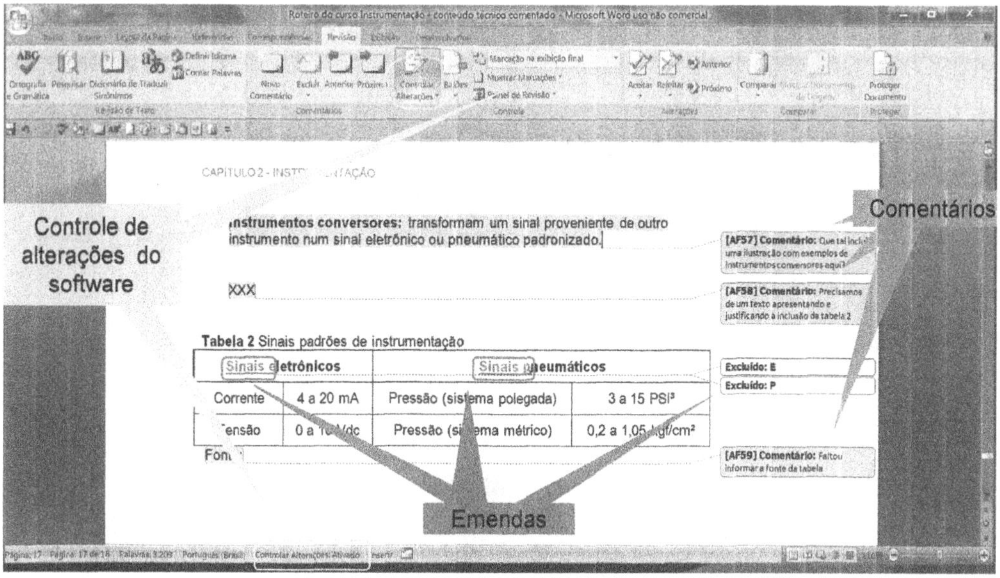

Fonte: Elaborada pelas autoras.

No entanto, é sempre muito delicado quando o designer instrucional, mesmo que inconscientemente, passa a ideia de que está corrigindo o texto do especialista. É possível orientá-lo a aplicar a correção ortográfica automática antes da entrega final do texto-base, visto que essa é uma prática válida para qualquer documento escrito. Contudo, devemos lembrar que a revisão final de ortografia e gramática é de responsabilidade de um revisor de texto, que é um especialista em comunicação. É justamente a contribuição de especialistas de diferentes áreas que distinguirá o produto industrial daquele desenvolvido artesanalmente.

Tanto no modelo autor-editor quanto no modelo de equipe, é importante canalizar a energia do conteudista para tarefas que só ele pode fazer, ou seja, explicar questões técnicas e científicas. Aspectos ligados a padronização editorial, revisão e produção de mídias são responsabilidades distribuídas entre a equipe (seriam do conteudista em um modelo de produção artesanal, em que ele faz tudo sozinho). O designer instrucional ou o editor/preparador podem aplicar padronizações com segurança do que estão fazendo, tendo em vista que elas não requerem validação por parte do conteudista.

Roteirização de livros impressos

Todas as características dos livros impressos precisam ser observadas na roteirização: combinação de textos e imagens, estrutura sequencial, estabilidade e durabilidade. Um exemplo típico é o autor citar exemplos que se desatualizam rapidamente: se isso é desejável em uma mídia digital, em um livro impresso torna-se uma sentença de obsolescência.

Além disso, a cada livro ou coleção de livros corresponde um **projeto gráfico-editorial**, que define os elementos visuais e textuais que devem ser aplicados consistentemente em todo o livro. A parte gráfica diz respeito às características visuais, como tipografia, cores, mancha gráfica; a parte editorial diz respeito aos elementos internos, como sumário, apresentação, introdução, capítulos, seções, caixas de destaque e glossário, entre outros.

Cada projeto gráfico-editorial é único, mas, em geral, observamos nos livros impressos os seguintes elementos:

- **Títulos do livro e dos capítulos:** em tese, o título do livro corresponde ao nome do curso, de uma disciplina ou unidade de estudo, e os títulos dos capítulos, a subtópicos derivados. Ou seja, refletem um alinhamento com a organização curricular.
- **Introdução ao livro:** antecipa o assunto a ser tratado no livro e convida o aluno a caminhar com o autor na exploração de determinados tópicos de conteúdo. Tem por finalidade fornecer um quadro inicial que será estudado e motivar o aluno com base nos objetivos gerais que se pretende alcançar. É a oportunidade de cativar o aluno, direcionando sua atenção, ativando conhecimentos anteriores e justificando por que vale a pena investir seu tempo no estudo.
- **Desenvolvimento dos capítulos:** parte principal do texto em que se desenvolve o assunto de uma unidade de estudo. Em virtude de sua extensão, quase sempre requer seu desdobramento em partes significativas – os capítulos, que podem ser então divididos em seções e/ou agrupados em partes, cada qual com sua visão geral e conclusão.
- **Abertura de capítulos, partes e seções**: visão geral do que trata o capítulo e o que se espera que os alunos aprendam (objetivos específicos). A introdução deve conter o tema e os conceitos centrais do capítulo, e também a relação entre o capítulo em questão e o anterior, destacando aos alunos a integridade do campo de conhecimento ou prática em estudo. Há ainda um componente motivacional, cujo objetivo é convidar o aluno a ler e estudar o material.
- **Fechamento de capítulos, partes e seções:** oferece uma espécie de desfecho psicológico, dando aos alunos a oportunidade de revisar, reforçar ou estender sua aprendizagem; e, na maioria dos casos, também se constrói uma ponte com o capítulo, parte ou seção seguinte. Pode incluir algum tipo de conclusão ou resumo, exemplos de aplicação dos tópicos tratados, reflexões ou análise de casos, proposição de atividades de campo, em laboratório ou via web, de pesquisa ou escrita, questões para revisão, exercícios resolvidos, referências comentadas e links para material complementar na web.

Tratamos longamente das atividades ligadas à escrita do texto principal no Capítulo 11, *Autoria*.

- **Recursos conativos ou destaques:** pequenos textos apresentados na forma de exemplos, alertas e materiais complementares, que entremeiam o corpo principal do texto.

Os recursos conativos ou destaques procuram explorar a função conativa da linguagem, a qual abordamos no Capítulo 3, *Dimensão comunicacional*.

Quando bem planejados, desenvolvidos e integrados ao texto principal, ajudam a direcionar a atenção, tornando o material mais organizado e interessante para o aluno.

Há variados tipos de recursos conativos empregados em livros impressos:

- **Alertas:** equivalem às recomendações que o professor faria aos alunos em uma aula presencial, chamando-lhes a atenção para riscos, armadilhas ou erros frequentes. Também contemplam questões importantes que poderiam truncar ou interromper a explicação de conceitos, procedimentos ou processos. Títulos alternativos: "Fique alerta!", "Atenção!", "Importante!", entre outros.
- **Chamadas à reflexão:** convidam o aluno a pensar em informações interessantes e surpreendentes sobre o tópico em estudo. Podem apresentar fatos históricos, dados estatísticos e citações famosas a fim de atrair a atenção do aluno. Diferem dos alertas porque convidam o aluno a se posicionar sobre determinado tema, enquanto os primeiros entregam conteúdo que é importante sob o ponto de vista do especialista. Títulos alternativos: "Momento de reflexão", "O que você pensa a respeito?", "Agora é com você" e afins.
- **Recomendações de materiais complementares:** funcionam como um mural para indicar leituras e recursos adicionais sobre determinado tema de interesse. Como aconteceria na sala de aula presencial, espera-se que cada recomendação seja acompanhada de uma justificativa que explique o valor desse material para os alunos. Títulos alternativos: "Saiba mais", "Para saber mais", "Recursos complementares" etc.
- **Cenários:** narrações simples de situações reais ou adaptadas, geralmente envolvendo uma cadeia de eventos em que personagens desempenham ações ou o próprio leitor se torna protagonista. Podem incluir biografias, perfis e relatos de caso.
- **Vinhetas:** descrições de produtos e equipamentos, geralmente acompanhadas por uma imagem ou metáfora que ilustra o conteúdo.
- **Epígrafes:** citações que preparam o aluno para a leitura de um capítulo de maneira mais reflexiva. Podem ser mais efetivas quando combinadas a imagens. São bastante empregadas na área de humanas e adequadas sempre que o objetivo educacional envolver reflexão.
- **Verbetes de glossário**: termos-chave que aparecem destacados do texto principal, com uma explicação sucinta de seu significado. As definições explicitam diferenças de uma classe de objetos até o ponto em que ela não se confunda com nenhuma outra. Geralmente aparecem com a primeira ocorrência do termo.
- **Índice remissivo**: lista de assuntos apresentada geralmente ao final do livro, em ordem alfabética, com a indicação de sua respectiva localização no texto (número de páginas). Quando organiza apenas nomes de autores, personagens ou autoridades, recebe o nome de **índice onomástico**.

A Figura 12.5 exemplifica alguns desses elementos no projeto gráfico-editorial deste livro.

•• Figura 12.5 Elementos do projeto gráfico-editorial deste livro

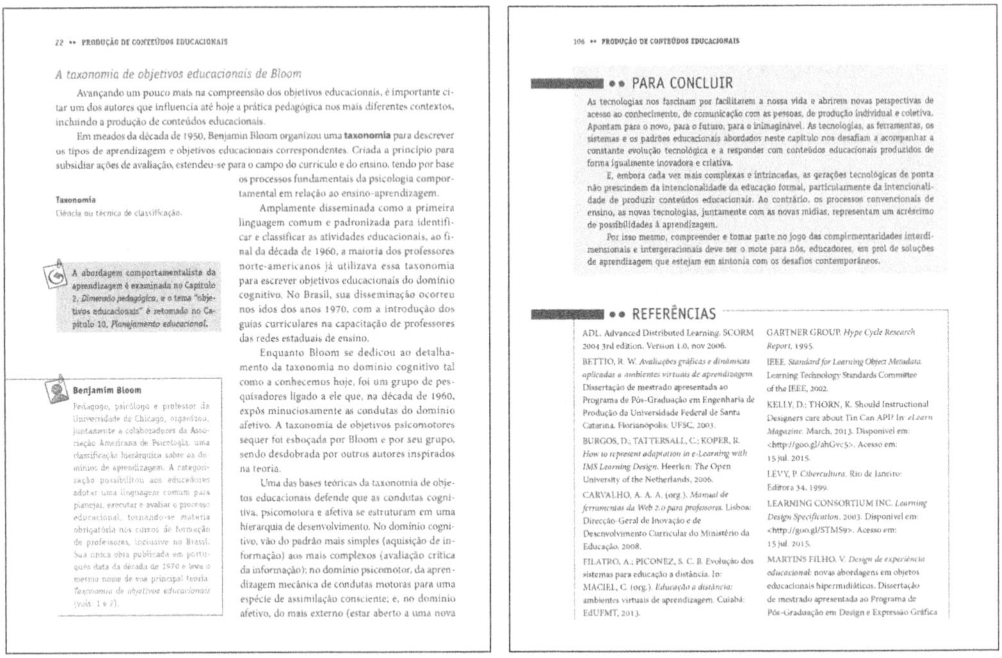

Fonte: Elaborada por Join Bureau e Daniela Secondo.

A princípio, pode parecer que os elementos do projeto gráfico editorial se distinguem apenas por conta de seus estilos formais; mas, ao contrário, esses recursos refletem importantes decisões conceituais e metodológicas. Por exemplo, a estruturação em capítulos deve refletir a estrutura e a sequenciação de tópicos definida na organização curricular. A seleção dos itens que constarão no índice remissivo é praticamente outra forma de apresentar o mapa mental (gráfico). Uma recomendação de leitura complementar representa uma chancela a conteúdos de terceiros e é também uma forma deliberada de dizer ao aluno que valerá seu investimento e seu tempo de estudo.

Roteirização de guias, manuais ou roteiros de estudo

Em geral, os **guias de estudo** preparados para o aluno informam sobre objetivos educacionais, formas de interação com docente, colegas e equipe, recursos disponíveis, tempo estimado de dedicação e critérios de avaliação, além de incluir orientações específicas para estudo individualizado e realização de atividades em grupo ou coletivas.

Em outras palavras, centralizam informações dispersas e destacam o propósito de todas elas em contribuir para a aprendizagem do aluno. É importante que esse objetivo central – a razão de ser do guia – fique clara no diálogo travado com o aluno.

Nesse sentido, além de uma estrutura mínima com informações iniciais, apoio à aprendizagem e questões administrativas, os guias podem trazer recomendações que se aplicam a mais de uma unidade ou recurso, como boas práticas de administração do tempo e respeito a direitos autorais, diretrizes para comunicação virtual (netiqueta), subsídios para letramento digital, entre outros.

Uma estrutura mínima sugerida para os guias, manuais ou roteiros de estudo pode ser vista na Figura 12.6.

•• **FIGURA 12.6** Estrutura mínima para um guia de estudo

1) Informações iniciais

- 1.1 Apresentação da equipe, com identificação dos autores e da equipe de desenvolvimento
- 1.2 Introdução geral e orientações para estudo (utilidade, credibilidade, articulação com outras aprendizagens, ajudas externas, organização curricular, pré-requisitos)
- 1.3 Materiais de apoio para o estudo do tema
- 1.4 Objetivos gerais
- 1.5 Esquema ou mapa conceitual
- 1.6 Referências de outros meios para ampliação e complementação dos estudos, preferencialmente comentadas e hierarquizadas

2) Apoio à aprendizagem

- 2.1 Aspectos motivacionais
  - Orientações referentes ao que é mais importante em cada unidade de estudo
  - Questões, exemplos e comentários relativos ao tema
  - Explicações complementares aos argumentos presentes nos materiais
- 2.2 Indicação das estratégias e técnicas de estudo mais adequadas, subdivididas em:
  - *Atividades obrigatórias:* trabalhos que o aluno terá de desenvolver para fins de avaliação e participação. Como correspondem à atribuição de frequência e notas, têm maior impacto na vida do aluno e por isso precisam ser bem detalhadas em termos de prazos de conclusão, critérios de avaliação, meios e condições de entrega. Além disso, sendo essenciais para o alcance dos objetivos educacionais, demandam maior atenção pedagógica, com a disponibilização de exercícios resolvidos, *feedbacks* qualitativos para autoavaliação e, quando disponível, orientação personalizada por meio de plantões de dúvidas ou *feedbacks* intermediários personalizados
  - *Atividades recomendadas:* questões, exercícios, leituras e estudos de caso que podem apoiar a aprendizagem do aluno. Como são facultativas, consumirão menos energia da equipe de desenvolvimento, embora devam passar pelo mesmo crivo do planejamento educacional que é aplicado às atividades obrigatórias
- 2.3 Previsão do tempo estimado para realizar cada atividade proposta e/ou a unidade completa
- 2.4 Glossário temático com os principais termos técnicos ou científicos utilizados, lista de siglas, chaves de tradução, FAQs (Frequently Asked Questions – perguntas mais frequentes) e qualquer outro conjunto de informações que possa servir como fonte de consulta para os alunos
- 2.5 Sistemática de avaliação com informações detalhadas sobre:
  - Formatos: autoavaliação, avaliação a distância, avaliação presencial
  - Abrangência: avaliação diagnóstica, prognóstica, formativa, somativa (preferencialmente, com exemplos de provas ou outros instrumentos de verificação)
  - Calendário de entregas de trabalhos e exames presenciais ou a distância
  - Endereços físicos e virtuais oficiais para comparecimento ou entrega formal de avaliações

3) Questões administrativas

- 3.1 Erratas e explicações sobre lacunas ou problemas no material
- 3.2 Orientações para contato com equipe de coordenação, suporte técnico, secretaria escolar ou acadêmica, transporte etc.

Fonte: Elaborada pelas autoras.

Roteirização de guias, manuais ou roteiros de apoio ao docente

Tipicamente, os **guias de apoio ao docente** são organizados segundo a ordem estabelecida na matriz de planejamento, unidade por unidade, contendo os objetivos de aprendizagem, anotações pedagógicas, propostas de discussão em sala de aula presencial ou ambiente virtual, atividades complementares, exercícios resolvidos, recursos online extras e questões de teste com *feedback* de resposta.

Os conteudistas que desenvolveram os materiais para os alunos ou educadores que já tenham utilizado os recursos em situação didática real são os mais indicados para preparar esse manual.

Aqui também é fundamental estabelecer um diálogo significativo com o público – nesse caso, docentes – esclarecendo qual é o principal propósito do guia.

Alguns educadores preferem dispensar os manuais e trabalhar de forma independente, mas a documentação de apoio pode ser útil para novatos ou como ponto de partida para um planejamento contextualizado.

Uma estrutura mínima sugerida para os guias, manuais ou roteiros de apoio ao docente mostrada na Figura 12.7.

•• **FIGURA 12.7** Estrutura mínima para um guia de apoio ao docente

1) Introdução ou visão geral
2) Organizador gráfico ou mapa conceitual
3) Objetivos de aprendizagem e questões centrais
4) Conexões com outros recursos ou unidades de estudo
5) Sugestões de estratégias de ensino, informação complementar ou questões para discussão em sala de aula presencial ou ambiente virtual
6) Sugestões de atividades de aprendizagem, experimentos, visitas técnicas, demonstrações
7) Chaves de respostas e critérios de acompanhamento e avaliação para qualquer questão ou desafio presente no conteúdo
8) Orientações para tutoria no caso de ações a distância
9) Sugestão de atividades para estudo independente
10) Referências adicionais, sites comentados e outros recursos de interesse

Fonte: Elaborada pelas autoras.

Roteirização de estudos de caso

Os **estudos de caso** são basicamente narrativas compostas por uma situação-problema e variáveis envolvidas na resolução desse conflito. Quando apresentados em mídia impressa, podem seguir a roteirização textual simples aplicada a livros impressos. Quando suportados por outras mídias, devem respeitar as respectivas diretrizes de roteirização.

Independentemente do suporte midiático, há três origens para os estudos de casos que podem influenciar não só as atividades de roteirização, mas também de autoria, como veremos a seguir.

Casos reais

Os **casos reais** encontrados em publicações acadêmicas, documentais ou jornalísticas são pródigos em relatar situações de crise, histórias de sucesso ou fracasso, incidentes críticos e fatos de grande repercussão.

Na atividade de autoria, o conteudista pode selecionar um desses relatos e complementá-los com uma introdução e um fechamento para simular o diálogo real que teria com seus alunos ao apresentar o caso em sala de aula (ele não leria simplesmente um relato de terceiros, sem expor primeiro sua justificativa para seleção do caso e a seguir registrar seus comentários a respeito).

Como se trata de material de terceiros, é importante sempre citar a fonte completa, inclusive para conferir maior credibilidade e autenticidade, além de obter autorização de uso quando apropriado.

Veja no Capítulo 11, *Autoria*, recomendações para uso de materiais de terceiros.

O roteiro pode incluir solicitações para que a equipe de produção diferencie os dois tipos de texto – o caso original e a conversa instrucional – por meio de recursos gráficos diferenciados (tipo de fonte, recuo das margens, moldura etc.).

Casos adaptados

Também é possível adaptar casos conhecidos que às vezes não estão completos, são longos demais ou utilizam linguagem inadequada para o público.

Assim, um caso real recomendado pelo conteudista é complementado, na atividade de autoria e/ou na roteirização, com informações necessárias à compreensão e à solução do problema, de modo que ele fique mais próximo da estrutura dos casos inéditos, mostrada a seguir. Torna-se, assim, um caso adaptado.

Aqui também é necessário citar a fonte da qual o caso foi extraído, mas indicando claramente que houve adaptação, para não atribuir à referência original informações novas introduzidas pelo autor ou pelo designer instrucional.

Em algumas adaptações, as alterações podem ser tão substantivas que convém substituir nomes reais de empresas ou pessoas por nomes fictícios e referências genéricas (por exemplo, "uma poderosa multinacional do setor alimentício", "um famoso apresentador de televisão"). Nesses casos, pode-se indicar que o relato foi inspirado em determinada fonte, ou assumir a autoria exclusiva, visto que muito pouco sobrou do texto original.

Casos inéditos

A roteirização de **casos totalmente inéditos** começa com a atividade de autoria. No entanto, como a redação de casos envolve o gênero narrativo, o conteudista (que tem o domínio da área de conhecimento ou prática) às vezes demonstra alguma dificuldade em começar a escrever do zero.

Por isso, na roteirização, a ajuda do designer instrucional pode ser muito bem-vinda para assegurar uma estrutura mínima composta por:

- **Título:** designação representativa que chame atenção para o caso relatado.
- **Apresentação do contexto:** conjunto de circunstâncias na qual se desenrola a situação-problema, incluindo:
  - **Caracterização do ambiente:** nome da instituição, empresa ou grupo em foco, sua localização geográfica, seu histórico e razão de ser (missão organizacional), estrutura funcional, se apropriado, setor em que atua etc.

- **Caracterização das personagens:** nome, perfil e papel desempenhado na situação-problema, histórico no contexto e percepção quanto à situação-problema, desafio individual e coletivo.

- **Apresentação da situação-problema:** relato da crise ou do conflito aparente.
- **Subsídios à tomada de decisão:** com indicação de materiais de suporte como documentos, relatórios, informes, legislação, planilhas, depoimentos, entrevistas etc.
- **Solução do problema:** boas práticas e insucessos, *brainstorming* com contribuições de cada personagem para a solução do problema, abordagem teórica adotada, ações implementadas, resultados obtidos, lições aprendidas.

> Os estudos de caso são uma estratégia de aprendizagem a ser considerada no planejamento educacional, conforme discutimos no Capítulo 10, *Planejamento educacional.*

Quando a solução do problema está embutida no conteúdo produzido, o caso deve incluir um desafio para que os alunos analisem as decisões apresentadas. Muitas vezes, porém, o caso não aponta a solução do problema. Esta é delegada aos alunos na forma de atividade de aprendizagem a ser realizada individualmente ou em grupos. Os alunos acessam as informações gerais sobre o caso e são desafiados a tomar suas decisões e justificá-las por meio de um relatório de análise, um plano de ação etc. Nesse formato, o roteiro pode incluir uma versão "vazia" dos materiais de apoio à tomada de decisão e os critérios de avaliação da atividade.

A Figura 12.8 mostra um exemplo de roteiro textual simples para elaboração de estudo de caso, o qual pode orientar o especialista em conteúdo na elaboração de casos inéditos. Esse pode ser o ponto de partida para outros documentos de roteirização desenvolvidos conforme o formato midiático a ser aplicado.

•• **FIGURA 12.8** Exemplo de roteiro textual para elaboração de estudo de caso

1. Título do caso	
2. Contextualização	
Nome da empresa	
Sugestão de logotipo	
Localização geográfica	
Sugestão de fachada física/identidade visual de site	
Histórico da empresa (para formatação de uma linha do tempo)	Data de fundação: Eventos críticos: Situação atual:
Produtos e/ou serviços oferecidos	Descrição geral: Produto/serviço 1: Produto/serviço 2:

Fonte: Elaborada pelas autoras.

Roteirização de hipertexto

Aprendemos desde a escola fundamental a elaborar textos lineares, característicos da mídia impressa. O texto convencional, entretanto, também pode ser axial, ou seja, seguir um eixo principal ao qual agregamos informação relacionada. É o que ocorre quando usamos, em livros impressos, recursos editorais como notas de rodapé, verbetes de glossário, referências cruzadas, comentários etc.

Ocorre que, em uma estrutura axial, o aluno sabe bem onde começar, onde terminar e para onde voltar a fim de seguir o eixo principal definido pelo autor. Isso faz parte da construção do texto.

Em um hipertexto, cada bloco de texto é autossuficiente, com começo, meio e fim. E as relações entre eles são construídas por meio de links, como mostra a Figura 12.9.

•• **FIGURA 12.9** Comparativo entre a estrutura de um livro convencional e um hipertexto

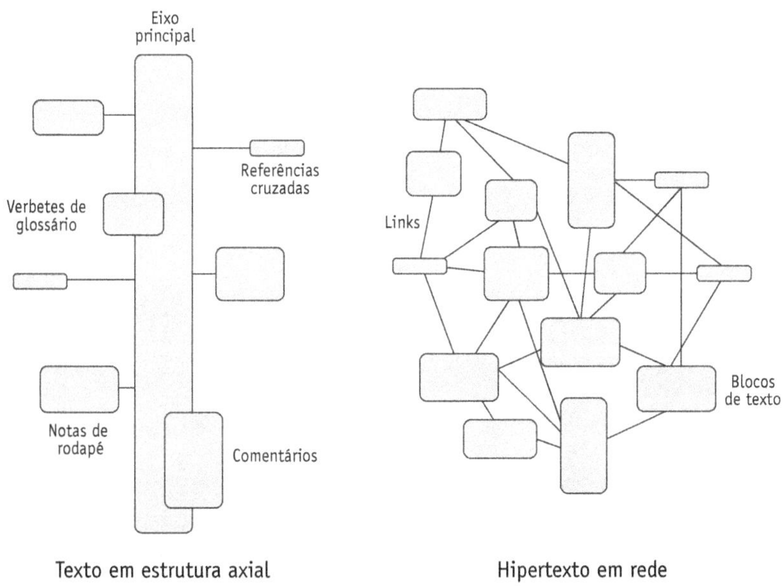

Fonte: Adaptada de LANDOW, G. P. *Hypertext 2.0:* the convergence of contemporary critical theory and technology. Baltimore: The Johns Hopkins University Press, 1997.

A construção de **hipertextos** totalmente inéditos é mais comum quando adotamos o modelo de design instrucional fixo. Pode ocorrer de o especialista em conteúdos ter dificuldades para escrever em uma moldura hipertextual, tornando necessário roteirizar o texto-base elaborado linearmente para o formato de hipertexto.

No design instrucional aberto, o próprio educador monta o hipertexto, recorrendo a materiais preexistentes e a tecnologias de fácil manejo. É comum utilizar a técnica *mash-up*, tomando por base um mapa mental ou a matriz de planejamento do curso. O hipertexto criado no design instrucional aberto aproxima-se mais da proposição de atividades que da apresentação de conteúdos em formato não linear. Por isso, o resultado é quase um guia de estudo hipertextual/hipermidiático com links a materiais variados do conteudista ou da instituição (apresentações de slides, exercícios usados em sala de aula, apostilas, artigos publicados e *papers*, vídeos etc.) ou a materiais de terceiros (livros, artigos, enciclopédias, compêndios, sites da web, tutoriais, jogos, apostilas, manuais, materiais de divulgação etc.) relacionados aos tópicos de estudo.

> Prós e contras da técnica *mash-up* são discutidos no Capítulo 11, *Autoria*, enquanto a roteirização de guias de estudo é objeto de análise deste capítulo.

O design instrucional contextualizado trabalha tanto com hipertextos novos, criados a partir de um texto-base original, quanto com referência a materiais de terceiros, em geral disponíveis em repositórios específicos para intercâmbio de conteúdos.

A lógica de construção de hipertextos é diferente daquela a que estamos acostumados. Vejamos primeiro como criar links e, em seguida, como redigir o conteúdo dos chamados "nós", que podem ser blocos de texto (páginas ou telas completas) ou *strings* (palavras ou frases isoladas).

> Consulte os modelos de design instrucional no Capítulo 7, *Design instrucional*.

Criação de links

Em um hipertexto, há diferentes formas de **criar links** entre nós relacionados, como mostra o Quadro 12.3.

•• **QUADRO 12.3** Diferentes formas de ligação hipertextual

Tipo	Representação gráfica	Vantagens	Desvantagens
Bloco a bloco unidirecional		❍ Simples ❍ Requer pouco planejamento	❍ Desorientador quando utilizado em blocos longos, visto que os leitores não sabem a que ponto exato do bloco de chegada o link se refere
Bloco a bloco bidirecional	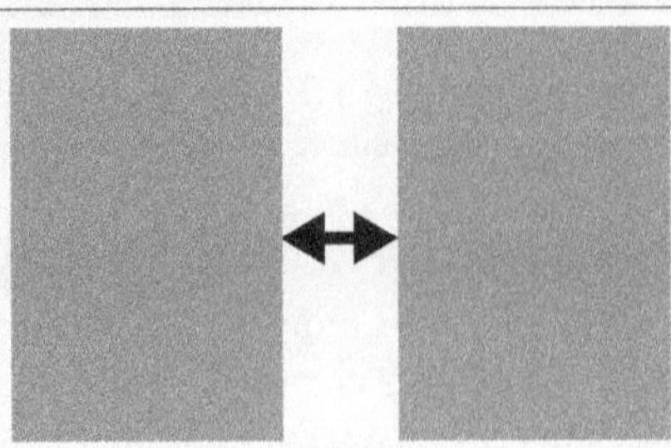	❍ Permite que os leitores reconstituam seus passos, criando um senso mínimo de orientação	❍ Melhor quando o bloco de chegada é claro e objetivo, como uma definição de glossário ou disponibilização de imagens

Tipo	Representação gráfica	Vantagens	Desvantagens
String a bloco unidirecional	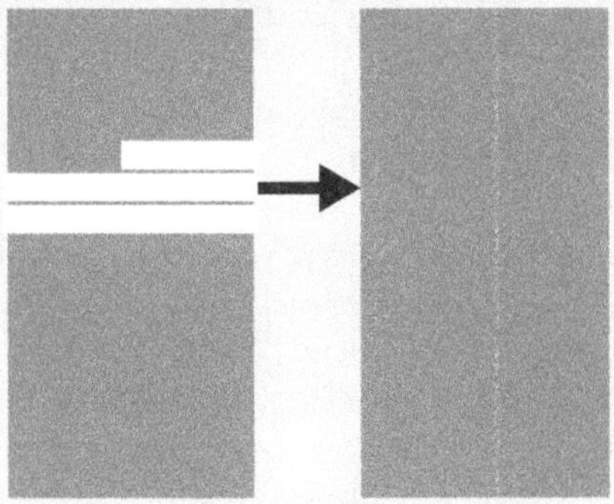	❍ Dá algum senso de orientação ao acrescentar retórica ao link de partida ❍ Estimula diferentes tipos de anotação e ligação	❍ Desorientador quando usado em blocos longos, pois os leitores não sabem a que ponto exato do bloco de chegada o link se refere
String a *string* unidirecional	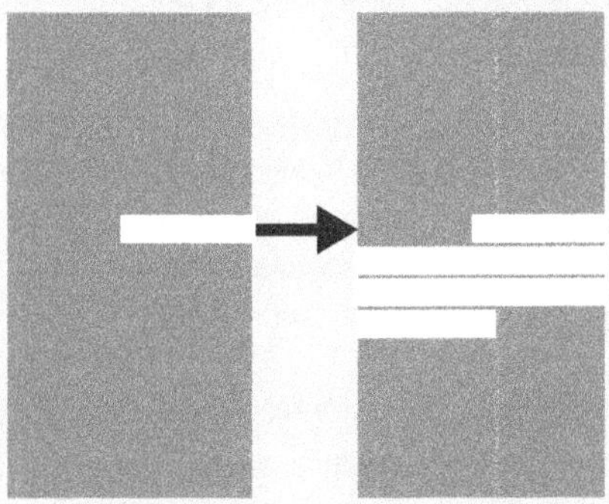	❍ Oferece um caminho claro até a *string* de chegada	❍ Requer mais planejamento do que os links a blocos inteiros
Um a muitos	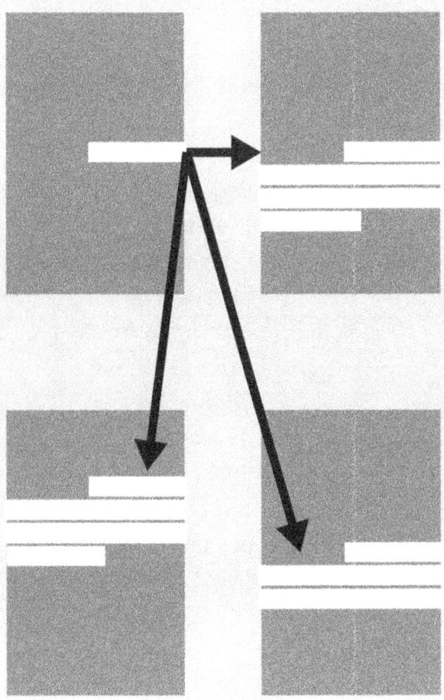	❍ Encoraja a ramificação e, por consequência, a escolha pelo leitor ❍ Oferece uma visão geral do conteúdo ❍ Quando combinado a mapas ou menus, ajuda a orientar os alunos	❍ Pode gerar uma sensação de textos atomizados e desconectados

➤

Tipo	Representação gráfica	Vantagens	Desvantagens
Muitos a muitos	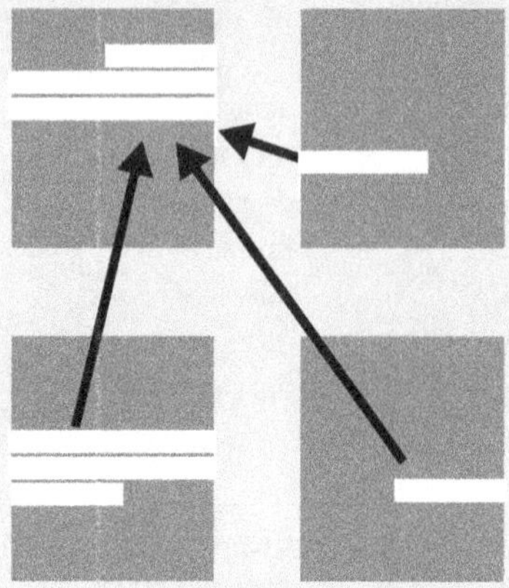	❍ Prático para glossários, tabelas e outros dados ❍ Estimula o reúso de informações importantes ❍ É uma forma simples de produzir documentos para leitores com diferentes níveis de conhecimento	❍ Múltiplos links criados automaticamente podem gerar um número perturbador de links idênticos
Links categorizados		❍ Quando rotulado claramente, funciona como prévia do bloco de chegada ❍ Pode gerar diferentes tipos de chegada, incluindo janelas pop-up	❍ Pode confundir a área de leitura ao gerar resultados diversos para quem segue os links
Estrutura rizomática	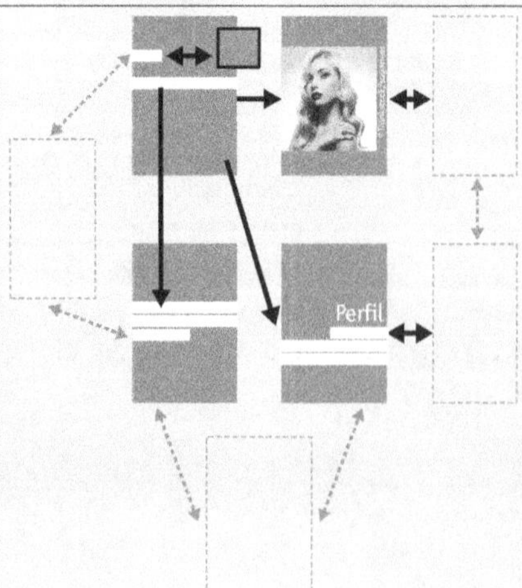	❍ Permite que os leitores acrescentem informações a um hipertexto inicial ❍ Faz a estrutura original crescer de modo dinâmico a partir da contribuição dos participantes	❍ Requer tratamento editorial permanente

Fonte: Adaptado de LANDOW, 1997.

Os links criados podem ser internos ou externos. Recorrer a links externos é prática comum no design instrucional aberto, por sua capacidade de agregar valor de forma simples, rápida e livre de custos de desenvolvimento. No design instrucional fixo, existe uma preocupação em evitar links a sites externos, pelo temor de que os usuários não retornem mais ao conteúdo original, este sim cuidadosamente preparado.

Nos dois casos, é preferível investir na seleção de poucos e bons links, a fim de evidenciar que os sites externos foram escolhidos criteriosamente e são recomendados por quem entende do assunto, respeitando o tempo e a capacidade de processamento cognitivo dos alunos. O Quadro 12.4 elenca alguns critérios para seleção.

•• **QUADRO 12.4** Critérios para seleção de links externos

Categoria	Critérios	Exemplos
Altamente recomendados	Sites confiáveis, estáveis e permanentes	Organizações nacionais e internacionais reconhecidas
		Instituições acadêmicas
		Sites governamentais (de âmbito federal, estadual e municipal)
		Arquivos abertos de jornais e revistas disponíveis online
		Associações e sindicatos
		Supersites que indexam e classificam os sites de uma área de conhecimento ou prática
Arriscados	Sites instáveis, pouco confiáveis e com alto risco de extinção ou indisponibilidade	Páginas mantidas por estudantes, mesmo que no nível de mestrado e doutorado
		Páginas mantidas por professores, que podem mudar de semestre para semestre
		Páginas pessoais
Inapropriados	Sites com finalidade comercial ou sem origem comprovada	Sites comerciais ou que disparam anúncios em caixas pop-up
		Sites que exijam inscrição ou pagamento
		Páginas com links internos quebrados ou que conduzam a conteúdo inapropriado
		Sites com conteúdo ofensivo ou com preconceito velado
		Sites com conteúdo impreciso ou excesso de erros ortográficos e gramaticais
		Sites de autoria desconhecida ou credibilidade duvidosa
		Sites sem autoria ou fonte explícita

Fonte: Adaptado de LEPIONKA, M. E. *Writing and developing college textbook supplements*. Gloucester: Atlantic Path Publishing, 2005.

Criar links definitivamente não é tudo. É necessário construir uma retórica e um estilo que correspondam às expectativas do leitor por coerência, propósito e utilidade nas relações estabelecidas entre os tópicos.

Criação de blocos de texto

Os links levam o leitor a outros nós da estrutura hipertextual. Vamos considerar que esses nós sejam **blocos de textos** internos, isto é, de autoria própria. Isso significa que o conteúdo desses nós precisa ser redigido. Cada bloco de texto precisa ser autossuficiente, apresentando todas as informações essenciais sobre determinado tópico.

Precisamos deixar claro ao aluno por que ele deve sair de um bloco e o que ele encontrará no seguinte, pois cada bloco de texto representa uma de duas pontas do link hipertextual: a partida e o destino.

O bloco de destino deve situar claramente o aluno no novo contexto ao qual ele foi levado. Também precisa entregar algo relacionado ao bloco anterior. Por exemplo, quando acessamos um hiperlink que contém o nome de uma pessoa, a expectativa é de que ele nos conduza a uma biografia, com dados relacionados àqueles do bloco de partida (veja Figura 12.10).

•• **FIGURA 12.10** Exemplo de blocos de texto interconectados unidirecionalmente

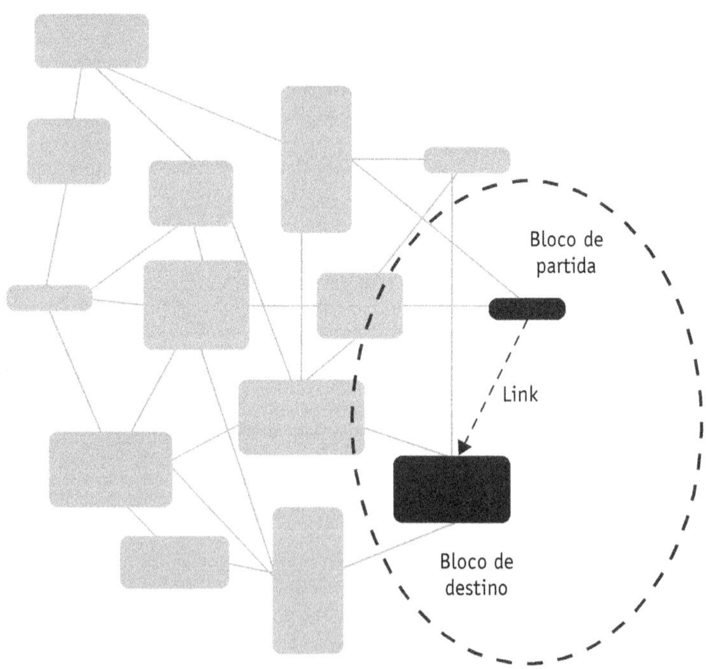

Fonte: Adaptado de LANDOW, 1997.

Como fazer isso? Devemos considerar que muitas das relações que expressamos na forma de links também estão presentes no discurso escrito e oral. Elas aparecem na forma de marcadores que dirigem nossa atenção e trazem pistas do que virá a seguir. Alguns exemplos:

- Expressões como "em contraste", "apesar disso", "no entanto" e "por outro lado" antecipam que algo que virá em seguida – um exemplo ou uma declaração – é contrário ao que foi comunicado antes.
- A expressão "por exemplo" anuncia uma mudança de categoria no discurso, provavelmente de uma declaração genérica ou abstrata para instâncias concretas do que foi dito.

Sabemos explicitar essas relações quando escrevemos um texto linear ou roteirizamos um discurso oral. Na roteirização de hipertextos, aplicamos uma lógica semelhante para construir links e os blocos de texto, com a diferença de que esses marcadores estão subentendidos em cada uma das ligações.

Balanceamento da carga cognitiva hipertextual

Dada a fragmentação da estrutura hipertextual, um dos fatores críticos de sucesso para escrever hipertextos é evitar a desorientação do aluno – a tendência de perder o senso de localização e direção em virtude da não linearidade e da sobrecarga de informações.

Uma forma de fazer isso é oferecer um panorama ou uma visão geral do conteúdo tratado – que ajudará também a evidenciar o objetivo desse material.

A visão geral pode ser desenvolvida na forma de um **mapa mental**, que é uma representação gráfica de como várias ideias se relacionam a um tema central (pode ser o tema da unidade de estudo ou mesmo um autor, um período cronológico, uma ideia, uma competência profissional) e entre si.

> No Capítulo 11, *Autoria*, analisamos o mapa mental como ferramenta de planejamento para autoria de textos pelo conteudista.

Há várias formas de estruturar a informação, como mostra o Quadro 12.5.

Independentemente da estrutura escolhida para o hipertexto, algumas características próprias da mídia digital podem ajudar a reduzir a desorientação do aluno:

- **Recursos de orientação:** informam onde alguém está dentro de um conjunto de textos hiperligados: a) onde o aluno está; b) como esse local se relaciona com as outras partes do documento; c) como retornar ao ponto inicial; d) quais são os materiais que o aluno não encontraria sozinho por mais que explorasse o hipertexto.

•• **Quadro 12.5** Diferentes tipos de estrutura da informação

Tipo de estrutura	Características	Representação gráfica
Sequencial	Apresenta um assunto totalmente estruturado; o aluno não se perde ao percorrer linearmente os tópicos, mas tem pouco controle sobre o percurso. Caracteriza os textos convencionais impressos (observadas as possibilidades de estrutura axial)	
Em árvore	Organiza os conteúdos a partir de uma ideia, um princípio ou um conceito principal (um tópico-pai), que é subdividido em seus tópicos descendentes. Adapta-se melhor ao hipertexto: as opções de navegação ainda são simples, porém o aluno tem várias possibilidades de escolha	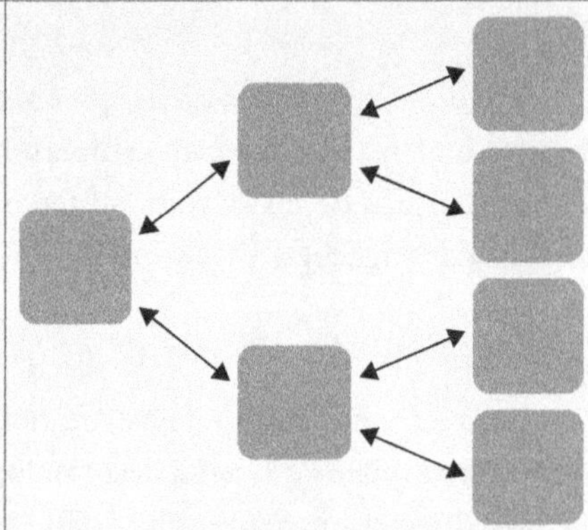
Em rede	Revela a riqueza de ligações entre os diferentes tópicos de conteúdo, que não está restrita a uma regra hierárquica rígida. Corresponde à essência do hipertexto, mas pode levar o aluno a se sentir perdido, distraído ou sobrecarregado em razão das múltiplas ligações possíveis e da necessidade de tomar decisões a cada novo item a consultar	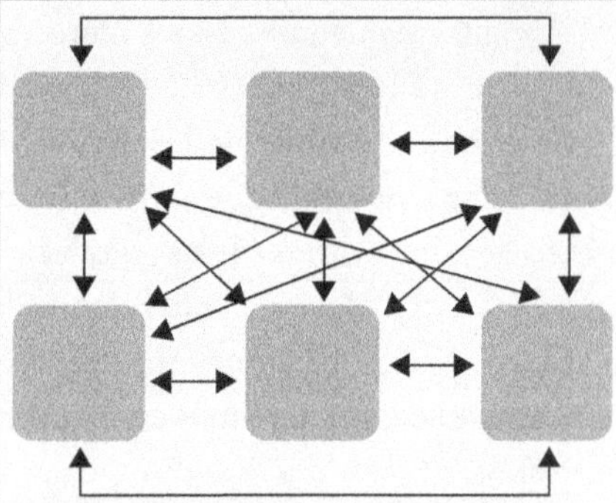
Rizomática	Permite ao aluno incorporar novas informações ao material preexistente. Ocorre nos livros digitais ou em páginas web colaborativas, cujo potencial interativo faz a estrutura original crescer dinamicamente a partir da contribuição de um ou mais usuários	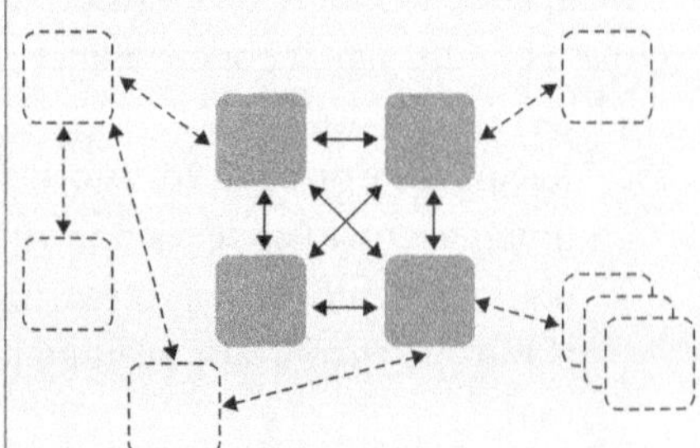

Fonte: Elaborado pelas autoras.

- **Recursos de monitoramento:** informam de onde o aluno veio e como ele pode retornar a esse ponto (por meio de **migalhas de pão**, acesso a histórico de links visitados, gravação de sessões de acesso para recuperação em uma nova navegação).
- **Recursos de sinalização:** sinais de identidade, localização ou relação, como ícones, esquemas de cores e texturas de fundo podem amenizar a sensação de estar perdido.
- **Menus:** sumários na forma de menu assemelham-se à organização de material impresso, provendo estrutura; ao mesmo tempo, permitem acesso dinâmico aos nós, provendo liberdade. Mapas mentais hiperlinkados oferecem igual autonomia ao aluno, eliminando a linearidade embutida nos sumários sequenciais.

Migalhas de pão
Técnica usada em interfaces digitais para mostrar ao usuário sua localização na estrutura de um site ou programa; normalmente aparece no alto de uma página ou tela, na forma de uma trilha de acesso a links visitados. Em inglês, *breadcrumbs*.

Tais efeitos são aplicados na etapa de produção pelo webdesigner, mas definidos conceitualmente pelo conteudista, com o apoio do designer instrucional na fase de roteirização.

Por essa razão, pode ser necessário registrar tais decisões em um roteiro gráfico como o *storyboard*, que possibilita representar graficamente a arquitetura da informação hipertextual.

Todas essas diretrizes se aplicam naturalmente à criação de páginas da web, que são a expressão máxima da hipertextualidade, mas também podem ser utilizadas na produção de livros didáticos digitais e nos vários formatos multi, hiper e transmídia.

Roteirização de livros digitais

Os **livros digitais**, em especial os enriquecidos, oferecem um tipo de experiência imersiva e interativa que consiste em:

- Navegação hipertextual por meio da construção e indicação de hiperlinks internos e externos.
- Criação de galerias de imagens (fotografias, ilustrações, mapas, organizadores gráficos e infográficos).
- Produção de áudio, vídeo e animação, isoladamente ou em formato multi e hipermídia.
- Elaboração de atividades de aprendizagem, incluindo exercícios práticos com correção automatizada, questões abertas para reflexão, simulações e jogos (*games*).
- Autoria digital em diferentes gêneros discursivos, com aulas demonstrativas, entrevistas e debates, documentários, vídeos de modelagem de comportamento e narrativas transmídia.

Para deixar mais claro como podemos utilizar as potencialidades da publicação digital, apresentamos a seguir, alguns passos para roteirizar um texto-base elaborado por um especialista em conteúdo a fim de que ele se transforme em um livro digital:

1) Ter em mãos uma versão digital do texto-base a ser transformado em livro digital.
2) Localizar no sumário os capítulos e as seções, criando novas subdivisões que corresponderão aos blocos de texto. Essa estrutura é a base para construir as relações hipertextuais. No mínimo, são criados os seguintes links:
    - Cada capítulo hiperlinkado ao capítulo anterior e ao seguinte.
    - Cada seção hiperlinkada ao capítulo ao qual ela originalmente pertence, e também à seção anterior e à seguinte.
    - Cada nova subdivisão hiperlinkada à seção na qual ela se originou e a outras novas subdivisões.
3) Converter notas de rodapé em novos blocos de texto, observando alguns pontos:
    - É necessário avaliar o peso das notas para diferenciar notas secundárias e conteúdo principal, evitando abrir trilhas de discussões que se afastem demasiado do texto-base.
    - Algumas notas podem conter discussões interessantes que mereçam aumento de status no mapa geral do hipertexto; nesse caso, pode ser necessário complementar a redação, retomando a atividade de autoria.
    - Pode-se usar o recurso de link catalogado para organizar referências inseridas no texto-base como notas de rodapé.
4) Adicionar novos materiais e recursos:
    - Referências cruzadas transversais (verbetes de índices remissivos e onomásticos são auxílios importantes para isso).
    - Imagens extras (como galerias de fotos ou ilustrações multiquadros relacionadas).
    - Novos formatos de diferentes gêneros discursivos, como depoimentos, entrevistas, casos complementares etc..
    - Novos modos de representar a informação (locuções, infográficos animados e vídeos complementando linguagem textual e imagens estáticas).

Esses passos se aplicam à adaptação de um texto-base linear ao formato hipertextual, porém podem ajudar um autor a visualizar elementos para a construção direta de hipertextos.

Roteirização de imagens

As **imagens** podem ser usadas para descrever objetos, cenários e personagens, para narrar uma ação ou história, ou ainda para dissertar sobre uma ideia. São lúdicas quando divertem o observador, expressivas quando transmitem emoções, estéticas quando chamam atenção para fatores artísticos ou metalinguísticas quando falam sobre a própria linguagem.

As imagens apresentam graus diferenciados de realismo, que podem impactar tanto a identificação do aluno com as imagens representadas quanto sua capacidade de perceber visualmente detalhes técnicos, planos de visão e perspectivas.

Devemos atentar ainda para o fato de que, por mais realistas que sejam, as imagens reproduzem apenas itens particulares, individuais, e não classes gerais de objetos. Isso fica claro na Figura 12.11, baseada em exemplo criado por McCloud[1] para discutir o poder de identificação humana com as imagens usadas em quadrinhos.

Scott McCloud

É um quadrinista norte-americano, conhecido por seus livros escritos em forma de história em quadrinhos e por sua defesa a essa forma literária e artística. Várias de suas obras foram traduzidas para o português, entre as quais a mais conhecida é *Desvendando os quadrinhos* (1995).

•• **FIGURA 12.11** Comparação entre imagem realista e abstrata

Fonte: Adaptada de McCloud, 1995.

Assim, na elaboração de conteúdos educacionais, podemos mesclar imagens com maior ou menor grau de realismo, como ilustra a Figura 12.12.

[1] McCLOUD, S. *Desvendando os quadrinhos*. São Paulo: MBooks, 1995.

•• **FIGURA 12.12** Grau de realismo das imagens

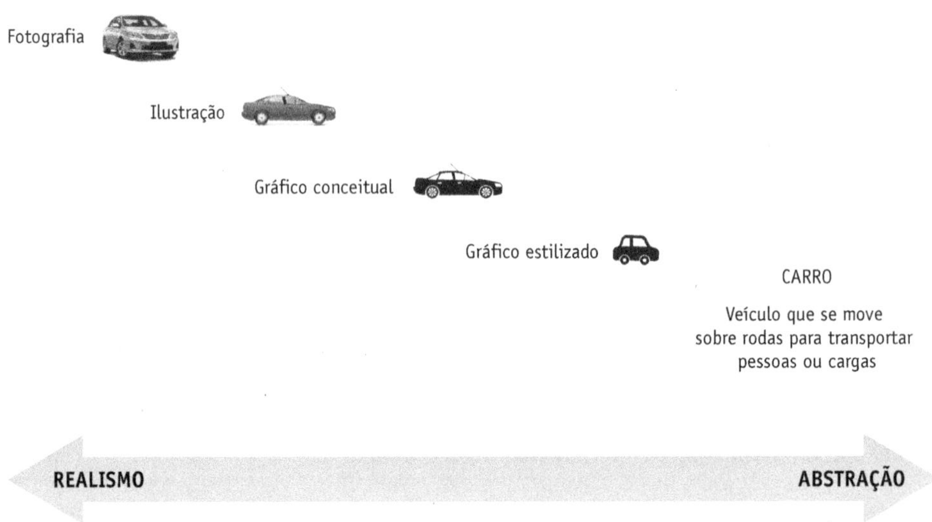

Fonte: Freepik.com

Fonte: Adaptada de TAROUCO, L. M. R.; GRANDO, A. R. DA S.; KONRATH, M. L. P. Projeto e produção de objetos educacionais usando conceitos de alfabetização visual. In: *X Congresso Argentino de Ciências de La Computación*. Buenos Aires: RedUNI, 2004.

Como as imagens podem descrever, narrar ou dissertar, passam pelos mesmos processos de autoria, roteirização e validação que são aplicados aos elementos textuais e sonoros.

Integração entre texto e imagem

De acordo com a teoria da aprendizagem multimídia, a aprendizagem é um processo ativo de construção de significados, e ensinar é uma tentativa de prover o processamento cognitivo apropriado aos alunos.

Uma parte fundamental do processamento ativo de informações pelos alunos é construir e conectar mentalmente representações verbais e visuais do conteúdo a ser aprendido. E esse objetivo é mais facilmente alcançado se o conteúdo for apresentado em formato multimídia, combinando texto e imagens para descrever o mesmo tópico de estudo.

> A teoria da aprendizagem multimídia é objeto de estudo do Capítulo 2, *Dimensão pedagógica*.

Isso corresponde ao chamado **princípio da multimídia** (ou da **representação múltipla**), segundo o qual as pessoas aprendem quando as informações são codificadas em modos distintos.

Sob o mesmo guarda-chuva teórico, o **princípio da proximidade espacial** (ou da **contiguidade**) afirma que a aprendizagem é mais efetiva quando palavras e imagens relacionadas estão próximas umas às outras, por exemplo na mesma tela ou página, em vez de afastadas.

Isso evita o efeito da **atenção dividida** (*split attention*), ou seja, a carga cognitiva irrelevante que ocorre quando o aluno precisa integrar duas ou mais partes da mesma informação que estejam fisicamente separadas.

Esses dois princípios são muito bem atendidos pelo uso integrado de textos e imagens nos organizadores gráficos, infográficos e quadrinhos.

A complementaridade entre texto e imagem é desejável, visto que possibilita uma compreensão mais global do conteúdo a ser transmitido. Isso se aplica tanto a imagens selecionadas para ilustrar textos escritos quanto a textos elaborados para comentar imagens que não poderiam ser totalmente compreendidas de modo isolado.

De fato, quando recorremos a imagens para compor materiais didáticos, estamos apelando à linguagem não verbal para comunicar conceitos, procedimentos ou fatos, tendo em vista a compreensão de um conteúdo que pode ou não ser apresentado também textualmente.

No caso de conteúdos educacionais em que prevalece a matriz verbal, como os livros impressos ou digitais, as imagens devem ser utilizadas com intencionalidade e parcimônia, pois tendem a chamar mais atenção que os textos. Nesses casos, é preciso ter em mente que sua função é elucidar o texto, não substituí-lo.

Para que tenham valor pedagógico em um material impresso, a presença, a relevância e o significado das imagens precisam ser explicitados, mesmo que brevemente, no corpo do texto e/ou por meio de **rótulos explicativos** e **legendas**. No primeiro caso, o texto direciona a atenção do aluno para determinados elementos da imagem. Podemos incluir em um parágrafo textual indicadores do tipo "Como podemos observar na figura a seguir..." a fim de dirigir a interpretação daquela ilustração. No segundo caso, recorremos às legendas para sintetizar e esclarecer o conteúdo apresentado visualmente.

As legendas também são apropriadas para esclarecer a especificidade de uma imagem. Assim, quando selecionamos ou encomendamos a imagem de uma retroescavadeira, teremos um exemplar específico desse equipamento, entre vários que poderiam ser apresentados para ilustrar o conceito. Nesse exemplo, a legenda poderia ser genérica a ponto de enfatizar que se trata de um entre muitos exemplos (como em "Exemplo de retroescavadeira"), ou poderia ser mais específica, restringindo o tipo de exemplo apresentado (como em "Retroescavadeira com rompedor hidráulico").

Podemos ainda integrar à imagem rótulos explicativos, setas de destaque, cores e outros recursos gráficos que façam convergir a atenção do aluno para pontos específicos da imagem proposta, como mostra a comparação na Figura 12.13.

•• **FIGURA 12.13** Exemplo de uso de legenda e de rótulos textuais para esclarecer a especificidade de uma imagem

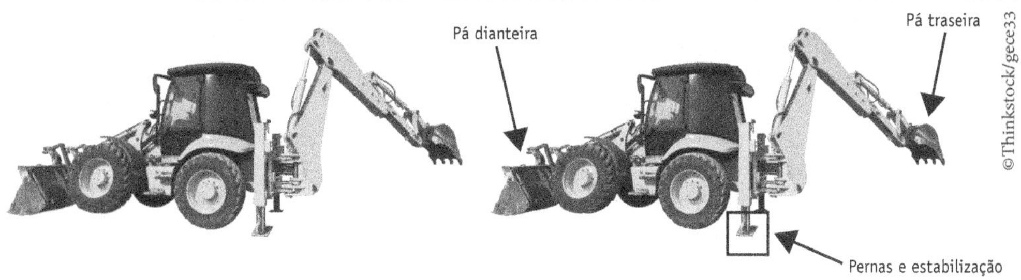

Retroescavadeira com rompedor hidráulico

Retroescavadeira com rompedor hidráulico

Fonte: Elaborada pelas autoras.

Voltamos a falar sobre a integração entre textos e imagens ao explorarmos as histórias em quadrinhos, logo a seguir.

Precisamos considerar ainda que até os textos sem elementos gráficos explícitos contêm algum tipo de informação visual além do código alfanumérico (palavras e números). Incluem-se nessa categoria os espaçamentos entre as palavras, as entrelinhas, as mudanças de tipo e tamanho de fonte, a disposição de notas no rodapé ou às margens das páginas, a formatação recuada para indicar citações etc. Esses recursos podem oferecer estrutura, direcionamento, ajuda ou conforto visual aos alunos, como:

A tipografia e outras questões relacionadas à diagramação de materiais impressos são tratadas no Capítulo 13, *Produção de mídias*.

- Termos-chave destacados em negrito para rápida localização (em geral, recomenda-se na primeira ocorrência de uma unidade de estudo que trata especificamente sobre o tema).
- Referências cruzadas a material relevante em outras seções ou unidades de estudo (por meio de caixas de texto, hiperlinks ou outros indicadores gráficos).
- Chamadas a subtópicos internos relacionados.
- Notas marginais para observações de glossário, exemplos ou aplicações.
- Barras laterais com fatos-chave relacionados.
- Fonte diferenciada para questões de reflexão, discussão ou revisão.
- Formatação recuada para cálculos ou fórmulas.

Encomenda de imagens

Em uma produção profissional, o conteudista não desenvolve sozinho as imagens que ajudam a comunicar o conteúdo educacional. Ele faz uma espécie de **encomenda** (ou *briefing*) para que outro profissional gabaritado – um ilustrador, um fotógrafo, um designer gráfico, um webdesigner – as produza.

Em geral, a encomenda é uma atividade realizada pelo conteudista, porque as imagens – sobretudo ilustrações, fotografias e organizadores gráficos – representam, exemplificam ou reproduzem conteúdos de natureza técnica ou científica. Neste caso, o designer instrucional pode sugerir elementos adicionais para auxiliar tanto o processo de aprendizagem dos alunos quanto a tarefa de composição das chamadas **figuras técnicas** ou **científicas** pela equipe de produção.

No grande leque de opções visuais disponíveis, devemos reconhecer alguns elementos que não exploram diretamente conteúdos técnicos ou científicos, como mostra a comparação nas Figuras 12.14. As chamadas **figuras ilustrativas** têm por função motivar, apelando para a estética ou o humor, prover "paradas motivacionais" ao longo de um texto muito longo, ou mesmo arejar uma página ou tela a fim de facilitar a leitura. Por essa razão, não há sentido em lhes atribuir uma legenda explicativa. Na maioria dos casos, incluem apenas créditos de composição, como nome do ilustrador/fotógrafo ou indicação do banco de imagens de origem.

•• **FIGURA 12.14** Comparação entre figura ilustrativa e figura técnica ou científica

Figura ilustrativa

morgueFile

Figura técnica ou científica

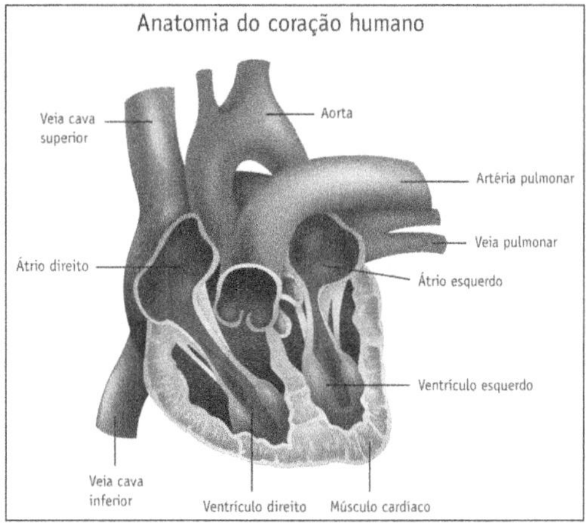

©Thinkstock/blueringmedia

Fonte: Elaborada pelas autoras.

As figuras ilustrativas podem ser selecionadas em um banco de imagens pelo designer instrucional ou pelo editor pedagógico, e em alguns casos até mesmo pelo designer gráfico/webdesigner ou pelo iconógrafo com base nas orientações do roteiro. No entanto, é necessário levar em conta que as imagens inseridas com função meramente decorativa podem desviar a atenção do conteúdo principal, sobrecarregando cognitivamente o aluno.

Embora não comuniquem diretamente conteúdo tecnocientífico, as figuras ilustrativas precisam passar pelo crivo do conteudista, por conta da possibilidade de transmitirem informações subjetivas que podem entrar em choque com os objetivos gerais ou específicos daquele conteúdo. Um exemplo de um choque potencial seria incluir uma ilustração com fins motivacionais, na qual profissionais transitassem livremente por uma planta industrial sem o uso dos respectivos equipamentos de proteção individual.

Sejam de natureza tecnocientífica, sejam ilustrativas, as imagens só são produzidas (compostas ou tratadas) após a validação final dos roteiros. O conteudista prepara uma encomenda que deve conter:

- **Descrição da imagem a ser produzida:** aqui é preciso informar da maneira mais clara e detalhada possível o que se espera como resultado final; de preferência, anexar ao roteiro um modelo para cada imagem encomendada.

- **Criação de legendas explicativas:** quando aplicável, é necessário redigir o texto que acompanhará a imagem, explicando seu significado técnico ou científico.
- **Indicações para a produção:** além dos itens anteriores, pontos importantes a serem informados são o posicionamento da imagem na página ou tela, a complementação de recursos instrucionais como setas, círculos ou cores, e as chaves de tradução se o modelo de imagem fornecido estiver em outro idioma.

Paralelamente à encomenda feita pelo conteudista, o designer instrucional pode contribuir de maneira direta para o aperfeiçoamento do roteiro, por meio das seguintes ações e recomendações:

- Recomendar reposicionamento de figuras.
- Solicitar inclusão de parágrafos para apresentação de figuras, quadros e tabelas.
- Revisar informação de créditos em citações de imagens de terceiros, mesmo quando adaptadas.
- Revisar legendas para especificar melhor o conteúdo de uma imagem.
- Unificar ilustrações paralelas sob uma única legenda ou subdividir uma imagem em duas para evidenciar atributos ou procedimentos.
- Complementar ilustrações e fotografias com rótulos explicativos.
- Adaptar ou complementar modelos de figuras selecionados pelo conteudista, a fim de ressaltar tópicos tratados no conteúdo (por exemplo, solicitar *zoom* em uma parte específica da imagem).

Classicamente, as imagens aparecem integradas a texto (por exemplo, nos livros didáticos, estudos de caso, guias etc.) ou áudio (nos podcasts). Entretanto, dado seu papel preponderante na cognição humana, vêm sendo cada vez mais apresentadas em uma linguagem própria e autossuficiente.

O reconhecimento da importância da matriz visual na aprendizagem dá suporte a uma área que vem ganhando cada vez mais espaço nos meios de comunicação em geral: a **visualização da informação** (chamada por alguns de **infografia**). O fundamento dessa nova forma de apresentar conteúdos é a ideia de que a percepção humana é capacitada a descobrir padrões visuais naquilo que os olhos percebem; se esses padrões forem desenhados de antemão, com base na maneira pela qual as pessoas processam a informação, o tempo requerido para interpretar qualquer gráfico (ou texto) será menor.

Paralelamente, a técnica de **quadrinização** utilizada há tempos nas histórias em quadrinhos nos prova como é possível transformar relatos ou narrações em composições visuais articuladas a textos (diálogos, falas do narrador, onomatopeias etc.) para demonstrar informações ao estilo "passo a passo" ou reconstituir eventos.

Por essas razões, e também para atender a estilos visuais de aprendizagem, o interesse no emprego de imagens – na forma de fotografias, ilustrações, cartuns ou mapas acompanhando textos escritos, ou na forma de soluções independentes como infográficos e histórias em quadrinhos – vem crescendo na área da produção de conteúdos educacionais, como veremos a seguir.

Roteirização de organizadores gráficos

Em geral, os **organizadores** são desenvolvidos por professores, usando ferramentas simples, que vão desde o giz e a caneta para quadro branco até software de apresentação de slides, e não exigem competências especializadas.

Muitos especialistas em conteúdo estão acostumados a criar organizadores gráficos para apoiar suas aulas presenciais ou apresentações em congressos e eventos profissionais. Eles dominam ferramentas de fácil manejo, disponibilizadas em processadores de texto ou softwares de apresentação de slides.

Esses recursos geralmente foram testados em sala de aula ou em outras situações interativas, de modo que o conteudista ou já chegou a versões amadurecidas do gráfico ou conhece as reações do público que podem impulsionar aprimoramentos.

Quando os autores não têm tanta familiaridade com a linguagem visual, ou quando o conteúdo é produzido a partir de materiais já prontos, o designer instrucional pode buscar no texto-base relações espaciais, temporais, lógicas, comparativas etc. e sugerir sua representação no formato visual.

Assim, criar organizadores gráficos produz um efeito colateral muito interessante, que é ajudar a tornar a apresentação de conteúdos mais completa e coerente. Por exemplo, quando o designer instrucional identifica no texto-base várias referências a eventos históricos, pode sugerir a construção de uma linha do tempo mostrando datas e fatos. Esse tipo de representação visual por vezes traz à tona lacunas em períodos abordados (por exemplo, o conteudista citou vários movimentos musicais, mas deixou de fora a bossa nova) ou padrões que não foram totalmente explorados (por exemplo, foram citados os principais artistas para alguns dos estilos musicais, mas não para todos).

O Quadro 12.6 reproduz um exemplo de roteirização feita a partir de um documento legal: (a) fatos e datas dispersos em vários parágrafos foram analisados; (b) os dados foram organizados segundo uma ordem cronológica; (c) a informação consolidada foi representada em formato visual.

Note o leitor que o conteúdo inicial do exemplo foi atualizado para chegar à data atual e então complementado com novas informações, como os marcos legais disponíveis, para ilustrar o texto original. É certo que o organizador gráfico do exemplo pode ser ainda muito mais trabalhado, com uma diagramação profissional caso se mantenha a versão impressa ou com criação de links e blocos de texto para uma versão hipertextual. Se quiséssemos ir ainda mais longe, uma versão hipermidiática incorporaria imagens da época em que as instituições foram criadas, ou depoimentos em áudio dos atuais presidentes de cada organização, ou então vídeos institucionais.

De todo modo, os organizadores gráficos aparecem, na maioria da vezes, integrados à matriz verbal (textual), razão pela qual seguem em linhas gerais a roteirização de textos para mídia impressa.

•• Quadro 12.6 Exemplo de roteirização para um organizador gráfico específico

Etapa	Exemplo
(a) Análise do texto-base	**Escolas de governo** A Constituição de 1988, em seu artigo 39, § 2º, determinou a instituição de escolas de governo, nos três níveis federativos, "para a formação e o aperfeiçoamento dos servidores públicos, constituindo-se a participação nos cursos um dos requisitos para a promoção na carreira". A capacitação de servidores públicos, no entanto, não é uma preocupação inaugurada pela legislação de 1988, pois a criação do Departamento Administrativo do Serviço Público (DASP), na década de 1930, já é um marco no processo de profissionalização e qualificação do serviço público. O Instituto Rio Branco (IRB), em 1945, a Escola Nacional de Ciências Estatísticas (ENCE), em 1953, e a Escola Nacional de Saúde Pública (ENSP), em 1954, foram as primeiras instituições públicas criadas para a qualificação profissional de segmentos do funcionalismo público. No âmbito do Poder Executivo Federal, nas décadas seguintes, foram criadas outras escolas setoriais, isto é, voltadas à capacitação de parcelas *Fonte:* Referenciais Orientadores da Proposta Educacional da Escola Nacional de Administração Pública (ENAP). Brasília: ENAP, 2010.
(b) Identificação de relações e padrões	(tabela abaixo)
(c) Apresentação visual da informação, após complementação, na forma de organizador gráfico	(figura abaixo)

(b) Identificação de relações e padrões:

Data	Evento	Marco legal
1930	Instituição do Departamento Administrativo do Serviço Público (DASP)	...
1945	Fundação do Instituto Rio Branco (IRB)	...
1953	Criação da Escola Nacional de Ciências Estatísticas (ENCE)	...
1959	Criação da Escola Nacional de Saúde Pública (ENSP)	...
1988	Promulgação da Constituição Federal	...
...	...	...
...	...	...
...	...	...

(c) Apresentação visual da informação, após complementação, na forma de organizador gráfico:

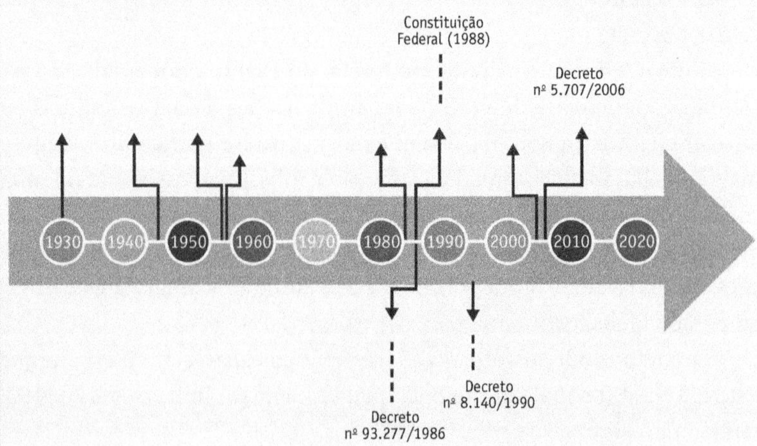

Fonte: Elaborado pelas autoras.

Roteirização de infográficos

O componente essencial dos **infográficos** é a representação abstrata da realidade. Por exemplo, um mapa é um retrato abstrato de uma área geográfica; ele prescinde dos detalhes que não são relevantes para a compreensão de determinada mensagem, de modo que aqueles que são relevantes se tornam mais visíveis.

Abstrair implica, portanto, eliminar o desnecessário para destacar o necessário. O grau de abstração de uma representação visual consiste no nível de semelhança/diferença entre o tópico original e sua representação. Depende também do nível de familiaridade dos usuários com o objeto representado ou das convenções e dos códigos compartilhados para facilitar a comunicação visual.

Em linhas gerais, a criação de infográficos segue uma lógica muito parecida com a de outras soluções multimodais. As principais etapas são:

1) **Definir os objetivos do infográfico e o conteúdo a ser apresentado** (no caso dos conteúdos educacionais, temos como pré-requisito os objetivos de aprendizagem definidos na organização curricular e, em certa medida, as decisões tomadas no planejamento educacional) – temos aqui a *storyline*.
2) **Reunir todos os dados disponíveis** a respeito de um fato, evento, grupo de conceitos ou recorte de conhecimento (aspectos físicos ou geográficos, relações de causa-efeito, sequência cronológica e outros dados relacionados) e propor um plano de apresentação que considere a informação como um todo significativo.

   Para isso, ou consultamos especialistas em conteúdo, enciclopédias e livros, e/ou – como temos proposto ao longo deste capítulo – partimos de um texto-base elaborado por um conteudista. As fontes de dados e informações, a matéria-prima da infografia, devem ser confiáveis e de qualidade, pois não existe boa infografia sem bons dados de entrada.
3) **Estruturar os dados coletados**, de acordo com os desafios propostos no Quadro 12.7:
   - O tipo de organização da informação (categorização LATCH).
   - A representação adequada dessa informação em um dispositivo infográfico (diagramas, mapas ou gráficos em seus diferentes formatos).
   - O tipo de mídia apropriada (estática, em movimento, interativa/analítica).
4) **Preparar esboços preliminares** para dar à equipe uma ideia do aspecto final da apresentação:
   - Para mídia estática, um *storyboard* com o aspecto de histórias em quadrinhos é apropriado, pois permite organizar o fluxo de informação e a transição entre telas de maneira sequencial.
   - Para mídia em movimento, pode-se usar um *storyboard* mais parecido com os ramos de uma árvore.
   - Para mídia interativa analítica, o *storyboard* deve refletir a estrutura rizomática da informação.

•• **QUADRO 12.7** Os três desafios na criação de infográficos

	Entender o(s) tipo(s) de organização da informação que se quer comunicar	
1	**Tipo de organização (LATCH)**	**Natureza do agrupamento**
	Local	Localização geográfica ou geométrica (por exemplo, mapas)
	Alfabeto	Ordem alfabética (por exemplo, lista telefônica)
	Tempo	Cronologia (por exemplo, períodos históricos e intervalos de tempo)
	Categoria	Bens diversos, genéricos, geralmente de importância similar (por exemplo, "verduras", "frutas", "vitaminas")
	Hierarquia	Atribuição de peso ou valor (por exemplo, do maior para o menor, do mais claro para o mais escuro)

	Desenvolver uma representação adequada e coerente com a informação que se quer transmitir: o todo é maior que as partes que o constituem		
2	**Dispositivo infográfico**	**Formatos**	**Foco da apresentação**
	Diagramas	Ícone	Simplificação visual da realidade
		Sequência	Sucessão de eventos, ações e relações causais
		Processo	Interações passo a passo ao longo do tempo e do espaço
		Linha do tempo	Progressão cronológica
		Exposição	Detalhes ou pontos de vista normalmente não visíveis ao olho humano, como cortes internos e vistas axonométricas (por meio de projeções perpendiculares a um plano)
	Mapas	Localizador	Posição de algo em relação a outro ponto
		Dados	Informações quantitativas em relação à sua localização geográfica
		Esquema	Representação abstrata de processo ou sequência
	Gráficos	Fluxo	Mudança de magnitude ao longo do tempo
		Barra	Comparação proporcional da magnitude
		Pizza	Distribuição de partes de um todo
		Organização	Partes em uma estrutura e suas inter-relações

	Escolher a mídia mais adequada para apresentar a informação		
3	**Tipo de mídia**	**Exemplo**	**Como a informação é apresentada**
	Estática	Impressa	De uma só vez, instantaneamente
	Em movimento	Áudio, vídeo, animação	Progressivamente, em uma sequência linear predefinida
	Interativa/analítica	web, dispositivos móveis	Seletivamente, com base nas escolhas do usuário

Fonte: Elaborado pelas autoras com base em RAJAMANICKAM, V. *Infographics Seminar Handout*. Bombay: National Institute of Design Ahmedabad, 11 oct. 2005; WURMAN, R. S. *Ansiedade da informação*. São Paulo: Editora de Cultura, 1991.

- Independentemente do formato, o *storyboard* ajuda a pré-visualizar as ações, a antecipar problemas antes que se inicie a produção de mídias e a explicar a todos os integrantes da equipe qual será a aparência do infográfico pronto. A infografia requer, porém, um *storyboard* mais detalhado e mais próximo à forma final de apresentação.

5) Produzir os dispositivos infográficos de acordo com o *storyboard* aprovado.

Tratamos das formas de estruturar a informação quando abordamos a roteirização de hipertextos, neste capítulo.

Como vemos, os infográficos têm uma base comum com os organizadores gráficos. Podemos dizer, entretanto, que estes miram uma comunicação mais pontual; é como se não sobrevivessem por si sós, mas estivessem sempre acompanhando um texto escrito ou falado. Os infográficos, de outra feita, buscam a completude, a integralidade no tratamento e a apresentação de informações. Transformam grandes quantidades de dados em composições visuais ao mesmo tempo simples e complexas.

Para isso, os infográficos investem em uma interface mais artística, que valoriza metáforas visuais para dar maior concretude à informação apresentada. A Figura 12.15 traz exemplos em que o mesmo conjunto de informação é apresentado de três diferentes maneiras.

•• **FIGURA 12.15** Exemplo de dados transformados em organizador gráfico e infográfico*

Dados

Causas de afastamento dos clientes	Porcentagem
Morte	1%
Mudança de endereço	5%
Afastamento decorrente de amizades comerciais	5%
Preços melhores na concorrência	10%
Reclamações não atendidas	14%
Indiferença do pessoal de atendimento	65%
	100%

Fonte: Associação dos Consumidores Insatisfeitos (pesquisa amostral, 2º semestre de 2023).

Organizador gráfico

Veja as razões que levam um cliente a se afastar de uma empresa

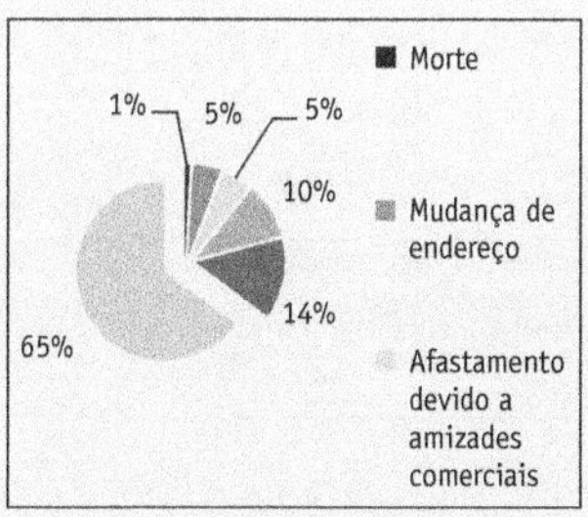

Fonte: Associação dos Consumidores Insatisfeitos (pesquisa amostral, 2º semestre de 2023).

Infográfico

Veja as razões que levam um cliente a se afastar de uma empresa

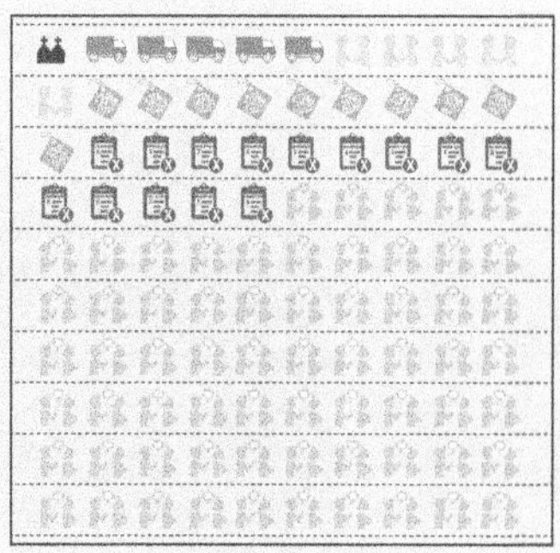

Fonte: Associação dos Consumidores Insatisfeitos (pesquisa amostral, 2º semestre de 2023)

* Dados fictícios.
Fonte: Elaborada pelas autoras.

O quadro traz um infográfico simples, construído a partir do tratamento de dados fictícios, para exibição em mídia impressa. Esta seção não ficaria completa se não mostrássemos como o infográfico foi encomendado. A Figura 12.16 reproduz a roteirização.

•• **FIGURA 12.16** Exemplo de roteiro para encomenda de infográfico

Título: Veja as razões que levam um cliente a se afastar de uma empresa

Orientações à produção:

1. Em uma grade 10 × 10, compor e dispor os ícones conforme orientações textuais da tabela a seguir; manter as cores sugeridas. Obs.: os ícones devem ter todos o mesmo tamanho e alinhamento na grade.

Caveira ou cemitério	Caminhão de mudança	Caminhão de mudança	Caminhão de mudança	Caminhão de mudança	Caminhão de mudança	Vendedor e cliente fechando negócio	Vendedor e cliente fechando negócio	Vendedor e cliente fechando negócio	Vendedor e cliente fechando negócio
Vendedor e cliente fechando negócio	Placa de promoção	Placa de promoção	Placa de promoção	Placa de promoção	Placa de promoção	Placa de promoção	Placa de promoção	Placa de promoção	Placa de promoção
Placa de promoção	Formulário com título solicitação e carimbo RECUSADO	Formulário com título solicitação e carimbo RECUSADO	Formulário com título solicitação e carimbo RECUSADO	Formulário com título solicitação e carimbo RECUSADO	Formulário com título solicitação e carimbo RECUSADO	Formulário com título solicitação e carimbo RECUSADO	Formulário com título solicitação e carimbo RECUSADO	Formulário com título solicitação e carimbo RECUSADO	Formulário com título solicitação e carimbo RECUSADO
Formulário com título solicitação e carimbo RECUSADO	Formulário com título solicitação e carimbo RECUSADO	Formulário com título solicitação e carimbo RECUSADO	Formulário com título solicitação e carimbo RECUSADO	Formulário com título solicitação e carimbo RECUSADO	Vendedor esnobando cliente	Vendedor esnobando cliente	Vendedor esnobando cliente	Vendedor esnobando cliente	Vendedor esnobando cliente
Vendedor esnobando cliente	Vendedor esnobando cliente	Vendedor esnobando cliente	Vendedor esnobando cliente	Vendedor esnobando cliente	Vendedor esnobando cliente	Vendedor esnobando cliente	Vendedor esnobando cliente	Vendedor esnobando cliente	Vendedor esnobando cliente
Vendedor esnobando cliente	Vendedor esnobando cliente	Vendedor esnobando cliente	Vendedor esnobando cliente	Vendedor esnobando cliente	Vendedor esnobando cliente	Vendedor esnobando cliente	Vendedor esnobando cliente	Vendedor esnobando cliente	Vendedor esnobando cliente
Vendedor esnobando cliente	Vendedor esnobando cliente	Vendedor esnobando cliente	Vendedor esnobando cliente	Vendedor esnobando cliente	Vendedor esnobando cliente	Vendedor esnobando cliente	Vendedor esnobando cliente	Vendedor esnobando cliente	Vendedor esnobando cliente
Vendedor esnobando cliente	Vendedor esnobando cliente	Vendedor esnobando cliente	Vendedor esnobando cliente	Vendedor esnobando cliente	Vendedor esnobando cliente	Vendedor esnobando cliente	Vendedor esnobando cliente	Vendedor esnobando cliente	Vendedor esnobando cliente
Vendedor esnobando cliente	Vendedor esnobando cliente	Vendedor esnobando cliente	Vendedor esnobando cliente	Vendedor esnobando cliente	Vendedor esnobando cliente	Vendedor esnobando cliente	Vendedor esnobando cliente	Vendedor esnobando cliente	Vendedor esnobando cliente
Vendedor esnobando cliente	Vendedor esnobando cliente	Vendedor esnobando cliente	Vendedor esnobando cliente	Vendedor esnobando cliente	Vendedor esnobando cliente	Vendedor esnobando cliente	Vendedor esnobando cliente	Vendedor esnobando cliente	Vendedor esnobando cliente

Fonte: Associação dos Consumidores Insatisfeitos (pesquisa amostral, 2º semestre de 2023)

2. Integrar textos explicativos aos conjuntos de células, mantendo a legenda de cores

1% morre
5% mudam de endereço
5% afastam-se decorrente de amizades comerciais
10% encontram preços melhores na concorrência
14% não têm suas reclamações atendidas
65% alegam indiferença do pessoal de atendimento

Fonte: Elaborada pelas autoras.

O roteiro para encomenda de infográficos pode ser menos ou mais detalhado, dependendo da dinâmica entre os envolvidos na produção. É comum que a equipe de mídias disponibilize templates ou pelo menos uma descrição dos tipos básicos de infográficos, para facilitar a encomenda pelo conteudista e/ou designer instrucional, quando aplicável. Alternativamente, a própria equipe de produção pode analisar de forma direta o texto-base elaborado pelo conteudista e sugerir representações visuais.

Os elementos da composição visual são discutidos em mais detalhes no Capítulo 13, *Produção de mídias*.

De todo modo, há um conjunto de decisões envolvendo fontes, linhas, volumes e cores que requerem competências comunicacionais específicas. A encomenda inicial feita por um educador "leigo" pode ser enriquecida pela contribuição criativa e crítica dos especialistas em mídia. Essa é a contrapartida esperada de modelos de produção industrial. Isso não invalida, contudo, que modelos artesanais e pós-industriais também possam beneficiar-se desses conhecimentos para produzir conteúdos visuais de alto valor comunicacional.

Roteirização de histórias em quadrinhos

Roteirizar **histórias em quadrinhos** requer um conhecimento básico da chamada linguagem dos quadrinhos.

Um dos aspectos centrais é definir o que será desenhado dentro de cada quadro e o que *não* será desenhado, sem prejuízo da compreensão pelo leitor. Criar oportunidades para que o leitor complete mentalmente as transições de um quadrinho a outro é o que torna essa arte tão atraente.

Assim, o primeiro ponto a ser reconhecido é que os quadrinhos são delimitados por **molduras** (ou **requadros**). Essas linhas restringem o espaço onde se posicionam os objetos e as personagens, e é aí que as ações acontecem. As chamadas **sarjetas** (ou **hiatos**) separam um quadrinho do outro e indicam uma situação oculta ou subentendida. Nesses espaços vazios, nosso cérebro cria imagens de ligação e a ação tem continuidade na cabeça do leitor.

As **legendas** na parte superior dos quadrinhos comportam textos narrativos e indicações de mudança temporais ou espaciais (por exemplo, "Enquanto isso...", "No dia seguinte...", "No jardim da casa...") ou ainda o diálogo interior de uma personagem, em substituição ao balão de pensamento.

Observe na Figura 12.17 os vários elementos da estrutura narrativa dos quadrinhos.

•• **FIGURA 12.17** Elementos básicos da estrutura narrativa nas histórias em quadrinhos

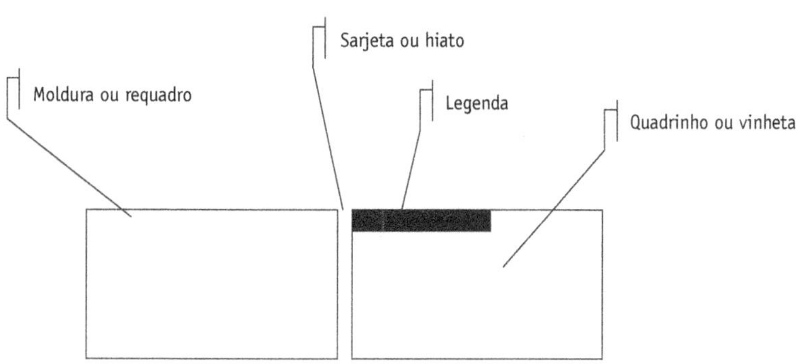

Fonte: Elaborada pelas autoras.

Os quadrinhos utilizam uma linguagem própria, composta por uma série de elementos que trazem dinamismo, emoção, movimento e sonoridade ao meio impresso. Vejamos a seguir.

Os **balões** são uma convenção gráfica para registrar a fala ou o pensamento de uma personagem. O apêndice que sai do balão indica quem está falando ou pensando; e, quando se dirige a uma personagem do quadrinho, indica uma **fala em *off***. Na Figura 12.18, reunimos alguns exemplos de tipos de balões empregados nos quadrinhos para expressar tons e emoções presentes em diálogos.

Fala em *off*
Quando não aparece a imagem de quem está falando. Também referida como por locução ou narração em off na roteirização de vídeos.

•• **FIGURA 12.18** Tipos de balões usados em quadrinhos

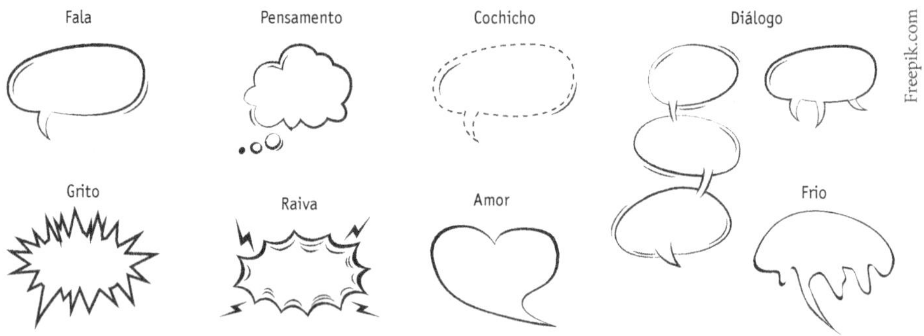

Fonte: Elaborada pelas autoras.

As **metáforas visuais** expressam ideias e sentimentos por meio de ícones e signos gráficos. A Figura 12.19 mostra alguns exemplos.

•• **FIGURA 12.19** Exemplos de metáforas visuais

Fonte: Elaborada pelas autoras.

As **onomatopeias** são usadas para representar ruídos e sons naturais por meio de palavras, constituindo uma espécie de sonoplastia da narrativa. A Figura 12.20 traz alguns exemplos.

•• **FIGURA 12.20** Exemplos de onomatopeias usadas em quadrinhos

Fonte: Elaborada pelas autoras.

A **simulação da oralidade** também se concretiza pelo uso de sublinhados, negritos, itálicos, tamanho de fonte, repetição de consoantes e até a ausência de textos. Assim, atribui-se um valor expressivo às letras.

Nos quadrinhos, a letra redonda, sem negrito, na cor preta e em caixa alta (maiúsculas), é a mais utilizada. Qualquer estilo de formatação que fuja a esse padrão neutro produz um resultado diferente, e a letra passa a comunicar um clima emocional:

- Letras menores indicam fala sussurrada ou em tom baixo.
- Letras maiores ou em negrito sugerem tom de voz alto ou fala mais emocional.
- Letras em formato ondulado imitam o som de uma música.
- Letras saindo dos balões e invadindo o restante do quadrinho indicam que o som tomou conta do ambiente, denotando falatório ou tumulto.

As **linhas de movimento**, quando aplicadas a imagens fixas, indicam deslocamento físico ou movimento (como pessoas correndo, carros transitando em velocidade, objetos em trajetória). Isso confere dinamismo às cenas. Veja alguns exemplos na Figura 12.21.

As histórias em quadrinhos também emprestam recursos da linguagem cinematográfica e da animação para comunicar as emoções, as sensações, a atmosfera ou o clima de ambiente. Para isso, podem inspirar-se no *acting* (representação de traços psicológicos por meio de ilustrações) e também simular enquadramentos, angulações e movimentos de câmera, gerando perspectivas e interpretações diversas.

•• **FIGURA 12.21** Exemplos de linhas de movimento

Cícero Soares

©Thinkstock

Fonte: Elaborada pelas autoras.

> Veja a respeito do *acting* mais adiante, na seção sobre animações e sobre planos e movimentos de câmera no Capítulo 13, *Produção de mídias*.

Os assim chamados **quadrinhos autorais** dependem diretamente de seu criador para serem executados – o processo criativo mescla-se ao processo produtivo. Também é possível desenvolver **quadrinhos nos modelos industrial e pós-industrial**, com a ajuda de uma equipe profissional ou colaborativa: alguns criam um roteiro textual, outros esboçam a história a lápis, outros passam a tinta sobre o desenho, outros escrevem as letras dentro dos balões.

Essa divisão de tarefas em equipe nos dá uma ideia das **etapas de roteirização específicas para as histórias em quadrinhos**. Vamos considerar um exemplo simples, semelhante ao das tirinhas diárias publicadas em jornais.

1) Para contar a história, é necessário primeiro definir um tema. (No caso dos conteúdos educacionais, o tema deriva dos objetivos de aprendizagem e da organização curricular e corresponde à *storyline* do produto.)
2) Em seguida, a história é estruturada de acordo com o esquema básico das narrativas: introdução, complicação e solução. Para capturar e manter a atenção dos alunos, o início precisa ser cativante; o meio deve manter o mesmo nível de atenção e suspense; e o final tem de dar margem a algum tipo de questionamento sobre a solução dada ao enredo. Esse esquema de início-meio-fim pode ser roteirizado textualmente, como mostra a Figura 12.22.

•• **FIGURA 12.22** Exemplo de roteiro para elaboração de história em quadrinhos simples[2]

Quadrinho 1
Rapaz e moça lado a lado: ele à direita dirigindo-se a ela; ela olhando para ele, com corações apaixonados sobre a cabeça e sorriso no rosto. No balão de fala do rapaz, o texto é: – VOCÊ SERIA A MÃE PERFEITA PARA OS MEUS FILHOS!

Quadrinho 2
Rapaz e moça na mesma posição lado a lado: ele, mais confiante, com as mãos na cintura; ela com os coraçõezinhos murchando sobre a cabeça, cujo sorriso some. No balão de fala do rapaz, o texto é: – POSSO DEIXÁ-LOS COM VOCÊ?

Quadrinho 3
Rapaz na mesma posição, braços soltos e suor pingando do rosto; a moça aparece saindo do quadro, com linhas de movimento mostrando que ela "deu no pé" e traços denotando raiva sobre sua cabeça.

Fonte: Elaborada pelas autoras.

3) Elaborado (e validado) o roteiro textual, é necessário preparar um esboço visual da história. As personagens são rascunhadas em um *storyboard* e situadas na posição em que devem aparecer nos quadrinhos; os balões de texto são posicionados em relação às personagens, e outros elementos que compõem as cenas são delineados, em uma prévia do que será a diagramação final.
4) Com o *storyboard* terminado (e validado), chegamos à **arte-final**. Aqui se aplica tinta sobre o esboço, usando para isso pincéis, canetas e até lápis, que darão o contorno final aos desenhos.
5) Por fim, é necessário escrever os textos dentro dos balões e das legendas (operação chamada de **letreiramento**) e indicar as cores para aplicação posterior na gráfica, caso estas não tenham sido executadas diretamente no original.

Arte-final
Acabamento de um trabalho artístico a ser produzido graficamente e seu produto resultante (capa de livro, ilustração, fotografia etc.), pronto para ser reproduzido.

Esta é uma sequência de passos para a criação manual de quadrinhos. Hoje dispomos de uma série de recursos eletrônicos que permitem fazer seleções em bancos de imagens, quadros e balões, inserir texto e colorir fundos e desenhos. A criação, a roteirização e as validações, contudo, permanecem dependentes da capacidade humana de produzir coisas com propósito e significado.

Roteirização de áudio

As diretrizes apresentadas neste capítulo se aplicam principalmente à **segunda oralidade**, aquela que é planejada para registro em suporte midiático e veiculação por meio de tecnologias.

No Capítulo 3, *Dimensão comunicacional*, apresentamos uma perspectiva teórica sobre a matriz-sonora de pensamento e linguagem.

Assim, mesmo quando se tratar da gravação de um diálogo didático real, travado ao vivo (por exemplo, um atendimento telefônico a alunos ou

[2] Este roteiro corresponde à história em quadrinhos exemplificada na Figura 10.7.

uma interação docente-discente por áudio/teleconferência), pressupomos aqui atividades de **planejamento e roteirização para áudio.**

Isso porque a linearidade e a volatilidade das interações orais podem gerar sobrecarga cognitiva em quem ouve, uma vez que a memória de trabalho tem capacidade limitada de processar informações. Precisamos, então, adotar estratégias da segunda oralidade a fim de assegurar tanto a continuidade quanto a progressão das ideias comunicadas em um discurso oral.

O discurso oral

Exploramos o planejamento verbal da comunicação em mídia impressa no Capítulo 11, *Autoria*, mais especificamente na seção *Boas práticas de redação.*

Quando elaboramos um texto para a mídia impressa, buscamos coerência e coesão, uma dialogicidade interna ao texto que reforça as relações entre as ideias por meio de referências explícitas ao que foi dito anteriormente, ou ao que virá depois.

No **discurso oral**, fazemos o mesmo por meio de repetições, reformulações marcadas prosodicamente e construção de frases simples que permitem individualizar temas e subtemas, em sua ordem progressiva de apresentação.

No discurso oral, explicitamos a organização das ideias por meio dos chamados **marcadores discursivos**. Esses elementos segmentam o texto e facilitam o processo de interpretação por quem ouve.

Os marcadores conectam expressões, relacionando o que acabou de ser dito com a próxima fala do discurso, por meio de contraste, consequência, temporalidade etc. O Quadro 12.8 reúne uma lista de marcadores discursivos, de acordo com sua classe de uso.

•• **QUADRO 12.8** Marcadores discursivos

Tipos de marcadores	Exemplos
Enumerativos ou de integração linear	Em primeiro lugar, em segundo lugar; para começar; para os iniciantes; então, finalmente, por último; para concluir
Reforçadores	Além disso, adicionalmente, por outro lado, acima de tudo, de fato, com efeito
Equalizadores	Igualmente, similarmente, da mesma forma, de modo similar, de igual maneira
Transicionais	A propósito, aliás, agora
Somativos	Então, em conclusão, em suma
Apositivos	Isto é, ou seja, quer dizer, em outras palavras, por exemplo
Resultantes	Por conseguinte, portanto, assim, como resultado, por algum motivo, por alguma razão
Inferenciais	Caso contrário, então, em outras palavras, nesse caso
Reformuladores	Melhor, pelo contrário, antes
Substitutivos	Alternativamente, pelo contrário, por outro lado
Tópicos	Quanto a este tema; no que concerne a
Introdutores de universos discursivos	Politicamente falando...; para os cientistas do século XIX...

Fonte: Elaborado pelas autoras.

Entretanto, devem-se evitar na linguagem oral orações longas e intercaladas, que impõem uma carga cognitiva excessiva sobre o ouvinte. Consideremos, por exemplo, o texto seguir:

> O ministro da Educação, ao chegar à Brasília após uma visita a Campo Grande, onde foi recebido por protestos de professores que não recebem salário há dois meses, anunciou que as verbas já foram desbloqueadas pelo ministério das Finanças.

O texto traz uma série de ideias que o ouvinte precisará processar enquanto a fala é executada pelo emissor:

1) O ministro da Educação chegou a Brasília vindo de Campo Grande.
2) Na visita a Campo Grande, o ministro foi recebido por protestos de professores locais.
3) Os professores de Campo Grande não recebem salário há dois meses.
4) Em Brasília, o ministro anunciou que verbas antes bloqueadas (não se sabe exatamente para qual finalidade, nem por qual motivo) foram desbloqueadas.

Melhor seria dizer algo como:

> Após uma visita a Campo Grande, onde foi recebido por protestos de professores, o ministro da Educação, [informar o nome], anunciou em Brasília que as verbas para pagamento dos salários atrasados foram finalmente liberadas pelo ministério das Finanças.

De igual modo, processar redundâncias e pleonasmos nada mais faz que consumir os escassos recursos cognitivos da memória de trabalho para processar informação irrelevante. Exemplos: "hemorragia de sangue", " manteve inalterado" e "25 anos de idade", entre outros.

No entanto, palavras de pronúncia difícil (como "perpetrar" e "juvenilização") e cacofonias em palavras com terminações semelhantes (como "ão", "ões", "ente", "ismo", "ar", "al") ou foneticamente idênticas ("O presidente cedeu a sede") prejudicam a fluidez da fala e desviam a atenção de quem ouve.

O mesmo ocorre com algumas construções orais, que podem gerar interpretações ambíguas, alterando o conteúdo da mensagem ou mesmo criando ruídos na recepção. Exemplos:

1) A fala "O ministro e responsável..." pode soar como "O ministro irresponsável...".
2) A expressão "As aulas de religião e moral..." pode soar como "As aulas de religião imoral...".
3) O texto "...a traíram" pode soar como "...atraíram".

Cuidados também são necessários no emprego de palavras e expressões estrangeiras, que nem sempre são de domínio do público ouvinte. Por exemplo, diante de uma frase como "Essa ação caracteriza a prática de *dumping*...", o aluno não familiarizado com o termo tenderá a consumir toda a sua atenção para: a) decifrar a pronúncia correta do termo estrangeiro; e b) buscar algum significado para aquilo que conseguir decifrar. No entanto, a mensagem global vai além e, se o aluno tiver se detido apenas na compreensão desse termo específico, terá de voltar atrás no que foi dito para retomar a linha de argumentação. Se fosse um caso de oralidade primária (emissão e recepção ao vivo), o aluno teria perdido a chance de construir um esquema mental relativo a esse conteúdo.

Assim, quando não houver tradução ou termo equivalente em português, é necessário incluir na fala uma explicação do sentido. O nosso exemplo ficaria melhor como: "Essa ação caracteriza a prática de *dumping*, ou seja, a venda de bens importados a preços inferiores aos do mercado nacional".

Decerto, um fator importante para o processo de segmentação da fala é a **prosódia** – a parte da gramática que se dedica às características da emissão dos sons com vistas a prover clareza e nitidez à fala. Variações de entonação e intensidade, hesitações, interrupções e alongamentos vocálicos marcam o esforço do emissor em transmitir uma mensagem.

Alguns aspectos da prosódia precisam ser observados na produção de conteúdos em áudio:

- **Ênfase:** a expressividade depende da energia e da vitalidade atribuídas às partes da fala. Nas palavras, a ênfase corresponde à colocação correta da sílaba tônica; nas frases, ao destaque dado a palavras e expressões-chave.
- **Entonação:** cada palavra ou expressão deve ser enunciada de acordo com seu significado, como se uma música embalasse a fala (por exemplo, ao falar sobre "vida", atribuímos um peso afetivo diferente de quando falamos sobre "morte"). Pausas estratégicas também conferem musicalidade à narrativa.
- **Pronúncia:** se o aluno não conseguir compreender o que é dito, simplesmente desistirá de ouvir. Daí a importância da **boa dicção**, que nada mais é que a maneira de articular ou pronunciar as palavras com clareza para possibilitar a construção de um discurso compreensível e atraente ao receptor.

Para mais detalhes sobre o ritmo na apresentação de conteúdos, o leitor pode consultar a seção *Balanceamento da carga cognitiva textual* no Capítulo 11, *Autoria*.

- **Ritmo:** variações na velocidade da fala possibilitam o equilíbrio entre a quantidade de informações transmitidas e a capacidade de processamento cognitivo pelo aluno. Enquanto algumas informações de apoio ou complementares podem ser transmitidas em maior velocidade, conteúdos essenciais, mais complexos ou aqueles que são novos para o público requerem uma apresentação mais lenta.

Da mesma maneira que ocorre na escrita, não se trata de negar ou simplificar as informações a serem comunicadas, mas de buscar as soluções mais adequadas à matriz sonora e às mídias empregadas para reproduzi-la.

A voz humana

De fato, a **voz humana** participa na construção do significado da mensagem transmitida. Constituída por traços vocais que permitem trabalhar os enunciados, é elemento decisivo na personalização da informação, introduzindo uma dimensão de intimidade e liberdade na comunicação. No entanto, quando demasiado melodiosa, pode distrair o receptor do propósito da mensagem.

> A produção profissional de conteúdos educacionais demanda um tratamento diferenciado da fala. O chamado *voice design* é um novo campo de conhecimento que busca resgatar a oralidade no processo educacional. Para mais informações, recomenda-se a leitura do artigo *Voice design: o poder da palavra falada aplicada* (2013), de Jorge Cury Neto.

O **timbre** (ou **qualidade vocal**) é uma propriedade acústica da voz humana, dependente de características anatômicas como o comprimento das cordas vocais, que a distingue das demais vozes. Já o **tom** é um atributo vocal intimamente ligado ao gênero que possibilita a altura ou a elevação dos sons emitidos. Por essa característica, o tom da voz possibilita a criação de arquétipos físicos e psicológicos que evocam no ouvinte imagens mentais associadas a perfis psicológicos e físicos: a voz masculina grave remete ao herói; a voz feminina mais aguda, à delicadeza.

Existe assim uma espécie de relação afetiva entre a voz e a memória discursiva de quem ouve. Por exemplo, a voz de um professor pode trazer à memória auditiva dos alunos a relação interpessoal - positiva, negativa ou neutra - criada em situações comunicativas presenciais. Pode-se tirar partido desse fator afetivo para assegurar a continuidade das ações ou, de outro modo, a ruptura.

Os vários aspectos descritos anteriormente, ao lado de condicionantes organizacionais de cada projeto, podem levar à utilização de um **locutor profissional**, ou seja, alguém que faz a narração ou a leitura do texto totalmente pré-roteirizado, em lugar do autor ou educador.

Por vezes, também é empregada a figura do **âncora**, um profissional que desempenha o papel de articulador quando se produzem vários conteúdos vinculados a um mesmo curso ou programa, ou ainda o papel de moderador, quando o áudio se presta a entrevistas e debates.

> Uma das principais referências brasileiras no estudo da voz, a professora Mara Behlau atua na Unifesp e tem várias publicações, entre as quais citamos os dois volumes intitulados *Voz: o livro do especialista* (2001, 2005). Um recurso interessante para o professor é o material de apoio ao Programa de Formação Continuada em Mídias na Educação, da Secretaria de Educação a Distância do MEC, disponível na web. O módulo *Recursos de áudio na web* inclui ainda sugestões de exercícios para melhorar aspectos da voz.

Quando se espera uma postura mais opinativa e participativa do âncora, esse papel é assumido por alguém que domina os conteúdos em tela, por exemplo, um coordenador de curso.

No entanto, o papel de âncora pode ser desempenhado por locutores profissionais se o objetivo for causar impacto vocal mais do que levar uma contribuição técnica ou pedagógica. Essa é uma alternativa comumente adotada quando se deseja construir uma identidade vocal forte para o produto ou quando o gênero discursivo assim o exige (como é o caso das dramatizações).

Vai além do escopo deste livro e da nossa competência autoral esmiuçar cada uma das facetas relacionadas à voz humana. No entanto, gostaríamos de destacar ao menos os parâmetros universais citados por estudiosos do campo da fonoaudiologia para caracterizar uma "boa voz":

emissão harmônica e sem esforço, com frequência e intensidade adequadas ao sexo e à idade. Estudos indicam que as vozes preferidas por alunos ouvintes costumam apresentar intensidade forte, frequência média, articulação precisa, velocidade de fala adequada ao assunto, boa projeção vocal e ressonância laringo-faríngica.

A música

A **música** é a arte de combinar sons, com ordem, equilíbrio e proporção dentro de um intervalo de tempo. Tem funções distintas quando empregada em conteúdos educacionais: inspirar, motivar, impressionar e criar atmosferas.

Para além da aprendizagem no domínio musical, a música favorece o raciocínio, estimula a criatividade, evoca sentimentos e tem a potencialidade de mudar estados de ânimo, atingindo as dimensões cognitiva e afetiva do ser humano.

A música também apresenta propriedades narrativas: trilhas sonoras auxiliam na caracterização de personagens, tanto isoladamente quanto em suas relações com os outros, e também facilitam a associação a determinados locais ou ambientes.

A música tem ainda o poder de aprofundar o efeito de uma cena ou conferir maior foco a algum aspecto da história. Há momentos em que a música é mantida em *stand by* (suspensa), para então atingir o ápice em determinada cena, fazendo prevalecer a emoção.

O uso de música em conteúdos educacionais pode basear-se na incorporação de trilhas prontas ou na produção de trilhas totalmente inéditas para podcasts, animações, jogos e vídeos. No primeiro caso, aplicam-se os mesmos procedimentos de solicitação de uso adotados para textos e imagens. No segundo caso, que costuma ser raro em virtude das restrições orçamentárias, requer-se uma encomenda que articule objetivos de aprendizagem, conhecimento do público-alvo e intencionalidade comunicacional.

> Uma leitura enriquecedora para quem deseja aprofundar-se no tema é o artigo intitulado *A importância da música em objetos de aprendizagem* de Rosas & Behar, (2010), disponível na web.

Roteirização de podcasts

Sabemos que há uma diversidade de maneiras de utilizar podcasts em educação. E, dependendo do tipo, formato, duração, autoria, estilo e finalidade, teremos roteiros diferenciados.

Como nos demais tipos de conteúdos educacionais, o processo de criação de podcasts envolve elaborar um texto-base, solicitar autorização de uso no caso de materiais produzidos por terceiros, roteirizar e aplicar serviços profissionais de mídia para conferir ao produto uma qualidade equivalente à que encontramos em produtos comerciais. É o que veremos a seguir.

Na **roteirização de podcasts**, registramos por escrito tudo o que será dito e ouvido. Isso inclui tanto a fala do orador/locutor quanto vinhetas de apresentação, músicas e efeitos sonoros, na sequência em que eles devem aparecer.

No caso de podcasts acompanhados de imagens estáticas, vídeos (os chamados *videocasts*) ou telas capturadas (*screencasts*), é preciso indicar os momentos exatos de sua entrada já no roteiro para futura sincronização. Nesse caso, pode ser útil recorrer a um *storyboard* de trabalho.

Para facilitar a posterior gravação do áudio, pode-se subdividir o roteiro em dois, isolando em um deles o texto a ser apresentado e no outro as orientações para a equipe de produção. Alternativamente, em um roteiro único podem ser criados códigos para destacar as falas das demais marcações.

A roteirização de podcasts engloba, no mínimo, os seguintes passos:

1) Coletar dados e informações sobre o tópico escolhido. Esta atividade pode corresponder a:
   a) análise do texto-base elaborado antecipadamente por um autor;
   b) pesquisa empreendida especificamente para o podcast a ser produzido.
2) Organizar e hierarquizar os dados e as informações em subtópicos. Esta atividade pode corresponder a:
   a) análise do mapa mental elaborado pelo autor na preparação do texto-base;
   b) elaboração de um mapa mental a partir do texto-base ou das informações coletadas no passo 1.
3) Distribuir os elementos sonoros e visuais (quando houver) em uma sequência temporal, como na escaleta adaptada para podcast no Quadro 12.9.

A técnica de mapeamento mental é apresentada em detalhes no Capítulo 11, *Autoria*.

•• Quadro 12.9 Exemplo de escaleta adaptada para podcast

Início	00:00	00:10	00:20	01:00	14:00	15:00	28:00	29:00	29:30
Sequência	Vinheta de abertura	Apresentação da unidade/ conteúdo	Apresentação do professor	Bloco 1	Resumo do Bloco 1	Bloco 2	Resumo do Bloco 2	Fechamento	Encerramento
Áudio	Vinheta gravada	Fala do âncora	Fala do âncora	Fala do professor	Fala do âncora	Fala do professor	Fala do âncora	Fala do professor	Vinheta gravada
Imagem	Logo	Título da unidade/ conteúdo	Foto do professor	Slides do professor	Slide: pontos-chave	Slides do professor	Slide: pontos-chave	Foto do professor	Logo
Duração	10 s	10 s	40 s	13 min	60 s	13 min	60 s	30 s	30 s

Fonte: Elaborado pelas autoras.

4) Registrar por escrito o texto a ser gravado, considerando:
   a) Adequação de frases breves, na ordem direta (sujeito, verbo e complemento), em curtos intervalos de tempo.
   b) Tom coloquial que simule o diálogo didático com o ouvinte.
   c) Fluência oral da mensagem.

A Figura 12.23 reproduz um exemplo de roteiro para locução de áudio no qual participa um locutor profissional.

•• **FIGURA 12.23** Exemplo de roteiro para locução de áudio

ROTEIRO DE LOCUÇÃO – MÓDULO 3

Unidade 3.2 – 210 segundos

Duração	Locutor	Tela	Texto
10	Profissional	1 (Objetivos)	Você está prestes a dar o primeiro passo nas práticas de design instrucional: a análise contextual. Para isso, você verá o que é contexto e quais são os princípios e ferramentas para identificação de necessidades de aprendizagem, caracterização do público-alvo e levantamento de restrições, que lhe permitirão encaminhar uma solução de DI para um contexto específico. Vamos lá?
30	Autora	8 (Recapitulando)	Recapitulando: – O contexto é expresso em dimensões temporais (de orientação, instrução e transferência) e em níveis de abrangência (individual, imediato e institucional). – A análise contextual consiste em identificar as necessidades de aprendizagem, as características do público-alvo e as restrições do contexto. – O relatório final formaliza a análise contextual e encaminha a solução para o problema identificado.

Fonte: Elaborada pelas autoras.

Se o podcast incluir dramatização, o roteiro deve seguir as diretrizes para as narrativas instrucionais, visto que teremos diálogos entre várias personagens.

Caso a apresentação seja feita por profissional de locução, será preciso indicar, no roteiro, se a voz (ou as vozes, quando aplicável) é masculina ou feminina, qual o timbre e o tipo de voz esperado (adulto, jovem, criança, idoso etc.), assim como a entonação a ser aplicada (formal, alegre, entusiasmada, sóbria, solene, triste etc.).

5) Ensaiar, ou seja, ler em voz alta o texto roteirizado para conferir ênfases, entonação, pronúncia e ritmo. É importante ressaltar que o ensaio não deve ser usado para "decorar" o texto, mas sim para adequar a fala, tendo em vista a clareza e a coesão na comunicação oral.

   Ensaiar também permite cronometrar o tempo de apresentação antes da gravação definitiva e, se necessário, editar (fazer cortes ou inserções) o material ainda na fase de roteirização. Ajustes podem ser realizados na pós-produção, mas, como se trata de atividade mais técnica, provavelmente conteudista, designer instrucional e apresentador não participarão dela.

6) Revisar o roteiro, incluindo no texto os ajustes identificados no ensaio.
7) Aplicar uma revisão finalíssima e validar o material com toda a equipe antes que o registro definitivo seja produzido.

A estrutura sugerida aqui para a roteirização de podcasts admite, é claro, variações. Ela será menos ou mais detalhada conforme as necessidades de cada projeto de produção de conteúdos.

Em muitos casos, espera-se capturar a espontaneidade e a naturalidade por parte de quem fala – o professor que apresenta um conteúdo, que relata um caso ou uma experiência ou que provê um *feedback* aos alunos; ou ainda um convidado que traz um testemunho interessante ou que responde a perguntas pré-formuladas pela audiência.

Veja a seguir, neste capítulo, diretrizes específicas para as apresentações de slides e também para as videoaulas e os noticiários, as quais reforçam a necessidade de uma roteirização prévia mínima.

Nessas situações, em vez de roteirizar pormenorizadamente tudo o que será dito, palavra a palavra, pode-se optar por um roteiro em forma de tópicos ou questões, de maneira muito semelhante ao material que preparamos para fazer apresentações de slides. Há que se providenciar, contudo, a oportunidade de ensaios, a fim de fazer uma verificação prévia quanto aos aspectos discutidos anteriormente.

Roteirização de multimídia

A **roteirização de multimídia** – soluções educacionais que combinam texto, imagem e áudio – caracteriza-se não só pela pluralidade de mídias, mas também pela interatividade e pela representação do movimento.

As apresentações de slides não costumam fazer parte desse grupo, mas, com a crescente disponibilização de versões para consulta via web, também vem aumentando a importância de roteirizá-las a fim de obter um produto final coeso e coerente.

Uma variação, a técnica de Pecha Kucha, evidencia a criticidade da administração do tempo e da sincronização entre conteúdo visual e auditivo.

As animações aumentam o foco sobre a interatividade e a representação do movimento, e um formato especial, o das animações em quadro branco, traz parte da atividade de autoria às vistas do aluno.

Os objetos de aprendizagem formalizam a interação do aluno com a multimídia, enquanto os jogos e as simulações aprofundam o papel do *feedback* na criação de um fluxo de engajamento completo com o conteúdo e as atividades propostas.

Roteirização de apresentações de slides

Qualquer que seja a abordagem adotada – organização linear ou em rede, entrega ao vivo ou distribuição virtual –, uma boa **apresentação de slides** tem como inspiração os documentários, em que um tema central é desenvolvido por meio de fotos, vídeos e narração.

Veja mais sobre documentários na seção *Vídeos educacionais*.

Segundo Gary Reynolds,[3] especialista nesse formato de conteúdo, uma apresentação de qualidade é caracterizada por:

1) **Simplicidade:** se tudo é importante, por consequência nada é importante; as apresentações trazem o âmago do conteúdo.
2) **Imprevisibilidade:** a surpresa é o que conquista o interesse das pessoas; levantar questões que despertem a curiosidade e montar aos poucos o quebra-cabeças junto à audiência as levará a engajar-se na apresentação.
3) **Concretude:** exemplos reais e imagens concretas ajudam a visualizar ideias.
4) **Credibilidade:** fazer valer o tempo das pessoas tem que ver com qualidade tecnocientífica dos conteúdos significados.
5) **Emoções:** as imagens são uma forma de estabelecer uma conexão emocional com as ideias – falar sobre o tsunami que alcançou o Japão em 2011 com dados e listas de marcadores certamente não teria o mesmo impacto que utilizar imagens do fenômeno e fotos do sofrimento humano.
6) **Histórias ou narrativas:** as narrativas chamam nossa atenção e são mais fáceis de compreender do que listas de regras.

Essas seis qualidades estão alinhadas com a teoria da aprendizagem multimídia e também com a fundamentação teórica sobre as narrativas instrucionais que veremos mais adiante.

Assim, podemos pensar na roteirização das apresentações de slides seguindo alguns passos bem objetivos:

1) **Planejar analogicamente:** o recomendado é estruturar a apresentação primeiro na forma "analógica" (isto é, em papel, independentemente da ferramenta tecnológica a ser usada) e só depois passar ao design.
   - Mesmo para apresentações lineares, uma excelente técnica para fazer esse planejamento é o **mapa mental**, que possibilita destrinchar visualmente uma ideia ou um conceito principal (a *storyline*) em ideias e conceitos relacionados.
   - Estima-se que, em média, cada slide consuma de dois a três minutos para apresentação oral (no modelo convencional). Podemos fazer então um planejamento reverso: se estão previstos 15 minutos para a apresentação inteira, faz sentido dividir em cinco a sete slides os tópicos de conteúdo mapeados.
2) **Projetar:** aqui, é preciso inspirar-se na teoria da carga cognitiva, nos princípios da Gestalt e na teoria das cores, entre outros, para projetar slides elegantes, enxutos e completos. Pode-se encarar a primeira versão da apresentação como um SB de rascunho e depois refinar o conteúdo com as recomendações básicas de design reunidas no Quadro 12.10.

---

3 REYNOLDS, G. *Apresentação zen:* ideias simples de como criar e executar apresentações vencedoras. Rio de Janeiro: Alta Books, 2010.

•• **QUADRO 12.10** Qualidades de uma boa apresentação de slides

Estrutura	Forma
❍ Iniciar a apresentação informando título, responsável e data – isso fornece o contexto mínimo do que será dito ❍ Incluir no início um sumário ou mapa dos tópicos e, ao final, fechamento ou conclusão ❍ Manter o foco em um assunto principal por slide e reduzir o excesso de informações – isso evita a sobrecarga cognitiva ❍ Escolher títulos que resumam de fato o assunto tratado em cada slide e conduzam o espectador pelo mapa do conteúdo	❍ Preferir a linguagem visual à textual por seu poder de síntese ❍ Explorar espaços vazios para conferir maior elegância e clareza ao leiaute ❍ Usar contrastes para destacar o que é mais importante ❍ Adotar plano de fundo e esquema de cores consistente em todos os slides ❍ Somente acrescentar efeitos sonoros e animados quando houver justificativa ❍ Efeitos de transição entre slides atraem a atenção, mas podem cansar quando usados em excesso
Imagem	**Texto**
❍ Escolher imagens que estabeleçam conexão emocional ❍ Selecionar imagens de qualidade (em vez dos **clip-arts**, que se tornaram banais) ❍ Usar organizadores gráficos e/ou infográficos ❍ Dar o crédito a materiais de terceiros	❍ Editar frases para manter como texto apenas o que for indispensável ❍ Aplicar revisão ortográfica ❍ Usar fontes sem serifa (como Arial ou Verdana), no mínimo em tamanho 24, para facilitar a leitura em tela ou projetor ❍ Não aplicar mais do que três estilos de fonte ❍ Usar negrito, itálico ou caixa-alta com parcimônia (se tudo é destacado, nada realmente tem destaque)

Fonte: Elaborado pelas autoras.

Clip-art
Conjunto de ilustrações genéricas e outros elementos gráficos de livre utilização.

3) **Ensaiar** para integrar som e imagem.
   - Uma vez montados os slides, pode-se gravar uma apresentação-ensaio a fim de avaliar aspectos do discurso oral.
   - Caso o conteúdo da fala ao vivo tenha sido registrado por escrito, o ensaio fornecerá os subsídios para eventuais edições, até se chegar a uma versão bem enxuta.

Falamos sobre o uso de ensaios para aprimorar o discurso oral na seção deste capítulo sobre a roteirização de áudio.

4) **Apresentar** ao público.
   - Se a apresentação for ao vivo, é preciso testar a projeção a fim de assegurar a resolução das imagens e a compatibilidade de versões.
   - Se a apresentação for disponibilizada em áudio gravado, é hora de fazê-lo observando os cuidados com o registro de áudio para posterior publicação.

Cuidados na gravação de áudio são abordados no Capítulo 13, *Produção de mídias*.

Roteirização de animações

O termo **animação** deriva do latim *animare*, que significa "dar vida a". Uma das principais formas de dar vida a objetos inanimados é por meio da ilusão de movimento. Essa ilusão está presente no cinema, na televisão, no vídeo e até no teatro de marionetes, mas é a essência da animação, nosso foco principal aqui.

Para entender como se dá a percepção do movimento, precisamos compreender o funcionamento da visão humana. Os olhos só distinguem dois fenômenos luminosos se estes estiverem separados por um intervalo de tempo de pelo menos 60 a 80 milissegundos. Se este intervalo não for respeitado, os estímulos luminosos não mais serão percebidos como fenômenos distintos, mas como um único fenômeno integrado. Assim, imagens estáticas apresentadas em determinada ordem e velocidade são unidas pelo cérebro e geram a ilusão do movimento.

O estudo do movimento no campo animação é extenso e fascinante. Uma leitura mais técnica, que detalha pelo menos doze princípios para analisar e animar movimentos, é a dissertação de mestrado de Mauricio Duarte Mazza, intitulada *O acting no design de animação* (2009), disponível na web.

O primeiro desafio ao criar uma animação é, portanto, perceber e representar corpos em movimento e suas relações com a força da gravidade, que se impõe sobre tudo o que existe. Outro elemento importante é a compreensão de como os fenômenos físico-mecânicos agem ao longo do tempo. Alguns exemplos: vamos imaginar uma personagem que leve um segundo para levantar do chão uma primeira pedra e dez segundos para fazer o mesmo com uma segunda pedra: esta parecerá muito mais pesada. A animação regula o tempo de projeção dos desenhos, de modo que eles representem movimentos naturais e fluidos.

Decorre uma regra básica da animação: dentro de uma mesma regulação do tempo, mais quadros proporcionam ilusão de velocidade baixa; menos quadros, de velocidade alta.

Se uma bola cai no chão no intervalo de um segundo, ela terá um peso. Se a mesma bola cair no chão em ¼ de segundo, parecerá muito mais pesada. Se uma personagem gira a cabeça para a direita em um intervalo de dois segundos, ela parecerá tranquila, relaxada. Se esta mesma animação for apresentada em ¼ de segundo, o sentido será de tensão ou susto. É importante entender que não se trata apenas do tempo em si, mas do significado ou da emoção que o movimento sugere.

Assim, a animação é uma linguagem visual que comunica não apenas o movimento, mas a intenção, função ou a emoção que o movimento representa. Em um filme de animação, a personagem não apenas caminha; ela caminha de acordo com um objetivo. Uma força física faz a personagem caminhar, mas, antes de existir a força, é preciso definir a intenção, a motivação, o objetivo.

Isso fica mais claro quando analisamos os quatro tipos de movimento – também conhecidos como os "4 As" da animação, como mostra o Quadro 12.11.

•• **QUADRO 12.11** Os quatro tipos de movimento representados por meio de animação

Tipos de movimento	Descrição	Exemplos
Atividade	A forma mais básica de movimento, geralmente abstrato e não associado a nenhum objeto que reconhece esse movimento	Movimento do cursor do mouse do computador, luz que pisca, títulos e créditos que aparecem no filme de animação
Ação	Movimento associado a objetos conhecidos, em condições familiares e sujeito a leis conhecidas; não há intencionalidade no movimento, que é inerente às suas propriedades e à sua relação com as leis naturais	Bolas em ações esportivas, giro da hélice do helicóptero, movimento das folhas das árvores proporcionado pelo vento
Animação	Movimento objetivado que, além de estar sujeito às leis da natureza, provém do próprio objeto que se movimenta	Cachorro se coçando para matar as pulgas, uma abelha sugando o néctar de uma flor, um peixe se debatendo ao ser fisgado pelo anzol
Acting	Nível mais alto da ilusão de movimento que agrega a representação das motivações psicológicas para a produção de determinado movimento; só faz sentido dentro de uma narrativa, visto que pequenos detalhes determinam ou alteram o significado do que é feito ou dito pelas personagens	Toda gama de personagens agindo (*acting* físico) e sentindo (*acting* psicológico) conforme especificado em uma narrativa roteirizada; objetos inanimados que são personagens em si, pois apresentam "vida própria" e se movimentam em decorrência de questões psicológicas

Fonte: Adaptado de MAZZA, 2009.

É interessante notar que a maioria das ferramentas digitais para animação pode simular o movimento, sem a intervenção de um animador, mas ainda não é capaz de criar a animação. Para que um simples movimento se transforme em animação, é preciso ter uma intenção, um sentido, uma emoção, um objetivo. E este objetivo é transmitido de maneira eficaz através do design e do planejamento humano.

Assim, a animação deve ser projetada, ou seja, deve-se pensar em uma ideia, desenvolvê-la, estruturá-la, organizá-la, representá-la, concluí-la e assim escolher as ferramentas disponíveis que atendam às necessidades e aos objetivos do projeto.

Para nós fica evidente o papel do especialista em conteúdo, juntamente ao designer instrucional, na definição dessa intencionalidade, ao passo que está nítido ao profissional de comunicação o domínio de como representar as forças físicas e as intenções utilizando a linguagem de animação.

A crescente disponibilização de ferramentas gratuitas e de lógica semelhante à dos softwares de apresentação de slides vem facilitando a elaboração de animações semiprofissionais e de baixo custo por docentes e alunos. Raramente, contudo, uma animação será desenvolvida de cabo a rabo por uma única pessoa. E, mesmo que isso aconteça, esta pessoa deve assumir atividades distintas durante a produção.

Em um modelo de produção industrial, o desenvolvimento de animações profissionais pressupõe uma equipe de profissionais de diferentes áreas (especialistas em conteúdo, designers instrucionais, roteiristas, ilustradores, animadores, programadores, operadores de áudio e vídeo) e a utilização de softwares mais sofisticados, em um extenso ciclo de criação e validação.

Assim, não importa se a animação dure 30 segundos ou duas horas, ela exigirá muito planejamento antes de chegar à produção. Vejamos a seguir um roteiro básico para fazer isso:

1) A animação nasce de uma necessidade de gerar conteúdo. Essa necessidade passa por um processo de maturação até chegar a uma ideia definida e aprovada.
2) A ideia é resumida em uma frase que define a história e seus objetivos (a chamada *storyline),* posteriormente desmembrada em sinopse, argumento, escaleta e finalmente roteiro.
3) O roteiro descreve os acontecimentos e as situações que ocorrerão dentro de intervalos de tempo, além de cenários, locações, personagens, elementos e todos os detalhes necessários para a composição da história.

   Detalhamos todos esses documentos de roteirização ao tratar das narrativas instrucionais.

   Como nos vídeos com atores reais, a forma das personagens é vital para o êxito da animação: elas precisam parecer vivas tanto em termos físicos como psicológicos, e devem convencer a audiência não só individualmente, mas dentro do contexto global da animação.
4) Especialistas em comunicação começam a esboçar ilustrações ou pinturas, no formato analógico ou digital, da mesma personagem representada textualmente (quando se delineiam pela escrita seu passado, sua personalidade, seus valores, seus desejos, suas relações sociais e sua aparência). Paralelamente, são esboçadas representações visuais dos cenários, de objetos de cena e o que mais estiver presente na animação, além de se definir a atmosfera sonora pela seleção de uma trilha musical (quando aplicável).

   Aos elementos visuais e à criação de personagens aplicam-se as diretrizes para roteirização de imagens que exploramos anteriormente neste capítulo.

5) Com a forma das personagens aprovada, é preciso planejar como elas e objetos vão agir e interagir. São iniciados os estudos sobre poses, possibilidades físicas e movimentos das personagens. As proporções do corpo contribuem para diferenciar personagens lúdicas ou "cartunizadas" daquelas verossímeis em suas muitas mudanças de pose ao longo da narrativa. Softwares de animação digital facilitam muito o trabalho ao oferecer modelos de movimento que podem ser aplicados a várias personagens.
6) Por vezes os documentos textuais de roteirização são convertidos na forma gráfica, ou seja, em *storyboards*. Nessa conversão, a escrita começa a obter forma visual, quadro a quadro, mostrando o progresso da narrativa da maneira como ela aparecerá ao final para o usuário.
7) Algumas animações incluem áudio para registrar a fala das personagens e complementar o *acting*. E tal é a influência da **dublagem** que ela é gravada antes do desenvolvimento da animação, de forma que a voz do dublador direciona o desempenho corporal animado.
8) Quando aplicável, prepara-se o ***animatic***, ou seja, a versão dinâmica do *storyboard* com as definições de tempo para cada cena.

Dublagem
Gravação de falas ou partes cantadas, geralmente em sincronia com o movimento labial das personagens.

Roteirização de animações em quadro branco (videoscribe)

Embora a primeira coisa que chame atenção nesse tipo de animação sejam as imagens, que de fato trazem a animação à existência, esse não é o ponto de partida da produção.

Como em qualquer outro conteúdo de qualidade, a roteirização também é a espinha dorsal nas **animações em quadro branco** (também chamadas de *videoscribe*). Assim, alguns princípios que se aplicam a outros recursos educacionais também devem ser seguidos aqui: definir claramente a mensagem que se quer comunicar – a *storyline* –, estabelecer um tom para essa comunicação (urgente? engraçado? tranquilizador?) e organizar cuidadosamente as informações.

Só então é hora de planejar o visual. É evidente a importância de selecionar um traço artístico atraente, dar asas à criatividade e ao mesmo tempo distinguir o que é essencial do que é irrelevante.

O excesso de imagens e textos na tela pode impedir que o aluno perceba o que é realmente importante. Imagens isoladas atrairão mais atenção do que se estiverem perdidas no meio de uma confusão de símbolos. Uma possibilidade é usar cores para dar proeminência a um desenho entre vários. Os princípios da multimídia aplicam-se aqui em sua plenitude.

Além disso, um fato crítico é a administração do tempo, tendo em vista que a chave dessas animações é o movimento que se desenha à frente do aluno quadro a quadro. É crucial definir a duração total da animação, criar um fluxo e distribuir os tópicos – e seus respectivos desenhos – ao longo desse espectro. Pode-se recorrer à escaleta para registrar essa distribuição.

Feito isso, estima-se quanto tempo as imagens levarão de fato para serem desenhadas na tela e, dependendo da complexidade de uma ou outra imagem, poderá ser necessário, na produção, acelerar ou atrasar o ritmo de exibição em relação às demais.

> Como as animações em branco são gravadas para saída final em formato de vídeo, aplicam-se a elas as diretrizes de produção de vídeo, incluindo questões relacionadas aos movimentos de câmera, discutidas no Capítulo 13, *Produção de mídias.*

A linguagem de vídeo também pode ser empregada para evidenciar o avanço da narrativa. Por exemplo, a câmera pode ser movimentada da esquerda para a direita, seguindo o movimento lógico e linear da leitura textual (pelo menos entre os ocidentais). Esse efeito transmitirá a sensação de uma jornada com começo, meio e fim.

Nesse tipo de animação, a qualidade da voz e da locução sincronizada precisa estar à altura das ilustrações para não gerar desconforto aos ouvintes. Contratar uma locução profissional pode ser uma opção para adicionar credibilidade. Em ambos os casos – locução pelo próprio autor ou por terceiros –, será necessário roteirizar o texto a ser locutado, de forma textual ou em um *storyboard* como rascunho dos desenhos.

> Questões relacionadas à voz humana e ao emprego de música são abordadas em mais detalhes quando tratamos da roteirização de áudio anteriormente neste capítulo. Recomenda-se ainda consultar o passo a passo para elaboração de apresentações em slides e também a roteirização de podcasts.

Da mesma forma, nesse tipo de animação, a música de fundo tem grande poder de inspirar, motivar e impressionar. Mais uma vez, essa escolha tem que ver com o público-alvo, particularmente com a emoção que se quer despertar. Por exemplo, trilhas com letras ou melodia positiva remeterá a férias ensolaradas. Ritmos mais lentos e notas mais baixas evocarão nostalgia e certa introspecção. Tudo isso precisa estar previamente definido nos documentos de roteirização.

Roteirização de objetos de aprendizagem

Produzir multimídia é tarefa que consome tempo e recursos, o que torna necessário racionalizar sua produção em blocos básicos (*building blocks*) com os quais se possa construir todo o conteúdo educacional. Essa é exatamente a ideia por trás da **roteirização de objetos de aprendizagem**.

> Alguns materiais disponíveis na web trazem um panorama do desenvolvimento de objetos de aprendizagem no Brasil. Além dos citados na referências bibliográficas ao final deste capítulo, recomendamos a excelente publicação organizada pela professora Liane M. R. Tarouco, do CINTED/UFRG, intitulada *Objetos de aprendizagem: teoria e prática* (2014).

A roteirização pressupõe, portanto, uma organização anterior que defina o tamanho, o escopo e o nível de granularidade para um conjunto de objetos. É certo que essa taxonomia deriva da organização curricular, com a respectiva estruturação e sequenciamento de conteúdos.

> Discutimos questões relacionadas ao currículo no Capítulo 1, *Dimensão tecnocientífica.*

Pressupondo que essa organização tenha sido feita em um nível macro de planejamento e design instrucional, temos de nos voltar então ao design fino de objetos de aprendizagem individuais, em seus três componentes básicos: objetivos de aprendizagem (o que o aluno poderá aprender);

conteúdo instrucional (informações necessárias para que o aluno possa atingir os objetivos de aprendizagem); e atividades de prática e *feedback* (formas de verificar se o aluno atingiu os objetos de aprendizagem e possibilidade de retornar ao conteúdo).

Existem inúmeras abordagens para a construção de objetos de aprendizagem. Optamos por articular os nove eventos instrucionais de Gagné ao modelo SOI de Mayer em alguns passos básicos para a roteirização:

Os eventos instrucionais de Gagné são vistos no Capítulo 10, *Planejamento educacional*, quando tratamos da instrução direta; o modelo SOI (Selecionar, Organizar e Integrar), desenvolvido por Mayer, é abordado no contexto da aprendizagem multimídia discutida no Capítulo 2, *Dimensão pedagógica*.

1) **Identificar o objeto de aprendizagem (OA) em um primeiro levantamento de metadados.** Reunir, no mínimo, as informações gerais a respeito do OA, como título, autor(es), público-alvo, tópicos de conteúdo e palavras-chave.
2) **Definir a *storyline*.** Elaborar um texto breve contendo a ideia principal do OA, sua relevância para o público-alvo e os objetivos que se pretende alcançar.
3) **Elaborar o texto-base para o objeto de aprendizagem.** Redigir um texto completo considerando os eventos na sequência a seguir:
   - 3.1 **Cativar a atenção do aluno:** iniciar com uma questão provocativa, um fato marcante ou um desafio a ser solucionado pelo aluno.
   - 3.2 **Descrever os objetivos de aprendizagem:** informar o que se espera que o aluno aprenda e como esse novo conhecimento poderá ser aplicado (a *storyline* na linguagem do aluno).
   - 3.3 **Estimular a conexão com os conhecimentos anteriores:** retratar as relações mais significativas entre os conteúdos do OA e o que o aluno já sabe; organizadores gráficos, exemplos resolvidos e ilustrações multiquadros são excelentes recursos para apresentar essas relações.
   - 3.4 **Apresentar os conteúdos a serem aprendidos:** estabelecer o diálogo didático com o aluno, desenvolvendo a retórica instrucional na forma de textos, imagens e sons, propiciando a seleção de conteúdos relevantes.
   - 3.5 **Orientar a aprendizagem:** enriquecer a exposição de conteúdos com recursos conativos, questões de reflexão, estudos de caso, infográficos, vídeos de modelagem de comportamento e animações, a fim de apoiar o aluno na construção de modelos mentais coerentes e significativos.
   - 3.6 **Propiciar o desempenho e a prática:** propor desafios visando à aplicação dos conteúdos na vida cotidiana ou profissional; aqui entram proposições de atividades visando à interação dos alunos com os conteúdos (por meio de jogos, questões objetivas, questões abertas), com outras pessoas (colegas de estudo, docentes,

Os passos 1 e 2 geralmente são definidos em conjunto com a equipe, herdando decisões da organização curricular (Capítulo 1, *Dimensão tecnocientífica*) e da análise contextual (Capítulo 10, *Planejamento educacional*).

especialistas, profissionais da área de conhecimento ou prática, representantes da comunidade) e com ferramentas (de comunicação, de produção, de simulação).

3.7 **Prover *feedback*:** retornar ao aluno informações sobre seu desempenho nas atividades práticas propostas. Como recurso multimídia, o objeto de aprendizagem em si comportará maior ou menor interação. Vejamos de que maneira isso acontece:
   - Algumas das atividades propostas serão realizadas fora do objeto de aprendizagem: por exemplo, uma discussão entre vários colegas de estudo pode ser anunciada dentro do OA, mas sua realização ocorrerá em um fórum, da mesma maneira que o *feedback* sobre a atividade será registrado nessa ferramenta externa. Isso deve estar evidente no roteiro para que fique claro também ao aluno (e ao professor, caso se queira incluir alguma orientação em um guia de apoio ao docente, por exemplo).
   - Outras atividades serão realizadas dentro do objeto: por exemplo, um simulador interno ao OA pode permitir ao usuário inúmeras alterações de parâmetro e oferecer *feedbacks* textuais, sonoros ou mesmo visuais a cada alteração. Todos os *feedbacks* precisam ser previstos no roteiro do OA.

3.8 **Avaliar:** verificar se os objetivos de aprendizagem foram atendidos. Existem algumas atividades que podem ser realizadas dentro do OA e cujos resultados são gravados para fins de monitoramento ou avaliação. É o caso das questões objetivas que podem ser corrigidas pelo próprio OA, exibir *feedbacks* automáticos sobre acertos e erros e ainda ter os resultados enviados para uma central de avaliação em LMS compatível.

As questões objetivas e outros instrumentos de verificação são discutidos no Capítulo 14, *Avaliação*.

3.9 **Aumentar a retenção e facilitar a transferência do conhecimento**: apoiar o aluno na consolidação da sua aprendizagem, pela integração das novas informações aos conhecimentos anteriores e sua transferência a novas situações.

4) **Esboçar visualmente telas.** Roteirizar o texto-base para adequação à linguagem multimídia; em geral, essa é uma tarefa realizada pelo designer instrucional no formato de *storyboard*.

Os passos 3.1 a 3.9 dizem respeito à elaboração do texto-base; em geral, essa é uma atribuição do especialista em conteúdo. Essa atividade é descrita no Capítulo 11, *Autoria*.

Aqui os nove eventos instrucionais se convertem no enredo de uma narrativa instrucional. As personagens podem:

- Falar diretamente aos alunos, simulando o diálogo didático de forma explícita. Nesse caso, entram em cena os chamados **agentes pedagógicos** – personagens que desempenham um papel de apoio ao explicar os conteúdos por meio de balões de fala, textos escritos ou locução.
- Demonstrar suas competências em cenários animados. Nesse caso, devem-se aplicar as diretrizes para roteirização das narrativas instrucionais, a fim de criar um conflito desestabilizador a ser enfrentado pelo protagonista, em uma sequência de cenas que se desenrolarão em um local e em um tempo definidos.

5) **Validar o *storyboard*.** Nas duas variações citadas, o texto-base será convertido em "falas" do agente pedagógico ou do protagonista e precisará ser validado cuidadosamente pelo conteudista para manter a qualidade tecnocientífica prevista.

Roteirização de jogos e gamificação de conteúdos educacionais

Nos modelos de produção industrial, criar jogos educacionais do zero, ou gamificar conteúdos educacionais, assemelha-se muito ao processo de design instrucional que é empregado na criação de vários outros tipos de conteúdo educacional.

Não há grande diferença nas etapas recomendadas: analisar o público-alvo; identificar os objetivos de aprendizagem; selecionar as melhores práticas e os especialistas em conteúdo; definir elementos centrais do jogo, tais como a estrutura da narrativa; preparar um *storyboard*; fazer testes, revisões e validações; empacotar o produto final. Contudo, há uma grande distinção na maneira de encarar o processo: tudo deve resultar em algo agradável, envolvente e divertido para o usuário final.

A pergunta-chave é: como fazer isso sem comprometer os objetivos de aprendizagem que são a razão de ser de um conteúdo educacional?

O prazer em jogar tem sido explicado em termos de um "estado de fluxo" no qual uma pessoa se percebe capaz de solucionar um desafio que lhe é apresentado, investe tempo e energia para fazê-lo, e espera essa gratificação pessoal ou social ao resolvê-lo.

Falamos mais sobre o estado de fluxo e sua relação com os jogos no Capítulo 10, *Planejamento educacional*.

Há, portanto, uma pressuposição de que é possível criar esse estado de fluxo por meio de um sistema alternado de desafios e *feedbacks*, que costuma ter por pano de fundo uma narrativa potencial geradora de emoções – uma combinação aparentemente bombástica.

Se tal façanha é possível – e a indústria de jogos está a postos para provar que é, precisamos entender como isso pode ser aplicado na produção de soluções educacionais.

Uma das estruturas mais usadas para projetar jogos ou gamificar conteúdos é conhecida pela sigla MDA (em inglês, *mechanics*, *dynamics*, *aesthetics*), que resumimos na Figura 12.24.

•• **FIGURA 12.24** *Framework* básico para design de jogos

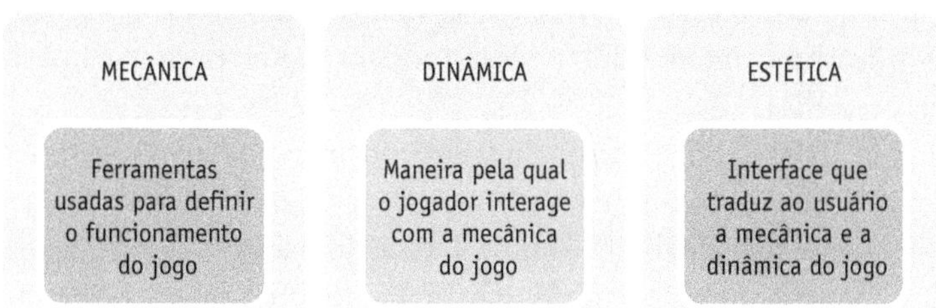

Fonte: Adaptada de ZICHERMANN, G.; CUNNINGHAN, C. *Gamification by design*. North Sebastopol: O'Reilly Media, 2011.

A **mecânica** define o funcionamento do jogo por meio de:

1) **Pontos:** mesmo que não sejam visíveis ao jogador (uma questão de estética), os escores são requisito obrigatório, pois expressam em números como os jogadores interagem com o sistema (a dinâmica de interação).
2) **Níveis:** indicam ao jogador sua posição em um *continuum* de progresso dentro do jogo; podem ser expressos esteticamente na forma de barras de porcentagem ou distintivos acumulados.
3) **Ranqueamento:** possibilitam a comparação de desempenho entre jogadores; em uma visão menos competitiva, podem simular desempenhos de um mesmo aluno assumindo diferentes perfis de jogador.
4) **Distintivos (*badges*):** sinalizam o status no jogo, além da conclusão de objetivos ou níveis; correspondendo ainda à predileção de alguns jogadores por colecionar itens.
5) **Desafios**: oferecem direção sobre o que fazer dentro do jogo; em geral, aumentam em dificuldade proporcionalmente à complexidade dos níveis.
6) **Ambientação:** apresenta ao novato as primeiras interações com o jogo, procurando revelar paulatinamente a complexidade do sistema, reforçar de modo positivo a participação do usuário e minimizar as chances de fracasso; pode incluir um tutorial (opcional ou não) e a coleta de alguns dados sobre o usuário que influenciarão posteriormente sua experiência no jogo.
7) ***Loops* de engajamento:** consiste em despertar a emoção do jogador para que ele volte a jogar, em uma espécie de crescimento viral por meio de estímulos externos.

A **dinâmica** envolve a sistemática de *feedbacks* projetada em consequência à interação do jogador com a mecânica do jogo. Há inúmeras maneiras pelas quais os jogos proveem *feedback*: em tempo real (por meio de gratificação instantânea), de forma visível (por meio de ranqueamentos e distintivos), explorando aspectos sociais (perspectiva coletiva que pode refletir uma visão competitiva ou colaborativa) e mediante objetivação (por meio de placares e níveis). No jogo, o *feedback* pode ser dramático, engraçado ou sutil, porém sempre com o objetivo de melhorar a experiência do jogador e fazê-lo avançar no jogo.

Ver mais sobre *feedbacks* no Capítulo 14, *Avaliação*.

A arte de prover *feedback* é complexa e leva a outra característica dos jogos: a personalização. Isso significa basicamente que o aluno poderá seguir percursos personalizados de acordo com suas escolhas.

Uma forma de estabelecer a personalização é por meio de **árvores de decisão**, também conhecidas como "histórias [ou narrativas] ramificadas". São caminhos alternativos que um jogador segue em consequência direta de uma decisão tomada.

Em geral, a árvore de decisão propõe que um aluno tome decisões em um contexto prático de conhecimentos, habilidades ou atitudes que possam ter sido apresentados na forma de descrição, narração ou argumentação.

As árvores de decisão refletem a lógica SE-ENTÃO (IF-THEN) em uma representação gráfica. Assim, se um jogador realizar uma atividade mais de uma vez e selecionar outras escolhas, obterá resultados diferentes a cada ocasião.

Um modelo simplificado para construir árvores de decisão é o chamado 3Cs. Consiste basicamente em apresentar ao aluno um desafio (*challenge*) e convidá-lo a fazer uma escolha (*choice*), a qual produz uma consequência (*consequence*), que gera um *feedback* e pode ela mesma se tornar um novo desafio, como mostra a Figura 12.25.

•• **FIGURA 12.25** Estrutura básica de uma árvore de decisão

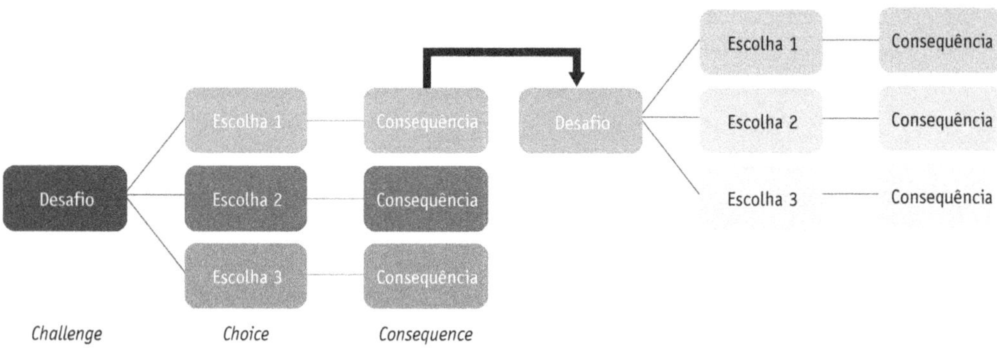

Fonte: Adaptada de KUHLMAN, T. Build branched e-learning scenarios in three simple steps. In: *The Rapid E-Learning Blog*, 14 jul. 2009.

Se os jogadores fizerem "a" escolha certa, seguirão adiante; do contrário, retornarão ao ponto anterior ou inicial, com alguma orientação extra que os ajudará a compreender por que a decisão não foi apropriada.

Vale lembrar que, na gamificação de conteúdos educacionais, o que estamos construindo são experiências de não ficção. Isso significa que o arco de decisões de um sistema gamificado é baseado em histórias reais – caso elas já existam ou tenham sido mapeadas.

> **Sobre a voz do autor ou da instituição, verifique o Capítulo 11, *Autoria*. E, sobre o design digital, veja o Capítulo 13, *Produção de mídias*.**

Além da personalização de percursos, a dinâmica do jogo também pode comportar adaptatividade, ou seja, os desafios poderão aumentar ou diminuir em dificuldade, dependendo de como o jogador está se saindo. E sabemos que esse ajuste fino entre a ansiedade de resolver um desafio instigante e o aborrecimento diante de algo que já está dominado é a essência da criação do estado de fluxo tão desejado para manter a motivação.

Completando o *framework* básico para o design de jogos, a **estética** alinha a narrativa do jogo à voz do autor ou da instituição transmitindo ao usuário, por meio da interface digital, a mecânica e a dinâmica do jogo.

Existe grande variedade de estilos de jogos, cada um deles com particularidades que implicam procedimentos e documentos de roteirização próprios. Por exemplo, um jogo que tem como pano de fundo uma narrativa tenderá a ser roteirizado a partir de uma sinopse inicial, desenvolvida então em um argumento, com cenas distribuídas em uma escaleta e posteriormente destrinçadas em um roteiro detalhado.

Em linhas gerais, porém, estarão sempre presentes elementos da mecânica, da dinâmica e da estética do jogo. A partir desse *framework*, deve-se procurar seguir alguns passos na **roteirização de jogos** educacionais, os quais também podem ser aplicados à **gamificação de conteúdos educacionais**:

1) **Selecionar objetivos de aprendizagem:** basicamente, responder ao que se espera atingir ou resolver com o conteúdo (a *storyline).*
2) **Definir a mecânica do jogo:** um roteiro textual permite registrar as definições relativas aos seguintes elementos do jogo:
   2.1 **Atividades:** estabelecer quais ações os alunos precisam desempenhar para alcançar os objetivos (por exemplo, ler um artigo, participar de uma enquete, publicar uma contribuição).
   2.2 **Metadados:** para cada atividade, determinar indicadores usados como base para definir recompensas e informar a análise. Por exemplo, para a atividade "publicar uma contribuição", os metadados seriam: autor, assunto, data de publicação, palavras-chave, quantidade de caracteres, acessos ou "curtidas" que possam ser mensuradas e alimentar os ranques.
   2.3 **Desafios**: definir as condições explícitas ou implícitas de vitória (ou conclusão) de um desafio. Por exemplo, em um intervalo de tempo ou um número definido de jogadas, alcançar um nível determinado ou obter uma quantidade definida de acessos.
   2.4 **Níveis:** os níveis traduzem o status do usuário (níveis inferiores indicam potencial, níveis superiores representam sucesso e respeitabilidade) e podem ser definidos:
   - temas relacionados ao domínio de conhecimento em questão (por exemplo, faixa branca, faixa amarela, faixa preta em um jogo/curso sobre judô);
   - pelo uso esperado (novatos, curiosos, experimentados, gurus). Neste último caso, pode-se estimar o uso esperado de um aluno médio (x visitas ao dia, y contribuições, z acertos) e inferir os demais níveis;
   - por meio de rubricas: para avaliação de aprendizagens complexas, por meio de escalas de múltiplos critérios que abarcam processos e produtos.

   2.5 **Pontuação:** atribuir valores relativos a cada atividade e estabelecer regras com base no tempo despendido ou no empenho necessário para realizar diferentes atividades. Por exemplo, publicar um vídeo é mais significativo que postar um comentário escrito, que, por sua vez, é mais significativo que ler um artigo.

As rubricas são tratadas, juntamente a outros instrumentos para verificação da aprendizagem, no Capítulo 14, *Avaliação*.

2.6 **Recompensas:** explicitar incentivos à conclusão de tarefas, exibindo na interface do usuário suas conquistas. Por exemplo, ao concluir uma sequência de desafios complexos, obter um distintivo de "mestre" que é exibido na interface do usuário.

3) **Definir a dinâmica do jogo:** como vimos anteriormente, a árvore de decisão possibilita uma representação gráfica da dinâmica do jogo, e ela pode ser registrada em um *storyboard* de rascunho. Algumas considerações importantes incluem:
   - Criar pontos de decisão com base nos objetivos de aprendizagem. Se uma atividade não é importante, o jogador não deve ser obrigado a realizá-la.
   - Assegurar-se de que as escolhas sejam distintas umas das outras.
   - Restringir o número de escolhas a três ou quatro a fim de não confundir o jogador, o que facilitará também a construção do jogo.
   - Tornar o *feedback* tangível: o jogador deve ser capaz de visualizar as consequências de suas ações.
   - Fazer várias rodadas de revisão para assegurar que todos os *loops* estejam fluindo bem e que não haja repetições.
4) **Definir a estética do jogo:** caso exista uma história real ou fictícia como pano de fundo, recomendam-se as diretrizes para roteirização de narrativas instrucionais. Nos demais casos, aplicam-se aqui os mesmos princípios de design válidos para qualquer conteúdo digital, que podem ser registrados em um *storyboard* de trabalho para orientar o processo de produção.

Roteirização de simulações

Na simulação, reproduzimos em um ambiente controlado o comportamento dinâmico de um fenômeno, objeto, processo, evento ou sistema. Isso é feito com base em um modelo construído a partir da observação desse fenômeno. O modelo é a representação abstrata da realidade, que se dá por sua decomposição em elementos que têm propriedades e funções inter-relacionadas.

Criar uma simulação equivale então a modelar um sistema, de forma que o modelo reproduza ou imite as respostas de um fenômeno real em uma sucessão de eventos ao longo do tempo.

Construir modelos requer capacitação e experiência e consome muitos recursos, principalmente tempo. Envolve colocar em cena uma multiplicidade de elementos, definir condições SE-ENTÃO (IF-THEN), descrever a maneira como esses elementos atuam em conjunto em um tempo determinado e depois acompanhar as simulações que esse modelo é capaz de originar.

Como as simulações digitais requerem conhecimentos de linguagem de programação e uma metodologia superespecializada, não vamos nos aprofundar nos documentos de roteirização.

No entanto, a participação de especialistas em conteúdo é clara na formulação de um modelo mental prévio, no apoiar ao levantamento de dados sobre o fenômeno a ser modelado e na validação do modelo construído. De igual forma, vislumbramos a colaboração importante de especialistas em educação e em comunicação para definir uma interface que permita ao usuário realizar experimentos e refletir sobre o modelo mental implícito.

Esses profissionais não tecnólogos, por assim dizer, também têm um papel importante na formulação da documentação de apoio, de modo que ela subsidie as atividades de aprendizagem dos alunos e as atividades de apoio dos educadores.

A seguir, listamos os passos genéricos envolvidos na construção de modelos:

1) Definir o propósito e o objetivo da simulação (*storyline*).
2) Observar o fenômeno a ser modelado e traçar um modelo mental prévio. Aqui se trata de criar um esboço da simulação, definindo os elementos relevantes, as variáveis e as interações lógicas que constituem o sistema.
3) Coletar dados (fatos, informações, estatísticas) derivados de observações, experiências pessoais ou arquivos históricos.
4) Codificar o modelo em uma linguagem de simulação. Isso significa traduzi-lo em uma lógica formal, representável por **algoritmos**.
5) Verificar o modelo, ajustá-lo e validá-lo. Testá-lo em comparação com o fenômeno físico correspondente, verificando se ele funciona de acordo com a intenção inicial e se os resultados por ele fornecidos são representativos dos resultados do fenômeno real.
6) Documentar. A documentação serve como um guia para que se possa fazer uso do modelo e dos resultados já produzidos e também subsidia futuras modificações.

Algoritmo
Sequência de operações, regras e procedimentos padronizados, baseados em codificação e destinados à realização de uma tarefa ou à solução de um problema em um número finito de etapas.

Roteirização de vídeo

Por combinar em um único suporte as matrizes verbal, visual e sonora, a produção de vídeos requer competências específicas nem sempre dominadas por todos os docentes, com os consequentes resultados característicos dos modelos de produção artesanal. Atentemos, porém, para o fato de que a ampla difusão das câmeras digitais acopladas a celulares tem tornado essa uma tarefa mais próxima do cotidiano, principalmente quando desempenhada por alunos das gerações digitais. Por essa razão, modelos de produção pós-industrial têm sido uma alternativa na criação de vídeos educacionais.

No modelo de produção industrial, o processo geralmente se subdivide em pré-produção, produção e pós-produção, acrescentando-se as especificidades de cada gênero e formato: videoaulas, noticiários, documentários etc. Em todos os casos, evidencia-se a necessidade de uma detalhada **roteirização de vídeo** (geralmente na forma de *storyboard*) a fim de assegurar tanto o fator motivacional quanto o propósito educacional.

O vídeo reúne tantas e tão particulares características que sua roteirização se torna um pouco mais complexa para alcançar padrões de qualidade profissional. E, conforme a complexidade desejada, os custos de produção podem ser realmente elevados, justificando-se apenas para disseminação a um grande número de alunos.

De um lado, temos a realidade nua e crua que precisa ser registrada em toda a autenticidade (como é o caso dos noticiários ou dos vídeos de modelagem de comportamento) ou, então, simulada com a maior veracidade possível (é o caso das videoaulas produzidas em estúdio). Isso para não mencionar a realidade que precisa ser criada, como ocorre nas narrativas dramáticas ficcionais.

De outro lado, essa realidade é filtrada pelas lentes de uma ou mais câmeras, guiadas pela sensibilidade humana. Os sons do ambiente e as falas dos participantes precisam ser límpidos e sincronizados. Há todo um conjunto visual formado por cenários, objetos de cena, figurinos, iluminação etc. que precisa compor um todo atraente e significativo.

E não podemos deixar de lado o enorme potencial de expressar emoções por meio do desempenho único de apresentadores, debatedores e atores, em diálogos simulados com o público ou atuações em tramas de alto teor dramático.

Por essa razão, analisamos a seguir aspectos da roteirização de vários formatos de vídeos educacionais.

Roteirização de videoaulas

Há pelo menos duas formas de **roteirização de videoaulas**. Ambas não dispensam a *storyline* e a escaleta em forma de planilha como instrumentos de preparação, mas uma delas se baseia em um roteiro simples na forma de tópicos, semelhante aos slides de uma apresentação; a outra envolve um roteiro pormenorizado de tudo o que será feito e dito, cena a cena, palavra a palavra.

No primeiro caso, o professor segue uma estrutura de tópicos especificada, que pode ou não espelhar um texto previamente elaborado, mas desenvolve seu discurso livremente no momento da gravação. Como ocorre nas aulas presenciais, cada frase e ação são elaboradas mentalmente ao mesmo tempo em que são executadas. Isso traz naturalidade à apresentação; em contrapartida, exige desembaraço diante das câmeras e uma habilidade de controle do tempo que nem todos os professores apresentam naturalmente. Esse formato "queima etapas" de roteirização, porém pode gerar sobrecarga de trabalho na pós-produção, exigindo um trabalho mais intenso de edição. Por esse motivo, recomenda-se ao menos um ensaio com o professor para observar e ajustar a apresentação à linguagem do vídeo.

No segundo caso, em que tudo é previamente roteirizado, podemos utilizar o roteiro de vídeo descrito detalhadamente na roteirização de narrativas instrucionais com alguns ajustes. Cada sequência deve ter seu respectivo título e numeração, além de rubricas indicando as ações do professor e os recursos de apoio utilizados (por exemplo, imagens, organizadores gráficos e infográficos). Para registro das falas, convém aplicar as diretrizes da roteirização de áudio, incluindo a recomendação de ensaios, a fim de adaptar progressivamente o texto-base ao discurso oral. Uma vez finalizado o roteiro da videoaula, a gravação provavelmente será apoiada por um ***teleprompter*** e uma sequência de slides explicativos.

Teleprompter
Dispositivo adaptável à câmara que expõe um texto em letras grandes, permitindo que um apresentador, locutor ou ator reproduza com facilidade as falas pré-roteirizadas.

Em geral, as videoaulas não requerem uma decupagem detalhada, visto que na maioria dos casos a escaleta serve como subsídio para a tomada de decisões sobre planos, cortes e movimentos de câmera.

Devemos acrescentar que, conforme as equipes de produção de conteúdos vão dominando a técnica de desenvolvimento de videoaulas, começam a incorporar formatos alternativos de vídeos educacionais, como entrevistas, minidocumentários e narrativas instrucionais. Essas inserções passam a ser previstas na escaleta e roteirizadas segundo suas características específicas.

> Para complementar esta seção, sugerimos a consulta às diretrizes específicas para roteirização de imagens, apresentações de slides e podcasts, disponíveis neste capítulo.

Roteirização de entrevistas e debates

Nas **entrevistas**, um entrevistador busca extrair o máximo de informações de alguém que tem algo a dizer a respeito de determinado assunto (um especialista, uma testemunha de um fato, alguém com uma história de vida marcante). As entrevistas distinguem-se de depoimentos individuais por serem mais dialógicas, com foco na interação entre o entrevistador e o entrevistado.

Os **debates** também se concentram na interação entre as pessoas, porém a relação muda de entrevistador-entrevistado para debatedor-debatedor e mediador-debatedores. Basicamente, um tema pré-selecionado é discutido por pessoas com opiniões divergentes. O papel do mediador é controlar o tempo de cada debatedor, evitando excessos e incentivando a troca de ideias.

Os entrevistados e debatedores precisam ser representativos da área de conhecimento ou prática em questão. Roteirizar, agendar, realizar e editar entrevistas ou debates são tarefas bastante trabalhosas. O mínimo que se pode fazer é verificar se o currículo acadêmico e/ou profissional dos participantes expressa seu engajamento com a área de conhecimento em questão e seu potencial de contribuição para o conteúdo a ser produzido.

Essa informação deve constar da *storyline* e, como também é de grande interesse para o público, deve ser destacada na escaleta como fala inicial do entrevistador/debatedor ou na forma de algum recurso visual introdutório.

Mesmo que a entrevista ou o debate sejam feitos ao vivo, recomenda-se preparar um roteiro básico com as perguntas que darão o tom da conversa. As questões formuladas devem ser apropriadas aos entrevistados/debatedores e dar margem a respostas significativas.

Para isso, é necessário ter um conhecimento mínimo do assunto em questão e do perfil dos participantes. Na maioria das vezes, é o especialista em conteúdo que detém esse conhecimento, portanto a elaboração de questões pode fazer parte de suas atividades de autoria, subsidiando assim a posterior roteirização pelo designer instrucional conforme a mídia empregada.

A Figura 12.26 reproduz um roteiro de questões para entrevista com especialistas – o conteúdo independe da mídia utilizada, que pode ser usado também em preparação para um debate.

As falas dos entrevistados/debatedores precisam esclarecer as questões levantadas – descrever objetos, eventos, situações, narrar fatos, dissertar sobre um tema de interesse, sem se desviar dos tópicos principais, tratando-os com precisão tecnocientífica e usando o tempo de resposta da melhor maneira possível. Por isso, não é raro franquear o acesso prévio dos entrevistados/debatedores ao roteiro para que eles possam se preparar com antecedência.

•• **FIGURA 12.26** Exemplo de questões roteirizadas para entrevistas

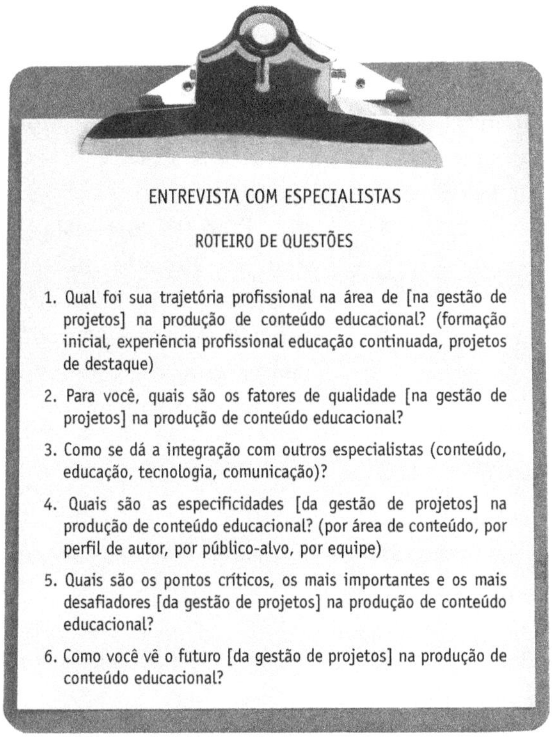
ENTREVISTA COM ESPECIALISTAS

ROTEIRO DE QUESTÕES

1. Qual foi sua trajetória profissional na área de [na gestão de projetos] na produção de conteúdo educacional? (formação inicial, experiência profissional educação continuada, projetos de destaque)
2. Para você, quais são os fatores de qualidade [na gestão de projetos] na produção de conteúdo educacional?
3. Como se dá a integração com outros especialistas (conteúdo, educação, tecnologia, comunicação)?
4. Quais são as especificidades [da gestão de projetos] na produção de conteúdo educacional? (por área de conteúdo, por perfil de autor, por público-alvo, por equipe)
5. Quais são os pontos críticos, os mais importantes e os mais desafiadores [da gestão de projetos] na produção de conteúdo educacional?
6. Como você vê o futuro [da gestão de projetos] na produção de conteúdo educacional?

Fonte: Elaborada pelas autoras.

Deve-se evitar, contudo, que os participantes "decorem" ou "declamem" respostas, o que prejudicaria o dinamismo esperado de um bate-papo mais informal. Tanto os entrevistados/debatedores quanto o entrevistador/moderador devem ser capazes de lidar com o improviso. Mesmo que sejam gravadas seguindo um roteiro pré-especificado, as entrevistas em áudio ou vídeo comportam uma boa dose de espontaneidade, que torna a interação entre as pessoas mais verdadeira.

Apesar disso, por mais paradoxal que pareça, um ensaio prévio da dinâmica de perguntas e respostas pode liberar os participantes para contribuições que dão o toque de autenticidade tão valorizado nos *talk shows* de entretenimento.

De forma mais específica, a entrevista, quando pré-gravada em vídeo, pode acontecer em "campo", tendo por pano de fundo a localidade na qual ocorreram fatos relacionados ou um local que faça referência ao tema abordado (por exemplo, a fachada de uma universidade, no caso de uma entrevista com um especialista). Em estúdio, pode-se posicionar o entrevistado diante de um ou mais microfones, tendo ao fundo um cenário sóbrio ou algo relacionado ao assunto em questão. Como a participação do entrevistador tem um peso considerável no resultado final, sua presença deve ser valorizada com o correto enquadramento de câmera e a devida qualidade de som. Os debates em geral acontecem no ambiente controlado de um estúdio, a fim de assegurar a qualidade de imagem e áudio de forma equânime a todos os participantes.

Caso perguntas ou intervenções sejam feitas por uma audiência ao vivo ou mesmo pré-gravadas, esta também pode ser filmada, seja por um movimento simples de câmera em direção ao falante, seja com câmeras extras destinadas exclusivamente a esse fim. Alternativamente, pode-se gravar apenas o áudio das perguntas e manter o foco da imagem nas reações dos especialistas.

Essas decisões podem ser objeto de decupagem; no entanto, uma vez que a dinâmica de gravação é definida, ela praticamente se repete no jogo de perguntas e respostas, dispensando uma especificação sequência a sequência.

Tanto as entrevistas quanto os debates podem ser apoiados por elementos visuais; para assegurar os padrões de qualidade exigidos no modelo industrial de produção de conteúdos, esses elementos precisarão ser roteirizados e produzidos antecipadamente.

Para complementar esta seção, sugerimos a consulta às diretrizes específicas para roteirização de imagens e podcasts disponíveis neste capítulo.

Roteirização de noticiários

Mesmo quando um noticiário é transmitido ao vivo, utilizando áudio ou vídeo, há necessidade de preparar um roteiro que assegurará a veracidade e a validade dos conteúdos abordados, bem como sua sequência e duração.

No caso da produção de conteúdos educacionais, é provável que tenhamos noticiários fictícios. Contudo, para que eles sejam percebidos pela audiência como noticiários, deverão seguir o mesmo processo de construção.

Assim, uma vez definidas quais histórias irão compor o noticiário – histórias interessantes, impactantes –, é preciso conduzir pesquisas, escrever textos, selecionar ou produzir imagens e sequências de vídeos e então integrar isso tudo em um roteiro que ajustará linhagem e duração dos diversos elementos. É interessante que um âncora apresente o noticiário, articulando os vários temas tratados no programa, enquanto repórteres ou comentaristas se encarregam de narrar as histórias individuais. Para cada uma dessas figuras, é necessário preparar e roteirizar o texto a ser transmitido.

Como podemos perceber, parte do material necessário à produção dos noticiários pode vir do texto-base elaborado previamente pelo conteudista, mas outra parte talvez só seja realizada na etapa de roteirização, com o apoio de um especialista em comunicação.

E, apesar do caráter mais transitório dos noticiários e de estarmos simulando um formato jornalístico, a informação contida em cada notícia tem de ser acurada (exata, precisa e confiável), pois impactará os processos de aprendizagem. Isso implica uma rigorosa validação dos roteiros por parte do especialista em conteúdo para assegurar a qualidade tecnocientífica das mensagens transmitidas.

Observemos ainda que o "espectador" espera de um noticiário não apenas veracidade, mas também completude, então antecipar potenciais dúvidas dos interlocutores é requisito essencial para construir boas histórias – e aqui se inicia a contribuição do designer instrucional.

A "autoria" das notícias se apoiará nas chamadas **fontes**, que podem trazer informações relevantes sobre o tema em questão. As fontes podem ser documentais (arquivos, livros, documentos etc.), oficiais (representantes do governo, instituições, escolas etc.) e eventuais (qualquer pessoa da comunidade).

A estrutura de apresentação das notícias deve seguir, preferencialmente, a técnica da **pirâmide invertida**, que é bastante utilizada no jornalismo. Os fatos devem ser relatados em ordem decrescente de importância: primeiro as informações essenciais (o chamado ***lead***), seguidas de dados complementares organizados em blocos decrescentes de interesse, como mostra a Figura 12.27.

Lead **(lide)**
Resumo do assunto a ser tratado, por meio de sete questões consideradas básicas: o quê, qual, quem, quando, onde, como e por quê?

•• **FIGURA 12.27** A pirâmide invertida aplicada à roteirização de noticiários

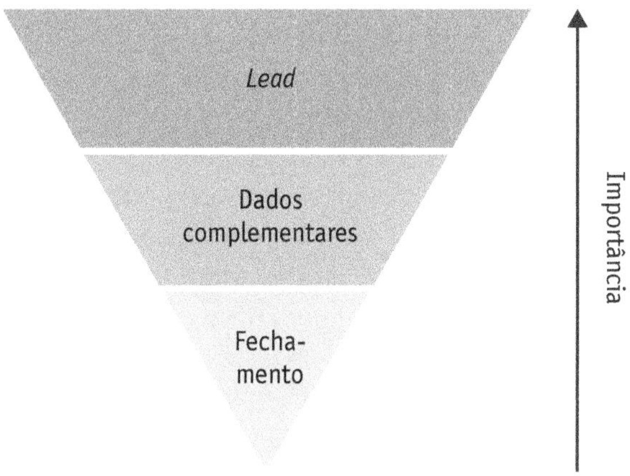

Fonte: Elaborada pelas autoras.

Os textos que serão reproduzidos na íntegra por um âncora (por meio de *teleprompter*, por exemplo) precisarão ser especificados detalhadamente no roteiro. Já a fala de repórteres em campo pode basear-se apenas em uma **pauta** de assuntos a serem abordados, de forma semelhante à usada nos roteiros em formato de tópicos nas videoaulas.

Pauta
Síntese dos principais assuntos que serão abordados em um programa jornalístico. Deve conter um resumo do conteúdo a ser apresentado, entrevistados (especialistas, representantes institucionais, pessoas comuns) e meio de contato com os entrevistados (telefone, endereço e e-mail).

Em ambos os casos, porém, o texto precisa ser claro, coerente e gramaticalmente correto, com conexões significativas entre as histórias selecionadas. A linguagem deve ser próxima ao público, mais coloquial, clara e objetiva, com frases curtas e estruturadas na sequência de sujeito-verbo-complemento, enfatizando uma única ideia central. Aqui se aplicam as boas práticas de redação empregadas na autoria de textos impressos para a construção de uma retórica instrucional que explicite ao interlocutor as relações entre os diferentes elementos.

A informação visual esclarece e complementa as notícias e as histórias relatadas oralmente nos noticiários. E, como estamos produzindo vídeos educacionais, a eles se aplicam os

Clareza, coerência, coesão, precisão e sua importância para a construção da retórica instrucional são temas tratados em minúcias no Capítulo 11, *Autoria*.

mesmos princípios da aprendizagem multimídia, o que inclui o uso consciente e parcimonioso das imagens, bem como sua integração e sincronização com a informação textual e sonora.

É possível simular o formato de noticiários usando animação, por exemplo, para representar os apresentadores, mesclada a outros elementos em vídeo ou áudio (como no caso de uma entrevista telefônica gravada acompanhada de imagem estilizada do entrevistado).

Seja qual for a mídia utilizada, o foco está sempre naqueles que detêm a palavra, sejam âncoras ou comentaristas em um estúdio, sejam repórteres ou entrevistados em ambientes externos. No caso de noticiários em vídeo, a câmera deve enquadrar os emissores sempre que estiverem falando, e exibir imagens relacionadas aos fatos e eventos para ilustrar as informações veiculadas. Se as indicações da escaleta não forem suficientes, um relatório de decupagem pode registrar as indicações de posicionamento de câmera e orientações para edição.

É provável que as diversas partes do noticiário sejam gravadas em tempos ou locais diferentes, exigindo um trabalho primoroso de edição para compor um todo significativo. Além disso, a administração do tempo é um quesito importante na composição do noticiário, devendo ser prevista desde a escaleta e monitorada na gravação e pós-produção a fim de equilibrar o tempo dedicado a cada relato.

Para complementar esta seção, sugerimos a consulta às diretrizes específicas para roteirização de imagens, entrevistas e debates, apresentações de slides e podcasts, disponíveis neste capítulo.

Roteirização de documentários

Ao contrário do que se pode imaginar, os documentários não são apenas uma coletânea de perspectivas, mas incorporam impressões e conclusões que expressam o ponto de vista do autor ou de uma instituição a respeito do tema em questão. Essa perspectiva única (a "voz do autor") é expressa pessoalmente por um especialista ou representante institucional, que disponibiliza sua voz e/ou sua imagem na apresentação do documentário. Esse papel também pode ser desempenhado por um apresentador ou locutor profissional.

O primeiro passo na **roteirização de documentários** é selecionar um tema e explicar claramente à audiência a questão central a ser abordada – aqui está a *storyline* do vídeo, com sua vinculação direta aos objetivos de aprendizagem.

Uma ampla pesquisa é necessária para identificar todas as partes interessadas (*stakeholders*) que possam trazer, por meio de depoimentos ou entrevistas, múltiplos pontos de vista sobre o tema. Igualmente importante é selecionar e apresentar ambientes diversos aos quais o problema se relaciona.

A fim de orientar o uso de tantas mídias e formatos, a escaleta deve prever um número considerável de tomadas de gravação *in loco* e a coleta de vários depoimentos, o que pode exigir deslocamentos de pessoas e infraestrutura.

Cada um dos segmentos isolados que compõem o documentário é objeto de roteirização segundo suas características particulares. Eles são produzidos separadamente e precisam ser editados na pós-produção para compor uma sequência lógica e coerente definida no roteiro.

Seja quem for o porta-voz, sua fala é o fio condutor do documentário e deve ser minuciosamente preparada de modo que articule os vários pontos de vista registrados. Em geral, esse texto é preparado após a gravação de segmentos do documentário.

Roteirização de vídeos de modelagem de comportamento

A **roteirização de vídeos para modelagem de comportamento** requer cuidadosa reflexão sobre a natureza da conduta a ser modelada. Por essa razão, a participação direta do especialista em conteúdo é fundamental. O subsídio tecnocientífico para a roteirização pode vir de um texto-base elaborado pelo conteudista, mas, para aproveitar toda a potencialidade da linguagem de vídeo, há um bom trabalho de especificação a ser feito.

Vamos pensar no caso de conteúdos procedimentais. Por vezes, a lógica de autoria-roteirização-produção é subvertida: grava-se o conteudista desempenhando um procedimento que ele domina, mas que nem sempre consegue descrever em palavras, por se tratar de um conhecimento tácito. O designer instrucional ou o roteirista de vídeo transforma então essa gravação em um roteiro textual ou gráfico (*storyboard*), passo a passo, procurando registrar os pontos mais importantes que precisam ser destacados por meio de áudio, vídeo ou texto complementar. O roteiro é submetido à validação do conteudista e então gravado e/ou locutado em uma versão mais elaborada que a gravação inicial.

Pode-se manter uma escaleta semelhante à utilizada nas narrativas instrucionais, mas o foco estará na sequência de passos necessários à realização de determinado procedimento ou à aplicação de um método específico.

É importante que o roteiro descreva cada passo envolvido em determinada conduta, direcionando a atenção do aluno para aspectos importantes para uma prática bem-sucedida. É possível explorar no roteiro variações de desempenho, mostrando pessoas diferentes colocando em prática o mesmo modelo mental (por exemplo, pessoas diversas em situações diferentes separando lixo para reciclagem).

Para demonstrar a realização de procedimentos que envolvem habilidades motoras, uma boa saída é gravar o ponto de vista de quem realiza a ação, com a câmera sobre os ombros do executor. Aplicar *zoom* de aproximação ajuda o aluno a visualizar os movimentos finos das mãos (quando apropriado) e acrescenta realismo ao vídeo.

Outra solução é o recurso de "pensar em voz alta" (*think aloud*), por meio do qual se reproduz oralmente um desempenho demonstrado. É assim que muitos tutoriais para uso de softwares são construídos. Esse recurso ajuda o aluno a não apenas modelar determinado comportamento, mas também a acompanhar simultaneamente uma reflexão a respeito da prática.

Pode-se ir um pouco além e criar uma narrativa completa em que um colega mostra a outro como resolver determinado problema envolvendo conduta pessoal, ou em que uma mãe ensina algo a seu filho, um aprendiz demonstra habilidades a seu mestre, e assim por diante. Nesses casos, a roteirização da modelagem de comportamento torna-se parte de uma narrativa instrucional mais ampla.

Roteirização de narrativas instrucionais

A **roteirização de narrativas instrucionais** em vídeo é uma das mais complexas e, por essa razão, envolve uma série de subetapas e documentos de criação e aperfeiçoamento que buscam paulatinamente se aproximar do produto final.

Em geral, os documentos de roteirização são construídos por especialistas em comunicação familiarizados com a linguagem de vídeo. Em alguns modelos de produção, como é o caso do artesanal, capturar a emoção "ao vivo" pode ser vantajoso; porém, em uma analogia com as artes dramáticas, nem mesmo no teatro se executa uma peça sem um enredo previamente pensado, ensaiado e organizado.

Uma das maiores dificuldades na construção de narrativas instrucionais bem estruturadas é contar com a adesão dos especialistas em conteúdo, para assegurar que essa solução não seja um fim em si mesma, mas contribua claramente para o alcance dos objetivos educacionais.

Para o conteudista, elaborar textos narrativos pode parecer, a princípio, bastante desafiador, visto que eles sugerem descolar-se da lógica formal exigida em contextos educacionais. Para o designer instrucional, o detalhamento progressivo dos documentos de roteirização também pode representar uma nova forma de exercitar foco e criatividade.

É importante ressaltar que o paradigma narrativo não nega a razão e a racionalidade, mas as estende a outras formas de comunicação. Na prática, significa tratar o conhecimento de forma situada, transdisciplinar e contextualizada. E, para isso, não conseguimos enxergar produtos de qualidade sem a participação ativa desses dois especialistas – em conteúdo e em educação.

Para fins didáticos, vejamos alguns passos a serem seguidos na roteirização de narrativas instrucionais em vídeo, na certeza de que eles podem ser ajustados aos múltiplos contextos de produção:

1) Antes de tudo, é preciso definir a ideia central que se quer comunicar. Isso é registrado na ***storyline***, que resume a história a ser contada. Um exemplo de *storyline* seria:

•• **FIGURA 12.28** Exemplo de *storyline*

> Rogério é um químico apaixonado por sua área, que luta para se firmar como empreendedor. Sua pesquisa de doutorado na área da cosmética rendeu-lhe prêmios até fora do país, mas ele não se adapta ao mercado de trabalho formal e busca espaço para sua pequena empresa. Para isso, ele tem divulgado os resultados da pesquisa por todo o país e está prestes a fazer uma apresentação que pode alavancar definitivamente sua carreira e seu empreendimento. Seu futuro depende dessa única chance de fazer a melhor apresentação da sua vida. [...]

Fonte: Elaborada pelas autoras.

2) Aprovada a ideia, ela é desenvolvida em uma sequência com começo, meio e fim – é a **sinopse**, que, em geral, ocupa algumas páginas de texto e também registra decisões sobre época, lugares, cenários e perfil das personagens. Um exemplo de sinopse seria:

•• **FIGURA 12.29** Exemplo de sinopse

[...] Rogério investiu mais de uma década de sua vida na pesquisa em química cosmética. Dedicado, cursou o doutorado na melhor universidade do país e, assim que se formou, recebeu três prêmios por sua pesquisa, um deles vindo diretamente de um comitê europeu de excelência. Durante a pós-graduação, trabalhou em duas empresas multinacionais e em uma delas chegou à gerência na área de pesquisa e desenvolvimento.

Desgostoso com a rotina corporativa, conseguiu incluir sua empresa recém-aberta em uma importante incubadora de novos negócios e iniciou o processo de reconhecimento de patente para seu teste inovador de eficiência cosmética.

Rogério enfrenta todas as dificuldades de se firmar como empreendedor no país: impostos elevados, baixa qualificação da mão de obra, insegurança jurídica e instabilidade econômica. Há poucos meses surgiu a oportunidade de apresentar a uma plateia qualificada seu projeto inovador e, quem sabe, receber investimentos ou convites para uma atuação em nível nacional e internacional.

Todos os anos que ele passou estudando, todos os meses que ele passou trabalhando estariam em jogo naquela apresentação. Mais que isso, todos os dias do seu futuro poderiam ser decididos ali. [...]

Fonte: Elaborada pelas autoras.

3) Em algumas produções, a sinopse é aprofundada em um **argumento**, que é uma forma mais literária de relatar a história, como se fosse um conto. As personagens são bem caracterizadas em termos de aparência física, grau de escolarização, constituição familiar, hábitos, grupos de amigos, desejos, medos, crenças religiosas, posicionamento político, experiências de infância, segredos etc. Os detalhes da narrativa também são descritos minuciosamente. Um exemplo de argumento seria:

•• **FIGURA 12.30** Exemplo de argumento

[...] Rogério se preparou a vida toda para este momento. Recém-divorciado, desempregado e apostando tudo na apresentação de sua vida, passou as últimas duas semanas mergulhado em burilar os slides e o discurso de 20 minutos que apresentaria a uma plateia de mais de 500 interessados.

Além do alcance internacional de sua pesquisa, ele sabia que poderia atingir o coração de pelo menos três alvos potenciais: um representante do governo alemão, um investidor-anjo norte-americano e um pesquisador holandês.

Em uma pesquisa minuciosa na internet, descobriu que o governo alemão estava prestes a lançar um edital de cooperação internacional que lhe cairia como uma luva – e ele tratou de dominar a linguagem usada nesses acordos para que sua apresentação se encaixasse no modelo mental do tal representante. O investidor norte-americano era uma verdadeira raposa nos negócios e não lhe daria uma segunda chance de apresentar seu projeto – ele precisava causar impacto nos primeiros dois minutos da apresentação. O pesquisador holandês coordenava um laboratório de pesquisa de ponta e tinha mais de 200 artigos científicos indexados em periódicos de primeira linha – para este, a fundamentação teórica era tudo, então isso também merecia um destaque no seu discurso único.

Às vésperas da apresentação, já instalado em um hotel próximo ao local onde ocorreria o evento, Rogério mal conseguia dormir. Para variar, passou a noite rolando na cama e entremeava pequenos cochilos com os slides da sua apresentação que voavam animados em sua mente. [...]

Rogério achou melhor chegar mais cedo ao local do evento. Pontualidade sempre fora um valor para ele. E ter tempo para observar o local seria uma providência extra para o sucesso da apresentação.

Caminhou seguro pelas quadras que separavam seu hotel do imponente complexo de eventos. As instalações eram imensas, arrojadas, quase ameaçadoras. Após o impacto inicial, Rogério se dirige à entrada do auditório, acompanhando a sinalização cravada elegantemente em placas de metal.

O local todo é tão silencioso que chega a intimidar. Só se ouve o barulho do vento forte. Ele atravessa o hall de entrada e não vê ninguém. Caminha em direção ao grande salão principal, e não há sinal de vida.

Rogério, ansioso, não sabe o que fazer diante do auditório completamente vazio. Não é sua primeira apresentação em público, mas ele nunca participou de um evento tão importante como este. [....]

Fonte: Elaborada pelas autoras.

Os três documentos citados anteriormente – *storyline*, sinopse e argumento – são predominantemente textuais e podem dar origem a produtos em diferentes formatos e mídias: um audiolivro (podcast), uma história em quadrinhos, uma animação ou até um jogo.

4) Para o formato vídeo, precisamos estruturar a narrativa em uma sequência de cenas. A **escaleta** é o documento que descreve rapidamente as cenas, dando uma prévia geral do que será gravado. Veja a seguir dois exemplos de escaleta para a história que começamos a roteirizar nos passos 1, 2 e 3.

•• **FIGURA 12.31** Exemplos de escaleta

Escaleta na forma de texto
CENA 13 – EXT – FACHADA HOTEL – NOITE Rogério deixa o hotel e caminha em direção ao complexo de eventos. CENA 14 – INT – AUDITÓRIO – NOITE Rogério chega ao local de sua apresentação e encontra o auditório vazio. Preocupado, procura alguém responsável pelo local para saber o que está acontecendo. CENA 15 – INT – ESTÚDIO – NOITE A equipe estranha Rogério não ter chegado para transmitir sua palestra via satélite. Procura o número do celular para verificar o que está acontecendo. O coordenador tenta ligar várias vezes, mas só recebe a mensagem "fora de área".

Escaleta na forma de planilha		
CENA 13	CENA 14	CENA 15
EXT	INT	INT
FACHADA HOTEL	AUDITÓRIO	ESTÚDIO
NOITE	NOITE	NOITE
Rogério deixa o hotel e caminha em direção ao complexo de eventos.	Rogério chega ao local de sua apresentação e encontra o auditório vazio. Preocupado, procura alguém responsável pelo local para saber o que está acontecendo.	A equipe estranha Rogério não ter chegado para transmitir sua palestra via satélite. Procura o número do celular para verificar o que está acontecendo. O coordenador tenta ligar várias vezes, mas só recebe a mensagem "fora de área".

Fonte: Elaborada pelas autoras.

5) A escaleta ainda não traz todos os detalhes necessários para a gravação do vídeo. Isso é feito no **roteiro**, que combina o conteúdo textual do argumento com a estrutura sequencial da escaleta. O roteiro é composto por três partes: cabeçalho, rubrica e falas.

   5.1 O **cabeçalho** informa se a cena ocorre dentro de um ambiente fechado, ou seja, se é interna (INT), ou fora desse ambiente, isto é, externa (EXT). Também se especifica em qual local exato e período do dia a cena ocorre, como vemos a seguir:

•• **FIGURA 12.32** Exemplo de cabeçalho

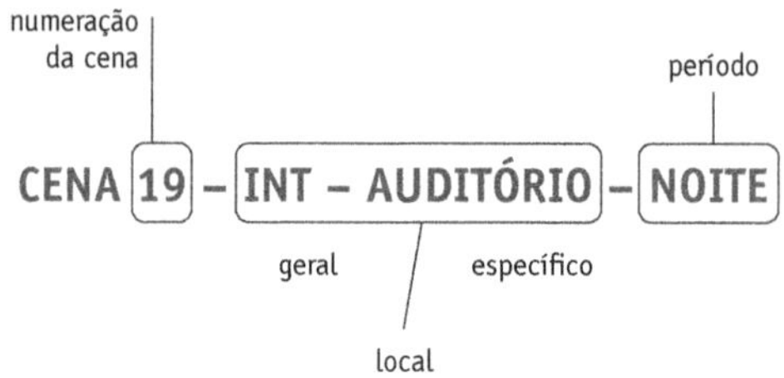

Fonte: Elaborada pelas autoras.

   Observe que o cabeçalho do roteiro tem o mesmo formato usado na escaleta.

   5.2 A **rubrica** é a descrição visual de tudo o que o público verá quando assistir ao vídeo. Um exemplo de rubrica é mostrado logo abaixo do cabeçalho da cena:

•• **FIGURA 12.33** Exemplo de rubrica

CENA 14 – INT – AUDITÓRIO – NOITE

Rogério está no hall de entrada e caminha lentamente em direção à porta do auditório.
O auditório é imenso, para cerca de 1.200 pessoas. Parece um anfiteatro grego.
As luzes principais estão apagadas e, embora a porta esteja entreaberta,
não se vê nenhum responsável.

Preocupado com o horário de sua apresentação no evento, ele resolve procurar alguém responsável no auditório. Ao ver a porta do auditório entreaberta, Rogério empurra a porta pesada, deixa entrar a luz e pergunta se há alguém por ali. Olha para todos os lados e, com a ajuda da fresta de luz natural que vem do hall, caminha alguns degraus em direção ao palco, constatando que o local está deserto. Algo deve estar errado, porém ele não tem ideia do que possa ser.

Fonte: Elaborada pelas autoras.

Observe que a rubrica é um pouco mais detalhada no roteiro do que na escaleta.

5.3 Todas as **falas** do protagonista, do antagonista e dos coadjuvantes (além do narrador, se houver) devem estar registradas no roteiro, não de forma genérica como "Rogério entra no auditório perguntando se há alguém por lá", mas literalmente, incluindo indicações sobre a intenção da personagem ao pronunciar a fala. Veja a seguir um exemplo de fala:

•• **FIGURA 12.34** Exemplo de fala

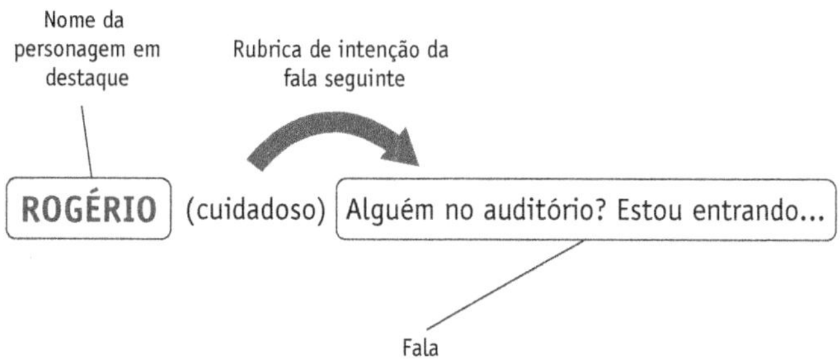

Fonte: Elaborada pelas autoras.

6) Com o roteiro de vídeo pronto, ainda há a subetapa de **decupagem**, na qual são registradas decisões de enquadramento (por exemplo, close), velocidade da imagem (por exemplo, câmera lenta), angulação (por exemplo, plano aéreo) e movimentos da câmera (por exemplo, plano fixo), além de transições entre imagens ou planos. Tudo isso ajuda a conferir dinamicidade à narrativa.

O roteiro de decupagem pode ser elaborado no formato textual, com a inclusão de abreviaturas e expressões do tipo "CÂMERA SEGUE", para mostrar que a câmera acompanha os passos de Rogério pelas imediações do hotel, por exemplo, ou "CÂMERA FECHA", para indicar um *zoom* no rosto de Rogério quando ele percebe que não há ninguém no auditório. Também é feita a encomenda de efeitos de sonoplastia (por exemplo, o som do vento enquanto Rogério caminha), efeitos especiais (os slides voando nos sonhos de Rogério à noite) e o que mais tiver de ser acrescentado após a gravação. É bastante comum, porém, que a decupagem seja registrada no formato de *storyboard*, a fim de antecipar graficamente aspectos visuais das cenas a serem gravadas.

Todos os termos e decisões referentes à decupagem são abordados e exemplificados no Capítulo 13, *Produção de mídias*.

Em virtude da necessidade de conhecer profundamente a linguagem dos vídeos e os vários detalhes envolvidos na etapa de produção, a decupagem geralmente é responsabilidade de um roteirista especializado em vídeo. Em vários projetos, no entanto, essas decisões competem ao diretor, que pode ou não registrá-las em um roteiro decupado, e as coloca em prática na fase de produção.

•• PARA CONCLUIR

Este capítulo tratou das atividades essenciais da roteirização para diferentes gêneros discursivos e mídias. Particularidades na encomenda de elementos textuais, visuais e sonoros foram esmiuçadas para assegurar a qualidade pedagógica e comunicacional dos conteúdos, sem descuidar, é claro, da qualidade tecnocientífica.

A princípio, talvez pareça que a roteirização envolva esforço demasiado para um resultado que poderia ser obtido por outros meios menos custosos e mais ágeis. E isso sem contar com a etapa de produção, igualmente complexa e delicada.

De fato, levar a cabo o longo processo de roteirização de uma narrativa em vídeo, por exemplo, para atender a um objetivo de aprendizagem único e isolado parece não fazer sentido. Se adotarmos, contudo, um enfoque mais sistêmico, se enxergarmos a produção da perspectiva macro do design instrucional, se compreendermos a lógica dos padrões tecnológicos de interoperabilidade e reúso, os esforços podem ser distribuídos e os custos, amortizados.

Coube-nos neste capítulo trazer à tona uma pequena parte dos conhecimentos acumulados sobre esses processos, na tentativa de evidenciar competências desempenhadas por especialistas de diferentes formações e experiências atuando em verdadeira colaboração. E cabe-nos ressaltar agora que é no compartilhamento dessas competências que florescem as soluções.

Se este capítulo permitiu ao leitor vislumbrar esse enorme potencial, sabemos que ele é apenas o ponto de partida para um processo altamente criativo de produção de conteúdos educacionais.

•• REFERÊNCIAS

ACCIOLY, M. I. A. J. *Isto é simulação*: a estratégia do efeito do real. Rio de Janeiro: ePapers, 2010.

__________. Simulação e tecnologias digitais. In: *XXIX Congresso Brasileiro de Ciências da Comunicação*. Brasília: UnB/Intercom – Sociedade Brasileira de Estudos Interdisciplinares da Comunicação, 6 a 9 set. 2006.

ACEVEDO, J. *Como fazer histórias em quadrinhos*. São Paulo: Global, 1990.

AMARAL, R. C. G. *Infográfico jornalístico de terceira geração*: análise do uso da multimidialidade na infografia. Dissertação de mestrado apresentada ao Programa de Pós-Graduação em Jornalismo da Universidade Federal de Santa Catarina. Florianópolis: UFSC, 2010.

AUSUBEL, D. P.; NOVAK, J. D.; HANESIAN, H. *Psicologia educacional.* Rio de Janeiro: Interamericana, 1980.

ÁVILA, B. G.; TAROUCO, L. M. R. Projeto instrucional de objetos de aprendizagem. In: TAROUCO, L. M. R. *Objetos de aprendizagem*: teoria e prática. Porto Alegre: CINTED/UFRGS, 2014.

BEHLAU, M. (org.) *Voz*: o livro do especialista. v. 1. Rio de Janeiro: Revinter, 2001.

BESSA, M. F. *O aspecto vocal no rádio jornalismo.* Tese de licenciatura apresentada no curso de Comunicação Social, do Instituto Superior de Ciências Sociais e Políticas, da Universidade Nova de Lisboa. Lisboa: UNL, 2003/2004.

BIAGIOTTI, L. C. M. Conhecendo e aplicando rubricas em avaliações. In: *XII Congresso Brasileiro de Educação a Distância.* Florianópolis: Abed, 2005.

BRACE-GOVAN, J. A method to track discussion forum activity: The Moderators' Assessment Matrix. In: *Internet and Higher Education*, v. 6, p. 300-325, 2003.

BRANDON, B. Storyboards tailored to you: do-it-yourself magic arrows. In: *The Elearning Developer's Journal*, may, 2004.

CAIRO, A. *Infografía 2.0:* visualización interactiva de información en prensa. Madrid: Alamut, 2008.

CARVALHO, A. A. A. Multimédia: um conceito em evolução. In: *Revista Portuguesa de Educação.* CIEd – Universidade do Minho. v. 15, n. 1, p. 245-268, 2002.

__________.; AGUIAR, C.; MACIEL, R. Taxonomia de podcasts: da criação à utilização em contexto educativo. In: CARVALHO, A. A. A. (org.). *Actas do Encontro sobre Podcasts.* Braga: CIEd, 2009.

COHEN, M. H.; GIANGOLA, J. P.; BALOGH, J. *Voice user interface design.* Boston: Addison Wesley, 2003.

COSTA, V. M.; TAROUCO, L. M. R. Infográfico: características, autoria e uso educacional. *Renote*, v. 8, n. 3, dez. 2010.

__________. ; __________. ; BIAZUSB, M. C. V. Criação de objetos de aprendizagem baseados em infográficos. *Anais da Conferencia Latinoamericana de Objetos de Aprendizaje y Tecnologías para la Educación (LACLO)*, 2011.

CRISTIANO, G. *Storyboard design course.* New York: Barron's Educational Series, 2007.

CSIKSZENTMIHALYI, M. *Finding flow in every life.* New York: Perseus Book Group, 1997.

CURY NETO, J. Voice design: o poder da palavra falada aplicada. In: *Anais do XIX Congresso Internacional de Educação a Distância.* Salvador: Abed, 2013.

EISNER, W. *Comics & sequential art.* Florida: Poorhouse Press, 2000.

FILATRO, A. *Design instrucional na prática.* São Paulo: Pearson, 2008.

GABRIEL, M. *Educ@r*: A (r)evolução digital na educação. São Paulo: Saraiva, 2013.

GEE, J. P. Learning by design: Games as learning machines. *Interactive Educational Multimedia*, n. 8, apr. 2004.

GOSCIOLA, V. *Roteiro para as novas mídias*: do game à TV interativa. São Paulo: Senac, 2004.

JONASSEN, D.; PECK, W.; WILSON, B. *Learning with technology*: a constructive perspective. New Jersey: Prentice Hall, 1999.

JUNIOR, J. B. B.; COUTINHO, C. P. Recomendações para produção de podcasts e vantagens em ambientes virtuais de aprendizagem. In: *Revista Prisma.com.* Braga, n. 6, 2008, p. 125-140.

KAPP, K. M. *The gamification of learning and instruction*. San Francisco: John Wiley, 2012.

KRESS, G. R. Visual and verbal modes of representation in electronically mediated communication: the potentials of new forms of text. In: SNYDER, I. (ed.). *Page to screen*. London: Routledge, 1998.

KRUSE, K. Creating scripts and storyboards for e-learning. *Elearning Guru*, s/d.

KUHLMAN, T. Build branched e-learning scenarios in three simple steps. In: *The Rapid E-Learning Blog*, 14 jul. 2009.

LANDOW, G. P. *Hypertext 2.0*: the convergence of contemporary critical theory and technology. Baltimore: The Johns Hopkins University Press, 1997.

LEPIONKA, M. E. *Writing and developing college textbook supplements*. Gloucester: Atlantic Path Publishing, 2005.

__________. *Writing and developing your college textbook*. 2. ed. Gloucester: Atlantic Path Publishing, 2008.

LIMA, M. C. Estudos de casos hipertextuais: rumo a uma inovação no método Harvard de ensino de gestão. *RAC*, v. 7, n. 3, p. 77-79, jul/set. 2003.

LOWE, R.; SCHNOTZ, W. *Learning with animation*: research implications for design. New York: Cambridge University Press, 2008.

MARQUES, M. A. Formas de reforçar a mensagem de áudio e de captar a atenção do ouvinte In: CARVALHO, A. A. A. (org.). *Actas do Encontro sobre Podcasts*. Braga: CIEd, 2009.

MATHEUS, G. P. *Gramática da infografia:* morfologia e sintaxe para o design de informação. Tese de doutorado apresentada à Escola de Comunicações e Artes da Universidade de São Paulo. São Paulo: ECA, 2010.

MAYER, R. E. (ed.). *The Cambridge handbook of multimedia learning*. New York: Cambridge University Press, 2005.

MAZZA, M. D. *O acting no design de animação*. Dissertação de mestrado em Design. São Paulo: Universidade Anhembi Morumbi, 2009.

McCLOUD, S. *Desvendando os quadrinhos*. São Paulo: MBooks, 1995.

NUNES, J. *Como escrever o seu primeiro argumento de cinema em trinta dias*. E-book, s/d.

PENTEADO, R. Z. A voz nas locuções publicitárias: possibilidades de interpretação e representação. *Impulso*, n. 55, jan. 1999.

PISKURICH, G. M. *Rapid Instructional Design*: learning ID fast and right. San Francisco: Pfeiffer, 2006.

PRENSKY, M. *Digital game-based learning*. New York: McGraw-Hill, 2004.

RAJAMANICKAM, V. *Infographics Seminar Handout*. Bombay: National Institute of Design Ahmedabad, 11 oct. 2005.

REYNOLDS, G. *Apresentação zen*: ideias simples de como criar e executar apresentações vencedoras. Rio de Janeiro: Alta Books, 2010.

RIVIÈRE, A. A teoria cognitiva social da aprendizagem: implicações educativas. COLL, C.; PALACIOS, J.; MARCHESI, A. (orgs.). *Desenvolvimento psicológico e educação*: psicologia da educação. v. 2. Porto Alegre: Artmed, 1996.

ROCKINSON-SZAPKIW, A. J. *Prezi*: Trading linear presentations for conceptual learning experiences. Liberty University: SelectedWorks, 2011.

RODRIGUES, C. *O cinema e a produção*. Rio de Janeiro: Lamparina, 2007.

ROMISZOWSKI, H. Domínios, competências e padrões de desempenho do design instrucional.

Revista de Aprendizagem Aberta e a Distância, v. 1, n. 1, 2002.

ROSAS, F. W.; BEHAR, P. A. A importância da música em objetos de aprendizagem. In: *Anais do V Congresso Latino-Americano de Objetos de Aprendizagem*. São Paulo: Universidade Mackenzie, 2010.

SANTOS, R. E. A história em quadrinhos na sala de aula. In: *XXVI Congresso Anual em Ciência da Comunicação*, Belo Horizonte/MG, 2 a 6 set. 2003.

STANTON, L.; ENEMAN, S.; REHBERG, S.; McQUILLAN, J. *Storyboarding to success:* how to begin building your online course. Workshop at Webct. 5th Annual User's Conference. Vancouver: June, 2001.

TAROUCO, L. M. R. Objetos de aprendizagem e a EAD. In: LITTO, F. M.; FORMIGA, M. *Educação a distância:* o estado da arte. v. 2. São Paulo: Pearson Education, 2012.

__________. ; GRANDO, A. R. Da S.; KONRATH, M. L. P. Projeto e produção de objetos educacionais usando conceitos de alfabetização visual. In: *X Congresso Argentino de Ciências de La Computación*. Buenos Aires: RedUNI, 2004.

TUMMINELLO, W. *Exploring storyboarding*. New York: Thomson Learning, 2005.

VERGUEIRO, W.; RAMOS, P. *Quadrinhos na educação:* da rejeição à prática. São Paulo: Contexto, 2009.

WILEY, D. A. Connecting learning objects to instructional design theory: A definition, a metaphor, and a taxonomy. In: WILEY, D. A. (ed.). *The Instructional Use of Learning Objects*. Online Version, 2002.

WILLS, S. *Theoretical and empirical basis for graphic organizer instruction*. Dissertação apresentada à Universidade do Alabama. Alabama: UA, 2005.

WURMAN, R. S. *Ansiedade da informação*. São Paulo: Editora de Cultura, 1991.

ZICHERMANN, G.; CUNNINGHAN, C. *Gamification by design*. North Sebastopol: O'Reilly Media, 2011.

Capítulo 13

PRODUÇÃO DE MÍDIAS

Introdução

A mídia impressa ainda é amplamente utilizada em educação, a despeito do crescimento das tecnologias digitais. A qualidade dos conteúdos impressos varia, em geral, em proporção direta ao tempo dedicado à sua elaboração. No modelo industrial, o processo pode consumir vários meses, visto que envolve uma série de atividades especializadas desempenhadas por diferentes profissionais.

A produção de mídias digitais é ainda mais complexa e onerosa. Multiplicam-se as especializações à medida que novas mídias e tecnologias emergem, o que, por um lado, causa sobreposição de interesses e, por outro, felizmente, articulação de funções. A área é tão sujeita a inovações que nos vemos incapazes de cobrir todos os aspectos envolvidos sem cair no risco da incompletude ou da rápida desatualização.

Assim, optamos por abordar o tema pela vertente multimodal, que procura relacionar os princípios da produção gráfica à produção digital, principalmente no que diz respeito à composição visual. E, no que tange aos aspectos de acessibilidade, trazemos a perspectiva do design responsivo como resposta à busca por soluções integradas.

O que mais nos importa, contudo, é ressaltar a visão do design centrado no usuário, que, na produção de conteúdos, é sempre alguém em situação de aprendizagem (a quem temos nos referido como "aluno") ou de ensino/apoio (o docente, o educador).

Produção gráfica e digital

A **produção gráfica** é uma área bastante ampla e com certa tradição, se comparada à produção digital. Podemos defini-la como o conjunto de técnicas e atividades aplicadas no planejamento de aspectos funcionais e visuais de materiais impressos que servem de suporte para a comunicação. Fazendo um paralelo, a **produção digital** seria o conjunto de técnicas e atividades aplicadas ao planejamento de aspectos funcionais e visuais de materiais digitais que servem de suporte para a comunicação.

No âmbito da produção gráfica e digital, é comum nos depararmos com os termos design gráfico e design digital, por isso cabe aqui uma distinção. Por vezes, a expressão design gráfico é traduzida por "projeto gráfico", em uma equivalência a "leiaute" (do inglês, layout). No **leiaute** são apresentados os elementos visuais básicos (títulos, mancha do texto, ilustração etc.) de um conteúdo.

Um conceito relacionado é o de **interface** – o ponto de contato entre o ser humano e uma máquina ou um sistema; é o ambiente gráfico e o canal de comunicação do usuário com o conteúdo interno de uma mídia digital.

O leiaute ocupa-se da aparência, da face visível de um conteúdo – e não só no formato impresso, visto que podemos falar em "leiaute de interface" para um produto digital. A interface abriga, além do leiaute gráfico, questões de usabilidade.

Nos conteúdos educacionais, tanto o design gráfico quanto o design digital pode tornar mais explícita a lógica de organização do conteúdo, facilitando a compreensão pelo aluno. Na mídia impressa, isso é feito por meio de títulos, legendas, imagens e recursos gráficos. Na mídia digital, contamos com botões, ícones, links, nós, barras de navegação, caixas e mapas. E temos de considerar mais uma diferença significativa entre o impresso e o digital, que é o tamanho variável da tela. Como não existe dimensão fixa ou definitiva para o que aparecerá na interface, o leiaute digital precisa ser versátil o bastante para acomodar-se a diferentes configurações e ao mesmo tempo se espera que seja consistente o bastante para que o usuário não tenha de ficar procurando padrões e formas reconhecíveis a cada mudança de tela.

Dimensão editorial da produção

A revolução digital influenciou todos os estágios de produção – mesmo em se tratando da mídia impressa, com o seu característico rigor editorial. Muitas das atividades tradicionais se expandiram para abarcar a produção de imagens integradas a textos, animações e sons. Outras se fundiram ou mesmo desapareceram em nome da redução dos prazos (e de custos), uma vez que no mundo digital o lançamento de produtos "em construção" (ou em versões de teste) tornou o mercado muito mais tolerante a erros. Fica a critério do leitor-usuário julgar o impacto de todas essas mudanças na qualidade dos produtos finais.

Neste capítulo, procuramos ressaltar os princípios do mundo editorial que, a nosso ver, ainda têm espaço na produção de conteúdos educacionais.

Esses princípios podem ser expressos no chamado **projeto editorial**, que independe do suporte midiático específico e reúne decisões relativas à organização conceitual da informação.

Editoração

A atividade de editoração costuma ser associada à mídia impressa, mas, como veremos, tendo foco na preparação, revisão e normalização de originais, aplica-se à produção de todo tipo de mídia.

Os termos **editoração** e **diagramação** são usados com certa liberdade no mercado e tomados intercambiavelmente, mas há uma distinção importante a fazer. A **diagramação** dedica-se à distribuição dos elementos textuais e visuais no espaço limitado de uma página impressa, de acordo com as diretrizes estabelecidas no projeto gráfico. Entre as principais diretrizes da diagramação, destacam-se a hierarquia tipográfica e a legibilidade.

Já a **editoração** é a preparação técnica de originais para publicação e engloba um conjunto de ações que têm por objetivo assegurar a qualidade conceitual do produto final, incluindo a revisão e a normalização segundo critérios específicos. Quando realizada exclusivamente por meio de programas de computador, é chamada de **editoração eletrônica.**

> Um dos poucos títulos sobre o tema disponíveis na web, em português, é *Produção de material didático impresso: orientações técnicas e pedagógicas*, de Oreste Preti (2010).

A editoração eletrônica acelerou enormemente a produção da mídia impressa, possibilitando a criação, a integração e a revisão de textos e imagens com maior rapidez, para posterior envio a uma gráfica profissional ou mesmo para saída em impressoras a laser. Talvez por essa razão as atividades de editoração e diagramação se tenham fundido, às vezes em detrimento de uma preparação editorial mais profissionalizada.

De fato, a **preparação** diz respeito à organização dos originais para a publicação, de acordo com as normas editoriais, buscando harmonia entre forma e conteúdo. Uma atividade relacionada é a **copidescagem (ou copidesque)**, mais voltada à adequação do texto, com possíveis cortes ou reescrita, para preservação do sentido e do fluxo da leitura.

> No Capítulo 12, *Roteirização*, atribuímos à atividade de edição/preparação uma função de destaque na roteirização de materiais impressos, sob a responsabilidade do especialista em comunicação (editor) ou do designer instrucional, que atua na interface educação-comunicação.

A editoração comporta ainda a **revisão de texto**, que é uma leitura minuciosa para verificação de aspectos gramaticais e ortográficos, erros de digitação, uso inadequado de pontuação e acentuação, e a **revisão de provas**, voltada à verificação final de títulos, cabeçalhos, legendas, paginação, numeração de figuras e quadros e inconsistências de estilo após a diagramação.

Ainda como parte da editoração, temos a **normalização**, responsável pela padronização e uniformização dos materiais, incluindo aí a adequação às normas de referenciamento bibliográfico da **ABNT**.

> **Associação Brasileira de Normas Técnicas (ABNT)**
> Entidade privada, sem fins lucrativos, responsável pela normalização técnica no Brasil.

Todas essas atividades surgiram e se aperfeiçoaram no âmbito da produção de livros e revistas, tanto que se referem primordialmente à linguagem textual, predominante na mídia impressa. Com a expansão das publicações eletrônicas e digitais, os processos editoriais flexibilizaram-se fortemente nos últimos anos.

No entanto, como o leitor pode ter inferido, ainda que essas atividades possam ser distribuídas de maneira difusa no fluxo de produção de conteúdos educacionais, fica muito evidente ao leitor-usuário quando elas não são realizadas.

No fluxo de produção proposto neste livro, parte dessas atividades acontece na etapa de roteirização do texto-base elaborado por um especialista em conteúdo, que pode contar com a contribuição de especialistas em educação e comunicação. Sabemos, porém, que, do texto-base à solução midiática finalizada – um infográfico, um jogo, uma animação –, o conteúdo passa por uma série de modificações, complementações e edições que requerem um tratamento editorial especializado.

Produção multimodal

De certo modo, nosso aluno lê as informações dispostas em uma tela de computador ou outro dispositivo eletrônico da mesma maneira que as lê em uma página impressa. Ou seja, ele busca reconhecer padrões segundo os quais possa agrupar as informações espacialmente a fim de compreender o significado daquela composição.

Por essa razão, é importante que os princípios pensados originalmente para a produção de materiais impressos – como aqueles derivados da Gestalt – sejam respeitados também em leiautes digitais, constituindo uma espécie de **produção multimodal**. É o que veremos a seguir.

No Capítulo 10, *Planejamento educacional*, são apresentados diversos tipos de imagens e suas aplicações na produção de conteúdos educacionais.

Composição visual

Composição é a organização ou o arranjo dos elementos de acordo com alguns princípios estabelecidos. Na **composição visual**, o foco é sobre o arranjo de imagens (fotografias, ilustrações, gráficos etc.) e também de elementos básicos como linhas, formas e cores.

Cada elemento da composição visual evoca respostas emocionais específicas no aluno-leitor-usuário e, quando os elementos são dispostos em conjunto, geram outros efeitos perceptivos.

Nossa intenção aqui não é esgotar o extenso tema da composição visual, que requer um aprofundamento maior do que o possível neste capítulo. Porém, à medida que a composição visual pode facilitar ou dificultar o processamento cognitivo, alguns aspectos básicos merecem nossa atenção.

Composição de imagens

O uso de elementos visuais ganha cada vez mais importância na construção de soluções educacionais, a ponto de se tornarem conteúdos que precisam passar pelo mesmo processo de autoria-roteirização-produção.

A composição de imagens geralmente parte de uma encomenda textual e/ou modelo de imagem (*briefing*) apresentado pelo autor no texto-base elaborado para fundamentar a elaboração de materiais impressos ou digitais.

A imagem é então composta por ilustradores, fotógrafos, designers gráficos ou webdesigners, conforme especificado no roteiro, e submetida à validação da equipe antes que se realizem a produção e a finalização.

Em alguns casos, o próprio conteudista elabora as imagens (por exemplo, desenhos técnicos ou artísticos), que são então aperfeiçoadas com o acréscimo de recursos gráficos como setas, círculos coloridos, caixas explicativas, legendas e efeitos de afastamento ou aproximação (*zoom*) e tratadas para ajuste de cores, contraste e resolução.

Quando uma imagem é criada do zero, é considerada obra intelectual inédita e aplica-se a ela a mesma lógica de cessão de direitos autorais e solicitação de autorização de uso, conforme tratado no Capítulo 11, *Autoria*.

Há casos em que as ilustrações não são propriamente criadas, mas selecionadas de um banco de imagens preexistente (por exemplo, Thinkstock), de acordo com a encomenda feita no roteiro. Essa seleção pode ser feita pelo próprio conteudista e apoiada pelo designer instrucional.

Também pode entrar em cena um profissional especializado e dedicado a essa tarefa, que recebe o nome de **iconógrafo.** Ele realiza uma pesquisa orientada de imagens, a partir da encomenda do conteudista, responsabilizando-se também pelo trâmite referente a créditos e direitos de uso.

Elementos da composição visual

As imagens compostas precisam ser dispostas em um leiaute que organiza, além dos elementos textuais, vários elementos visuais, como linhas, formas e cores. E a maneira como essas informações são dispostas em uma página impressa ou na tela de um computador pode fazer a diferença entre comunicar uma mensagem ou deixar o aluno desmotivado, confuso ou sobrecarregado.

O elemento básico da composição visual é a **linha** – um traço que une dois pontos quaisquer. Dependendo da forma como esses dois pontos são ligados, a linha pode transmitir diferentes tipos de informação visual. A Figura 13.1 mostra alguns efeitos.

Uma linha ascendente pode causar a sensação de evolução e progresso, e uma descendente pode provocar a sensação oposta. Uma linha pode ter uma aparência flutuante, hesitante ou fixa e determinada. O modo pelo qual duas linhas se cruzam também produz efeitos visuais. Elas podem colidir e fazer zigue-zague, dando a aparência de desordem, ou podem estar simetricamente dispostas, provocando uma sensação de controle e organização. Quando suaves, as linhas curvas comunicam harmonia, tranquilidade e sensualidade. Linhas curvas bem definidas, no entanto, podem sugerir turbulência, como em um mar tempestuoso.

•• FIGURA 13.1 Efeitos visuais de diferentes tipos de linhas

Linhas verticais são poderosas, fortes e ativas; geralmente se destacam em relação às demais em uma composição visual

Linhas horizontais sugerem estabilidade, serenidade, quietude e repouso

Linhas diagonais transmitem a sensação de movimento; sugerem ação, violência, instabilidade, tensão ou energia

Fonte: Elaborada pelas autoras.

Outro tipo de elemento visual são as **formas** – os contornos dos objetos definidos por sua altura e sua largura. Quadrado, círculo e triângulo são as formas básicas a partir das quais todas as outras podem ser obtidas. Cada uma delas possui características específicas e pode ser relacionada a diferentes significados, como mostra a Figura 13.2.

•• FIGURA 13.2 Efeitos visuais de diferentes formas

Quadrado: associado a honestidade, retidão, igualdade, ordem e enfado. Uma composição quadrangular passa a ideia de equilíbrio e rigidez

Triângulo: transmite dinamicidade e ousadia. Em uma composição triangular, nossos olhos navegam por três pontos separados em um movimento dinâmico

Círculo: transmite segurança, proteção, perfeição e infinitude. A composição circular simboliza harmonia e atrai a atenção do espectador ao assunto da tela, formando uma imagem intimista

Fonte: Elaborada pelas autoras.

A **cor** é outro elemento visual com elevado efeito de atração. A visão humana é sempre conquistada por elementos coloridos antes de elementos em preto e branco, bem como a atenção visual privilegia imagens antes de textos. O simples fato de um documento ser colorido pode aumentar o tempo de atenção do leitor em até 80%.

O uso de cores em conteúdos educacionais pode apoiar o processamento visual da informação. Por exemplo, a cor pode ajudar a localizar, classificar e associar imagens mostrando o relacionamento entre as informações. Pode ainda diferenciar unidades, destacar explicações, enunciados, atividades e imagens, agrupar determinados tópicos ou fixar novos conteúdos.

Utilizada indiscriminadamente, a cor pode ter um efeito negativo ou de distração. A fadiga visual (ou seja, o cansaço provocado pelo número excessivo de imagens ou cores) acaba distraindo a atenção e causando perda de foco na atividade principal.

A cor tem profunda influência na esfera emotiva e é necessário conhecer seus significados para explorar todo o seu potencial comunicativo. Embora haja elevada carga cultural na interpretação das cores, há usos universais que podem ser explorados:

- **Vermelho**: perigo, atenção, calor, fogo e comandos de interrupção (como em "Pare!").
- **Amarelo**: cuidado, atenção, teste, lentidão.
- **Verde**: passagem livre, normalidade, segurança, vegetação.
- **Azul**: frio, água, calma e céu.
- **Laranja**: valor-limite e radiação.
- **Cinza, branco e azul**: inatividade e neutralidade.

Podemos encontrar alguma relação entre os significados e a chamada **temperatura das cores**. Por exemplo, quando pensamos em algo quente, logo imaginamos a cor vermelha; se algo está frio, pensamos no azul. Cores quentes são mais dinâmicas e estimulantes, ao passo que cores frias proporcionam um estado mais calmo e sensações de descanso e paz. E, apesar de não causarem efeito na temperatura física, a sensação associativa das cores, por intermédio dos códigos da linguagem, é muito forte.

A temperatura das cores também tem relação com a percepção de tamanho, volume e distância. As cores quentes parecem aumentar os objetos, ao passo que as frias parecem reduzi-los.

Em síntese, as cores quentes são apropriadas para demonstrar ação, necessidade de resposta, proximidade; já as frias são adequadas para representar status, fundo e distância. As cores cinza, branco e azul transmitem neutralidade.

Princípios da composição visual

Quando olhamos para o leiaute de uma página ou de uma tela, temos a tendência natural e instintiva de organizar o que vemos. Os vários elementos que compõem o campo visual definem estruturas, resolvem ambiguidades e impõem conexões, dizendo-nos o que ler e em que ordem.

Gestalt
Palavra alemã de difícil tradução para o português, significa uma combinação de vários elementos para formar um todo.

Muitos princípios gerais de organização perceptual foram primeiramente descritos em 1920 pelos psicólogos da escola que recebeu o nome de **Gestalt**. Segundo essa teoria, percebemos um conjunto de elementos como um todo, no qual os componentes estão integrados entre si, de modo que não é possível decompô-los sem destruir o conjunto.

Uma implicação da Gestalt é que os leitores-usuários podem fazer uso dos elementos visuais (isoladamente e em relação uns com os outros) para ajudá-los a identificar padrões e elaborar significados. Por consequência, se a composição visual for bem projetada, o tempo exigido para interpretar os elementos visuais será reduzido. Entretanto, se a composição visual não for cuidadosamente elaborada, será difícil para os alunos compreenderem o significado próximo ao que foi originalmente pretendido.

Alguns **princípios da percepção visual** orientam assim a produção de conteúdos educacionais, como podemos ver na Figura 13.3.

1) **Figura-fundo:** o campo visual é normalmente dividido em duas partes: a **figura**, o foco principal da atenção, rodeada por um contorno e vista como um todo, e o restante do campo, considerado **fundo,** geralmente visto como muito distante, ou atrás, da figura. Uma composição inadequada pode direcionar a atenção dos alunos para elementos que em tese deveriam ser fundo, e não o foco principal. No entanto, a boa organização das interações entre os elementos e o destaque aos pontos principais possibilita inferências rápidas e diretas.
2) **Proximidade:** quando agrupados e próximos uns dos outros, itens relacionados são vistos como um conjunto coeso, não como um emaranhado de partes sem ligação. Elementos com algo comum ou pertencentes à mesma categoria devem estar próximos, para que sejam reconhecidos como grupo. Elementos "soltos" transmitem a sensação de bagunça ou descuido, o que costuma gerar sobrecarga e desconforto a quem vê. E o esforço extra requerido para organizar os vários elementos isolados pode gerar desmotivação e até desistência, ainda que o leitor-usuário não saiba explicar por quê.

> O leitor notará que esta recomendação se alinha ao princípio da proximidade espacial (e também temporal) decorrente da teoria da aprendizagem multimídia, tratada no Capítulo 2, *Dimensão pedagógica*, e retomada no Capítulo 12, *Roteirização*, quando examinamos a integração entre textos e imagens.

3) **Continuidade (ou fechamento):** os elementos gráficos que sugerem uma linha visual contínua tendem a ser agrupados. Mais ainda, padrões visuais com boa continuidade podem sugerir ao observador que o parâmetro segue além do fim do padrão propriamente dito. Ou seja, nós "completamos" ou emendamos mentalmente o que está faltando.

4) **Alinhamento:** elementos alinhados dão a impressão de maior estabilidade e segurança. Indicam ao leitor que, mesmo separados, os itens fazem parte de único conjunto. Isso significa que nenhum elemento da composição visual deve ser disposto arbitrariamente em uma página ou tela.
5) **Similaridade:** alguns elementos são associados com mais intensidade quando compartilham características visuais básicas (como forma, tamanho, cor, textura, valor) do que quando diferem nessas dimensões.
6) **Repetição:** favorece a "consistência" de um conteúdo e transmite ao leitor-usuário a ideia de unidade. Cada aspecto de design deve repetir-se ao longo do material. O elemento repetido pode ser uma fonte em negrito, um fio, um marcador de tópico, um estilo de formatação etc.
7) **Contraste:** talvez este seja o elemento mais importante do design, pois estimula o leitor a agrupar o conteúdo por meio de inferências apropriadas sobre o relacionamento interno entre as partes e sua hierarquia organizacional. Há muitas maneiras de alcançar o contraste, e a mais simples é pelo uso dos opostos: grande/pequeno, quadrado/redondo, fechado/aberto, cor fria/quente, áspero/liso etc. A Figura 13.3 reproduz o clássico exemplo da cesta de maçãs.

•• **FIGURA 13.3** Exemplo de princípios da Gestalt

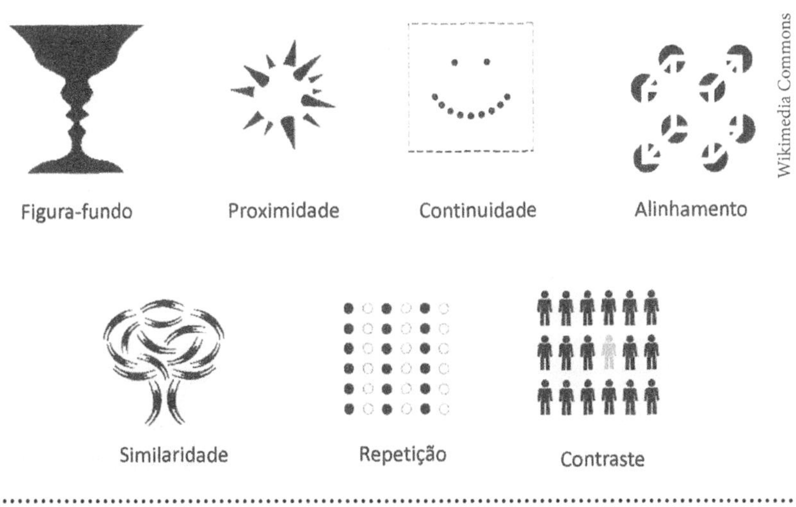

Fonte: Elaborada pelas autoras.

É interessante observar que, não havendo contraste entre os elementos de uma composição visual (ou seja, todos são **concordantes**), o resultado costuma ser desinteressante. E, quando os elementos diferem apenas levemente, não acontece o contraste, mas sim um **conflito**. Isso porque diferenças mínimas de tipo, corpo e estilo de formatação, ou

pequenas variações no tamanho ou na posição das imagens não são suficientes para evidenciar o contraste, mas também causam sensação de estranheza por não serem estáveis o bastante para propiciar a identificação de um padrão.
O que se deseja é um leiaute **contrastante** – com variações claras e intencionais de tamanho, peso, estilo, forma e cor – capaz de atrair de imediato a visão do leitor-usuário, propiciando curiosidade e interesse.

Avançando um pouco mais nos princípios da composição visual para abarcar leiautes multimodais, podemos identificar mais algumas relações entre os componentes de uma página ou tela.

A primeira delas é o **valor informacional**, determinado pela disposição dos elementos em zonas da imagem:

- **Margens direita-esquerda:** um elemento posicionado no lado esquerdo do leiaute representa a informação já conhecida do leitor-usuário, fazendo parte da cultura em geral ou do veículo no qual essa informação é veiculada. O lado direito, por sua vez, é reservado à informação nova, a ser processada, aprendida, compreendida.
- **Planos superior-inferior:** a parte superior de um leiaute é o local do "ideal", ou seja, a essência idealizada ou generalizada da informação. A parte inferior, que se opõe à superior, é vista como o local do "real", da informação mais concreta, específica ou prática.
- **Centro-margens:** um elemento posicionado no centro do leiaute é visto como o núcleo da informação, ao qual os outros elementos estão, em maior ou menor grau, subordinados. Assim, os elementos posicionados nas margens são considerados dependentes do elemento central, ao qual servem.

A Figura 13.4 organiza esses valores em uma representação gráfica simples.

•• **FIGURA 13.4** Zonas de imagem do leiaute multimodal

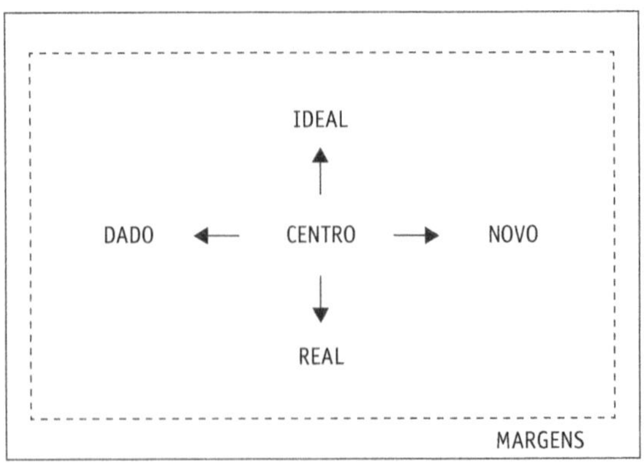

Fonte: Elaborada pelas autoras.

Outra relação entre os elementos do leiaute multimodal é a **saliência:** a capacidade de os elementos atraírem a atenção do observador em níveis variados (primeiro ou segundo plano, tamanho e diferenças de formas, contraste de cor etc.). A composição de uma página ou tela envolve vários graus de saliência, que cria uma hierarquia entre os elementos, selecionando alguns como os mais importantes ou que merecem mais atenção do que os outros por parte do leitor-usuário. A saliência é julgada com base em pistas visuais, e os observadores são intuitivamente capazes de avaliar o "peso" dos vários elementos de uma dada composição.

Por fim, o **enquadramento** é usado para conectar ou desconectar grupos e elementos visuais em um leiaute multimodal. Nesse sentido, dispositivos delimitadores espaciais promovem a continuidade ou a descontinuidade dos itens por meio de recursos gráficos, cores ou formas. Além disso, linhas divisórias imaginárias emolduram as informações e ressaltam as relações estabelecidas entre elas.

Design de interface

Como vimos, a **interface** é o ponto de contato entre o ser humano, que pensa por meio de palavras, conceitos, imagens, sons e associações, e a máquina ou sistema, que "pensa" por meio de minúsculos pulsos de eletricidade, representando os estados ligado (0) ou desligado (1).

O **design de interface** (ou design digital) ocupa-se da distribuição dos elementos textuais e visuais no espaço limitado de uma tela. Resumindo, é responsável pelo leiaute da interface, de acordo com as diretrizes estabelecidas no projeto gráfico-digital. Herda, assim, boa parte dos princípios de composição visual que aplicamos à diagramação.

Entretanto, a interface abriga, além do leiaute gráfico, questões relacionadas à usabilidade, algo muito caro no contexto educacional. Vejamos por quê: os alunos interagem com conteúdos, ferramentas e outras pessoas – enfim, com uma proposta de design instrucional materializada em uma solução midiática – apenas depois de assimilarem o projeto visual e navegacional dessa solução.

O termo **usabilidade** começou a ser empregado no início da década de 1980 nas áreas de psicologia e ergonomia em substituição à ideia de produtos *user-friendly* (em português, "amigáveis"). A premissa subjacente é de que máquinas e sistemas digitais são ferramentas construídas para serem usadas, não para serem "amigas".

Assim, o termo "usabilidade" passou a ser empregado em referência à capacidade de uma interface ser facilmente usada, facilitando a interação do usuário com o conteúdo de um produto digital.

Muitos são os atributos que definem a usabilidade de uma interface, como podemos ver no Quadro 13.1.

•• **Quadro 13.1** Atributos de usabilidade

Atributos	Descrição
1. Presteza	A presteza facilita a navegação, poupando ao aluno o aprendizado de uma série de comandos e diminuindo a ocorrência de erros. Permite também que o usuário saiba em que modo ou estado se encontra e o que ele fez para estar nessa situação.
2. Agrupamento por localização	A compreensão do conteúdo de uma tela por parte do aluno depende, entre outras coisas, da ordenação dos objetos (imagens, textos, comandos etc.) apresentados. Os alunos perceberão os itens mais facilmente se estes forem apresentados de maneira organizada (em ordem alfabética, por frequência de uso etc.).
3. Agrupamento por formato	Será mais fácil para o alunos perceber, aprender e lembrar relacionamento(s) entre itens ou classes de itens se diferentes formatos ou códigos ilustrarem suas similaridades ou diferenças.
4. *Feedback*	A qualidade e a rapidez do *feedback* são fatores importantes para a satisfação e a confiança do aluno, assim como para o melhor entendimento do funcionamento da interface. A ausência ou o atraso de *feedbacks* podem levar o aluno a suspeitar de uma falha no produto e a realizar ações prejudiciais para os processos em andamento.
5. Legibilidade	O desempenho melhora quando a apresentação da informação leva em conta as características cognitivas e perceptivas do aluno. Uma boa legibilidade facilita a leitura das informações apresentadas na interface.
6. Concisão	A concisão está relacionada ao tamanho dos códigos e termos apresentados e introduzidos na interface. Dada a capacidade limitada de memória de curto prazo, quanto menos entradas, menor a probabilidade de serem cometidos erros. Além disso, quanto mais sucintos forem os itens, menor será o tempo de leitura.
7. Ações mínimas	Quanto mais numerosas e complexas forem as ações e os diálogos necessários para chegar a uma meta, maior será a carga de trabalho e, com ela, a probabilidade de ocorrência de erros.
8. Densidade informacional	Na maioria das tarefas, o desempenho do aluno piora quando a densidade de informação é muito alta ou muito baixa, tornando mais provável a ocorrência de erros. Itens ou ações não relacionados à tarefa devem ser removidos, de modo que a carga de memorização seja minimizada.
9. Ações explícitas	Quando o processamento pelo computador resulta de ações explícitas do aluno, este aprende e entende melhor o funcionamento da interface e comete menos erros.
10. Controle do usuário	O controle do usuário sobre o encadeamento e a realização das ações favorece a aprendizagem e diminui a probabilidade de erros. Em consequência, o computador torna-se mais previsível.

➤

➤

Atributos	Descrição
11. Flexibilidade	Quanto mais formas de efetuar e personalizar uma tarefa, maiores serão as chances de que o aluno possa escolher e dominar uma delas no curso de sua aprendizagem.
12. Experiência do usuário	Usuários experientes em uma interface não têm as mesmas necessidades informacionais que os novatos. Nem todos os comandos ou opções precisam estar visíveis o tempo todo. Alguns diálogos podem entediar e diminuir o rendimento do usuário experiente. Os atalhos, ao contrário, permitem-lhes rápido acesso às funções da interface. Entretanto, esta deve fornecer aos novatos diálogos fortemente conduzidos, ou mesmo passo a passo.
13. Proteção contra erros	A interface deve oferecer oportunidades para que o aluno possa prevenir eventuais erros (por exemplo, correção automática de textos), pois é preferível detectá-los no momento da digitação do que na validação.
14. Mensagens de erro	A qualidade das mensagens de erro enviadas ao usuário em dificuldades favorece o aprendizado da interface, indicando a razão ou a natureza do erro cometido, o que foi feito erroneamente, o que deveria ter sido feito e o que se deve fazer para correção.
15. Correção de erros	A interface deve oferecer facilidades para que o aluno possa corrigir os erros cometidos. Estes são menos perturbadores quando são fáceis de corrigir.
16. Consistência	Os procedimentos, rótulos, comandos etc. são mais bem reconhecidos, localizados e utilizados quando seu formato, sua localização, sua denominação ou sintaxe são estáveis de uma tela e de uma seção para outra. Com uma interface mais previsível, a aprendizagem torna-se mais generalizável, e os erros são reduzidos.
17. Significados	Quando os códigos e as denominações são claros e significativos para o usuário, a recordação e o reconhecimento são melhores. Códigos e denominações sem significado podem sugerir operações inadequadas para o contexto, levando o usuário a cometer erros.
18. Compatibilidade	A transferência de informações de um contexto a outro é mais rápida e eficaz quanto menor for o volume de informação que deve ser recodificado. A eficiência é aumentada quando os procedimentos necessários ao cumprimento da tarefa são compatíveis com as características psicológicas do usuário; os procedimentos e as tarefas são organizados de maneira a respeitar as expectativas ou os costumes do usuário e quando as traduções, transposições, interpretações ou referências à documentação são minimizadas. O desempenho é melhor quando a informação é apresentada de forma diretamente utilizável (telas compatíveis com o suporte tipográfico, denominações de comandos compatíveis com o vocabulário do aluno etc.).

Fonte: Adaptado de CRISTOFOLI, F.; FILATRO, A. Estudo prático de usabilidade: concepção teórica e avaliação do portal PORTCOM. In: *4º CONTECSI – Congresso Internacional de Gestão da Tecnologia e Sistemas de informação*. São Paulo: TECSI-USP-FEA, 2007.

> Para um aprofundamento no extenso campo do design digital, recomendamos o livro *Design/Web/Design:2*, de Luli Radfahrer, professor da Escola de Comunicações e Artes da USP (ECA-USP), disponível na web; embora publicado em 2000, o texto continua atual e se tornou um clássico pela verve de seu autor.

Entre os atributos de usabilidade, podemos identificar vários alinhamentos aos princípios da Gestalt e da composição multimodal que compartilham da mesma fundamentação teórica: as ciências da cognição.

No entanto, tal é o desenvolvimento tecnológico atual que um conteúdo produzido em mídia digital não será exibido apenas na tela de computadores de mesa ou em notebooks e laptops portáteis, mas também em tablets, smartphones e aparelhos de TV.

Isso representa um complicador para o design de interface, uma vez que, mesmo elegendo uma categoria principal, por exemplo, os computadores pessoais, ainda haverá diferenças entre sistemas operacionais, navegadores, resoluções de tela etc.

Tendo em vista essa dificuldade, em 2010 surgiu o chamado **design responsivo,** com a promessa de garantir a acessibilidade de um conteúdo independentemente do dispositivo utilizado para acessá-lo. Baseia-se em três pilares:

- **Grade flexível**, ou seja, um conjunto de linhas "invisíveis" sobre as quais o leiaute é estruturado em partes menores.
- **Imagens adaptáveis** que não se distorçam ao serem exibidas em diferentes telas.
- **Consultas de mídia** (*media queries*) para identificar o tipo, o tamanho, a orientação, a resolução e a densidade do dispositivo.

> O design responsivo foi criado por Ethan Marcotte, um webdesigner que vive em Cambridge e se dedica a desenvolver soluções integradas de design baseadas em padrões tecnológicos. A abordagem técnica é explicada no livro *Responsive web design* (2010).

O design responsivo e as abordagens relacionadas, como o design atômico (que trabalha com componentes reutilizáveis, de forma muito semelhante aos objetos de aprendizagem), são anunciados como respostas antecipadas ao futuro do design digital.

No entanto, eles ainda não integram a produção de áudio e vídeo, motivo pelo qual tratamos esses dois tópicos separadamente a seguir.

Produção de áudio

A **produção de áudio**, por exemplo, de um conteúdo no formato podcast, envolve as atividades de gravação, edição, registro e distribuição.

O conteúdo pode ser produzido por uma única pessoa, como no caso do modelo de docência independente, bastando para isso apenas um microfone ou gravador digital, um computador conectado à internet e um servidor na rede para armazenamento de seus programas e do recurso

RSS (Real Simple Syndication), escrito na linguagem XML, que permite a softwares "agregadores" alertar um usuário assinante desse serviço quando houver um podcast disponível.

Mesmo as produções artesanais podem ter boa qualidade sonora a um custo relativamente baixo, visto que há uma grande oferta de softwares para gravação e edição digital de áudio, além de vinhetas e músicas de uso livre. Além disso, programas do tipo VoIP (Voice over IP), como o Skype, permitem a gravação de voz sem custo adicional.

De conteúdos produzidos em modelos de produção industrial, espera-se uma captação de som mais apurada, edição profissional, efeitos sonoros inéditos e alguns cuidados em seu registro e sua distribuição, como veremos a seguir.

Para isso, conta-se com uma equipe formada por diretor, produtor, operador e editor de áudio, além dos locutores e/ou apresentadores. Pode ocorrer de um mesmo profissional desempenhar mais de uma tarefa, porém ciente de que há atribuições distintas que devem ser contempladas para assegurar a qualidade profissional.

Pré-produção

Antes de iniciar a gravação propriamente, o produtor de áudio, que coordena todo o trabalho de produção, verifica se os segmentos indicados na escaleta foram roteirizados e, quando aplicável, confere no roteiro decupado as indicações de efeitos sonoros ou outros elementos relacionados, como a seleção de locações no caso de gravações externas.

Um operador de áudio revisa todos os equipamentos, ajusta o volume e a posição dos microfones, além de equalizar os sons a serem gravados.

O apresentador/locutor já deve estar familiarizado com o roteiro, de preferência ensaiado, para conferir à locução a intenção adequada.

Gravação

A gravação corresponde à tarefa de captar o som, ao vivo, ou em condições acústicas controladas (em estúdio). Da gravação ao vivo, esperam-se emoção, espontaneidade e até o calor do imprevisto. Contudo, para uma gravação planejada, a expectativa de quem ouve é por um registro límpido, sem interferências, erros ou improvisos.

Um áudio limpo, com vozes distintas, sem ruídos e sons de outros objetos, requer planejamento e cuidado.

Quando a gravação é feita em estúdio, é preciso criar um clima que possibilite a concentração dos envolvidos. A fala deve ser clara, audível, segura, com as ênfases e entonações identificadas no roteiro e nos ensaios. Além disso, a transição entre os assuntos deve ser claramente percebida.

Se o locutor ou apresentador pronunciar uma palavra de forma incorreta ou incompreensível, cabe ao diretor ou ao editor de áudio interromper a fala e pedir que o trecho que ficou abaixo do padrão de qualidade esperado seja refeito. Por isso, é importante que apenas o locutor, o editor e, se possível, o diretor estejam presentes no momento da gravação.

Fora do estúdio, para a gravação devem-se evitar lugares movimentados como escolas, hospitais e shoppings, pois os sons do ambiente são captados pelo microfone, com a fala do locutor/apresentador. Ruas, avenidas e interior de veículos em movimento também devem ser descartados em razão do barulho de carros, motos e ônibus, além de túneis ou corredores, pois o som é refletido, gerando ecos e reverberações.

Edição

A edição de áudio corresponde a qualquer alteração realizada no som captado, incluindo amplificação, mixagem, equalização e adição ou subtração de efeitos. É possível cortar, inserir, aplicar *fading* (desvanecer), regular a altura (grave ou agudo), a intensidade (forte ou fraca), o andamento (mais rápido ou mais lento) e o volume (mais alto ou mais baixo) de um material gravado.

Registro e distribuição

O registro consiste na fixação do áudio em um suporte físico ou em seu empacotamento para distribuição via web.

A distribuição de podcasts, que é o formato de áudio mais utilizado hoje, difere radicalmente da radiodifusão. No rádio tradicional, o processo é feito por meio de transmissores de ondas eletromagnéticas, que são captadas por antenas receptoras de rádio. A escuta se dá sincronicamente com a emissão do sinal.

No podcasting, o tempo de produção e distribuição não coincide necessariamente com o da escuta. Após gravar a versão final do programa em um arquivo de áudio (normalmente em formato MP3), este é enviado para um servidor. Também se faz o *upload* do arquivo de texto RSS.

Para mais informações sobre formas de disponibilização de arquivos de áudio, veja a seção sobre distribuição de vídeo, a seguir.

Produção de vídeo

Como na produção de áudio, a **produção de vídeo** pode ser realizada por uma única pessoa; atualmente, há câmeras de celular espalhadas pelo mundo inteiro e as redes sociais armazenam todo tipo de registro para provar quanto essa atividade está democratizada.

No entanto, de vídeos profissionais espera-se uma qualidade diferenciada, alcançada pela atuação de uma equipe multidisciplinar que pode envolver diretor e editor de vídeo, fotógrafo, operadores de câmera e de áudio, iluminador, contrarregra, continuísta, figurinista, maquiador etc.

Todos esses profissionais trabalham de forma coordenada para assegurar o registro da realidade ao vivo ou sua simulação com a maior veracidade possível.

Uma das principais preocupações na produção de conteúdos educacionais em vídeo é capturar a perspectiva mais estimulante em termos visuais e que, ao mesmo tempo, permita a melhor compreensão pelos alunos.

E, se estivermos gravando a atuação de pessoas, seja na apresentação de videoaulas ou na representação de narrativas instrucionais, o estado de espírito das pessoas também é um fator determinante. A linguagem de vídeo pode traduzir esse estado, como veremos a seguir.

Pré-produção

De posse do roteiro decupado, o produtor de vídeo prepara uma lista, cena por cena, dos materiais necessários à gravação. Além disso, antes de começar a gravar, agenda as datas e os horários de gravação, verifica se todos os equipamentos estão disponíveis, se os participantes ensaiaram suas falas e cenas, se os contratos de cessão de imagem foram assinados e se os cenários, objetos de cena e figurinos estão prontos. Se forem utilizadas locações, também providencia o transporte dos atores e da equipe, bem como a logística dos equipamentos. Na hora, tudo precisa funcionar!

Gravação

Com o roteiro pronto e validado, os equipamentos preparados e as pessoas que participarão da gravação a postos, é hora de a câmera começar a gravar.

Gravar vídeos é uma arte, principalmente quando é preciso capturar a ação dramática em narrativas. A gravação, no entanto, baseia-se em uma linguagem bem fundamentada tecnicamente. Para compreendê-la, é preciso subdividir o conteúdo em sequências, cenas e planos, como mostra a Figura 13.5.

•• **Figura 13.5** Subdivisão da sequência em cenas e planos

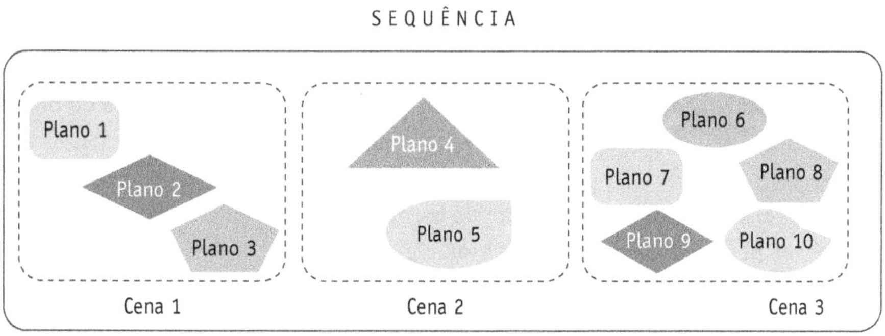

Fonte: Elaborada pelas autoras.

A unidade básica de produção de vídeos é o **plano** (do inglês, *shot*), que se inicia se sempre que a câmera é ligada para captar imagens (quando se dá o "Ação!") e termina quando ela é desligada (quando se dá o "Corta!").

A ideia de **plano** não deve ser confundida com a de **tomada** (do inglês, *take*), que é a ação de filmar um plano. Assim, um mesmo trecho de um filme ou vídeo pode ser encenado e filmado várias vezes, constituindo diversas tomadas de um mesmo plano. Na etapa de edição, será selecionada apenas a melhor tomada em termos de qualidade técnica da fotografia, movimentos de câmera, som, enquadramento e até interpretação de atores, se houver.

A combinação de planos de ação diretamente relacionados com a mesma ação principal é chamada de **cena**, e a mescla de várias cenas é chamada de **sequência**. Fazendo uma comparação com um livro, as sequências seriam os capítulos; as cenas, os parágrafos relacionados com uma mesma ação e/ou cenário; e os planos, as frases.

Ao longo de uma sequência e até de uma cena, os planos variam com o propósito de:

- Evitar a monotonia na apresentação da mensagem, estabelecendo ritmo, variação e cadência.
- Guiar o olhar do espectador para o que deve ser visto.
- Favorecer a clareza, chamando atenção para detalhes importantes.
- Produzir tensão psicológica no espectador, ao provocar intencionalmente surpresa, suspense, choque ou outras emoções.

As variações nos planos de gravação são classificadas de acordo com os tipos de enquadramento, angulação e movimentação da câmera, como descrito a seguir.

O **enquadramento** determina os limites da imagem e pode capturar diferentes perspectivas, com base na distância da câmera em relação ao que está sendo visto. Diferentes enquadramentos permitem imprimir uma relação imaginária de menor ou maior distância social:

- **Plano longo:** mostra o ambiente (onde ocorre a ação), as personagens (quem está lá) e a ação (o que está acontecendo); apresenta todos os elementos de uma cena e a posição das personagens no ambiente. Em virtude da grande quantidade de pormenores abarcados, exige um tempo maior de projeção para que o espectador perceba os detalhes da imagem.
- **Plano geral:** mostra a personagem de corpo inteiro, com a cabeça próxima ao topo da tela e os pés próximos à parte inferior. Desse modo, captura postura e linguagem corporal da personagem na cena. É usado com fins descritivos e serve para mostrar a posição das personagens em cena.
- **Plano americano:** mostra a personagem da cintura ou dos joelhos para cima, com destaque para expressões faciais e gestos, mantendo o cenário de fundo e outras personagens (se houver). É uma denominação especial para designar um tipo de plano médio, comum nos filmes americanos. Privilegia a ação em relação ao cenário.

Alguns planos focalizam apenas parte da personagem ou de um objeto em cena. São os chamados **closes** ou, em linguagem técnica, *close-ups*. Por exemplo, ao focalizar o rosto, a atenção do espectador é canalizada inteiramente para a parte mais expressiva da personagem, criando uma conexão direta com a audiência. O close é perfeito para entrevistas, pois possibilita a visualização direta de mudanças na expressão facial.

O **close extremo** (ou superclose) é usado para ampliar ainda mais detalhes de um objeto, ou pode ser usado para aumentar a tensão, o mistério ou a emoção ao preencher a tela inteira com uma única imagem.

A Figura 13.6 mostra os diferentes tipos de enquadramento.

•• **FIGURA 13.6** Tipos de enquadramento

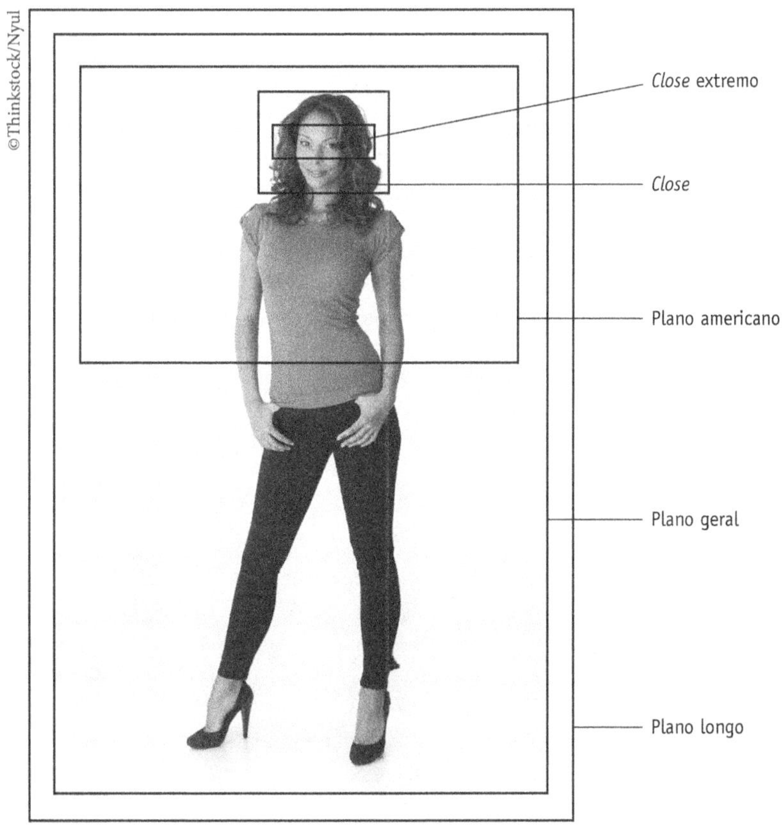

Fonte: Elaborada pelas autoras.

Além do enquadramento, a **angulação** da câmera pode ser utilizada para intensificar o conteúdo dramático de uma cena. De acordo com o ângulo em que se filma, a imagem capturada pode transmitir diferentes sensações e influenciar a resposta da audiência em relação a uma personagem ou uma situação. O Quadro 13.2 compara vários tipos de angulação da câmera.

•• **QUADRO 13.2** Tipos de angulação da câmera

Plano em ângulo alto	Plano em ângulo baixo	Plano na altura dos olhos	Plano aéreo
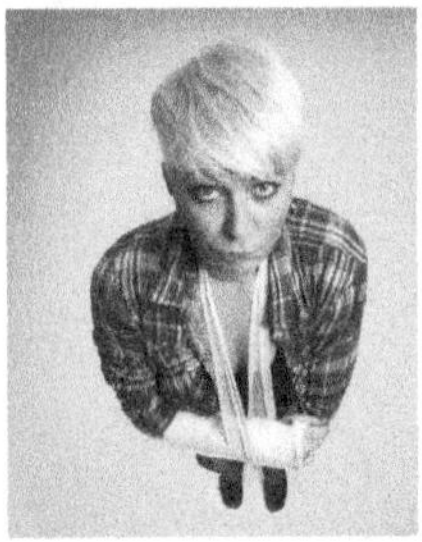 ©Thinkstock/Igor Mojzes	 ©Thinkstock/Ryan McVay	 ©Thinkstock/mtoome	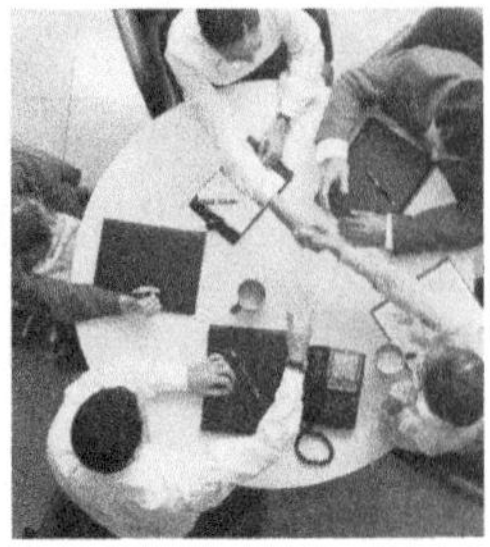 ©Thinkstock/Purestock
A câmera posicionada em posição superior em relação a personagens ou objetos sugere fraqueza, inferioridade, fragilidade, medo ou submissão em relação ao contexto	A câmera posicionada em posição inferior em relação a personagens ou objetos transmite poder, força, superioridade ou dominância em relação ao contexto	A câmera posicionada no nível dos olhos de personagens ou objetos, paralelamente a uma superfície plana, enquadrando o cenário de frente, gera sensação de neutralidade e identificação da personagem como um igual	A câmera sobre a ação, dando à audiência um panorama do cenário, de uma paisagem natural ou de uma construção humana
Plano frontal	**Plano lateral (ou de perfil)**	**Plano sobre os ombros**	***Point-of-view* (POV)**
 ©Thinkstock/g-stockstudio	 ©Thinkstock/Jose Luis Pelaez Inc	 ©Thinkstock/Noel Hendrickson	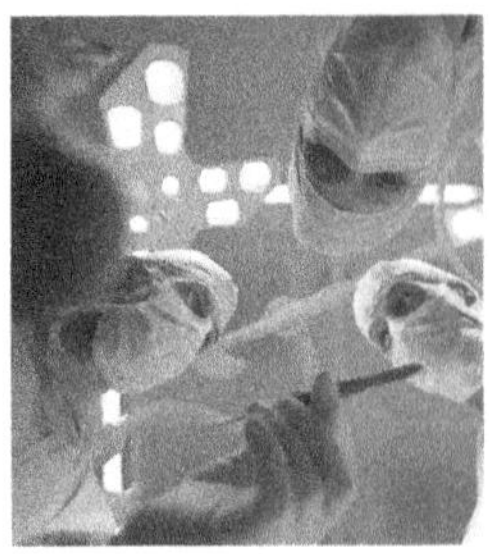 ©Thinkstock/Pixland
A câmera é posicionada diretamente em frente a um objeto ou à personagem, sugerindo uma comunicação direta com o público	A personagem ou o objeto são vistos de lado, o que traz maior contorno e profundidade às expressões faciais	A câmera posiciona-se sobre os ombros da personagem, revelando apenas parte de seu corpo (cabeça e ombros), enfatizando a relação entre a personagem e o que ou quem está envolvido na cena	A câmera mostra o que uma personagem específica está vendo, aumentando a identificação da audiência com a ação em tela

Fonte: Elaborado pelas autoras.

Há ainda o **plano de ângulo oblíquo** (também chamado de plano alemão), em que a câmera é inclinada de 25 a 45 graus, fazendo as linhas horizontais aparecerem em diagonal na tela. É usado para tornar a ação mais dinâmica.

A **movimentação** da câmera ajuda a criar a sensação de energia e dinâmica necessárias ao desafio de contar uma história, em diferentes planos:

- **Plano fixo:** a câmera permanece fixa, sobre o tripé ou outro equipamento adequado, mesmo que haja movimento de personagens, objetos, veículos etc.
- **Plano panorâmico:** a câmera fixa gira ao redor de um eixo imaginário, no sentido horizontal ou vertical, a fim de seguir uma ação, dirigir a atenção do usuário de uma posição a outra em uma paisagem ou um cenário, ou fazer ligação entre fatos ou objetos distantes entre si, mas que possuem importância na cena.
- ***Tilt* (*up* e *down*):** a câmera começa a captar os pés de uma personagem e depois sobe para mostrar o restante do corpo lentamente, provocando assim certo clima de mistério e suspense.
- ***Dolly*:** a câmera move-se (apoiada ou não em trilhos ou grua) em direção a uma personagem ou objeto (*dolly in*) ou se afasta dele (*dolly out*).
- **Travelling:** a câmera desloca-se horizontal ou verticalmente, aproximando-se ou afastando-se de uma personagem ou um objeto. Pode ser usada para mostrar os detalhes tridimensionais (como altura, largura e profundidade) de um objeto estático ou para acompanhar pessoas e objetos em movimento. Em virtude da mudança constante de posição, proporciona, a cada instante, novos pontos de vista, tornando a cena mais interessante e menos cansativa.

Ainda temos o ***zoom***, um tipo de movimento que não depende do deslocamento físico da câmera, mas da variação do ângulo de visão da lente para transmitir a sensação de aproximação (*zoom in*) ou afastamento (*zoom out*) em relação ao que está sendo filmado. A câmera permanece parada, à medida que o foco da lente entra ou sai do *close-up*.

Quanto à **velocidade da imagem**, podemos falar em:

- **Câmera lenta (*slow motion*):** utilizada para intensificar a ação dramática ou mostrar detalhes de movimento que seriam impossíveis de visualizar com a velocidade no tempo real.
- **Câmera rápida (*quick motion*)**: acelera uma série de eventos ou procedimentos, permitindo uma rápida visão da sequência; deve ser usada com cuidado, pois pode produzir um efeito cômico.
- **Congelamento (*freeze*):** chama atenção para um detalhe importante do movimento (gestos, olhares, objetos) ou simula a exibição de fotografias (quando podem ser acrescentados um efeito visual de flash e o som de clique de máquina fotográfica).

E ainda temos elementos de composição visual que se aplicam ao vídeo. O método mais simples para criar uma tela dinâmica é a chamada **regra dos três terços**, que consiste em dividir a imagem em três partes iguais, tanto na vertical quanto horizontalmente. Uma composição agradável é obtida posicionando-se os objetos perto de cada interseção em forma de cruz. No caso do rosto humano, centralizamos os olhos na linha superior, como mostra a Figura 13.7. Esta regra vale também para paisagens: para equilibrarmos o quadro, posicionamos a linha do horizonte na linha inferior.

•• **FIGURA 13.7** Regra dos três terços

©Thinkstock/G-stockstudio.

Fonte: Elaborada pelas autoras.

Como vemos, há muito a explorar na linguagem de vídeos para tornar os conteúdos educacionais mais atraentes e significativos para os alunos.

Sonorização

Em um vídeo, a parte sonora é dividida em:

- **Diálogos:** sons produzidos pela voz humana. As falas podem ser gravadas durante uma cena (os chamados sons diretos) ou locutadas posteriormente.
- **Trilha sonora:** parte musical que aumenta a carga dramática de uma cena ou sequência, em geral, inserida após a gravação.
- **Ruídos de sala:** efeitos sonoros como uma porta batendo, o barulho da água em uma cachoeira, os passos de alguém caminhando; são aplicados depois que o vídeo estiver pronto.

Edição

Uma vez capturadas as imagens, as cenas e os sons, passa-se à etapa seguinte, de edição. É nesse momento que o vídeo ganha forma. Todo o material que foi gravado é reunido e ordenado, desprezando-se o que não funcionou a fim de montar a versão final do conteúdo.

Em primeiro lugar, os vídeos, as fotos e os sons registrados são reunidos e ordenados em uma **linha do tempo** (*timeline*) vinculada a um programa de edição.

A transição de uma cena a outra se chama **corte**. Qualquer programa de edição oferece uma lista de opções de corte, alguns semelhantes às transições disponíveis em softwares de apresentação de slides:

- **Corte seco (*hard-cut*):** transição direta e instantânea de uma imagem ou de um plano para o seguinte; a imagem de uma tomada simplesmente termina e a primeira imagem da próxima cena aparece, sem nenhum tipo de transição.
- ***Fading*:** aparecimento (*fade-in*) ou desparecimento (*fade-out*) total de uma imagem (e, por vezes, do áudio correspondente), indicando longas passagens de tempo e/ou mudanças muito bruscas de cenário. Pontua uma divisão no vídeo comparada ao início e final de um capítulo de um livro. No *fade-in*, ocorre aparecimento gradual da imagem (de dois a três segundos) a partir de uma tela completamente escura. No *fade-out*, escurece-se a imagem, que vai desaparecendo, até a tela estar totalmente escura e em silêncio.
- **Varredura (*wipe*):** superfície escura que varre a tela, cobrindo-a totalmente para indicar passagens de tempo e/ou mudanças de cenário. Pode ser horizontal, vertical, diagonal, em barras, quadrangular ou circular.
- **Fusão (dissolve):** desaparecimento gradual de uma imagem, ao mesmo tempo que outra vai surgindo, ou seja, há sobreposição. O efeito serve para interligar planos de uma mesma cena, proporcionando ao espectador uma transição suave e agradável. Pode ser usado ainda para indicar mudanças de cenário e estados emocionais (como no caso de sonhos, delírios ou alucinações) ou alterações temporais (como, por exemplo, a reminiscência de um acontecimento do passado – o conhecido recurso de *flashback*).

Temos ainda o recurso de **tela dividida** (*split screen*), usado para interligar acontecimentos simultâneos, porém separados pela distância, como, por exemplo, uma conversa telefônica; e a **máscara**, para criar a sensação de que o olho da personagem se aproximou bastante de alguns objetos como buracos de fechadura, binóculos ou lâminas de persiana, simulando uma espécie de "*zoom* humano".

As transições e os efeitos de corte contribuem para dar ritmo a uma produção, mas, se utilizados em excesso, podem desviar a atenção do espectador para os efeitos, em vez de valorizar o conteúdo do vídeo.

Na fase de edição, é possível adicionar efeitos visuais especiais. O mais comum é o chamado *chroma-key* (cor-chave). Grava-se um ou mais atores à frente de um fundo com uma cor básica pura (azul, vermelho ou verde), evitando ao máximo a criação de sombras. Por meio dos programas de edição, a cor-chave é anulada e substituída por outra imagem de fundo, criando a sensação de que o ator está naquele local ou cenário.

Os programas de edição também permitem a inclusão de legendas textuais para lugares, situações, participantes, personagens ou detalhes instrucionais, o que é muito interessante na produção de noticiários, documentários, entrevistas, vídeos de modelagem de comportamento e videoaulas.

Registro e distribuição

Finalizada a edição, faz-se uma última revisão e o projeto é salvo como vídeo. O registro pode ser feito em DVD, enviado por e-mail ou convertido para exibição em dispositivos eletrônicos.

Há duas formas de distribuição de vídeo digital, que se aplicam também a arquivos de áudio.

No modelo de **hospedagem** (*hosting*), o arquivo de vídeo é enviado (por *upload*) para um servidor remoto), onde fica armazenado para transferência (*download*) e execução por meio de *plugins*. Essa forma de disponibilização consome grande espaço de memória e exige largura de banda razoável, limitando ou inviabilizando o acesso, a arquivos de grande extensão. No entanto, uma vez transferido o arquivo, pode-se salvá-lo e acessá-lo quantas vezes for necessários, mesmo sem conexão com a internet.

Alternativamente, os arquivos podem ser convertidos em formatos suportados por servidores de ***streaming*** (fluxo), que viabilizam o acesso mesmo em conexões de banda mais estreita, com o mínimo de qualidade de imagem. Nesse processo, pequenos "pacotes" de vídeo são enviados, descompactados e executados no computador ou dispositivo do usuário. O *streaming* pode ser transmitido ao vivo (*broadcast*) diretamente do local de emissão, ou ainda sob demanda (*on demand*). É um processo mais rápido, pois permite acessar os arquivos em questão de segundos após se iniciar o *download*. O documento é transmitido em partes ou completo, e o usuário pode assistir ao vídeo quantas vezes quiser, desde que esteja conectado à internet, mas não pode salvá-lo em sua máquina.

•• PARA CONCLUIR

A produção de conteúdos educacionais em formato impresso e digital tem muitas particularidades e potencialidades. Nunca se demandou tanto que as ações educacionais incorporassem as mídias e as tecnologias que estão por toda parte no entretenimento, na indústria, no comércio e na prestação de serviços.

Há um paradoxo, contudo, que vale a pena ser observado. De um lado, vemos a democratização das ferramentas de produção – os dispositivos para captura e registro de dados são cada vez menores e mais baratos; e softwares de edição, mais simples de usar e, em muitos casos, gratuitos. E isso se reflete nas gerações digitais, que se comportam cada vez mais como produtoras e não apenas consumidoras de conteúdos desenvolvidos por terceiros.

Ao mesmo tempo, percebemos a exigência por produções mais profissionalizadas, que agreguem o conhecimento acumulado sobre cada linguagem e cada mídia aos fundamentos teóricos e as experiências práticas nas áreas da comunicação e educação. A demanda é por produções colaborativas, resultantes da participação de profissionais com vivência em suas áreas de especialização, que possam criar soluções tão atraentes quanto eficientes, tão divertidas quanto significativas, tão inovadoras quanto calcadas nos valores éticos que tornam a educação, como nenhuma outra área, o caminho para o desenvolvimento humano e social.

•• REFERÊNCIAS

ASSOCIAÇÃO DOS DESIGNERS GRÁFICOS. *ABC da ADG*. São Paulo: Blucher, 2012.

BRASIL. *Publicações oficiais brasileiras:* guia para editoração/elaboração Adelaide Ramos e Côrte. Brasília: Presidência da República, 2010.

__________. Ministério da Saúde. Secretaria-Executiva. Subsecretaria de Assuntos Administrativos. *Glossário temático*: gestão editorial. Brasília: Ministério da Saúde, 2013.

CRISTOFOLI, F.; FILATRO, A. Estudo prático de usabilidade: concepção teórica e avaliação do portal PORTCOM. In: *4º CONTECSI – Congresso Internacional de Gestão da Tecnologia e Sistemas de informação*. São Paulo: TECSI-USP-FEA, 2007.

COLLARO, A. C. *Produção visual e gráfica*. São Paulo: Summus, 2005.

DECOSTE, D. *A handbook on universal design for learning and accessible technology:* proactive and accommodative instructional strategies for today's teachers. Rockville: Montgomery County Public, 2004.

KEARSKEY, G. *Educação on-line*: aprendendo e ensinando. São Paulo: Cengage, 2012.

KRESS, G. R.; VAN LEEUWEN, T. *Multimodal discourse:* the modes and media of contemporary communication. London: Edward Arnold, 2001, 2014.

MARCOTTE, E. *Responsive web design*. A Book Apart, 2010.

MOORE, M. G.; KEARSLEY, G. *Educação a distância:* uma visão integrada. São Paulo: Thomson Learning, 2007.

NORMAN, D. *The design of everyday things*. New York: Currency/Doubleday, 1990.

PIMENTA, S. R. *Avaliação do design de telas dos cursos a distância do FGV Online:* um estudo de caso à luz da ergonomia e da usabilidade. Tese de doutorado apresentada a PUC-Rio. Rio de Janeiro: PUC-RJ, 2007.

PRETI, O. *Produção de material didático impresso:* orientações técnicas e pedagógicas. Cuiabá: UAB/UFMT, 2010.

QUEIROZ, S. *Glossário de termos de edição e tradução*. Belo Horizonte: Fale/UFMG, 2008.

RADFAHRER, L. *Design/web/design 2*. São Paulo: Market Press, 2000.

SEBRAE-SP. *ABC do design*. São Paulo: Sebrae-SP, 2002.

VALIATI, E. R. A. *Guia de recomendações para o desenvolvimento de interfaces com usabilidade em softwares educacionais do tipo hipertexto-hipermídia informativo*. Dissertação de Mestrado. PPGCC. Universidade Federal do Rio Grande do Sul. Porto Alegre: UFRGS, 2000.

Capítulo 14

AVALIAÇÃO

Introdução

Avaliar significa analisar o valor de certa atividade ou produto segundo critérios determinados (por exemplo, objetivos de aprendizagem, satisfação dos alunos, empregabilidade, cidadania etc.).

No contexto da produção de conteúdos, precisamos recorrer à língua inglesa para fazer uma distinção entre avaliação da aprendizagem propriamente dita (*assessment*) e avaliação de um sistema educacional, de um curso ou de um material didático (*evaluation*).

Por que essa diferenciação? Bem, em primeiro lugar porque a avaliação faz parte do planejamento educacional e muitas vezes aparece internamente aos conteúdos educacionais produzidos. Por exemplo, um objeto de aprendizagem é composto por objetivos educacionais, conteúdo instrucional e prática e *feedback*, com possibilidade de atrelar pontuação às atividades práticas. Da mesma forma, os jogos se apoiam basicamente em uma sistemática de avaliação das escolhas do jogador, acúmulo de pontos proporcionais ao êxito nessas escolhas e condução ao longo de um percurso progressivo rumo ao sucesso final.

Além disso, podemos oferecer aos alunos exercícios resolvidos, estudos de caso com a respectiva solução de problemas, questões para reflexão e autoavaliação, bancos de testes para alimentar a avaliação formativa, além das orientações e de exemplos complementares que se espera estarem presentes nos guias, manuais e roteiros de apoio docente.

Em segundo lugar, fazemos essa distinção porque não há sentido em investir tamanha energia no desenvolvimento de qualquer tipo de conteúdo educacional sem uma verificação continuada da sua efetividade em apoiar a aprendizagem dos alunos. Isso é parte do design instrucional, tanto que corresponde a uma das cinco fases do processo.

Assim, este capítulo se divide em dois grandes blocos de interesse, visando a oferecer ao leitor uma perspectiva integrada a) da avaliação da aprendizagem como parte das soluções educacionais produzidas e b) da avaliação da qualidade dos conteúdos produzidos.

Avaliação da aprendizagem

Avaliar a aprendizagem é uma atividade complexa. E, se pensarmos bem, uma atividade até pretensiosa da parte de quem avalia. É um julgamento por vezes excessivamente subjetivo, parcial, limitado, confinado a um instantâneo da realidade, que é multifacetada, dinâmica e por vezes inapreensível.

Ainda assim, a avaliação é cada vez mais uma atividade indispensável para verificar significado, impacto e valor, de preferência antes que seja difícil ou impossível mudar de rota.

Procurando compreender, de alguma forma, como se dá a avaliação da aprendizagem, recorremos aqui a alguns modelos estabelecidos.

Em primeiro lugar, em relação a finalidades da avaliação, a literatura distingue entre avaliação diagnóstica, formativa e somativa.

A **avaliação diagnóstica** ocorre antes que uma situação didática inicie. Tem por objetivo verificar os conhecimentos ou o desempenho prévio dos alunos, para fins de ajuste do planejamento, organização em turmas ou grupos, e até personalização de formatos e percursos.

É frequente o uso de pré-testes compostos por um conjunto de questões a serem respondidas pelos alunos antes do estudo de algum tópico, em geral acompanhado de um pós-teste ao final de uma unidade de estudo, tendo em vista a comparação de resultados.

A **avaliação somativa** é realizada ao final de uma unidade de estudo ou um período após sua conclusão. Visa a avaliar o rendimento global alcançado pelo aluno.

A **avaliação formativa** ocorre durante uma situação didática e vem ganhando cada vez mais espaço no planejamento educacional, à medida que é considerada uma avaliação **para** a aprendizagem (direcionada ao futuro), no lugar de uma avaliação da aprendizagem passada, como é a avaliação somativa.

Nesse sentido, ganham espaço também instrumentos de avaliação como portfólios e portfólios eletrônicos (uma coletânea de trabalhos dos alunos que demonstra o desenvolvimento de competências durante o processo de aprendizagem), autoavaliação, avaliação entre pares, para citar alguns. Observa-se que o foco está na produção dos alunos ao longo de um processo, rumo ao alcance dos objetivos educacionais, mais que na produção de terceiros visando a apoiar essa aprendizagem.

> A teoria da aprendizagem multimídia formulada por Mayer é abordada várias vezes ao longo do livro: no âmbito da abordagem construtivista, no Capítulo 2, *Dimensão pedagógica*, relacionada à multimodalidade, no Capítulo 3, *Dimensão comunicacional*, e quando tratamos do planejamento e da roteirização de conteúdos multimídia, no Capítulo 12, *Roteirização*.

Então, como tratar a avaliação da aprendizagem no contexto da produção de conteúdos, os quais, por mais dialógicos, têm capacidade limitada de incorporar a produção dos alunos? (Dizemos limitada porque aí estão os hipertextos, as árvores de decisão, os jogos, as simulações, os infográficos interativos e os livros digitais para provar que os conteúdos se modificam a partir de decisões tomadas pelos alunos.)

Retomemos as ideias de Mayer[1], pesquisador e teórico da aprendizagem multimídia, para nos

[1] MAYER, R. E. (ed.). *The Cambridge handbook of multimedia learning*. New York: Cambridge University Press, 2014.

ajudar a avançar nessa reflexão. Segundo o autor, podemos resumir os objetivos de aprendizagem em dois grandes blocos – recordar e compreender. Decorrem dois focos de avaliação – um quantitativo (a retenção) e outro qualitativo (a transferência), como apresenta o Quadro 14.1.

•• **QUADRO 14.1** Dois focos distintos na avaliação

Objetivo de aprendizagem	Definição	Foco da avaliação	Exemplo de instrumentos de avaliação
Recordar	Capacidade de reproduzir ou reconhecer conteúdo estudado	Quantitativo: quanto foi retido	❍ Memorização: os alunos são convidados a reproduzir o que foi apresentado (como escrever o que se deve lembrar de um conteúdo estudado) ❍ Reconhecimento: os alunos são convidados a selecionar o que foi apresentado (como em questões de múltipla escolha) ou julgar se um item dado foi apresentado (como em questões de verdadeiro ou falso)
Compreender	Capacidade de usar o conteúdo estudado em situações novas	Qualitativo: quão bem se usa o que foi aprendido	❍ Transferência: os alunos são convidados a resolver problemas que não foram explicitamente explorados no material apresentado

Fonte: Adaptado de MAYER, 2014.

O objetivo de qualquer proposta ou conteúdo educacional é apoiar tanto a retenção (recordação) quanto a compreensão, ou seja, a aprendizagem significativa. Quando só há retenção, dizemos que a aprendizagem é de rotina (mecânica ou memorística, para evocar a nomenclatura de Ausubel). O Quadro 14.2 a seguir resume essas relações.

•• **QUADRO 14.2** Tipos de resultados na aprendizagem multimídia

Desempenho na avaliação		Tipo de aprendizagem resultante	Descrição cognitiva
Retenção	Transferência		
Pobre	Pobre	Nenhuma aprendizagem	Nenhum conhecimento
Bom	Pobre	Aprendizagem de rotina	Conhecimento fragmentado ou inerte: pode ser recordado, mas não usado em novas situações (factoides, ou seja, unidades isoladas de informação)
Bom	Bom	Aprendizagem significativa	Conhecimento integrado: organizado em uma representação coerente

Fonte: Adaptado de MAYER, 2014.

O Capítulo 2, *Dimensão pedagógica*, fala mais sobre o conceito de aprendizagem significativa de Ausubel no contexto da abordagem cognitivista.

Deduz-se que o nosso maior desafio na produção de conteúdos educacionais é propor atividades que impulsionem a integração do conhecimento em representações coerentes. Combinando essa visão com a da avaliação formativa – ao longo do processo –, acreditamos haver espaço para que os conteúdos simulem, em alguma medida, a avaliação para a aprendizagem que um educador promoveria em interação direta com seus alunos.

A propósito, no âmbito da produção de conteúdos, a formulação de instrumentos de avaliação é de responsabilidade do especialista em conteúdo, que em tese desenvolveria esse papel em situação didática convencional.

Nem sempre o conteudista tem formação pedagógica ou capacitação específica para formular avaliações, e nesse sentido pode ser apoiado pelo especialista em educação. Dessa maneira, temos uma paralelo com a parceria que se estabelece para autoria do texto-base pelo autor, seguida de roteirização pelo designer instrucional e então validação do roteiro pelo autor.

Instrumentos de avaliação

Considerando os aspectos discutidos na seção anterior, focamos agora em dois instrumentos de avaliação que, a nosso ver, resumem o potencial para apoiar a aprendizagem significativa por meio de conteúdos educacionais: questões objetivas encadeadas e rubricas de avaliação.

Apresentamos a seguir esses instrumentos, com algumas recomendações para sua elaboração.

Questões objetivas

As **questões objetivas** consistem em um enunciado com algumas alternativas de resposta, sendo uma delas claramente "a" resposta correta; fáceis de administrar e corrigir eletronicamente, fornecem medidas objetivas de desempenho e permitem ampla cobertura dos conteúdos tratados, podendo ser temporizadas, dinâmicas ou adaptativas.

Para abordar a elaboração de questões objetivas, como testes de múltipla escolha, questões de verdadeiro ou falso, associação, preenchimento de lacunas, entre outras, utilizamos aqui o vocabulário empregado na literatura específica sobre avaliações de larga escala – decerto, um exemplo de avaliação somativa.

Assim, utilizaremos o **item da avaliação** como sinônimo de questão. Ele aborda uma única competência ou dimensão do conhecimento e é elaborado a fim de obter do aluno uma única resposta acerca da questão feita. A partir da análise das respostas dos alunos aos itens, pode-se verificar se ele domina aquela competência ou habilidade.

O item é constituído por:

1) **Enunciado:** apresenta um desafio para que o aluno mobilize recursos cognitivos a fim de solucionar um problema.

   O enunciado deve ser apresentado em linguagem clara, concisa e adequada ao público-alvo, contextualizando o problema ser resolvido.

2) **Suporte (opcional):** compõe ou complementa a situação-problema.
   O suporte pode ser um texto, uma imagem, uma tabela ou outro recurso que traga informações necessárias à solução do desafio. Deve apresentar imagens de boa qualidade gráfica/digital, que devem contribuir para a construção de sentido do enunciado; do contrário, representam carga cognitiva irrelevante, sendo, portanto, dispensáveis. Caso sejam utilizados materiais de terceiros, aplicam-se as mesmas normas de referenciamento bibliográfico.
3) **Comando:** explicita a resposta esperada.
   O comando pode ser uma frase incompleta a ser preenchida ou uma interrogação a ser respondida com a alternativa correta. Deve ser preciso e estar nitidamente atrelado à competência que se pretende avaliar, e formulado de maneira positiva, ou seja, o comando deve solicitar ao aluno que busque a resposta correta, não a errada.
4) **Alternativas:** oferecem as possibilidades de resposta para o desafio proposto.
   As alternativas são apresentadas em uma lista de quatro ou cinco opções, subdivididas em:
   a) **Gabarito:** a resposta correta.
   b) **Distratores:** as opções de resposta que não são corretas, mas devem ser plausíveis, referindo-se a possíveis raciocínios dos alunos.

Ao construir as alternativas, os distratores são necessários para que o acerto não decorra do processo de eliminação, mas da ação reflexiva do aluno sobre o desafio proposto.

Para assegurar a plausibilidade, a elaboração dos distratores não pode ser feita de forma aleatória. Erros grosseiros, associações óbvias ou opções absurdas tendem a induzir a identificação da alternativa correta e invalidar o item.

Assim, as principais recomendações na construção das alternativas incluem:

- **Coerência entre as alternativas e o enunciado:** todas as alternativas (gabarito e distratores) precisam ser plausíveis, fazer sentido e completar ou responder logicamente o comando.
- **Extensão equivalente:** todas as alternativas devem ter o mesmo número aproximado de palavras.
- **Paralelismo sintático:** as alternativas precisam usar termos com função semelhante na frase (por exemplo, ou todas as alternativas começam com um verbo, ou todas começam com um substantivo, ou todas aparecem no plural).
- **Paralelismo semântico:** as alternativas devem conter simetria no plano das ideias.
- **Ordenação:** quando as alternativas contiverem dados numéricos, deve-se utilizar ordem crescente ou descrente; e, no caso de alternativas frasais (por exemplo, nomes próprios), deve-se aplicar ordem alfabética.

Um bom recurso ao construir as alternativas é incluir erros comuns ou dúvidas levantadas pelos alunos com relação a determinado conteúdo.

A Figura 14.1 exemplifica a estrutura de um item.

•• **FIGURA 14.1** Estrutura do item

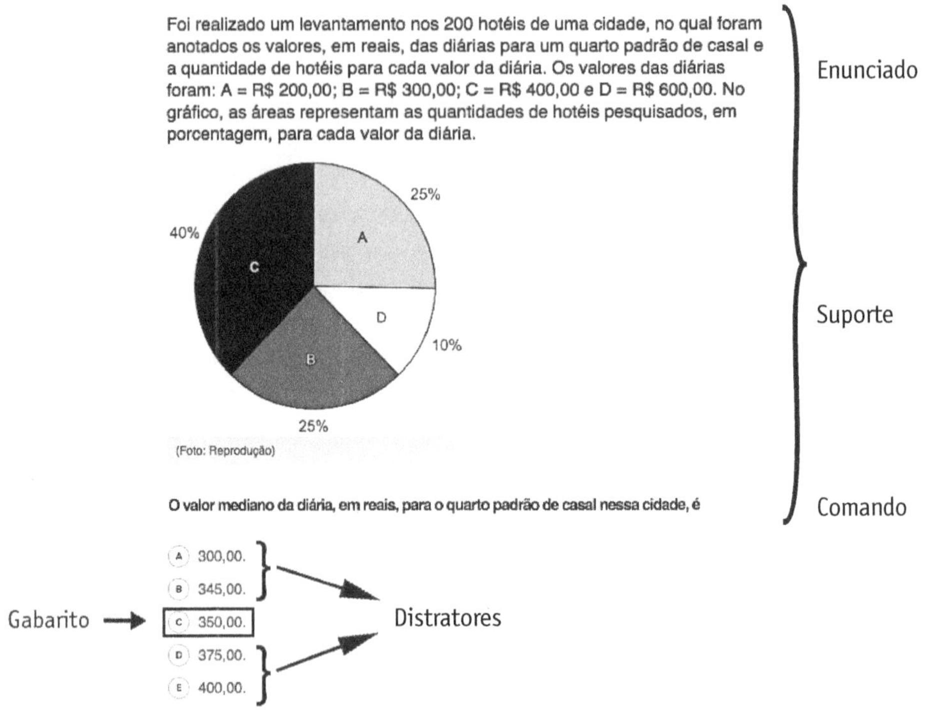

Fonte: Elaborada pelas autoras com base na questão n.162 do Enem 2013 (eixo Matemática e suas tecnologias)/Globo Educação.

Em avaliações de larga escala, trabalha-se também com **justificativas** para as alternativas, com argumentação consistente que explique o erro ou o acerto. As justificativas elaboradas para cada uma das alternativas (gabarito e distratores) oferecem elementos para que o aluno possa compreender o acerto ou o equívoco implícito na resolução do item. As boas justificativas informam os motivos pelos quais cada alternativa representa ou não a resposta correta.

Quando os itens elaborados alimentam **bancos de questões**, é necessário indicar o nível de dificuldade estimada (fácil, médio ou difícil), com base na experiência do especialista em conteúdo e na submissão dos itens a uma rodada de aplicação para validação estatística.

Esses dois tópicos – justificativas e construção de bancos de questões – nos revelam o potencial das questões objetivas para a avaliação formativa.

Quando encadeadas a conteúdos organizados em um banco de questões articuladas, as justificativas podem oferecer *feedback* ao aluno sobre seu desempenho e ainda o caminho para sanar eventuais dificuldades.

Assim, justificativas bem elaboradas possibilitam autoavaliação e adaptação dos conteúdos às necessidades diagnosticadas individualmente. Esse tem sido o princípio usado em alguns sistemas de **aprendizagem adaptativa**: condicionar a apresentação de conteúdos às respostas dadas pelos alunos às atividades de aprendizagem propostas.

Como os sistemas eletrônicos trabalham com informação codificada (1 ou 0, sim ou não), questões objetivas, como os itens de avaliação, permitem a programação e a exibição ao aluno de um encadeamento lógico de enunciados-respostas-justificativas executado automaticamente.

Veja mais sobre ondas nos sistemas de gerenciamento de aprendizagem e sobre a especificação Learning Design no Capítulo 4, *Dimensão tecnológica*. As árvores de decisão e os jogos educacionais são abordados no Capítulo 12, *Roteirização*.

Parece cedo para que os sistemas eletrônicos possam fazer esse tipo de adaptação a partir de questões abertas e suas múltiplas respostas possíveis, ainda que os sistemas baseados na especificação Learning Design sejam uma promessa nesse sentido. No entanto, a sistemática de construção de árvores de decisão e a mecânica dos jogos – com suas narrativas de fundo encadeando desafios progressivos – demonstram avanços nessa direção.

A título de ilustração, o Quadro 14.3 traça um paralelo entre a estrutura de um item e os elementos dos jogos.

•• **QUADRO 14.3** Paralelo entre a estrutura de um item de avaliação e a lógica dos jogos

Itens de avaliação		Jogos
Enunciado		Contexto do jogo apresentado em interface gráfica e dinâmica
Suporte		
Comando		Desafio proposto ao jogador
Alternativas	Gabarito	Opções de interação
	Distratores	
Justificativa		Consequências da opção selecionada

Fonte: Elaborado pelas autoras.

Como vemos, há muito que explorar na produção de conteúdos educacionais. Apostamos na perspectiva multidimensional para cruzar as fronteiras entre tantas soluções que hoje seguem trilhas paralelas, mas que demonstram grande potencial de inovação.

Rubricas de avaliação

Outro instrumento de avaliação que consideramos importante abordar na produção de conteúdos educacionais são as **rubricas**, as quais permitem a avaliação de aprendizagens mais complexas – justamente aquelas que implicam ir além da retenção ou da aprendizagem de rotinas. Elas miram a compreensão de conhecimentos integrados. Por meio de escalas de múltiplos critérios, as rubricas examinam de maneira mais descritiva e holística tanto os processos quanto os produtos de dada aprendizagem. A Figura 14.2 mostra um exemplo de rubrica voltada à avaliação de apresentações orais, dispondo em escala os critérios de organização, qualidade vocal, ajudas visuais e ritmo.

•• **FIGURA 14.2** Exemplo de rubrica com critérios para avaliar apresentações orais

Organização da apresentação

Explicitamente organizada	Bem organizada	Pouco organizada	Desorganizada

Qualidade vocal

Excelente	Boa	Fraca

Ajudas visuais

Excelentes	Boas	Adequadas	Inadequadas

Ritmo

Lento demais	OK	Rápido demais

Fonte: Adaptada de JONASSEN, D.; PECK, W.; WILSON, B. *Learning with technology:* a constructive perspective. New Jersey: Prentice-Hall, 1999.

Nada impede que as rubricas sejam empregadas na avaliação somativa convencional, por exemplo, para que um professor ou uma banca de especialistas avaliem um trabalho final de curso. Entretanto, seu grande potencial formativo tem sido colocado em prática pela disponibilização desse instrumento aos alunos, a fim de permitir que eles confrontem, por si mesmos, seu desempenho com os critérios apresentados – durante (avaliação formativa) ou ao final de uma unidade de estudo (avaliação somativa).

Veja mais sobre os guias, manuais ou roteiros de apoio ao docente nos Capítulos 10, *Planejamento educacional*, e 12, *Roteirização*.

Outra utilização importante das rubricas é na orientação a educadores e tutores, por meio de chaves de correção e explicitação de critérios de acompanhamento e avaliação, reunidas em guias, manuais ou roteiros de apoio ao docente.

Levando em consideração as muitas possibilidades de aplicação das rubricas, a Figura 14.3 apresenta um modelo genérico que pode ser adaptado a diferentes contextos e domínios de conhecimento.

•• **FIGURA 14.3** Modelo genérico de rubrica

	Nível de desempenho: Alto	Baixo
Dimensão 1		
Dimensão 2		
Dimensão 3		
...		

Fonte: Elaborada pelas autoras.

Finalizamos esta seção destacando que as diretrizes recomendadas para a autoria, a roteirização e a produção de textos, imagens e áudio se aplicam plenamente aos instrumentos de avaliação, sejam eles testes objetivos ou questões abertas subjetivas. Dessa maneira, por exemplo, ao ilustrar o enunciado de um teste ou de uma atividade dissertativa, valem os mesmos princípios de realismo/abstração, integração entre texto e imagem e respeito aos direitos autorais elencados para as imagens usadas na apresentação de conteúdos.

Para um aprofundamento na questão das rubricas, sugerimos a leitura do artigo *Conhecendo e aplicando rubricas em avaliações*, de Luiz Cláudio Medeiros Biagiotti (2005), disponível na web.

Além disso, integrar a elaboração de questões objetivas encadeadas e de rubricas à produção de conteúdos em geral tende a produzir melhorias em todo o processo, visto que intensifica a necessidade de a equipe se colocar no lugar dos alunos para antecipar eventuais raciocínios, dúvidas, questionamentos e equívocos. Enfim, faz crescer a consciência de que os conteúdos não são fins em si mesmos, mas meios para apoiar o alcance de objetivos claramente educacionais.

Avaliação da qualidade dos conteúdos produzidos

Consideramos ao longo de todo este livro que a produção de conteúdos educacionais é um desafio multidimensional. Assim, a avaliação da qualidade precisa obrigatoriamente abranger as várias dimensões que compõem esse processo, como mostra a Figura 14.4.

•• FIGURA 14.4 Perspectiva multidimensional para avaliação da qualidade dos conteúdos educacionais

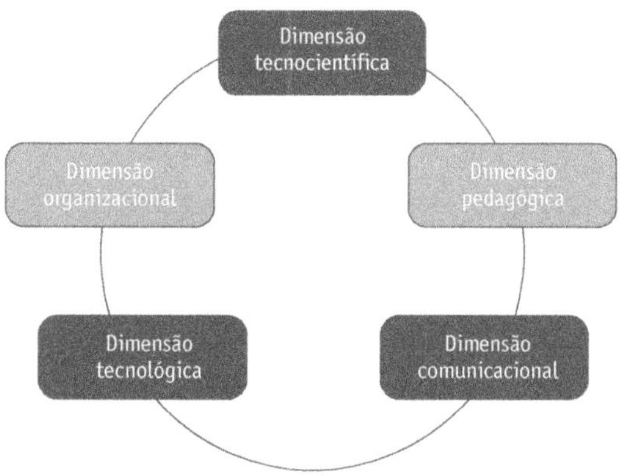

Fonte: Elaborada pelas autoras.

Nossa referência teórica é Aretio,[2] que elenca critérios científicos (aos quais acrescentamos os critérios técnicos para abarcar ações de educação em níveis profissional e corporativo), pedagógicos, estruturais (que, para fins didáticos, subdividimos em comunicacionais e

[2] ARETIO, L. G. (coord.). *De la educación a distancia a la educación virtual.* Barcelona: Ariel Educación, 2007.

tecnológicos) e econômicos (que ampliamos para organizacionais a fim de abarcar questões como alinhamento à política institucional). Vejamos a seguir como a presença desses critérios pode ser verificada e assegurada.

Dimensão tecnocientífica

A **dimensão tecnocientífica** diz respeito a aspectos como precisão, atualização, validade, confiabilidade e representatividade dos conteúdos. Em termos práticos, significa que os conteúdos educacionais devem ser:

- **Precisos e atualizados:** os conteúdos devem oferecer uma representação fidedigna e o mais exata possível dos fatos, princípios, leis e procedimentos abordados; ao mesmo tempo, devem refletir a situação atual na área de conhecimento ou prática em questão.
- **Válidos e confiáveis:** os conteúdos devem ser consistentes e basear-se em bibliografia reconhecida e relatos de experiência significativos.
- **Representativos:** os conteúdos devem tratar daquilo que realmente contribuirá para o atendimento das necessidades de aprendizagem, e não de questões laterais que contribuam pouco para o desenvolvimento de competências.

A dimensão tecnocientífica é tratada no Capítulo 1, *Dimensão tecnocientífica*, e as atividades de autoria, no Capítulo 11, *Autoria*.

A qualidade tecnocientífica dos conteúdos educacionais está alicerçada no currículo e na competência de **especialistas em conteúdo**, que dominam determinada área de conhecimento e atuam como autores ou conteudistas. Daí a importância de selecionar profissionais de comprovada maestria nos diferentes aspectos citados. Além disso, vemos a qualidade tecnocientífica refletida no levantamento bibliográfico e de outros materiais que subsidiam o trabalho de autoria.

Dimensão pedagógica

A **dimensão pedagógica** refere-se aos objetivos específicos de aprendizagem, ao contexto institucional, ao perfil do público-alvo, a aspectos motivacionais e às atividades de aprendizagem e de avaliação. Na prática, isso significa que os conteúdos educacionais devem ser:

- **Planejados:** os conteúdos devem sempre contribuir para alcançar os objetivos de aprendizagem, o que implica afastar todo tipo de improvisação.
- **Adequados:** os conteúdos devem ser adaptados ao contexto socioinstitucional, ao perfil do público-alvo, à área de conhecimento e prática em questão e à carga horária prevista para estudo.
- **Integrados:** os conteúdos devem apresentar unidade interna e alinhamento ao planejamento educacional mais amplo.
- **Abertos e flexíveis:** os conteúdos devem convidar o aluno à crítica, à reflexão e ao aprofundamento dos temas.

- **Coerentes:** os conteúdos devem estar alinhados a outros elementos do processo educacional (objetivos, atividades, avaliação), oferecendo os subsídios necessários para uma aprendizagem efetiva.
- **Eficazes**: os conteúdos devem contribuir para o alcance dos objetivos de aprendizagem, motivar o aluno ao estudo, transmitir as informações necessárias e esclarecer potenciais dúvidas.
- **Transferíveis e aplicáveis:** os conteúdos devem contribuir para que o aluno aplique o que foi aprendido, por meio da apresentação de exemplos, casos e situações paralelas.
- **Significativos:** os conteúdos devem representar algo interessante para o aluno e ser organizados, de maneira que as novas informações apresentadas se apoiem em conhecimentos, habilidades ou experiências anteriores.

Todos os envolvidos na produção de conteúdos educacionais evidentemente buscam a qualidade pedagógica do que é produzido, porém temos uma atuação bem clara dos **especialistas em educação** no sentido de assegurar um produto final integrado, coeso e centrado no usuário.

A dimensão pedagógica é abordada teoricamente no Capítulo 2, *Dimensão Pedagógica*, e também nos Capítulos 7, *Desing instrucional*, e 10, *Planejamento educacional*, que tratam do design instrucional e do planejamento educacional, respectivamente.

Dimensão comunicacional

A **dimensão comunicacional** concentra-se principalmente na exploração das matrizes de linguagens e das mídias como suporte de conteúdos educacionais. Para que os conteúdos educacionais possam ser considerados "de qualidade" em termos comunicacionais, espera-se que eles sejam:

- **Encadeados:** os conteúdos devem conter uma estrutura lógica interna que oriente o aluno no estudo da unidade de estudo, pela inclusão de seções concatenadas, como apresentação geral, competências a serem desenvolvidas, sumário de conteúdos formativos, resumos e bibliografia, glossário e destaques.
- **Diversificados em formatos e mídias:** os conteúdos educacionais são prioritariamente uma conversa entre educador e aluno, mas podem ser enriquecidos por uma diversidade de elementos textuais, visuais e sonoros, a fim de ampliar as possibilidades cognitivas.
- **Interativos**: os conteúdos devem estabelecer um diálogo didático simulado e permanente com o aluno, por meio de uma linguagem pessoal e interativa.

De modo geral, os **especialistas em comunicação** desempenham um papel fundamental na garantia desses critérios, compartilhando grande parte de tal responsabilidade com os especialistas em educação.

A dimensão comunicacional é tema do Capítulo 3, *Dimensão comunicacional*, e também do Capítulo 12, *Roteirização*, dedicado à roteirização de vários tipos e formatos de conteúdo.

Dimensão tecnológica

A **dimensão tecnológica** dos conteúdos tem um foco específico no conjunto de serviços empregados para distribuir os conteúdos. Nesse sentido, espera-se que os conteúdos sejam:

- **Acessíveis:** os conteúdos devem ser compatíveis com padrões e especificações universais, de maneira a facilitar sua reprodução, distribuição e adoção e não criar problemas de acesso para o público-alvo.
- **Duráveis:** os conteúdos devem ser programados de tal modo que possam continuar a ser usados mesmo que a base tecnológica mude, sem a necessidade de redesign ou recodificação.
- **Interoperáveis:** os conteúdos devem ser desenvolvidos de tal forma que operem em diferentes sistemas operacionais, browsers e plataformas de hardware.

A dimensão tecnológica da produção de conteúdos é explorada no Capítulo 4, *Dimensão tecnológica*.

Em geral, a qualidade tecnológica dos conteúdos é assegurada pelos **especialistas em tecnologia**, que são capazes de acompanhar a rápida evolução dos padrões técnicos e a disseminação de tecnologias emergentes.

Dimensão organizacional

A **dimensão organizacional** abarca o modo como os recursos humanos, financeiros e materiais são aplicados ao longo do tempo para soluções efetivas que realmente contribuam para a aprendizagem. A recomendação é por conteúdos que sejam identificados como:

- **Sustentáveis**: os conteúdos devem justificar o tempo e o investimento financeiro necessários à sua produção.
- **Efetivos em custos**: os conteúdos devem ser reutilizáveis na íntegra ou em novas versões (entre cursos, áreas de conhecimento, instituições e até países); e facilmente atualizáveis pela modificação de materiais prontos ou pela incorporação de novos componentes.
- **Alinhados à política e à cultura organizacionais:** os conteúdos devem refletir os valores, as normas e as crenças de uma instituição, incluindo-se aí respeito a direitos autorais, política de privacidade, parcerias e alianças institucionais e inserção no cenário nacional e internacional, entre outras.

A dimensão organizacional é vista no Capítulo 5, de mesmo título e também nos Capítulos 6, *Gestão de projetos*, e 8, *O Plano do Projeto*.

Essa dimensão perpassa todos os envolvidos na produção de conteúdos educacionais, mas, em geral, é de responsabilidade do **especialista em gestão**, que acompanha e faz a gestão do tempo, das pessoas e dos recursos ao longo da produção. Também é objeto de atenção de quem encomenda o projeto, ou seja, do **cliente**. Afinal, é ele que, em última instância, tem o poder de aprovar ou reprovar o produto resultante do trabalho de toda a equipe.

Estratégias de avaliação dos conteúdos educacionais

No "mundo real" da produção de conteúdos educacionais, procedimentos formais para avaliação e garantia da qualidade são estabelecidos internamente pela equipe de desenvolvimento, sob a liderança do gestor do projeto.

De forma bem prática, isso corresponde a criar um **plano de avaliação** que defina responsáveis, instrumentos e pontos de controle utilizados na verificação dos critérios elencados na seção anterior. Preferencialmente, este plano deve refletir as características do modelo de design instrucional adotado – fixo, aberto ou contextualizado – e estar intimamente relacionado ao plano de gestão da qualidade estabelecido no Plano de Projeto.

De maneira mais prática ainda, é necessário transformar os critérios gerais de qualidade em indicadores e métricas verificáveis, a fim de reduzir o grau de subjetividade. Por exemplo, como vamos avaliar se um conteúdo produzido é realmente interoperável? Ah, a resposta seria: "ele deve ser compatível com o padrão SCORM". O.K., esse é um requisito de qualidade, mas quando, quem e como verificará que o objeto de aprendizagem XYZ é realmente compatível? É no plano de avaliação que são registradas decisões como essas, com a indicação dos responsáveis e prazos para sua implantação.

> Nos Capítulos 7, *Design instrucional*, e 8, O *Plano do Projeto*, o leitor encontra subsídios sobre a avaliação do ponto de vista dos modelos de design instrucional e da gestão da qualidade, respectivamente.

O plano de avaliação deve incluir, no mínimo, uma revisão final de qualidade. No entanto, a distinção entre avaliação diagnóstica, formativa e somativa que se aplica à aprendizagem pode ser empregada na avaliação dos conteúdos educacionais.

Em última instância, desejamos que, ao final, os conteúdos atendam aos critérios tecnocientíficos, pedagógicos, comunicacionais, tecnológicos e organizacionais elencados, mas a equipe não precisa aguardar que a produção se encerre para fazer essa verificação.

Assim, a **avaliação diagnóstica** ocorre desde a análise contextual, com o diagnóstico das necessidades de aprendizagem e do nível de conhecimento/desempenho prévio dos alunos, de maneira que o planejamento educacional seja uma resposta a essa verificação.

A **avaliação formativa** perpassa toda a produção, por meio das várias revisões e validações cruzadas: o designer instrucional prepara o texto-base elaborado pelo autor, que, por sua vez, valida a roteirização feita pelo designer instrucional; os especialistas em comunicação aprimoram os documentos de roteirização, desdobrando-os quando necessário; estes três perfis validam os esboços da equipe de produção nos *storyboards* de rascunho de trabalho; da mesma forma, o gestor do projeto, o cliente e talvez algumas outras partes interessadas – incluindo alunos potenciais – validam o *storyboard* de apresentação ou versões intermediárias do produto em construção.

A **avaliação somativa** coroa o processo pós-produção. É comum, nesta fase, ocorrer a avaliação de conformidade com o projeto gráfico ou digital, para checagem de métricas previstas (por exemplo, quantidade de ilustrações e recursos conativos) e adesão a padrões técnicos.

Nas diversas fases da avaliação, muitos projetos lançam mão de **pareceristas externos** – comumente, especialistas em uma ou mais das cinco dimensões da qualidade citadas. Estes analisam os documentos de roteirização e/ou o produto final e podem organizar suas contribuições conforme os níveis de impacto na qualidade do produto.

Por exemplo, à identificação de plágio seria atribuída criticidade máxima, pelos riscos legais envolvidos e também pelo comprometimento de todo o fluxo de produção. A uma ou algumas imagens apresentadas em baixa resolução, por exemplo, poderia ser conferido grau médio, visto que sua correção não impactaria fortemente o fluxo de produção e, caso a falha não fosse corrigida, não comprometeria de maneira definitiva o produto final.

Avaliações posteriores, pertinentes à utilização real dos conteúdos, podem capturar a percepção de alunos, educadores e equipes tecnopedagógicas em contextos autênticos de aprendizagem. Isso pode ser obtido por meio de **avaliação de reação** aplicada logo após a utilização dos conteúdos ou mediante estratégias qualitativas, como entrevistas, grupos focais e dinâmicas interativas.

Avaliação de reação
Tipo de avaliação aplicada logo ao término de uma unidade de estudo ou evento de aprendizagem, composta por questões objetivas e abertas, por meio das quais os alunos expressam seus juízos sobre conteúdos, atividades, unidades de estudo ou cursos completos, no que se refere a qualidade e quantidade de conteúdos, métodos e estratégias utilizados, desempenho dos docentes (quando aplicável) e potencial de aplicabilidade do que foi aprendido, entre outros aspectos.

O processo de produção é complexo e fruto do trabalho de uma equipe composta por vários especialistas. A adoção da perspectiva multidimensional para a qualidade dos conteúdos reflete essa característica do processo. A ela também se soma uma visão de qualidade como melhoria contínua, com ênfase no crescimento individual e coletivo da equipe, bem como na aprendizagem organizacional. Nesse sentido, registrar as lições aprendidas no processo e refletir continuamente sobre as ações empreendidas é pré-requisito para avançar no intrincado mundo da produção de conteúdos educacionais.

•• PARA CONCLUIR

Como muitos outros temas importantes tratados neste livro, a avaliação mereceria muito mais do que um capítulo. Apesar da nossa limitação de espaço e até de conhecimentos mais especializados a respeito desse ponto tão crítico para a aprendizagem, quisemos ao menos integrar esse tema às demais discussões sobre o processo de produção de conteúdos.

Assim, nossa atenção neste capítulo se voltou, primeiramente, para a construção de instrumentos de avaliação integrados aos conteúdos educacionais – a fim de prover aos alunos soluções educacionais que realmente apoiem a aprendizagem.

A seguir, dedicamos nossa atenção à avaliação da qualidade dos conteúdos educacionais, nas cinco dimensões que elegemos examinar neste livro: tecnocientífica, pedagógica, comunicacional, tecnológica e organizacional.

Esperamos que este capítulo final tenha ajudado o leitor a reconhecer mais uma vez a natureza integradora, sistêmica e transdisciplinar da produção de conteúdos, que só poderia culminar em uma avaliação multidimensional.

•• REFERÊNCIAS

ARETIO, L. G. (coord.). *De la educación a distancia a la educación virtual.* Barcelona: Ariel Educación, 2007.

BRASIL. Instituto Nacional de Estudos e Pesquisas Educacionais Anísio Teixeira (Inep). *Guia de elaboração e revisão de itens.* Brasília, v 1, 2010.

__________. *Guia de elaboração de itens Provinha Brasil.* Brasília, 2012.

BRASIL. Ministério da Educação/Secretaria de Educação Profissional e Tecnológica/Secretaria de Educação a Distância. *Referenciais para elaboração de material didático para EAD no ensino profissional e tecnológico.* Brasília, 2007.

JONASSEN, D.; PECK, W.; WILSON, B. *Learning with technology:* a constructive perspective. New Jersey: Prentice-Hall, 1999.

MASON, R.; RENNIE, F. *E-learning and social networking handbook:* resources for higher education. New York: Routledge, 2008.

MAYER, R. E. (ed.). *The Cambridge handbook of multimedia learning.* New York: Cambridge University Press, 2014.

SENAI – DEPARTAMENTO NACIONAL. *Metodologia para seleção e elaboração de recursos didáticos.* Brasília: CNI, 2011.

UMA PALAVRA FINAL

Escrever este livro representou um grande desafio para nós. Estamos certas de que ler o conteúdo aqui disponibilizado também foi um desafio para você, caro leitor. Ao longo do processo, quanto mais nos dedicamos a pensar nas teorias e nas práticas relacionadas à produção de conteúdos educacionais, mais nos surpreendemos com a amplitude e a profundidade de cada dimensão aqui tratada e ainda mais com as possibilidades de interface entre essas dimensões.

E, como se isso não fosse desafiador o bastante, ainda temos uma realidade em acelerada transformação: o ritmo das inovações tecnológicas nos assombra; a multiplicação de suportes de mídia nos intriga; as novas configurações organizacionais nos provocam; a exuberância das teorias educacionais nos sobrecarrega.

A sensação é de que, mal dominamos uma novidade, outra logo já trata de nos desestabilizar. *Learning analytics* (análise da aprendizagem), aprendizagem ubíqua, gamificação, aprendizagem adaptativa, *flipped learning* (sala de aula invertida), xMOOC, cMOOC... vão surgindo como *gremlins* e povoando artigos, livros, publicações em redes sociais, palestras, discussões... Como lidar com tudo isso, se nossos recursos são tão escassos, nosso tempo tão restrito e nossas demandas tão urgentes?

Tanto já dissemos de nossa própria lavra que a palavra final vem da grande Nélida Piñon. Em uma entrevista marcante ao programa *Roda Viva*, da TV Cultura, em 16 de junho de 2014 (acesso disponível na web), ao ser indagada pelo moderador Augusto Nunes sobre como encontrar tempo para ler, para escrever, para se manter atualizada, a escritora relata em tom de confissão:

> [...] *O fundamental é ter o acervo. Você tem que ter um acervo, um patrimônio aqui dentro. Você enche a sua cabeça de tudo ao longo de anos e anos. De repente, tudo encaixa. O que vem de repente, e que você não aceitaria, encaixa, porque você já é uma constituição, você tem na sua cabeça uma constituição, em termos culturais. [...] O importante é não deixar ao longo de alguns anos espaços vazios. O espaço vazio é perigoso para o artista, para o escritor, para entender o mundo. Você tem que preencher. Não pode haver lacunas, nada de lacunas. Então, a partir desse preenchimento desse espaço recheado de matéria, o que vem depois não atrapalha, porque encaixa.* [...]

Os 14 capítulos deste livro se propõem modestamente a auxiliar o leitor na organização do seu acervo pessoal e profissional no que diz respeito à produção de conteúdos educacionais. Que este panorama multidimensional e integrado possa servir como um *framework* básico para entender não só o que ocorre em educação hoje, também o que vem por aí.

ÍNDICE REMISSIVO

As páginas identificadas com (F) *correspondem a citações em figuras; e as páginas identificadas com* (Q) *correspondem a citações em quadros.*

ÍNDICE ONOMÁSTICO

As páginas identificadas com (F) *correspondem a citações em figuras;* (Q), *a quadros; e* (B), *a biografias.*

ÍNDICE DE ORGANIZAÇÕES

As páginas identificadas com (F) correspondem a citações em figuras.